本著作为国家社科基金项目（23BHS065）、湖南省社科基金项目（21JD050）、
湖南省教育厅重点项目（20A461）阶段性研究成果

新时代乡村韧性治理研究

刘卫平　著

新华出版社

图书在版编目（CIP）数据

新时代乡村韧性治理研究 / 刘卫平著. -- 北京 : 新华出版社, 2024. 8. -- ISBN 978-7-5166-7520-5

Ⅰ. D638

中国国家版本馆 CIP 数据核字第 2024L8T345 号

新时代乡村韧性治理研究

作　　者： 刘卫平

责任编辑： 王依然　　**封面设计：** 寒　露

出版发行： 新华出版社

地　　址： 北京石景山区京原路 8 号　　**邮　　编：** 100040

网　　址： http://www.xinhuapub.com

经　　销： 新华书店、新华出版社天猫旗舰店、京东旗舰店及各大网店

购书热线： 010-63077122　　**中国新闻书店购书热线：** 010-63072012

照　　排： 寒　露

印　　刷： 河北万卷印刷有限公司

成品尺寸： 170mm × 240mm

印　　张： 15.25　　**字　　数：** 234 千字

版　　次： 2024 年 8 月第一版　　**印　　次：** 2024 年 8 月第一次印刷

书　　号： ISBN 978-7-5166-7520-5

定　　价： 88.00 元

序

这是一个充满变革和希望的新时代，中国式现代化进程加速推进，城乡一体化战略深入实施，乡村治理也正面临着前所未有的风险挑战与发展机遇。如何增强乡村韧性，已成为人们不得不面对和亟待研究的重要课题。它不仅是乡村振兴和可持续发展的内在要求，还是城乡协调发展、共同富裕的关键所在。

《新时代乡村韧性治理研究》一书，正是对这一重要课题的深入探索与有效回应。本书围绕乡村韧性治理的关键问题展开，全面阐释了国家、社会、市场三者在乡村治理中的作用、相互之间的动态关系，以及其运行框架。本书探讨了乡村韧性治理的内涵特征和理论基础，并追溯了乡村韧性治理的发展历程，为理解乡村韧性治理提供了全面的视角。同时，本书深入分析了乡村韧性现状及其治理困境，从不同维度对乡村韧性治理进行诠释，并借鉴国外的经验与反思，建立了一个整合国家、社会、市场角色的乡村韧性治理理论架构，为国内乡村治理提供参考。本书全面阐释了乡村韧性治理在培育发展农村新质生产力、推进乡村治理现代化、实现乡村振兴和可持续发展中的重要性，强调了其在推动城乡协调发展和共同富裕中的战略地位；深入分析了乡村韧性治理体系运行的现状、主要影响因素及其功能的新定位，强调多维度系统推进乡村韧性治理，并一体化探讨了由城及乡的韧性治理理念、要素优化、机制优化策略，以及多元主体协同行动方案，提供了富有价值的理论与实践指导。此外，本书还对未来乡村韧性治理进行了展望。

笔者长期从事乡村治理研究与实践，以其独特的研究视角，以及丰富的乡村治理研究与实践经历，从国家、社会、市场三个维度出发，全面、深入、系统地探索新时代乡村韧性治理的理论框架与实践路径，提出了诸多创新性观点，对新时代研究乡村建设与治理，推进乡村全面振兴和可持续发展，都具有很好的启发和借鉴意义。

本书突出问题导向，富有针对性。脱贫攻坚的伟大胜利，让广袤农村脱胎换骨，强筋壮骨，一幅未来可期美丽乡村画卷正在徐徐展开。但同时，农村发展脆弱性，特别是返贫风险仍然不同程度存在，乡村振兴和可持续发展任重道远。特别是乡村人口外流、空心化、老龄化，基础设施老化或缺乏，教育医疗以及公共服务弱化，城乡资源要素未能“双向奔赴”，资源短缺、环境污染等问题日益严重，这些都使乡村社会的稳定性和韧性受到威胁，使乡村韧性治理面临诸多风险挑战和困难，制约了乡村经济的可持续发展。笔者正是基于这些问题，以务实的科学精神，聚焦乡村韧性治理研究和实践，具体从发挥政府、社会、市场等各方力量共建韧性乡村的视角，在大量田野调查、参与式评估、系统性分析的基础上，考虑到主体韧性、经济韧性、文化韧性、社会韧性、组织韧性、生态韧性等多个维度及其之间的优化组合跃升，探索适合新时代乡村韧性治理与发展的理念、模式、机制、路径和手段，破解乡村发展脆弱性之“根”、返贫风险防范之“困”，乡村可持续发展之“难”，对增强乡村发展韧性，推动城乡协调发展和共同繁荣具有很强的针对性和实操性。

本书坚持守正创新，富有开拓性。韧性，即系统面对外界风险、挑战或扰动、变化的适应、恢复与成长，以及创造性转变能力。作者将“韧性”这一从自然生态系统向人类社会系统延伸的范畴，引入乡村建设与治理领域，提出韧性治理作为一种新型治理理念同样适用于乡村系统。建设韧性乡村对于乡村振兴和城乡融合发展至关重要，加强乡村韧性治理是乡村应对各类风险，并自我恢复、创新转变，进而实现可持续发展的重要手段。笔者综合运用了政治学、社会学、经济学等多学科的理论和方法，紧密结合乡村建设与治理实际，从国家、市场、社会三个层面及其相互关系，创新性地提出乡村韧性治理的理论框架、行动方案及其治理进路与措施等。值得一提的是，笔者不仅回顾和总结了国内外在乡村韧性治理方面的经验和教训，以期从中汲取宝贵的经验和启示，还特别关注和提出乡村韧性治理在新时代背景下的新理念、新机制和新路径。例如，提出发展新质生产力赋能乡村韧性建设与治理的理念和路径，并从推动“生态+”乡村产业融合发展、启动“人工智能+”农业科技创新工程、实施村民素质提升工程、加快推进农村土地制度改革、开展农村基础设施提质行动、打造数字化“韧性工具”等方面，提出了诸多创新性具体策略。特别提出在保护生态环境的同时促进文化与旅游、文化与科技、科技与产业等深度融合发展，促进乡村文化、科技与产业的可持续发展。

本书注重未来走向，富有前瞻性。面对中国式现代化新进程，共同富裕新期待，新质生产力的新指向，笔者以其敏锐的洞察力和对未来的研判能力，深入探讨国家—社会—市场关系视域下，乡村韧性治理的新走向、新理念和新路径。例如，面对培育发展新质生产力的新形势，提出乡村韧性治理将从传统生产力场域转向新质生产力的新场景，从数字化转型到全生命周期治理，再到主动循环和动态响应的理念，以提升乡村韧性治理的绩效和水平。另外，着重讨论中国式现代化背景下，乡村韧性治理面临的实践挑战和系统变革的着力点，以及在推进共同富裕过程中，乡村韧性治理体系的未来展望，同时探索农业强、农民富、乡村美理论问题和实践策略。特别是随着科技革命和产业变革，新质生产力已经在实践中形成并展示出对高质量发展的强劲推动力、支撑力，成为推动中国式现代化的强大引擎。发展农村新质生产力，必然成为我国全面建设社会主义现代化国家中的关键环节，也将成为增强乡村韧性的重要动力，为研究乡村韧性治理工作提供全新的理念和路径。当前，乡村治理正面临转型和创新，以适应农村新质生产力的培育发展。笔者以前瞻性思维，从发展新质生产力、数字化转型、长效治理、学习与创新反馈，以及持续反应与协同等方面，对未来乡村韧性治理的理念、方式、手段、路径等进行了系统性思考，为进一步深化乡村韧性治理研究和实践创新提供了启示，注入了全新活力。例如，提出中国式现代化语境下乡村韧性治理的系统变革，主张从依赖式治理模式转变为合作式治理模式，构建多元共治格局；打造“灵敏性”治理响应，加强信息化数字治理；关注“可持续”治理要求，提高造血式治理功能；突出“为民性”理念，强化内生性治理；等等。

乡村韧性治理是一个系统工程。面对日益复杂的社会经济环境，以及乡村发展中的多样化需求和挑战，积极探索并构建适应性强、反应灵敏、恢复能力高的韧性治理体系，不仅是应对未来不确定性的必要准备，还是推动乡村持续健康发展的关键。这需要政府、社会、市场等多方面的共同努力，也需要学界立足农村大地持续深入地进行探索研究。本书的研究成果将为相关决策部门提供有价值的参考，同时为广大乡村工作者和研究者提供宝贵的学术资源。

孟夏五月，万物竞秀。我在祝贺刘卫平博士新著出版之时，也期待他能在乡村建设与治理研究领域奉献更多富有创见的成果。我也坚信，在不久的将来，将能够看到一个更加和谐繁荣、更加富有韧性的新时代美丽乡村。

是为序。

教育部长江学者特聘教授　胡 荣

2024 年 5 月 26 日于厦门大学

前言

新时代，在乡村振兴战略推进过程中，乡村治理作为国家治理体系中的重要组成部分，面临着前所未有的机遇与挑战。随着城市化进程的加快和城乡发展差距慢慢扩大，传统乡村治理模式逐渐难以适应新时代的发展需要，急需进行变革与创新。在这一背景下，乡村韧性治理作为一种新兴的治理理念和实践模式，逐渐受到社会各界的关注和重视。它强调在面对外部冲击和内部变革时，乡村社会能够保持自身的稳定性和适应性，并通过内部调整和外部支持实现创新发展、可持续发展。这种治理模式不仅关注乡村经济的增长和物质条件的改善，还注重乡村社会的全面进步和人的全面发展。因此，乡村韧性治理对于推动乡村振兴、促进城乡协调发展、实现共同富裕具有重要的现实意义和深远的历史意义。

本书旨在从国家、社会、市场多重视角出发，深入探讨乡村韧性治理有关理论与实践，为新时代乡村治理提供一种全新理念视角和行动框架。本书一共有八章，每章均围绕乡村韧性治理的关键问题展开，力求为读者提供深入的理论分析和实践指导。第一章主要阐释了国家、社会、市场三者之间关系的基本框架，以及它们在乡村治理中的作用、相互之间的动态关系。通过对国家、社会、市场角色的界定和分析，揭示了它们在乡村治理中的相互依存和相互制约关系，为后续章节的深入研究奠定了基础。第二章简要分析了乡村韧性治理相关内容。首先介绍了乡村韧性治理的概念提出、内涵与特征、体系构成；其次介绍了乡村韧性治理的理论基础，包括社会生态系统理论、可持续发展理论、灾害风险管理理论等；最后追溯了乡村韧性治理的发展历程，从历史和现实的角度分析了乡村韧性治理的演变过程。第三章在多维度诠释乡村韧性治理的基础上，建立了一个整合国家、社会、市场角色的理论架构。通过分析国外的研究，为国内乡村治理提供了新的思路和方向。第四章首先分析了乡村韧性治理与乡村治理现代化的关系；其次探讨了乡村韧性治理在乡村振兴中的作用；最后强调了乡村韧性治理在推动城乡协调发展和共同富裕中的战略地位。第五章分析了影响乡村韧性治理体系运行的主要因素，对乡村韧性治理体系的功能进行了重新定位，为更加科学、高效的乡村韧性治理提供了依据。第六章首先强调了乡村韧性治理的行动原则；其次探讨了乡村韧性治理的行动框架；最后分析了多维系统推进乡村韧性治理路径和由城及乡构建韧性治理体系措施。第七章讨论了乡村韧性治理的理念优化、要素优化和机制优化趋势，提出了“一核多元”乡村韧性治理主体结构优化要求。第八章对乡村韧性治理的未来进行了探索与展望。

本书通过系统的分析和前瞻性的思考，深入探讨了乡村韧性治理有关理论与实践，为新时代乡村治理提供了一种全新理念和行动框架。同时，本书为各级党委、政府及其管理部门政策制定和行动选择提供了决策参考。展望未来，需要继续深化对乡村韧性治理的研究和探索，不断完善乡村韧性治理体系和实践模式，共同推动全球乡村治理事业的发展。

目 录

| Contents |

第一章 国家—社会—市场关系概述

在现代社会的复杂结构中，国家、社会与市场之间的关系构成了一幅多维度的动态画卷。从历史发展的角度看，国家与社会、市场之间的互动不断演进，塑造了社会的基本框架与运行机制。从角色定位、理论来源到关系变革等多个维度进行分析，追溯国家、社会与市场互动的理论根源，探索它们之间相互作用的历史进程，以及三者之间相互依存与协作的关系，对于全面、深入研究和把握新时代乡村韧性治理问题十分必要。

第一节 国家—社会—市场之间的关系

国家的权威与指导力、社会的多样性与活力、市场的自由与效率，这三者之间既存在天然的紧张关系，也孕育着互利共生的可能性。从古至今，不同文明和社会制度下，这三者之间的博弈与合作一直是推动社会进步的重要动力。国家不仅是社会秩序的维护者，经济发展的推动器，还是民众福祉的守护者；市场则以其独有的机制调配资源，驱动经济活动；社会则是这一切发生的基础，其结构和作用决定了国家和市场能够发挥何种角色。如何平衡这三者之间的关系，促进它们良性互动，是现代社会面临的一大挑战。通过深入分析和理解国家、社会与市场的角色定位和相互影响，人们可以更加清晰地把握当下社会的治理复杂性，为建设更加和谐、公平、繁荣的韧性乡村提供理论支撑和实践指导。

一、国家、社会与市场的角色定位

（一）国家的角色和职能

国家的角色和职能是多维度的，国家的角色和职能体现在其对社会秩序的维护、对经济发展的推动、对公民福祉的保障等多方面。国家通过这些职能的发挥，不仅保障了社会的稳定和公正，还为经济和社会的可持续发展提供了必要的条件和支持。在国家、社会与市场的相互关系中，国家的作用是不可替代的，是推动社会前进、实现公共利益的关键力量。

国家，作为政治权力的集中体现，其职能的发挥是公共利益实现和社会可持续发展的关键。政治学意义上的国家主要表现为国家与社会之间的关系。① 国家在维护社会秩序方面扮演着不可或缺的角色。国家不仅是维护公共利益的共同体，还是保障公民权利、维护社会公共秩序的核心机构。这一理论基础为国家与社会的分离提供了理论依据，是现代民主政治发展的重要思想。国家的形成和存在，不仅仅是为了解决社会内部的矛盾和防止自我毁灭，还为了构建一个促进市场经济成长、防止市场失灵，并维护社会道德准则的环境。通过立法和法律的执行，国家建立了一套规范人们行为的制度，确保了社会的基本秩序和安全。法律法规覆盖了土地使用权、环境保护、公共卫生以及教育等多个方面，旨在维护公平正义，保护人们的基本权利和利益。这些制度安排不仅是社会稳定的基石，还为经济活动提供了可预测的法律环境，促进了社会整体的和谐发展。

在经济发展方面，国家通过制定和实施经济政策，对经济活动进行有效的引导和支持。财政、货币以及产业政策等工具的运用，旨在促进经济增长、优化经济结构，增强国家的经济竞争力。国家的这一职能体现了其在经济系统中的调节器角色，通过政策调控平衡经济发展的各种需求，确保经济健康稳定增长。国家在保障和提升公民福祉方面的责任同样重大。国家通过提供公共服务、建立和完善社会保障体系，以及特别关注弱势群体，努力实现社会的公平和正义，缩小城乡差距，提升全体公民的生活质量和幸福感。这一职能强调了国家在增进社会福祉方面的主导作用，是国家对公民的基本承诺和责任。在国际事务中，国家代表着国家利益，参与国际组织和国际合作，展现了国家在全球化时代的外交角色。通过参与国际事务，国家不仅维护了自身的主权和安全，还推动了国际合作和交流，为国内的发展争取了更多的机遇和资源。

---

① 范思凯．国家与市场、社会的关系形态 [J]. 沈阳师范大学学报（社会科学版），2017，41（1）：59-63.

（二）社会的结构和作用

一般认为，社会是由人所形成的集合体或共同体。社会构成了人类共同生活的基础，是由个体、家庭、社群、组织和机构等多种社会主体组成的复杂系统。它不仅涵盖了社会经济地位、职业分类、教育水平、文化传统等多个层面，还体现了个体之间的一定联系和相互依存关系。在探讨国家、社会与市场的角色定位时，了解社会的结构和作用对于揭示这些基本要素之间的相互作用机制至关重要。从马克思主义的基本观点看，社会被视为社会关系的总和，这些社会关系是人们在生产活动中形成的，反映了生产力与生产关系、经济基础与上层建筑之间矛盾运动的过程。这一理论框架强调，社会是事物发展的本源，而国家和市场则是从社会中产生但又自居于社会之上，并与社会日益异化的力量。这种理解提供了一个重要视角，即社会既是国家和市场的基础，也是它们作用发挥的场域。

在国家与社会分离的过程中，社会逐渐形成了一个与国家政治领域相互对应的非政治领域，即公民社会。同样，在市场与社会分离的过程中，社会形成了一个与经济领域日益对应的非经济领域，即市民社会。这两个维度的社会，展现了社会在现代各国治理体制中的核心地位。社会结构的多样性和复杂性体现了不同社会主体之间的多元化联系和层次性分化。这些结构性特征既是社会动态发展的结果，也是社会内部不同利益和需求得以表达和协调的基础。社会结构的存在不仅促进了社会功能的分化和专业化，还为社会公正和社会变革奠定了重要基础。社会的作用在于其对个体行为的规范、对社会秩序的维持、对社会公正的促进，以及对社会变革的推动。通过文化传统、社会规范和公共道德等非正式机制，社会对成员行为进行引导和约束，形成了一套内在的社会控制体系。这种基于共识的社会控制，不仅维护了社会的和谐与稳定，还促进了社会成员之间的相互理解和合作。

社会在促进公正和缩小不平等方面发挥着重要作用。通过社会组织和民间团体的参与，社会能够表达不同社会群体的利益和需求，推动公共政策的改革和社会资源的公平分配。社会资本的形成和流动，如社会网络、信任和互助等非物质资源，增强了社会的凝聚力和适应能力，为社会合作和发展提供了重要支撑。社会还在推动变革和创新中发挥着积极作用。通过教育、传媒和文化活动等方式，社会不仅促进了新知识和新观念的传播，还为社会制度和社会观念的变革提供了思想基础和文化土壤。这种由社会内部推动的变革和创新，是社会发展和进步的重要动力。

（三）市场的机制和影响

市场机制及其影响不仅塑造了经济活动的基本框架，还深刻影响了社会结构和国家政策的形成与发展。市场概念的界定和理解，需借鉴以实践论为核心的历史唯物主义和以矛盾论为核心的辩证唯物主义哲学方法论。这一理论基础为深入探讨市场的机制和影响提供了丰富的视角。从辩证唯物主义的角度出发，市场被视为生产者和消费者之间的一种动态关系，这两个基本范畴既相互矛盾又统一。生产者和消费者的相互作用，通过价格机制和竞争机制，决定了资源的配置和商品的流通，体现了市场经济的基本运作原理。价格不仅反映了商品的价值，还是调节供需平衡、资源配置的重要信号和工具。在这个过程中，市场机制通过提高效率和激发创新，推动经济发展和社会进步。历史唯物主义则从市场产生和发展的历史过程着眼，认为市场起源于人类的交换活动，是私有财产制度和分工经济发展到一定阶段的产物。在氏族社会末期，随着生产力的发展和私有财产的出现，交换活动萌芽，市场作为交换活动的场所逐渐形成。进入近代工业社会后，随着生产者和消费者人群的快速扩大，市场的作用日益显著，最终在资源配置中取代了国家的角色，成为经济活动中的主导力量。

市场的发展和扩大，不仅改变了经济生产和交换的方式，还深刻影响了社会结构和人类生活的方方面面。市场经济的扩展促进了全球化进程，加速了信息、资本、商品和劳动力的全球流动，同时带来了市场失灵、资源分配不均等社会问题。市场机制在促进经济高效运作的同时，也需国家通过立法、监管等手段介入，以保护公共利益，确保经济和社会的公正与可持续发展。市场的机制和影响不可避免地涉及国家与市场、社会与市场之间的关系。在现代社会治理中，如何处理好这些关系，既充分发挥市场在资源配置中的决定性作用，又有效防范市场机制的负面影响，是一个重要课题。这要求国家不仅要为市场经济的发展创造良好的外部条件，还要通过公共政策的制定和实施，引导市场活动符合社会发展的总体目标。

二、国家、社会与市场间的相互影响

（一）国家与市场的互动

国家与市场的相互作用不仅关乎经济领域的运作，还深刻影响着社会公平和国家整体实力的提升。这种互动关系应当旨在达成三个核心目标：促进生产力增长以实现效率目标，改善社会中每个个体的物质与精神生活以达到公平目标，以及全面提升国家整体实力以实现群体目标。这三个目标相互关联，共同构成了一个层次递进的资源配置目标体系，缺一不可。

生产力的增长和效率目标的实现是国家与市场互动的基础和前提。效率目标关注如何最大化地利用有限资源以产生最大的经济产出，这一点在国家与市场的互动中尤为重要。国家通过制定政策和法律框架，为市场经济的高效运作提供必要的条件和保障，同时市场机制的灵活性和创新能力为生产力的增长提供动力。公平目标的实现是国家与市场互动的重要维度。这一目标关注如何确保经济增长的成果能够公正分配，使社会中每个个体的物质和精神生活得到实质性改善。在这一过程中，国家的角色在于通过税收、社会保障、公共服务等手段，调节市场产生的收入分配，保障基本公平，促进社会整体福祉提升。群体目标即国家整体实力的提升，是国家与市场互动中的终极目标。这一目标不仅涵盖了经济实力的增强，还包括社会稳定、文化繁荣、科技进步、生态文明等方面。国家整体实力的提升，为实现效率和公平目标提供了更加坚实的基础。在这一目标的实现过程中，国家需确保效率目标和公平目标的平衡，促进个体与整体的和谐发展。

国家与市场间的相互作用关系是辩证统一的。一方面，市场机制的高效性是实现公平和群体目标的重要条件；另一方面，国家在确保公平分配和提升整体实力方面的作用，又是市场机制能够持续有效运作的保障。单纯追求效率而忽视公平，或者仅仅强调公平而不考虑效率，都不能实现国家治理的现代化。因此，构建国家与市场最优互动关系的核心，在于如何平衡这三个目标，确保它们之间的相互促进和支撑，从而实现资源配置的最优化，推动社会的全面进步和国家的长远发展。

（二）国家与社会的协调

现代社会的发展模式强调国家和社会力量的分离与合作，这不仅有其深厚的现实基础，还是基于马克思历史唯物主义的哲学基础。从这一理论视角出发，国家不仅是社会发展中不可或缺的组成部分，还是社会公共利益的守护者和推进者。国家与社会的关系，并非静态不变，而一直不断动态调整，以适应社会发展的不断变化。国家的存在理应是为了弥补社会自身无法克服的缺陷，保障社会正常和公正地运行。在这一过程中，国家应当超越仅仅保护特定社会群体利益的狭隘视野，而全面维护社会各界的公共利益，确保社会的整体和谐与稳定。

现代社会发展的复杂性要求国家与社会之间建立一种相互分工、相互合作的关系。国家通过法律、政策等手段，为社会发展提供必要的制度框架和公共服务，同时社会的活力和创新能力为国家治理提供支持和补充。在这种相互作用中，国家不仅是社会秩序的维护者，还是社会发展的促进者，而社会则是国家政策实施的参与者和监督者。为了实现国家与社会的有效协调，必须确保国家与社会关系的最优化。这意味着，国家与社会的关系必须适应社会发展的需要，国家的职能和作用要与社会的变化和要求相匹配。只有当国家能够适应社会发展的需求时，国家与社会的关系才能达到最优状态。这种最优状态不是一成不变的，而是随着社会发展阶段的不同而不断变化和调整。

在实现国家与社会协调的过程中，关键在于如何平衡国家的权威与社会的自主性，这种平衡要求国家在推动社会进步和维护公共利益的同时，不仅要尊重社会的独立性和公民的基本权利，还要积极营造一个开放、包容的社会氛围，鼓励和促进公民参与社会组织的自主活动。为了达到这一目标，国家需要建立和完善机制，确保其权力的行使既透明又有责任感。这意味着，决策过程中必须开放门户，邀请社会各界参与讨论，充分收集和考虑来自不同群体、不同领域专家和普通公民的意见和建议。通过这样的方式，可以确保政策的制定既充分考虑了社会的多元需求，又能够反映出公众的普遍意愿，提高政策接受度和执行力。

（三）社会与市场的联结

社会与市场的联结是现代经济体系和社会结构中最为复杂且富有活力的部分，体现了经济活动与社会价值、文化传统及社会组织之间深刻的相互作用。在国家、社会与市场间的相互影响体系中，社会与市场的关系尤为关键，它不仅影响着资源的配置效率，还决定了社会福祉和公平的实现。

社会与市场的联结先体现在市场经济活动中对社会价值和道德规范的内在需求上。市场机制在调节供需关系、资源配置中发挥核心作用的同时，其运行效率和公正性往往受到社会规范、文化传统及伦理道德的影响。社会价值观和道德规范为市场经济提供了必要的人文关怀和伦理基础，引导市场活动在追求经济效益的同时，充分考虑社会责任和公共利益。社会与市场的联结还体现在社会资本的形成和利用上。社会资本，包括信任、网络关系及社会参与等，对经济发展具有重要影响。社会网络和信任降低了交易成本，促进了信息流通，提高了市场活动的效率。同时，社会资本的积累为创新和企业家精神的培养提供了肥沃土壤，进一步提高了市场经济的活力。社会与市场的联结还体现在对市场失灵的纠正和补充上。市场机制虽然在资源配置中效率高，但在公共物品供给、外部性处理，以及收入分配等方面可能失灵。社会组织和非营利组织的参与，能够在一定程度上补充市场的不足，通过提供公共服务、提高社会福利和改善收入分配，增强市场经济体系的社会性和人文关怀。

同时，社会对市场的监督和反馈机制也是社会与市场联结的重要体现。通过媒体、公共讨论以及消费者权益保护等渠道，社会能够对市场活动进行监督，引导企业遵守社会伦理，促使市场活动更加透明和公正。这种来自社会的监督不仅保护了消费者和公众的利益，还推动了市场体系的健康发展。社会与市场的联结还反映在经济全球化背景下对社会结构的影响上。全球市场的形成和发展加速了文化、资本、商品和信息的跨国流动，这对社会结构和社会关系产生了深刻影响。全球市场的开放和融合，为社会带来了前所未有的发展机遇，也带来了诸多挑战。一方面，经济全球化促进了技术交流和资本流动，为社会成员提供了更多的就业机会和更广阔的创业平台，增强了社会的活力和创新能力。另一方面，全球化进程中的竞争和资源重新配置，也要求社会不断适应变化，面对就业结构的调整和社会保障体系的改革等问题，以确保每一个社会成员的利益得到有效保护，促进社会的公平与正义。

随着全球化深入发展，社会面临的主要挑战之一是就业结构的快速变化。传统产业的衰退、新兴产业的崛起以及未来产业的布局，要求劳动力市场快速响应，劳动者需要更新知识和技能以适应新的就业需求。这不仅是个人职业发展的需要，还是社会稳定和持续发展的前提。因此，加强职业教育和终身学习体系的建设，提升劳动者的职业技能和适应能力成为社会发展的重要任务。社会保障体系的改革也是适应经济全球化的关键。随着经济和社会结构的变化，传统的社会保障模式面临着新的挑战。建立更加灵活、包容和可持续的社会保障体系，能够更好地应对全球化带来的风险和不确定性，保障社会成员在面临失业、疾病、老龄化等风险时的基本生活需求，是实现社会稳定和谐的基础。

（四）国家、社会与市场间的相互依存与影响

国家促进社会和市场发展，扮演着引导者和推动器的角色；政府通过制定和执行政策，引导市场发展的方向，保障社会公平正义，同时促进社会资源的有效分配和利用。社会，作为政府与市场活力的源泉，其需求和反馈直接影响政府政策的形成和市场的调整。社会的活力和创新能力是推动经济发展的重要力量，社会成员的参与和协作为政府治理和市场经济提供了丰富的资源和动力。市场在这一体系中起着至关重要的作用，它不仅是资源配置的主要场所，还是社会需求和个人创造力得以实现的平台。市场经济的发展促进了生产效率提升和技术创新，满足了社会成员日益增长的物质和文化需求。同时，市场的发展对政府的公共服务提出了更高要求，推动政府不断改进和创新服务模式，提高服务质量和效率。在这一体系中，政府、社会和市场之间的关系是互为表现、相互影响并共同作用的。

第一，国家的权威干预、社会的基础支撑和市场的资源配置功能相互交织，共同塑造了社会的经济结构、政治体制和文化面貌。理解这种相互作用的本质，对于优化社会治理结构、提升治理效能具有重要的理论和实践意义。国家作为具备法定权力和公共资源分配能力的社会管理主体，通过制定和执行法律法规、提供公共服务等手段，对社会进行管理和调控。国家的这些职能和行为旨在维护社会秩序、保障公共利益，以及应对社会问题。国家通过其权威性的干预，能够对市场机制的自然运作进行调节和引导，以防止市场失灵和缓解经济周期波动带来的社会影响。

国家在社会发展中还承担着推动社会公平和正义的责任，通过税收、

社会保障等政策手段，试图平衡市场经济中的收入分配，减少社会不平等。社会则是国家治理和市场经济运作的基础和依托，由构成国家的个体和群体通过不同的社会组织、文化传统和舆论引导等形式，对国家政策的制定和执行产生影响。社会力量通过各种渠道，如公民社会组织、媒体和公众议论等，参与到国家治理中，提供反馈，提高政策的透明度和公众参与度。社会的这种参与和反馈机制，不仅增强了国家政策的合理性和有效性，还增加了政府治理的复杂性和挑战。市场机制为资源配置的核心，可通过其中的价格机制和供需关系等来引导经济资源的分配和利用。市场经济的高效性在于其能够激发个体和企业的创新动力，促进经济增长。然而，市场机制也存在局限，如可能导致资源过度集中、环境破坏和社会不公等问题。因此，国家的干预成为调节市场运作、实现社会福利最大化的必要手段。同时，社会的价值观和道德规范对市场行为有着重要影响，如消费者的道德选择和企业的社会责任观念，都能够引导市场向更加可持续和公正的方向发展。

第二，国家、社会与市场之间互相制约和平衡发展的关系，是实现社会稳定、经济增长和公平正义的关键。这种关系的建立，要求国家、市场和社会各自明确自己的角色，同时在相互作用中寻求协调和平衡，以促进整个社会和谐发展。

作为社会管理的主体，国家通过依法治理，为市场经济的健康运行提供必要的法律框架和监管机制。国家保护市场秩序和公平竞争的环境，不仅提高了经济的效率，还维护了市场参与者的合法权益。此外，国家还担当推动社会公平正义、保障社会稳定的职责。通过制定和执行公正的法律法规、提供全面的公共服务、实施有效的社会保障政策等手段，国家旨在减少社会不平等，保障公民基本权利，增进社会的整体福祉。市场经济在国家提供的法治环境和公共服务支持下运行。市场通过自由竞争的机制优化资源配置，推动经济发展。然而，市场经济的运行也需要遵循国家制定的法律法规和规范，确保经济活动不损害社会公共利益，不破坏生态环境，不加剧社会不公。市场的自由不是无序的自由，而是在国家规则框架内的有序竞争，这既是对市场经济的制约，也是对其健康发展的保障。社会作为国家和市场的基础，其角色同样至关重要。社会通过各种形式的组织和活动，参与到经济发展和社会建设中。公民通过行使自己的权利，不仅参与市场经济活动，推动经济的繁荣，还通过社会监督、公共讨论等方式，对国家政策和市场行为进行反馈和监督。社会的这种参与和监督，可对国家和市场进行有效制约，有助于促进政策的透明和公正，确保市场活动公平和道德。

国家、市场和社会之间的相互制约和平衡发展，是一个动态的过程。这要求国家不断调整和完善法律法规，以适应经济和社会发展的需要。市场在追求效率和利润的同时，也要承担起社会责任，保证经济活动的可持续性。社会则需要在积极参与的同时，通过建设性的方式，促进国家政策的完善和市场经济的健康发展。只有这样，才能构建起一个既充分发挥市场机制作用，又能确保社会公平正义，同时由国家有效监管和引导的现代社会治理体系，实现经济、社会和环境的可持续发展。

第三，国家、社会和市场之间的关系不是静态的，而是随着时代的发展和社会变革而不断调整和演变的。这种动态变化体现了国家、社会和市场相互作用的复杂性，同时反映了它们在适应和引导社会发展过程中的灵活性和创新性。

在过去几十年的市场化改革进程中，国家职能的调整是最为显著的变化之一。从过去的计划经济体制向更加市场化的方向发展，国家在经济活动中的直接干预逐渐减少，转而通过制定政策、法律法规来为市场经济的健康运行提供规范和框架。这一转变不仅促进了经济效率的提升，还为社会提供了更多的发展机会和空间。同时，国家在不断强化其在社会管理、公共服务和环境保护等领域的职能，以应对市场经济运行中出现的诸多挑战，如收入分配不均、资源环境压力加大等问题。社会的变化同样深刻影响着国家与市场的关系。随着城市化进程的加快和新型社会组织的涌现，社会群体的多样性和活跃度不断提升。这些新兴的社会力量通过参与公共事务、社会监督和舆论引导等方式，对国家的政策决策和社会发展产生了重要影响。社会的参与不仅提升了治理的透明度和公众满意度，还为政策的制定和执行提供了更为丰富和多元的视角和资源。此外，社会文化的变迁和价值观的多元化，也在不断重塑市场行为和消费模式，影响着经济和社会的发展趋势。市场的演变同样体现了国家、社会和市场关系的动态性。在全球化的背景下，市场不仅是资源配置和经济交换的场所，还成为国家间经济竞争的重要手段。全球市场的扩展和深化，促进了资本、商品、技术和信息的跨国流动，为经济增长提供了新的动力。同时，全球市场的竞争对国家的经济政策、产业结构和竞争策略提出了新的要求，促使国家不断调整和优化其对外经济活动。此外，市场经济的全球化也带来了诸多挑战，如跨国公司的影响力增强、国际贸易摩擦加剧等，这些都需要国家和社会共同应对和调整。

第二节　国家—社会—市场之间关系的理论来源

在探索国家、社会与市场这三大社会结构元素之间的复杂纽带时，不同的理论视角提供了丰富而深刻的见解。早期的社会契约论，试图在个人自由与社会秩序之间寻找一个理想的平衡点；国际政治经济学，关注的是在全球化背景下国家与市场如何相互作用和影响；马克思主义经济学，深入分析了资本主义生产方式下国家、社会与市场之间的内在联系和矛盾。这些理论不仅构成了人们理解现代社会政治经济结构的基础，还为人们提供了理解国家、社会与市场之间相互作用机制的理论工具。在这些理论的指导下，人们能够更好地分析国家与社会的关系演变，理解市场经济的运作逻辑，以及国家在这个过程中扮演的角色。这些理论框架不仅对于学术研究具有重要意义，还对指导实践、优化政策有着不可忽视的价值。

一、社会契约论对国家—社会关系的解释

社会契约论是理解国家与社会关系的一个重要理论框架，它在西方政治哲学的发展历史中占据核心地位。社会契约论认为，国家和社会的关系基于一种假想的或实际的契约，人们通过自由意志的协议，放弃部分自由以换取社会秩序和个人安全保障。这一理论框架提供了对国家存在基础和社会秩序形成机制的深刻解释，对理解现代国家与社会的关系具有重要意义。

社会契约论的主要代表人物包括托马斯·霍布斯（Thomas Hobbes）、约翰·洛克（John Locke）和让–雅克·卢梭（Jean–Jacques Rousseau）等。霍布斯在其著作《利维坦》中提出，自然状态下的人类生活是“人与人的

战争”，为了避免这种无政府状态下的恐惧和不确定性，人们同意通过契约形成国家，将自己的部分权利转让给拥有绝对权力的主权者。洛克则在《政府论》中提出了不同的观点，他认为社会契约的目的是保护个人的生命、自由和财产权利，国家的权力来源于人民的同意，且应受到法律的约束。卢梭在《社会契约论》中强调了公民意志的重要性，认为社会契约的核心是形成一个将个人意志融合为一体的共同体，即“一般意志”，国家是否合法取决于它是否代表了一般意志。

社会契约论对国家—社会关系的解释，强调了个人自由与社会秩序之间的平衡。这一理论不仅解释了国家权力的来源和性质，还为现代民主政治提供了理论基础。在社会契约论的影响下，现代民主制度强调政府权力的合法性必须基于人民的同意，同时政府必须通过法律保护个人的基本权利和自由。社会契约论为现代国家与社会关系理解提供了重要视角。在这一框架下，国家不再是压迫和控制社会的外在力量，而是由社会成员共同创造和维持的政治组织。这种理解强调了国家与社会之间的互动关系，国家的职能和行为应当反映社会成员的意愿和利益，而社会则通过参与和监督，保障国家权力的合法性和有效性。

社会契约论为理解国家与社会的复杂关系提供了深刻的理论指引。通过强调个人与共同体之间的契约关系，这一理论不仅阐释了国家存在的正当性，还为构建一个公正、有序且自由的社会提供了理论指导。在当代社会治理中，社会契约论的原则仍然具有重要的指导意义，特别是在提高政府透明度、加强公民参与以及保障人权方面。

二、国际政治经济学中的国家与市场理论

作为一门科学，国际政治经济学是研究国际层面上国家（政治）与市场（经济）相互影响、相互作用的一种学科理论。它是在1770年代形成的政治经济学的基础上发展而来。由于政治经济学将政治对经济的影响和经济对政治的影响作为研究范畴，因而被视为“政治与经济”之学[①]，也就是研究国家与市场关系的学问。这一学科不仅超越了传统经济学将市场视为

① 克拉克．政治经济学：比较的视点[M]．王询，译．北京：经济科学出版社，2001：3.

个体追求财富和效率的经济制度的视角，还超越了政治学将政府视为追求公正、平等和秩序的政治制度的视角。国际政治经济学将国家视为一种经济制度来探讨其对经济效率、增长和稳定性的作用，同时将市场视作一种政治制度来考察其对自由、平等和秩序等政治目标的影响。这一领域是国际关系中政治因素与经济因素相结合的产物，用以解释20世纪70年代以来国际体系中出现的新问题，关注全球范围内国家与市场的相互作用，以及这些相互作用对世界经济和国际政治秩序的影响。

国际政治经济学的核心在于国家与市场间的互动。市场对国家的影响体现在几个方面。首先，市场行为体，如企业和跨国公司的政治诉求，基于追求利润的原则，要求东道国市场开放、政策透明，以及对其产权和利润提供法律保护。其次，市场行为体为了维护或增进自己的经济利益，不得不采取政治行动，这些行动可能包括游说政府、参与政策制定过程或通过媒体影响公共意见。最后，市场行为体的经济活动对政治产生影响，如创造就业、影响国家财政状况或改变国际贸易格局。政治对经济的影响也同样重要。政治秩序、国家公共政策和公民社会均对经济行为体产生深远的影响。政治秩序为经济活动提供了基础框架，国家公共政策直接影响经济行为的成本和收益，而公民社会作为一种政治力量，通过公共讨论、抗议活动等方式对经济行为体施加压力，影响其决策和行为。

国际政治经济学关注的是这一互动在全球层面上的体现，如国际货币、国际贸易、跨国投资和全球化等方面。这一学科跨越了传统的政治学与经济学边界，研究世界范围内的财富与权力、市场与秩序、财富与民主之间的关系，探讨如何在全球化的背景下平衡国家利益与市场力量，以及如何通过国际合作促进全球经济的公正与可持续发展。

三、马克思主义经济学中的国家、社会、市场关系理论

在马克思主义经济学中，国家与市场关系相关的理论不仅阐述了市场的作用和经济规律，还深刻地分析了国家与市场之间的动态互动关系。马克思主义认为，国家和市场在社会发展中不是孤立存在的，它们之间形成了一种复杂的相互依赖和相互作用的关系。这种关系体现了国家在市场经济中的调节作用，以及市场力量对国家政策和社会结构的影响。从马克思

主义的视角看，国家主要承担着维护生产关系、保障资本积累过程顺利进行的角色。国家通过制定和实施法律法规，为市场经济的运作提供基本规则和秩序，为市场交换活动提供法律基础。同时，国家通过财税政策、货币政策等，对经济进行宏观调控，以应对市场失灵、经济危机等问题，确保资本主义经济体系的稳定。

马克思主义经济学通过价值规律、剩余价值规律和垄断利润规律对市场经济的运作机制进行了深刻解析，揭示了市场在资源配置中的决定性作用，以及国家在这一过程中的位置和作用。价值规律是市场经济运作的基本方式，它说明了商品价值量由生产商品的社会必要劳动时间决定，并且商品交换应遵循等价交换的原则。然而，价值规律的作用并非自发实现，它需要一定的社会条件。剩余价值规律揭示了市场机制发挥作用的基本动力。马克思将资本家视为人格化的资本，其根本目的在于追求剩余价值的最大化，即赚取更多的利润。这一规律不仅决定了资本主义生产方式的本质，还影响着市场经济中资源的配置。市场经济的资源配置实质上是在资本追求增殖的前提下进行的，如果忽视了这一点，就无法准确理解市场经济中的许多现象。垄断利润规律进一步阐述了在资本主义发展到一定阶段，市场主体在追求超额利润的过程中，必然导向集中和垄断的趋势。这种垄断现象不仅扭曲了市场经济的竞争机制，还加剧了社会贫富不均，从而引发了国家干预经济、调节社会关系的需求。

在马克思主义经济学视角下，国家与市场之间并不是简单的对立或脱节关系，而是相互依存、相互作用的复杂关系。国家既是资本积累的保障者，通过法律法规维护市场秩序，又因应市场经济中的矛盾和问题，如通过公共政策干预经济、调节社会分配等，以改善市场机制的不足和弊端。

马克思主义经济学也指出，市场经济的自由竞争机制在资本积累的过程中不可避免地导致资本集中和垄断，这种垄断现象削弱了市场的自由竞争，导致社会经济不平等和阶级矛盾加剧。因此，国家往往会通过立法、税收等手段介入经济，以调节社会财富的分配，减少社会不公，并试图缓解由市场经济引发的社会矛盾。马克思主义经济学还强调，国家与市场的关系还受到历史和社会结构的影响，这种关系在不同国家和不同发展阶段表现出多样性。在资本主义发展的不同阶段，国家对市场的干预程度和方式不同，从早期的自由放任到后来的积极干预，反映了国家在适应市场经济发展和社会需求变化中的动态调整。

第三节　国家、社会、市场关系的演变与变革

在中国近现代历史的转折点上，国家、社会与市场之间的关系经历了深刻的变迁与变革。从中华人民共和国成立初期的国家主导模式，到改革开放后市场经济的引入与融合，再到进入21世纪后社会主义市场经济体制下的新发展，这一历程不仅映射了中国社会经济结构的演进，还反映了国家与社会、市场之间动态互动关系的逐步成熟与深化。面对信息技术革命带来的全新挑战和机遇，国家、社会、市场关系的进一步变革显得尤为关键，不仅涉及制度层面的深化改革、组织层面的自主发展，还关系到政府职能的转变与社会治理的现代化。这一变革过程中，法律的完善、社会组织的自治与政府的角色转变成了推动社会发展和构建和谐社会的重要支撑。

一、国家、社会、市场关系的演变

（一）改革开放前的国家主导模式

中华人民共和国成立之初，面临着重建国家和社会经济的艰巨任务，这一时期国家、社会与市场关系的演变显著体现了国家主导模式的特征。1956年社会主义改造基本完成，中国共产党加快了工业化步伐，特别开始发展薄弱的重工业，采取了一系列措施。这些措施逐步扩大了国家权力在公共领域乃至私人经济领域的介入程度，最终使其取代了私人在生产和消费方面的自主权。在这一过程中，生产资料的社会主义改造不仅涉及农业集体化，还包括资本主义工商业中的公私合营，这些改革最终导致了资产阶级和小资产阶级社会地位的消解，而集体经济中的农民阶级和各种“单位”中的工人阶级成了社会的主要构成。这种经济基础的变革，显著地改变了国家、社会与市场的关系，同时国家通过单一公有制和计划经济的形式，强化了对经济和社会生活的控制力度，促成了所谓的“全能型”政府。

然而，尽管这种国家主导模式在短期内为中国的工业化和现代化建设提供了必要的政治和经济保障，但随着工业化的推进和经济结构的日益复杂化，计划经济体制的种种弊端逐渐显现。在宏观经济层面，“计划”往往赶不上变化，“指导”时常失灵，而在微观经济层面则表现为活力不足。经济运行中出现的管得过死或一放就乱的现象，暴露了计划经济在资源配置效率和市场反应机制方面的局限性。面对这些问题，从 1956 年起，中国共产党开始探索改善社会主义经济管理体制的路径。不过公有制、计划经济和按劳分配被视为社会主义的基石，不可动摇，改革的重点被局限在经营管理层面。国家主导模式在一定程度上促进了中国经济的恢复和发展，但其内在的局限性和弊端也逐渐显露，最终推动了后续改革开放政策的实施。这一历史阶段，对于理解国家、社会与市场关系的演变具有重要的意义，它不仅展示了国家在经济建设中的积极作用，还反映了国家主导经济模式在实践中的复杂挑战。

（二）改革开放以来的转型

改革开放以来，随着经济体制由单一公有制和计划经济转变为多种经济成分并存的市场经济，也随着工业化和城市化的快速推进，中国基本实现了由农业国向工业国的转变，以及从计划经济到市场经济的过渡，而且国家角色也有所调整。由于种种因素，这一时期政府、市场、社会三者之间的关系发生了根本性的变化。

政府“放权让利”增强企业活力，使企业真正成为相对独立的经济实体，成为自主经营、自负盈亏的社会主义商品生产者和经营者，具有自我改造和自我发展的能力，并且在最短的时间内，完善包括计划体制、价格体系、国家机构管理经济的职能和劳动工资制度等在内的配套改革。

理顺计划经济与商品经济的关系，建立自觉运用价值规律的计划体制，发展社会主义商品经济。中国共产党根据改革开放以来的成功经验，提出了与社会主义初级阶段相适应的新经济体制：政府调控市场，市场引导企业。这里虽然没有使用“社会主义市场经济体制”这个词，但是内涵已经具备。与这个新体制的改革目标相适应，明确了政府机构改革的方向，加大了改革的力度。以 1988 年国务院机构改革为例，这是一次弱化专业经济部门分钱分物、直接干预企业经营活动的职能，增强政府宏观调控能力和转向行业管理的改革。这次政府机构改革不仅使机构设置和人员进一步减少，还使政府的经济管理部门开始从直接管理为主转变为间接管理为主，在弱化微观管理的同时，大大加强了宏观管理。[①]

（三）社会主义市场经济体制下国家—社会—市场的关系新发展

在20世纪90年代初，随着工业化逐步推进，中国慢慢从计划经济向社会主义市场经济转型，并推动了政府职能的转变与社会治理的多元化发展。这个时期政府角色也开始向更加注重领导与协调的方向发展。在党的十四大上，社会主义市场经济体制的改革目标被正式确立。党的十四大以后，经济体制改革的步伐逐渐加快，尤其是在十四届三中全会上，强调了培养和发展市场体系、转变政府职能的重要性，以及政府机构改革和宏观经济调控体系建设的紧迫性。这些改革举措将市场经济培育和政府职能转变视为经济体制改革的核心内容，并以此为蓝图，逐步深化和完善改革。这一时期，市场在资源配置中起基础作用，政府的职能也逐渐从直接控制和决策转向宏观调控和提供公共服务。与此同时，社会治理结构也发生了显著变化，国家、市场与新兴的社会组织之间形成了更加复杂的互动关系。这种多元化的社会治理模式不仅提高了政府与市场、社会之间的协调效率，还为解决社会问题和促进社会发展提供了新的途径。

2001年中国加入世界贸易组织（WTO），客观上推进了中国经济体制改革，这一历史性事件不仅加速了中国市场经济的建设进程，还对中国政府管理经济的职能和作用提出了新的要求和挑战。在这个背景下，中国政府必须根据市场经济的一般规律，进一步调整和完善与社会主义市场经济要求相符合的行为规范和法律体系，以促进市场化改革和政府经济职能的转变。随着中国经济的快速发展和市场经济体制的逐步完善，政府在经济社会发展中的角色也在不断演变。1978年改革开放以来，中国政府职能经历了从“全能型”向“效能型”的转变，这一转变体现了政府从直接经济管理向提供公共服务和营造良好市场环境的转变。随着市场主体的多元化和人民需求的多样化，政府逐渐将部分职能转让给市场和社会，以提高经济运行的效率和活力。

---

① 武力，张林鹏．改革开放40年政府、市场、社会关系的演变[J]．国家行政学院学报，2018（5）：30-38.

进入21世纪以后，特别是在中国加入WTO后，市场经济体制的基本确立和全面建设小康社会的战略目标提出了政府职能转变的新要求。政府需要进一步加快职能的转变，即由过去重管理向重服务转变，强调提供公共服务、维护市场秩序、保障公平竞争和促进社会公正。政府财政的职能也随之发生变化，由过去的建设型向公共型转变，更多地关注社会福利和公共服务的提供。十六届三中全会上进一步强调了市场在资源配置中的基础性作用，使政府与市场的关系更加明确。政府不能替代市场，而要通过宏观调控、市场监管和公共服务等手段，为市场经济的健康发展提供必要的条件和支持。这种职能转变旨在发挥市场在资源配置中的决定性作用，同时通过政府的有效干预，确保经济社会发展的公平性和可持续性。

社会主义市场经济体制下国家—社会—市场的新关系体现了一个深刻转变，即政府职能从直接干预经济活动向提供公共服务、维护市场秩序、保障社会公平正义转变。在这一体制下，市场在资源配置中发挥基础性作用，政府通过宏观调控、立法规范、社会管理等手段，引导和监管市场经济健康发展，同时注重利用市场机制解决社会问题，提高公共服务效率。这种新关系模式强调了市场经济与社会公平之间的平衡，旨在通过市场机制的有效运作和政府职能的适时调整与优化，促进经济的高效率和高质量发展，实现社会的全面进步和公平正义，为中国特色社会主义现代化建设提供坚实的基础。

（四）十八大以来的新发展

党的十八大以来，中国社会在市场经济体制基本确立和工业化进入后期的背景下，面临新的发展挑战和机遇。全球化和信息技术革命不仅深刻影响了国家、社会、市场的传统关系，还为可持续发展与社会公正提出了新的探索方向。在应对这些挑战和利用这些机遇的过程中，中国共产党提出了以人民为中心的发展思想，强调经济发展必须服务于人民的美好生活需要，注重解决发展不平衡不充分的问题。国家和市场在这一理念指导下发挥着各自的作用。政府不仅是经济发展的推动者和社会公正的守护者，还是全球合作的参与者和信息技术革命的引领者。市场则在政府的宏观调控下，通过有效竞争和创新驱动，实现资源的优化配置。在这一时期，中国共产党更加重视政府与市场的关系，注重人民的福祉，探索实施以人民为中心的发展战略。十八大报告指出："深化改革是加快转变经济发展方式的关键。经济体制改革的核心问题是处理好政府和市场的关系，必须更加尊重市场规律，更好发挥政府作用。"① 要求"更大程度更广范围发挥市场在资源配置中的基础性作用"②。中国共产党进一步加强了对政府与市场关系的重视，并且着力探索如何有效地运用政府和市场这"两只手"，以实现以人民为中心的发展理念。2013 年 11 月，习近平在关于《中共中央关于全面深化改革若干重大问题的决定》的说明中指出："经济体制改革仍然是全面深化改革的重点，经济体制改革的核心问题仍然是处理好政府和市场的关系。"③ "中央认为对政府和市场关系的问题，从理论上做出新的表述条件已经成熟，应该把市场在资源配置中的'基础性作用'修改为'决定性作用'。"④

国家不再是经济活动的直接参与者，而转变为市场经济的服务者和监管者。这一转变体现在政府职能的优化和调整上，即通过简政放权、放宽市场准入、提高行政效率等措施，为市场主体提供更加公平的竞争环境和更加高效的服务。国家通过宏观调控，确保经济平稳健康发展，同时加强公共服务体系建设，提升社会治理能力。市场在资源配置中的决定性作用得到了进一步强化。在坚持和完善社会主义市场经济体制的过程中，中国积极推进市场化改革，深化供给侧结构性改革，提高市场效率和活力。市场机制被赋予更大的自主性，对于激发经济活力、促进技术创新和提高生产效率具有重要作用。通过赋予市场以更大的自主性，不仅可以充分发挥市场在资源配置中的决定性作用，还能激励企业不断探索新技术、新模式、新业态，推动经济向更加高效、更加绿色、更加可持续的方向发展。而政府的角色转变为更加注重通过制定和执行公平竞争的规则、监督市场秩序、

---

① 中共中央文献研究室．十八大以来重要文献选编：上 [M]. 北京：中央文献出版社，2014：16.

② 中共中央文献研究室．十八大以来重要文献选编：上 [M]. 北京：中央文献出版社，2014：15.

③ 中共中央文献研究室．十八大以来重要文献选编：上 [M]. 北京：中央文献出版社，2014：498.

④ 中共中央文献研究室．十八大以来重要文献选编：上 [M]. 北京：中央文献出版社，2014：499.

保护消费者权益、防范和化解系统性风险等，确保市场在健康、有序的环境中运作。

二、国家、社会、市场关系的进一步变革

在国家、社会、市场关系的进一步变革过程中，中国将面临一系列复杂而多维的挑战。信息技术革命带来的经济社会结构变革，要求人们重新审视和调整国家、社会与市场之间的关系，以适应数字经济时代的新要求。此外，面对经济全球化带来的外部压力和竞争，如何维护国家经济安全和文化自信，推动开放型经济新体制的构建，也是变革中不可忽视的问题。国家、社会、市场关系的进一步变革要面对的问题如图 1-1 所示。

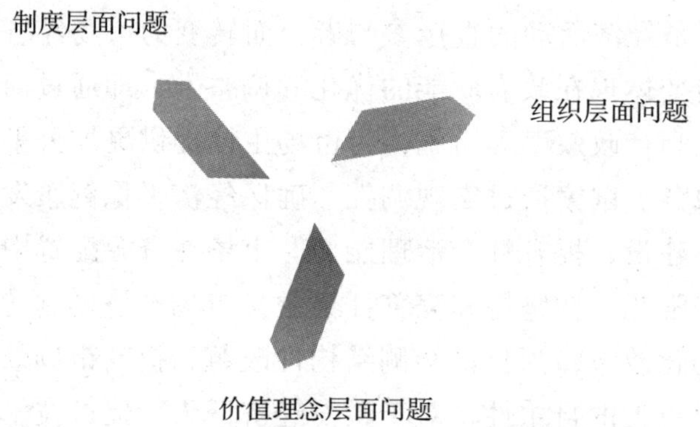

图 1-1　国家、社会、市场关系变革要面对的问题

（一）制度层面问题

制度层面问题的解决需要从加强法律供给和保障法律执行两个方面着手。一方面，应加快推进社会组织基本法的立法进程，为社会组织的健康发展提供坚实的法律基础；另一方面，加大法律执行力度，确保已有法律和制度得到有效实施，真正发挥其在规范国家、社会、市场关系中的作用。

法律供给的滞后已成为制约社会组织健康发展的重要因素。随着社会组织数量的迅速增长和功能的日益扩大，对相关法律制度的需求也越来越迫切。然而，现有的法律制度，如《社会团体登记管理条例》《社会组织信用信息管理办法》《社会组织评估管理办法》等，虽然为社会组织的管理提

供了一定的规范，但这些规章制度的层级较低，缺乏一部全面系统的基本法律。这种情况限制了社会组织作为独立主体在法律上的地位确认，以及其权利和义务的明确界定，进而影响了社会组织的自主发展及其与政府和市场的有效互动。制定一部全面的社会组织基本法已成为当务之急，这不仅是推动社会组织规范化发展的需要，还是深化国家治理体系和治理能力现代化的重要一环。法律和制度执行的问题同样不容忽视。已有的法律制度虽然在理论上为国家、社会、市场关系的良性互动提供了基础，但在实践中，法律的贯彻执行却遇到了难题。以基层群众性自治组织为例，虽然宪法明确了它们作为社会组织的自治性质，但在实际操作中，这些组织往往被视为政府行政部门的准执行机构，这不仅模糊了国家与社会的边界，还削弱了社会组织自身的自治功能。因此，提高法律和制度执行力度，确保法律在社会生活中得到实际应用，是进一步明确国家、社会、市场关系，促进社会组织独立性和自治能力发展的重要方面。

（二）组织层面问题

在国家、社会、市场关系的进一步变革中，组织层面的核心问题在于如何使社会组织成为真正独立和自治的实体，并在政社脱钩后期，政府提供必要的支持，促进其成长与发展。党的十八大报告对此有着明确的要求，强调加速形成政社分开、权责明确、依法自治的现代社会组织体系。这一目标的实现不仅要求社会组织具备独立性和自治能力，还要求政府和社会组织之间建立一种平等的合作关系。

独立性是社会组织自治的前提。只有当社会组织能够独立于政府之外，才能确保双方关系的平等，避免产生依附或被依附的不健康关系。这种独立不仅涉及组织的运作和决策过程，还包括财务和资源的自主管理。在这个基础上，政府与社会组织之间才能建立起委托人和代理人的健康关系，共同推进社会事务的有效管理和公共服务的提供。只是，我国社会组织的成长历程显示出一定的依赖性，主要是因为其发展初期依靠政府的建构和资源支持。这种历史背景造成了政府与社会组织间一定时期内的不平等关系。政府的支持虽旨在培育社会组织，使其能够承担起管理社会事务的职责，但政府中心主义的历史惯性、对控制的担忧，以及对拥有资源的自利考量，有时限制了对社会组织独立性和自治能力的全面支持。

一些社会组织在与政府脱钩后，短时间内难以实现真正的独立。特别是那些在人力、物力、财力资源获取上本就依赖政府的组织，缺乏独立运作的优势。在这种情况下，政府的扶持和支持变得尤为重要，它可以帮助社会组织从对政府资源的依赖转向资源的互依和共享，加快其成熟和独立的进程。

组织层面的问题解决，关键在于政府如何在促进社会组织独立与自治的同时，提供适时的支持。政府需要通过法律、政策和资源等方面的支持，确保社会组织能够在政社分开的大环境中健康成长，成为社会管理和公共服务提供中的重要力量。同时，社会组织应加强自身建设，提升自主管理能力，增强服务社会的能力，为构建和谐社会贡献力量。这一过程既是社会组织成长的过程，也是政府转变职能、优化治理结构的过程，对推动国家治理体系和治理能力现代化具有重要意义。

（三）价值理念层面问题

政府作为一个公共权威组织，拥有其他组织所不具备的特殊权力。根据马克思主义理论，政府行使的两大职能即政治统治和社会管理，前者关乎国家秩序和政权稳定，后者则涉及向社会提供公共产品和公共服务。在处理与社会和市场的关系时，政府主要活动于社会公共事务领域，旨在使市场和社会组织在社会管理和公共服务提供中发挥积极作用。然而，政府在实践中处理三者关系时，政务与事务往往未能明确区分，导致了政府角色的错位。① 这种错位在政府和社会组织提供公共产品和公共服务时表现得尤为明显，理应基于委托人和代理人之间平等关系的双方，有时却呈现出领导和被领导的等级关系，即便社会组织在某种程度上认可这一角色设定，这也反映出政府对社会组织培育的不足。由此产生的问题包括政府在资源配置中占据主导地位、社会组织行政化等现象，这些问题阻碍了社会组织发挥其应有的作用。

价值理念层面的改革需在明确政府、社会和市场三者关系中，清晰界定政府的角色，将政务和事务分开处理。这意味着，在社会管理和公共服务提供中，政府需退居监管者的角色，让社会事务由社会自主管理，市场事务由市场自主调节，政府则确保社会和市场有序运行。只有政府在适当

① 竺乾威．国家治理现代化与厘清国家社会市场关系[J].理论探索，2022（1）：44-51.

的场合以适当的身份行使职能，才能有效推动国家治理体系和治理能力的现代化，构建一种促进国家、社会和市场健康互动的新型关系。

政府需加强对社会组织的培育和支持，激发其自主性和创造力，确保其在提供公共服务和参与社会治理中发挥更大的作用。同时，通过法律体系和行为规范的进一步完善，为政府、市场和社会组织之间的有效互动提供坚实的制度保障。通过这些措施，能够促进公共资源的高效配置，提升公共服务质量，增强社会公平正义，为实现全面可持续发展奠定坚实基础。

第二章　乡村韧性治理概述

随着社会经济快速发展和城乡差距逐渐缩小，乡村韧性治理作为推动乡村振兴和实现农业农村现代化的关键途径，受到了国家和社会的广泛关注。这种治理不仅关乎乡村经济的繁荣、社会的和谐、环境的可持续，还涉及文化的传承和创新。乡村韧性治理的内涵与特征、理论基础以及发展历程，构成了理解乡村韧性治理策略的三大重要内容。通过深入探讨这些方面，可以为乡村治理实践提供科学指导和理论支持，促使乡村面对各种内外部挑战时展现出更强的适应性、恢复力和长期发展的内生动力。在这一背景下，有关乡村韧性治理的探索与实践，既是对乡村振兴战略的响应，也是对促进城乡融合发展、构建人与自然和谐共生的现代化建设新模式的积极尝试。

第一节　乡村韧性治理的概念提出、内涵与特征、体系构成

在乡村振兴的伟大征程中，乡村韧性治理作为一个重要的概念和实践路径，逐渐走入人们的视野。它不仅关系到乡村社会的稳定与发展，还是农业农村现代化的关键支撑。乡村韧性治理的提出，旨在应对乡村面临的各种挑战和风险，通过构建一个具有恢复力、适应性和转型能力的治理体系，促进乡村社会经济的可持续发展。本节通过对乡村韧性治理概念的提出、内涵与特征的阐述，以及对治理体系构成的分析，为乡村振兴提供更加科学、系统的治理途径和方法，为乡村发展注入新的活力和动力。

一、乡村韧性治理概念的提出

乡村韧性治理来源于国家与社会之间的相互作用和塑造过程。国家和

社会并非清晰分离的两个实体，而是界限模糊、紧密联系的复杂系统，其中国家的权力对社会各个方面进行全面控制，而基层社会的秩序维护依赖国家的权力。因此，尽管乡村韧性治理的动因源自乡村社会内部，其实施和发展却不可避免地需要国家的介入、支持和赋权。

在漫长历史的演进中，乡村韧性治理是国家稳定与社会团结的重要基石。传统社会时期，由于儒家文化推崇集中的权力文化，在基础设施和基层管理体系尚不完备的农业社会中建立了中央集权的君主政体。然而，由于国家治理能力的局限性，乡村依然保持了一定程度的自治空间。国家借助乡绅、宗族等非正式社会力量实行的乡村韧性治理成为传统社会的重要支撑，有效弥补了国家治理能力的功能性不足，使乡村社会成为滕尼斯所说的“自然的、先天和谐的共同体”①。

国际学界早已将目光投向韧性治理的研究，研究主题也在不断发展，从最初集中于自然灾害的应对扩展到了更加注重渐进式且复杂的人类活动干预等。在这一过程中，部分学者的研究范围已经扩展到乡村韧性治理的领域。奥利维拉（Oliveira）提出，乡村社会易受气候变化、市场波动和政治动荡的影响，韧性治理是乡村家庭和社区在面对各种冲击和压力时应对、适应和转变的能力。②罗宾（Robin）等开发了乡村韧性指数（rural resilience index），即一种适用于乡村和偏远地区的抗灾韧性评估指数，并提出公民参与、社区方法等治理手段可以提升乡村韧性。③杰夫（Geoff）等从社会因素、文化因素、经济因素、政治因素和自然因素探讨乡村韧性流失，建议通过全面治理提升乡村韧性。④在国际上，韧性治理的研究成果频繁触及乡村领域，主要从灾害管理的视角，探讨如何提升乡村在遭受灾害时的稳定性、恢复力和适应能力，同时聚焦于乡村规划以及防灾减灾

① 滕尼斯．共同体与社会：纯粹社会学的基本概念[M].林荣远，译．北京：北京大学出版社，2019：88.

② OLIVEIRA E. Governing for Resilience in Vulnerable Places[J]. Resilience-International Policies Practices and Discourses, 2019, 7（2）: 212-214.

③ ROBIN C, MARTI M.Community Disaster Resilience and the Rural Resilience Index[J]. American Behavioral Scientist, 2015, 59（2）: 220-237.

④ WILSON G A, HU Z, RAHMAN S.Community Resilience in Rural China：The Case of Hu Village, Sichuan Province[J].Journal of Rural Studies, 2018, 60（3）: 130-140.

的技术性治理方法。国内的研究者在探讨乡村治理问题时虽提到乡村社会和小农的韧性，但从宏观历史和国家战略角度深入探讨乡村韧性治理的研究较为缺乏。

国内的很多专家学者也在乡村治理研究中涉及乡村韧性或韧性治理等。例如，有关专家指出：乡村韧性逐步转换为包含尺度效应、反馈效应、地域特性三个维度的演进韧性[①]；韧性治理是乡村振兴的有效手段，需要构建经济韧性、环境韧性、社会韧性和文化韧性相结合的有机韧性治理结构[②]，能够唤醒乡村振兴的内生潜力。

在近代以来，伴随城市化进程的加速，乡村社会面临的不确定性日益增加。一是城镇化的迅速推进带来了乡村人口的流失和社区凝聚力的削弱等问题，使得传统的乡绅治理和强制治理模式不再符合日益开放的乡村环境。二是市场经济的快速扩张增强了农民的经济理性，农民越来越依赖城市来获取经济收益，这要求乡村治理不仅关注农业生产和乡村建设，还需适应城镇化的趋势，进行灵活治理。三是个体主义的兴起激发了农民的权益意识，加深了对个人利益的追求。这导致乡村治理主体原子化和分散化，传统的集中统一治理模式难以激励农民参与乡村振兴。城镇化、市场化和个体化的进程不仅削弱了乡村社会的内部凝聚力，还给乡村韧性治理带来了多重挑战，限制了乡村韧性体系建设的发展。

二、乡村韧性治理的内涵与特征

（一）乡村韧性治理的内涵

“韧性”最初指的是回弹至原始状态的能力，紧密关联于弹性恢复的特性，并与刚硬性形成对比。韧性特别突出了柔韧、灵敏和适应性的特点。在20世纪70年代，这一概念被自然生态学广泛采纳，主要用来描述系统面对外部干扰的应对能力，以及在一定阈值范围内的缓冲能力。基于社会

① 邱明丽，刘殿锋，刘耀林．乡村韧性理论框架与测度体系[J].中国土地科学，2021，35(8)：107-114.

② 许小玲．韧性治理视域下农村贫困地区乡村振兴实践路径研究[J].理论月刊，2021(7)：59-65.

生态系统的动力学视角，韧性被界定为系统在面临外来冲击时吸收干扰和重组以保持功能、结构、性质和反馈基本不变的能力。[①] 韧性包括能够从逆境中有效恢复并对将来发生类似的冲击进行预测和准备，具备在逆境中适应、学习、反馈、重构的能力。[②]

进入 21 世纪以来，国内外学者开始关注韧性在乡村领域的应用。[③] 乡村韧性，作为一个复杂而多维的概念，深刻体现了乡村系统在应对各类内外部冲击时的强大自我调整与恢复能力。它不仅是乡村社会、经济和生态环境在面对经济危机、社会问题、生态破坏、医疗卫生事件等冲击时保持稳定与持续发展的基石，还是乡村通过灵活适应与积极转型，实现发展路径优化升级的关键所在。乡村韧性强调乡村作为一个动态平衡的系统，在遭遇不确定性时能够展现出强大的抵抗力和恢复力。这种韧性不仅体现在乡村基础设施的抗灾能力和生态系统的自我修复功能上，还体现在乡村社会组织和经济结构的灵活调整与创新能力上。通过构建多层次的韧性机制，乡村能够在危机中保持稳定，在变革中把握机遇，实现可持续发展。

乡村韧性的增强，对于实现乡村可持续发展具有重要意义。增强乡村韧性，不仅有助于乡村有效应对各种外部冲击，保持乡村社会的稳定与和谐，还能推动乡村经济结构的优化升级，提升乡村的整体竞争力。因此，深入研究乡村韧性治理体系的构建，探索提升乡村韧性的有效途径，对于推动乡村振兴战略的实施具有重要的理论价值和实践意义。

韧性治理是应对社会风险的基础，且其作为一种治理模式体现国家治理能力。韧性治理与国家治理能力之间是相互依托的关系，韧性治理需要以国家治理能力为依托，国家治理能力需要韧性治理来夯实。[④] 虽然乡村韧性治理的含义涉及很多内容和角度，但重点是系统面对各种风险和挑战

---

① 易承志，龙翠红．风险社会、韧性治理与国家治理能力现代化[J]．人文杂志，2022（12）：78-86．

② 王东杰，谢川豫，王旭东．韧性治理：城市社区应急管理新向度[J]．江淮论坛，2020（6）：33-38，197．

③ 王向彬，朱铨．乡村韧性研究进展与展望[J]．资源开发与市场，2022，38（3）：321-327．

④ 易承志，龙翠红．风险社会、韧性治理与国家治理能力现代化[J]人文杂志，2022(12)：78-86．

时所需具备的能力集合，这包括有效适应能力、冲击应对能力、快速恢复能力、内生学习能力和创新发展能力等。同时，它是多种治理的有效组合，有着丰富内涵，如图 2-1 所示。

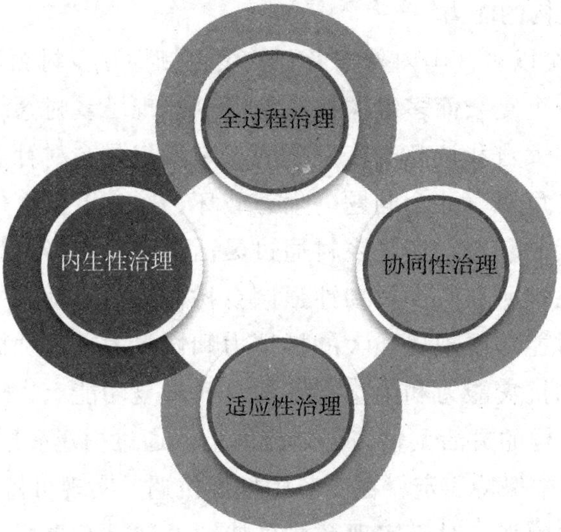

图 2-1　乡村韧性治理的构成

乡村韧性治理作为一个多维的概念，其内涵体现在对系统持续成长性和动态性的关注方面，具有“应对”“适应”“恢复”“发展”四重指向的特征。这不仅涉及乡村社会在遭遇环境变化和外部冲击时的反应机制，还包括乡村系统在不同阶段对变化环境的适应过程，以及其在面临危机时应对、恢复、创新、发展的全过程。

在“应对”层面，乡村韧性治理强调对潜在风险和挑战的预见与准备，旨在通过前瞻性的规划和策略，减轻外部冲击对乡村社会的影响。这要求乡村治理体系具备高度的警觉性和灵活性，能够在危机发生前采取有效措施，减少损失和影响。在“适应”层面，乡村韧性治理侧重系统在遭受冲击后的调整和适应能力。这一过程不仅包含了对当前环境变化的快速响应，还涵盖了对未来可能变化的预测和准备，确保乡村社会能够在变动中保持稳定和发展。适应性治理要求乡村能够在环境变化背景下，通过调整内部结构和功能，维持系统的整体稳定和持续发展。在“恢复”方面，乡村韧性治理关注乡村社会在经历冲击后的恢复能力。这不仅指物质资源的重建和社会秩序的恢复，还包括通过灾后重建过程，促进社区的团结与协作，增强乡村社会的内聚力。恢复过程中的治理措施，有助于快速恢复乡村的正常运作，同时借此机会改善和提升乡村的基础设施与社会服务，促进长期可持续发展。在“创新”层面，其不仅体现为技术层面的更新换代，还涵盖了治理理念、方法和机制的全面革新。面对日益复杂多变的环境和挑战，乡村社会必须摒弃传统的、僵化的治理模式，积极探索适应新时代要求的创新路径。具体而言，创新层面要求乡村在农业生产、生态保护、文化传承、社会管理等各个领域引入新的理念和技术，推动乡村产业转型升级，提升乡村社会的整体竞争力。同时，乡村治理体系需要不断创新，以适应新的社会结构和民众需求，实现更加精准、高效和人性化的治理。通过创新，乡村社会能够不断挖掘新的发展机遇，增强自身的适应能力和抗风险能力，为实现长期稳定发展奠定坚实基础。在“发展”层面，乡村韧性治理框架下的发展不仅仅局限于经济层面的增长，还涵盖了经济、社会、文化、生态等多个维度的全面提升。经济上的发展意味着乡村产业结构的优化升级，农业现代化的深入推进，以及乡村经济的持续稳定增长。社会上的发展要求乡村社会建立完善的公共服务体系，提升乡村居民的生活质量和幸福感。文化上的发展强调乡村文化的传承与创新，促进乡村文化的繁荣发展。生态上的发展注重乡村生态环境的保护与修复，实现人与自然的和谐共生。通过全面发展，乡村社会能够构建更加稳固、健康、可持续的发展体系，不断提升自身的韧性和适应能力，以应对各种挑战和风险，实现乡村社会的全面振兴和繁荣。

乡村韧性治理的实践不仅关注眼前问题的解决，还重视对问题的深入分析和掌握，强调在不断的学习和实践中积累治理经验。这一过程促使治理主体不断反思和调整治理策略，以适应复杂多变的外部环境。

在乡村韧性治理框架中，政府、社会组织、市场（经济）组织、居民，以及专业公司等多种主体需要通过有效的衔接和配合来实现预定目标。这种治理模式的成功依托于资源和技术的全面支持，旨在实现人力、资金、物资等资源的最优化配置，以促进治理过程中各方面的协同作用，包括主体间的协同、责任分担、资源共享、技术整合以及平台联动。在乡村韧性治理中，政府的作用主要体现在提供政策支持、资金投入，以及治理框架的制定等方面，确保治理活动能够在有序且有效的环境下进行。社会组织和居民为治理过程的直接参与者，他们的积极参与不仅能够提高治理活动的实施效率，还能增强治理成果的持久性。专业公司则通过提供专业知识、技术解决方案和管理经验，为乡村韧性治理提供技术保障和实践指导。资源的优化配置是乡村韧性治理能够有效实施的关键。这不仅包括物质资源的分配，还涉及信息资源的共享、技术资源的应用和人力资源的合理安排。通过整合和优化这些资源，乡村韧性治理能够在面对自然灾害、经济压力、社会变革等挑战时，展现出更强的适应性和恢复力。乡村在韧性治理过程中还强调治理主体间的协同作用，但这种协同不仅表现为各治理主体间的合作，还包括在治理理念、目标设定、责任分配等方面的一致性和互补性。通过实现主体协同、责任协同、资源协同、技术协同，以及平台协同，乡村韧性治理过程中能够构建一个整体性的治理网络，提高治理效率，增强乡村社会的整体韧性。

乡村韧性治理作为一种动态的治理过程，展现了其持续发展的特性，也体现出高度的复杂性、流动性和不确定性。这种治理模式要求能够灵活应对外部环境的不断变化，这需要依赖实时数据的收集与分析，以做出适应性强的决策。韧性治理的核心在于对问题观察和分析的重视，通过对问题的深入观察及追根溯源的分析，实现动态的调整和学习，从而采取最为有效的解决策略，以期达到针对性治理和因地制宜的目标。

乡村韧性治理的过程中，信息的角色至关重要。实时的数据收集和分析为治理主体提供了必要的信息支持，使决策过程更加科学和合理。这种基于信息的治理方式，要求乡村治理主体具备快速捕捉和挖掘信息的能力，以及将这些信息转化为决策依据的能力，这对于提高治理的适应性和有效性至关重要。韧性治理过程中对问题观察和分析的强调，促使治理主体不仅要关注眼前的挑战和问题，还要深入理解问题的本质和根源。通过这种方式，治理主体能够根据问题的具体情况，采取较具针对性的治理措施，实现“对症下药”和“因事制宜”的治理效果。乡村韧性治理实践因而成为一种高度动态和灵活的过程，它不仅要求治理主体具备快速应对变化的能力，还要求其具备深入理解和分析问题的能力。在这个过程中，治理主体通过不断的观察、学习和调整，提高了治理的适应性和有效性，从而能够在面对不断变化的外部环境和内部挑战时，保持乡村社会的稳定和发展。

乡村韧性治理的核心在于促进可持续性、创新性发展，这一目标的实现依赖系统内在动力的激发和加强。在面对外部环境的干扰和挑战时，系统内部的自主动力越是强劲和持久，其抵御压力的能力和效果就越显著。韧性治理强调的是系统内部自发性和参与机制建构，核心要素是村民这个关键主体，因此其基本出发点和落脚点是“人民性”。这一理念深植于传统文化之中，扎根于当地社会和人民之中，强调治理活动是为了人民的福祉，依靠人民的力量，最终成果由人民共享。

乡村韧性治理高度重视村民的主体地位和作用。它倡导通过激发乡村社区内部的自发性活力，建立起以人民为中心的治理机制。这不仅意味着要充分调动和利用乡村社区的传统智慧和资源，还意味着要通过创新和改革，引入新的思维方式和治理模式，以适应不断变化的外部环境和内部需求。在这一过程中，系统内生动力的培养和加强变得尤为重要。这包括提高乡村居民的自我管理能力、自我服务能力和自我发展能力，通过教育、培训和信息共享等手段，增强乡村社区的整体竞争力和适应性。同时，乡村韧性治理强调发挥本土文化和乡土资源的独特价值，促进乡村特色和文化遗产的保护与传承，从而增强乡村社区的凝聚力。乡村韧性治理的可持续性同样离不开外部支持和资源的注入。但是，政府、社会组织和其他利益相关方在提供资源支持的同时，要充分尊重乡村社区的主体地位，采取更加开放和包容的态度，与乡村社区建立平等合作的关系，共同探索和实践适应当地实际情况的韧性治理模式。

乡村韧性治理可以理解为在风险社会背景下，由公共权威主导的多元化主体通过建立紧密的合作网络和多样的互利关系，实行科学、敏捷和高效的风险管理策略与组织动员措施，旨在增强乡村社区对各种风险冲击的抵御能力的一系列实践和过程。简而言之，对乡村韧性治理的理解可以从“政策机制—多维整合—才能释放”这三个主要方面来展开。

一是政策机制方面。政策机制，作为社会系统中规范行为和约束关系的一套规则体系，构成了治理活动实施的基础和依据。这些机制的核心功能在于权威性地界定各治理主体间的相互关系，同时为各利益相关方的行为提供合理的预期，确保乡村社区整体能够基于一致的行动原则和目标，有效应对重大突发公共事件。政策机制的建立，首要明确各主体在乡村韧性治理中的角色和责任，具体包括政府、社会组织、乡村居民以及其他参与方，要确保他们在治理过程中的职责明确、行为规范，以及相互协作的机制健全。通过权威性的政策指导，各方能够在共同认可的框架内，有效地协同工作，共同推进乡村韧性治理的实践。进一步而言，政策机制还需要为乡村韧性治理提供稳定可靠的行动指南和决策支持。这涉及如何在不同阶段和面对不同类型的风险时，制定和调整应对策略，以确保乡村社区能够快速适应环境变化，有效地管理和减轻风险带来的影响。因此，政策机制的设计与实施要具有前瞻性和适应性，能够根据乡村社区的实际情况和需求灵活调整。政策机制还应鼓励和促进乡村社区内部与外部资源的互动与整合。通过建立开放、互惠的合作伙伴关系，乡村社区可以更好地利用外部资源和技术，增强自身的韧性能力。同时，政策机制应支持乡村社区内部的创新和学习，鼓励居民积极参与治理过程，通过共享知识和经验，提升乡村社区的自我管理和自我恢复能力。

二是多维整合方面。乡村韧性多维整合的形态主要体现在两个方面：一是乡村之间通过互动合作关系，为实现共同目标而展开协作，这种跨乡村的整合对于资源共享和能力提升具有显著意义；二是乡村内部，以政府为核心，涵盖多元社会主体间形成的合作网络，这种内部多维整合的深度和广度直接影响到乡村的组织动员能力和整体治理效率。乡村间的多维整合强调了区域内部乡村之间的相互支持和资源共享。在这种模式下，乡村不再是孤立的单元，而通过网络互联，共同面对外部挑战，共享内部资源。这种跨乡村的合作能够显著增强单个乡村的资源获取能力，提升整体的韧性水平，使得区域内的乡村能够共同应对自然灾害、经济变迁等外部风险。乡村内部的多维整合则体现为政府与社会组织、企业、居民等多元主体间的紧密合作。政府在这一过程中起着关键的引导和协调作用，而社会组织、企业和居民则通过参与到乡村治理中，共同构建一个包容、协作的治理生态。这种内部的多维整合不仅促进了政策的有效实施，还增强了乡村社会的内生动力，提升了乡村应对复杂问题的能力。

在实践中，乡村韧性治理的多维整合要求政府在确保政策导向和提供必要支持的同时，积极创造条件，促进乡村内外部各方面力量的整合和协作。这包括优化政策环境，激发社会主体的参与热情，提供平台和机会让乡村内外资源得以有效整合，从而形成强有力的乡村治理网络。

三是才能释放方面。这一维度强调的是乡村管理者运用制度和规范来管理乡村事务的能力，包括科学决策、高效协同和扎实执行等关键能力。尽管这些能力与制度体系紧密相关，但它们并不完全等同于制度体系本身。从总体上看，与韧性治理相关的关键能力主要涵盖了风险预判、风险准备、科学决策和风险学习等几个方面。

风险预判的能力是指乡村管理者能够有效识别和评估潜在风险，以及这些风险可能为乡村社区带来的影响。这要求管理者具备敏锐的洞察力和前瞻性思维，能够在风险发生之前采取预防措施，从而减少风险带来的负面影响。风险准备的能力涉及制定有效的应对策略和准备计划，以确保乡村社区在面临风险时能够迅速且有效地进行响应。这包括建立应急响应机制、资源调配和能力建设等，旨在提高乡村社区的应变能力和恢复力。科学决策的能力是管理者在面对复杂多变的乡村治理环境时，能够基于数据和事实，运用逻辑和理性思维做出最合适的选择。这要求管理者不仅要具备深厚的专业知识和丰富的实践经验，还需要能够有效利用科技工具和方法，以提高决策的准确性和效率。风险学习的能力指的是乡村管理者在经历风险事件后，能够从中吸取教训，不断改进和优化治理策略和方法。这种持续学习和自我完善的过程，是提升乡村韧性治理能力的重要途径，也是增强乡村自主创新和内生可持续发展能力的过程。

在现代科技迅猛发展的背景下，数字技术在乡村韧性治理中的角色变得日益重要。这一技术进步不仅为治理提供了新的工具和方法，还为提高乡村治理的质效提供了支撑。科技作为乡村韧性治理框架的一个支持性因素，对于制度执行、网络运营以及能力提升均具有赋能作用，显著增强了乡村在面对重大突发事件时的敏捷性、应变能力和适应性。

除了上述三个方面，科技的应用能够增强乡村韧性治理的精准性和高效性。通过数据分析、人工智能等技术手段，可以对乡村治理的需要进行精确诊断，制定更为科学、合理的政策与措施。同时，数字技术的运用还可以优化政策的传达和实施过程，如通过电子政务平台等渠道可实现信息的快速流通，确保政策指导和资源分配的及时性与准确性。数字技术在加强治理网络运营方面发挥着至关重要的作用。通过构建数字化平台，乡村之间以及乡村内部各治理主体之间的沟通与协作变得更加便捷高效。这些平台不仅促进了信息共享，还提供了合作与互动的新空间，使得多方利益相关者能够在虚拟环境中实时交流、共同参与决策过程，增强了整个乡村治理网络的凝聚力和协同效应。科技在提升治理能力方面起到了核心作用。数字化工具和智能化解决方案为乡村治理提供了明显助力，包括风险监测预警、灾害应急响应、资源优化配置等多个方面。这些技术不仅能够帮助乡村管理者及时了解和应对各种风险和挑战，还能够帮助他们提炼出宝贵的治理经验和策略，为乡村韧性治理的持续改进和创新提供数据支撑和智能指导。

（二）乡村韧性治理的主要特征

乡村韧性治理是在遭遇外部干扰时展现出的快速响应与灵活适应的风险治理，它能在紧急情况下保证系统连续运作。另外，通过及时的反应和学习调整，乡村韧性治理体系以动态方式适应环境的变化，并以此为契机实现创新性发展。与传统的风险管理体系相比，韧性治理体系展现了自己的特性。

一是快速准确的风险识别。通过科学的数据收集和分析，全面的风险评估，基于此的快速、准确预测和预警，以及快速准确的风险识别，为乡村社区面对各种外部冲击提供了坚实的基础。在乡村韧性治理中，风险识别不仅是风险管理的起点，还是确保快速、有效响应危机的关键。通过科学的方法进行实时数据的收集与分析，以及全面的风险评估，韧性治理体系能够实现对潜在风险的快速识别，从而显著提高预测的准确性和及时的预警能力。在数字化时代背景下，利用高科技手段，如大数据分析、云计算和人工智能等技术，可以有效地对乡村环境进行实时监控，捕捉到可能的风险信号。这种基于科技的风险监测和评估机制，能够大幅缩短识别风险的时间窗口，为采取应对措施赢得宝贵时间。全面的风险评估是韧性治理中不可或缺的一环，这要求乡村治理者不仅要关注显而易见的风险点，还要对可能的风险源进行深入挖掘和分析，包括自然灾害、经济波动、社会变动等。通过全面系统的风险评估，可以确保治理措施的全面性和针对性，避免在面对复杂多变的外部环境时出现盲区。

二是全面准确的风险响应。风险响应作为风险治理的核心环节，其效率和灵活性直接影响风险治理的成效。乡村韧性治理体系通过对不同类型和程度的风险采取差异化的措施和策略，展现了对危机的高度适应性和灵活响应能力。乡村韧性治理体系强调对风险的多维度识别和分析，这为实施有针对性的风险响应措施提供了基础。这种多维度识别涵盖了自然灾害、社会经济变动、技术故障等多方面的风险因素，确保了风险管理的全面性。基于这种全面的风险识别，乡村管理者能够根据风险的具体特点，制定相应的预警和应对策略，实现对不同风险的差异化响应。乡村韧性治理中的响应策略不仅注重应急反应，还重视提升系统的自我调节和恢复能力。这意味着在面对风险时，乡村治理体系能够根据实际情况快速调整其响应措施，如调配资源、激活社区网络、利用科技手段等，以最有效的方式应对危机。

三是动态的风险学习。动态的风险学习强调通过建立和完善风险学习机制，充分利用历史经验和教训，持续优化治理策略和体系，从而提高治理效能和适应性。这一过程不仅涉及对过去事件的反思和总结，还关注如何将这些学习成果应用于未来的风险管理和应对中，确保乡村社区能够更好地预防和减轻潜在风险的影响。

动态风险学习机制要求对历史事件进行深入分析，挖掘其中的风险成因、影响及应对措施的有效性，以便积累宝贵的经验知识。这一过程中不仅需要收集和整理相关数据和信息，还需要通过专业的评估和分析方法，如案例研究、故障树分析等，对事件进行系统性的解读。动态的风险学习强调建立起一个持续的知识更新和信息共享平台，通过这个平台，乡村管理者和社区成员可以实时获取最新的风险管理知识、技术和策略，以及其他社区的成功经验和教训。这种信息共享和知识传播机制，不仅有助于提升个体和社区的风险意识和应对能力，还促进了乡村韧性治理体系的整体进步和创新。动态风险学习还要求乡村韧性治理体系灵活适应环境变化，根据新的风险情境和学习成果，及时调整和优化治理策略和措施。这要求乡村治理体系具有较高的灵活性和适应性，能够基于风险评估和预测，采取预防性和主动性的治理措施，从而有效提升乡村社区的韧性和恢复力。动态风险学习机制还涉及对乡村韧性治理体系本身的持续评估和改进。通过定期的绩效评估和反馈机制，可识别治理体系中的薄弱环节和改进空间，进而采取针对性的改进措施，不断提升治理体系的效能。

四是可塑的环境适应。环境适应是风险治理的主要目标之一。以系统可持续发展为目标的韧性治理过程中，可根据外部挑战的多样性，迅速采取相应措施，确保系统在各种环境下的稳定性和持续增长，进而达到环境动态适应的效果。在遭遇多层次风险冲击时，制定具有弹性的适应性韧性治理策略，是提高公共安全治理效能的根本需求。

三、乡村韧性治理体系的构成

韧性治理体系是一个综合系统，它集成了治理指导思想、治理施动者、治理规则、治理机制、治理手段、治理资源等多个要素。

一是治理指导思想。治理指导思想是构建任何治理体系的核心和灵魂，特别是在构建韧性治理体系时，它的重要性更是不言而喻。这种指导思想不仅为治理体系提供了运行的理论基础，还赋予了治理体系面对外部挑战时的动态适应能力，成为有效应对外界变化的关键。在风险频发的现代社会，传统的风险管理体系往往仅仅追求在遭遇冲击后恢复到先前的稳定状态，但在面对复杂、多变的现代风险挑战时显得力不从心。相比之下，韧性治理的指导思想强调的是适应性和持续性，突破了传统方法的局限。

韧性治理指导思想的核心在于它促使治理体系在遇到外部环境的挑战时，会通过灵活而有效的应对策略，对风险进行主动管理和适应，从而保障甚至促进系统稳健运行。这意味着，韧性治理不单是对当前风险的应对，还是对未来潜在风险的预防和准备。这种思想强调了预见性、主动性和创新性，要求治理体系根据环境变化和内部发展需要，不断调整和优化治理策略和措施，以实现系统的可持续发展和长期稳定。

二是治理施动者。治理施动者是治理任务的具体实施者。治理执行者扮演着实施治理任务的关键角色。在当代社会，随着风险元素的增加及其复杂性的上升，对于风险的有效应对不可避免地涉及强有力的治理实体。传统的风险管理多依赖政府的单一作用，但现代风险管理的复杂性已经远远超出了单个政府应对的能力范畴。韧性管理，旨在确保系统的连续运作和对环境变化的适应性，需要多个参与者协同努力。因此，构建一个包含政府、企业、非政府组织、社区和个人居民等多元参与者的网络化风险管理体系变得尤为重要。政府在这个体系中仍旧扮演着领导角色，包括中央和地方政府的协同工作，中央政府负责顶层设计和战略决策，而地方政府负责实施和执行。社会组织则凭借其专业性、公益性和自愿性，补充政府的功能，提升风险管理的效率，扩大风险管理的覆盖面。企业作为社会经济的组成部分，其资源、经验和技术在韧性管理中同样不可或缺，企业的社会责任感也驱使其积极参与其中。基层社区作为社会结构的基础单元，在风险识别和初步应对中发挥着至关重要的作用。最后，居民个体作为风险的直接受影响者，其参与和协作是实现有效风险管理的基础。这样一个全方位参与的治理体系，能够更全面、有效地应对现代社会的复杂风险挑战。

三是治理规则。治理规则构成了治理体系中规范行为的基础框架，一系列正式和非正式的规则指导和约束风险治理的过程。为了构建一个具有韧性的风险治理体系，必须依赖一个坚实且全面的制度。这些治理制度不仅包括应急立法，还涉及应急预案和应急文化等方面，它们共同构成了韧性治理体系的规则基础。

应急立法作为治理规则的重要组成部分，通过法律法规和规章等形式，为风险治理提供了权威性、稳定性和可预期性的基础。应急立法明确了应对风险的目标、任务、职责以及管理流程，为韧性治理的有效实施提供了法律保障。在动态适应性治理的背景下，应急立法确保治理体系能够在法律框架内灵活应对各种风险挑战，从而提升治理的韧性。应急预案是对应急立法的具体化和细化，它基于法律法规和规章的宏观指导，针对具体的风险情境提供了操作性强的应对指南。应急预案详细规定了面对特定风险时的组织结构、应对流程和保障措施，确保了风险管理的有效性和针对性。通过制定详尽的应急预案，韧性治理体系能够在遇到风险时迅速启动预定方案，有效应对和缓解风险影响。应急文化作为一种非正式制度，在韧性治理体系中同样发挥着关键作用。应急文化通过影响组织成员的价值观、行为习惯和决策方式，间接地支持和促进了韧性治理的实施。一种积极的应急文化能够增强组织成员的风险意识和危机应对能力，促使他们在面对风险时主动采取有效措施，增强整个体系的适应性和恢复力。

四是治理机制。治理机制在风险治理中定义了系统内各要素的相互作用和协同过程，是系统对环境变化做出弹性适应的关键。治理机制通过准备、回应和恢复这三个环节的有机结合，构建起一个能够动态适应环境变化、有效应对各种风险挑战的乡村韧性治理体系。这种机制不仅要求系统内部的各个要素具有高度的协同性和适应性，还要求与外部环境中的资源、力量和信息进行有效的互动和利用，以实现系统的持续稳定和可持续发展。

准备环节是韧性治理与传统治理之间的一个显著区别，体现为系统对潜在风险的预警和预备能力。韧性治理要求系统对环境变化保持高度敏感，通过提前准备和规划来应对可能的风险挑战。这包括但不限于风险识别、风险评估、资源分配和应急预案的制定等，旨在通过提前的准备工作减少风险的负面影响。回应环节是韧性治理的核心，涉及系统对实际发生的风险事件的即时反应。在面对外部扰动和冲击时，系统需要通过调整其功能和行为来适应环境变化，尽可能地维持系统的基本运行。这不仅需要系统内部的快速动员和资源重组，还涉及对外部资源的有效利用，以及危机期间的决策制定和实施。恢复环节是韧性治理追求的终极目标，关注系统在经历风险事件后如何迅速恢复到稳定状态。这种稳定状态可能是恢复到原始状态，也可能是达到一个新的、更有韧性的稳定状态。重点是通过系统的自我修复和调整，加快恢复过程，减少风险事件对系统运行的长期影响。

五是治理手段。治理手段是实现韧性治理目标所采取的一系列方法和技术的集合，对于韧性治理体系至关重要。这些手段可以从广义和狭义两个角度来理解。广义上，治理手段包括一切有助于实现风险治理目标的政策、策略、方案和技术等。狭义上，其则更加侧重具体的技术和方法，特别是在风险治理实践中直接应用的技术手段。

随着技术的进步，尤其是互联网和信息技术的迅速发展，大数据、云计算、人工智能等新兴技术已经成为推动韧性治理的关键工具。这些技术的应用不仅提高了风险治理的效率和效果，还为韧性治理提供了新的视角和方法。例如，大数据技术能够处理和分析海量的数据，帮助治理主体更准确地识别和评估风险，以及更有效地监测风险发展趋势。云计算提供了强大的数据存储和计算能力，支持快速部署和执行复杂的风险治理模型和算法。人工智能技术，尤其是机器学习和深度学习，能够在风险预测、决策支持和风险响应等方面提供智能化的解决方案，使风险治理更加精准和智能。除了技术手段，治理策略和政策措施也是实现韧性治理目标的重要手段，具体包括制定全面的风险管理计划、建立应急预案、进行风险教育和培训、加强社区参与和公众沟通等。这些手段能够提升社会对风险的认识和应对能力，构建起社会广泛参与的韧性治理体系。

六是治理资源。治理资源作为韧性治理体系中的核心要素之一，指的是在乡村治理过程中所依赖的各种物质、非物质性资源的总和。这些资源不仅为乡村治理提供了必要的支撑和保障，还是实现乡村韧性发展的重要基础。

治理资源涵盖了乡村地区的物质资源，如土地、水源、基础设施等自然资源，以及农业生产资料、机械设备等物质资本。这些物质资源是乡村治理的物质基础，为乡村经济发展和社会进步提供了重要支撑。通过合理利用和保护这些资源，乡村治理能够有效提升农业生产力，改善农村生活环境，促进乡村可持续发展。同时，治理资源还包括乡村社会的非物质性资源，如人力资源、文化资源、社会资本等。人力资源是乡村治理的重要动力，包括乡村干部、村民代表、专业技术人员等。他们具备丰富的实践经验和专业知识，能够为乡村治理提供智力支持和决策参考。文化资源是乡村治理的精神支撑，包括乡村传统文化、民俗风情等。通过挖掘和传承这些文化资源，能够增强乡村社会的凝聚力和向心力，提升乡村治理的文化软实力。社会资本则是乡村治理的社会基础，包括信任、合作、互惠等社会关系网络。这些社会资本能够促进乡村社会成员之间的交流与合作，推动乡村治理的民主化和科学化。另外，治理资源还包括外部资源，如政策扶持、资金投入、技术支持等。这些外部资源能够为乡村治理提供必要的帮助和支持，推动乡村治理体系的完善和发展。

第二节　乡村韧性治理的理论基础

乡村韧性治理的理论基础深植于多学科的交汇与融合，涉及社会生态系统理论、可持续发展理论，以及灾害风险管理理论等关键领域。这些理论框架不仅为乡村韧性治理提供了坚实的科学基础，还指明了乡村治理实践的方向和路径。社会生态系统理论强调了乡村社会与自然环境的密切联系，揭示了乡村社区如何与环境相互作用、适应和演变。可持续发展理论则提出了在满足当代需求的同时不损害后代满足需求能力的理念，为乡村发展提供了长远的视角。灾害风险管理理论更是直接关联乡村面对自然灾害与社会风险时的应对策略，强调了预防、准备、响应和恢复的重要性。这一节将深入解读这三大理论框架如何为乡村韧性治理提供理论支撑，指导乡村在面对挑战和不确定性时保持稳定、适应性和创新能力，进而实现可持续发展。

一、社会生态系统理论

社会生态系统理论为乡村韧性治理提供了一个全面、动态和系统的理论框架，它将乡村社区视为一个复杂的社会生态系统，其中生态系统和社会系统之间存在着密切的相互作用和依赖关系。这一理论的核心观点在于，系统的韧性不单指生态维度的稳定性和恢复力，同时涉及社会维度的适应性、学习能力和创新能力。在这一理论视角下，乡村韧性治理的目标变得更加全面，即在维护生态系统健康和稳定的同时，要提高社区对外部变化和冲击的适应性和响应能力。

社会生态系统理论强调的几个关键概念，包括适应性管理、社会学习和自组织能力，为乡村韧性治理提供了重要的理论支撑。适应性管理强调在面对不断变化的外部环境时，管理策略和实践需要保持灵活性和动态性，能够根据环境变化及时调整，以确保乡村治理的有效性和持续性。这种管理方式鼓励对已有管理实践的持续审视和评估，确保治理策略能够适应新的挑战和机遇。社会学习则关注社区成员之间的互动和经验交流，通过共同探索和学习可提升社区对复杂问题的认识，促进解决方案创新。知识和经验的共享可以促进个体和集体的学习过程，加强社区成员面对不确定性和风险时的应对能力。社会学习不仅促进了知识的累积和传递，还增强了社区内部的凝聚力和共识，为乡村韧性治理提供了社会文化支撑。自组织能力则揭示了社区在没有外部强制干预的情况下，通过成员间的互动和合作，自然形成有效的治理结构和应对策略的能力。这种能力体现了社区内在的动力和创新潜力，使其能够自发地识别和解决问题，提高了社区对外部压力和内部变化的适应性和韧性。自组织能力的强化，可促进乡村社区的自治和自我管理，提升乡村治理的效率和效果。

以适应性管理为例进行展开论述：适应性管理理论提倡在治理结构和过程中加入灵活性和适应性的元素，确保治理策略能够随着环境的变化和新的学习成果进行相应的调整。这一理论的核心在于，有效的治理并非一成不变，而是一个持续适应和学习的过程，能够针对外部环境的变化做出快速反应。在乡村韧性治理的背景下，适应性治理的实施尤为重要。乡村社区面临的环境和社会经济条件在不断变化，这要求乡村治理体系具备应对即时挑战能力的同时，预见未来的变化趋势，并据此调整治理策略，以维持或增强系统的韧性。适应性治理通过强调与环境条件和社区需求同步的治理策略和行动，为乡村社区提供了一个持续发展和应对变化的有效框架。适应性治理理论的实施涉及多个方面。首先，需要建立一个能够快速响应环境变化的决策制度，这包括构建灵活的治理结构和流程，以及确保决策过程中能够充分利用最新的信息和知识。其次，适应性治理强调跨部门和多层级的合作，面对复杂的乡村治理挑战，需要通过跨领域合作来整合资源和知识，形成综合应对策略。此外，适应性治理还要求加强社区参与，通过激发社区成员的积极性和创造性，促进知识的共享和学习，增强社区对变化的适应能力。适应性治理实践要求治理主体能够识别和评估乡村系统面临的风险和机遇，基于持续的监测和评估结果调整治理策略。这种动态的治理方式能够促进乡村社区在不断变化的环境中保持稳定发展，同时为乡村韧性治理提供了一种有效的理论支持和实践路径。

社会生态系统理论对乡村韧性治理的启示在于，乡村社区治理需要超越传统的、单一维度的干预措施，转向综合和系统的管理方法。这意味着在治理实践中，不仅要考虑环境保护和生态恢复的需要，还要关注社会经济发展、文化传承和社区凝聚力的构建。例如，通过促进绿色经济和可持续农业的发展，不仅可以改善生态环境，还能为社区提供经济上的稳定性和发展动力；通过教育和培训增强社区成员的环境意识和技能，可以强化社区的自我管理和自我恢复能力；通过鼓励社区内部的沟通和合作，可以提高社区对外部变化的适应性和整体的韧性。社会生态系统理论还强调治理策略的地方性和特定性。由于每个乡村社区的自然环境、社会结构和文化背景都有所不同，因此韧性治理的策略和措施也需要根据具体情况进行定制和调整。这要求治理者具有较强的系统思维能力和现场适应能力，能够准确识别社区的特定需求和潜在风险，制定出既符合生态原则又贴合社会实际的治理方案。

二、可持续发展理论

可持续发展理论为乡村韧性治理提供了一个广阔的视角，强调在追求经济增长、社会福祉和环境保护三者之间取得平衡的同时，确保当前和未来世代人的需求得到满足。这一理论的核心在于促进经济、社会与环境三个维度的协调发展，避免为了短期利益牺牲长期的可持续性。在乡村韧性治理的背景下，可持续发展理论着重于如何通过维持乡村生态系统的健康与稳定，支持乡村经济的持续增长和社会福祉的提升，使乡村社区能够适应外部变化和挑战，保持长期稳定和繁荣。乡村韧性治理实践中，需要综合考虑经济、文化、社会和环境四个维度的需求和目标，采取灵活的策略和措施，以提高乡村社区的适应性、抵御能力和恢复力。

经济维度上，乡村韧性治理要促进乡村经济持续健康发展。这不仅包括增强乡村产业的竞争力，提升农业生产效率和质量，还包括鼓励乡村创新和创业，发展乡村旅游、绿色能源等新型产业，以及优化乡村产业结构，增强乡村经济的多样性和抗风险能力。

文化维度上，乡村韧性治理中必须发挥文化的基础性、根源性功能。在乡村韧性治理过程中，文化韧性至关重要，它通过保护和传承优秀传统文化、推动文化创新和发展、培育乡村文明新风尚等方式，可以增强乡村社会的文化韧性，为乡村振兴和可持续发展提供强大的精神支撑和动力源泉。

社会维度上，乡村韧性治理注重提升乡村社会的公平性和包容性，改善基础设施和公共服务，提高乡村居民的生活质量和福祉。此外，加强乡村教育和培训，提升居民的知识和技能，增强他们对变化的适应能力和参与乡村发展的能力亦是关键。

环境维度上，乡村韧性治理强调保护和恢复乡村生态环境，实施可持续的农业和资源管理实践，减少环境污染和生态退化，保持生态系统的多样性和稳定性。提升乡村环境质量，不仅有助于维持乡村社区的健康和福祉，还为乡村经济的可持续发展提供了基础。

三、灾害风险管理理论

灾害风险管理理论专注于实施一系列措施，如预防、准备、响应和恢复，以降低自然和人为灾害的负面影响。在乡村韧性治理的框架下，这一理论进一步强调了预防和准备工作的重要性以及灾后的快速恢复能力。自然灾害对全球范围内的经济和社会发展构成了重大障碍，尽管无法完全补偿自然灾害造成的损失，但通过灾害风险管理的积极实施，可以有效降低灾害带来的损害。

国际上对灾害风险管理的最新研究突出了系统性和全面性的综合管理方法。这些研究主要围绕几个关键方面展开：首先，对灾害风险结构进行了明确的分析，强调灾害风险因子、承灾体及其易损性之间的关系。其次，界定了灾害风险管理的主要目标，即通过全面识别、评估、控制和处理各类自然灾害风险，以实现最大程度的安全保护。此外，灾害风险管理的过程已从传统的灾前预测和灾后响应扩展到长期的预防和灾后重建。灾害风险管理的空间范围也得到了扩展，以适应不同地理区域大小和复杂性带来的管理挑战。同时，对多种自然灾害实施综合管理，主要为了在时间和空间上有效分散和转移灾害风险。此外，强调了灾害风险管理体系建设的重要性，包括全社会灾害风险管理的职能划分和资源配置等方面。

第三节　乡村韧性治理的发展历程

在乡村韧性治理进程中，人们经历了从传统的刚性管理模式向更为灵活、适应性强的韧性治理的转变。这一转变不仅是对乡村治理实践的深刻反思，还是对乡村社会经济发展需求变化的积极响应。随着社会的进步和经济的发展，乡村面临的挑战和问题日益复杂多样，传统的治理模式已难以满足现代乡村发展的需求。因此，寻找并引用一种能够适应乡村发展变化，能够有效应对风险和挑战，又能够促进乡村持续健康发展的治理模式成为时代的必然选择。在这一过程中，乡村治理的发展方向逐渐明晰，即向着更加注重人与自然和谐共生、更加重视乡村社会内生动力激发、更加强调治理方式创新与适应性强化的方向迈进。本节将回顾乡村韧性治理的发展历程，探索其背后的逻辑与内涵，以及未来的发展方向。

一、从刚性治理到韧性治理的国内乡村治理发展

乡村治理不仅涉及基层政府对农村社会的管理，还包括村民自治组织对公共事务的管理活动。中华人民共和国成立后，乡村治理在历史演进中经历了多个阶段的转变，体现了治理结构和策略的逐步成熟与完善。初期的政社合一建设时期，乡村治理主要以政府为主导，强调政府与社会的一体化管理，旨在建立起稳固的基层政权并实现农村社会的有序管理。随后进入乡政村治改革时期，乡村治理开始注重分权与民主，探索村民自治，促进了乡村治理体系的多元化，提高了村民参与公共事务管理的积极性。而在乡村治理现代化阶段，随着信息技术的发展和全球化进程的加深，乡村治理不仅关注传统的管理问题，还开始涉及如何利用现代技术和理念提升治理效率，如何在全球化背景下保持乡村特色和竞争力等内容。这一阶段，乡村治理的主体更加多元，目标更加多样，方法也更加灵活和创新，理念上也更加注重可持续发展和生态文明建设。乡村治理发展的三个时期如表 2–1 所示。

表2–1 乡村治理发展的三个时期

时期	治理思想	治理成果
政社合一	优先发展工业、高度集中治理	治理过于刚性而缺乏韧性
乡政村治	工业优先、同时兼顾乡村诉求	韧性色彩逐步增加
治理现代化	高度自治、城乡协同发展、工业反哺农业	韧性治理能力大幅提高

（一）政社合一建设时期（中华人民共和国成立至改革开放）

改革开放前，乡村治理主要采取了政社合一的模式。这一时期的乡村治理特征明显，体现了国家对农村社会的全面控制和管理，旨在通过集体化和公社化运动，实现农村的社会主义改造，为国家的工业化战略服务。政社合一建设时期的乡村治理体系以人民公社为核心，人民公社既承担着基层政权的职能，又兼具农村经济组织的作用。这种模式下，人民公社不仅是生产组织，还是乡村治理的主体，负责调动一切可用资源和力量，以实现对乡村社会的全方位管控。社员群众在这种治理结构中处于从属地位，与人民公社形成了明显的管制与被管制的关系。

乡村治理的主要目标在于汲取农业剩余，支持国家的工业化进程，同时建设农村基层政权，组织和恢复农业生产。这一时期的乡村治理方法依赖国家行政权力的高度集中和计划管理，通过社会改造和政治运动动员乡村民众，加强社会治理。人民公社制度下的治理模式体现了工业优先发展的治理理念和国家对农村治理的高度集中。国家通过人民公社这一机制集中调配农村的人力、财力与物力，服务于国家的工业化发展战略，同时将农村事务统一纳入国家的监管范围内。

政社合一建设时期的乡村治理在实现国家工业化战略目标、加速农村社会主义改造方面起到了重要作用。然而，这种高度集中的治理模式也导致了农村经济的僵化、社会动力的丧失和农民主体性的弱化。乡村治理的这一阶段为后来的乡村治理改革积累了经验与教训，也为乡村韧性治理的提出和实践奠定了基础。

在政社合一建设期间，通过乡村治理实现了乡村政权建设的中央集权化，通过农村集体化和合作化有效地克服了分散的小农经济限制而易受损的特性，增强了农户面对生产经营中风险的能力，也在一定程度上减少了农村之间的经济差距。然而，治理主体的单一性和国家权力的高度集中削弱了乡村基层社会的主动性和积极性，使其缺乏包容性，进而导致在追求工业化发展的过程中乡村资源被长期过度利用，乡村社区缺少创新动力和活力，进一步加剧了城乡之间的差异和紧张关系；自然资源的过度利用加重了生态环境的压力；农业的供给侧结构过于单一，缺乏持续发展的能力，面对风险的抵抗能力弱。[①] 政社合一模式下的乡村治理体现出过于“硬性”的特点，缺乏必要的灵活性、适应性和韧性，导致工农关系、城乡关系日益紧张，社会张力增大。

（二）乡政村治改革时期（改革开放至党的十八大）

在乡政村治改革时期，乡村治理体系经历了从集中式控制向多元参与的重要转变，标志着治理主体的多元化和治理模式的逐步松动。这一时期，乡镇党委政府、村委会以及广大党员和村民代表共同参与到乡村治理中来，乡镇政权对农村社会的直接管制有所放松，不再直接介入村庄的生产经营活动和社会治理事务，村庄因此拥有了更大的自治权。

治理目标在这一时期依旧是推动乡村经济社会发展，并为国家工业化战略服务，但国家开始更加重视协调城乡关系，通过一系列政策和措施，如社会主义新农村建设、农村税费改革及惠农政策等，逐步减少对村庄资源的过度索取，以回应乡村社会的利益诉求。这些政策旨在构建一个经济繁荣、设施完备、环境优美、文明和谐的新型社会主义农村。在治理方法上，这一时期采取的是政府指导下的村民自治模式。国家政权从村级层面撤出，村民委员会成为实施村民自治的组织载体，农村基层通过村民委员会进行自治，群众对乡村公共事务的管理变得更为直接，乡镇政府则转变为提供指导、支持与帮助的角色。[②]

这一时期的治理理念是坚持工业优先，同时适当兼顾乡村社会的利益诉求。经济社会资源配置虽然依然倾向于工业发展，但政策开始更加积极地回应和关照农村社会的利益诉求，标志着乡村治理开始从控制型向放权让利转变。在乡政村治改革时期，治理主体的多元化既维护了国家对基层政权的有效管理，也促进了乡村社会的自主自治。通过一系列改革措施，如取消农业税、加强工业对农业的支持，以及推进社会主义新农村建设等，逐步改善了城乡之间的关系，提高了国家对乡村社会的包容性，促进了乡村生态环境的改善，并显著增强了乡村抵御风险的能力，特别是在科技农

① 苟兴朝，杨继瑞.贫困治理与乡村治理中的韧性治理：逻辑、困境与对策[J].长白学刊，2023（3）：109-120.

② 苟兴朝，杨继瑞.贫困治理与乡村治理中的韧性治理：逻辑、困境与对策[J].长白学刊，2023（3）：109-120.

业、生态农业和智慧农业方面。虽然乡村治理仍面临农业发展的短视性、农民收入增长的持续性问题，以及农村社会活力不足等挑战，但与人民公社模式相比，乡政村治模式显著提升了农业、农民和农村在面对风险和挑战时的自我调节与发展能力，乡村治理的韧性明显增强。在乡村治理现代化的大背景下，治理逻辑经历了深刻变革，协同治理的理念深入人心，实现了村民的自我管理和自我服务，增强了村民在乡村治理中的主动性和创造性。乡村村治改革不仅增强了乡村社会的自治能力和主体性，还为乡村治理带来了更为灵活和适应性的治理模式，为乡村韧性治理奠定了基础。

（三）乡村治理现代化即“三治”融合时期（党的十八大以来）

在“三治”融合时期，乡村治理经历了从传统的单一治理模式向复合型治理模式的转变，标志着乡村治理现代化的新阶段。基层政权、村级自治组织以及社会经济组织共同构成了多元化的治理主体，形成了合作共治的治理格局。在这一时期，乡村振兴战略的实施以及“以工促农、以城带乡”的政策导向，推动了乡村治理资源的有效下沉，促进了农业农村的全面发展。国家在对基层经验进行总结提炼的基础上，提出“健全自治、法治、德治相结合的乡村治理体系”①，各地纷纷依据本地经济、历史情况，探索三治结合的具体路径和平台。“三治”融合模式突破了以往治理模式的局限，将自治、法治和德治有机结合，构建了一个立体化的治理体系。自治为基础提供了民主参与和社区自管理的空间，法治为保障确立了治理活动的法律框架，德治则通过道德规范和社会习俗为治理提供了精神支撑和文化基础。这种模式不仅增强了乡村社会的内生动力，还为乡村治理提供了更为稳定的制度保障和道德引导。

在“三治”融合模式下，乡村治理更加注重发挥地方特色和村民主体性，促进了乡村治理体系的创新与发展。通过工业反哺农业、城市带动乡村的策略，实现了乡村产业的升级转型和经济的持续增长。同时，乡村治理在注重经济发展的同时，也兼顾社会公平和生态环境保护，致力构建和谐美丽的乡村社会。“三治”融合模式强化了乡村治理的系统性和整体性，促使乡村治理能够以更加开放和包容的态度，面对外部环境的变化和挑战。

① 《党的十九大报告辅导读本》编写组．党的十九大报告辅导读本[M]．北京：人民出版社，2017：31.

乡村治理的现代化不仅指治理手段和方法的现代化，还指治理理念和治理体系的现代化，即通过多元主体的协同合作，以及制度创新和社会参与，推动乡村社会全面进步和可持续发展。在“三治”融合的治理模式之下，乡村的产业布局变得更加合理化，产业链条得以有效延伸，从而促进了各治理主体之间的相互支持和依赖。随着基础设施的持续完善和生态环境的逐渐改善，农村居民的生活水平显著提高。同时，乡村社会展现出更大的开放性、包容性和和谐性。综合来看，这一治理模式显著增强了农业、农民及农村整体的韧性水平，使之能够更好地适应外部变化和挑战，确保乡村发展的持续性和稳定性。

在中华人民共和国成立后70多年的乡村治理过程中，经历了从单一到多元化治理主体的转变、从单向管制到互动共治模式的转变，治理目标也从初期的资源汲取转变为现在的服务导向，治理方式由过去的上下级动员转变为现在的积极回应乡村社会需求，治理理念更是从单纯的经济优先发展进化到了重视工农关系、城乡关系的协同进步。这一系列的变革不仅促进了政府与乡村社会关系的持续优化，还反映了执政党在治国理政中不断深化的乡村善治理念。

随着治理模式的演进和治理理念的升级，乡村社会关系变得更加和谐，社会的包容性显著提升，乡村传统文化得到了有效振兴，经济活动的空间进一步拓展，居民面对各种风险的能力明显增强。同时，随着对生态环境的重视程度不断提高，乡村的生态承载力显著加强，乡村经济、社会和环境的综合韧性水平大幅提升。这些变化充分展示了我国新时期乡村治理发展的历程。

二、乡村治理的发展方向

（一）治理主体日益多元

从中华人民共和国成立之初的乡村政社合一治理，到改革开放后的乡政村治，再到近年来乡村振兴战略的实施及乡村治理现代化的发展，乡村治理主体经历了由单一到多元化的转变。这种多元化不仅体现在治理主体的数量和种类上，还体现在其治理效能上。早期的乡村治理主要以国家和政府为主体，通过人民公社等形式将乡村的政治、经济、社会生活等方面纳入国家直接管理。这种模式虽然在一定时期内有效地推动了乡村发展，但也限制了农民的自主性和创新能力。随着乡村改革的日益深化，农民作为乡村治理的主体地位逐渐显现。乡村治理开始注重激发农民的主动性和创造性，村民委员会的建立使得农民能够直接参与到乡村治理之中，对乡村事务拥有一定的自主权。这一变化不仅提升了农民的生产积极性，还为乡村治理带来了新的活力。

改革开放以来，随着市场经济体制的建立和发展，乡村治理主体逐渐多元化。乡镇企业的兴起、外来企业的进入，以及各种社会组织的出现，使得市场力量、社会力量在乡村治理中发挥了重要作用。这些新兴的治理主体在促进乡村经济发展、改善农民生活水平、提高农民素质等方面展现了很大潜力。特别是随着乡村振兴战略的推进，更多的社会力量被吸引和鼓励参与到乡村治理中。不仅是经济组织，如产业协会、合作社等，在提高农业生产效率、引导农产品市场化方面发挥着重要作用，还有环保、民生等方面的非政府组织在乡村社会治理中扮演了不可或缺的角色，它们在保护乡村环境、提升农民生活质量等方面作出了积极贡献。

（二）治理模式整体性趋势越发明显

自中华人民共和国成立以来，乡村治理模式经历了显著的演变。初期，面对恢复和重建的迫切需求，人们采取了高度集中的管理方式，国家通过直接干预决定乡村的发展方向和资源分配。后期乡村治理更具整体性和综合性，体现了国家治理体系和治理能力现代化的不断推进。这种变革不仅适应了社会主义市场经济的发展要求，还反映了乡村复杂问题综合应对能力的提升。乡村治理的重点从单一的经济发展转向了经济、社会、文化和生态的全面协调发展，强调了社会参与和公众意见的重要性，增强了乡村自身的发展动力和创新能力。

改革开放前，乡村治理模式主要体现为政社合一。其中，国家对农村的直接控制和管理在政治、经济、社会生活等各个方面都有所体现。这种模式在一定程度上促进了农村社会的快速统一和整合，但也因其僵化的整体性导致乡村生产力被抑制，社会活力丧失，长期以来未能有效提升农民的生活水平。改革开放以来，尤其是从20世纪80年代开始，乡村治理开始出现明显的转变。国家对农业农村问题的重视日益增强，乡村治理的部署也越来越注重综合性和系统性。然而，由于政策实施中存在的部门间协调不足、政策冲突等问题，基层政府面临的治理压力加大，这在一定程度上限制了乡村治理效能的发挥。

进入21世纪后，尤其是党的十六届五中全会提出建设社会主义新农村以来，乡村治理模式的整体性趋势更加明显。十八大之后，新型城镇化战略更明确地站在统筹城乡的角度上，以城乡一体化为目标，对农村的政治、经济、社会、文化、生态各个方面进行了全面部署。党的十九大正式提出实施乡村振兴战略，提出“产业兴旺、生态宜居、乡风文明、治理有效、生活富裕”总要求，为乡村振兴战略指明了路径。党的二十大报告强调：“全面建设社会主义现代化国家，最艰巨最繁重的任务仍然在农村。”站在百年新征程上，党的二十大再次对全面推进乡村振兴进行部署。

随着新型城镇化战略的推进和乡村振兴战略的实施，乡村治理的整体性趋势也体现在政策导向、实施路径和组织机构的协同一致上。这种整体化治理模式的形成，不仅有助于提升乡村治理的综合效能，减轻基层负担，还为乡村可持续发展提供了坚实的治理保障。

（三）治理方法更趋复合化

在中华人民共和国成立初期，乡村治理主要依赖行政手段和“农民协会”等社会组织的参与，形成了一个相对单一且以行政力量为主导的治理模式。随着土地改革的实施，农民获得土地私有权，市场因素开始对农村社会产生影响，促进了合作社运动的展开及人民公社体制的建立。这一时期，虽然乡村治理能够在一定程度上调动农民的积极性，但整体上仍然显示出行政力量的强势和社会活力的受限。改革开放以来，随着市场经济的引入和发展，乡村治理的方法开始发生根本性变化。市场成为重要的治理手段，乡镇企业的兴起大大改善了农村的经济状况和农民的生活水平。此外，政府和市场关系的重新定位促进了治理方法的多元化，不仅包括行政手段，还涵盖了市场调节、法治保障和社会协同等多种治理机制。

随着互联网和信息技术的快速发展，新媒体和网络平台成为乡村治理中不可或缺的工具。这些技术的应用不仅为农产品提供了更广阔的市场，还为农民提供了知识获取、权益维护和文化交流的新渠道。在这个过程中，文化、教育和法治的重要性逐渐凸显，成为乡村治理中补充行政手段和市场机制的重要元素。如今，已经形成了一个复合化的乡村治理模式，不仅有政府、市场、社会组织和农民共同参与，还涉及文化教育、法治保障、信息技术等多方面的综合应用。这种复合化的治理方法有助于更有效地应对乡村发展中的复杂问题，促进乡村经济社会全面进步。乡村治理的未来方向将更加注重方法的综合性和适应性，通过因地制宜、多元协同的治理策略，促进乡村持续健康发展。

第三章　国家—社会—市场与乡村韧性治理的关系

在进行乡村韧性治理研究时，不得不提及国家、社会、市场这三大基石如何共同塑造乡村治理的新纪元。本章深入剖析了乡村韧性治理在多维度上的丰富内涵，从权力韧性与制度韧性的双重视角出发，延伸至社会与文化的深层次融合，再到组织与技术的创新驱动，乃至产业与生态的和谐共生，为人们展现了一幅乡村韧性治理的全景图。在此基础上又进一步探讨了国家、社会、市场在乡村韧性治理中的理论架构与协同作用，试图构建一个更加全面、系统的治理模式，旨在提升乡村治理的效能与效率。最后，通过借鉴国外的实践经验与反思，为中国乡村治理的创新发展提供了深刻的启示，旨在为乡村振兴和可持续发展贡献中国智慧与中国方案。

第一节　乡村韧性治理的多维度诠释

乡村韧性治理的多维度诠释为人们揭示了这一概念丰富而深邃的内涵。权力韧性与制度韧性，作为治理的基石，展现了如何在变革中维持稳定，确保乡村治理机制的连续性与有效性。社会韧性与文化韧性则着重于乡村社会的内在力量，强调了社区凝聚力和文化传承在抵御外部冲击中的关键作用。组织韧性与技术韧性揭示了适应性变革和创新能力在促进乡村发展中的重要性，指向了通过组织结构优化和技术进步提升乡村治理能力的路径。产业韧性与生态韧性则强调了经济活动与自然环境之间的和谐共生，指导人们在追求经济增长的同时，也要注重生态保护和可持续发展。这些维度共同构成了乡村韧性治理的全貌，为乡村韧性治理体系的构建提供了多角度的视野和策略。

一、权力韧性与制度韧性

（一）权力韧性

1.从权力韧性维度看乡村韧性治理

权力韧性是乡村韧性治理的关键维度，它要求国家权力与乡村社会自主性权力之间建立起有效的互动与协商机制，通过法律与规范的支撑，实现国家与乡村之间的动态平衡和互补。在国家与乡村社会的互动关系中，权力韧性的构建成为实现有效乡村治理的关键。权力韧性，即国家权力与乡村社会自主性权力之间的动态平衡与协作应对风险与挑战的能力，体现了国家与乡村之间的互动模式和治理效能。在乡村韧性治理中，权力韧性的核心在于寻求国家权力与乡村自治权力的有效融合与互补，以促进乡村社会的稳定与发展。

从权力韧性的角度出发，国家权力不会对乡村社会进行简单干预或控制，而会通过嵌入式的治理方式，与乡村社会的自主性权力进行有效的互动与协商。这种互动与协商旨在促进国家政策目标与乡村社会需求双向适应，确保国家政策顺利执行的同时，保障乡村社会的内生发展和自我治理能力的提升。

国家基础性权力的韧性体现在国家能力与乡村自治之间建立起的动态互补关系上。国家通过法律、政策、资源等方式对乡村进行支持与引导，而乡村社会则通过自治组织、传统规范、社会动员等方式参与到乡村治理中来。这种动态互补关系既增强了国家政策的实施效果，也促进了乡村社会治理模式的多样化和创新。在实践中，权力韧性的提升需要依托于国家与乡村之间持续的沟通和协商机制。通过这种机制，国家不仅能够及时了解乡村社会的需求与变化，还可以在乡村治理中灵活调整策略和措施，以应对不断变化的社会环境和挑战。同时，乡村社会能够在国家政策框架下，根据自身的特点和需求，进行自主的治理实践。权力韧性的构建还需要强调法律与规范的作用。法律不仅为国家权力的行使提供了规范和依据，还为乡村自治提供了保障和支持。通过法律和规范的引导和约束，可以有效避免国家权力的过度干预和乡村自治的无序发展，实现国家权力与乡村社会权力的平衡与和谐。

2.权力韧性的注意问题

权力韧性作为乡村韧性一种重要的治理维度，其建设过程中存在一些值得关注的问题。权力韧性指的是国家权力与乡村社会自主性权力之间的互动与平衡，旨在实现乡村治理的有效性和适应性。然而，在实际操作中，权力韧性的构建面临国家行政权力与乡村自主性权力互动不足、宏观集权与微观分权多重权力错位等挑战。

国家行政权力与乡村自主性权力之间的互动不足问题显著。改革开放前的乡村治理模式下，国家权力对乡村社会的控制达到了极致，乡村自主性权力受到严重压缩。虽然改革开放以来的“乡政村治”权力格局尝试打破了国家权力的垄断，推动了国家权力与乡村社会权力的结合，但是乡村自治权力的发展依然受限，国家基层政权对乡村自治的过度干预成为常态。这种情况下，乡村社会自主性权力难以得到有效的实施和发展，基础性权力的建设不足，影响了乡村治理的整体效能。宏观集权与微观分权之间的多重权力错位问题也十分突出。在乡村治理体系中，村委会与乡镇政府、村委会与村民、村委会与党支部之间存在明显的权力错位，缺乏清晰的权责界定。这种权力错位不仅导致乡村治理中的角色混淆，还使乡村自治的实质性权力被削弱。乡镇政府作为国家权力的代表，在传递行政事务时，常常将本应是“协助—指导”的关系异化为“命令—服从”的关系，使得乡村自治权力被行政化，进一步加剧了乡村治理中的权力错位现象。

针对上述问题，乡村韧性治理实践需要着重关注如何增强国家行政权力与乡村自主性权力之间的有效互动，确保两者之间的动态平衡。这要求建立更加开放和透明的沟通协商机制，通过法律、政策等手段明确国家权力与乡村自治权力的界限和职责，同时加强乡村治理主体能力建设，促进乡村自治权力真正落实。解决权力错位的问题需要进一步优化乡村治理的体制机制，明确不同治理主体在乡村治理中的角色和责任，建立有效的协调和监督机制，确保乡村治理的各个环节和层面能够协同高效运作，从而实现乡村治理的整体性和协调性。

（二）制度韧性

1.从制度韧性维度看乡村韧性治理

乡村韧性治理中的制度韧性涉及正式制度与非正式制度之间的互动，

以及这些制度如何共同应对内外部的冲击，维持乡村治理的稳定性并促进其发展进步。制度韧性在乡村韧性治理中起到了桥梁和纽带的作用，连接着国家权力和乡村社会自主性。制度韧性的核心在于其能够在不改变制度本质的前提下进行必要的调整，以吸收和控制来自内外的各种冲击，保持乡村社会的秩序和发展动力。正式制度，如宪法、行政法规、村委会组织法等，由国家权威机构制定和实施，为乡村治理提供了明确的规范和指导。这些制度具有刚性特点，确保了乡村治理的法律基础和权威性。非正式制度，包括道德伦理、乡规民约、风俗习惯等，虽然没有法律强制力，但在乡村社会中被广泛认可，它们在日常生活中无形地指导和约束着村民的行为。

制度韧性的价值在于正式与非正式制度的互补。在某些情况下，正式制度无法完全渗透乡村社会，这时非正式制度就显得尤为重要。它们有助于乡村社会内部形成一套自主的治理机制，为乡村提供自治的条件。然而，缺乏正式制度的长期支撑，非正式制度可能会导致乡村社会混乱无序，损害国家的基础性权力。因此，正式制度与非正式制度之间的有效互动是增强制度韧性、保持政治制度存续与演进的关键。从实践角度来看，正式制度与非正式制度的互补关系需要通过创新和调整来不断加强。例如，国家可以通过法律、政策，发掘非正式制度的正向作用，同时适时对乡村治理工作进行必要指导和干预。此外，通过加强对乡村治理主体的培训和教育，提升他们对正式与非正式制度相互作用的认识和理解，也是增强制度韧性的有效方式。

2.正式与非正式制度的双向契合问题

在乡村治理实践中，正式与非正式制度的有效契合面临着诸多挑战。从历史演变的角度来看，传统农业社会的乡村治理主要依靠非正式制度，如宗法族规、乡规民约以及风俗习惯等，这些非正式制度在乡村社会中具有广泛的社会基础和深厚的文化根基，是维持乡村社会秩序和稳定的重要手段。然而，随着社会的发展和国家治理能力的增强，国家正式制度开始向乡村社会渗透，尤其是中华人民共和国成立后，通过一系列社会主义制度规划活动，促进了正式制度在乡村的实施和普及。这种转变虽然加强了国家对乡村的管理和控制，但也对传统的非正式制度造成了冲击，使得乡村社会失去了非正式制度所带来的活力和自组织能力。改革开放以来，随着政策的放开和市场经济的发展，乡村治理再次面临正式制度与非正式制度如何有效契合的问题。一方面，国家正式制度，如村民自治制度等，为乡村治理提供了法律基础和制度保障；另一方面，乡村社会对于传统非正式制度的依赖仍然存在，这些非正式制度在调节社会关系、解决社会矛盾等方面仍然发挥着不可替代的作用。

在当前社会转型期，乡村社会面临诸多新的挑战和矛盾，原有的正式与非正式制度契合方式已经难以完全适应新的社会需求。一方面，随着乡村经济的多元化和社会结构的复杂化，乡村治理中需要更加灵活和多样化的制度安排；另一方面，乡村社会的传统非正式制度在现代化进程中逐渐弱化，需要被新的制度安排所替代或重塑。不仅需要完善和强化国家正式制度，确保其能够覆盖乡村治理的各个方面，还需要重视和挖掘乡村非正式制度的积极作用，尤其是在维护乡村社会稳定、促进社会和谐方面的潜力。同时，需要探索新的制度创新路径，通过法治、自治和德治相结合的方式，促进正式与非正式制度的有机融合，从而提高乡村治理的整体效能和适应性。在这一过程中，既要保护和尊重乡村社会的传统文化和习俗，又要引导和激励乡村社会接受和适应现代治理理念和制度安排，以实现乡村韧性治理。

二、社会韧性与文化韧性

（一）社会韧性

1. 从社会韧性看乡村韧性治理

在新时代背景下，中国乡村社会经历了前所未有的变革，这些变化不仅影响了乡村的经济结构，还深刻地改变了社会结构和价值观。乡村社会的韧性，即其在面对各种外部冲击和内部变化时保持稳定和发展能力的特性，成为乡村治理研究的重要议题。社会韧性的构建，需要关注乡村社会在转型过程中出现的新问题和挑战，以及如何通过有效的治理策略应对这些挑战。

市场化进程的加快对乡村社会产生了深远影响。随着市场经济的发展，乡村经济活动日益活跃，促进了乡村的物质文明建设。然而，市场化也导致了乡村社会结构的变化，农村劳动力大量流向城市，乡村面临人口老龄化、青壮年劳动力短缺等问题，进而影响到乡村的传统社会关系和组织结构。人口与资源的加速流动也对乡村社会韧性构成挑战。劳动力的流动不仅改变了乡村的人口结构，还促使乡村文化多元化、复杂化。外来人口的涌入以及乡村青年的外出，使得乡村社会关系更为松散，社区凝聚力和传统文化的传承面临挑战。随着个体化趋势的显现，乡村居民的价值观和行为模式日渐多样化。个体的自我意识增强，对于传统的乡村治理模式和社会规范提出了新的要求和挑战。乡村居民对于个人权利的追求与传统的集体主义价值观之间的矛盾，可能导致社会关系的紧张和冲突。乡村社会的异质性不断增强，不同利益群体之间的矛盾和冲突可能加剧。乡村治理需要处理好各种社会关系和利益冲突，促进社会和谐与稳定。

2. 增强乡村社会韧性的策略

增强乡村社会的韧性是实现乡村振兴的重要前提，也是构建和谐乡村社会的关键。在当前快速变化的社会环境中，乡村社会面临着众多挑战，如经济结构调整、人口老龄化、乡风文明变迁等，这些都对乡村社会的稳定与发展提出了新的要求。因此，采取综合治理策略，增强乡村社会的韧性显得尤为重要。

加强乡村社区建设是提升乡村社会韧性的基础。乡村社区作为乡村治理的基本单元，其组织结构、功能发挥和等直接影响乡村社会的稳定性和发展活力。加强乡村社区建设，首要任务是恢复和加强乡村社会组织的功能。通过支持和鼓励村民参与乡村治理，建立基于村民自治的社区治理机制，可以有效提升乡村社会的自我管理和自我服务能力。此外，加强乡村社区建设还需要注重社区凝聚力和向心力的增强，通过组织各类文化活动、公益活动等，增进村民之间的相互了解和信任，促进乡村社会的和谐与团结。注重传统乡俗的保护和传承对增强乡村社会韧性同样重要。传统乡俗不仅是乡村文化的重要组成部分，还是乡村社会稳定的精神支柱。在快速的社会变迁中，保护和传承乡俗文化，不仅能够增强乡村社会的文化自信，还能够提升村民的自我认同和归属感，为乡村社会提供更为稳定的精神支撑。此外，弘扬乡村正面价值观，如互助、和谐、尊老爱幼等，有助于塑造积极向上的乡村社会风气，增强乡村社会的抗压能力和适应能力。乡村治理的关键点在于利益协调和社会整合。在乡村发展的过程中，不同社会群体之间可能会出现利益冲突。建立公平合理的利益分配机制，以及处理好不同群体之间的关系，是乡村社会稳定发展的关键。乡村治理需要注重从制度层面上确保公平正义，通过法律法规、政策措施等手段，保护弱势群体的合法权益，减少社会矛盾和冲突。同时，乡村治理需要强化社会整合功能，通过教育、文化、社会服务等手段，促进乡村社会成员之间的交流与融合，增强社会的整体凝聚力，构建和谐稳定的乡村社会。

（二）文化韧性

1.从文化韧性维度看乡村韧性治理

乡村传统文化在中国社会发展的长河中扮演了不可替代的角色，它不仅是乡村社会稳定和谐的精神纽带，还是乡村韧性治理的重要文化基础。文化韧性，指的是在面对外部冲击和内部变迁时，乡村传统文化能够保持其连续性、稳定性和生命力的能力。这种能力不仅体现在文化传承上，还体现在文化创新和文化适应上，使得乡村社会能够在维持传统价值观的同时，适应现代社会的发展需求。

乡村传统文化具有独特的凝聚力。通过共享的习俗、信仰和价值观，乡村传统文化有助于加强乡村社区成员之间的联系，构建紧密的社区关系网络。这种凝聚力不仅促进了乡村社会的内部和谐，还为乡村社会提供了面对外部挑战的心理支撑。乡村传统文化是乡村韧性的文化资源。在乡村发展过程中，传统文化，如节日庆典、民间艺术和传统技艺，不仅为乡村社会提供了精神滋养，还成了促进乡村经济发展的重要资源。通过挖掘和利用这些文化资源，乡村社会能够在保护和传承传统文化的同时，实现文化与经济的双重发展。乡村传统文化的适应性和创新能力是其韧性的重要表现。面对现代化和全球化的挑战，乡村传统文化不是僵化不变的，而能够根据时代发展的需要进行适当的调整和创新。通过对传统文化元素的重新诠释和创新应用，乡村社会不仅能够保持其文化特色，还能够提高自身的适应能力，强化自身发展潜力。

2.增强文化韧性所面临的问题及策略

随着全球化的推进和社会的快速变革，乡村文化的传承与发展方面面临前所未有的挑战。一方面，传统文化的边缘化和遗忘问题日益严重，尤其是乡村青年对于传统文化的兴趣和认同度普遍降低；另一方面，如何在全球化的浪潮中保持乡村文化的独特性和连续性，同时实现文化的创新和发展，成了乡村文化韧性治理的核心课题。

保护和传承乡村传统文化是文化韧性增强的基础。乡村传统文化不仅承载着乡村社会的历史记忆和文化基因，还是乡村社会凝聚力和身份认同的重要源泉。因此，建立和完善乡村文化遗产保护机制，对传统文化进行系统的搜集、整理和研究，是增强文化韧性过程中的首要任务。同时，利用现代信息技术，如互联网、社交媒体等平台，对乡村传统文化进行宣传和推广，让更多人了解和认识乡村文化的价值和魅力，也是文化韧性增强的有效途径。开展丰富多样的文化教育和实践活动，激发乡村社会成员，尤其是青年，对传统文化的兴趣和责任感。在学校教育中加强对乡村传统文化的教育，如组织学生参与乡村传统节日、民俗活动和传统手工艺学习，可以有效提升青少年对传统文化的认知和尊重。同时，鼓励乡村社会成员，特别是青年，参与到乡村文化保护和传承的实践中来，如参与乡村传统艺术的表演、乡村文化遗产的修复等，既能够增强其对传统文化的认同感和归属感，也有助于培养其对乡村社会负责的态度，并促使其行动。鼓励和支持乡村传统文化的创新发展同样重要。在尊重和保护传统文化的基础上，积极探索传统文化与现代社会需求的结合点，通过创新的方式将传统文化元素融入现代生活，不仅能够保持乡村文化的活力和连续性，还能够提高乡村文化的传播力和影响力。例如，将传统手工艺与现代设计理念相结合，开发符合现代审美和市场需求的文化产品；利用数字技术对传统文化进行创新呈现，如以虚拟现实技术再现传统节庆活动等。

三、组织韧性与技术韧性

（一）组织韧性

1. 从组织韧性看乡村韧性治理

组织韧性在乡村韧性治理中涉及如何通过有效的组织结构和机制，提升乡村社会的适应能力、恢复能力和自我组织能力。在乡村治理实践中，党组织、村民自治组织、集体经济组织、经济合作组织及社区社会组织等构成了乡村治理的核心主体。这些组织在促进乡村发展、提高治理效率、增强社会凝聚力和推动乡村振兴战略实施中发挥着不可替代的作用。

党组织作为乡村治理的领导核心，负责统筹乡村治理的各项工作，确保党的方针政策和乡村振兴战略得到有效实施。通过党组织的领导和动员，可以有效整合乡村资源，提高乡村治理的组织化、规范化水平，增强乡村应对各种风险和挑战的能力。村民自治组织作为乡村治理的基础，通过村民大会和村民委员会等形式，实现了村民在乡村治理中的直接参与和自我管理。这种基于民主原则的自治机制，有助于提升村民的参与意识和责任感，增强乡村社会的内生动力和自我治理能力。集体经济组织和经济合作组织是乡村经济发展的重要支撑，它们通过合作经营、资源共享等模式，促进了乡村经济的多元化发展，增强了乡村经济的抗风险能力和持续发展能力。同时，这些经济组织为乡村提供了就业机会。社区社会组织在乡村治理中扮演着桥梁和纽带的角色，它们依托社区资源和网络，开展各类公益活动、文化教育和环境保护等工作，增强了乡村社会的凝聚力和向心力，促进了乡村社会的和谐稳定。

2. 组织韧性提升的核心要义

提升组织韧性面临的挑战主要包括提高组织效能、优化组织结构、增强组织之间的协调与合作等。提高组织效能是提升组织韧性的重要组成部分。组织效能涉及组织目标的实现程度和组织活动的效率。在乡村治理中，确保各治理组织能够高效地实现治理目标，如提高村民生活质量、促进经济发展、维护社会稳定等，是提升组织韧性的关键。这要求组织能够根据乡村治理的需要，快速适应环境变化，有效分配和利用资源，创新治理方式方法，提高决策和执行的效率。优化组织结构是提升组织韧性的重要方面。随着乡村社会经济的发展和变化，原有的组织结构可能不再适应新的治理需求。因此，优化组织结构，使其更加灵活、扁平化，能够快速响应外部变化和内部需求，成为提升组织韧性的必要条件。优化组织结构还涉及如何合理划分组织职责，要避免职责重叠或职责空白，确保各组织能够在各自领域内发挥最大效能。增强组织之间的协调与合作是提升组织韧性的又一挑战。乡村治理是一个系统工程，需要各个组织之间形成合力，共同推进。如何促进各组织之间的信息共享、资源共享和行动协同，如何解决可能的利益冲突和协调难题，是提升组织韧性必须面对和解决的问题。通过建立有效的沟通机制、合作机制和协调机制，可以有效提升组织间的合作效率，使其共同应对外部挑战和内部压力。

（二）技术韧性

1. 从技术韧性看乡村韧性治理

技术韧性，指的是运用科技手段提升治理能力、适应变化、吸收冲击的能力，以及在此基础上确保治理理念和策略有效落地。在乡村治理中，技术韧性不仅体现在采用现代科技手段提高治理的精细化、科学化程度方面，还涉及如何使这些技术手段与乡村的实际情况和村民的情感、意愿相契合，从而促进政策的有效执行和社会的积极响应。

随着信息技术的快速发展，特别是“互联网+”技术的应用，为乡村治理提供了新的可能性。这些技术手段能够帮助治理主体突破时间和空间的限制，快速收集和处理大量数据，以更加精准和高效的方式响应乡村社会的需求和挑战。例如，通过大数据分析，可以更准确地了解乡村的发展状况、居民的需求和可能的风险点，从而使政策制定更贴近实际，治理措施更加有针对性。技术韧性还要求治理主体具备灵活运用技术手段的能力，根据乡村社会发展的实际情况和面临的挑战，适时调整治理策略和技术应用方式，实现治理模式的动态适应和持续优化。这不仅需要强化技术培训和能力提升，还需要建立更为开放和包容的治理环境，鼓励技术创新和社会实验，以技术韧性促进乡村治理的可持续发展。

2. 技术韧性面临的问题

乡村治理的技术韧性面对一系列挑战，核心在于如何将高科技手段与乡村社会的实际需求有效对接，确保技术应用能够促进而非干扰乡村社会的自然发展。在过去几十年的乡村治理实践中，虽然科技手段为乡村社会发展带来了新的机遇，但也暴露出多重问题，主要包括技术与社会需求对接不足、技术应用中忽视社会情感与文化特性、治理技术的刚性与形式化倾向，以及信息技术应用中的信息孤岛和互动不畅问题。

乡村治理技术的应用和推广需要更加注重与乡村社会实际需求的契合。这意味着，治理技术的设计和实施不能仅仅依赖技术逻辑，还应充分考虑乡村社会的具体情况和村民的真实需求。技术手段的“软着陆”问题凸显了技术推广过程中存在的障碍，如技术推广缺乏足够的社会参与度，忽略了乡村社会的情感和文化特性，导致技术手段不能被乡村社会充分接受和利用。乡村治理技术的应用需在尊重乡村社会情感和文化特性的基础上进行。这要求治理技术不仅要高效、精准，还要人性化、有温度。长期以来，治理技术的韧性匮乏，如依赖繁杂的正式制度和科层组织体系，忽视了乡村社会的情感交流和社区参与，造成治理过程中的人文关怀缺失。

信息技术等治理工具的韧性亦面临挑战。尽管“互联网+”等新兴技术为乡村治理提供了新的工具和平台，旨在通过技术手段提升乡村治理的效率和效果。然而，实际应用过程中遇到的种种挑战，如信息孤岛的存在、数据更新的滞后、开放数据的形式单一化，以及政务互动的不畅等问题，严重阻碍了信息技术在乡村治理中发挥应有的作用。这些问题不仅减缓了信息传播的速度和广度，还影响了乡村治理的透明度和公众参与度，使得乡村社会与政府之间的有效沟通和协作变得更加困难。更为重要的是，这些挑战限制了乡村治理创新能力和韧性的增强，使得乡村社区在面对快速变化的社会和经济环境时，难以有效响应和适应。

为了应对这些挑战，乡村治理中需要采取一系列综合策略。首先，加强技术与乡村社会需求的对接，通过深入了解乡村社会的具体情况和需求，设计和实施更符合乡村实际的治理技术。其次，强化技术应用中的社会参与和情感交流，通过技术手段促进乡村社会的自我管理和自我服务，提升乡村社会的自主性和活力。最后，优化信息技术应用，解决信息孤岛和互动不畅的问题，促进信息技术在乡村治理中的有效运用。

四、产业韧性与生态韧性

（一）产业韧性

1.从产业韧性看乡村韧性治理

从根本上讲，产业韧性是乡村产业在遭遇各种不确定性和挑战时保持其发展动力、快速恢复，并实现跃升的内在能力。对于乡村而言，提升其产业韧性不仅是巩固拓展脱贫攻坚成果的必然选择，还是推进乡村经济多元化、提高社会自我调节能力和抵御外部风险能力的重要途径。乡村产业韧性的增强，意味着乡村经济的稳健发展，能够促进经济结构的优化升级，提高乡村社会的自我适应能力。在促进乡村产业发展的过程中，特别强调益贫性产业的重要性。这类产业不仅直接提高农民的收入水平，促进农村经济增长，还能够通过产业链的延伸带动就业、改善基础设施、提升社会服务水平，改善文化教育条件，实现乡村社会的全面发展。

2. 增强乡村产业韧性的策略

为增强乡村产业的韧性，必须充分挖掘并利用乡村的自然资源和文化特色，构建一个既具有竞争力又可持续发展的产业生态。这要求人们从多个维度入手。首先是推动产业结构的多元化，通过发展特色农业、乡村旅游、绿色食品加工等产业，形成互补多样的产业链条。其次，应用现代化科技手段，如智能农业、生物技术等，不仅能提高传统产业的技术含量和附加值，还能开拓新的增长点。此外，加大品牌建设力度，通过地理标志产品、农产品品牌化等措施，拓展国内外市场，提升乡村产业的市场竞争力。

人才是乡村产业发展的关键，需通过培训本土人才和吸引外来专业人才的策略，为乡村产业注入新鲜血液。政策支持也至关重要，包括提供财政补贴、税收减免、信贷支持等，为乡村产业提供良好的发展环境。通过这些综合措施，不仅可以提升乡村产业的抗风险能力，还能在促进乡村经济增长的同时，带动乡村社会的全面进步，实现经济效益和社会效益的双赢。

（二）生态韧性

1. 从生态韧性看乡村韧性治理

在当前我国乡村治理的背景下，生态韧性成为实现可持续发展的重要维度。乡村生态环境面临的复杂挑战，包括污染类型多样性、点源与面源污染共存、生活与生产污染叠加，以及工业与城市污染向乡村转移等现象，均凸显了乡村生态系统在应对外部压力、维持生态平衡和促进生态恢复方面的紧迫需求。

2. 打造生态韧性的治理格局

乡村生态环境的复杂性要求乡村治理策略具备高度的灵活性和适应性。这意味着，面对多样化的污染源，乡村治理不仅需要依赖传统的生态保护措施，还应引入创新的生态恢复技术和方法，以及跨领域的治理策略。例如，针对点源污染和面源污染共存的现象，乡村治理中需要综合运用生态工程、生物修复技术和污染源头控制等手段，实现精准治理和系统恢复。生活污染与生产污染的叠加以及外源污染的转移，要求乡村治理必须采取多元化的治理视角和方法。这不仅包括加强乡村地区污水处理、垃圾处理等基础设施建设，还应涵盖提高农业生产的环境友好性，引导乡村产业向绿色、低碳方向转型。同时，加强与周边城市和工业区的协同治理，有效控制和减少外源污染向乡村转移，是乡村生态环境持续改善的关键。提高乡村生态韧性还需要加强乡村社区的生态意识。通过教育和宣传活动，提升乡村居民对生态环境保护的认识和责任感，鼓励乡村居民积极参与到生态保护和治理中来，是构建生态文明乡村的基础。乡村社区可以利用其独特的社会网络和文化资源，开展生态保护和生态恢复社会实践活动，形成保护乡村生态环境的强大社会力量。

第二节　国家—社会—市场：乡村韧性治理的理论架构

在乡村韧性治理体系中，国家、社会、市场三者关系构成了一个复杂且动态的交互系统。这一系统的有效运作，不仅关系到乡村治理的现状和未来，还是乡村振兴战略成功实施的关键。理解和构建这一理论框架，意味着人们能够更深入地洞察这三者之间的相互作用和相互依存本质，从而为乡村韧性治理提供科学的指导和支撑。

国家作为政策的制定者和执行者，社会作为参与主体和服务对象，市场作为资源配置的机制，三者协同合作，形成了乡村韧性治理的核心动力。通过深化国家与社会、市场的协同治理模式，人们旨在探索一条既能发挥市场在资源配置中的决定性作用，又能充分体现国家在宏观调控中的作用，同时激发社会主体参与乡村治理的活力的新路径。这一理论架构的构建，旨在为乡村韧性治理提供更为坚实的理论支撑，推动乡村治理实践的创新与发展。

一、“国家—社会—市场”关系中的治理角色

（一）国家在乡村韧性治理中的角色和作用

国家的作用和影响力贯穿乡村治理的各个层面和方面。在乡村韧性治理的实践中，国家不仅是政策制定者和执行者，还是协调各方利益、引导乡村发展的关键力量。国家通过制定相关政策、法律法规，建立健全治理体系，为乡村提供必要的制度保障和资源支持，从而提升乡村治理的整体效能和韧性。

国家通过制定和实施相关政策、法律和规划，为乡村韧性治理提供了明确的方向和框架。这些政策和法律不仅涉及乡村经济发展、环境保护、社会保障等方面，还包括对乡村治理结构和机制的优化调整。通过这些制度安排，国家旨在构建一个既能够应对各种风险和挑战，又能够促进乡村持续发展的治理体系。国家在资源配置方面发挥着关键作用。国家通过财政转移支付、投资支持、税收优惠等方式，向乡村注入必要的资金和资源，支持乡村基础设施建设、公共服务提供、产业发展等，从而增强乡村的自我发展能力和抵御外部冲击的能力。国家在协调各方利益中发挥着至关重要的作用。乡村韧性治理涉及多方利益主体，包括政府、企业、社会组织、村民等，国家通过法律、政策和行政手段，协调这些不同主体之间的利益关系，促进合作共赢，确保乡村治理顺利进行。国家还在提升乡村治理能力和水平方面发挥着重要作用。通过建立健全乡村治理体系，提升村干部和村民自治组织的治理能力，国家不断加强乡村的自我治理和自我服务能力，促进乡村治理模式的创新和发展。

国家的这些角色和所发挥的作用，共同构成了乡村韧性治理体系的核心和基础。在乡村韧性治理实践中，国家的政策导向、资源支持、利益协调等方面的作用，不仅直接影响乡村治理的效果和效率，还是提升乡村整体韧性、促进乡村可持续发展的关键因素。深化对国家在乡村韧性治理中角色和作用的认识，对于优化乡村治理结构、提升治理效能具有重要的理论和实践意义。

（二）社会力量在乡村韧性治理中的贡献

社会力量为乡村治理提供了多样化的资源和创新性治理模式。社会组

织、非政府组织（NGO）、志愿者团体、慈善机构等多种社会力量参与乡村治理，增强了乡村应对社会经济变迁、自然灾害、环境变化等挑战的能力，为乡村发展和社会稳定作出了积极贡献。

社会力量通过提供公共服务和福利活动，弥补了政府服务的不足。在教育、医疗、养老、文化传承等方面，社会组织能够发挥其专业优势和灵活性，为乡村居民提供更加精准和高效的服务。通过这些服务活动，不仅提高了乡村居民的生活质量和幸福感，还增强了乡村社会的凝聚力和向心力。社会力量在乡村治理中发挥着重要的桥梁和纽带作用，能够有效地连接政府、企业和乡村居民，促进信息的流通和资源的共享。通过组织各种培训、交流和合作项目，社会力量不仅促进了乡村居民的能力提升，还为乡村经济发展和社会进步开辟了新途径。

社会力量在推动乡村治理创新方面具有独到之处。其中，社会组织能够试验和推广新的治理模式和技术，如社区参与式治理、绿色可持续发展项目等，为乡村治理提供新思路和新方法。这些创新实践不仅增强了乡村的适应性和恢复力，还为乡村治理提供了可复制和推广的成功案例。社会力量通过参与乡村治理，增强了乡村社会的自我管理能力。通过激发乡村居民的主体性和参与意识，社会组织帮助乡村建立起更加民主、开放和透明的治理体系。乡村居民通过参与治理过程，不仅能够更好地维护自身的权益，还能够为乡村发展贡献智慧和力量。

（三）市场机制在促进乡村韧性治理中的作用

通过引入市场竞争原理和效率优先的原则，市场机制能够优化资源配置、激发创新活力、提升服务效率，并通过激励与约束并存的方式，促进乡村经济社会全面发展，从而增强乡村的适应性、恢复力和长期发展能力。

市场机制通过促进资源的有效配置，为乡村经济发展注入活力。在市场导向下，资源可以流向效益最大化的领域，促进乡村产业结构优化升级。引入市场竞争，可激发乡村企业的创新意识，提高其经营效率，促进乡村经济多元化发展，为乡村提供更多就业机会，提升居民的收入水平，增强乡村的经济韧性。市场机制在提高公共服务效率和质量方面发挥着重要作用。通过引入市场运作模式，如公私合营模式，可以吸引更多的社会资本投入乡村基础设施和公共服务领域，提升服务供给的效率和质量。同时，市场机制能促进公共服务创新，具体通过技术和管理创新，提供更加多样化、个性化的服务，满足乡村居民多元化的需求。

市场机制对于促进乡村环境可持续发展具有重要意义。通过实施环境税费、排污权交易等市场化手段，可以有效地调动企业和个人保护环境的积极性，减少污染物排放，促进资源的节约和循环利用。同时，市场机制可以促进绿色技术和产品的开发与应用，推动乡村向绿色、低碳发展转型，提高乡村的生态韧性。市场机制在促进乡村社会治理创新方面发挥着重要作用。通过市场化的方式，如社会企业和非营利组织的介入，可以为乡村社会治理提供新的思路和方法，实现社会问题的有效解决。市场机制还能促进乡村治理主体之间的合作与协调，通过建立多方参与的治理模式，提高乡村治理的效率和效果。

二、“国家—社会—市场”的协同治理模式

（一）协同治理的理论依据

国家与社会的关系是政治社会学领域的一个关键议题，其根源可追溯到西方关于现代国家理论的探索，特别是社会契约论的讨论。社会契约论认为，国家的形成是基于社会成员之间的一种协议，公民通过放弃其在自然状态下的一些权利，并将这些权利委托给一个公共机构，以期获得个人权利的保护。在这个理论视角下，黑格尔（Hegel）主张国家是高于市民社会的人类共同体，不再把国家看作维护市民社会的工具①，而洛克（Roch）、托克维尔（Tocqueville）等人则持相反观点，洛克式“市民社会与国家”间的关系设定为“社会先于国家”或“社会外于国家”②，托克维尔提出“以社会制约权力”的思想③，认为国家的存在限制了民间社会的发展，倾向于一个较弱的国家与一个强大的社会的关系模式。马克思批判了黑格尔的国

① 路绪锋，张锦云．以“国家高于社会”超越“社会先于国家”：黑格尔对古典自由主义国家与社会关系学说的批判[J]．中北大学学报（社会科学版），2012，28（1）：20-24.

② 邓正来．关于“国家与市民社会”框架的反思与批判[J]．吉林大学社会科学学报，2006（3）：5-9.

③ 朱梅莹．自由与暴政：析托克维尔“以社会制约权力”的精神意蕴[J]．世界近现代史研究 2012（1）：18.

家理想主义，认为“有一定的市民社会，就会有不过是市民社会的正式表现的相应的政治国家”[①]。学界为了打破传统的国家与社会关系模式，探索出了新的道路，主张国家与社会应采取合作的模式。

在20世纪90年代，随着国家与社会关系理论的不断发展和演化，该理论被引进中国，并由国内学者根据中国的具体情况进行了本土化的阐释。他们的研究视角从简单的国家与社会的大小权力关系转变为国家与社会之间的强弱关系、管理与治理的互动，乃至国家与乡村社会的关系。这一理论认为，要想深入影响村民的日常生活，国家的权力与乡村的力量需要实现有效融合。例如，基于信息化、智能化的国家行政治理与乡村柔性治理技术结合，可以优化乡村治理效果。可见，国家与乡村秩序规范浑融、互渗的复杂关系不仅揭示了中国独特的国家与社会关系[②]，还表明国家与社会关系具有一定的张力。国家与社会的关系是在特定的文化背景、经济发展过程和社会结构影响下形成的一种理念结构，它通常带有不易察觉的时空界限。明确这些时空界限是理论应用的基础。特别是自中华人民共和国成立后，国家在宏观层面深入乡村社会进行领导和规划，展现了我国治理的独特优势。在探索我国国家与乡村社会的关系时，如何建立一个强大的国家、一个强大的社会，以便在乡村韧性治理中有效应对各种风险和挑战，成了一个需要从国家与社会关系理论视角来进行分析的关键议题。

我国的国家、社会与市场之间的关系是伴随市场经济体制的建立而形成的。市场经济的引入打破了传统的以国家为中心的管理模式，该模式曾让政府控制社会的所有资源和权力，对社会的各个方面进行全面的管理（包括社会公共事务以及个人私事），并对社会承担全面的责任。根据马克思主义的观点，经济基础塑造了上层建筑，而上层建筑则是在经济基础之上形成的。这种管理模式的确立与早期的计划经济体制紧密相关。计划经济模式要求将权力集中于中央政府手中，由中央制订计划，地方政府负责执行，形成了一种自上而下的管理流程。这一自上而下的流程也展现了中国行政组织结构的集中统一特点，与确保党对国家全面领导的目标相契合。

---

① 马克思．马克思致帕维护尔·瓦西里耶维奇·安年科夫［M］// 中共中央马克思恩格斯列宁斯大林著作编译局．马克思恩格斯选集：第4卷．北京：人民出版社，2012：408.

② 周庆智．官民共治：关于乡村治理秩序的一个概括[J]. 甘肃社会科学，2018(2):2-10.

改革开放打破了国家对一切全面掌控的模式。随着市场经济体制的确立和市场与社会力量的崛起，原有的国家中心管理模式被一种新的三元共存（国家、社会、市场）模式所替代。这一转变背后的原因主要有两个：一是从经济角度看，市场经济相较于计划经济展现出更为旺盛的活力和自我调节能力，它采取自下而上的运作方式，能够激发和利用社会内在的巨大潜能；二是从管理角度来看，这种三元格局能够有效降低国家治理的成本，特别是在公共服务提供方面。历史经验显示，政府并不总是能够进行最有效的资源配置。特别是在公共服务领域，过去政府的独占模式已不足以满足民众多样化的需求，而且考虑到政府资源的有限性，引入市场机制和社会力量参与公共服务的提供显得尤为重要。市场的发展不仅释放了社会力量，还促进了社会利益的多元化和基于这种多元化的利益团体的形成，这些团体在社会行动过程中致力表达和实现自己的利益目标。

（二）协同治理中的挑战

下面从四个方面来阐述国家—社会—市场协同治理中的挑战，如图 3–1 所示。

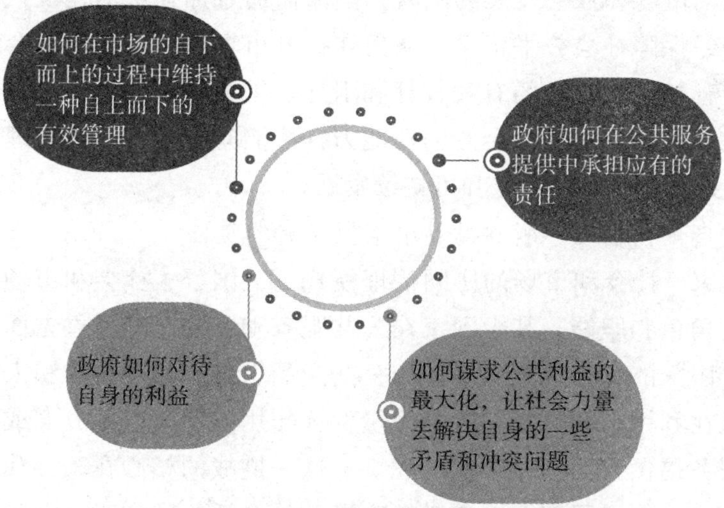

图 3–1　国家—社会—市场协同治理中的挑战

1. 如何在市场的自下而上的过程中维持一种自上而下的有效管理

在我国特定的背景下，国家与市场、社会之间的关系演进并非一个自然渐进的过程，而是国家有意识地推动和建构的结果。在这一独特的三元格局形成过程中，国家扮演了关键角色，肩负起了推动市场和社会发展的双重任务，旨在通过促进市场和社会（主要体现为各类社会组织）的成长来减轻自身对社会的直接管理压力，同时需在这一发展过程中保持对社会的基本控制力。基于双重角色，国家受到了两种内在逻辑的影响：一方面是治理逻辑，鼓励国家最大限度地激发市场和社会的活力；另一方面是统治逻辑，确保市场和社会的发展不会超出国家的控制范围。这两种逻辑之间的张力尤其在国家对待社会组织的态度上表现得淋漓尽致。

要在市场自下而上的动力与国家自上而下的管理之间找到有效的平衡点，国家需要采取一系列综合策略。国家应通过制度设计和政策调整，为市场和社会的自由发展提供合法空间和必要条件，同时建立健全的监管体系，确保市场和社会活动在法律框架内进行，避免出现无序竞争和社会不公。市场、社会层面需要加强与国家的沟通与合作，通过建立多层次、多渠道的对话和协商机制，增强政策制定和执行过程的透明性和参与度，提高政策的社会接受度和有效性。

在推动市场和社会发展的同时，国家需通过加强法治建设，提升公共服务能力，保障社会公平正义，从而在提升市场经济效率和社会组织活力的基础上，加强对社会的有效管理和引导。国家应认识到，只有通过协同治理、充分利用市场和社会的创新能力，才能有效应对社会管理中的复杂挑战，促进社会的和谐稳定和可持续发展。

2.政府如何在公共服务提供中承担应有的责任

在国家、社会和市场的协同治理模式下，国家、社会和市场各自承担着不同的角色和职能，其中国家在公共服务和公共产品提供方面的角色尤为关键。国家的责任在于明确区分公共产品、准公共产品和私人产品的性质，确保在利用市场机制和社会力量发挥作用的同时，不放弃或忽视自身在公共服务提供方面不可替代的职责。这一挑战的核心在于寻找一个有效的治理模式，使得国家能够在激发市场和社会活力的同时，保障公共利益和社会公正。

国家需要对不同性质的产品和服务进行准确的界定，明确哪些服务是公共产品，哪些可以通过市场提供，哪些则需要国家与社会力量的共同参与。例如，基础教育、基本医疗卫生、环境保护等领域，由于其具有明显的公共性质，国家应承担主导角色，保障基本公共服务的普遍可及和质量。对于那些既有公共属性又具有市场潜力的服务领域，如高等教育、专业医疗服务等，国家可以通过政策引导和监管，鼓励市场和社会力量的参与，同时确保这些服务的公平性和可及性。

国家在发挥市场和社会作用的过程中，不仅不能放弃自身的责任，还应加强对市场和社会力量的引导和规范。这要求国家在制定和执行政策时，既要充分发挥市场在资源配置中的决定性作用，又要有效发挥国家的作用，通过制定相关政策和标准，确保市场和社会力量在提供公共服务过程中的公正性和高效率性。例如，在教育和医疗领域，国家可以通过提供政策支持、财政补贴和监管机制，鼓励私营部门和非营利组织参与到公共服务提供中来，同时确保这些服务的质量和公众的可及性。国家在提供公共服务时承担的责任还包括建立一个全面的评估和反馈机制，不断监测和评估公共服务的提供状况，收集社会公众的反馈和意见，以及时调整和优化政策措施。通过这种机制，国家可以确保公共服务提供的透明性和责任性，增强国家政策的社会认可度和有效性。

3. 如何谋求公共利益的最大化，让社会力量去解决自身的一些矛盾和冲突问题

在协同治理模式下，追求公共利益的最大化、解决社会内部矛盾与冲突，以及促进利益相关者参与等挑战，要求对现有治理模式进行深入的分析和适应性的调整，以实现乡村可持续发展。

谋求公共利益的最大化要求政府在治理中发挥超越性的角色。政府不仅要平衡各方利益，还需要保障这些利益调整不偏离公共利益的轨道。在市场经济条件下，公共利益的界定和追求变得更加复杂多元，政府的角色从传统的直接管理者转变为协调者和监管者，需要通过法律、政策等手段引导市场和社会力量朝着服务公共利益的方向发展。让社会力量去解决自身的一些矛盾和冲突问题，是协同治理模式的一个重要特征。这要求政府在治理过程中放权，赋予社会组织和市场主体更多的自主权和决策权，同时通过建立合作平台、鼓励公民参与等方式，促进社会内部资源的有效配

置和利益矛盾的和谐解决。这种模式的成功实施，依赖政府、市场与社会之间良好的信息沟通和相互信任的建立。

利益相关者的参与是提高治理效能和合法性的关键。在乡村治理中，政府需要通过各种机制，如公众听证会、社区议事会等形式，让村民、企业、社会组织等各方面的利益相关者参与到公共政策的制定、执行和评估过程中。这种参与不仅有助于提升政策的适应性和有效性，还能增强乡村社会的凝聚力和自我治理能力。

4. 政府如何对待自身的利益

在市场经济体系下，国家、社会与市场三者之间的关系复杂多变，每个主体都拥有其独立的利益诉求。市场经济的建立和发展，尤其是社会和市场的成长，不可避免地会影响到国家权力的结构和运作方式。这种影响在一定程度上意味着国家权力的相对减弱，特别是当市场和社会成长意味着一部分原本由国家直接掌控的职能和权力需要转移给市场和社会时，国家便面临如何平衡自身利益与市场社会发展需求之间矛盾的问题。

市场经济体制的建立要求国家重新定义其在经济和社会管理中的角色。传统的计划经济模式下，国家通过直接干预经济活动，掌控资源分配和生产活动。然而，在市场经济条件下，这种模式不再适用，国家需要转变其职能，从直接干预经济活动转向创建有利于市场经济发展的宏观环境，监管市场秩序，保护合法的市场主体利益，同时确保社会公平正义。国家在面对自身权力的“跌落”时，需采取积极的态度，通过法治建设和制度创新，确保权力的合理下放和分配。行政审批制度改革便是一个典型的例子，通过减少和简化审批程序，降低企业和公民的行政负担，激发市场和社会活力。这一过程中，国家需要精准定位自身职能，找到政府与市场、政府与社会之间的最佳平衡点，既不能过度干预，也不能完全撤离，而是要通过有效的政策和法规来引导市场和社会健康发展。

国家应加强与社会、市场的沟通与合作，通过建立多方参与的治理机制，充分发挥社会组织和市场主体在公共事务管理和社会服务提供中的作用。通过这种方式，国家不仅可以减轻自身的治理负担，还能通过引入多元治理主体提高治理效率和质量。国家需保持对公共利益的最终责任。在市场经济体制下，尽管市场和社会力量在资源配置和公共服务提供中扮演着越来越重要的角色，国家仍需承担起维护公共利益、保障社会公平正义的责任。这要求国家在制定和实施政策时，充分考虑不同利益群体的需求和诉求，通过公正有效的政策手段实现利益平衡，促进社会和谐稳定。

第三节　基于国家、社会、市场三者关系的国外研究与启示

国际上对乡村韧性的研究起步于20世纪末，最初在20世纪60—70年代，韧性这一概念首次被应用于生态学，旨在探讨捕食与被捕食之间的动态关系及群体稳定性问题。随着研究领域的拓展，韧性理论逐步延伸至经济学、社会学、环境学及灾害管理等多个学科，逐步成为研究社会—生态系统及其发展演变的关键工具。21世纪以来，聚焦乡村系统如何抵御压力、恢复与重建的乡村韧性研究日渐增多。

在国家、社会、市场等多维度的分析框架下，国外的乡村韧性研究主要集中在管理与市场资本、土地使用变化等方面，深入探讨了乡村可持续发展、居民适应力、社会支持在乡村治理中的作用，以及韧性理论在生态保护中的应用。这些国外的研究和经验的反思不仅为人们提供了宝贵的参考，还揭示了研究对象和主体的重要性。

在此过程中，研究对象的多样性和复杂性要求人们具备全面深入的视角，而研究主体——无论是农民、社会组织、企业还是政府——则是这一治理活动的执行者和直接受益者。从国际视野出发，审视和反思各国乡村韧性治理的实践，不仅能够帮助人们识别和吸收有益的策略和方法，还能促进对本国乡村治理模式的创新和改进。通过本节的探讨，将深入了解乡村韧性治理的国际经验，反思这些经验在我国乡村治理中的应用可能性和实践挑战，以为实施适合我国国情的乡村韧性治理策略提供理论支撑和实践指导。

一、关于研究对象

国际上最初以工程或生态韧性为理论基础的韧性研究侧重探讨短暂、

突发性的自然灾害、经济危机等对乡村社区的冲击与影响。[①] 这一时期的研究通常将特定的外部冲击事件，如地震、海啸、飓风等，作为研究的中心对象，探讨这些具有清晰定义的事件对乡村社区结构和功能稳定性的挑战。此类研究依据工程韧性理念，着眼于如何通过预先规划和应急响应机制，减轻冲击带来的负面影响，确保乡村社区在面临灾害时能够保持其基本功能不受损害，快速恢复到正常状态。在这一研究阶段，抵抗力（或称脆弱性）与恢复力是判定乡村社区面对灾害时韧性水平的关键指标，它们衡量的是乡村社区在面对突发事件时的承受能力和恢复速度。

不过，随着韧性研究的深入，研究视角逐步从单一的、短期的外部冲击扩展到了更加复杂、长期的内部和外部压力及其对乡村社区的影响。这一新的研究方向更加关注如何理解和应对那些慢性、隐性、长期累积的社会、经济和环境压力，如全球化、经济重组、气候变化，以及国家和社会组织因素等对乡村社区的影响。适应性理论、扰动理论等理论框架，为解析乡村社区如何在面对持续变化和不确定性的环境时维持其功能、适应并转化提供了新的视角和工具。

乡村地区，与城市相比，往往因其薄弱的经济基础、单一的产业结构，加之人力物力资源的稀缺和信息通信技术的不发达，被普遍认为更脆弱。因此，乡村韧性研究更关注全球化、城市化、工业化、信息化等长期、复杂社会变迁对传统乡村社会造成的深刻影响。在中国快速推进的城镇化进程中，乡村面对的挑战，如空心化、人口老龄化、物质文化资源的流失及衰败等问题，促使乡村韧性研究的视角从传统的、紧急的灾害响应转向乡村社会持久、慢性的变迁过程。乡村地区在土地使用方式、聚落空间格局转型与重构等方面所经历的变迁，不仅影响着乡村的物理空间，还在更宏观的层面上影响着乡村社会的韧性和可持续性。这些变迁过程中，乡村社区需要适应新的经济和社会环境，寻找新的生存和发展路径。韧性理论提供了一个重要的视角和分析框架，帮助研究者探讨乡村如何在面对外部环境变化和内部压力时，通过路径依赖和路径创新、乡村空间关系的重构，以及建立基于适应性治理的协作网络，来实现其转型和发展。

① 买欣，陶伟，刘望保．国内外乡村韧性研究进展评述[J]．人文地理，2023，38（2）：28-34.

从韧性视角审视乡村发展，促使研究者关注乡村系统如何在遭受各种慢性和急性冲击时，不仅仅是恢复到原有状态，还能够通过学习、适应和创新，达到一个新的、更有韧性的平衡状态。这种视角鼓励研究者和政策制定者探索和实施旨在增强乡村社区自组织能力、提高其对变化的适应性和创新能力的策略和措施。通过这样的方式，乡村韧性研究不仅有助于解决乡村当前面临的问题，还为乡村振兴和城乡间的可持续发展提供了科学指导和理论支持。

二、关于研究主体

乡村韧性的主体，也可以成为乡村韧性治理的受益体，构成了乡村韧性研究和实践的核心。所有的理论探索和现实操作均以这些主体及其利益为出发点和落脚点。对乡村韧性主体的深入思考主要涵盖了以下几个方面的内容。

（一）乡村韧性研究的尺度

乡村韧性研究涉及从微观到宏观的多个尺度，其核心在于理解和解析乡村社区在面对外部扰动时的响应机制及其在不同尺度上的表现和效应。国际学术界已经认识到，乡村韧性不仅仅局限于单一尺度表现，还在于多尺度之间的动态互动和影响。具体而言，乡村韧性的研究尺度主要包括以下几点。

1. 微观尺度

这主要关注个体和家庭层面的适应策略和行为反应，如农户对自然灾害的应对措施、家庭对经济变化的适应能力等。这一层面的研究能够揭示乡村居民的韧性资源和脆弱性源。

2. 中尺度

这涵盖了乡村社区及其内部结构，包括社区的自然资源、人力资本、物质资本及金融资源的配置与利用。在此尺度上，乡村韧性体现为社区内部的互助合作机制、社区治理结构的有效性，以及资源管理的合理性。

3. 宏观尺度

这关注区域层面的城乡联系、区域发展特征与结构对乡村地域系统韧性的影响。这一尺度的研究揭示了外部经济、社会和环境变化对乡村韧性的宏观影响及其反馈机制。

当前，乡村韧性研究面临的挑战主要包括：韧性的测度与影响因素的辨析难度大，研究往往仅限于分析部分影响因素，而缺乏全面的理论支撑和系统的视角；不同尺度之间的相互作用及其对乡村韧性的整体影响研究不足，特别是对于区域尺度上城乡互动对乡村韧性的影响研究尚显薄弱。因此，对乡村韧性的深入研究应当放置在城乡互动的大背景下，综合考虑各个尺度上的影响因素及其交互作用，探索乡村韧性形成和演化的内在机制，以期为乡村振兴和可持续发展提供科学的理论指导和实践策略。这需要构建跨尺度的分析框架，明确各尺度影响因素的权重和作用路径，以及它们之间的相互关系和动态变化规律，从而为提高乡村韧性提供更为精准有效的方法和途径。

（二）关于公平和效率关系的思考

关于乡村韧性的探讨不仅仅局限于对抗压力和恢复能力的分析，还深入了发展进程中公平与效率的平衡问题上。这一议题核心在于探究“韧性的受益者是谁”，以及“谁负责决定韧性相关利益的分配”，触及了权力分配、平等原则和社会正义等深层次问题。乡村社区内部成员的差异化需求决定了对韧性的评估标准亦不尽相同，如一个村庄的整体韧性与村民个体韧性之间可能存在不等同的情形。

乡村韧性的多元主体视角要求在对乡村系统韧性进行宏观评价时，考虑到个体、组织与整体之间的差异性。若忽视这种差异性，可能导致在制度缺失或乡村治理体系不完善的背景下，出现村庄整体韧性提升而村民个体韧性未能相应增强的情况。例如，村委会出租农地建设厂房以提高经济抵御能力，如果没有给予农户相应的经济补偿，虽然增强了村庄的经济韧性，却可能无法提升每一个农户的韧性。因此，正确界定韧性研究的主体对于确保研究尺度的准确性和选择恰当的韧性评估方法至关重要，也是实现乡村发展中公平与效率平衡的关键。

（三）乡村生态系统

乡村生态系统不仅是农业生产的基础，还是乡村社会经济活动与自然环境相互作用的核心场域。乡村生态系统的健康直接影响到乡村的可持续发展能力，包括其对经济波动、社会变迁和自然灾害的抵御能力。在乡村韧性治理中，一个稳健的生态系统能够为乡村社区提供生态服务，支持生物多样性，维护水土资源，同时促进农业生态化和乡村经济绿色转型。

乡村生态系统的可持续管理和恢复是构建韧性乡村治理体系的关键。这需要国家、社会和市场三者的共同努力，包括实施科学的土地利用规划、推广生态农业实践、开展自然资源保护和恢复项目，以及激励乡村社区参与生态保护活动。加强对乡村生态环境变化的监测和评估，及时调整治理策略，也是确保乡村生态系统韧性的重要措施。乡村生态系统面临的挑战复杂多样，包括自然资源过度开发、环境污染、生物多样性丧失和气候变化影响等。这些挑战不仅威胁到了乡村生态系统本身的健康和稳定，还影响了乡村社区的生计和发展前景。因此，在乡村韧性治理体系的构建中，必须采取综合措施，不仅要强化生态保护和修复力度，还要推动生态文明建设，提升乡村社区对生态环境变化的适应能力和整体韧性。

实现乡村生态系统的可持续发展，需要国家政策引导、市场机制激励和社会参与三方面形成有效的互动。国家可以通过制定相关政策和法律，为乡村生态系统保护和管理提供框架支撑。市场机制的作用在于调动企业和个人投资生态保护和恢复项目的积极性，而社会组织和乡村社区的参与则是连接国家、市场与乡村实际需要的桥梁，通过社区管理和公众教育等方式，可增强乡村居民对生态环境保护的意识和能力。

第四章　乡村韧性治理的战略意义

在实施乡村振兴战略的当下，乡村韧性治理不仅是一种应对各类挑战的策略，还成为促进乡村治理现代化、推进城乡协调发展、实现共同富裕的重要途径。随着社会经济快速发展与环境变化的不确定性增加，乡村面临的挑战日益复杂，从传统的刚性管理模式转向灵活、适应性强的韧性治理，为乡村治理提供了新的视角与思路。本章将从乡村韧性治理的战略意义出发，探讨其在乡村治理现代化、乡村振兴战略实施、可持续发展目标达成，以及城乡协调发展共同富裕中的关键作用。通过对韧性治理在乡村发展中的价值功用等进行深入分析，揭示了乡村韧性治理的重要性，为推进乡村全面振兴和实现乡村与城市和谐共生提供新的思路与策略。

第一节　乡村韧性治理为乡村治理现代化提供新视角新思路

乡村治理不仅是国家治理的重要组成部分，还是其坚实的基石。因此，推进乡村治理的现代化对于整个国家治理体系及其治理能力现代化至关重要。党的二十大报告明确指出，在全面建设社会主义现代化国家的进程中，农村领域仍然承担着最为艰巨和复杂的任务。2023 年中央一号文件，对完善乡村治理体系提出了明确要求，其中特别强调了提高乡村治理效率的必要性，认为巩固乡村治理的基础是首要任务。乡村振兴的实现，根本上依赖治理的有效性。因此，加快乡村韧性治理进程，不仅是实现乡村振兴的关键路径，还是推动国家治理体系及其治理能力现代化的内在需求。

在乡村治理现代化的进程中，韧性治理作为一种先进的治理理念，为乡村发展提供了新的视角和思路。它强调的是在面对自然灾害、经济波动、社会变迁等外部压力和挑战时，乡村社会能够通过有效的管理和应对机制，保持其结构和功能的稳定，能在逆境中寻找到发展的新机遇，从而提高整体的适应能力和恢复力。这种以增强适应性和恢复力为核心的治理方式，不仅能够帮助乡村有效应对各种风险和挑战，还能促进乡村治理体系和治理能力的现代化。

一、韧性治理对乡村治理现代化的价值功用

（一）乡村韧性治理中的多方面协调发展有助于理顺乡村治理现代化的主体关系

乡村社会的发展面临着不平衡不充分的问题，这不仅要求人们夯实治理的基础，以不断满足人民群众对美好生活的追求，还要求人们注重保护乡村特有的文化气息，避免其在现代化的进程中受到外部环境的侵蚀，防止出现“不可挽救的破坏”。乡村治理的复杂性在于其不仅涉及经济发展、社会管理、环境保护等多个方面，还要兼顾保持乡村的传统特色和文化遗产。这种复杂性使得单一依靠国家行政权力难以实现乡村的全面善治。因此，韧性治理的实践要求从多方面协调发展入手，强调治理过程中的协同整合，将与乡村治理相关的所有资源、力量和智慧完整地统筹到治理薄弱环节，以对复杂多变的乡村治理环境进行有效应对。

在韧性治理框架下，治理主体之间的关系被重新理顺和强化。国家、社会组织、企业和村民等不同治理主体基于共同的治理目标进行凝聚，每个主体都能在这个过程中发挥出各自的优势。国家可以提供政策支持和法律框架，社会组织能够发挥桥梁和纽带的作用，企业可以引入资本和技术，而村民则是这一过程中的直接受益者和积极参与者。这种多方面协调发展的韧性治理实质上是一个治理主体间相互协同、相互支持的过程。通过这种方式，各方面资源和力量得以整合，形成强大的合力，共同应对乡村治理面临的挑战。例如，在乡村文化保护和传承的过程中，需要国家的政策引导和资金支持，社会组织的积极参与，企业的资源投入，以及村民的主动实践。只有这样，才能有效防止乡村在现代化进程中失去自身特色和文化根基。基于韧性治理中的多方面协调发展，乡村治理现代化能够更好地满足经济发展、社会稳定、环境保护和文化传承等多重需求，实现乡村全

面可持续发展。这不仅增强了乡村自身的发展活力和治理能力，还为乡村振兴和国家治理体系及治理能力现代化贡献了重要力量。

（二）全链条打通的韧性治理让乡村治理现代化的实现更具价值

在乡村治理现代化的过程中，全链条打通的韧性治理不仅是一种策略，还是确保乡村可持续发展的必要手段，可以有效应对乡村治理过程中的各种挑战，还能够确保乡村治理的成果是可持续和具有长期价值的，从而真正实现乡村治理现代化的目标。其核心在于以人民为中心，确保人民能够全面享有社会发展的成果。在没有长期、综合的源头治理的情况下，村民的幸福和安居梦想难以实现。韧性治理的价值在于其全过程、多维度的治理视角。它强调在乡村发展的各个阶段，根据具体情况进行针对性治理，实现从问题发现到解决的全链条管理。这种方法不仅包括全过程监测、防治和管理，还要求将治理措施深入乡村治理的每一个环节，确保治理措施能够精准实施，有效解决问题。

将韧性治理理念融入乡村治理，可以实现从静态的、一次性的解决方案，转向一个动态、持续的适应和进化过程。这种治理模式强调灵活性和适应性，使乡村能够在面临不断变化的社会经济环境和自然环境时，实现自我调整和优化。它倡导的是一种“进行时”的治理模式，其中治理体系能够根据乡村发展的实际情况，实时调整治理策略和措施，确保治理活动与乡村发展的实际需求同步。这不仅涉及对现有问题的即时响应和处理，还包括预见未来挑战并提前准备，以增强乡村面对不确定性和复杂性状况的能力。通过这种方式，能够更加精准地定位问题，更有效地动员资源，更灵活地采取措施，从而确保乡村社会的稳定性、乡村经济的持续发展和乡村环境的可持续管理。这种动态的、持续的治理模式，是实现乡村长期稳定、健康发展的关键。

在全链条打通的韧性治理中，不仅聚焦于乡村治理的表层问题，还深入挖掘问题的根源，从根本上加以解决。这种治理模式通过对乡村治理脆弱点的全面分析，识别出影响乡村发展的关键因素，包括社会经济结构、文化传统、生态环境、技术应用等多个维度。基于这些深层次的分析，韧性治理中可采取针对性强的措施，如改革乡村治理体系、优化资源配置、强化社区参与、促进产业升级、加强基础设施建设等，从而在根源上解决乡村面临的问题。通过这种方式，全链条打通的韧性治理不仅能够应对当前的挑战，还能预防未来可能出现的问题，提升乡村治理的前瞻性和主动性。这种深度治理不仅涉及治理体系和治理机制的改革，还涉及治理观念和治理方式的革新，使乡村治理成果更加全面和持久，确保乡村社会的和谐稳定、经济的持续健康发展，以及生态环境的良好保护。

（三）适时调整的动态韧性治理有助于乡村治理现代化水平的提升

随着社会的快速发展和外部环境的不断变化，乡村治理已经由传统的静态、被动模式转变为一个动态、主动的治理过程。这一转变不仅要求治理主体素质和能力的增强，还要求对治理资源的统筹与治理技术的运用保持与时俱进。它通过强调适时调整、动态适应、持续学习和反思，以及合理运用治理技术和资源，不仅提升了乡村治理的能力和水平，还为乡村应对快速变化的社会环境和挑战提供了坚实的基础。

动态韧性治理强调长期性和动态性，这意味着知识更新和经验总结需要贯穿治理的整个周期。这种治理方式坚持主动性、前瞻性、灵活性的原则，要求治理主体能够适应不断变化的环境，并具备强大的领导力和组织力，以应对各种风险，确保系统能在短时间内恢复到原有状态或达到更优状态。这一过程中，对当前环境的适应能力和学习反思的能力显得尤为重要，它们使乡村能在面对同类事件时，实现快速处置和恢复。动态韧性治理策略的实施有助于提升乡村治理现代化的水平。首先，它强调不断的学习和适应，以使乡村治理能够响应外部环境的变化，避免因环境变化带来的冲击而效果下降。其次，动态韧性治理强调主体之间的协调和合作，有助于提高治理的效率和效果，使乡村治理更加具有弹性，能够有效应对各种挑战和风险。

动态韧性治理还强调了治理技术和资源的合理运用。在现代社会，信息技术的快速发展为乡村治理提供了新的工具和手段。动态韧性治理通过有效利用这些技术和资源，不仅提高了治理的效率，还增强了治理的精准性和针对性。同时，基于不断学习和反思，乡村治理能够持续优化，形成一种持续改进和自我完善的良性循环。

（四）韧性治理的可持续发展为乡村治理现代化现实要求的满足提供了切实保障

乡村社会不仅是经济活动的场所，还是村民情感的归宿，寄托着他们对家乡深厚的眷恋和热爱。因此，保护乡村的传统风貌和文化根基，不仅是对乡土情感的尊重，还是乡村可持续发展的重要基础。乡村治理现代化实践中，韧性治理通过其可持续发展的理念，为满足这一现实需求提供了切实保障。韧性治理强调将治理乡村与守护乡村的传统和生命统一起来，这不仅能催生乡村治理的内在动力，推动乡村治理转型，还能促进乡村产业高效经营与可持续运营。这种治理方式认为治理系统是一个有机的整体，强调系统各部分之间的相互联系和相互支撑，主张在治理过程中保持系统的平衡和谐发展状态。为了实现乡村治理的可持续发展，韧性治理提倡摒弃单一的发展模式，如填鸭式或输血式的发展方式，转而增强系统自身的内生动力和发展韧性。[①] 这种内生动力的增强，使得乡村社会能够在面对外部挑战和内部压力时展现更大的弹性和安全性，从而保持长期稳定发展。

韧性治理遵循的可持续性理念强调对环境保护的重视，认为经济发展不应以牺牲环境为代价，乡村的自然资源和生态环境应得到妥善保护和合理利用。这样，韧性治理不仅保证了乡村社会经济的可持续发展，还维护了乡村生态系统的健康和稳定。韧性治理还注重促进社会公平和包容性发展，强调在乡村治理现代化过程中充分考虑社会各阶层的利益和需求，通过提供平等的发展机会和社会服务，促进乡村社会的和谐与团结。

二、韧性治理嵌入乡村治理的运作新视角新思路

乡村治理现代化为一项综合性的系统工程，它触及体制机制、方法技术等多个领域的深层次问题。韧性治理在乡村治理中的应用通常涵盖了体制韧性、经济韧性、社会韧性、科技韧性以及文明韧性等五个关键维度。这些维度的韧性与乡村治理现代化所追求的治理基础加固、治理方式创新、

① 谭英俊，蒙晓霜．韧性治理：新时代乡村治理现代化的新思路 [J]. 中共天津市委党校学报，2023，25（3）：46-55.

治理主体多元化等目标紧密联系，从而为推进乡村治理现代化进程开辟了新的视角和路径，如图 4-1 所示。

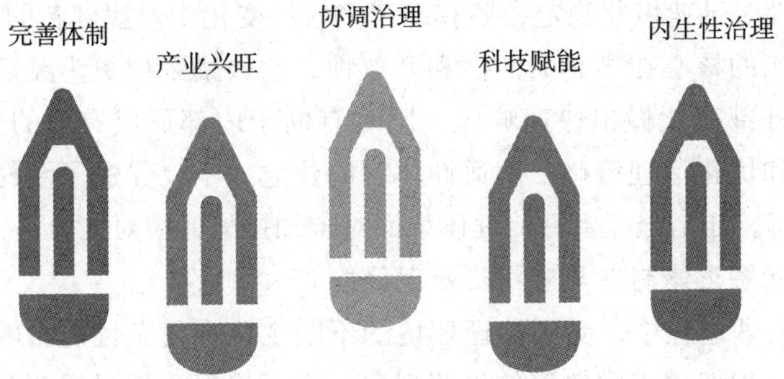

图 4-1　韧性治理嵌入乡村治理现代化的新视角新思路

（一）通过完善体制增强乡村治理现代化的体制韧性

乡村治理的长期性、复杂性、脆弱性特点要求治理体制不仅要稳固，还需具备适应内外变化的灵活性。通过完善体制增强乡村治理现代化的体制韧性是实现高效、可持续乡村治理的关键。这不仅要求建立常态化、调适性和矫正性的治理体制，还需要这些体制灵活适应环境变化，确保乡村治理工作的连续性和有效性。因此，完善治理体制，构建具有韧性的治理框架，成为确保乡村治理现代化顺利进行的关键。

1. 建立常态体制以实现长效治理

面对乡村治理中长期性的目标和任务，建立常态体制显得尤为重要。这种体制的构建旨在为治理难题提供持续的解决方案，通过分阶段、分步骤的方法，逐步推进治理工作，确保每一项治理措施都能得到有效执行。这种常态化的治理模式有助于将治理活动纳入日常管理之中，避免治理工作的断断续续，从而增强治理体制的韧性，提高乡村治理体系抵御内外冲击的能力。

2. 完善调适性体制以维护乡村秩序

在风险社会的大背景下，乡村治理系统面临的挑战和冲击日益复杂多变，从自然灾害的频繁发生到经济全球化带来的冲击，再到社会结构的快速变迁，所有这些都对乡村治理提出了前所未有的要求。在这种情况下，建立一个能够有效应对各种风险和挑战的调适性体制变得尤为关键。这种体制通过整合乡村内外的资源和力量，不仅能够确保乡村社会在面对紊乱或不确定性时迅速恢复稳定，还有助于乡村在变化中寻找到新的发展机遇。调适性体制的核心在于其灵活性和开放性，它鼓励采取更为灵活的策略和方法，对外部变化做出快速响应，同时有助于内部形成有效的反馈机制，不断调整和优化治理策略。调适性体制的建立，不仅促进了乡村社会秩序的有序运行，还增强了乡村治理体系面对未知挑战的应对能力。

3. 建立矫正体制以及时纠正治理偏差

乡村治理过程中，受到治理环境的不断变化和复杂性的影响，治理系统难免会出现偏离正常轨道的失范现象。为了确保治理目标顺利实现，需要建立完善的矫正体制。这种体制依托体制韧性，有助于及时发现治理过程中的问题，并通过监督约束、惩治威慑、教育引导等手段，将问题及时解决。矫正体制的建立不仅保证了治理活动的正常进行，还为治理体系提供了自我修正和优化的能力，从而增强了乡村治理现代化的体制韧性。

（二）通过产业兴旺增强乡村治理现代化的经济韧性

通过推动产业发展壮大，乡村治理的经济基础得到加固，从而显著增强了乡村治理现代化的经济韧性。产业的兴旺不仅为乡村治理提供了坚实的物质基础，还为乡村社会带来了稳定和繁荣，使得乡村在面对各种挑战时能够展现出强大的恢复力和适应力。这种以产业发展为核心的治理模式，为乡村治理现代化开辟了新的路径，使得乡村不仅能够应对当前的挑战，还能够预见未来的发展需求，确保乡村长期稳定与繁荣。

产业的兴旺为乡村经济发展注入了活力，创造了大量的就业机会和创业平台。这种经济活力不仅提高了村民的收入水平，还提升了他们在乡村治理中的参与度和受益程度。随着经济条件的改善，村民对美好生活的追求得到满足，乡村社会的整体幸福感和满意度显著提高。产业发展的带动效应大大改善了乡村的人居环境。高质量的产业发展不仅提高了经济效益，还为乡村生产生活环境的全面提升提供了资金和技术支持。通过解决乡村治理中的突出问题和短板，乡村的基础设施得到改善，居民生活质量得到提升，乡村治理的物质和技术基础得到加强。

随着乡村经济的繁荣，公共服务质量得到了显著优化。经济的兴旺吸引了更多具有专业技能和公益精神的社会组织和人才投身乡村治理，这不仅提高了乡村公共服务的覆盖面和均衡性，还提升了服务的质量和效率。优质的公共服务有助于乡村社会的稳定和发展，成为乡村治理现代化不可或缺的支撑。

（三）通过协调治理增强乡村治理现代化的社会韧性

乡村治理的成功不仅取决于国家层面的努力，还需要社会各界的广泛参与。没有社会的参与，治理的效果往往会受到限制。因此，正确处理和利用社会治理力量，提高治理系统的开放性与包容性，是增强乡村治理现代化社会韧性的关键。它要求治理体系具备开放性和包容性，能够有效地整合各方面的治理资源和力量，聚合治理智慧，形成一个全员参与、全面聚力的治理格局。这样的治理模式不仅能够提升乡村治理的效能，还能够增强乡村社会应对各种挑战的能力，为乡村治理现代化提供了坚实的社会基础。

乡村社会韧性的开放包容性为治理资源的引入提供了广阔的空间，特别是在应对社会风险、保障群众基本生活、恢复社会秩序等方面发挥了基础性作用。这种开放性使治理资源与系统内的内生资源形成了有效的互补，从而增强了乡村治理的综合能力。在乡村治理的过程中，治理主体之间并非孤立存在，而需要相互合作、相互支持。增强社会韧性的一个重要途径就是促进主体间的合作，将不同利益群体的力量有机结合起来，贯穿于乡村治理的全过程。这种整合不仅能够弥补乡村治理中的短板和弱项，还能够促进乡村治理力量的整体提升。乡村治理的复杂性使其不仅要依靠个体的力量，还需要集体智慧的聚合。通过增强社会韧性，可以更有效地聚合各方的智慧，找到更加清晰、有效和科学的治理思路和方法。

（四）通过科技赋能增强乡村治理现代化的科技韧性

在乡村治理现代化的进程中，科技赋能不仅是实现从脆弱性治理向韧性治理转变的关键手段，还能显著提升治理的科学性、精细性和便捷性。科技韧性，特别是数字化科技的韧性，成为增强乡村治理韧性的重要因素，其强度直接影响到乡村治理效能的提升。科技赋能使乡村治理的科学化水平得到显著提升。通过科技手段，乡村治理决策的规则得以优化和升级，有助于构建一个便于沟通协调的平台，为决策者提供精确的数据支持。这种以数据为基础的决策过程有效地剔除了主观臆测的非理性因素，使决策变得更加科学和理性。科技的应用不仅提高了决策的质量，还加快了决策的速度，从而提升了乡村治理的整体效率。

依托科技支撑的乡村治理进一步实现了精细化管理。科技工具的运用有助于治理资源和功能的整合，将治理触角深入乡村的每一个角落，提高对问题和矛盾的发现速度和处理能力。这种精细化的治理模式使得乡村治理能够在问题萌芽时及时介入，通过快速反应机制及时解决问题，避免了问题的进一步扩大，确保了乡村社会的稳定和谐。科技赋能还有助于实现乡村治理便捷化。利用科技手段，乡村治理能够突破时间和空间的限制，实现信息的快速传递和处理，从而简化流程，使结构更加扁平化。这种便捷化的治理模式大大加速了治理问题的解决进程，降低了治理成本，提高了治理效率。

科技韧性在提升乡村治理的人性化水平方面也发挥了重要作用。现代科技手段的应用能够弥合人与人之间的隔阂，拉近与村民的心理距离，更好地满足村民的情感需求。这种人性化的治理方式不仅增强了村民的主体性作用，还激发了村民的情感共振，构建了有温度的治理场景，使乡村治理更加贴心和温暖。

（五）通过内生性治理增强乡村治理现代化的文明韧性

乡村治理现代化文明韧性的构建是实现乡村长期稳定发展的基石。文明韧性的增强直接影响治理主体的凝聚力和战斗力，它深植于治理系统的内部，源自广大人民群众的内生性力量。只有治理系统内部形成了平等、团结、积极向上的治理文明，增强了对治理目标、情感、规则、行动的认同，才能充分激发出各方治理热情和智慧，共同促进治理目标的实现。

文明韧性的增强需要从目标认同做起。乡村振兴和有效治理的目标是所有乡村治理参与者的共同愿景。通过目标认同来巩固文明韧性，不仅是凝聚乡村治理合力的基础，还是实现乡村良治的前提。当所有治理主体就治理目标达成共识时，乡村治理的方向和力量就会更加统一和集中，从而有效推动乡村治理现代化的进程。情感认同是乡村治理中柔性治理手段的核心，是构建和谐有序乡村社会的基本条件。情感是人与人之间强有力的纽带，增强情感认同可以有效地化解社会矛盾、促进交流合作、增进社会和谐。通过共同的情感认同，乡村治理可以更加贴近村民的真实需求和感受，从而增强治理的人文关怀和社会基础。规则认同对于保证乡村治理秩序的权威性和合法性至关重要。只有当村民普遍认同并遵守乡村的秩序和规则时，乡村治理体系才能有效运转。增强规则认同意味着村民能够自觉地将治理规则内化为个人行为的准则，进行自我教育、自我管理和自我监督，从而自发地维护乡村治理的秩序，增强治理责任意识。行动认同是实现乡村治理现代化的动力之源。当治理主体的思想和行动能够统一到共同的治理目标上时，乡村治理的执行力将大大增强。行动认同可以促使各方力量集中解决乡村治理中的关键问题，通过团结协作，形成强大的治理合力，共同推进乡村治理事业的发展。

第二节　乡村韧性治理是乡村振兴和可持续发展的必然要求

在新时代背景下，乡村面临的挑战日益复杂多变，包括自然灾害的频发、经济结构的转型升级、社会问题的累积等，这些都要求乡村拥有应对即时问题能力的同时，具备在变化中维持发展、在压力下寻求转机的韧性。乡村韧性治理强调的是在保持社会稳定、推动经济发展的同时，还要关注生态环境保护、文化遗产传承等，以实现乡村的全面振兴和长期可持续发展。对于经济欠发达地区而言，韧性治理不仅能够帮助其更好地面对发展过程中的各种不确定性，还能够促进资源的合理配置和利用，激发内生动力，推动乡村经济健康持续增长。同时，乡村韧性治理是响应时代发展要求的必然选择，旨在通过构建灵活、开放、包容的治理体系，使乡村社会能够在全球化、信息化的大背景下保持活力，实现与城市的良性互动，共同推进社会的和谐发展。

一、乡村韧性治理是实施乡村振兴战略的客观要求

在我国快速发展的背景下，社会经历了剧烈的变革，促进了物质财富增长和社会面貌转变。特别是随着工业化和城镇化进程的加速，乡村在社

会结构、人际关系和价值观念上遭遇了深刻的变化，传统的乡村秩序面临挑战。党的二十大报告在强调“完善社会治理体系”时指出，要“健全共建共治共享的社会治理制度，提升社会治理效能”。这一战略不仅是对乡村治理新历史阶段的重要指引，还为优化我国的社会治理体系和提升治理能力指出了方向，明确了全面推动乡村振兴战略的发展路径。在乡村振兴的大背景下，提出乡村韧性治理不仅开启了实现“治理有效”的新领域，还为确保农村的“产业兴旺”“生态宜居”“生活富裕”和“乡风文明”提供了坚强的支撑。因此，构筑乡村韧性治理体系，增强乡村的社会治理能力，已经成为实施乡村振兴战略的客观需求，也是国家治理现代化过程中的一项关键任务。

（一）乡村韧性治理有利于提高治理效能，为乡村振兴提供有力的支撑和保障

在社会快速发展的今天，传统的乡村治理模式面临诸多挑战，制约了乡村的持续发展与振兴。在这一背景下，乡村韧性治理成为实施乡村振兴战略的重要途径，其核心在于通过创新治理理念、优化治理结构，以及加强信息化技术应用等，实现乡村社会治理的科学化、高效化和精准化。

乡村韧性治理的推进有利于提升治理效能。通过引入更加灵活的治理机制和先进的治理技术，乡村能够更加准确地把握社会动态，及时发现并解决问题。这种以人为本、动态响应的治理模式，不仅能够有效提高公共服务的质量和效率，还能加强对公共安全、环境保护等关键领域的监管，确保乡村社会的稳定与和谐。乡村韧性治理还促进了社会公平正义的实现。通过优化治理结构和强化制度建设，乡村治理中可更好地保障和改善民生，努力解决好人民群众最关心、最直接、最现实的利益问题。这不仅增强了群众的获得感和幸福感，还提高了群众对乡村治理的满意度和支持度，为乡村振兴营造了良好的社会氛围。乡村韧性治理的推进还意味着对信息化技术的深度应用，这对于实现乡村治理的现代化至关重要。利用大数据、云计算等现代信息技术手段，能够实现资源的高效配置和利用，提高治理的精细化水平，从而有效应对复杂多变的治理环境，确保乡村治理的科学性和前瞻性。

（二）乡村韧性治理有利于促进乡村经济发展，为乡村振兴提供经济支撑

乡村经济的发展不仅是国家经济进步的重要指标，还是推动乡村振兴战略的关键力量。在这个过程中，乡村韧性治理发挥着至关重要的作用，不仅能够为市场主体提供更加优质的服务和保障，还能显著改善营商环境，从而直接促进乡村经济发展。乡村韧性治理通过加强对农村资源的整合与利用，推动农业现代化和农村产业结构的优化调整，有效提升了农民的收入水平和生活质量，为乡村振兴提供了坚实的经济支撑。

乡村韧性治理优化了营商环境。通过推进社会治理现代化，乡村治理体系更加注重市场主体的需求，致力打造一个公平、透明、高效的营商环境。这不仅吸引了更多的投资进入乡村，还激发了农村经济活力，为乡村经济的多元化发展奠定了基础。乡村韧性治理加强了农村资源的整合与利用。在乡村治理现代化的过程中，通过科技赋能和制度创新，农村资源得到了更有效的管理和利用。这不仅提高了农业生产效率，还促进了农村产业的升级和转型，推动了农业现代化的进程。乡村韧性治理促进了农村产业结构的调整。通过引导和支持农村产业多元化发展，乡村韧性治理有助于拓宽农民增收渠道，促进农民就业和创业，提高农民的收入水平。这种产业结构的优化调整，不仅增强了乡村经济的内生动力，还为乡村社会的稳定发展提供了坚实的经济基础。乡村韧性治理提升了农民的生活质量。随着乡村经济的持续发展和农民收入水平的不断提高，农民的生活质量得到了显著改善。乡村韧性治理注重公共服务的均等化和高效化，为农民提供了更加丰富多样的社会服务，改善了农村的居住环境和生活条件。

（三）乡村韧性治理有利于增进民生福祉，为乡村振兴提供民生保障

乡村韧性治理不仅是乡村振兴战略实施的重要保障，还是提升人民群众生活质量、实现社会和谐稳定的关键。随着社会的发展和进步，民生福祉已成为衡量乡村治理效能的重要指标，也是乡村振兴中不可忽视的重点。乡村韧性治理中，通过优化基层社会治理结构，不仅能够更有效地满足人民群众的基本生活需求，改善民生福祉，还能够加强对农村教育、医疗等公共服务领域的支持，让乡村居民享受到更加全面和优质的社会福利。

乡村韧性治理在增进民生福祉方面的作用主要体现在以下几个方面。

第一，乡村韧性治理加强了对基本生活需求的保障。通过实施乡村振兴战略，优化社会治理模式，乡村治理体系更加注重保障和改善民生，努力解决好农村水、电、路、气等基础设施建设和维护问题，同时提高农村住房条件和生活品质，确保农村居民的基本生活需求得到满足。

第二，乡村韧性治理促进了农村公共服务的均等化和高效化。加大对农村教育、医疗等公共服务领域的投入，可推动农村教育资源和医疗资源的均衡配置，使乡村居民享受到更高质量的教育和医疗服务。这不仅提高了农村居民的健康水平和教育水平，还为农村人才的培养和健康发展提供了有力支撑。

第三，乡村韧性治理提高了农村社会保障体系的完善程度。通过建立和完善农村养老保险、医疗保险等社会保障体系，乡村居民的社会保障水平得到了显著提升。这种全面的社会保障体系能够有效减轻农村居民因病、因老等产生的经济负担，增强他们面对生活困难时的安全感和幸福感。

第四，乡村韧性治理促进了农村居民参与社会治理的积极性。通过推动乡村治理体系的现代化，提高治理的透明度和公众参与度，农村居民能够更加积极地参与到乡村治理和社会公共事务中来，这不仅提升了乡村治理的民主性和科学性，还增强了农村居民的归属感和满意度。

二、韧性治理与经济欠发达地区乡村振兴的内在契合性

（一）经济欠发达地区乡村韧性治理框架

在经济欠发达地区，乡村韧性治理不仅是推进乡村振兴战略的重要途径，还是实现社会可持续发展的关键。这种治理是一个动态的、多维的过程，旨在通过创新发展路径和改善治理能力，促进经济欠发达地区乡村社会治理创新与发展。韧性治理的核心在于将社会系统的脆弱性转化为韧性，以应对社会风险，促进经济欠发达地区全面发展。综合考虑环境、经济、社会多维度的治理需求，强调在提升经济能力的同时，注重生态环境保护和社会资本的培养，旨在实现经济、社会、环境的和谐共生。

经济欠发达地区的乡村以环境韧性、经济韧性和社会韧性为核心，构

建一个综合性的多维治理结构，旨在实现社会资本和公共生活的有效互动，提高经济能力，促进内生动力的培养，从而推动乡村振兴。

环境韧性是韧性治理框架的基础。在经济欠发达地区，自然环境和基础条件往往不利于农业生产和居民生活，成为制约地区发展的重要因素。因此，改善生存环境，降低环境风险，提升生态系统的恢复力和适应力，是实现乡村韧性治理的首要任务。这不仅包括水、土壤和空气等自然资源的保护与合理利用，还涉及生态文明建设和环境治理能力的提升。经济韧性是韧性治理框架的关键。经济欠发达地区的乡村振兴需要在提高地区经济水平的同时，塑造乡村社会的内生增长动力和可持续发展能力。这要求利用地区的资源禀赋和产业创新，加强对农业和乡村产业的支持与引导，推动产业结构的优化升级，增强地区的经济自主性和竞争力，提高农民收入和生活质量。社会韧性是韧性治理框架的目标。社会韧性的增强，意味着经济欠发达地区的乡村治理能够在社会资本的有效互动和公共生活的改善中实现自我强化。这包括促进社会公平正义，提高社会治理的包容性和参与性，增强社区凝聚力和社会稳定性，以及提升公共服务的质量和效率，从而促进社会和谐稳定和居民幸福感提升。

（二）韧性治理与经济欠发达地区乡村振兴契合性的主要体现

韧性治理为经济欠发达地区社会生态系统提升抵抗脆弱性和风险的能力提供了重要的理论支持，也成为乡村振兴战略实施中有效治理和推动农村社会发展变革的关键。采纳韧性治理的方法来应对经济欠发达地区的乡村治理挑战，反映了乡村治理在新时代背景下的逐步进化和实际需要，同时指出了加强农村社会稳定和持续发展、创新实践的新路径。韧性治理与经济欠发达地区乡村振兴的相互契合主要表现在以下几个核心方面。

首先，乡村振兴策略的成功实施依赖多元主体的协同合作，这也是韧性治理得以有效推进的组织前提。韧性治理的核心在于通过构建一个开放、互动的多元协同治理机制，集合各方面资源和能力，共同面对社会风险和灾害的挑战。这种治理模式识别并利用了各主体的资源优势和自组织能力，为乡村面对不确定性和变动性问题提供了前瞻性的战略规划和应对措施。

要通过全面的系统思维，协调各参与主体间的关系，确保乡村振兴策略的有效执行。实践中，多元主体协同合作体现在中央统筹、省级负总责、市县具体落实的工作机制上，旨在通过各级政府与社会组织、企业、村民等多元主体的共同参与，形成一种集体行动的力量，强化乡村社会的自我管理和自我服务能力。这种基于韧性治理理念的多元主体协同合作，不仅为经济欠发达地区的乡村治理提供了新的组织模式，还为乡村社会的稳定发展和乡村振兴战略的实施奠定了坚实的基础。通过多元主体的共同努力，可以有效提高乡村社会对经济、社会、环境等方面风险的应对能力，推动经济欠发达地区的乡村走向繁荣和可持续发展的道路。

其次，乡村振兴的过程中，韧性治理的动态响应成为确保社会生态环境稳定的核心要求。这种治理取向强调社会系统在面对外部冲击时，不仅要具备事前预判能力，还要保持一定的系统冗余，以便能够迅速调和冲突和矛盾，维护系统的稳定性和适应性。在复杂多变的社会风险情境中，这种动态响应要求多元主体之间进行有效的风险和危机沟通，共同制定并实施适应外部变化的响应策略，从而提升社会系统的适应性、处置性和参与性。

经济欠发达地区乡村振兴的实践显示，特别是在生态环境脆弱区域，提高当地居民的生存能力和改善社会生态环境是实现可持续发展的关键。这需要将人文关怀作为价值理念的基石，强化社区参与和公众教育，增强居民对风险的认知和应对能力。通过动态响应的韧性治理，不仅可以提高居民面对自然灾害和社会变迁的抗压能力，还能促进经济欠发达地区的社会系统在持续变化中保持稳定，为乡村振兴创造良好的社会生态环境。这促进了社会生态系统的稳健运行，还为经济发展、改善民生福祉、保护生态环境提供了有力支撑，展现了韧性治理与经济欠发达地区乡村振兴之间的内在契合性。

最后，韧性治理中的综合应对机制涵盖了多领域、多学科、多主体和多资源的协同合作，旨在实现乡村基础设施、公共服务和社会治理等方面的融合互通。这种跨领域的整合不仅有助于提高资源利用效率，还能促进不同领域之间的信息共享和问题解决方案创新，为乡村社会的稳定和可持续发展提供坚实的基础。通过构建这样一个共建共治共享的现代乡村社会治理格局，经济欠发达地区的乡村治理体系能够更加灵活地应对外部变化，增强系统的自我修复能力和适应能力，从而在促进经济发展、提升公共服务质量、增进社会和谐等方面发挥重要作用。这种综合应对机制不仅体现了韧性治理与经济欠发达地区乡村振兴之间的内在契合性，还是推动乡村治理现代化、实现乡村全面振兴的有效路径。

三、乡村韧性治理是实现可持续发展的时代要求

（一）韧性规划理念有助于实现乡村可持续发展

在当前乡村振兴和可持续发展的背景下，韧性规划理念逐渐成为乡村建设与治理的重要指导思想。这一理念的核心在于通过灵活、前瞻性的规划方法，可增强乡村社会各种风险和挑战应对能力，确保乡村发展的持久性和稳定性。韧性规划不仅关注乡村空间资源的合理利用和有效保护，还将乡村安全与减灾纳入规划的重要内容，能够提升乡村社会的风险和挑战应对能力，从而为乡村的可持续发展提供坚实的基础。

转变传统的乡村规划思路是实施韧性规划的前提。在过去，乡村规划多侧重空间资源的开发利用和生态环境的保护，而较少考虑到乡村社会面临的安全挑战和减灾需求。十八大以来，随着空间治理和空间结构优化理念的提出，新型乡村规划理念的形成有了政策支撑。这要求人们在乡村规划中引入超前思维，从上到下建立一套完整的韧性乡村规划实施体系，使之成为指导乡村建设和发展的重要导向。

韧性规划强调提高对乡村安全的关注程度，构建全面的乡村减灾系统。这包括加强对潜在灾害的预防和监测，提高快速响应和救援的能力，以及建立动态的纠偏机制，确保乡村在面对自然灾害和社会变革时能够保持稳定和适应性。通过这样的韧性规划，乡村社会能够在灾害发生时迅速恢复，减少灾害对经济和社会生活的影响。韧性规划理念要求对乡村规划进行动态纠偏，确保乡村发展的实际方向与规划目标保持一致。这意味着乡村规划不是一成不变的，而需要根据乡村发展的实际情况和外部环境的变化进行及时调整。通过密切关注韧性乡村规划的运行状况和效果，可以及时发现问题并进行调整，从而保障乡村发展的持续性和稳定性。

（二）韧性治理的灵活决策机制有助于实现乡村可持续发展

韧性治理的灵活决策机制通过跨部门的协同管理和灵活应对，有效整

合各方资源和能力，打破资源间的壁垒，实现资源利用的最大化，特别是在灾害防治、灾后恢复等关键时期，显示出非常强的实用价值和效率。

韧性治理的灵活决策机制要求明确各部门的职责，确保从乡村灾害预防、监测到灾后重建修复的全过程都有专门的部门负责。这种职责的明确化有利于提高工作的专业性和效率，确保各项任务能够有序进行。在这一过程中，各部门需要根据乡村的实际情况和需求，灵活调整和实施各项措施，从而保障乡村社会的稳定与发展。加强各部门之间的合作和沟通对于提升灵活决策的效果至关重要。有效的沟通可以促进信息的及时交流，增强各部门对灾害的敏感度和响应速度。一旦乡村遭遇灾害，及时准确的信息交流能够帮助人们迅速确定灾害发生的关键路径，实现对灾害防治力量、救援力量以及灾后修复力量的合理分配，通过协同作战，最大限度降低灾害影响。灵活决策机制的实施，还要求乡村治理活动根据变化的环境和实际需要进行动态调整。这种动态性不仅体现在对策略的及时更新上，还体现在对治理模式和方法的不断创新上，以适应乡村发展的新要求和挑战。通过建立这种综合应对机制，乡村不仅能够有效应对各种突发事件，还能在长期发展中持续提升韧性和可持续性。

第三节　乡村韧性治理是城乡协调发展共同富裕的时代诉求

随着我国社会主要矛盾的转变，人民对于美好生活的追求变得更加多元和深刻，涵盖了从物质需求到公共服务，环境质量乃至民主、法治等多方面的高层次需求。这种需求的多样化和提升，反映了人民群众对于更高质量生活的向往，同时指出了我国发展中存在的不平衡和不充分的问题。在这样的背景下，乡村韧性治理显得尤为重要，它不仅关乎乡村社会的稳定与和谐，还是推动城乡协调发展、实现共同富裕的时代要求。

乡村韧性治理作为一种全面、系统的治理策略，不仅关注乡村自身的发展与振兴，还注重城乡之间的互动与平衡，致力缩小城乡差距，促进资源的合理流动与配置，确保乡村社区在面临自然、经济、社会等方面挑战时能够有效应对，维持发展的持续性和稳定性。乡村韧性治理主要是通过构建一个科学有效的社会治理体系，针对当前乡村社会治理中存在的能力不平衡、机制不协调等问题，提出解决方案。这包括满足人民群众对高质量物质生活的追求，保障教育、医疗、养老等公共服务的高效提供，保护蓝天绿水、清新空气、优美环境，确保民主、法治、公平、正义、安全等需求得到满足，覆盖了人民群众对美好生活全方位的需求。

随着经济社会的持续进步，人民群众对美好生活的渴望更加迫切，这要求党从人民最关心、最直接、最现实的利益问题出发，通过构建乡村社会治理体系，积极应对社会矛盾变化，不断提升乡村人民的获得感、幸福感、安全感和参与感。同时，要求政府、市场与社会三方面的力量协同作用，通过创新机制与政策支持，为乡村提供坚实的基础保障，以及充分发挥乡村在推动城乡共同富裕中的积极作用。因此，实施乡村韧性治理，不仅是解决乡村发展中现实问题的有效手段，还是推动城乡协调发展、促进全体人民共同富裕的时代诉求。

一、乡村韧性治理是实现城乡协调发展共同富裕的必由之路

乡村韧性治理不仅着眼于短期的经济增长，还关注长期的可持续发展，旨在通过一系列综合性的措施，促进乡村地区全面振兴，实现城乡之间的均衡发展，进而推动社会向共同富裕的目标迈进。乡村韧性治理中，通过增强乡村地区对各种风险和挑战应对能力，提升了乡村社会的整体韧性。面对自然灾害、市场波动等外部冲击，韧性治理主体通过建立有效的预警机制、应急管理体系等，保障了乡村社会的稳定运行，为乡村地区的可持续发展提供了坚实的保障。乡村韧性治理注重提升乡村地区的生活水平，改善人居环境。通过建设基础设施、提供公共服务等措施，乡村韧性治理主体可直接提高乡村居民的生活质量，缩小城乡之间在生活条件上的差距。乡村韧性治理强调在乡村发展中保护和发展当地的优秀乡土文化，这是其在推动城乡协调发展中不可忽视的一环。优秀的乡土文化不仅是乡村地区独特的精神财富，还是促进乡村旅游、手工艺品等产业发展的重要资源。通过保护和振兴乡土文化，乡村韧性治理有助于增强乡村的吸引力，提升乡村地区的软实力，促进乡村经济的多元化发展。

通过政策支持、资源整合和能力建设等方式，政府和党组织在乡村韧性治理中发挥着至关重要的作用。这种自上而下的领导机制，确保了乡村韧性治理策略的有效实施，为乡村振兴战略的深入推进奠定了坚实的基础，确保了城乡协调发展和共同富裕的实现。

二、乡村韧性治理是实现城乡协调发展共同富裕的重要内容

扎实推进共同富裕，加快实现农业农村现代化，形成乡村人才、资金、产业、土地的良性循环，离不开基于乡村自身的认知、评估、判断提升的应对里外冲击的空间整体适应性发展能力——韧性。乡村韧性治理，作为推动城乡协调发展共同富裕的重要内容，深刻体现了我国社会主义现代化建设的本质要求和共产党的历史使命。在新时代背景下，实现全面共同富裕不仅是国家发展的重要战略目标，还是优化国家治理体系、提升国家治理能力的关键措施。通过深化乡村韧性治理，可以有效促进农业稳定发展，提高农民收入，改善农村基础设施和公共服务，从而缩小城乡差距，推进社会的公平正义，使全民共享社会主义现代化建设成果。党的十九大和二十大报告都明确将共同富裕定位为我国现代化建设的重要战略目标，强调了在两个阶段内实现共同富裕的重要性和紧迫性。这不仅彰显了党对全民福祉的高度重视，还为乡村振兴和城乡协调发展提供了明确的时间表和路线图。在此过程中，乡村韧性治理成为实现这一目标的关键路径，其核心在于通过综合性、系统性的治理措施，促进乡村经济全面发展，提升农村生活水平，保障农村社会稳定，促进农村文化繁荣。

乡村韧性治理的实施涉及农业生产力的提升、农村基础设施建设、公共服务的均等化等多个方面。第一，通过发展现代农业，促进农业向科技化、智能化方向发展，提高农业生产效率和农产品质量，为农民增收提供坚实基础。第二，加强农村基础设施建设，如水利、交通、电力等，改善农村居民的生活条件和生产条件，为乡村振兴创造良好的物质基础。第三，通过优化公共服务体系，确保农村居民能够享受到教育、医疗、养老等基本公共服务，提高农村居民的生活质量，增强其幸福感和获得感。实现共同富裕的过程中，乡村韧性治理的重要性不容忽视。它不仅有助于激发农村地区的内生动力，促进农村经济多元化发展，还能够通过改善农村居民

的生活条件和提升公共服务水平，加快城乡一体化进程。乡村韧性治理还能够增强农村地区对外部冲击的抵御能力，提升农村社会的整体稳定性和韧性，为实现长远的共同富裕目标奠定坚实基础。

三、乡村韧性治理是实现城乡协调发展共同富裕的基础保障

（一）乡村韧性治理促进多维融合

城乡协调发展不仅仅意味着物质财富分配均等化，还意味着全领域、全要素综合发展，旨在通过顶层规划和系统性治理，推动城市和乡村在多个层面上实现互利共赢、共同发展。乡村韧性治理作为实现城乡协调发展共同富裕的基础保障，通过促进多维融合，确保了城乡发展的高质量和全面性，为推动社会主义现代化建设、实现全体人民共同富裕的目标奠定了坚实的基础。

乡村韧性治理通过优化乡村产业空间布局和促进产业链条合理化，使乡村产业得以升级和转型，让城市经济的增长能够有效反哺乡村。这不仅有助于提升乡村的经济实力，还为城乡之间建立了一个互动共生的经济体系，促进了资源的高效流动和利用，加快了乡村振兴的步伐。乡村韧性治理活动的实施，需要辅以无差别的制度和政策，保障城乡居民能享受同等的公共服务。这意味着无论是城市还是乡村的居民，都能平等享受到教育、医疗、养老等基本公共服务，有效缩小了城乡在公共服务享受上的差异，提高了社会的整体福祉水平。乡村韧性治理的基础之一是乡村基础设施的建设，这在很大程度上加强了城乡基础设施的互联互通，打造了城乡一体化的绿色循环生态空间。通过改善交通、水利、信息等基础设施，促进了城乡之间的紧密联系，为乡村的可持续发展提供了坚实的物质基础，同时为居民创造了更加宜居宜业的环境。

城乡协调发展旨在构建一个经济繁荣、政治和谐、社会稳定、环境优美的城乡社会共同体。乡村韧性治理不仅关注乡村经济的增长，还注重生态环境的保护和文化遗产的传承等。通过多维融合的发展路径，乡村韧性治理为实现城乡协调发展、共同富裕提供了坚实的基础和全面的保障。

（二）乡村韧性治理促进以平衡为目标的城乡资源重组

乡村韧性治理在促进城乡资源均衡配置方面表现尤为突出。资源分配不均一直是影响乡村韧性发展、制约城乡协调发展的重要障碍。通过实施韧性治理，客观上促进了城乡之间的资源平衡分配，确保乡村地区能够在面对环境变化时展现出更强的适应能力和恢复力。

在中国特色社会主义制度的框架下，党的全面领导为乡村韧性治理提供了强有力的政策支持和制度保障。通过顶层设计和统筹规划，韧性治理中不仅关注资源在城乡之间的均等化分配，还注重引导资源要素向乡村地区适当倾斜，确保城乡居民能够享有平等的发展机会，从而缩小城乡之间的发展差距和居民收入差异。乡村韧性治理通过优化资源配置，促进了城乡资源的有效重组。这一过程不仅包括物质资源的均衡分配，还涵盖了人才、资金、信息等多方面资源的流动和利用。通过鼓励和引导城市资本、技术、人才等向乡村流动，加强乡村基础设施建设，乡村地区的发展环境得到显著改善，乡村经济和社会发展活力得到有效激发。

第五章　乡村韧性治理的现实困境与影响因素

随着社会经济的快速变革，乡村面临着前所未有的挑战与机遇，这些挑战既有来自国家的宏观影响，也有源自市场经济波动的微观冲击，更包括社会结构变迁带来的深层次影响。在这样的背景下，乡村韧性治理体系的构建显得尤为迫切，它关乎乡村能否在变革中保持稳定，能否在挑战中寻找到发展的新路径。不过，乡村韧性治理体系的建设并非一帆风顺，它面临着多方面的现实困境与挑战。从国家、社会到市场的不同视角，乡村韧性治理体系都存在着一定的短板和不足，这不仅影响了乡村治理的有效性，还制约了乡村发展的质量和速度。

深入分析乡村韧性治理体系运行的现状，探索其面临的主要影响因素，对于精准施策、优化调整具有重要的现实意义。同时，对乡村韧性治理体系的功能重新进行定位，可为乡村振兴战略的深入实施提供坚实的支撑。

第一节　乡村韧性治理的影响因素

乡村韧性治理体系的有效性受多种因素影响，其中国家、社会、市场三个维度的作用尤为关键。从国家角度出发，制度、多维治理结构、基础设施建设等都直接影响乡村韧性治理的成效。社会维度则涉及社会资源、生态资源等，这些因素共同决定了乡村治理模式的社会基础和推动力。市场角度则关注产业结构、产业经济等，这些因素影响着乡村经济的韧性和自我调节能力。综合这三个维度的分析，不仅可以深化对乡村韧性治理体系影响因素的理解，还能为制定更为精准和有效的治理策略提供理论支撑和实践指南。了解这些主要影响因素，是构建乡村韧性治理体系、推动乡村振兴战略深入实施的重要前提。

一、国家角度

（一）制度对乡村韧性治理效果的影响

1.制度建设与规范化管理的重要性

制度，既包括政府制定的正式规则，也涵盖了村规民约、乡风民俗、道德规范等非正式规定，为乡村治理提供了基本的行动框架和行为指南。在传统农村社会中，紧密的社会关系和封闭的社会环境促使形成了一个强大的公共监督机制，有效地指导和约束了治理主体的行为。在乡村韧性治理体系中，制度建设与规范化管理不仅为乡村社会治理提供了基本的行为准则和操作流程，还确保了治理活动的公正性和有效性，从而增强了乡村的整体韧性，使其能够更好地适应和应对内外部环境的变化。

制度建设为乡村治理提供了明确的规范和标准。在复杂多变的社会环境中，一个明确、科学的制度体系能够规范乡村社会成员的行为，明确各方的权利和义务，从而有效避免治理活动中的随意性和不确定性。通过制度化的管理，可以确保乡村治理活动有序进行，实现资源的合理配置和利用，增强乡村治理的预见性和主动性，提升乡村应对各种社会变革和自然灾害的能力。规范化管理增强了乡村治理的透明度、参与度和公正性。通过建立一套公开、透明的治理流程和决策机制，乡村社会成员能够充分了解治理活动的内容和进展，提高对治理结果的认可度和满意度，同时保证了治理决策和执行过程的公平公正。同时，规范化的管理流程便于乡村社会成员参与到治理过程中来。广泛的社会参与有助于集聚社会智慧和力量，共同促进乡村治理的创新和改进，增强乡村社会的凝聚力和向心力。

制度建设与规范化管理有助于提升乡村治理的效率和效果。制度化的治理不仅可以减少资源浪费，优化决策流程，还可以通过规范操作，减少治理误区和风险，确保治理活动的高效运行。此外，制度建设还可以为乡村治理提供持续性的动力和支持，通过不断完善和优化制度，适应乡村发展的新需求，促进乡村治理持续改进和创新。制度建设与规范化管理保障了乡村治理的公正性和合法性。明确的制度不仅能够保障乡村社会成员的权利和利益，还能够为治理活动提供合法的依据，增强乡村社会的规则意识和法治观念。这对于构建和谐稳定的乡村社会环境，促进乡村长期稳定发展具有重要意义。

2. 非正式制度在乡村韧性治理中的功能

非正式制度是指人们在长期的社会生活中自然形成并代代相传的、不依赖正式机构制定和实施的行为规范，主要包括习俗习惯、伦理道德、文化传统、价值观念及意识形态等。这些规则虽然没有明文规定，但却对人们的行为产生了深远的影响，具有自发性、灵活性、多样性和地域性等特点。在乡村韧性治理中，非正式制度发挥着维护社会秩序、补充正式制度不足、促进自我管理和自我发展、增强乡村社会韧性等多重作用。具体来说，体现在以下几个方面：一是维护乡村社会秩序。非正式制度中的乡村文化、社会习俗和道德规范等，可约束村民的行为，从而维护乡村社会的稳定。例如，尊老爱幼、和睦相处、互帮互助等乡村文化价值观念，能够引导村民之间建立良好的人际关系，减少社会冲突。二是补充正式制度的不足。正式制度往往难以覆盖所有情况和问题，特别是在复杂的乡村社会中。非正式制度能够发挥补充作用，填补正式制度的空白。例如，在环境保护方面，虽然政府制定了相关法律法规，但乡村文化中的环保意识也能够引导村民积极参与环境保护活动。三是促进乡村社会自我管理和自我发展。非正式制度中的村规民约等，是乡村社会自我管理和自我发展的重要体现。通过制定和执行村规民约，村民能够共同参与乡村事务的管理和决策，推动乡村社会的自我发展和进步。这种自我管理机制有助于提升村民的归属感和责任感，增强乡村社会的凝聚力。四是提升乡村社会的挑战应对能力。相比于正式制度的刚性和稳定性，非正式制度具有更高的灵活性和适应性。基于非正式制度，在面临变革和挑战时，乡村社会能够迅速调整以适应新的情况。灵活的非正式制度有助于乡村社会在保持传统的同时，更好地应对外部环境的变化。五是增强乡村社会的韧性。韧性是指系统在面对外部冲击时能够保持稳定并恢复原有状态的能力。非正式制度通过其深厚的历史和文化基础，为乡村社会提供了强大的韧性支撑。在遭遇自然灾害、经济波动等外部冲击时，非正式制度能够激发村民的互助精神和自我恢复能力，帮助乡村社会快速走出困境并恢复正常秩序。因此，在推进乡村治理体系和治理能力现代化的过程中，应充分重视非正式制度的作用并发挥其独特优势。

3.法律法规在维护乡村治理秩序中的应用

法律法规为乡村治理提供了明确的规则和标准，确保了治理活动的合法性和正当性，有助于形成公正、透明、可预期的治理环境。通过法律法规的制定和执行，可以有效地规范乡村社会成员的行为，预防和解决社会冲突，维护乡村社会秩序，从而提高治理效能。法律法规在乡村治理中的应用，有助于明确治理主体的权责，为乡村治理行为提供法律依据。通过制定和完善与乡村治理相关的法律法规，可以清晰界定政府、村委会、农民合作社等治理主体的职责与权限，避免职责重叠或权责不明导致治理效率低下。

法律法规的有效执行是保障乡村治理秩序的关键。乡村治理涉及资源配置、环境保护、公共服务提供等多个方面，法律法规的有效实施有助于规范这些活动，防止和纠正违法违规行为，保护乡村居民的合法权益，提升乡村治理的公平性和正义性。法律法规在解决乡村治理中的矛盾和冲突时发挥重要作用。乡村社会是一个复杂的社会系统，经济发展、社会变迁等因素可能导致利益冲突和社会矛盾。通过法律途径处理和解决这些矛盾冲突，不仅可以有效维护社会秩序，还能增强乡村居民对法律的信任和对治理结构的认同。

法律法规的创新与完善是适应乡村韧性治理需要的必然要求。随着乡村发展的不断深入和乡村治理环境的变化，现有的法律法规可能无法完全适应新的治理需求。因此，根据乡村治理的实践经验和居民的需求，不断创新和完善法律法规体系，使之更加科学合理，是提升乡村韧性治理效能的重要途径。

（二）多维治理结构的重要性与乡村韧性治理

1.治理模式的创新与实践

在我国的乡村韧性治理过程中，政府部门的过度介入及替代基层决策在某种程度上削弱了社会参与性和农民主体性的发挥。随着市场经济的发展，仅依赖政府单一主体进行治理的模式已经不能完全满足当前的治理需求。乡村韧性治理需要适应多变的社会环境和复杂的治理需求，因此探索和实践多样化、灵活性强的治理模式成为提升乡村治理效能和实现可持续发展的必然选择。

治理模式的创新意味着在乡村治理中引入新的思想、技术、方法和机制，以适应乡村社会经济发展的新要求。这种创新可以是治理观念的更新，如从单一的政府主导模式转变为政府、市场、社会多元协同的治理模式；也可以是治理方法的革新，如从传统的面对面管理转向利用现代信息技术进行远程管理和服务；还可以是治理机制的改革，如建立村民参与决策的机制，增强治理的透明度和公平性。实践是创新治理模式的重要步骤，只有通过实践才能检验治理模式的有效性和适用性。乡村韧性治理的实践应着重于解决乡村面临的具体问题，如如何有效提升乡村经济发展水平、如何改善乡村生态环境、如何增强乡村社会凝聚力等。这需要政府、企业、社会组织和乡村居民等多方主体的共同参与和协作，形成治理合力。

乡村韧性治理中治理模式的创新与实践，要求不断探索适合乡村特点的治理路径。例如，可以通过发展乡村合作社、引导农民参与乡村旅游开发、建立乡村公共服务平台等方式，促进乡村产业发展和社会服务完善。同时，加强对乡村治理实践的监测和评估，及时总结经验教训，不断优化治理模式。

2.村民自治在乡村治理中的作用

在乡村韧性多维治理结构中，村民自治反映了乡村治理的民主性和基层性，是增强乡村韧性、推进乡村振兴战略的关键环节。提升村民的参与度和决策权，能够有效激发乡村内部的活力，促进乡村社会和谐与稳定。

村民自治能够增强乡村社会的自我管理能力。通过村民委员会等，村民能够直接参与到乡村治理中来，对乡村发展有关的重大事项进行讨论和决策。这种自下而上的治理模式有助于更好地反映和满足村民的实际需求，提高治理的针对性和有效性。村民自治有助于提升村民的法律意识和自我保护能力。通过参与乡村治理，村民能够更加深入地了解国家法律法规以及村规民约，增强遵法守规的意识，同时能够通过合法途径维护自己的合法权益。

村民自治有利于提升乡村治理的透明度和公平性。通过定期召开村民大会、公布村务信息等措施，能够保证乡村治理的过程公开透明，减少权力寻租和不正之风的发生。同时，能够通过民主选举、民主监督等手段，确保乡村治理中各项决策更加公正、合理。村民自治是推动乡村经济社会发展的重要动力。村民在自治过程中能够根据乡村实际情况，发挥自身优势，开展特色产业和集体经济，从而增加收入的同时，促进乡村社会经济全面发展。

3. 跨部门协作与整合治理资源的策略

跨部门协作和整合治理资源策略旨在打破部门壁垒，通过跨领域的合作和资源共享，构建一个协调一致、功能互补的治理体系，从而提升乡村治理的整体效能和适应性。

跨部门协作能够实现资源优化配置和利用。乡村治理涉及经济发展、社会管理、环境保护、文化传承等多个方面，这些领域的资源和政策往往分散在不同的部门。通过建立跨部门协作机制，可以促进信息共享、资源互补，避免资源重复浪费，确保各种资源得到最有效的利用和配置。跨部门协作有助于形成治理合力。面对乡村治理中的复杂问题，单一部门往往难以独立应对。通过跨部门合作，可以集合各方面的智慧和力量，共同研究解决方案，形成治理合力，提高治理问题的解决效率和质量。

整合治理资源是提升乡村韧性的有效途径。乡村韧性治理不仅需要物质资源的支持，还需要政策、技术、人才等多方面的资源配合。通过整合这些治理资源，可以为乡村应对各种挑战提供更加坚实的支持，增强乡村的抵御风险和自我恢复的能力。

跨部门协作和整合治理资源需要建立长效机制。其中，要实现持续有效的跨部门协作，必须建立相应的机制和平台，如建立跨部门联席会议制度、共享信息平台等，确保协作的持续性和稳定性。同时，需要制定明确的责任分配、工作流程、评价机制等，确保各项工作有序推进。

（三）基础设施建设与乡村韧性治理的关系

健全完善的公共基础设施是提升乡村治理能力和发展韧性的基础支撑。完善的农村公共基础设施不仅是构建生态友好型乡村的基本要求，还是推动农村治理现代化和加强乡村韧性治理能力的关键，更是实现社会经济全面发展的基石。党的十八大以来，农村基础设施大幅改善，不仅提升了农村居民的生活条件，还为乡村社会经济的全面发展奠定了坚实的基础，为乡村韧性治理和乡村振兴战略目标的实现提供了重要保障。例如，交通基础设施不断完善，大大缩短了农村与城市之间的距离，促进了农产品的流通和农村劳动力的外出就业，增加了农民收入，提高了生活质量。道路的硬化和公共交通的便利化，使得农村居民能够更方便地接触外部世界，获取更多的信息和资源，从而拓宽了他们的视野和生活圈。供水和电力基础设施的完善保障了农村居民的基本生活需求，提高了生活的舒适度。安全饮水工程的实施解决了农村饮水安全问题，电力设施的普及则使农村家庭获取了稳定的电力供应，使得农村居民能够使用更多的电器产品，提升了生活便利性。信息通信基础设施的建设，如宽带网络和移动通信的普及，为农村居民带来了信息时代的便捷。农民通过网络学习新知识、新技术，开展电子商务，扩大了销售渠道和市场范围，提高了农村经济的活力和竞争力。农村公共服务中心提供了政务服务、文化教育、医疗卫生等综合服务，提高了农村居民的获得感和幸福感。

尽管我国的农村基础设施建设已取得显著成果，但仍面临诸多挑战，如基础设施供给与农民需求之间存在脱节，建设管理中存在疏漏，这些问题对乡村韧性治理构成了挑战。具体而言，一方面，是因为一些地区在进行基础设施建设时过分追求指标完成，忽略了真正的民需和地方特色，导致资源的浪费和低效利用；另一方面，由于缺乏充分的规划和维护意识，农村基础设施建设往往缺乏持久性和有效性，如频繁的道路维修和电网升级增加了财政负担，同时维护和管理责任不明确，造成了运营混乱。这些问题的存在，不仅削弱了基础设施对乡村发展的支撑作用，还影响了乡村社会对治理改革的接受度和参与度。因此，应当立足增强农村韧性和可持续发展能力，紧密结合农村实际差异化、系统化规划和农村基础设施建设，充分发挥完备的公共基础设施在治理中的作用，提升乡村治理的智能化与精细化，强化乡村面对各种挑战的韧性。尤其要进一步加强农村交通基础设施建设，这直接关系到乡村地区与城市之间的可达性和连通性，它不仅能够促进农产品的快速流通，提高农民的经济收入，还能够有效促进城乡协调发展。加强农村信息通信基础设施建设，尤其是互联网和移动通信网络的普及，为乡村提供信息化的手段和平台，不仅可以促进乡村与外部世界的广泛联系，为乡村带来更多的发展机会和信息资源，大大便利农民的生产生活，还可为乡村教育、医疗、电商等领域的发展提供支撑，促进乡村社会的现代化进程。通过信息技术的应用，乡村可以更有效地进行资源配置、监督管理和服务提供，提高治理的透明度和效率，从而增强乡村治理体系的整体韧性。此外，水利基础设施的建设和改善对于保障农业生产、解决饮水安全、防治水土流失等具有重要意义，它能够提高农村地区的自然灾害应对能力，持续增强乡村的生态韧性。

二、社会角度

（一）社会资源在增强乡村韧性中的角色

在社会网络中，社会资源通过促进信息流通，有效降低了交易成本。它在凝聚社会共识、加强监督管理、促进相互帮助和信息交流等方面扮演着独特而重要的角色。社会资本的加入对乡村韧性治理至关重要，它通过建立信任、扩大社区参与、加强规范制约和优化组织协调等多方面作用，为乡村社会提供支持。在农村社会的转型期，引入高质量的社会资源，强化乡村治理的韧性变得尤为关键。

1.社会资本的构建与利用

农村的社会资本成了影响农村社会网络适应性和恢复力的关键因素。社会资本的概念，被公共管理学界广泛接受，其被视为由信任、规范和网络构成的一种资源，这种资源能够通过促进协同合作提升社会的整体运作效率。在乡村韧性治理过程中，社会资本通过增强农民间的信任、加强行为的规范约束，以及扩大参与机会等途径，有助于形成基于互助和合作的网络。这样的网络不仅促进成员间的交流与资源共享，还能有效减少交易的成本，使乡村社区能够更好地团结起来，共同应对外部冲击和挑战。社会资本的构建与利用不仅涉及乡村社会网络的形成和维护，还包括了如何有效利用这些网络来促进乡村发展。社会资本具有多重维度，通过增强社会信任、强化积极的社会规范和拓展社会网络，乡村社区不仅可以改善其内部治理结构，还可以在面对各种社会经济挑战时表现出更强的适应性和恢复力。

社会信任是社会资本的重要组成部分。在乡村社会中，人际信任和机构信任对于促进合作、降低交易成本具有重要作用。通过增强村民之间以及村民与地方政府之间的信任，可以有效地促进资源共享、知识交流和合作项目的实施。社会规范是社会资本中的另一个关键维度。这些规范通常体现为乡村社会的共同价值观念和行为准则，它们指导村民的行为，有助于维护社会秩序和稳定。通过强化积极的社会规范，如诚信、互助和责任感，乡村社区可以营造一种积极的社会氛围，为乡村韧性治理提供坚实的社会基础。社会网络作为连接个人和集体的桥梁，在社会资本的构建中起到了核心作用。有效的社会网络不仅可以促进信息的快速流通和资源的高效配置，还可以增强乡村社区的凝聚力和抗逆力。通过建立和维护跨家庭、跨村落甚至跨地区的社会网络，乡村社区能够更好地应对外部冲击，促进经济和社会可持续发展。

2. 公共服务与社会支持系统的完善

公共服务和社会支持系统不仅为乡村居民提供必要的生活支持和保障，还通过提高生活质量和社会福祉，增强乡村社区面对各种社会经济挑战的能力。随着乡村振兴战略的深入实施，加强公共服务和社会支持系统的完善成了提升乡村韧性、促进社会稳定与和谐发展的重要途径。

完善的公共服务体系能够满足乡村居民在教育、卫生、文化等方面的基本需求，从而提高乡村居民的生活质量和幸福感。通过增设教育设施、改善医疗条件、丰富文化生活等措施，可以有效提升乡村社区的吸引力和凝聚力，为乡村振兴注入新的活力。社会支持系统对于增强乡村社区的凝聚力和抵御外部冲击的能力至关重要。在面临自然灾害、经济困难等挑战时，一个健全的社会支持系统能够为受影响的乡村居民提供及时的援助和支持，减轻灾难带来的影响，加快乡村社区的恢复与重建。通过社会支持系统的建立和完善，可以激发乡村社区内部的自我帮助和互助精神，促进社区成员之间的相互支持和合作。这种基于社区的自组织能力对于提升乡村韧性具有不可替代的作用。

3. 社会组织与志愿服务在乡村发展中的贡献

社会组织和志愿服务为社会资源的重要组成部分，通过多种方式参与乡村治理，可有效补充政府功能，促进社会福利和公共服务的改善，增强乡村社区的韧性和发展动力。社会组织在乡村发展中扮演着桥梁和纽带的角色。它们能够有效连接政府、企业和乡村居民，促进资源的流动和信息的交流。通过社会组织的努力，可以将政府政策和企业资源更加精准地对接到乡村居民的需求上，提高政策落地和资源利用的效率。

志愿服务为乡村发展注入了人文关怀和社会活力。志愿者通过参与乡村教育、医疗卫生、环境保护、文化传承等方面的活动，不仅改善了乡村的公共服务和社会福利，还使乡村社区文化更加活跃，使乡村居民的精神生活更加丰富。这种基于志愿精神的服务和帮助，增强了乡村社区的凝聚力，提升了乡村居民对社区发展的参与度和归属感。社会组织和志愿服务通过创新社会治理模式，为乡村韧性治理提供了新的思路和方法。例如，社会工作介入、社区建设项目、公益活动策划等，不仅解决了乡村发展中的具体问题，还为乡村治理提供了可复制、可推广的经验和模式。

（二）生态资源对乡村韧性治理的影响

1. 生态资源对乡村经济发展的推动作用

生态资源不仅是乡村经济发展的物质基础，还是提升乡村韧性、促进乡村持续发展的关键要素。在当前乡村振兴和生态文明建设的背景下，充分挖掘和合理利用生态资源对于推动乡村经济发展、提高乡村治理效能具有重要意义。乡村地区拥有丰富的自然资源，如土地、水资源、森林等，这些资源是农业生产、林业开发、生态旅游等经济活动的基础。通过合理开发和利用这些生态资源，可以直接增加乡村的经济收入，为乡村经济发展提供动力。例如，发展特色农业和生态农业不仅能提高农产品的附加值，还能促进农村环境改善；生态旅游的发展能够吸引城市居民前往乡村旅游观光，带动当地住宿、餐饮、手工艺品等相关产业的发展。

2. 生态资源管理在减少灾害风险方面的重要性

良好的生态资源管理不仅有助于减少生态破坏引发的自然灾害风险，还有助于提高乡村社区对灾害的适应能力和恢复力，促进乡村韧性治理体系的构建，为乡村社区的稳定与可持续发展提供坚实保障。

生态资源管理有助于维护和恢复生态系统服务功能，减少灾害风险。生态系统服务功能包括水源涵养、土壤保持等，这些功能对于调节气候、预防洪水和干旱、减轻土壤侵蚀和提高生物多样性至关重要。通过有效管理森林、湿地、草地等生态系统，可以保持和提升这些生态服务功能，为乡村社区提供更为稳定的自然环境。在生态资源管理过程中，通过多样化的农业生产方式、恢复生态系统的自然连接等，可以提高乡村社区对气候变化和自然灾害的适应能力。同时，强化生态资源管理还能够提高乡村社区在灾害发生后的恢复力。通过生态恢复项目可加快灾后重建，恢复生态系统服务功能，支持乡村社区快速恢复和重建。

生态资源管理促进乡村韧性治理体系的构建。生态资源管理不仅是一个技术问题，还是一个政策、经济和社会问题。通过构建跨部门协作、社区参与和公私合作的治理模式，可以整合不同资源和力量，形成合力，应对自然灾害。此外，通过制定和实施相应的政策措施，如生态补偿、环境保护法规等，可以为生态资源管理提供制度保障，促进生态资源的合理利用和保护，进一步增强乡村社区的韧性。

三、市场角度

（一）产业结构优化与经济多元化

农业不仅为农村经济增长和物质文化发展的根基，还是乡村韧性治理的动力之源。合理的产业结构对于激活农村的生产资源、促进农民收入增加、提升生活质量，以及增强农民参与公共活动的热情具有重要作用。产业结构优化指的是通过调整产业组成和布局，使之更加合理、高效，从而提高乡村经济的整体竞争力和抵御外部冲击的能力。经济多元化则旨在通过发展多种经济活动，减少对单一产业的依赖，增强经济体的适应性和灵活性。

产业结构的优化有助于释放乡村经济的潜力，提高资源利用效率。通过引导农业向现代化、高效率方向发展，推动第二产业和第三产业在乡村的布局和发展，可以有效地利用乡村的自然资源和人力资源，促进产业升级，增加农民收入。例如，发展特色农业、乡村旅游、农产品加工等产业，不仅能够提升农产品的附加值，还能吸引城市资本和技术，促进乡村经济的多元化发展。经济多元化策略能够降低乡村经济对外部市场波动的敏感度，增强其抵御风险的能力。当某一产业受到市场波动或自然灾害的影响时，多元化的经济结构可以通过其他产业的稳定收入来弥补损失，保证乡村经济的整体稳定。此外，经济多元化还能够创造更多就业机会，促进人才的引进和留存，为乡村振兴提供人力资源支撑。

产业结构优化与经济多元化可促进社会和谐与环境可持续发展。通过发展低碳、环保型产业，可以减少对环境的破坏，实现经济发展与环境保护的双赢。同时，多元化的经济活动可以满足乡村居民多样化的消费需求，提高居民的生活质量，增强社会的凝聚力。实现产业结构优化与经济多元化需要政府、企业和农民共同努力。政府应该制定相应的政策和措施，引导资本和技术向乡村流动，支持新兴产业的发展；企业应该加大对乡村的投资，推动产业升级和技术创新；农民则应该积极参与到新产业中，提升自身的技能和素质。

（二）产业经济发展对就业与收入的影响

在乡村韧性治理中，加强对产业经济发展的支持和引导，促进产业结构的优化升级，是提升乡村就业和收入，实现乡村经济可持续发展的重要途径。通过创新驱动和政策激励，激发乡村经济的内生动力，可以有效增强乡村的经济韧性，为乡村振兴和长远发展奠定坚实的基础。产业经济发展可促进乡村产业结构多元化和现代化，引导农业向二、三产业有序转移，使乡村经济活力得到释放。在这一过程中，传统农业得到了升级改造，同时新兴产业，如乡村旅游、特色种植业、农产品深加工业等的崛起，不仅拓宽了乡村的经济发展路径，还为乡村居民提供了多样化的就业机会和收入来源。

随着乡村产业经济的发展，农民的就业选择更加多样，他们可以在本地找到适合的工作，不再需要远离家乡外出务工。这种变化直接提高了乡村居民的就业率和家庭收入水平，促进了乡村社会的经济繁荣与社会稳定。更重要的是，产业经济发展可促进农民收入稳定增长，从而提升乡村居民的生活质量和幸福感。产业经济的健康发展还能够促进乡村经济的自我循环与自我增强，形成良性的经济生态系统。通过有效地利用乡村的自然资源和人文资源，发展与乡村特色相符合的产业，不仅能够保护和利用好乡村的生态环境，还能够提升乡村的整体经济实力和竞争力。

第二节　乡村韧性治理功能新定位

乡村韧性治理不仅是推动乡村可持续发展的新型稳定器，还能够对乡村脆弱性进行有效调整、对乡村复杂性进行智慧解构。作为乡村可持续发展的新型稳定器，韧性治理强调的是在面对自然灾害、经济波动、社会变迁等不确定性因素时，乡村社会如何保持其内在的稳定性和恢复力。这种功能的实现，依赖对乡村脆弱性的准确诊断和有效调整，以及对乡村治理复杂性的深入理解和科学解构。通过探索乡村韧性治理的功能，可为乡村社会提供一个更加灵活、适应性强的治理框架，确保乡村在面对各种挑战时能够维持发展的动态平衡，实现长期稳定与繁荣。这种新的功能定位不只为乡村治理提供了新的视角和思路，也是对乡村治理现代化路径的一种重要探索。

一、韧性治理是乡村可持续发展的新型稳定器

在当前社会经济快速发展的背景下，乡村面临着前所未有的挑战和机遇。随着工业化、城镇化进程的加快，乡村的传统生活方式和生产模式正经历深刻变革，这不仅带来了发展的新机遇，还带来了诸多问题和挑战，如环境退化、社会结构变动、经济波动等。在这种情况下，韧性治理作为一种新型的乡村治理模式，在促进乡村可持续发展中的作用日渐突出。韧性治理强调的是乡村社区在面对变化时的适应能力、学习能力和创新能力，目的是建立一个能够应对未来挑战、保持长期稳定和可持续发展的乡村社会。

第一，增强乡村社区凝聚力与参与度。韧性治理体系强调乡村社区成员的广泛参与和凝聚力的增强。在乡村治理过程中，通过建立开放、包容的治理平台，鼓励村民积极参与乡村的规划、决策和管理，可增强村民的责任感和归属感。同时，通过组织多样的社区活动，强化村民之间的联系和交流，可增强社区内部的凝聚力，形成共同应对外部冲击和挑战的社区力量。

第二，防范和应对自然灾害与经济波动。乡村韧性治理体系还涉及对

自然灾害和经济波动的有效防范和应对。这要求乡村社区建立健全的预警机制和应急响应机制，提高社区对自然灾害和经济波动的预见和应对能力。同时，通过科学合理的资源配置和风险管理，可减少外部冲击对乡村经济和社会的影响，保障乡村社区的稳定性和可持续发展。

第三，保障和提升基本公共服务供给。韧性治理还要求保障和提升基本公共服务供给。这意味着要通过改善和完善乡村基础设施建设，提高教育、卫生、文化等公共服务的覆盖面和质量，满足乡村居民日益增长的物质和文化需求。同时，通过加强乡村社会保障体系建设，可为乡村居民提供更加全面和有效的社会保障，提高他们的生活质量和幸福感。

第四，数字技术的创新与应用不仅重塑了传统产业，还为乡村发展注入了新的活力和可能性，成为推动乡村可持续发展的重要力量，从而提升整个乡村治理体系的韧性和稳定性。数字技术在农业现代化转型中的应用推动了农业产业链的重组和整合。这一过程不仅提高了乡村产业链融合发展的效率，还促进了整体产业结构的优化升级。例如，数字技术的引入使得小农户能够通过线上平台参与农产品的直播营销，同时吸引现代农业龙头企业投入资源，聚合农村电商产业链的上下游，从而加强乡村经济的功能韧性。数字技术应用于乡村文化现代化转型，利用互联网平台和“数字+文化”的产业模式，可有效提取和重构乡村本土文化因子。这种文化产业的数字化不仅为乡村文化产业链的高端延伸提供了途径，还通过文化要素的循环利用和创造高附加值，打破了乡村经济增长受限于有限资源的局面，进一步加固了乡村的经济韧性。

二、韧性治理是对乡村脆弱性的有效调整

乡村地区作为社会经济结构的重要组成部分，其脆弱性问题日益成为影响乡村可持续发展的重要因素。脆弱性问题包括但不限于环境灾害、社会矛盾、经济危机和生物危害等，这些问题不仅威胁着乡村的生态环境和生产生活安全，还制约着乡村社会的稳定发展。韧性治理体系可对乡村脆弱性进行有效应对和新调整，具体通过改善资源不平等问题、加强生态环境保护与恢复、提升农业生产力等措施，增强乡村地区的适应能力和恢复能力，推动乡村社会经济可持续发展，实现乡村振兴战略目标。韧性治理

体系通过提高乡村地区应对各种压力和冲击的能力来解决脆弱性问题，并使其能够在应对因变化和不可预测事件而产生的压力时保持弹性和适应性。这种治理模式的核心在于提升乡村地区的适应能力、恢复能力和转型能力，从而使其在面对各种挑战时能够保持稳定、健康和可持续的发展态势。

韧性治理中通过改善资源不平等问题，促进乡村地区平衡发展。资源不平等是导致乡村脆弱性的重要因素之一，尤其是在教育、医疗、信息等公共资源方面。韧性治理体系通过优化资源配置、实现资源共享，加大对乡村地区的投入，提高农村公共服务水平，从而减少城乡差距，增强乡村地区的自我发展能力。加强生态环境保护与恢复，是韧性治理体系的又一重要功能。乡村地区面临着水土流失、环境污染等生态问题，这些问题不仅影响乡村居民的生活质量，还制约了乡村经济的可持续发展。韧性治理体系通过实施生态保护项目、恢复生态系统、促进绿色发展等，提高乡村地区的生态韧性，为乡村可持续发展提供了坚实的基础。提升农业生产力与保障其可持续性是韧性治理体系的又一重要方面。面对气候变化、市场波动等外部冲击，乡村地区的农业生产面临着严峻挑战。韧性治理体系通过推广科学种植技术、优化农业产业结构、发展循环农业等措施，提高农业生产效率和抗风险能力，促进农业可持续发展，保障乡村经济稳定增长。

数字技术的创新应用为乡村脆弱性管理提供了新的策略和手段。通过硬件建设、权能提升和素养培育三大关键措施，对乡村脆弱性进行有效调整和强化，展现了乡村韧性治理体系的新型功能和作用。通过加强农民的个体权能和深化乡村的价值韧性，可就乡村脆弱性管理提出新的解决方案。这种方法不仅围绕提升乡村的“硬件底座”，即数字基础设施的全面建设，确保乡村地区享有高质量的数字网络服务，还重视农民话语权的增强和数字素养的提升，为乡村治理提供了新的视角和实践路径。这意味着提供一个平台，让不同的乡村治理主体能够自由地进行话语交流和利益协商，同时保障乡村数字弱势群体的话语权和参与权，确保乡村治理的公平性和包容性。使他们能够有效地使用数字技术参与乡村治理，共同面对和解决乡村面临的各种风险和挑战。通过系统化的教育和培训，提升村民的数字技能和应对能力，从而持续释放乡村治理的潜能，增强其应对外部冲击的能力。

三、韧性治理是对乡村复杂性的智慧解构

乡村地区的复杂性体现为其社会、经济、文化等多方面因素相互交织，这些因素的不断变化为乡村治理带来了非常大的挑战。韧性治理作为一种适应复杂性和不确定性的治理模式，能够帮助乡村地区解构复杂性，通过建立适应性强的机制和策略增强系统的韧性和稳定性。在日趋复杂的现代社会背景下，韧性治理成为乡村应对各种内外部挑战、实现可持续发展的重要策略。韧性治理中可通过促进跨领域政策协调与整合、利用信息技术优化治理结构、激发乡村创新能力与自我发展潜力，为乡村地区提供了应对复杂性挑战的新策略。

乡村发展面临的问题往往跨越多个领域，包括经济发展、社会治理、环境保护等。传统的治理模式往往难以促使跨领域政策有效协调，导致资源分散、政策效果受限。韧性治理体系强调政策间的整合与协同，通过建立跨部门协作机制，确保政策制定和实施的一致性和连贯性，从而提高治理效率，增强乡村地区对复杂挑战的适应能力和恢复能力。

韧性治理中通过激发乡村创新能力与自我发展潜力，为乡村地区提供新的发展动能。在乡村地区，创新不仅体现在技术和产品上，还包括治理模式、社会组织和文化传承等方面的创新。韧性治理体系鼓励乡村地区探索适合自身特点的发展路径，支持农民参与乡村治理和发展决策，促进乡村地区的人力资源开发和社会资本积累。通过这种方式，可以提升乡村地区的自我适应能力和自我恢复能力，增强乡村面对复杂性挑战的韧性。

数字技术在乡村韧性治理中的应用，不仅改变了乡村治理的传统模式，重塑了乡村治理的科层结构，提升了结构韧性，还为乡村治理中的复杂性问题提供了全新的解决途径。这种基于数字技术的韧性治理，为乡村治理提供了一种新的解构方式，使乡村能够更加有效地应对复杂性挑战，实现可持续发展。数字技术的引入重新塑造了乡村治理的科层结构，为跨部门合作、跨层级联动以及多主体共治创造了条件，从而增强了乡村治理的结构韧性。通过实现乡村治理主体之间的多元互动和信息共享，数字技术有效地增强了组织间的协同能力和信息即时获取能力。这种多维信息交流传递机制的构建，不仅深化了组织间的横向协作，还使得风险信息能够在多

元行动者之间得到有效匹配，从而促成了一种更为灵活、响应迅速的治理格局。数字技术通过优化乡村治理的要素配置，强化了乡村治理的过程韧性。这包括利用大数据和人工智能技术进行乡村治理状态的监测预警、精准分析研判涉农问题，以及跟踪评估乡村治理效果。这种科技赋能的治理模式，不仅提升了乡村治理的科学性和精准性，还增强了乡村治理的适应性和灵活性，使得乡村能够更好地应对外部环境的变化和挑战。

第六章　国家—社会—市场关系视域下乡村韧性治理的行动方案

本章深入探讨了在国家—社会—市场关系视域下，如何有效开展乡村韧性治理工作。具体而言，深入分析了乡村韧性治理行动原则、行动框架，从国家、社会、市场三个不同的视域出发，探索了多维度系统推进乡村韧性治理的可行之道。同时，针对城乡融合发展的趋势，探讨了由城及乡的韧性治理体系建设，以及如何在优势互补的基础上，全面提升乡村治理的水平，确保乡村社会在面对各种内外部挑战时能够保持稳定和谐，持续健康发展。

第一节　乡村韧性治理的行动原则

乡村治理是经济社会高质量发展的“底盘”，随着人们迈向全方位建设社会主义现代化国家的新旅程，增强乡村治理的适应性与韧性成为未来面对新挑战和解决问题的核心力量。

在乡村韧性治理过程中，人民性原则是核心，体现了乡村治理的人文关怀和价值导向，要求在治理的各个环节始终优先考虑人民的利益，确保决策与实践满足乡村居民的实际需求。人民性原则强调所有治理活动的目标是提升乡村居民的生活水平，通过更优质的公共服务和发展机会来增进人民福祉。

乡村韧性治理是一个综合性的过程，旨在增强乡村面对外部挑战时的适应能力和恢复力。基于人民性的首要原则，乡村韧性治理还应遵循系统性、协同性、可持续性和动态性原则。系统性原则要求认识到乡村治理是一个复杂的系统问题，从整体出发，综合考虑乡村社会、经济、文化等多方面因素。协同性原则（原共建共享原则）强调政府、市场与社会应共同参与到乡村治理中，实现合作共赢。可持续性原则要求促进经济、社会、环境等方面协调发展，确保乡村发展的长期性和稳定性。动态性原则要求认识到乡村韧性治理是一个不断演进的过程，需要根据外部环境的变化和内部需求的发展进行及时的调整和优化。这些原则构成了乡村韧性治理的道德基石和行动指南，为乡村振兴和可持续发展提供了坚实的价值支撑。

一、人民性原则

有效的乡村治理不仅是乡村发展的驱动力，还是维持社会稳定和谐的基石。在乡村治理实践中，识别并解决发展过程中的矛盾和冲突，以及平衡人与人、人与环境之间的复杂关系是实现乡村韧性治理的关键。加强乡村韧性治理的关键基点是人。我党始终坚持以人民为中心的发展思想，将人民对美好生活的向往作为奋斗目标，实践全心全意为人民服务的根本宗旨。乡村治理的内涵和目标，从根本上讲是要服务于人民群众的根本利益，这不仅体现在提高物质生活水平上，还体现在丰富人民群众的精神文化生活、促进人的全面发展上。

乡村治理效能的优劣，取决于是否能够准确识别并解决乡村发展中的矛盾和冲突，是否能动态应对乡村发展中面临的不同风险，是否能够有效地平衡人与人、人与自然之间的关系，是否能够建立起一个符合乡村实际、韧性十足的治理体系。乡村治理的韧性，即乡村治理过程中面对内外部冲击和压力时保持稳定性、适应性和发展性的能力，关键在于以人为本，尊重并发挥人民群众的主体作用。为此，乡村韧性治理必须遵循以民为本的原则。

第一，尊重人民主体地位。乡村治理的所有工作必须围绕满足人民群众的需求展开，充分尊重和发挥人民群众的主体作用。与此同时，要通过有效的政策和措施，激发他们参与乡村治理的积极性和创造性。

第二，树牢群众观点。要求治理者深入了解和掌握群众的真实需求和期望，确保在治理过程中充分考虑和体现群众的意愿和利益。将群众的利益放在首位，意味着要在决策、实施和评估各个环节，都要以提高群众的获得感、幸福感和安全感为目标，不断优化政策措施，改进工作方式方法，提升服务质量和效率。

第三，贯彻群众路线，增强服务功能。实行“从群众中来，到群众中去”的工作方法，深入基层、深入群众，尊重并激发人民群众的首创精神，主动听取他们的意见和建议，全面接受人民群众的批评和监督，及时解决他们的困难和问题。同时，提升政府和社会组织的服务能力，通过改进服务方式、优化服务流程、提高服务质量，更好地为人民群众提供全方位、高质量的公共服务。

二、系统性原则

在乡村韧性治理中，系统性原则要求治理主体从整体性和互联性的视角出发，对乡村治理的多维度因素进行综合考量和协调。这一原则基于对乡村社会经济系统复杂性的深刻认识，强调在治理过程中全面考虑乡村发展的多方面需求和潜在的影响因素，以及它们之间的相互作用和动态变化，从而实现乡村社会经济系统的均衡、和谐与可持续发展。

系统性原则认为乡村社会是一个由多个子系统组成的复合体，这些子系统包括但不限于经济、社会、文化、生态等，它们之间存在着复杂的相互作用和依赖关系。因此，乡村韧性治理不应仅仅局限于单一领域或单一问题的解决，而应从系统整体出发，通过跨领域、跨层级的综合治理，确保乡村各个方面均衡协调发展。

三、协同性原则

协同性原则强调通过各治理主体之间的有效合作与协调，共同应对乡村面临的挑战，促进乡村地区韧性发展。乡村治理的复杂性要求不同主体间不仅要各自发挥作用，还要形成协同效应，以提高治理效率和效能。乡村韧性治理体系是一个多元、开放、动态的复杂系统。在这个系统中，政府、市场、社会以及乡村社区等多个治理主体相互作用，相互依赖，只有通过协同合作，才能实现乡村治理的整体优化与动态平衡。

乡村韧性治理体系构建的核心是人，即如何通过人的积极参与来提升治理韧性，实现由传统的“治理人”向现代的“人治理”模式的根本转变。这种转变不仅要求每个人都能在法治的框架下进行自我管理，还要求在乡村治理中全面构建法治、德治、自治“三治融合”的新格局，以此作为乡村高质量发展的坚实基础。通过这一新格局的构建，不仅能够提高乡村治理的韧性，还能够促进乡村治理的纵深发展，为乡村经济社会的高质量发展提供坚实的支撑。

法治为乡村治理提供了基本的规范和保障，是确保乡村社会正常运行的基石。在法治框架下，每个人的权利和义务都得到明确，社会秩序得以稳定。但法治的目的不只是对违法行为进行惩罚，更重要的是普及教育，提高人民的法治意识，引导人们在日常生活中遵守法律、尊重法律。德治是乡村治理中不可或缺的内在动力。德治通过强化社会公德、促进人与人之间的正向互动，营造出和谐的社会氛围。在乡村社会中，德治可以通过强化家庭、邻里之间的互助精神，提高乡村社区的内部凝聚力和外部合作力，促使基层社会中形成自我管理、自我服务的良好风尚。自治作为乡村治理的基础，强调了乡村社区自我管理、自我服务的能力。在自治的过程中，乡村居民通过参与乡村的各项治理活动，不仅能够提升自身的参与意识和能力，还能够学习如何更好地管理和服务于自己的社区，促进乡村治理的民主化和科学化。

通过协同性原则的引导，乡村治理全民化成为可能。协同治理不仅仅意味着全民共同参与乡村治理，还意味着全民共同分享乡村治理的成果。这种全民参与的乡村治理模式，既能够确保乡村发展环境的和谐安定，也能够激发乡村社区内部的创新活力和自我发展的潜力，从而使乡村社会形成稳定、和谐、有序的发展新局面。只有在协同性原则的基础上，才能真正实现乡村韧性治理，推动乡村社会向更加和谐、稳定、繁荣的方向发展。

四、可持续性原则

可持续性原则在乡村韧性治理体系构建中起着重要作用，其核心思想是在应对当前挑战的同时，预见并规划未来，确保乡村发展的长期性和持续性。这一原则要求治理策略和行动计划不仅要有助于解决当下乡村面临的问题，还要有助于未来乡村生态环境、社会结构和经济的长远发展，从而促进经济、社会和环境三者平衡发展。

可持续性原则强调在乡村治理中应采用全面的视角和前瞻性设计，关注乡村发展的各个方面，包括经济发展、社会进步、环境保护和文化传承。这要求乡村治理中能够整合不同领域的资源和力量，促进乡村综合竞争力的提升，同时保障社会公正和生态平衡。通过科学规划和合理布局，可预防未来可能发生的风险和挑战，提前布局乡村发展的关键领域和重要节点，确保乡村治理的决策和行动既符合当前乡村发展的实际需求，又能适应未来发展的趋势和变化。

可持续性原则还强调利用创新技术和方法，提高乡村治理的效率和效果。通过引入新技术、新模式和新思维，提升乡村治理的现代化水平，促进乡村经济的绿色转型，保护和改善乡村环境，激发乡村社会文化的活力，为乡村居民创造更加美好的生活环境。可持续性原则还要求加强乡村社区的参与和治理能力建设。通过培育乡村社会主体的自我治理能力，可激发乡村社区的创新潜力和自主发展动力，构建由下而上的乡村治理体系，确保乡村治理的可持续性。

五、动态性原则

动态性原则强调治理体系应具备高度的灵活性和适应性，能够随着外部环境的变化及乡村内部发展的需要及时调整和优化。这一原则意味着乡村治理不能一成不变，而应是一个持续进化、自我更新的过程，确保乡村能有效应对未来不确定性和潜在的挑战。

动态性原则要求乡村韧性治理中识别并快速响应外部环境的变化。这包括自然环境的变化（如气候变化、自然灾害等）、经济环境的变化（如市场需求、产业升级等）和社会环境的变化（如人口流动、文化交流等）。乡村治理体系需具备高效的信息收集和处理机制，以便于迅速获取关键信息，分析判断外部变化的影响，并据此作出适应性调整。动态性原则强调乡村治理策略和措施的灵活性。乡村治理体系应建立在人们广泛参与的基础上，鼓励创新思维和实践尝试，允许采取多元化的治理方法。同时，治理策略和措施需能够根据乡村发展阶段、居民需求和外部环境的实时变化进行灵活调整，避免僵化和一刀切的做法。同时，建立健全的反馈机制，对治理成效进行实时监测和评估，及时发现问题并进行调整，是保障乡村韧性治理动态性的关键。

第二节　乡村韧性治理的行动框架

乡村韧性治理体系的构建路径包含多个层面，从提高乡村自我管理能力、促进经济社会发展到强化生态环境保护，每一步都需要精心规划和协同推进。此外，乡村韧性治理还要求政府、市场和社会三方面共同参与和支持，多方面合作和协调，形成齐抓共管、相互支持的治理新格局。在这个过程中，如何将理论与实践有效结合、将策略与路径具体化，成为实现乡村韧性治理目标的关键。

一、乡村韧性治理的行动策略

自中华人民共和国成立以来，乡村治理的韧性逻辑在我国的农村地区渐次萌芽并持续发展，而且随着时间的推移，这种治理方式展现出越来越强的生命力和适应性。特别是在实施乡村振兴战略、推动经济社会高质量发展，以及实现国家治理现代化的宏大时代背景下，韧性治理成了乡村发展不可或缺的一环。这种治理方式强调在面对各种外部冲击和内部矛盾时，乡村社会要展现出适应性、恢复性和创新性，以保持社会稳定和促进持续发展。韧性治理的实践和推广，需要深入挖掘并充分利用当地的资源禀赋、自然条件，同时兼顾乡土人情和风俗习惯，并以此为基础构建更具包容性和适应性的治理模式。这要求政策制定者和实施者在推进乡村韧性治理的过程中，不仅要考虑经济发展的需要，还要注重生态保护、文化传承和社会和谐，通过科学规划和精细管理，实现乡村的全面振兴。

（一）深化韧性治理理念

韧性治理区别于传统的风险管理，它更注重系统的弹性调适和全面应对，而且治理过程中基于整体性、全过程、交互式和嵌入式理念，可以有效提升系统面对各种风险和挑战时的恢复能力和适应能力。

整体性治理理念是韧性治理体系的基石。在乡村韧性治理中，不仅应关注单一的风险事件或问题，还应从整体上审视和应对风险。这要求治理体系能够超越传统的碎片化管理，通过系统性的思考和规划，实现风险的整体识别、评估和应对。整体性治理理念强调在治理过程中考虑乡村社会、经济、文化等各个方面的相互关联和影响，确保治理措施能够综合平衡各种因素，达到最佳的风险应对效果。全过程治理理念要求乡村韧性治理覆盖风险管理的每一个环节。从预防预警到应急处置，再到事后恢复和重建，每个阶段都是韧性治理不可或缺的组成部分。这种全过程的治理视角要求乡村治理体系不仅要有能力及时应对突发事件，还要具备预见未来风险和挑战的能力，通过有效的预警和预防机制，减少灾害发生的可能性和影响。

交互式治理理念强调乡村韧性治理体系应具有动态调适能力。面对不断变化的外部环境和内部条件，治理体系需要根据实际情况灵活调整治理策略和措施。这种理念要求乡村治理体系能够实现与外部环境的有效互动，根据风险的性质和程度，采取相应的治理措施，确保乡村社会的稳定和发展。嵌入式治理理念意味着韧性治理措施需要与乡村的具体治理情境紧密结合。治理措施不应是抽象的、一刀切的，而需要深入乡村的具体生活和生产实践，根据乡村的特定需求和条件设计和实施。这种嵌入式的治理方式能够确保治理措施的针对性和有效性，使之与乡村社会的实际情况和需要紧密契合。

（二）建立韧性治理制度

韧性治理制度是确保乡村韧性治理体系有效运作的核心和保障。我国在风险治理制度建设方面虽然已取得显著成果，但面对日益增多且复杂的风险因素，现有制度与风险治理的任务和要求之间仍存在差距。为了构筑一个更加健全的韧性治理体系，需要从完善应急立法体系、加强应急预案体系建设、培育现代应急文化等几个方面加强风险治理制度建设。这样可以有效提升乡村治理体系的韧性，更好地应对各种风险和挑战，为乡村振兴和可持续发展提供坚实的制度保障和文化支撑。

第一，完善应急立法体系是韧性治理体系构建的重要基础。随着社会经济的快速发展和环境变化，新的风险因素不断涌现，因此拓展应急立法的范围，对于确保社会有效应对各种突发事件至关重要，能够为风险治理提供坚实的法律基础，确保社会韧性得以加强。随着风险环境的变化，部分现有的应急法律法规可能已经不适应当前的环境和社会需求，这就要求人们及时对这些法律法规进行修订和更新。法律法规的适应性和实效性是其有效性的保证，只有不断地加以修订和完善，才能确保应急立法体系及时反映新的风险挑战，有效指导社会各方面的风险治理工作。在完善应急立法体系的过程中，应当充分考虑立法的前瞻性和灵活性，以适应快速变化的风险环境。前瞻性立法可以帮助社会及早识别和预防潜在风险，而灵活性则确保法律法规能够适应不同情境下的风险管理需求。同时，加强与国际应急管理法律法规的对接和相关学习，借鉴国际先进经验，也是提升我国应急立法体系适应性和实效性的重要途径。

第二，加强应急预案体系建设是提升韧性治理能力的核心环节。我国虽已初步建立了较为完善的应急预案体系，但面对新出现的风险领域，如网络安全威胁、公共卫生事件等，现有预案体系仍显不足，缺乏及时更新和具体实施的灵活性。已有应急预案的更新滞后问题，以及实际演练的缺失，进一步凸显了应急预案建设中存在的短板。为提升应急预案的有效性和适应性，必须将预案更新与风险情境的变化紧密联系起来，及时对新出现的风险因素进行分析和预判，从而制定出针对性强、操作性高的应急预案。同时，预案的实际演练也是不可或缺的一环，通过模拟真实的应急情境，可以有效检验预案的实用性和演练人员的应急能力，识别和弥补预案实施中可能出现的漏洞和不足。同时，强化跨部门、跨行业的协作机制，建立联动有效的应急预案体系，对于提升韧性治理能力也至关重要。通过各部门间的信息共享和资源整合，可以更有效地应对复杂多样的风险挑战，实现快速响应和有效处置。

第三，培育现代应急文化是提升韧性治理质效的关键内核。在现代社会，随着风险类型多样化和复杂化，一个具备高度韧性的治理体系必须建立在坚实的应急文化基础之上。这种文化能够提升组织和个体的风险预警能力，促进危急时刻的有效沟通与合作，并增强其快速恢复能力。

培育现代应急文化应从以下几个方面发力：一是要从提升全社会的风险意识开始，使每一个人都能够意识到风险的普遍存在和潜在的影响。通过教育、培训和广泛的社会宣传，让公众了解风险的类型、特点及其应对策略，增强个体和组织面对未知挑战时的信心和能力。二是建立危机学习氛围。政府和社会组织应鼓励定期开展风险评估和危机演练活动，通过实践学习来提高应对各类紧急情况的实操能力，并对历史上的危机事件进行反思和总结，从中汲取教训，优化改进应急预案，促成积极向上的学习和改进机制。三是强化韧性思维。韧性思维强调的是在面对压力和挑战时，能够保持积极的心态，寻找并利用可用资源，通过创新和适应性行动来克服困难。这种思维方式促使组织和个体不仅仅停留在应对当前危机上，还能够预见未来风险，主动寻求长期的、可持续的解决方案。四是强化社会各界的责任感和使命感。每个人都是乡村治理和风险管理的参与者，他们通过共同的努力，促成团结协作、共同应对风险挑战的社会大氛围。政府、企业、社会组织和公民个体等多方主体协同合作，共同构筑坚不可摧的韧性治理体系。这要求治理系统不仅要注重制度建设，还要关注文化的培育，促使全社会形成积极应对风险和挑战的良好氛围。

（三）持续改进韧性治理机制

韧性治理机制不仅需要覆盖事前应急准备、事中应急回应、事后情境恢复的全过程，还要能够确保乡村社会在面对多元化风险和挑战时，能快速恢复并达到新的稳定状态。

强化事前的应急准备是确保乡村韧性治理有效性的基础。事前准备工作涵盖了对潜在风险源的监测预警以及预案建设和演练。监测预警系统能够帮助乡村社会及时识别风险，而详尽的预案和定期的演练则能够确保乡村社会在面对突发事件时能有序应对，减少潜在损失。此外，事前准备还包括提升乡村社会的风险意识和自救互救能力，通过教育培训提升乡村居民对各类风险的认知和应对技能。强化事中的应急回应是保障乡村社会能够有效应对突发事件的关键。事中应急回应的有效性依赖治理系统的信息收集汇总能力、决策能力和统筹协调能力。因此，需要构建一个高效的信息通报系统，确保关键信息能够快速准确地传递。同时，要加强决策机构的应急决策训练，提升快速准确做出决策的能力。此外，协调各方资源和力量的能力同样重要，需要建立跨部门、跨领域的协调机制，以确保资源和力量能够高效集中，形成合力。强化事后的情境恢复是实现乡村社会可持续发展的必要条件。情境恢复不仅仅是物质层面的重建，还包括心理层面的恢复。因此，除了重建基础设施、恢复生产生活秩序外，还需要通过心理疏导、社会支持等措施，帮助乡村居民克服灾难带来的心理阴影，恢复社区的凝聚力和向心力。在某些情况下，达到新的稳定状态可能比恢复原有状态更具现实意义，这就要求乡村社会能够在变化中寻找新的发展机遇，实现转型升级。持续打造韧性治理机制还需要强化乡村治理体系的自我更新能力。基于反馈机制，乡村治理体系能够在应对风险的实践中不断发展，有助于不断优化和更新治理策略和措施，提升治理效能。

（四）不断优化韧性治理结构

乡村韧性治理涉及多方主体和各类资源要素，积极优化治理结构是提升乡村治理效能、增强乡村社会应对各类风险和挑战能力的关键。乡村韧性治理结构的优化，旨在通过有机整合各治理主体的力量，提升有效应对乡村社会各类风险的综合能力。

强化国家在乡村韧性治理中的作用。国家不仅是乡村治理的主导力量，还是韧性治理体系的关键构成主体。面对越来越复杂的乡村治理环境，国家的作用应进一步强化。这需要不断优化国家在乡村治理中的职能，持续优化机构设置，强化风险应对方面的人才队伍建设，提升国家的乡村治理能力，确保乡村社会能够有效应对多元风险。

促进社会组织积极参与乡村韧性治理活动。社会组织以其专业性、自愿性和公益性，在乡村韧性治理中具有独特优势。应进一步发挥社会组织的这些优势，提升其参与乡村韧性治理的能力。同时，社会组织要通过专业行动快速响应乡村社会面临的风险，增强乡村社会的自我保护和自我恢复能力。

拓展企业在乡村韧性治理中的参与方式。企业既有参与乡村治理的意愿，也有相应的资源。应强化企业与国家、社会组织、社区等的联系与对接，不断拓展企业参与乡村治理的渠道和方式，通过企业的资源和技术支持，加强乡村治理的物质和技术基础。要积聚社区社会资本，强化乡村治理的基层阵地。社区为乡村治理的一线阵地，因此社区社会资本的积聚对于增强乡村治理韧性至关重要。通过基层党建引领、志愿者作用发挥、社区能人群体带动等措施，可提升社区居民间的信任度和凝聚力，强化社区的自我管理和自我服务能力，形成强大的社区韧性。

大力培育韧性居民，增强乡村社会的整体韧性。韧性居民的培育既要求提升居民的风险应对技能，也要求加强居民心理韧性培养。通过定期开展安全教育和灾害预防培训，可让居民了解常见风险的预防和应对措施，增强自我保护意识。同时，通过组织心理健康讲座和心理疏导活动，可帮助居民建立正确的风险认知，学习应对压力和挑战的有效方法，提高心理韧性和适应能力，让居民成为乡村韧性治理的主体力量，使之能够在各种不确定性面前拥有积极的心态和有效的应对能力。

（五）持续强化治理工具支撑作用

持续强化治理工具的支撑作用是提升治理效能、应对多元风险挑战的重要策略。随着社会风险因素的增多与复杂化，乡村治理面临的挑战日益增大，这要求人们更加科学合理地运用包括数字技术在内的各种治理工具，以提升乡村治理的效能和韧性，增强乡村社会应对风险和挑战的能力。科学选择适用的治理工具对于提升乡村治理效能至关重要。乡村治理是一个涉及多方面、多层次、多维度的复杂系统，不同风险因素和治理任务需要不同的治理工具。因此，人们应根据乡村治理的具体需求，结合乡村的实际条件，有选择地采用最适合的治理工具。例如，在乡村环境保护中，可以采用遥感监测技术对环境变化进行实时监控；在乡村社会管理中，可以利用大数据分析技术对社会动态进行精准预测和有效干预。

数字技术作为一种重要的治理工具，在乡村韧性治理中发挥着越来越重要的作用。数字技术的应用不仅可以提高乡村治理的信息化水平，增强决策的科学性和精准性，还有助于建立数字化平台，实现乡村治理的透明化、民主化，增加乡村社会的参与度和满意度。同时，数字技术能促进乡村产业的转型升级，推动乡村经济的高质量发展。人们也必须清醒地认识到，技术的应用是一把双刃剑，它在赋能乡村治理的同时，可能引入新的风险。例如，数据安全和隐私保护问题、技术依赖性问题、数字鸿沟问题等，都是在数字技术应用中需要特别注意的风险因素。因此，乡村治理主体在应用数字技术等治理工具时，应当采取有效措施预防和控制这些风险，确保技术应用的安全性和可控性。

二、乡村韧性治理的行动路径

（一）加强组织韧性：健全制度建设，协同治理目标

在新时代背景下，乡村韧性治理作为推进社会治理现代化的重要领域，其成效不仅影响农村的稳定发展，还是实现乡村振兴战略目标的关键。乡村治理的复杂性在于其不仅涉及党组织、村民自治组织、集体经济组织、社区社会组织及经济合作组织等多元主体，还需要这些主体在完备的制度设计下实现治理目标的协同、治理资源的整合和治理行动的协调。因此，加强制度建设，协同治理目标，提升组织韧性，成为构建乡村韧性治理体系的重要对策思考。

加强制度建设的核心在于从国家层面搭建一个统筹推进乡村治理的制度框架。这一框架的建立，旨在通过顶层设计明确乡村治理的总体目标、基本原则和主要任务，确保乡村治理工作在正确的方向上推进。在这个框架下，需要明确各个组织在乡村治理中的角色定位和职责任务，形成党委领导下的分工协作、相互配合的多元化多层次治理格局。协同治理目标意味着要通过制度设计确保各类组织能够围绕共同的治理目标展开行动。这要求在制度框架中明确各组织的治理职责，设置合理的激励和约束机制，引导各类组织行为，保证它们能够朝着共同的目标努力，有效消弭结构性张力。此外，还需要强化信息沟通和资源共享机制，确保各治理主体之间能够及时交流信息，协调行动，形成治理合力。提升组织韧性是构建乡村韧性治理体系的关键。这要求在制度设计中注重提升乡村社会的自组织能力和他组织力，通过建立和完善集体经济组织、社区公共服务组织、村民自治组织、经济互助组织等，增强乡村社会凝聚力。在此过程中，政治逻辑与经济逻辑的并用是非常重要的，不只要注重经济效益的提升，更要兼顾社会效益和政治效益，促进乡村社会再组织化，增强乡村社会的综合实力和凝聚力。

（二）增强社会韧性：发展治理模式，打造新型乡村共同体

社会的快速转型对乡村治理提出了新的挑战和要求，迫切需要治理模式的创新来应对乡村人口与资源的高流动性、社会边界的高开放性等新现象。传统的地域性治理模式已难以适应当前乡村社会的发展需求，必须探

索和构建适应新时代特征的流动性治理范式和新型乡村共同体，以增强社会韧性。

建立具有时空延展性和强包容性的流动性治理模式是创新乡村治理的关键。利用互联网等现代信息技术优势，可以突破传统地域限制，而通过虚拟社区的形式整合乡村内外治理主体和资源，可促进乡村治理时空延展和弹性化管理。这种流动性治理不仅能够更好地应对乡村人口流动的现实，还能够促进信息的快速流通和资源的有效配置，提升治理效率和效果。面对乡村社会的强个体性、阶层的高分化性以及利益诉求的多样性，创新治理范式需充分尊重差异性与多样性。构建直接面向个体的治理体系，意味着要在保障个体自由平等的基础上，建立一个公正法治、风险共担、利益共享的乡村共同体。由此，在乡村治理中，不仅要关注集体利益，还要兼顾个体权益，保证每个人都能在乡村发展中获得应有的尊重和保障。

构建新型乡村共同体，重构国家、基层组织与农户间的利益关联机制与制衡机制至关重要。这不仅要规避基层组织的谋利行为，防范少数农户的机会主义行为，还要推动乡村社会多元主体之间的有效沟通和协商治理。通过建立公平合理的利益分配和风险分担机制，可确保乡村发展成果共享，促进社会成员之间相互支持，弥合社会张力，增强社会整体的韧性和凝聚力。创新治理范式和构建新型乡村共同体的核心在于强化社会韧性。社会韧性的提升不仅需要乡村治理结构的优化和治理方式的创新，还需要培育乡村社会的核心价值观，如自由平等、公正法治、守望相助、勤俭节约、坚毅果敢等。这些核心价值观的深植将成为乡村社会稳定发展的坚实基础，为乡村振兴和社会治理现代化提供持久动力。

（三）提升经济韧性：优化供给结构，转换发展动能

优化供给结构，转换发展动能，强化经济韧性，这不只是对乡村治理体系的一种挑战，也是乡村发展的必然趋势。通过深化农业供给侧结构性改革，促进农业向科技创新驱动转型，构建现代农业产业体系，是提升乡村治理韧性的重要对策。这不仅需要政府的引导和支持，还需要社会各界的共同努力，形成推动乡村振兴、构建乡村韧性治理体系的强大合力。

优化农业供给结构，意味着根据市场需求和区域农业资源禀赋优势，进行科学规划和布局。区域品牌的建设是优化供给结构的重要手段，可以

提升农产品的市场竞争力和品牌影响力，增加农民的收入来源。通过培育具有地方特色的农产品品牌，加大品牌的市场推广力度，拓展农产品的销售渠道，可以有效提升农产品的附加值，促进农民增收。转换农业发展动能，强调科技创新在农业发展中的核心作用。利用物联网、互联网、数字化等先进科技，可以加快构建绿色生态、优质高产的高科技农业生产体系。现代生物技术、智能机械自动化技术等的应用，不仅能够提高农业生产效率，降低生产成本，还能提升农产品的品质和安全性，促进农业向高质量发展转型。

推进数字乡村建设，是提升乡村治理韧性的重要措施之一。数字乡村建设不仅有助于提升农业生产管理的智能化水平，还可促进农村社会治理现代化，为乡村治理提供科技支撑。通过数字技术的应用，可以使农业生产全过程可追溯，增强农业食品安全，提升消费者对农产品的信心。产业链的延伸和优化是增强农业经济韧性的重要途径。通过因地制宜地探索产业融合模式，坚持建链、延链、补链、强链，可以实现农业产业链的延伸和优化，提升农业和农民的整体竞争力与抗逆力。完善利益联结机制，促进产业链各环节利益共享，是提高农民参与产业链发展积极性、促进农民持续增收的有效途径。

（四）增强文化韧性：全面挖掘文化资源，传承发展乡村文化

深挖文化资源，振兴乡村文化，增强文化韧性，对于构建乡村韧性治理体系，促进乡村全面振兴，实现乡村治理现代化具有重要意义。乡村文化是乡村社会的灵魂，其深层的价值观、习俗和传统对乡村社会的稳定与发展起着不可或缺的作用。在乡村振兴的进程中，深挖文化资源，振兴乡村文化，增强文化韧性不仅是文化自身发展的需要，还是乡村社会治理现代化的重要内容。乡村文化的韧性体现了乡村社会在面对外部变化和内部冲突时的适应能力和自我修复能力，是乡村社会健康稳定发展的重要保障。

全面挖掘和深入阐释乡村文化中的优秀传统内容是振兴乡村文化的基础。乡村文化中蕴含的规则文化、习俗文化、礼仪文化等，是乡村社会长期形成的生活智慧和精神财富，对于引导乡村社会行为、增强乡村社会凝聚力、塑造乡村社会文化自信具有重要作用。通过文化挖掘和阐释，可以使这些优秀传统文化得到新生，促进乡村社会的价值认同，为乡村社会提

供精神支撑和行为准则。发挥基层党组织的带头作用、乡贤群体的示范作用及广大乡村群众的主体作用，是振兴乡村文化的关键。基层党组织应充分利用自身的组织优势，引领乡村文化建设，推动优秀传统文化的传承与发展；乡贤群体作为乡村文化的传承者和实践者，应积极发挥示范引领作用，引导乡村群众认同和践行乡村优秀传统文化；乡村群众是乡村文化的创造者和继承者，应激发其主体能动性，使其成为乡村文化的宣传者、践行者与推动者。

通过乡村社会教育和学校教育帮助村民对优秀传统乡村文化进行再认同，重构乡村文化自信。教育是文化传承与发展的重要途径，应将乡村优秀传统文化融入日常教育和社会实践，让乡村群众从小就对本土文化有深刻的认识和认同，从而形成深厚的文化自信。通过移风易俗，抵制消费主义、拜金主义等不良风气，倡导和弘扬优秀传统文化，是增强乡村文化韧性的重要手段。通过文化引导，促进乡村社会风气的转变，推动形成崇尚科学、积极进取、甘于奉献的良好社会风尚，为乡村社会稳定和发展提供坚强的文化支撑。

（五）筑牢生态环境韧性：健全监管制度，加快绿色转型

乡村生态环境保护不仅关乎农村生态系统的健康和可持续发展，还是实施乡村振兴战略的基础。在当前经济社会快速发展的背景下，乡村生态环境面临着前所未有的压力和挑战，如何有效地保护和改善农村生态环境，促进生态文明建设，成为摆在人们面前的一项紧迫任务。通过加强党的领导、建立监测和公开制度、构建多元共治格局、推进绿色转型和综合治理，可以有效推进乡村地区生态的健康发展，为乡村韧性治理提供坚实的生态基础。

加强党对农村生态环境保护工作的领导至关重要。党组织在农村生态环境保护中发挥着领导和指导作用，基层党组织更是生态环境保护的坚强阵地。通过充分发挥基层党组织的战斗堡垒作用，可以有效地动员和组织村民参与到生态环境保护中来，促成全民参与保护生态环境的良好氛围。建立及时公开农村生态环境监测结果的制度是实现透明监管的重要一环。在各乡镇建立生态环境监测点，及时监测并公开农村生态环境的状况，可以使公众更好地了解生态环境的实际情况，提高公众对生态环境保护的认识和参与度，同时为政府及时采取针对性的保护和改善措施提供科学依据。

构建多元共治、城乡一体的生态环境协同治理大格局是推进农村生态环境保护的重要途径。通过放权和赋权，将村民、自治组织、社会组织、市场主体，以及各级国家机构整合起来，形成共治共享的生态环境保护机制，既能够充分利用各方的资源和优势，又能有效协调和解决生态环境保护过程中可能出现的各种问题和矛盾。紧扣“双碳”目标，推进产业生态化和生态产业化，是实现农村生态环境保护和可持续发展的重要路径。提升农户生态环保意识，助其践行低碳生活理念，推进乡村生产生活方式的绿色转型，不仅有利于改善农村生态环境，还有助于提高农村经济的质量和效益。坚持山水林田湖草沙综合治理，切实保护好生物多样性，是夯实乡村生态环境韧性的基础。通过实施综合治理措施，有效保护和修复农村生态系统，可以为农村经济社会可持续发展提供强有力的生态支撑。

第三节　多维系统推进乡村韧性治理

乡村韧性不仅涉及国家的全面规划和策略部署，还需要社会各界的共同参与和市场机制的有力支撑。从国家视域看，乡村韧性治理需在权力、制度和技术三个维度上下功夫，通过强化国家的基础性权力建设、融合正式与非正式制度、采取刚柔并济的治理方式，来构建一个坚实的国家支撑体系。社会视域则要求人们增强社会韧性，统筹乡村社会发展，提高环境韧性，改善社会生态环境，激发乡村韧性治理的内生动力，引进高质量社会资源。而市场视域下，则需要增强产业韧性，塑造乡村居民的生计空间，激发乡村经济韧性增长活力，推进农业规模化经营。

一、国家视域

（一）权力韧性维度：强化国家基础性权力建设

国家基础性权力不仅是政府与乡村社会交流、协商的桥梁，还是保障乡村治理适应性和韧性的坚实基础。要实现国家基础性权力韧性，需要从强化国家与社会的双向互嵌和宏观集权与微观分权的优化两个方面入手。

既要通过国家与社会权力的双向互嵌，促进多元参与和协同治理，又要通过宏观集权与微观分权的结合，优化治理结构，提高乡村治理的适应性和弹性。

第一，强化国家与社会权力的双向互嵌，是促进治理参与主体多元化和权力共享的重要途径。传统的官本位思想及行政权力的过度集中，往往导致乡村治理中社会自治的空间被压缩，乡村社会主体参与治理的动力和效率降低。因此，破除传统思维的束缚，适当弱化行政权力，向乡村社会自治主体适当赋权，是建立治理合作机制的前提。通过建立和完善权力合作机制，吸纳乡村社会主体参与到乡村治理中，不仅能够拓展治理资源，还能增强乡村治理的适应性和创新性。乡村社会主体，如农民、企业、社会组织等，应积极主动参与乡村治理，有助于国家与社会力量的权力互嵌与治理互赖，进而增强国家基础性权力的延伸性和韧性。

第二，国家宏观集权与微观分权相结合，是优化乡村治理结构的必然选择。在全球化和市场经济的大背景下，乡村社会呈现出异质性与非均质性的特点，单一的治理模式难以适应复杂多变的治理需求。因此，国家在强化宏观集权的同时，应根据乡村社会的具体情况，实施微观分权，赋予基层治理主体更多的自主权和决策权。通过明确党委、政府、村委会之间的权责关系，不仅能够防止权力滥用，还能激发基层治理的活力。在微观层面的分权实践中，乡村社会多元主体通过协商、对话等形式参与治理，不仅能够理顺权力关系，还能解决权力错位的问题，从而提升乡村治理的整体效能和韧性。

（二）制度韧性维度：融合正式制度与非正式制度

正式制度与非正式制度的融合，不仅能够增强制度的韧性，还能促进乡村治理的有效运作，进而提升乡村治理的整体效能。通过加强正式制度的非正式运行和非正式制度的制度化，可以促进两者有效融合，从而增强乡村治理制度的适应性、灵活性和韧性，为乡村韧性治理体系的构建提供重要支撑。

加强正式制度的非正式运行是促进正式制度与乡村社会实际相适应的关键。在乡村治理中，由于正式制度与乡村社会实际情况之间存在一定的距离，因此正式制度的设计需要考虑到非正式制度的存在和作用。通过为正式制度预留一定的非正式运作空间，可以使正式制度在乡村社会中更加有效。例如，通过利用乡村社会熟悉的风俗习惯、道德情感等非正式制度运作，可以使正式制度更加符合乡村社会的实际需要，从而提高其被接受度和有效性。此外，正式制度的设计和执行应当充分考虑乡村社会的地域差异和文化特点，通过因地制宜、因时制宜的方式，实现正式制度与非正式制度的有效衔接。

加强非正式制度的制度化是实现正式制度与非正式制度融合的另一个重要方面。非正式制度作为乡村社会内生的规则和习惯，具有辅助正式制度运行的作用。经过久远的历史传承与实践，一些具有地方特色的规则和习俗得以形成，如村规民约、宗族规范、邻里互助等，这些规则和习俗深深植根于乡村居民的心理和行为，对维护社会稳定、促进社区和谐发挥着无可替代的作用。通过制度吸纳，将非正式制度中的积极因素，如相互尊重、公平正义、合作共赢等价值观念，与正式制度进行有机融合，不仅可以增强正式制度的社会接受度和执行效力，还能够提升乡村社会的内聚力和自我管理能力。这种制度融合策略有助于充分发挥非正式制度在社会治理中的积极作用，同时通过正式制度的规范与引导，使得乡村治理更加适应现代社会的发展需求。

（三）技术韧性维度：采取刚柔并济的治理方式

技术韧性，即治理技术的多样性与灵活性，特别是在国家行政治理技术与乡村柔性及信息化治理技术融合程度上的表现，成为乡村治理效能的重要支撑。通过采取刚柔并济的治理方式，强化国家行政治理技术与乡村柔性及信息化治理技术的融合程度，增强治理技术的多样性与灵活性，是提升乡村治理技术韧性的关键。这不仅能促进乡村治理体系的有效运作，还能提升乡村治理的整体效能，为乡村韧性治理体系的构建提供坚实的技术支撑。

技术韧性的提升需要强化国家行政治理技术与乡村柔性治理技术的融合。在乡村治理中，过度依赖刚性的行政性治理技术可能会导致村民参与热情的降低和情感体验的缺失，因此必须在刚性治理与柔性治理之间寻找平衡。这要求国家在制定和实施政策时，不仅要考虑政策的合理性和科学性，还要充分考虑民情民意，确保政策与乡村社会的实际情况相契合。通过将行政性治理技术嵌入乡村具体场景，结合乡村的文化特点和社会需求，可以有效提高政策的接受度和执行效果，从而提升技术韧性。

信息技术的发展为技术韧性的提升提供了新的机遇。利用“互联网+”等现代信息技术，不仅可以突破地域和信息不对称的限制，更高效地获取居民服务需要的大数据，更精准地分配资源，还可以促进居民积极参与乡村社会治理。构建“互联网+”的乡村社会治理平台，实现国家与社会的线上多元互动，改变传统的单向沟通方式，有助于提升乡村治理的透明度和公众参与度，从而增强国家与乡村社会治理的韧性。以信息技术为依托，将数字政府、电子政务等实践形式嵌入国家行政科层机构，可以有效突破政府职能部门的信息孤岛制约，为国家传统治理结构带来新的韧性发展空间。同时，坚持以人民为中心，搭建并完善民政互动平台，可让互联网成为国家了解人民、贴近人民、服务人民的新工具，进一步拓展乡村场域国家与乡村社会协作治理的空间。

二、社会视域

（一）增强社会韧性，统筹乡村社会发展

社会韧性指的是乡村社会在面对各种内外部冲击和挑战时，能够有效应对、适应变化、恢复和重建的能力。通过统筹乡村社会发展，特别是在公共服务等领域的均衡充足供给，加强社区自组织能力和社会参与，有效解决社会矛盾和冲突，以及加强社会保障体系建设，可以有效地增强乡村社会韧性，为乡村社会的稳定和谐发展提供坚实基础。统筹乡村社会发展的核心在于均衡配置公共资源，确保基本公共服务的普及和平等。乡村社会公共服务供给不足或不平等是乡村发展中的常见问题，这直接影响到乡村居民的生活质量和幸福感，也影响社会的稳定与和谐。因此，国家和地方政府应增加对乡村公共服务的投入，重点关注教育、医疗、养老、文化等基本公共服务的均衡配置，通过改善乡村基础设施，提升公共服务水平，使所有乡村居民都能享受公平、优质的公共服务。

增强社会韧性需要强化社区自组织能力和社会参与。乡村社区作为乡村治理的基础单元，其自组织能力的强弱直接影响乡村社会的韧性。为强

化社区自组织能力，不仅要提升社区治理能力，还要激发社区居民的参与意识和能力，同时通过建立健全村民自治机制，促进居民积极参与乡村治理，形成共商、共建、共享的良好氛围。同时，政府应通过政策引导和支持，鼓励和培育非政府组织和志愿者组织等社会力量参与乡村社会治理，提高社会协同治理的效能。

统筹乡村社会发展要注重解决乡村社会矛盾和冲突，维护社会和谐稳定。随着乡村经济社会的快速发展，各种社会矛盾和冲突日益显现，如土地纠纷、环境污染、劳动就业问题等，这些都对乡村社会的稳定构成挑战。因此，乡村韧性治理过程中需要通过完善法律法规，加强法治建设，建立健全矛盾纠纷调解机制，及时有效解决乡村社会矛盾和冲突，保护乡村居民的合法权益，维护社会和谐稳定。要提升乡村社会韧性，还需要加强社会保障体系建设。建立和完善乡村社会保障体系，对于减轻乡村居民面临的生活风险、提升乡村居民的生活保障水平具有重要意义。这包括完善乡村医疗保障、养老保障、失业保障等社会保障机制，确保乡村居民在面对疾病、老龄化、失业等风险时能够获得必要的支持和帮助，从而增强乡村社会的整体韧性。

（二）提高环境韧性，改善社会生态

在乡村韧性治理中，提高环境韧性并改善社会生态是确保乡村可持续发展的重要策略之一。特别是对于那些生存环境脆弱、自然灾害频发、生存条件恶劣的欠发达地区，实施异地搬迁不仅是一种实践创新，还是一种生活质量和生态环境双重提升的有效途径。环境韧性的提高是通过有效的资源管理和环境改造来实现的。在乡村地区，尤其是欠发达地区，由于自然资源有限且易受自然灾害影响，环境的脆弱性成为制约地区发展的关键因素。搬迁不只是改变居住地，更可通过合理规划和环境建设，提升农户的生活质量和抗风险能力。在新型移民搬迁安置社区的建设中，应注重住房建设的质量和安全性，确保房屋能够抵御自然灾害的影响。同时，通过建设完善的基础设施和公共服务设施，如水电供应、医疗卫生、教育文化等，为居民提供稳定可靠的生活支持系统。此外，还应加强针对社区居民的灾害预防和应急管理培训，提高居民的自救互救能力，构建具有高度适应性和恢复力的人居环境。在搬迁过程中，要重视生态环境保护和可持续

利用，要通过植树造林、水土保持等措施，有效提升搬迁地区的生态系统服务能力，增强环境的自我修复能力和对外部冲击的抵御能力。

社会生态的改善是通过构建和谐社会关系和生态环境来实现的。新型移民搬迁安置社区的建设，是一项综合性的社会生态系统构建工程。通过合理的空间结构规划，充分考虑当地文化和环境特色，在社区内建设广场、集市、文娱平台等公共空间，为社区居民提供丰富的社会交流和文化活动场所。这些公共空间不仅能满足居民的基本生活需求，还可促进社区居民之间的交流和互动，增强社区凝聚力和归属感，构建和谐稳定的社会环境。

（三）激发乡村韧性治理的内生动力，引进高质量社会资源

社会资源，特别是高质量的社会资源，能够在乡村治理中发挥重要作用，引进和利用这些资源，可以激发乡村治理的内生动力，促进乡村善治。

1. 夯实信任基础

信任是社会资本的核心要素，是乡村韧性治理成功的前提。在乡村治理中，通过挖掘和弘扬农村传统文化和礼俗，可以有效地重塑现代农村社会的信任机制。传统文化中蕴含的互助、诚信、和谐等价值观念，能够为乡村社会关系的稳定和社会资本的积累提供强有力的支撑。此外，通过组织各种文化活动、节日庆典和民间习俗复兴活动，可以增强乡村社区成员之间的相互了解和信任，为乡村治理提供坚实的社会基础。

2. 加强网络合作

构建稳固的社会关系网络是提升乡村治理韧性的有效途径。一方面，基于血缘、地缘、业缘的传统社会网络是乡村社会的重要组成部分，通过加强这些社会网络的合作与联结，可以有效整合乡村内部资源，促进乡村发展。另一方面，利用现代通信技术和传播平台打破信息壁垒，促进信息共享和知识传播，不仅可以提高乡村治理的透明度和效率，还可以激发乡村居民的参与意识和创新精神，进一步增强乡村社会的凝聚力和活力。

3. 重塑乡村规范

乡村规范是维持乡村社会秩序和推动乡村发展的重要基础。通过进一步丰富和完善乡村文化、村风民俗等非正式制度，可以营造良好的监督舆论氛围，规范乡村居民的行为，尤其是在生态环境治理、公共资源管理等方面。同时，重塑乡村规范应该注重提高乡村居民的法律意识和道德观念，

通过教育和引导，使乡村居民认识到遵守社会规范的重要性，从而形成自觉遵守规范、积极参与乡村治理的良好风气。

4. 引进高质量社会资源

乡村治理的现代化要求引进高质量的社会资源，包括资金、技术、知识和人才等。通过建立有效的资源引进机制，促进乡村与外部世界的交流合作，可以为乡村发展带来新的机遇和挑战。特别是在当前数字经济和信息技术迅速发展的背景下，利用互联网和其他现代信息技术，不仅可以提高乡村治理的效率和质量，还可以促进乡村经济转型升级和社会全面进步。

三、市场视域

（一）增强产业韧性：塑造乡村居民生计空间

在市场视域中，增强产业韧性对于塑造乡村居民的生计空间具有至关重要的作用。通过打造社区工厂和优化产业结构，可以有效地解决乡村居民的可持续生计问题，促进乡村经济发展，实现乡村振兴战略目标。

社区工厂作为一种创新产业发展模式，通过整合自然资源和劳动力资源，提供以家庭手工业为主的就业和创业平台，旨在帮助乡民实现增收并兼顾家庭生活。社区工厂的建设不仅为乡村居民提供了就近就业的机会，还促进了乡村经济的多元化发展。通过引入外销电商的销售方式以及企业与高校的技能培训，社区工厂能够将乡村旅游、农产品销售等特色产业与乡村居民的技能和创业精神相结合，为乡村地区的产业发展奠定坚实的基础。社区工厂不仅是一个产业发展的平台，还是社区资源、知识禀赋和技能经验优化重组的载体。通过产业结构的调整、生产关系的组织、制度安排的优化，以及创新氛围的塑造，社区工厂能够有效地增强乡村地区的经济韧性，使其更好地适应市场变化和外部冲击。这种优化重组的过程不仅能够促进乡村经济的高质量发展，还能够提升乡村居民的生活水平和社会地位。

产业结构的优化是推动乡村产业发展与新型城镇化相结合的关键。通过更好地利用其自身的资源和优势，可促成以手工业加工、乡村旅游、农产品销售为重点的产业布局，促进产业结构多样化和优化。这有助于提升农民的生活质量和经济收入，增强其对抗外部风险和市场波动的能力。同时，这不仅能够促进乡村经济的发展，提升乡村居民的生活质量，还能够为实现乡村振兴战略目标提供有力支撑。

（二）激发乡村经济韧性增长活力，推进农业规模化经营

农业的规模化经营是提升农村经济韧性的关键路径，其实现途径如图6-1所示。这不仅能够提升农业生产的质量和效益，还能带动农村经济的全面发展，为更好地实现乡村韧性治理提供有力支撑。

图6-1　农业规模化经营的实现途径

农业规模化经营中，主要通过整合土地、资金、技术等生产要素资源，提高资源利用效率。在这一过程中，因地制宜地配置生产要素成为关键。地区间的自然条件、经济基础、文化背景不同，应根据其各自的实际情况，有针对性地整合资源，避免“一刀切”的模式。通过集中连片种植、大规模养殖等方式，规模化经营能够有效提升农业生产的整体质量和效益，为农村经济发展提供坚实基础。现代农业技术是推动传统农业向规模化经营转型的重要驱动力。通过引进和应用先进的农业生产技术、种植技术和养殖技术，可以有效提高农业生产效率和产品质量，减少生产成本，增强农业的市场竞争力。同时，现代技术能帮助农民更好地应对气候变化、病虫害等外部风险，提升农业生产的可持续性。

农业规模化经营还应注重产业融合，延长农业产业链，提高农产品附加值。通过发展农产品加工、休闲农业、农村电商等新型农业产业，可以

将传统农业生产与下游加工、销售紧密结合，形成完整的产业链条。这不仅能够为农民创造更多收入来源，还能促进农村地区的经济多元化发展，增强农业和农村经济的抗风险能力。规模化经营的成功实施离不开现代农业劳动力的支持。因此，加大对青壮年劳动力的技能培训，鼓励引导他们掌握现代农业技术和经营管理知识至关重要。通过提升农民的技能和知识水平，可以有效促进农村产业转型升级，提高农业经营主体的整体水平。

第四节　由城及乡构建韧性治理体系

乡村韧性治理体系的构建是一个复杂而系统的过程，在当下城乡融合发展进程中，在面对乡村发展中的各种挑战和不确定性时，构建一个涵盖城市与乡村、能够适应变化、抵御风险、保持和促进乡村可持续发展的治理体系显得尤为重要。这一过程要求人们在宏观层面进行系统规划，确保乡村韧性治理体系建设与城市发展同步推进，同时深刻认识到城乡之间的优势互补关系，通过优化治理体系，实现资源的有效配置和利用，以促进乡村振兴和城市发展的良性互动。同时，顺应城乡融合的大趋势，全面提升由城及乡的韧性治理体系建设水平，不仅是对当前乡村发展挑战的应对，还是针对未来社会可持续发展目标的积极布局。人们旨在打造一个既能够应对各种外部冲击和内部挑战，又能够促进城乡协调发展、共同富裕的韧性治理体系，为实现更加公平、包容、可持续的社会发展目标奠定坚实基础。

一、统筹城乡规划的乡村韧性治理体系建设

2020 年，“十四五”规划首次明确提出建设“韧性城市”的概念，强调在面对自然灾害和社会经济挑战时的适应能力、恢复能力和长期可持续性。然而，与城市的韧性建设相比，韧性乡村构想和实践相对落后，迫切需要人们从顶层设计、政策支持、资金投入等方面入手，加快推进。韧性乡村建设不只是对乡村振兴战略的深化，也是实现城乡协调发展的重要途径。

在城乡一体化背景下，为了弥补韧性乡村建设起步晚和基础薄弱的现

状，需要从国家层面统筹农业农村、水利、交通、规划和自然资源、民政、应急管理等多方面资源，进行具有前瞻性和操作性的由城及乡的韧性治理体系构建活动，尤其要加强对乡村基础设施的投入，优化乡村产业结构，提升乡村应对自然灾害和经济变化的能力，以及保护和利用乡村生态资源等多方面的工作。同时，要借鉴韧性城市的成功经验，探索适合乡村特色的韧性治理模式，促进乡村治理现代化。在推进韧性乡村建设的同时，应该寻求城市与乡村共生共融的发展模式，使乡村能够在新的发展理念指导下，实现经济、社会、文化、生态的全面振兴，构建具有弹性、适应性和创新性的由城及乡的韧性治理体系。

（一）城市与周边乡村的关系紧密

在城乡一体化的进程中，城市与周边乡村的关系紧密，彼此发展和治理策略互为影响。近年来，“韧性城市”概念得以提出和实践，其目标在于提高城市面对各种自然灾害和社会经济挑战时的适应能力、恢复能力和长期可持续性。然而，城市的韧性建设不能局限于城市本身范围，周边乡村的韧性同样是支撑城市韧性的重要因素。通过加强城乡互动，实现资源共享、优势互补，不仅可以促进乡村可持续发展，还能够间接增强城市的综合韧性，为城市和乡村的长期稳定发展提供坚实的基础。

城市与乡村之间存在着复杂的相互依存关系。城市的发展往往需要依赖乡村提供的自然资源、食物供给、生态调节等服务。反过来，乡村的经济和社会发展也需要城市提供的市场、技术、资本和信息等。因此，提升周边乡村的韧性，不仅能够促进乡村自身可持续发展，还能够间接增强城市的韧性，尤其会在排涝、泄洪、防尘、缓解拥堵、保障物资供应等方面发挥重要作用。

提升乡村韧性有助于增强城市的生态支撑能力。乡村地区是城市重要的生态屏障，通过恢复和保护乡村的湿地、森林、水体等自然生态系统，可以有效提升城市的生态调节能力，增强其对洪水、干旱、热岛效应等自然灾害的防御能力。同时，健康的乡村生态系统可以为城市提供清洁的水源、新鲜的空气，提高城市居民的生活质量。乡村韧性的提升对城市社会经济系统的稳定性也至关重要。乡村是城市食物、能源和原材料的重要供给地，乡村经济的稳定和发展能够保障城市物资供应的连续性和稳定性，减少城市面临的供应链风险。此外，通过发展乡村旅游、特色农业等产业，还能够吸引城市居民到乡村消费和旅游，促进资源均衡分配，缓解城市拥堵和环境压力。不过，当前许多城市在发展过程中，往往忽视了与周边乡村的协调发展，导致乡村发展滞后，乡村生态环境恶化，从而影响到城市的可持续发展。因此，国家治理需要从更广阔的视角出发，将乡村和城市发展纳入整体框架，通过科学规划和有效政策支持，提升乡村经济、社会、环境等方面的韧性，构建城乡一体化的韧性治理体系。

（二）乡村韧性治理与城市韧性建设具有共通性

在城乡一体化的大背景下，城市韧性治理与乡村韧性治理之间展现出深刻的共通性和互动性，它们不仅共享着治理目标和挑战，还在实现韧性发展的路径上互为支撑和补充。这种内在联系指明了城市和乡村之间不可分割的关系，强调了城市的韧性建设与乡村韧性发展之间的互动对话，为构建一个由城及乡的综合韧性治理体系提供了理论和实践基础。

城市韧性建设的先进理念和技术手段为乡村韧性发展提供了可借鉴的经验和支持。城市在应对自然灾害、经济波动、社会变迁等方面积累的丰富经验，以及在韧性治理策略上的创新实践，都为乡村韧性治理提供了重要的启示。城市通过技术转移、资金投入、人才培训等方式，直接支援乡村的韧性建设，帮助乡村提高对各种风险和冲击的适应能力、恢复能力和转型能力，确保乡村社会经济系统稳定发展。同时，城市韧性建设不仅要关注城市本身的安全和发展，还必须考虑周边乡村的韧性需求，确保城乡发展的均衡性与和谐性。城市的资源优势、技术优势和政策优势，如果能有效延伸到乡村，不仅能够促进乡村经济社会发展，还能为城市自身的可持续发展提供支持，如通过改善周边乡村的生态环境，为城市提供更多的绿色空间和生态服务，增强城市的生态韧性。

城市和乡村在韧性治理中的共通性还体现为都需要借助社会资本，即社区的凝聚力和社会网络，来提升韧性治理的效果。通过加强社会参与，促进公民积极参与和社会组织有效运作，可以为韧性治理提供更为丰富和多元的资源和力量，使城市和乡村能够更好地应对各种挑战和风险。

（三）城市与乡村之间的边界日益模糊

城市与乡村之间的边界日益模糊，城市不断吸纳周边乡村融入其发展体系，这一趋势对城市和乡村韧性治理体系的构建提出了新的要求和挑战。由于城市范围不断扩大，城市韧性治理的重点和范围也相应拓展，这不仅包括城市内部的韧性建设，还涵盖了周边乡村地区的韧性提升，从而促成了一个覆盖城乡的综合韧性治理体系。城市与乡村之间的互动和融合为由城及乡的韧性治理迅速拓展并形成体系提供了可能性。由城及乡的韧性治理体系构建可以促进城乡发展均衡和谐，为城乡居民提供更加安全、可持续的生活环境，从而构建一个韧性强、活力足的城乡一体化发展新格局。

城市的发展和扩张带来了对基础设施建设的新需求，如交通网络、通信设施、水电供应和地下管网等。这些基础设施的建设和优化不仅服务于城市本身，还惠及周边乡村，促进了城乡基础设施的一体化发展，为城乡一体化的韧性治理打下了坚实的基础。而韧性乡村建设对于城市韧性的迅速拓展至关重要。通过优化乡村地区的基础设施建设，可以有效减少城市与乡村之间的发展差距，提高乡村地区的生活和经济水平，促进人口和资源合理流动，减轻城市中心区域的压力。韧性乡村建设有助于构建一个更为广泛的生态保护网络。通过改善乡村地区的生态环境，可为城市提供更多的绿色空间和生态服务，增强城市的生态韧性。韧性乡村建设还能促进乡村地区的经济发展，激发乡村创新和创业活力，为城市经济的可持续发展提供支持。基础设施建设在韧性乡村体系构建中占据重要地位。在规划和建设过程中，应充分考虑地势地形的特点，进行科学布局，确保基础设施既能满足城市发展的需求，也能适应乡村地区的实际情况。这要求城乡规划不应局限于行政区划的范围，而应基于整体的城乡发展战略，实现资源共享、设施共建、服务共用。

（四）由城及乡的韧性治理体系构建，让城市和乡村的韧性治理更趋优化，有利于治理标准和端口一致

由城及乡的韧性治理体系构建能够有效提升城市与乡村的治理效益，促进城乡发展的均衡和谐，更有利于保障治理标准和端口一致，确保政策顺利执行，特别是在面对不同状况乃至极端灾害时。城乡一体化的韧性治理体系构建首要明确城市与乡村在功能、资源、环境等方面的相互依存与互补关系。城市不仅是经济发展的中心，还是乡村发展的支撑点；乡村则是城市发展的基础，是生态环境和食品安全的重要保障。因此，韧性城乡建设应当基于这种相互依存的关系，充分发挥各自的优势，形成互利共赢的发展模式。

为了确保城乡一体化的韧性治理体系构建更趋优化，需要做到以下几点：一是统一规划与标准。城乡一体化的韧性治理体系建设要求城市与乡村在规划和建设中实现标准和要求的统一，以确保政令的畅通和执行力的提升。这不仅涉及基础设施建设、公共服务供给、生态环境保护等领域的统一规划，还包括应急管理、灾害预防和响应机制的统一构建。二是资源共享与服务均等。通过优化资源配置和服务供给，可实现城乡之间的资源共享和服务均等化。这包括公共资源的合理分配、公共服务的覆盖扩展，以及信息与技术的共享等，旨在缩小城乡发展差距，提高乡村地区的生活和发展质量。三是应对能力的提升。构建韧性城乡体系要着重提升城市和乡村的整体应对能力，特别是应对极端气候变化、自然灾害等不确定性因素的能力。这要求建立健全的监测预警系统、快速响应机制和有效恢复计划，确保在面对突发事件时能够迅速反应、有效应对。四是参与与合作机制。推进韧性城乡建设需要建立多方参与和合作的机制，包括政府、企业、社会组织和公众的广泛参与。通过建立开放、透明、互动的治理平台，可促成共建共治共享的社会治理格局，增强整个社会的凝聚力和韧性。

二、城乡优势互补，系统优化由城及乡的韧性治理体系建设要素

自然灾害应对不仅考验单个地区的应急能力，还考验城乡间如何有效协作、互助与支持，共同构筑更具韧性的社会。城市与乡村在自然条件、资源配置、生态环境等方面各有特点，这些差异化的特点在构建韧性治理体系时，应被视为相互补充和优势互补的重要资源。通过优势互补和资源共享，城市与乡村可以形成紧密的合作关系，共同构建一个更加稳固、有韧性的社会治理体系。这不只有利于提升各自的应对能力，更是推动可持续发展、实现人与自然和谐共处的重要途径。

城市以其人口密集、基础设施完善、技术和资金资源丰富的特点，在防灾减灾、应急响应、资源调配等方面具有明显优势。而乡村则以其生态环境优良、人口分布较散、自给自足的生活方式等，在维持生态平衡、提

供自然资源支持、实施灾后恢复等方面发挥不可替代的作用。韧性城市建设不仅需要依托城市本身的资源优势，还应注重与周边乡村的互动与协作，发挥城市在规划、技术、资金、信息等方面的先发优势，支持乡村的韧性建设。例如，城市可以通过提供技术支持和资金援助，帮助乡村改善基础设施，优化信息系统建设，增强乡村在面对自然灾害时的应对能力。同时，韧性乡村也应在其优势领域内支持城市的韧性建设，如在城市遭受洪涝灾害时，乡村可以发挥其生态屏障作用，为城市提供必要的水资源支持和灾后恢复生态服务；在城市粮食供应紧张时，乡村可以通过农产品直供，确保城市居民的基本生活需求。

优化由城及乡的韧性治理体系，需要深入理解城乡之间的互补优势，从而在此基础上建立有效的沟通机制和合作平台。这种机制和平台不仅促进了资源的共享，还保证了信息的畅通无阻。为了实现这一目标，政府在制定相关政策和规划时，必须全面考虑城乡一体化的发展需求，确保城乡发展政策协调一致。加强城乡规划的整合，推进城乡融合发展，可确保乡村在城市化进程中不被边缘化，乡村居民能够平等享受城市化带来的福利。

三、顺应融合趋势，全面提升由城及乡的韧性治理体系建设水平

2023 年中央农村工作会议要求，顺应城乡融合发展大趋势，破除妨碍城乡要素平等交换、双向流动的制度壁垒，促进发展要素、各类服务更多下乡，率先在县域内破除城乡二元结构。这是顺应城乡融合趋势，全面提升由城及乡韧性治理体系建设水平的契机。

破除制度上的壁垒，促进发展要素和各类服务更多下乡，不仅有助于缩小城乡差距，实现资源的均衡配置，还可为乡村提供更多发展机遇，增强乡村自身的韧性和发展活力。具体而言，这一政策的实施将促进资金、技术、人才等城市优势资源向乡村流动，为乡村经济社会发展注入新的动力。同时，通过破除城乡二元结构，加快县域内城乡融合，将有力推动乡村产业升级，优化乡村产业结构，提高农业现代化水平，为乡村居民创造更多就业机会，提升生活质量，实现乡村振兴战略目标。加强城乡融合发

展还将有利于改善乡村基础设施和公共服务，提高乡村治理能力和效率，增强乡村应对自然灾害和社会风险的能力，从而在更广泛的范围内建立起韧性强、稳定可持续的乡村社会。

（一）强化资源基础

在城乡融合发展的趋势下，要强化韧性乡村建设的资源基础，需深入了解并应对人力、土地、资金等基本资源要素主要由农村向城市流动的趋势。这一过程不仅涉及资源分配的公平性问题，还关系到乡村能否持续发展和自我更新。因此，为了缓解资源流失带来的挑战并增强乡村的自我发展能力，国家和地方政府必须采取一系列措施，以确保城乡发展均衡而和谐。具体而言，这要求对当前的资源配置机制进行全面审视和优化，确保资源能在城乡间更加合理高效地流动。通过法律、政策引导，鼓励城市资源，尤其是资金、技术、人才等，向乡村倾斜，从而为乡村发展提供更为坚实的支撑。同时，通过制定和实施一体化的发展战略，将乡村发展的需求和潜力纳入城市规划和发展中，实现资源共享，促进乡村振兴。

要激活乡村的内生动力，深度挖掘乡村自身的特色与潜力，并基于这些独特资源开发适宜的产业，如乡村旅游、特色农产品加工业等。这样做不仅能增强乡村的吸引力和竞争力，还能促进外部资源向乡村集聚，加速乡村经济的多元化发展。例如，通过发展乡村旅游，可以利用乡村独有的自然风光、文化遗产和民俗活动，吸引城市游客，带动当地的餐饮、住宿、交通等相关产业发展，进而为乡村经济注入新的活力。特色农产品加工业的发展，则可以依托乡村特有的农产品资源，通过提高农产品加工深度和附加值，拓宽农民的收入来源，提升农业的经济效益。同时，这些产业的发展能促进城乡之间的资源流动和交换，有助于实现资源在城乡间的平衡分配，提供给乡村更为稳定和丰富的发展资源。

（二）巩固建设基础

在由城及乡的韧性治理体系建设中，联通城乡基础设施网络体系建设是巩固韧性乡村建设基础的关键。通过实现城乡基础设施的统一规划、统一建设、统一管护，不仅能够提升乡村的物质条件和居民生活质量，有效缩小城乡发展差距，还能提升乡村面对自然灾害和社会变迁时的适应能力与恢复力，进而增强整个社会系统的韧性。

统一规划是确保城乡基础设施网络体系建设符合整体发展需求的前提。这要求政府及相关部门在规划时充分考虑城市与乡村的发展趋势、资源分布、环境保护、社会需求等因素，确保基础设施建设既满足当前发展需求，又能预见未来发展挑战。例如，统一规划的交通网络不仅能提升城乡间的物流效率，还能在灾害发生时快速调配救援资源。统一建设是提升城乡基础设施质量和效率的关键。通过采取统一标准、统一技术、统一监管的建设模式，可以确保城乡基础设施在设计、材料、施工等方面的统一性和高质量，从而提升基础设施的耐用性和韧性。同时，统一建设有助于优化资源配置，减少重复建设，提高资金使用效率。统一管护是城乡基础设施长期稳定运行的保障。通过建立统一的维护管理体系，采取定期检查、预防性维护、快速应急修复等措施，可以有效延长基础设施的使用寿命，降低维护成本。同时，统一管护有助于建立完善的信息反馈和问题处理机制，及时发现和解决基础设施运行中的问题，保障城乡居民的生活和生产安全。

（三）提升服务支撑

推动公共服务向乡村延伸、社会事业向乡村覆盖，不但有利于缩小城乡发展差距，而且是健全全民覆盖、普惠共享、城乡一体基本公共服务体系的重要手段。这种做法能够有效提升城乡的整体韧性，对于乡村振兴和建设更加和谐的社会具有重要意义。

公共服务的延伸和社会事业的覆盖能够直接提升乡村居民的生活质量。通过改善教育、医疗、文化等基本公共服务，可以有效提升农村居民的知识水平、健康状况和生活满意度。例如，建立远程教育和医疗系统之后，农村居民可以享受到与城市居民相同的优质教育资源和医疗服务，从而减少城乡之间的服务质量差异。普惠共享的基本公共服务体系是提升乡村韧性的重要基础。在面对自然灾害、经济波动等风险时，一个健全的公共服务体系能够为乡村居民提供必要的支持和保障，如及时有效的灾后重建服务、失业保险和社会救助等，有助于乡村社会快速恢复和重建，增强抵御风险的能力。

城乡一体的基本公共服务体系是实现乡村振兴的关键。通过整合城乡资源，优化服务供给，可以促进乡村经济社会全面发展。例如，通过建立统一的城乡居民养老保险和医疗保障体系，可以有效激发农村劳动力的活力，吸引更多的人才和资源投入乡村建设，促进乡村经济多元化发展。要强化服务支撑体系，需要加强基础设施建设，提升信息化水平。通过改善交通、通信网络等基础设施，可以有效提高公共服务的可达性和效率，缩短城乡之间的信息差距，为乡村居民提供更加便捷、高效的服务。

（四）协同城乡一体化发展

结合乡村振兴标准化行动方案，推动韧性城乡一体化发展不仅是顺应城乡融合趋势的需要，还是全面优化由城及乡韧性治理体系建设的关键举措。乡村振兴标准化行动方案为韧性城乡一体化发展提供了具体路径和操作手段。通过制定一系列标准化的行动方案，可以确保乡村振兴工作有序推进，同时为城乡一体化发展提供明确的指导和参照。这些行动方案包括农业现代化、农村环境整治、农村社会治理、乡村文化传承与创新等多个方面，旨在通过标准化的手段促进乡村全面发展，为城乡一体化奠定坚实的基础。乡村振兴标准化行动方案强调了城乡发展的协同性。在推进乡村振兴的过程中，不仅要注重乡村自身的发展，还要充分考虑与城市发展的协同效应，实现资源共享、优势互补。例如，通过推动农产品上行进城市、城市产业下乡扶贫等方式，可以促进城乡经济互动发展，提高城乡一体化的经济韧性。

推动韧性城乡一体化发展还需要加强城乡基础设施的互联互通。通过改善交通、通信、水利等基础设施，构建城乡一体化的基础设施网络，可以有效促进城乡间的人流、物流、信息流，提高乡村的开放性和可达性，进而增强乡村的韧性。同时，推动韧性城乡一体化发展需重视公共服务体系的整合。通过建立覆盖城乡的教育、医疗、文化等公共服务体系，确保乡村居民享有与城市居民同等的公共服务，可以有效提升乡村居民的生活质量和幸福感，为乡村社会的稳定和谐提供支撑。政府应出台更多有利于城乡一体化发展的政策措施，强化政策支持和资金投入，加大对乡村振兴的财政支持，特别是在基础设施建设、公共服务、产业发展等关键领域，确保由城及乡的韧性治理体系建设基础牢固。

（五）数字赋能韧性治理体系建设

在当前快速发展的信息化社会背景下，数字化已成为推动社会经济发展的重要动力，尤其是在国家治理领域，一体推进数字政府和数字社会建设对于提升基层政府的数字化管理能力，赋能韧性乡村建设中的数字化管理和高效治理具有重要意义。这不仅可推动韧性乡村建设提质增效，还是实现由城及乡韧性治理体系建设高质量发展的关键路径。

数字政府的建设可以优化城乡治理结构。通过引入数字技术，可实现政府职能的数字化转型，提高政府服务效率和决策的科学性。例如，通过建立数字化的乡村管理平台，可实现对城乡各项资源的有效监控和管理，提高城乡治理的透明度和公正性，增强政府对城乡融合发展的引导和服务能力。数字社会的构建有助于激发城乡社会活力，通过数字化手段提升乡村教育、医疗、文化等公共服务的可获取性和便捷性，推动乡村社会的现代化进程。例如，利用互联网平台开展在线教育和远程医疗服务，解决乡村教育和医疗资源不足的问题，提高乡村居民的生活质量。

赋能韧性乡村建设中的数字化管理和高效治理，可以有效提升城乡应对各类风险和挑战的能力。通过建立和完善乡村数据收集、分析和应用机制，利用大数据、云计算等技术手段，可对乡村的生态环境、社会经济、公共安全等领域进行实时监测和预警，以及时发现各类风险并快速进行响应，增强乡村治理的韧性。要推动由城及乡的韧性治理体系建设，还需要加强乡村数字基础设施建设，保障数字化服务的普及和覆盖。通过提升乡村的网络通信设施，加强乡村数字化人才的培养和引进，可为乡村数字化转型提供坚实的物质和人才支撑。

第七章　国家—社会—市场关系视域下乡村韧性治理的进路优化

本章深入探讨了如何通过多主体协同治理架构、多要素韧性协调建设以及多维度整合重塑动能，全面提升乡村治理的效能和适应性。在这一过程中，“一核多元”的治理主体构建策略，旨在更好地融合国家、社会与市场的力量，共同推进乡村韧性治理的优化。通过策略、要素、机制全面优化乡村韧性治理，不仅能够更加有效地应对各种内外部风险挑战，还能够促进乡村社会经济韧性提升及其可持续发展，实现乡村振兴与发展的长期目标。这一过程要求跨界合作、创新思维和系统规划的深度融合，以确保乡村治理在新时代背景下持续优化与进步。

第一节　乡村韧性治理的理念优化：多主体协同治理架构

乡村韧性治理的策略优化聚焦于多主体协同行动，具体通过发展与安全的同构、时间与空间交融的背景下协作机制的优化，以及行动与治理契合的策略实施，全面提升乡村治理的效能。这种策略优化不仅要求各主体间紧密合作和资源共享，还需要在多维度实现策略的有机整合和动态调整，从而构建一个更加灵活、高效和包容的乡村韧性治理体系。

一、坚持发展与安全同构

韧性发展是以安全、可持续发展为重要价值目标的发展模式。乡村人地系统不仅要具有抗冲击、自适应、恢复快、可持续的能力，还要将“安全韧性”嵌入系统核心价值体系，促成能包容纠错、自我优化、主动创新的乡村发展模式。因此，乡村韧性治理的理念选择和行动路径规划应与安全韧性的价值目标共融共构，而且人地关系、空间格局、资源配置、设施建设、要素流动、生态治理等均要在“发展—安全”同构中进行组合安排。

（一）遵循发展与安全并重的治理原则

安全是发展的前提，发展是安全的保障，二者犹如车之两轮、鸟之两翼。统筹发展和安全，实现高质量发展和高水平安全良性互动，是乡村韧性治本之策。在国家—社会—市场关系视域下，乡村韧性治理需要统筹安全和发展，重视发展与安全的同构性，即在推进乡村发展的同时，确保乡村安全，遵循发展与安全并重的治理原则。这一原则要求在乡村治理中同时考虑经济发展和风险管理，以保障乡村治理的可持续性和稳定性；需要通过多主体协同合作、法律法规完善、信息共享和风险预警机制建设等措施，保障乡村的可持续发展与安全。

发展与安全并重的治理原则强调乡村发展不仅追求经济增长，还重视生态环境保护、社会稳定和文化传承等多维度的安全考量。在乡村振兴的过程中，应均衡考虑经济发展和环境保护的关系，避免为了经济增长而牺牲生态环境和居民生活质量。发展与安全并重的治理原则要求构建多主体协同行动的框架。国家、市场和社会应各司其职，形成合力。国家不仅要提供政策支持和监管保障，还要发挥引导和调节作用，促进社会和市场积极参与乡村发展。市场主体应在国家政策的引导下，发挥其在资源配置中的作用，推动乡村经济发展。社会组织和乡村社区则应通过组织村民参与乡村治理、文化传承和环境保护等活动，增强社区凝聚力和自我管理能力。

实施发展与安全并重的治理原则，还需通过法律法规和政策制度的完善，为乡村发展与安全提供制度保障。通过立法明确乡村发展与安全的权责，规范各方行为，强化对违法行为的惩处，确保乡村治理工作在法治轨道上推进。发展与安全并重的治理原则还要求加强信息共享和风险预警机制建设，提高乡村应对突发事件的能力。通过建立健全的信息共享平台，可实现治理信息的透明化和即时化，提升决策的科学性和有效性。同时，构建风险预警机制，及时发现和处理可能威胁乡村发展与安全的风险，可保障乡村社会的稳定与和谐。

（二）安全与发展同构中明确多主体角色定位

在乡村韧性治理体系中，发展与安全的同构性要求不仅在于平衡发展和安全的关系，还在于构建一个有效的多主体合作机制，明确各方在乡村治理中的角色和职责。这种合作机制是实现乡村治理目标的关键，能够促进资源的有效分配和利用，增强乡村应对各种风险和挑战的能力。多主体合作机制涉及国家、市场、社会组织、乡村社区，以及乡村居民等不同主体。每个主体都有其独特的资源和优势，通过合作机制的建立和完善，可以实现资源共享、优势互补，共同推进乡村韧性治理。

国家作为乡村韧性治理的主导者，其角色定位在于提供政策支持、法律保障和资金投入，同时负责制定和实施乡村发展规划，引导其他主体参与乡村治理。国家还需要通过制度设计和政策引导，激发市场和社会的活力，促进乡村发展和安全。市场主体，包括企业、合作社等，其角色定位在于利用市场机制推动乡村经济发展，提高农业生产效率和产品附加值。通过参与乡村治理，市场主体可以发挥其在资源配置、技术创新和服务提供方面的作用，促进乡村产业升级和经济增长。社会组织和乡村社区作为乡村治理的重要参与者，其角色定位在于动员社区居民参与乡村治理活动，提供公共服务，促进乡村文化传承和社会和谐。社会组织和乡村社区可以利用其接近居民、了解居民需求的优势，开展针对性的服务和项目，增强乡村社会的凝聚力和自我管理能力。乡村居民是乡村治理的主体和受益者，其角色定位在于积极参与乡村发展和治理活动，通过自组织和自我管理实现乡村的可持续发展。乡村居民的参与不仅能够提高治理效果，还能增强乡村社区的韧性，提升居民的生活质量和幸福感。

二、注重时间与空间交融

实际当中，要探索和树立时间与空间交融的乡村韧性治理理念，统筹乡村“全域、全要素、全过程”，强化治理系统各个维度、各个时序的功能多样性和系统连通性，促进韧性治理资源在“时间—空间”交融中的网络化、数字化、共享化。

（一）创新"时间—空间"管理策略

"时间—空间"管理策略的核心在于如何有效利用和整合乡村治理中的时间资源和空间资源，创新时间—空间管理策略在乡村治理中的应用，不仅能够提升乡村治理的时效性和空间利用效率，还能促进乡村社会经济协调发展，增强乡村面对各种挑战的韧性，为乡村可持续发展奠定坚实基础。

时间管理策略在乡村治理中的应用关键在于合理安排乡村发展和治理活动的时间序列，确保各项治理措施能够在最佳时机得到实施。例如，通过对乡村发展规律和社会需求变化的深入分析，预测并确定最佳的农业种植、文化活动举办、基础设施建设等关键时间节点，从而提升治理活动的时效性和预期效果。同时，时间管理需考虑到节假日、农闲期等乡村特有的时间规律，以及急需解决的问题与长期规划的平衡，确保短期行动与长远目标协调一致。空间管理策略的应用则更加注重乡村治理空间资源的优化配置和高效利用。这包括基于乡村地理、环境特点进行科学规划，合理布局生产、生活、生态空间，以及依托现代信息技术手段实现乡村空间信息的数字化管理。通过 GIS、遥感等技术手段，可以对乡村空间资源进行精准画像，为乡村规划和资源配置提供科学依据。空间管理还应关注乡村空间治理的公平性，确保乡村治理成果惠及每一个角落，促进乡村内部和谐与整体均衡发展。

在时间与空间管理策略的融合应用上，乡村治理过程中需采取动态、灵活的管理模式，将时间管理的时效性与空间管理的均衡性有机结合起来。例如，通过构建动态的乡村治理信息系统，实时监控乡村治理过程中的时间进度和空间变化，及时调整和优化治理策略。同时，加强乡村治理主体间的沟通与协调，确保时间管理与空间管理的协同效应，共同推动乡村治理体系高效运行。

（二）拓展跨界合作与资源共享路径

跨界合作与资源共享不仅是时间—空间交融下协作机制优化的重要路径，还是提升乡村治理效能和韧性的有效策略。这一策略的核心在于打破传统的治理边界，促进不同领域、不同层级、不同主体之间的交流与合作，通过资源共享实现互利共赢，提升乡村治理的整体效能和韧性。

跨界合作的首要步骤是识别和构建合作平台。这意味着需要通过政策引导和制度设计，鼓励和促进不同治理主体间的沟通与对接，建立开放、包容的合作机制。例如，可以依托现有的乡村振兴、农业产业化等政策框架，搭建跨部门协调、企业参与、社会力量协同的多元合作平台，为不同主体提供合作的机会和空间。资源共享则是跨界合作的关键实现方式，涉及知识、信息、技术、资金等多种资源的共享。建立共享机制，不仅可以提升资源利用效率，还可以激发创新活力，促进乡村治理的创新与发展。例如，通过建立农业技术共享平台，将科研机构、高校的农业研究成果转化给基层农户，提升农业生产效率；通过建立乡村旅游信息共享平台，整合乡村旅游资源，实现区域旅游的协同发展。

在跨界合作与资源共享的过程中，需要注意的是，合作与共享并非无序进行，而应基于平等、互信的原则，确保合作双方或多方的利益得到妥善协调和保护。同时，应注重合作与共享的持续性和稳定性，通过建立长效机制，确保合作成果持续产出，避免合作热情短暂和波动。跨界合作与资源共享还应充分利用现代信息技术，如大数据、云计算、区块链等，提升合作与共享的效率和透明度。利用技术手段加强合作主体间的信息互联互通，实现资源共享的精准匹配和高效流动，为乡村韧性治理提供强有力的技术支撑。

（三）信息技术赋能乡村治理

在时间—空间交融的当下，信息技术在乡村治理中的应用日益显著，成为推动乡村治理现代化的重要力量。信息技术不仅改变了乡村治理的手段和路径，还显著提高了治理的效率和效果，为乡村治理注入了新的活力和动力。信息技术的应用大大提高了乡村治理的信息化水平。通过建设和完善乡村信息化平台，如乡村治理信息系统、智慧乡村平台等，可以实现乡村治理各环节的信息化管理，从而提升决策的科学性和准确性。例如，利用大数据分析技术，可以对乡村的经济发展、社会治理、生态保护等方面进行全面的数据收集和分析，为乡村治理提供精准的决策支持。信息技术的应用有助于提升乡村治理的透明度和公众参与度。通过互联网、移动应用程序等信息技术手段，乡村治理信息可以实时公开，公众可以便捷地获取治理信息，参与到乡村治理的讨论和监督中来。这不仅增强了公众对乡村治理的信任感和满意度，还促进了乡村治理主体与乡村居民之间的互动和沟通，提高了治理的民主性和透明性。

信息技术的应用还促进了乡村治理的创新和转型。随着互联网、物联网、人工智能等前沿技术的不断发展，乡村治理方式和手段也在不断创新。例如，通过人工智能技术，可以实现乡村安全监控、疾病防控等智能化管理；通过物联网技术，可以实现农业智能化生产、智慧物流等应用，推动乡村产业升级和经济发展模式的转变。信息技术的应用提高了乡村治理的协同性和整合性。在时间—空间交融的背景下，乡村治理面临着跨区域、跨部门、跨层级的协调和合作需求。基于信息技术构建统一的信息平台和网络，有助于治理信息的共享和流通，促进不同治理主体之间的有效协同和资源整合，提升乡村治理的整体效能。

三、强化行动与治理契合

韧性治理效率和质量的提升有赖于空间规划、建设行动与运行管理的良好衔接与协调统一，以及政府、社会组织和村民应对风险的能力。因此，需要建立“行动—治理”契合的韧性治理框架，协同推进乡村韧性治理策略的有效实施。

（一）行动与治理策略的一体化设计

行动与治理策略的一体化设计要求在乡村治理的过程中，将实际行动与治理策略紧密结合，形成一个统一的、协同的治理体系，以此来应对乡村面临的各种挑战和问题，促进乡村可持续发展和韧性增强。行动与治理策略的一体化设计要求明确治理目标，并将这些目标转化为具体的行动计划。这意味着治理策略的制定不仅需要基于对乡村实际情况的深刻理解和科学分析，还需要基于策略与行动的有效对接，确保每一项治理措施都能够实实在在地落到实处，呈现明确的治理成效。例如，在制定乡村经济发展策略时，不仅要考虑如何提高农业生产效率，还要具体到如何通过技术培训、资金支持等支持农民实现这一目标。行动与治理策略的一体化设计需要强调多主体协同合作。乡村治理涉及政府、社区、企业、非政府组织等多方主体，只有通过协同合作，才能有效集聚各方资源和力量，形成治理合力。这要求在治理策略制定和实施过程中，充分考虑各方的利益诉求和参与方式，通过建立有效的沟通协调机制，确保各项行动能够得到各方的支持。

行动与治理策略的一体化设计还需注重灵活性和适应性。乡村韧性治理面临的环境和条件是不断变化的，因此治理策略和行动计划也需要具备一定的灵活性，以便及时调整和优化。这要求治理主体在实施过程中持续监测和评估治理效果，根据实际情况及时调整治理策略和行动计划，以保证治理活动始终保持高效。行动与治理策略的一体化设计应注重长期效应和可持续发展。乡村治理的目标不仅是解决当前面临的问题，还要考虑长远发展，促进乡村持续健康发展。因此，在治理策略和行动计划的制定中，需要充分考虑其对乡村生态环境、社会文化、经济结构等方面的长期影响，避免短期行动带来的负面后果，确保乡村发展的可持续性。

（二）行动效率与反应速度的协调提升

提升治理行动的实施效率与反应速度是实现高效治理、应对各种挑战和风险的关键，需要从建立科学合理的治理体系、加强信息技术应用、加强人才队伍建设、深化治理体系改革等多个方面着手，通过综合施策，实现乡村治理的高效、精准和快速反应，促进乡村社会稳定发展。这不仅要求乡村治理体系具备快速响应外部变化的能力，还要求治理行动能够有效、精准地达到预定目标，从而确保乡村社会的稳定发展。

提升乡村治理行动的实施效率与反应速度，需要建立科学合理的治理体系与机制。这包括完善乡村治理的组织结构，明确各级治理主体的职责和工作流程，实现治理职责的合理分配和有效协调。通过优化治理体系，减少决策层级，缩短决策链条，可以显著提高治理行动的实施效率。加强信息技术在乡村韧性治理中的应用，是提升治理效率和反应速度的有效途径。利用大数据、云计算、物联网等现代信息技术手段，可以实现对乡村社会经济活动的实时监测和分析，及时发现问题并做出快速反应。同时，通过建立电子政务平台，优化服务流程，可以简化办事程序，提高政府服务效率，使乡村治理更加透明、高效。

加强乡村治理人才队伍建设，是提高治理行动实施效率和反应速度的基础保障。通过培养和引进具有现代治理理念、专业知识和技能的治理人才，可以有效提升乡村治理的专业性和科学性。对乡村治理人员进行定期培训，增强其应对突发事件和复杂问题的能力，对提升治理效率和反应速度具有重要作用。深化乡村治理体系改革，创新治理模式和手段，也是提升治理效率和反应速度的重要途径。例如，通过推进乡村治理的法治化、规范化，建立健全乡村治理的法律法规和制度体系，可以为治理行动提供明确的规范和指导。同时，鼓励社会力量参与乡村治理，发挥社会组织和民间力量在乡村治理中的积极作用，可以有效提高治理的灵活性和适应性。

（三）动态监测与反馈机制的构建优化

构建和优化动态监测与反馈机制是确保治理策略有效实施与持续优化的关键环节。构建和优化动态监测与反馈机制，需要科学设计监测体系、有效利用现代信息技术、建立开放的信息反馈渠道和强化信息共享协同。通过不断的数据分析和反馈循环，可提升乡村治理策略的科学性、精准性和有效性，进而实现乡村治理的持续优化和效能提升。这一机制能够为乡村治理提供及时、准确的数据支持，使治理决策更加科学、治理行动更加精准，并通过持续的反馈循环不断调整和改进治理策略，提升治理效能。构建动态监测与反馈机制时，需要依托现代信息技术，建立起覆盖乡村全域的数据收集与分析平台。通过物联网、大数据、云计算等技术手段，可实现对乡村各类治理相关信息的实时监测和动态更新，包括但不限于社会经济活动、生态环境变化、公共服务供给、民生需求等方面的数据。对这些数据的实时收集和分析，为乡村治理提供了强大的决策支持。有效的信息反馈机制是动态监测与反馈机制的重要组成部分。实际当中，不仅要将监测数据及时反馈给治理决策者，还要将治理效果反馈给社会公众，增强治理透明度和公众参与度。同时，还应构建多渠道的反馈机制，如社会媒体、政府门户网站、线下社区会议等，收集公众对乡村治理的意见和建议，及时调整治理策略和行动计划。

动态监测与反馈机制的优化还需强化跨部门、跨领域的信息共享与协同。乡村治理涉及多个领域和部门，因此需要通过建立有效的信息共享平台，打破信息孤岛，实现数据的互联互通和资源的共享利用。这样可以更好地协调各方面的力量，形成治理合力，提高治理效率和效果。动态监测与反馈机制还需要不断地进行自我优化和迭代升级。随着乡村发展变化和治理环境的不断演进，监测指标体系、数据分析模型和反馈机制都需要不断调整和完善，以适应新的治理需求和挑战，确保治理体系始终保持活力和适应性。

第二节 乡村韧性治理的要素优化：多要素韧性协调建设

本节将深入探讨技能素质培育与主体韧性建设、乡村结构优化与环境韧性建设、产业转型升级与经济韧性建设、文化传承创新与文化韧性建设、社会结构优化与社会韧性建设、治理结构优化与组织韧性建设以及政策体系创新与制度韧性建设。这些要素不仅相互独立，还相互影响，它们共同构成了乡村韧性治理的核心内容。通过对这些关键要素的深入分析和优化，可以促进乡村社会的整体进步和谐发展，提高乡村面对各种挑战的应对能力。

一、技能素质培育与主体韧性建设

这里的主体韧性是指村民个体及其社群在面对外部冲击和内部挑战时，通过自身的能力和资源进行有效应对、适应和恢复的能力。技能素质培育作为增强主体韧性的重要手段，不仅关系到乡村社会的可持续发展能力，还是实现乡村振兴战略目标的基础保障。在当前乡村经济转型和新型产业发展的背景下，传统的农业生产方式已难以满足市场需求，新的生产技术和管理模式不断涌现。通过提供技能培训，增强村民的专业技能，可以有效促进乡村劳动力的转型升级，提高乡村整体的生产效率和经济收益。

技能素质的提升有助于增强村民的适应能力和创新能力。面对经济全球化、市场变动、环境变化等外部挑战，高素质的劳动力能够更快地适应变化，寻找到应对策略。此外，技能和知识的积累也为乡村创新提供了土壤，鼓励村民开展创新实践，探索适合本地发展的新路径，推动乡村产业的多元化发展。通过技能素质培育，不仅可以提升村民的个人能力，还能够增强村民对乡村发展的认同感和归属感，激发其参与乡村治理和公共事务的积极性。村民的主动参与不仅能够为乡村治理带来新的思路和活力，还能够增强社区的内部凝聚力，构建起共同应对挑战的社会资本。

技能素质培育与主体韧性建设需要建立在深入了解乡村实际需求和村民个性化需求的基础上。这要求乡村治理者和政策制定者采取精准化、差异化的策略，根据不同地区、不同群体的特点和需求，设计和实施具有针对性的培训项目。同时，需要建立长效机制，通过持续的教育和培训活动，为乡村提供持续的人才支持和智力支持。

二、乡村结构优化与环境韧性建设

（一）优化乡村空间布局与土地利用

乡村空间布局与土地利用的优化是乡村结构优化与环境韧性建设的核心内容，直接影响乡村的可持续发展能力和居民的生活质量。在国家—社会—市场关系视域下，优化乡村空间布局与土地利用不仅是一个技术问题，还是一个系统工程，涉及政策制定、社会参与和市场机制的有效结合。

优化乡村空间布局需要遵循科学规划原则，合理划分生产、生活、生态空间，确保乡村发展与自然环境的和谐共生。生产空间的规划要着眼于农业现代化和产业升级，通过引入先进的农业技术和管理模式，提升农业生产效率，同时鼓励发展乡村特色产业和乡村旅游，促进乡村经济结构多元化。生活空间的规划则要重视基础设施建设和公共服务设施的布局，提高居民的生活便利性和生活质量。生态空间的规划要坚持生态保护红线，加强对重要生态功能区的保护，实施水土保持和生态恢复工程，构建稳定的生态安全屏障。土地利用的优化需要坚持节约集约原则，严格控制非农建设用地，防止耕地面积减少和土地资源浪费。应通过土地整治、土地轮作休耕等措施，提升土地利用效率和土地生产能力。同时，推动土地使用权流转和土地多元利用，激发土地资源的潜在价值，促进农民增收和乡村经济发展。

实现乡村空间布局与土地利用的优化，需要强化政策支持和激励机制。政府应出台相应的政策措施，支持乡村规划建设和土地利用优化，提供技术指导和资金支持。同时，建立健全土地使用权流转市场，完善土地使用权流转和承包制度，保护农民利益，确保土地流转的公平性和透明性。加强社会参与和公众意识，是优化乡村空间布局与土地利用的重要保障。通过增强公众对乡村规划和土地利用重要性的认识，鼓励公众参与乡村规划建设和土地管理，形成政府引导、市场运作、社会参与的良性互动机制，共同推进乡村空间布局与土地利用的优化。

（二）加强生态保护与环境治理

加强生态保护与环境治理是乡村结构优化与环境韧性建设的关键措施之一，对于促进乡村可持续发展、改善居民生活质量、提升乡村整体韧性具有重要作用。需要国家、社会、市场三方面协同作用，通过法律法规的完善、进步科技的应用、生态文明理念的推广等措施，促进乡村生态环境持续改善和乡村可持续发展。

生态保护是乡村环境治理的基础，需通过立法和政策引导加以强化。国家应制定和完善相关法律法规，明确乡村生态保护的责任和要求，设立生态保护红线，禁止或限制在生态敏感区和生态功能重要区域进行破坏性活动。同时，需要通过政策激励引导乡村采取生态友好型发展模式，如发展生态农业、建设生态村庄等，减少对生态环境的人为破坏，保持生态系统的良好运行状态。环境治理是实现乡村可持续发展的关键环节，此过程中需要采取多元化措施。乡村环境治理应依托科技进步，引入新技术、新方法，如污水处理、垃圾分类回收等，提升效率和水平。同时，应倡导绿色生活方式，通过教育和宣传增强乡村居民的环保意识，鼓励居民参与到环境治理中来，形成政府主导、市场运作、社会参与的多元化环境治理体系。

乡村生态保护与环境治理需实现社会、经济、环境的和谐发展。在推动乡村经济发展的同时，不能以牺牲环境为代价，应寻求经济发展与环境保护的平衡点，推动绿色低碳发展。乡村治理应注重生态文明建设，将生态文明理念融入各个方面，实现人与自然和谐共生。国家、社会和市场三者在乡村生态保护与环境治理中应发挥各自的作用，形成合力。国家提供政策支持和资金投入，市场激发环保产业和绿色技术的创新，社会强化公众参与和监督。通过多主体的共同努力，加强乡村的生态保护与环境治理，可以有效提升乡村的环境韧性，为乡村的可持续发展打下坚实的基础。

（三）促进绿色发展与可持续资源利用

乡村韧性治理体系优化设计中，促进绿色发展与可持续资源利用是实现乡村可持续发展的关键环节。这一策略旨在通过推广绿色发展理念和实践，有效利用和保护乡村的自然资源，以实现经济、社会、环境的协调发展，提高乡村的环境韧性和自我恢复能力。

绿色发展要求乡村发展策略与生态环境保护相协调，实现经济增长与环境保护双赢。这需要乡村在发展农业、工业、旅游等产业时，采取生态友好型的技术和方法，如推广生态农业、发展循环经济、建设绿色工厂等。这些措施不仅有助于保护乡村的自然环境，还能提升乡村产业的附加值，为乡村居民创造更多的就业和收入机会。可持续资源利用要求乡村在利用自然资源时，既满足当前的经济社会发展需求，又不损害未来代际的需求。这包括合理规划土地资源的使用，提高土地的利用效率；保护水资源，实现水资源的合理分配和高效利用；加强能源管理，推广使用清洁能源和可再生能源；进行垃圾分类和资源回收利用等。通过这些措施，乡村可以在保证经济发展的同时，保护和改善自身的生态环境。

促进绿色发展与可持续资源利用还需要建立健全的政策和法律体系，加大对违法违规行为的处罚力度。国家和地方政府应出台相关政策和措施，鼓励和引导乡村采取绿色发展和可持续资源利用的实践，如提供技术支持、财政补贴、税收优惠等。同时，建立和完善环境保护的法律法规，加强环境监管，确保乡村发展策略的实施效果。促进绿色发展与可持续资源利用还需要社会各界的广泛参与，包括公众、企业、社会组织和政府。通过公众教育和意识提升，增强乡村居民的环保意识和参与绿色发展的积极性；鼓励企业采用绿色生产方式，实现产业升级；支持社会组织在乡村环境保护和资源管理中发挥作用；加强政府在绿色发展政策制定和执行中的引导和监督作用。

三、产业转型升级与经济韧性建设

（一）发展现代农业与农村产业融合

发展现代农业与农村产业融合旨在通过科技创新和产业整合，推动农业向现代化转型，同时促进农村产业的多元化发展，提升乡村的经济韧性和竞争力。现代农业的发展不仅包括传统农业生产技术革新，还涉及农业经营管理模式的创新，以及农业与服务业、旅游业等其他产业的深度融合。通过引入先进的农业技术和设备，如智能农业设备、生物技术、信息技术等，可提高农业生产的效率和质量，减少资源和能源的消耗，提高农业的可持续性。农村产业融合是推动乡村经济发展的重要途径。农村产业融合不仅限于农业产业链的延伸，还包括农业与旅游、文化、教育、健康等产业的跨界整合。例如，发展乡村旅游不仅能够增加农民的收入，还能促进农村文化的传承和保护，提升农村的生态环境，实现经济、文化、生态多赢。

现代农业发展与农村产业融合，离不开政府、企业、农民以及其他社会力量的共同参与和支持。政府应制定相关政策和措施，提供必要的财政、税收、技术等支持，引导资本、技术、人才等资源向农村流动。企业应积极探索农村市场，投资农业科技创新和农村产业融合项目。农民则需要提升自身的科技素质和经营管理能力，积极参与现代农业建设和农村产业融合过程。同时，需要加强农村基础设施建设，改善农村生产生活条件，为现代农业和农村产业融合创造良好的外部环境。同时，要注重生态保护和可持续发展，确保农业和农村产业健康、绿色、可持续发展。

（二）促进农村产业结构升级与创新驱动

促进农村产业结构升级与创新驱动不仅关系到农村经济的可持续发展，还是加强乡村韧性治理、实现乡村振兴的关键环节，需要系统性的策略和多元化的行动路径。农村产业结构升级需要从提高农业产业化水平、发展多元化经济活动，以及增强产业之间的互动与融合等方面着手。具体而言，农业产业化经营过程中可以通过引入现代农业技术和管理模式，提高农产品的质量和市场竞争力。同时，鼓励非农产业发展，如乡村旅游、特色手工艺品制作等，可以为农民提供更多就业机会，增加收入来源。创新是推动农村产业结构升级的核心动力。这要求农村地区能够充分利用科技创新资源，如通过建立农业科技创新平台、加强与高等院校和科研机构的合作，以及鼓励农村青年创新创业等方式，促进农业科技进步和产业升级。此外，创新还应包括管理创新、模式创新，通过优化农村产业链、提升供应链效率等方式，提高农村经济的整体竞争力。

国家、社会、市场三方面的力量需要协同作用，共同推动农村产业结构的升级和创新驱动。国家可以通过出台优惠政策、提供财政支持和技术服务等方式，为农村产业发展营造良好的外部环境。社会组织可以发挥桥梁作用，连接农民与市场、科研机构，传递信息，提供服务。市场机制的有效运作则可以促进资源的有效配置，激发农村经济的活力。农村产业结构升级与创新驱动过程中，应坚持可持续发展的原则，注重保护农村生态环境，实现经济发展、社会进步和环境保护的和谐统一。通过科学规划、合理利用自然资源，可确保农业生产与自然生态系统之间的平衡，为后代留下绿水青山。

（三）加强农村电商与市场体系建设

加强农村电商与市场体系建设是推动乡村经济发展、促进产业创新的重要手段。通过完善物流配送体系、提升农民电商能力、完善政策支持体系等措施，可以有效提高农村电商的发展水平，促进乡村经济的可持续发展，增强乡村的经济韧性。农村电商的发展有助于乡村与城市、国内与国际市场紧密联系，为农产品开拓更广阔的销售渠道。通过电子商务平台，农民可以直接向消费者销售产品，减少中间环节，提高农产品的附加值，增加农民收入。此外，电商平台还能提供价格信息、市场需求等数据支持，帮助农民准确把握市场动态，做到有的放矢。

加强农村电商与市场体系建设需要构建完善的物流配送体系。物流配送是农村电商成功的关键，特别是在偏远乡村地区，物流成本高、配送效率低是制约农村电商发展的主要问题。因此，政府应当投入资金建设农村物流基础设施，引导物流企业优化配送网络，降低物流成本，提高配送效率。加强农村电商与市场体系建设还需要提升农民的电商意识和操作技能。通过开展电商培训、增强农民的网络营销能力、提供电商创业指导等措施，可激发农民参与电商的积极性，培养农村电商人才，为农村电商的发展提供人才支撑。政府应当完善农村电商政策支持体系，为农村电商发展创造良好的政策环境。这包括提供税收优惠、财政补贴、金融支持等政策措施，鼓励电商企业、社会资本投入农村电商领域，促进农村电商健康、快速发展。

四、文化传承创新与文化韧性建设

（一）强化乡村传统文化传承与创新

强化乡村传统文化的传承与创新是构建韧性乡村治理体系的重要环节，它涉及如何在全球化背景下保持乡村文化的独特性，同时使这些传统能够适应现代社会的发展。乡村传统文化不仅是乡村社会的魂，还是乡村韧性治理体系中不可或缺的软实力。通过传承与创新，不仅能够保护和弘扬乡村文化遗产，还能够促进乡村社会和谐稳定、经济发展和文化软实力提升，为乡村振兴和可持续发展提供强大的文化支撑和动力。

乡村传统文化的传承与创新有助于增强乡村社区的凝聚力和成员的身份认同感。传统文化是乡村社会成员共同的记忆和认同的象征，其传承不仅能增进乡村居民之间的情感联系，还能够提升他们对乡村的归属感和自豪感。通过传统节日、民俗活动、文化传承课程等，不仅能够让年轻一代更好地了解和认识自己的文化根源，还能够激发乡村社区活力，促进社会和谐稳定。乡村传统文化的传承与创新是推动乡村经济发展的重要途径。通过对乡村传统手工艺、农耕文化、民俗风情等元素的挖掘和创新，不仅能够丰富乡村旅游产品和服务，吸引更多的游客，还能够激发乡村创业和就业，带动相关产业发展。例如，将传统手工艺与现代设计相结合，开发出符合现代审美需求的手工艺品，不仅能够提高产品附加值，还能够促进传统技艺的传承与发展。

乡村传统文化的传承与创新对于提升乡村教育水平和文化软实力具有积极作用。通过在乡村学校开设传统文化课程、组织学生参与传统文化活动等方式，不仅能够增强学生对传统文化的兴趣，还能够培养学生的创新思维和实践能力。此外，乡村传统文化的创新发展还能够吸引更多的文化人才和资源向乡村倾斜，进一步提升乡村文化软实力。乡村传统文化的传承与创新需要政府、社会和市场的共同参与和支持。政府应当出台相应的政策和措施，提供必要的资金和技术支持，搭建平台和渠道，鼓励和引导社会组织、文化企业和乡村社区共同参与到乡村传统文化的保护和发展中来。同时，通过强化版权保护、完善市场机制等措施，可激发乡村传统文化的创新活力，推动乡村传统文化与现代文化的融合发展。

（二）提升乡村教育质量与公平性

乡村文化韧性与乡村教育之间存在着密切的联系和互动关系。农村文化韧性为农村教育提供了坚实的基础和丰富的资源，而农村教育则有助于提升农村文化韧性和推动乡村文化的传承、创新和发展。农村教育对农村文化韧性的提升至关重要。例如，教育在传承乡村文化方面发挥着重要作用，通过教育可以增强对乡村文化的认同感和归属感，以及对文化的传承意识和能力。教育可以为乡村文化创新和繁荣发展，提供源源不断的人才和动力。特别是大力加强农村教育，有助于提升农民的文化思想自觉和文化素质水平，为乡村发展韧性和可持续提供根本性、基础性、持久性支撑。

提升乡村教育质量与公平性是实施乡村振兴战略的关键环节，也是构建韧性乡村治理体系的重要基础。教育是推动社会进步和文明发展的基石，而教育的质量与公平性直接关系到乡村地区未来发展的潜力和可持续性。提升乡村教育质量与公平性是一个系统工程，需要政府、社会、学校和家庭等多方面的共同努力。通过优化师资配置、均衡教育资源、加强家庭和社会支持、建立健全的监督评估机制等措施，可以有效提升乡村教育质量，实现教育公平。因此，提升乡村教育质量与公平性是乡村治理中不可忽视的重要内容。

提升乡村教育质量的关键在于加强师资力量的建设。受限于师资力量薄弱、教育资源匮乏等问题，乡村教学质量难以保证。要通过多渠道增加乡村教师数量，提高乡村教师整体素质，如实施乡村教师支持计划，鼓励优秀教师和青年才俊到乡村学校任教，提供必要的物质和精神激励。同时，加强在职教师的培训和继续教育，提升乡村教师的教学能力和专业水平。实现乡村教育公平需要从保障教育资源均衡配置着手。这包括改善乡村学校的基础设施，如教学楼、实验室、图书馆等，确保乡村学生享有与城市学生相同的学习环境和条件。同时，利用现代信息技术，如远程教育和网络教学，突破地理位置的限制，将优质教育资源延伸到每一个乡村，让乡村学生享受到与城市学生相同的教育资源。

提高乡村教育质量与公平性还需加强家庭和社会对教育的支持。家庭是孩子成长的第一课堂，家庭教育对提升教育质量起到基础性作用。通过开展家长学校、亲子教育活动等，增强家长的教育意识和能力，促进家庭教育与学校教育的有效衔接。同时，鼓励社会各界参与乡村教育事业，通过政府购买服务、社会捐赠、企业参与等形式，为乡村教育注入更多社会资源。实现乡村教育质量与公平性提升还需要建立健全的监督和评估机制。通过定期对乡村学校教育质量进行评估和监督，发现问题及时整改，确保教育资源的有效利用和教育政策的落实。同时，建立教育成果反馈机制，将教育质量与公平性提升的成效与教师的评价和奖励挂钩，激发教育工作者的积极性和创造性。

五、社会结构优化与社会韧性建设

在乡村韧性治理体系中，社会结构优化与社会韧性建设是重要组成部分。乡村结构，包括居民的组织形式、家庭结构、社会阶层、人口分布及人际关系等，是乡村社会运行和发展的基础。优化社会结构和建设社会韧性，不仅有助于提升乡村社区应对外部冲击和内部压力的能力，还能够促进乡村社会的和谐稳定和经济发展。

家庭作为乡村的基本社会单位，发挥着生产生活、养老抚幼等基本社会功能。优化家庭结构，提升家庭成员的教育水平和技能素质，增强家庭的经济基础和社会参与度，是构建乡村社会韧性的基础。此外，通过加强家庭和社区的联系，促进家庭成员之间及与社区其他成员之间的互助合作，可以增强乡村社会的内聚力，提升乡村应对各类社会问题的能力。乡村的社区组织和村民自治组织是乡村治理的重要力量。通过优化社区组织结构，建立健全村民自治机制，可以有效提升乡村社会的自我管理能力和自我服务能力。强化社区组织的功能，有助于增强社区成员的归属感和认同感，构建积极向上、团结协作的乡村社会氛围。

社会阶层和人口分布的优化也是提升乡村社会韧性的重要方面。通过实施有效的人才引进和人口管理政策，促进乡村社会经济结构的优化和产业升级，可以为乡村发展提供人力资源支撑。同时，通过社会保障和社会援助等措施，减少社会阶层间的差距，增强社会公平和正义，有助于构建和谐稳定的乡村社会。人际关系的和谐是乡村社会韧性的重要保障。在乡村社会中，促进邻里之间、村民之间的交流合作，增强社区成员间的相互理解和支持，对于应对社会变革、自然灾害等外部冲击具有重要意义。通过举办社区活动、建立互助小组等方式，可以加强社区内的沟通联系，构建一个相互支持、共同进步的乡村社区。

六、治理结构优化与组织韧性建设

（一）构建高效的乡村治理结构与机制

构建高效的乡村治理结构与机制是乡村韧性治理体系优化设计的核心内容，关键在于实现乡村治理的现代化，以适应乡村社会经济发展和不断提升的居民生活需求。高效的乡村治理结构与机制应当以提高治理效能为目标，通过合理配置治理资源、优化治理过程、激发治理活力，建立一个既符合乡村特性又能有效应对现代治理挑战的体系。

构建高效的乡村治理结构需从理顺乡村治理体系与治理主体关系入手。在当前乡村治理实践中，政府、市场、社会三方面的力量共同作用，但在具体操作中往往存在边界不清、职责交叉等问题，影响治理效率。因此，需要明确各治理主体的职责与权力，实现职责互补、权责一致。政府应发挥宏观调控和公共服务提供者的角色，社会组织和市场主体则在乡村公共事务管理、社会服务供给等方面发挥更大作用，共同构建一个多主体参与、职能明确的乡村治理结构。高效的乡村治理机制需要强化制度创新与治理能力提升。制度创新是提高乡村治理效率的关键，因此需要针对乡村发展的实际需求，制定和完善相关法律法规、政策措施，为乡村治理提供坚实的制度保障。同时，应加强对乡村治理主体的能力培养，尤其要提升基层干部的治理能力和服务水平，通过培训、考核等方式，增强其应对复杂治理问题的能力。

优化乡村治理过程，实现治理方式的现代化。这包括推广电子政务、智慧乡村等信息化治理工具，利用大数据、云计算等现代信息技术提高治理的精准性和效率。同时，应借助网络平台增强治理的透明度，加强与乡村居民的互动沟通，实现公开公正的决策，提高乡村居民的满意度和参与度。构建高效的乡村治理结构与机制还需要强化激励与约束机制。通过建立完善的激励机制，鼓励乡村治理主体积极参与乡村治理，发挥其主观能动性。同时，建立严格的监督和责任追究机制，确保乡村治理规范运行，防止权力滥用和治理失效，从而增强乡村治理的规范性和有效性。

（二）提升基层组织能力与创新能力

提升基层组织能力与创新能力是乡村韧性治理体系优化设计的重点，尤其在当前乡村振兴的背景下，基层组织作为乡村治理的主要力量，其能力的强弱直接影响到乡村治理效果的好坏。因此，提升基层组织能力与创新能力，对于构建高效、有活力、有韧性的乡村治理体系至关重要。提升基层组织能力与创新能力，需要从组织管理、创新实践、服务效能和人才培养等多个维度入手，构建一个能够适应乡村发展需求、有效应对治理挑战的基层组织体系。

要想提升基层组织能力，需从提升组织自身的管理能力入手。基层组织应不断完善自身的组织结构，优化内部管理机制，确保实际运作高效而有序。同时，可加强培训提升基层干部和工作人员的专业技能和服务水平，使其能够更好地理解和把握乡村治理的规律，有效应对乡村治理中的各种挑战。创新能力的提升是基层组织能力建设的另一个重要方向。基层组织应积极探索和实践新的治理模式、方法和手段，如利用互联网等现代信息技术开展智慧乡村建设，推动乡村治理信息化、数字化。同时，基层组织应鼓励和支持社会创新，吸纳社会力量参与乡村治理，共同探索解决乡村发展中的问题，激发乡村活力。

加强基层组织与村民的互动交流，提高基层组织的服务效能。基层组织应建立开放、透明、互动的工作机制，广泛听取村民意见和建议，定期向村民汇报工作，增强工作的透明度和公信力。通过加强与村民的沟通和协商，基层组织可提升服务质量和效率，有效解决村民的实际需求和问题。为了提升基层组织能力，还应注重培养和引入人才。通过建立激励机制吸引优秀人才加入乡村治理，为基层组织注入新鲜血液。同时，要对现有人才进行持续培训，建立长效人才培养和使用机制，为乡村治理提供坚实的人才支撑。

（三）组织韧性建设

此处的组织韧性主要指乡村中各类组织，在面对外部环境变化和内部压力时，能够有效维持功能、迅速恢复并适应新环境的能力。这里的组织包括政府机构、村民自治组织、合作社、非政府组织及其他形式的社会组织。组织韧性建设的目标是提高组织的适应能力、恢复力和转型能力，促进乡村社会经济的稳定与发展。强化组织的适应能力是提升组织韧性的首要任务。

拥有适应能力意味着组织在面对外部变化时，能够快速加以识别和响应，并采取有效措施减轻负面影响。由此，乡村组织需要提升环境监测和风险评估能力，建立灵活的决策机制和响应机制，以及时调整策略和行动方案，应对可能的挑战。

增强组织的恢复力是组织韧性建设的核心。基于恢复力，组织在经历冲击后，能够快速恢复到正常运作状态。这不仅要求组织具备快速反应的能力，还要求组织有足够的资源储备，包括财政资源、物资资源和人力资源等，以及有效的危机管理和灾后恢复计划。

基于转型能力，组织在经历冲击后，不仅能够恢复原有状态，还能够根据新的环境条件进行自我调整和创新，寻找新的发展机会和增长点。这要求组织能够进行长期战略规划，拥有开放的组织文化，鼓励创新思维和学习实践，同时加强与外部组织的合作，共享资源，形成合力。加强组织间的协同合作，构建一个互助共赢的乡村治理网络，是提升组织韧性的重要途径。通过建立有效的合作机制和平台，促进信息共享和资源互补，可以增强乡村整体的应对能力和发展潜力。

七、政策体系创新与制度韧性建设

在乡村韧性治理体系中，制度韧性建设是确保治理体系适应性、持续性和有效性的关键。制度韧性强调的是制度在面对外部环境变化时的适应能力、恢复力和转型能力，以及制度如何有效地促进乡村社会经济的稳定与发展。因此，政策体系创新成为推动制度韧性建设的重要手段，通过不断的制度创新和政策调整，可构建一个能够有效应对变化挑战的乡村治理体系。

制度韧性建设需要从提高制度的适应能力做起。这要求人们在设计和实施乡村治理相关政策时，充分考虑到乡村社会经济发展的实际情况和可能面临的外部环境变化。建立更加灵活和开放的制度框架，使政策能够根据实际情况和时代需求进行快速调整和优化。例如，随着信息技术的发展和应用，乡村可以借助数字化手段提升信息化水平，提高治理效率和精准度，增强制度的适应能力。在乡村面临自然灾害、经济危机等突发事件时，强有力的制度框架可以为乡村恢复和重建提供基础支撑。这需要通过法律法规明确灾后重建的政策指导、资金支持和技术服务等，确保乡村社会在遭受打击后能够迅速恢复正常生活和生产秩序。

提高制度的转型能力，是适应未来发展需求的关键。乡村治理的制度框架应当不断吸收新的治理理念和管理方法，鼓励创新和改革，支持乡村在经济、社会、文化等方面的可持续发展。例如，推动乡村产业升级和生态文明建设，促进绿色发展和循环经济，这些都是制度转型的重要内容。政策体系创新应注重政策之间的协同和整合。在乡村韧性治理体系中，要使多个领域和层面的政策形成合力，避免政策碎片化和资源浪费。通过梳理和优化现有政策，建立跨领域、跨部门的协调机制，可确保政策创新能够有效地支撑乡村韧性治理。政策体系创新和制度韧性建设还应强调民众的参与和反馈。通过建立民众参与乡村治理的机制，收集并反馈民众对于政策实施的意见和建议，可以使制度更加贴近民众需求，提高制度的公众认可度和执行效力。

第三节　乡村韧性治理的机制优化：多维度整合重塑动能

在乡村韧性治理机制优化过程中，通过优化国家—社会—市场的协同机制，人们可以更有效地整合资源、协调政策、促进乡村发展。同时，组织韧性、产业韧性与人才韧性的联动机制推动乡村经济可持续发展，它们相互作用、相互促进，共同构建一个更加灵活、适应性强的乡村社会。人口韧性、教育韧性与文化韧性的耦合发展不仅能够提升乡村社会的整体素质和文化底蕴，还丰富了乡村治理的内涵。

一、国家—社会—市场协同机制优化

（一）构建协同治理的政策框架与支持体系

在当前社会经济快速发展的背景下，乡村治理面临着前所未有的挑战

与机遇。为了应对这些挑战并抓住机遇，构建一个协同治理的政策框架与支持体系成了提升乡村韧性治理能力的关键步骤。协同治理不仅要求国家、社会、市场三大主体共同参与，还要求三方在政策制定、执行、监督等各个环节相互配合与支持。

构建协同治理的政策框架需明确各参与主体的角色与责任。国家作为主导者，需要在全局层面上进行宏观调控和政策指导，确保乡村治理的方向与国家发展战略相一致。同时，国家需为社会和市场参与提供政策便利和法律保障，激发社会组织和市场主体的参与热情。社会与市场作为国家政策执行的重要力量，应在国家政策框架下发挥各自优势，共同推动乡村治理实践。社会组织可依托其接地气的优势，深入乡村社区，进行政策宣传、教育培训、民意调查等，为政策的实施提供精准服务。市场主体则可以通过投资建设、技术创新、产业升级等方式，直接参与到乡村经济社会发展中，成为推动乡村振兴的重要力量。

构建协同治理的支持体系需依托现代信息技术，建立有效的信息共享与反馈机制。通过大数据、云计算、物联网等技术手段，建立国家、社会、市场三者之间的信息共享平台，为政策制定提供数据支撑、对执行过程进行实时监控、对效果评估进行精准反馈。这不仅有助于提高政策制定的科学性和实施的有效性，还能增强各方之间的信任与合作。构建协同治理的政策框架与支持体系，还需要强化政策执行的监督机制。这包括建立健全的政策评估体系，定期对政策执行情况进行评估与反馈，及时调整和优化政策内容。同时，需要加强对社会和市场主体执行政策的监督，确保政策得到有效实施，真正发挥出应有的效果。

（二）促进多主体参与的机制设计

促进多主体参与的机制设计目的是打破传统的治理模式，通过多元化的参与主体推动乡村韧性治理的有效实施，实现资源共享、信息互通、利益均衡和责任共担。促进多主体参与的机制设计如图 7-1 所示。

图 7-1　促进多主体参与的机制设计

多主体参与的治理模式下，国家、社会和市场三者之间不是简单的相互独立或相互排斥的关系，它们可以通过有效的机制设计，实现相互促进、相互支持的协同治理状态。这种状态不仅有助于充分发挥各主体的优势，还有助于提高治理效率和效果，是实现乡村韧性治理现代化的有效途径。多主体参与的治理机制包括以下几个方面：一是明确角色定位和责任分担。清晰界定国家、社会和市场在乡村韧性治理中的角色和责任，可确保各方能够在自己的职责范围内发挥作用。二是建立沟通协商机制。通过建立定期沟通、协商的平台和机制，可促进不同主体之间的信息交流和意见反馈，提升治理决策的透明度和公众参与度。三是优化激励约束机制。设计有效的激励与约束机制，可鼓励各方主体积极参与乡村治理，同时对违规行为进行适当的惩罚，确保治理活动规范进行。四是创新合作模式。探索和创新国家、社会、市场三者合作的新模式，如公私合作模式、社会组织参与乡村治理的项目等，可充分发挥各自优势，共同推进乡村韧性治理。

通过分析国内外成功的多主体参与乡村治理案例，总结经验和教训，为其他地区提供可借鉴的模式和策略。这些案例可以展示多主体参与机制设计在不同背景和条件下的应用情况，以及它们如何解决特定的治理难题，实现乡村韧性提升的目标。多主体参与的机制设计并非一成不变，应根据乡村治理的实际情况和发展需要进行持续的优化和动态调整。这需要建立有效的监督评估机制，定期对多主体参与的治理效果进行评价，根据评估结果调整治理策略和方法，确保治理活动始终保持活力和适应性。

（三）加强跨领域协作与资源共享

在国家—社会—市场协同机制优化的过程中，加强跨领域协作与资源共享不仅可以促进多领域资源的有效整合，还能增强乡村治理的整体效能，为乡村可持续发展提供坚实的支撑。在乡村韧性治理中，面临的挑战往往是多方面的，包括经济、社会、文化、环境等各个领域。这些问题的解决需要不同领域密切合作，集合各方面的力量和智慧，形成治理合力，从而提高治理的效率和效果。跨领域协作能够打破传统治理中的壁垒，促进不同治理主体和资源的整合，实现共赢。

为了实现有效的跨领域协作，需要建立相应的机制和平台，如图 7-2 所示。

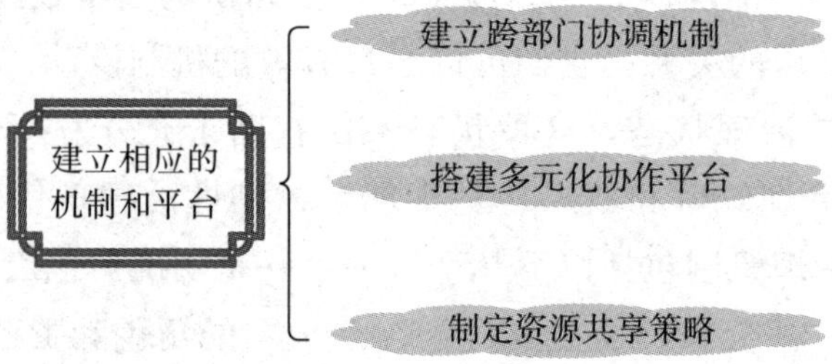

图 7-2　领域协作需要建立相应的机制和平台

首先，通过政府的主导和推动，可以有效地建立起一个涵盖多个部门和领域的协调机制。这个机制的建立不仅促进了政府内部不同部门之间的信息共享和政策统一，还有助于形成一个综合性、高效率的治理体系。其次，充分利用现代信息技术，可创建一个结合线上线下的多元化协作平台，这样的平台可以使政府、企业、社会组织以及公众等多方主体能够在此基础上进行有效的沟通和协作。最后，明确资源共享的原则和范围。政府可以通过出台相关政策和提供激励措施，鼓励和促进包括资金、技术、信息和人才在内的各类资源的开放和共享。这种跨部门、跨领域的资源共享和协同实践，能够为解决复杂的社会问题提供更为有效的手段，从而大幅提升治理效能。

在具体实践中，可以通过以下几个方面推进跨领域协作与资源共享：一是案例分享与经验交流。定期举办跨领域协作与资源共享的案例分享会和经验交流会，总结和推广成功的协作模式和经验。二是联合研究与开发项目。鼓励不同领域的机构和组织开展联合研究和开发项目，共同解决乡村治理中的关键问题和挑战。三是资源共享与互助机制。建立资源共享和互助机制，通过资源池、共享平台等方式，实现各方资源的有效利用和优化配置。跨领域协作与资源共享是一个动态发展的过程，因此需要根据乡村治理的实际需求和发展变化，不断调整和优化协作机制和资源共享策略，确保其能够适应乡村治理的新要求和挑战。

二、组织韧性—产业韧性—人才韧性的联动机制

在构建乡村韧性治理体系的过程中，多维联动机制的确立是提高乡村整体应对外部冲击能力的关键。这种机制不仅关乎乡村治理各要素之间的相互作用，还关乎于如何通过这种相互作用实现快速、有效的风险响应和管理。具体而言，多维联动机制能够促使组织韧性、产业韧性和社会文化韧性等不同层面的治理要素相互协同，形成一个具有高度适应性和恢复力的综合治理网络。组织韧性的提升可以确保乡村在面对风险时能够快速调整和优化决策过程，提高治理效率。产业韧性的增强有助于乡村经济体在面对市场波动或自然灾害时，能够维持稳定发展，保障乡村居民的经济来源和生活质量。社会文化韧性的加强则是乡村社会凝聚力和文化认同感的体现，能够促进社区成员之间的相互支持与合作，提升乡村社会的整体抗压能力。

通过多维联动机制的实施，乡村能够在遭受外界冲击时，通过各治理要素间的有效沟通与协调，迅速启动应急机制，有效分配和利用资源，减轻风险影响，促使经济活动快速恢复正常运行。这种机制的建立不仅提高了乡村应对突发事件的能力，还为乡村的长期可持续发展奠定了坚实基础，实现了乡村治理的自我完善与动态平衡。

（一）组织韧性起保障作用，积极构建党领导的多元主体协同治理格局

组织韧性主要体现为乡村在面对各种内外部压力和风险时，能够保持稳定运行和有效应对的能力。党的领导不仅是政治保证，还是乡村治理的行动指南和力量源泉。通过发挥中国特色社会主义制度优势，健全乡村自治组织保障体系，可以有效提升乡村面对自然和社会风险时的预测与应对能力，减少风险带来的损害。

构建党领导的多元主体协同治理格局必须夯实党政机关的乡村治理基础，加强乡村治理人才的培养、完善党政班子建设、制定明确的战略方针和规范组织纪律。通过这些措施，可以确保乡村的决策更加科学合理，执行力更强，组织纪律更加严明，为韧性治理提供坚实的组织基础。同时，要保障基层政府部门的行政执行力，这意味着必须确保乡村民生服务供给的范围和效力，包括但不限于医疗、教育、交通、通信等基础设施的建设和维护，以及在灾害发生时的应急响应和物资供给。这些服务的稳定和有效供给，是保障乡村社区在面对风险时能够迅速恢复正常生活和生产的基础。

构建党领导的多元主体协同治理格局是提升组织韧性的战略方向。这不仅要求党政机关在乡村治理中发挥领导和指导作用，还要求激发社会组织、企业、民间团体等多元主体的参与热情，形成覆盖乡村治理全领域的协同治理体系。通过多元主体的合作与协作，可以更加有效地整合资源，优化治理效果，增强乡村组织韧性，抵御外界风险威胁，推动乡村韧性治理共同体的稳步发展。

（二）产业韧性起基础作用，着重关注乡村产业的高质量发展

产业韧性是乡村韧性治理体系中的重要组成部分，关乎乡村经济的持续发展能力和对外界风险的抵御力。依托产业振兴的产业韧性，特别强调乡村产业发展的潜力、规模性和多元性三个关键维度，这些维度共同决定了乡村产业能否在面对外部冲击时展现出足够的韧性，以及是否能够促进乡村经济的高质量发展。

乡村产业发展的潜力体现在农业和非农业经济生产活动上。农业经济生产活动不仅为乡村赋闲劳动力提供了就业机会，还通过引入现代农业技术和管理模式，提高了农业生产效率和产品质量，增加了农民收入。非农业经济生产活动，如乡村旅游、手工艺品制作、电子商务等，开拓了乡村经营的新模式，不仅吸引了外来资本和专业人才，还促进了劳动力回流，活跃了乡村经济，形成了多元化的收入来源。

乡村产业发展的规模关乎乡村经济对外部风险的抵御能力。规模越大的乡村产业，在面对市场波动、自然灾害等外界风险时，越能显示出良好的韧性，将外部冲击转化为推动自身发展的动力。这要求乡村产业在发展过程中注重产业链的延伸和产业集群的形成，通过规模经济效应，提高乡

村产业的整体竞争力和市场适应能力。乡村产业多元化是分散风险、保障经济活动有序稳定开展的关键。通过发展多元化产业，可以在一定程度上缓解乡村社会内部沉积的风险压力，增强乡村经济的整体韧性。多元化产业方向包括但不限于传统农业、现代服务业、文化旅游业等，这些产业相互补充，为乡村提供了更加稳定和可持续的经济发展基础。

（三）人才韧性起支撑作用，着力引培科技创新型人才

人才韧性是推动乡村产业韧性和组织韧性良性发展的关键。面对劳动力流失、技能短缺以及风险应对能力不足等挑战，将科技创新作为人才韧性的核心要素至关重要。这一策略不仅关乎乡村发展的动力和方向，还是实现乡村振兴与可持续发展的关键所在。科技创新型人才的培养与引入，能够直接推动乡村产业的转型升级，带来经济结构和生产方式的根本性变革。通过科技创新，乡村能有效提高对外部环境变化的适应性和自我恢复能力，从而增强整体韧性。

科技创新型人才的作用体现在多个层面。一是他们能够将前沿科技应用于农业生产，提高农业效率和产品附加值，促进乡村经济的多元化发展。二是这些人才通过创新思维和方法，能够解决乡村面临的资源约束、环境保护等问题，推动乡村向绿色可持续发展转型。三是科技创新型人才能够促进乡村社会文化的现代化，因此需通过科技教育和普及，提升乡村居民的科技意识和创新能力，促成积极向上的乡村发展氛围。

为了培养和引入科技创新型人才，乡村韧性治理体系需要在政策支持、环境建设和激励机制等方面进行优化。政策上，需要制定针对性强、操作性好的措施，为科技创新型人才提供充分的发展空间和平台。环境建设方面，要着力改善乡村的基础设施和公共服务，创造有利于科技创新和人才成长的环境。在激励机制上，应通过物质和精神两方面的奖励，激发科技创新型人才的积极性和创造性，鼓励他们在乡村韧性治理中发挥更大作用。

三、人口韧性—教育韧性—文化韧性的耦合发展

（一）实现人口结构的优化调整

实现人口结构的优化调整是乡村韧性治理体系中人口韧性—教育韧

性—文化韧性耦合发展的重要一环。这一过程不仅关乎乡村的人口数量平衡，还关乎人口质量的提升和人口结构的合理布局，适应乡村经济社会发展的需要，有助于增强乡村社会的整体韧性。人口结构优化调整是一个系统工程，需要政府、社会和市场的共同努力。通过人口政策的精准实施、教育资源的合理配置和文化内涵的深度挖掘，可以有效促进乡村人口结构的优化，提高乡村社会的整体素质和竞争力，增强乡村韧性治理体系的稳定性。优化人口结构过程中，需要通过实施精准的人口政策和家庭发展规划，鼓励适龄青壮年人口在乡村定居生活，同时吸引外出务工人员返乡发展。这一过程中，政策引导和激励措施发挥着至关重要的作用。例如，通过提供就业创业支持、住房补贴、教育医疗便利等措施，可激发乡村青壮年的归属感和发展动力。

提升乡村人口的教育水平是优化人口结构不可或缺的一环。通过加大教育资源在乡村的投入，改善乡村教育设施，提升教育质量，为乡村孩子提供更多的学习机会和更好的学习条件。同时，通过成人教育和技能培训，提高乡村劳动力的整体素质和技能水平，增强他们的就业能力和创新创业能力，为乡村经济发展注入新的活力。文化韧性的培养对于人口结构的优化也至关重要。通过挖掘和传承乡村传统文化，建设富有乡土特色的文化设施，举办各类文化活动，不仅能增强乡村居民的文化自信和凝聚力，还能吸引城市居民和外地游客，促进乡村旅游和文化经济的发展。此外，强化乡村社会的道德建设和精神文明建设，培养乡村居民的社会责任感和集体荣誉感，对于构建和谐稳定的乡村社会环境，实现人口结构的优化调整具有重要意义。

（二）提升教育质量与公平性，探索多元化发展路径

教育质量与公平性的提升是实现人口韧性—教育韧性—文化韧性耦合发展的关键环节。通过探索多元化发展路径，可以有效促进乡村教育资源的均衡配置，为乡村儿童和青少年提供更广泛、更高质量的教育机会，进而提升乡村整体的发展潜力和社会韧性。提升乡村教育质量的基础在于优化教育资源的配置，这包括增加乡村学校的教育投入，改善学校硬件设施，提高教育信息化水平，同时引进和培养高素质教师队伍。通过国家和地方政府的政策支持与资金投入，以及社会各界的参与协作，可实现乡村教育

资源的有效补充和优化升级。确保教育公平性，关键在于为所有乡村儿童提供平等接受优质教育的机会。因此，需要通过实施义务教育均衡发展政策，消除地域、经济和社会身份等因素对教育公平性的影响，确保乡村学生享有与城市学生相同的教育资源和学习条件。同时，可通过设置奖学金、助学金等资助项目，支持家庭经济困难的学生完成学业，减轻其教育负担。

探索多元化发展路径，是乡村教育质量与公平性提升的重要战略。这包括发展远程教育、网络教学等新型教育模式，利用互联网和新媒体技术，为乡村学生提供更多元的学习资源和平台，拓宽其知识视野和学习途径。此外，结合乡村实际情况，开展特色教育和职业技能培训，以引导学生了解和掌握适合乡村发展需要的专业知识和技能，为其未来就业和创业提供坚实基础。强化社区和家庭教育的作用，有助于培养学生的社会责任感、创新精神和实践能力。通过社区教育活动、家庭教育指导等，可强化学校教育与社会实践的联系，促进学生全面发展。

（三）强化文化传承与创新

文化不仅是乡村社会的灵魂，还是乡村韧性建设的重要支撑。强化文化传承与创新是乡村韧性治理体系中不可或缺的一环。通过强化文化传承，促进文化创新，不仅可以丰富乡村文化内涵，提升乡村文化软实力，还可以为乡村经济社会发展提供新的思路和动力，促进乡村可持续发展和文化繁荣。

文化传承的重要性在于能够保障乡村社会的连续性和稳定性。乡村文化是一代代人民智慧和实践的积累，包括传统的生产方式、生活方式、信仰习俗等，这些都是乡村社会的根基。通过组织文化活动、建立文化馆、博物馆等方式，可以有效地保存和传承文化遗产，使乡村居民特别是青少年能够深刻理解和认同自己的文化根源，增强对乡村的归属感和自豪感。文化创新能力是乡村发展的新动力。随着社会的进步和时代的变迁，单纯依靠传统文化已无法满足乡村发展的需要，因此必须在传承的基础上进行文化创新。这包括开发具有乡村特色的文化产品、推广乡村文化旅游、利用现代科技手段创新传统文化表达方式等。通过文化创新，不仅可以拓宽乡村经济发展的途径，还可以提升乡村文化的影响力和吸引力，吸引更多人才和资源流入乡村，促进乡村振兴。

强化文化传承与创新还需要加强教育和培训。要将乡村文化知识和技能纳入学校教育和成人教育课程，通过开设特色课程、专题讲座以及技能培训班，积极推广乡村文化的学习和实践。特别是对于青年一代，不仅要鼓励他们学习传统文化技艺，还要引导他们运用现代科技和创新思维，探索传统文化的现代表达和应用方式。通过这样的方式，不仅能够有效地传承和保护乡村的传统文化，还能够促进传统文化的创新发展，激发乡村居民特别是青年人的创造力和活力，从而为乡村社会注入新的发展动力。这样既可以保护和弘扬传统文化，又可以激发乡村社会的创造力和活力。

第四节　优化“一核多元”的乡村韧性治理主体结构

在“一核多元”乡村韧性治理体系中，党建不仅是支撑结构的核心，还通过制度设计和组织架构的再造，确立了乡村治理的基石，引领乡村社会向现代化治理格局转型。这一体系的构建，要求从顶层设计出发，通过政策赋权与能力建设，充分发挥基层党组织的引领作用，确保各治理主体的积极参与和有效协同。在应对社会转型期乡村治理的复杂挑战时，单一的政府刚性管制已不足以应对多重风险，必须依靠国家、社会和市场的联动，共同构建一个网络化、多元参与的治理体系。

在这个治理体系中，政府、社会、市场以及个体不仅各自扮演着重要角色，还通过相互作用和协作，共同推动乡村的全面发展和持续进步。为了有效构建和维系这样一个多元主体结构，确保其在面对各类挑战时表现出高度的韧性和适应能力，必须坚持党的全面领导，有效地转变以往依靠单一主体的治理模式。国家在这一体系中扮演着规则制定者和协调者的角色，通过合理的政策制定、财政支持和组织优化，营造有利于多元主体合作的环境，同时确保治理资源的有效利用，避免资源的浪费和重复投入。市场和企业等社会力量，既是乡村治理的重要参与者，也是支持乡村韧性发展的重要力量，它们应当在追求经济效益的同时，承担起社会责任，利用自身的优势为乡村发展提供支持。而农民，作为乡村治理和发展的直接受益者，应通过提升自身的参与意识和能力，积极投身乡村治理实践，有助于形成自上而下与自下而上相结合的治理动力。“一核多元”的协同治理关系如图 7–3 所示。

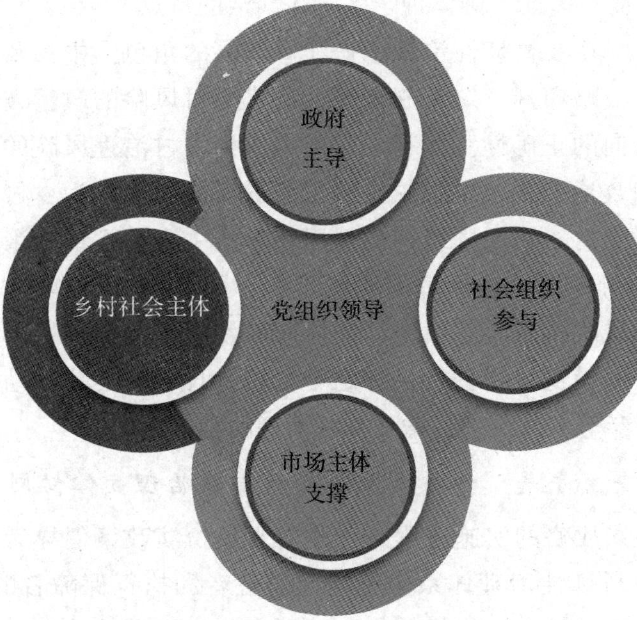

图 7–3　“一核多元”的协同治理关系

一、明晰“一核多元”治理主体协同功能定位

（一）党的领导是“一核多元”乡村韧性治理协同的关键

对于乡村韧性治理主体来说，坚持党的领导不仅是一个基本原则，还是确保乡村韧性治理体系有效运作的前提和关键。这一点，在实践中已经得到了广泛的认可和验证。党的领导为乡村治理提供了坚强的政治保障，在应对突发公共风险时，其重要性更加凸显。通过加强党的全面领导，明确各级党组织和党员干部在乡村韧性治理中的职责和作用，可以确保乡村韧性治理体系的顺利实施和有效运作，为乡村振兴和可持续发展提供坚强的政治保障。在乡村韧性治理活动中，坚持党的绝对领导意味着要求所有参与主体——包括基层政府、市场、社会组织和农村群众等——在党的领导

下，发挥各自的主体作用，共同促进乡村有效应对突发公共风险。多元主体共同参与促成了“一核多元”的治理结构，其中“一核”指的是党的领导这一核心，而“多元”则体现了多主体共治的特点。

各级党组织在乡村韧性治理中扮演着不同的角色。中央及省级党委负责统揽全局、战略布局、统筹规划等，制定应对风险的政策方针，确保乡村韧性治理方向的正确性。而基层党组织作为乡村治理风险的第一责任主体，需要发挥政治引领、组织领导和服务群众的功能，为乡村振兴提供坚实的风险应对支持。基层党组织的作用在于将中央的方针政策转化为具体行动，直接参与乡村韧性治理的实践过程，调动和整合乡村内外的资源，有效应对各类风险挑战。党员干部则应积极发挥示范作用，以高度的主人翁意识和责任感投身乡村韧性治理之中，通过自己的实际行动引领和带动广大群众共同参与乡村治理，增强乡村治理的整体效能。

（二）政府主导是“一核多元”乡村韧性治理主体协同的支撑

在乡村振兴战略的实施进程中，政府不仅扮演政策倡导者和践行者角色，还需在乡村韧性治理体系中承担起监督者和执行保障者的双重角色。具体而言，国家、社会、市场等多方共同参与乡村韧性治理，而政府在其中起到关键性连接作用，成为乡村韧性治理中的推动力和支撑点。明晰职责，是保障乡村韧性治理有序进行的基础。为了实现这一点，各级政府部门应按照权责明确的原则，结合本地实际，将相关法规和政策落实到位，既要避免“形式主义”等行为，也要从根本上增强按法治原则进行治理的决心和毅力。基层政府在应对乡村风险和挑战时，必须依法行政，将权力和责任落实到人，确保每个职责都有人抓、每个环节都有人管，提高政府行为的透明度和公信力。

乡村韧性治理进程中，不应简单将中央的政策文件“一刀切”地应用于各地乡村实际。政府应本着“因村施策、分类指导”的原则，因地制宜，因势利导，并尊重农民的首创精神，调动基层创新的积极性，切实解决乡村发展中遇到的瓶颈问题。整合和创新乡村公共服务模式，是推动乡村振兴和乡村韧性治理体系建设的关键环节。基层政府应创新服务模式，推动“互联网＋政务服务”向基层延伸，简化行政审批流程，实施一站式便民服务，便于群众就近享受到高效、便捷的政务服务，切实提升乡村振兴的效率和品质。

基层政府需要加强与社会组织、企业、农民等乡村主体的沟通和合作，充分调动社会各方面的积极性，建立健全政府与市场、社会之间的互动合作机制，促进资源共享、信息互通，形成齐心协力、共同应对乡村振兴和韧性治理中风险挑战的浓厚氛围。通过这种“多核心、一体化”的治理模式，不仅可以巩固和强化“一核多元”的乡村韧性治理体系，还能不断提升乡村韧性治理的整体效能，为乡村振兴战略实施注入活力，提升我国乡村发展的整体水平和竞争能力。

（三）社会组织是“一核多元”乡村韧性治理主体协同的重要力量

社会组织以其专业性、灵活性和针对性，为乡村韧性治理提供了更加丰富多样的解决方案，弥补了政府在资源配置、服务供给和应急响应上的不足，尤其在面对突发公共风险时，能够发挥独特的作用，增强乡村社会的应对能力。作为“一核多元”乡村韧性治理体系构建主体中的重要一环，社会组织为乡村韧性治理提供了坚实的后备力量。社会组织在乡村韧性治理中的作用体现在其专业性上。不同于传统的政府部门，社会组织通常拥有更为专业的服务能力和资源配置能力，能够在特定领域提供更加精准和高效的服务。例如，在农业技术推广、乡村教育、环境保护等领域，社会组织可以依托其专业知识和技术优势，为乡村提供更为科学的指导和帮助，提高乡村社会的自我发展能力。

社会组织的灵活性和机动性是其在乡村韧性治理中发挥作用的另一大优势。与政府相比，社会组织在运作上更为灵活，能够快速响应乡村的需求，及时调整服务策略和方案，有效应对乡村面临的各种突发状况。在突发公共卫生事件、自然灾害等风险面前，社会组织能够迅速组织资源和力量，提供紧急救援、物资支援、心理疏导等服务，有效缓解乡村社会的压力和影响。社会组织能够促进乡村治理向精细化、专业化方向发展。通过社会组织的参与，可以促使乡村治理从传统的粗放式管理向精细化治理转变。社会组织不仅能够提供专业服务，还能促进乡村社会自治和自我管理能力提升，推动乡村社会治理体系的优化和升级。促进社会组织的服务性、公益性和互助性水平不断提升，是实现乡村韧性治理体系构建的重要途径。通过政策扶持、能力建设等措施，鼓励和引导社会组织发挥其在乡村治理中的作用，不仅可以提高乡村社会的整体服务水平和治理效能，还能增强乡村社会的凝聚力和抗风险能力。

（四）市场主体是“一核多元”乡村韧性治理主体协同的重要力量

激活市场主体的能动性，不仅能够推动乡村经济高质量发展，还能有效促进与政府、社会组织等其他治理主体有效融合，从而为乡村治理体系提供更加坚实的支撑。市场主体的能动性激活是实现乡村治理现代化的关键。在当前乡村振兴战略的大背景下，市场主体——包括个体农户、农业企业、合作社等——通过参与现代农业生产、乡村旅游、特色产业发展等活动，可以有效地动员乡村资源，促进产业升级，增加农民收入。为此，政府有必要出台相应的政策加以支持，如税收减免、财政补贴、融资便利等，以激发市场主体的投资热情和创业活力。

市场主体的有效融合对于“一核多元”乡村韧性治理协同至关重要。市场主体通过与政府部门、社会组织的合作，可以更有效地参与到乡村治理中，如参与乡村公共服务提供、乡村基础设施建设、生态环境保护等活动，促成政府引导、市场主导、社会参与的良性治理格局。这种合作不仅能提升治理效率，还能增强乡村治理体系的韧性，使其更能适应外部变化，有效应对各种风险和挑战。加强市场主体与其他治理主体间的信息交流与共享，也是促进其融合的重要策略。通过建立和完善信息共享平台，使市场主体能够及时了解政策动态、市场需求、技术进步等信息，同时为政府和社会组织提供决策参考，实现资源的高效配置和利用。

（五）乡村社会个体是“一核多元”乡村韧性治理主体协同的核心基点

在乡村韧性治理中，乡村社会个体不仅是数量最为庞大的主体，还是治理行动的直接受益者。实现乡村韧性治理的核心基点，在于促进个体与个体、个体与村集体、个体与村支两委之间的有效互动。通过构建有效的参与机制、提升乡村社会个体的能力、营造良好的社会氛围等方式，可以有效激发乡村社会个体的主观能动性，使其成为乡村韧性治理多元主体构建中的积极力量，确保乡村社会个体在应对突发公共风险的过程中发挥出关键作用。乡村社会个体作为治理主体的一部分，在治理过程中的主观能动性至关重要。在突发公共风险面前，应将乡村社会个体纳入多元主体治理格局，并激发其主观能动性。这种主观能动性的激发有助于乡村社会个体态度的转变，从消极到积极，从被动到主动，从守旧到创新，从而有助于乡村韧性治理多元主体有效应对各种挑战，提升乡村治理的现代化水平。

为了促进乡村社会个体有效参与乡村韧性治理，需要建立和完善乡村社会个体参与乡村治理的机制。这包括但不限于构建乡村社会个体参与决策、执行、评估等治理过程的渠道和方式，确保乡村社会个体的意见和需求得到充分表达和满足。要通过教育和培训提升乡村社会个体的知识水平和技能，增强其应对突发公共风险的能力。这种能力的提升不仅有助于乡村社会个体在面对突发事件时更加冷静和有效地应对，还有利于其在日常治理活动中发挥更加积极的作用。同时，需要营造一个良好的社会氛围，鼓励和引导乡村社会个体积极参与到乡村治理中来。通过树立典型示范、开展多样化的社会活动等方式，可增强乡村社会个体的归属感和责任感，促使其成为乡村治理的积极参与者。

1. “乡贤阶层”在乡村社会韧性治理中起着重要的“润滑剂”作用

他们不仅是村庄社会的道德楷模和精神领袖，还是国家政权与乡村民众之间的重要桥梁。这部分成员通常拥有较高的社会地位、丰富的生活经验等，因此在整合群众意见、引领乡村发展、协助地方政府管理等多方面发挥着不可替代的作用。随着社会的发展和变迁，乡贤阶层的功能与作用也在不断地扩展和深化。在传统乡村社会中，乡贤多半因其高尚的品德、卓越的能力或是显赫的家世而获得村民的尊重和信赖。他们依靠个人魅力和道德影响力，自发地解决村庄内部的纠纷，维护社会秩序，推动村庄的和谐与稳定。在现代乡村治理体系中，乡贤阶层则更多地以其独特的社会资源和网络，成为推动乡村发展的重要力量。他们能够有效整合村庄内外的资源，引入先进的管理理念和发展模式，为乡村振兴注入新的活力。

乡贤阶层在促进国家政权与乡村社会之间的沟通与协调方面也发挥着重要作用。他们凭借自身的社会影响力和公信力，能够更有效地传递政府政策，调动村民参与社会治理和公共事务的积极性，促进国家政策在乡村顺利实施。在处理国家权力与乡村社会间的潜在矛盾和冲突时，乡贤阶层常常能够起到缓冲和调解的作用，避免冲突的激化，保持乡村社会的稳定。乡贤阶层还是乡村文化传承和创新的重要载体。他们深谙乡村的传统文化和习俗，能够在推动乡村现代化进程中保护和弘扬乡村的传统文化，增强村民的文化自信和认同感。通过组织和参与各种文化、教育和公益活动，乡贤阶层不仅丰富了乡村社会的精神文化生活，还为乡村社会的和谐发展提供了强大的精神支撑。

2. 农民具有天然韧性和对风险的感知能力

农民所拥有的天然韧性和对风险的感知能力，不仅是他们在与不断变化的外部环境交互过程中形成的一种本能反应，还是乡村社会长期生产生活经验积累的结果。这种韧性不仅体现在他们对自然变化的适应能力上，还在于面对经济、社会乃至文化挑战时的应变能力。农民能够在压力之下保持相对稳定，不仅是因为他们内在的力量，还因为他们能够从外部世界吸收能量，不断调整和创新自己的生产与生活方式，以适应环境的变化和挑战。这种天生的韧性与风险感知能力，在农民的日常生活中得以体现，不仅成为乡村社会稳定性的基石，还为乡村社会应对各种危机和挑战提供了有效的策略。农民的风险感知能力和心理调适能力，实际上反映了农村群众深厚的文化自觉、自尊心与自信力。在乡村韧性治理中，农民的这种特质不仅能够帮助乡村社会有效应对外部风险和挑战，还能够促进乡村社会的创新和进步，推动乡村振兴和可持续发展。充分认识并利用农民的这种韧性特质和风险感知能力，是进行乡村韧性治理、构建和谐稳定乡村社会的关键。

二、强化“一核多元”主体协同运行的有效性

（一）国家、社会组织、市场、个人等多方有效融合与协同作用

国家、社会组织、市场、个人等多方的有效融合与协同作用，有助于实现各主体间的共建共治共享。这不仅仅要求各主体参与乡村的物质建设，还强调其在乡村治理过程中的共同参与，包括但不限于乡村规划、环境保护、公共服务提供、社会问题解决等方面，确保乡村治理活动能够充分反

映和满足多元主体的需求和利益。国家不仅是政策的制定者和执行者，还是协调者和服务提供者，确保政策能够顺畅实施，同时促进社会组织、市场主体、乡村个体等多元主体积极参与。社会组织和市场主体在发挥自身优势的同时，承担相应的社会责任，通过提供专业服务、资金支持、技术创新等方式，共同推动乡村发展。乡村个体不仅是服务和治理的受益者，还是参与者和贡献者，其意见和需求能够得到充分尊重和满足。

通过这样的共建共治共享机制，能够有效提升乡村治理的适应性和灵活性，使得乡村治理能够及时响应内外部环境的变化，有效应对各种风险和挑战。同时，“一核多元”乡村韧性治理体系构建主体的共同参与有助于治理成果的公平分享，确保乡村发展成果能够广泛惠及各方，从而实现乡村社会的长期稳定与可持续发展。

1.建立健全国家主导的柔性渗透合力机制

这一过程旨在通过国家和社会的有效合作，促进乡村治理体系的现代化，确保乡村社会的可持续发展。要实现这一目标，需要从加强国家与社会的互动合力、尊重乡村社会的原生秩序，以及完善国家与社会的制度化合作空间三个方面入手。

第一，加强国家与社会的互动合力。国家不仅是政策的制定者和执行者，还应成为培育和激发社会力量的主导者。在乡村治理中，应明确乡镇党委、乡镇政府、村委会之间的权责关系，既保证国家政策的有效执行，也保障乡村治理的地方特色和自主性。通过优化政府与社会的互动机制，可以实现从传统的政府主导型治理向民主共治的转变，从而更好地发挥社会力量在乡村治理中的作用。

第二，尊重乡村社会的原生秩序。乡村社会具有独特的经济、政治和文化特征，这些特征不仅是乡村社会稳定的基础，还是其内生动力的来源。因此，国家介入乡村治理时，应充分考虑保护乡村的原生秩序，避免破坏乡村的自主性和活力。同时，应注重激发乡村社会的自我调适能力，使其能够更好地适应国家发展的需求，从而促进乡村社会的可持续发展。

第三，完善国家与社会的制度化合作空间。这一过程包括强化正式制度的规范性和融入非正式制度的协同作用。通过健全村级事务管理、财务管理和公共服务等制度，可以保证乡村治理活动的规范性和强制性。同时，应充分利用道德规范、乡规民约等非正式制度的灵活性，使之与正式制度有效衔接。这种制度化的合作空间能够确保乡村治理活动既有章可循，又能灵活应对各种挑战，从而构建一个高韧性的乡村治理体系。

2. 建立健全强化组织资源吸纳的协商机制

这一策略旨在通过党组织的核心引领，激发各治理主体的参与热情，整合多方资源，促进乡村治理的现代化进程，实现乡村社会的可持续发展。党组织的全面领导是实现有效治理的政治保障。党组织不仅承担着传达国家意志、执行国家政策的职能，还通过治理公共事务、服务乡村民生等活动，自下而上地联结村民，形成乡村治理的坚实基础。这种从上到下和从下到上的双向互动，确保了国家政策的有效落地，同时反馈了乡村社会的实际需求和意愿，为乡村治理提供了坚实的政治和组织支持。

党和政府应善用柔性技术，主动吸纳其他非正式组织资源。在乡村治理中，由于乡村社会的多样性和复杂性，直接下沉的国家政策和制度可能面临适应性问题。因此，需要党和政府等治理主体采取柔性技术，合理吸纳乡村社会的组织资源，如集体经济组织、村民自治组织、社区社会组织等。这种以人为本、平等自主、公平正义的价值理念，要求通过资源共享、协商合作等方式，广泛吸纳多元主体共同参与乡村治理，以增强政策的适应性和有效性，促进社会力量积极参与。通过党政、市场、社会等主体的民主协商构建共建共治共享体系，是"一核多元"乡村韧性治理体系构建的核心。这种协商机制能够促使不同治理主体之间达成共识，促成共建共治共享的高韧性体系。这不仅有助于有效整合各方资源，发挥各方优势，还有助于各方面对乡村风险和挑战时，快速、有效地响应和处理。

3. 建立健全提高社会动员有效性的参与机制

有效的社会动员不仅能够激发乡村的内生动力，促进多元主体的广泛参与，还能显著提升乡村治理的整体效能。这就需要在促进各方参与与防止过度动员之间找到恰当的平衡点，并通过适当的方式方法，有效提高社会动员的有效性，健全共建共治共享的参与机制。提高社会动员有效性的方式如图 7-4 所示。

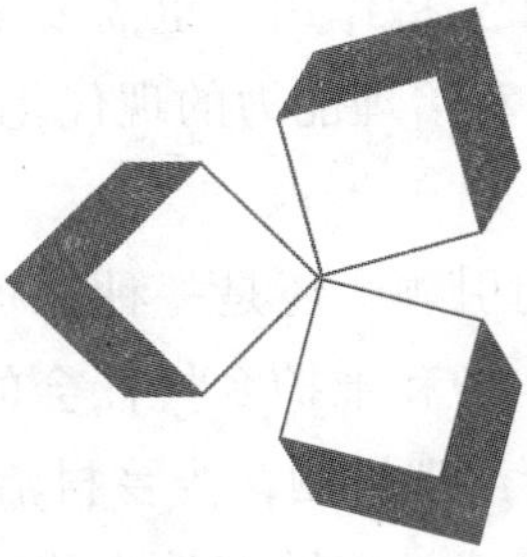

图 7-4　提高社会动员有效性的方式

党和政府应通过政策引导，深入挖掘和培养乡村本土人才，多管齐下吸引返乡人才。这样不仅能激发乡村精英的参与性和创造性，还能促进乡村社会全面振兴。通过选树一批人才典型，并开展多渠道宣传教育，可以引导村民在精英认同的基础上达成社会共识，进而开展振兴乡村的整体行动。这种"精英动员－村民动员"的策略能有效扩大社会动员的覆盖面和影响力，促进乡村的全面发展。通过共享物质财富、精神文化等成果，可以激发村民参与乡村治理的内生驱动力，将村民个体的灵活性与乡村整体的互助性有机结合起来。这不仅能有效凝聚社会共识，促进有机团结，还能提升乡村整体应对风险的抗逆力和稳健性，构建更具韧性的共建共治共享体系。

（二）形成德治、自治、法治相融合的乡村韧性治理新模式

在党的领导下多元主体共同参与，促成德治、自治、法治相融合的乡村韧性治理新模式，有助于提升乡村应对突发公共风险的能力，促进乡村治理现代化。实现这一目标，需要强化"一核多元"的乡村韧性治理体系构建主体，深入探索和实践，在不同乡村的具体条件下，结合地方特色和村民实际需要，构建起具有高度适应性和灵活性的治理体系。同时，需加强对乡村治理主体能力的培育，通过政策引导、教育培训和文化引领，激发乡村社会的内生动力，促进社会主体有效互动与协作。此外，强化信息化建设和科技支持，运用现代信息技术手段提高乡村治理效率和水平，是

构建现代乡村治理体系的重要途径。这一系列措施的实施，既需要充分发挥中央和地方政府的引导和支持作用，也需要激发市场和社会力量的积极性，共同推进乡村治理体系和治理能力的现代化。

1.以德治为先导

德治不仅是一种道德的引领，还是一种深植于乡村文化土壤的治理智慧。德治的本质在于通过弘扬和维护乡村社会的传统美德和公序良俗，形成一种基于道德自律的社会治理机制，为乡村治理提供内在的动力和支撑。这种以德治为先导的治理模式，能够有效强化“一核多元”乡村韧性治理体系构建主体，促进乡村社会的和谐稳定和可持续发展。

德治能够促进乡村社会的道德自律和自我管理，提升乡村社会治理的有效性。在乡村社会中，道德规范具有广泛的影响力和约束力，能够引导村民自觉遵守社会公德、家庭美德和个人品德，形成良好的社会风尚和乡风文明。通过弘扬乡村的传统美德和公序良俗，可以有效调动乡村居民的道德感和责任感，促进乡村治理顺利进行。德治还能强化乡村治理中的人文关怀和道德引领，增强乡村社会的凝聚力和向心力。在乡村韧性治理中，德治不仅仅是对个人行为的规范，还是对乡村社会整体价值观的塑造和提升。通过传承和弘扬乡村的传统美德，可以增强乡村居民的身份认同和归属感，促进乡村社会和谐统一，为乡村韧性治理提供坚实的社会基础。德治实践需要党组织和政府的引导与支持，以及社会各界的共同参与。在“一核多元”的乡村韧性治理体系中，党组织和政府应发挥领导作用，通过政策引导、文化宣传等方式，促进德治理念的普及。同时，社会组织、企业和乡村居民等多元主体应积极参与到德治实践中，共同推进乡村治理的道德建设，促成全社会共同维护乡村道德秩序的良好局面。

2.以自治为支撑

自治，作为乡村社会治理的基石，其根本目的在于激发乡村社会的内生动力，实现自我管理、自我服务、自我教育和自我监督。以自治为基础支撑，强化“一核多元”的主体建设，能够深化乡村自治实践，为乡村韧性治理体系的构建提供坚实的基础。这种自治机制不仅能够提升乡村社会的治理效能，还能增强乡村社会面对各种风险和挑战时的韧性。深化村民自治实践是乡村治理多元主体建设的基础。在乡村自治中，村民会议或村民代表会议是乡村自治的核心机构，通过这些机构，村民能够直接参与乡村治理决策、执行和监督等环节，从而实现乡村社会的自我管理和自我服务。此外，通过完善村规民约、乡村公约等乡村自治规章制度，可以形成规范的自治行为，增强村民自治的实效性。

完善和改革乡村自治的实现机制，是深化自治实践的关键。在面临突发公共风险时，乡村社会的自治能力尤为重要。通过推动基层政府权力下放，赋予乡村更多的自主权，可以激发乡村社会的主动性和创造性。同时，建立健全乡村多主体民主协商格局，保证村民在乡村治理中的发言权和决策权，可以有效整合乡村治理资源，提高乡村治理的适应性和灵活性。充分发挥个体的主观能动性，是乡村自治成功的关键。在乡村韧性治理中，每一个村民都是重要的治理主体。通过教育培训、文化引导等方式，增强村民的法治意识、责任意识和参与意识，促使他们积极参与到乡村治理中，不仅有利于乡村自治机制的有效运行，还有利于乡村韧性治理体系的构建和完善。乡村自治的实现形式和手段是乡村治理多元主体在实践中积累的宝贵经验。通过实践探索，乡村社会可以找到适合自身特点的自治方式，如通过信息技术提升乡村治理的透明度和效率，通过社会组织和市场主体的参与丰富乡村治理的内容和形式，通过文化活动和教育培训提升乡村社会的文化软实力等。

3. 以法治为保障

这也是保障乡村治理有效性和正义性的关键。以法治为重要依托，强化“一核多元”的主体建设，对于构建高效、公正、有序的乡村韧性治理体系至关重要。法治建设在乡村韧性治理体系中的重要性体现为其能够为乡村治理提供明确的规则和标准，确保乡村治理活动在法律框架内进行，有效避免和解决乡村治理过程中的冲突和矛盾，增强乡村社会的规范性和预测性，从而提高乡村社会对突发公共风险的应对能力。

强化党组织领导下的乡村治理法律制度体系，是法治建设的基础。党组织在乡村治理中承担着领导和指导作用，通过建立健全乡村治理的法律制度框架，为乡村治理提供法律依据和制度保障。这包括完善乡村治理相关的法律法规，明确乡村治理主体的权利和义务，以及乡村治理的基本原则和运行机制。管控基层政府依法行政的力度，是法治建设的关键。基层政府作为乡村治理的执行者，其行政权力的合法性和合理性直接影响到乡村治理的效果。通过加强法律规范的制约，确保基层政府依法行政，促进基层政府权力的透明化和规范化，可以有效预防和解决乡村治理中的权力滥用和不当行为问题，提高乡村治理的公正性和有效性。

强化乡村社会组织的监管作用，是法治建设的延伸。乡村社会组织作为乡村治理的重要参与者，其活动的合法性和规范性对乡村治理的稳定性和持续性至关重要。通过加强对乡村社会组织的监管，确保其在法律框架内参与乡村治理，可以充分发挥乡村社会组织在乡村治理中的积极作用，提高乡村治理活动的效率。加大普法力度，建立普适性的农村公共法律服务体系，是法治建设的补充。通过提供法律咨询服务，普及法律知识，矫正农村民众的法治观念，不仅可以增强村民的法律意识和自我保护能力，还可以强化村民对乡村治理的认同和支持，进一步增强乡村社会的法治韧性。

第八章 国家—社会—市场关系视域下乡村韧性治理的探索与展望

本章将深入探讨在国家—社会—市场关系视域下，如何通过创新理念和发展模式，有效进行乡村韧性治理，以应对未来的不确定性和挑战。从传统生产力到新质生产力，从数字化转型到全生命周期治理，再到主动循环和动态响应理念，本章详细探索如何利用新技术和管理理念，提升乡村韧性治理的效率和效果。同时，本章将着重讨论中国式现代化的背景下，乡村韧性治理面临的实践挑战和系统变革的着力点，以及在发展新质生产力、推进共同富裕进程中，乡村韧性治理的未来展望，同时探索实现农业强、农民富、乡村美的路径，以及如何通过内生增长与成果共享，促进经济韧性、文化韧性、社会韧性、生态韧性以及组织韧性全面提升。

第一节 新质生产力视域乡村韧性治理的新方向新路径

当前我国正处在一个乡村韧性治理转型和创新的关键时期，需要通过创新治理理念、方式、手段和路径，特别是在发展新质生产力、数字化转型、长效治理、学习与创新反馈能力，以及持续反应与协同能力等方面，为乡村韧性治理注入新的活力和动能。面对日益复杂的社会经济环境，以及乡村发展中的多样化需求和挑战，积极探索并构建适应性强、反应灵敏、恢复能力高、富有弹性的乡村韧性治理体系，不仅是应对未来不确定性的必要准备，还是推动乡村持续健康繁荣发展的关键。通过打造符合乡村特点的“韧性工具”，深化全生命周期治理模式，建立主动循环和全过程动态响应的治理理念，人们可以有效提升乡村治理的韧性和适应能力，为乡村韧性治理体系的构建奠定坚实基础。

一、探索乡村韧性治理新方向

（一）新质生产力赋能乡村韧性治理

“新质生产力”是一个经济学和哲学层面的概念，它是创新起主导作用，以劳动者、劳动资料、劳动对象及其优化组合的质变为基本内涵，以全要素生产率提升为核心标志，摆脱传统经济增长方式、生产力发展路径，由技术革命性突破、生产要素创新性配置、产业深度转型升级而催生的符合新发展理念的先进生产力质态。特点是创新，关键是优质，本质是先进生产力。它是推动经济社会发展的重要动力，是科学技术进步与生产方式、经济结构、社会制度创新相结合的具体体现。新质生产力的内涵十分丰富，主要包括新的科技成果、新的生产工具、新的生产方式、新的管理方法、新的经济模式等。例如，以数字化、网络化、智能化为特征的新一代信息技术，对传统生产方式进行改造升级，形成的智能制造、工业互联网等新型生产方式就是新质生产力的具体表现。

新质生产力以高科技、高效能、高质量为主要特征。具体来说，一是它追求高效的生产方式和管理模式，提高资源利用效率，降低生产成本，提升经济效益。二是新质生产力以信息技术、人工智能等为手段，推动产业智能化升级，提高生产自动化、智能化水平。三是新质生产力注重生态环境保护，推动绿色低碳发展，实现经济效益和生态效益的双赢。四是新质生产力强调创新驱动，通过不断的技术突破和模式创新，推动生产力的跨越式发展。

新质生产力是我国在新时代背景下提出的关于生产力发展的一种新理念和战略导向，它反映了科技创新在经济社会发展中日益突出的地位，以及通过科技创新驱动产业升级、经济增长模式转变的战略思路。我国经过几十年的快速发展，有了大量的积累，正在经历从高速度到高质量的转型升级，这种转型升级包括量变和质变，因此涌现新质生产力。发展新质生产力作为高质量发展的内在要求和主要动力，是有效破解当前我国社会主要矛盾，不断满足人民日益增长的美好生活需要的根本路径，能有效解决发展方式粗放、产业层次偏低、资源环境约束趋紧等问题，有力推动发展质量变革、效率变革、动力变革，增强经济社会发展韧性。

将新质生产力的概念引入乡村韧性治理中，意味着将科技创新和新经济模式用作增强乡村韧性的关键手段。通过引进新科技、采用智能化生产方法和发展绿色经济，乡村地区能够在面对自然灾害、经济危机或社会变革等外部冲击时展现更强的抵御力和恢复力。新质生产力的推广还能带动乡村经济结构的优化升级，促进农业现代化和乡村产业多元化，从而促进乡村社会的可持续发展和居民生活质量的显著提高。通过科技创新促进乡村振兴，不仅有助于实现经济效益和生态效益的双赢，还能激发乡村自身的内生动力，增强乡村社会的自我发展能力和自我治理能力，构建一个更具韧性、活力和持久的乡村社会经济体系。

1. 推进“生态+”产业融合发展

新质生产力也是绿色生产力。要针对农村地理环境、资源禀赋等特点，推进农业与旅游、文化、康养等的深度融合、绿色发展，积极推进农业产业结构调整优化，重塑农村“生态+”农业产业链和新业态，积极培育发展文旅产业、康养产业、休闲农业、农产品深加工，以及林下经济、研学体验经济等，促进农村一、二、三产业互动，实现农村产业转型升级，加快建设具有地方特色的农村现代产业体系。要发展特色生态农产品，提高生态农产品附加值，增加农业生产效益和农民收入，促进农村现代经济发展。

2. 启动农村农业科技创新工程

科技创新能够催生新产业、新模式、新动能，是发展新质生产力的核心要素。发展新质生产力，关键在于坚持科技创新和产业创新一起抓，厚植发展新动能、新优势。要紧紧抓住数字技术优势，加大对农业科技创新的投入，鼓励和支持农业科研机构、高校和企业的合作，建立和完善农业科技创新体系，深入推进“人工智能+农技创新”深度融合及其创新科技成果的转化应用。政府应该加大对农业科技创新人才的培养和引进力度，提供良好的科研环境和条件，鼓励农业科技创新人才开展科研工作。同时，应加强与国际农业科研机构和企业的交流合作，引进和吸收国际先进的农业科技成果。要推动农业科技成果的推广和应用，鼓励和支持农业企业、农民合作社等农业经营主体采用和推广农业科技成果，提高农业生产的科技含量和效益。要建立健全农业知识产权保护制度，加强对农业知识产权的保护力度，鼓励农业科技创新主体申请和保护农业知识产权，提高农业科技创新主体的创新积极性和保护意识。

3.实施村民素质提升工程

加强农村人力资源开发是推动农村新质生产力发展的关键。要充分发挥农业科研院校、企业等多元主体科技教育优势，采取结对帮扶的方式，开展“送教下乡”“送技下乡”等活动，通过提供农业技术培训、职业技能培训等形式，加强对农村人力资源的培训和教育，提高农民的科技素质和职业技能，使他们能够适应现代农业发展的需要。特别要加强对村民尤其是农业科技创新人才、农村发展带头人的科技文化素质培训和继续教育，提高村民整体文化素质，尤其是农业科技创新人才的专业水平和创新能力。要注重农村人才引进和保留，通过提供良好的工作环境和合理的薪酬待遇，吸引更多的优秀人才到农村工作。同时，要注重培养和选拔农村本土人才，鼓励他们发挥自身优势，为农村发展作出贡献。要建立健全农村人力资源管理机制，提供全方位的人力资源服务，包括就业指导、职业规划、劳动保障等，为农民提供更多的机会和保障。

4.加快推进农村土地制度改革

推进农村土地制度改革，是培育发展农村新质生产力的关键环节。要积极探索农村土地产权制度改革，明晰农村土地产权归属，确保农民土地权益得到有效保障。要完善土地流转机制，通过土地流转优化土地资源配置，提高土地利用效率。要建立健全土地流转市场体系，规范土地流转行为，引导土地流转有序进行。要创新土地经营模式，根据实际情况，探索适合本地区的土地经营模式，如土地托管、土地股份合作等，以提高农业产值和农民收入。

5.开展农村基础设施建设提质行动

加强农村基础设施建设是培育发展新质生产力的基础和保证。要加大农村道路、水利、通信等基础设施建设的投入，改善农村发展环境，为农村发展新质生产力创造有利条件。尤其要完善金融服务保障体系，针对当前农村金融服务覆盖面窄、金融产品单一、金融服务效率不高等问题，加大政策支持力度，鼓励金融机构加大对农村地区的金融投入，增加农村金融服务覆盖面；优化农村金融生态环境，降低金融机构在农村地区的运营成本，提升金融服务效率；根据农村市场的实际需求，开发符合农民需求的金融产品，如农村电商贷款、农业产业链融资、农村住房贷款等；加强金融科技创新，运用互联网、大数据等手段，提供便捷、高效的金融服务；促进农村金融服务与乡村振兴政策有机衔接，引导金融机构优化资源配置，提高金融服务水平。

（二）打造数字化“韧性工具”

在当前信息技术飞速发展的时代背景下，融合新质生产力进行乡村韧性治理，意味着政府部门不仅要利用技术进行风险识别和安全预警，还要充分利用互联网、大数据、人工智能等前沿技术，来增强组织在风险决策、沟通协作、风险控制等关键环节的预见性和预控能力。具体而言，政府部门应着力利用互联网、大数据、人工智能等先进技术手段，构建一个科学高效的统一指挥平台，以在风险出现的第一时间进行有效响应和决策。同时，要建立以村情民情为基础的信息共享平台，实现政府与公众之间的信息透明共享，增强公众对政府工作的理解和信任。此外，以群众需求为导向，构建治理互动平台，不仅可以及时收集和响应公众的意见和需求，还能够激发公众参与治理的积极性，增强社会的韧性。通过这些措施，可以有效提升韧性治理的智能化、精准化和专业化管理水平，实现对各类风险的有效预防和应对，维护乡村社会稳定和人民安全。

1.完善数字化基础设施建设

数字化基础设施的建设是实现乡村韧性治理的助推器，对于缩小城乡信息鸿沟、促进乡村经济社会发展具有重要意义。完善数字化基础设施建设，不仅需要政府的大力投入和政策支持，还需要市场充分参与，乡村居民共同努力，并引导数字经济头部企业在数字乡村建设治理体系中发挥龙头作用。

基础设施建设是数字乡村发展的前提。光纤网络、移动通信、智能装备等的广泛应用，为乡村提供了高效的信息交流平台和丰富的数字服务。政府应加大投资力度，加快数字乡村基础设施建设，特别是在偏远乡村地区，确保每个村落都能接入高速网络，让乡村居民享受到和城市居民同等的数字生活服务。人才是数字乡村发展的核心。除了基础设施建设，人才培养也至关重要。政府和企业应共同努力，通过设立数字技术培训班、引进专业技术人才等方式，提升乡村居民的数字技能和信息化水平，让他们能够在数字经济中找到发展机遇，实现就业增收。

电商企业和物流配送服务是数字乡村经济发展的重要支撑。政府应通过政策引导，鼓励电商平台和物流企业向乡村延伸服务网络，通过建立农产品上行通道、优化物流配送体系等措施，推动乡村产品走出去，带动乡村经济发展。推动技术下乡是补齐数字乡村建设短板的关键举措。政府应与企业合作，推动先进的数字技术和智能装备下乡，加快乡村光纤网络和移动通信建设，提升乡村数字化水平，从而缩小城乡信息鸿沟，促进乡村全面振兴。

2.提升数字化公共服务水平

在数字化时代背景下，推动乡村韧性治理技术应用与惠民服务一体化，对于提升乡村公共服务水平，增强村民的幸福感、获得感和安全感具有重要意义。数字化公共服务的提升，特别是智慧农业、智慧医疗、智慧养老、智慧教育、智慧旅游等领域的发展，不仅能够为乡村居民带来更大的便利、高效的服务体验，还能够促进乡村社会经济的全面发展和乡村振兴战略的实施。

智慧农业的推广是提升乡村公共服务水平的重要途径。通过引入物联网、大数据、云计算等现代信息技术，实现农业生产的精准管理和智能化操作，能够有效提高农业生产效率和产品质量，减少资源浪费，为乡村居民创造更多就业机会，增加收入。

智慧医疗服务的发展，对于改善乡村医疗卫生条件，提高乡村居民的健康水平具有重要作用。通过建设远程医疗服务系统，乡村居民可以在家中便捷地享受到优质医疗资源，缓解地域偏远导致的医疗资源不足问题，增强乡村居民对健康服务的获得感。智慧养老服务的发展，对于改善乡村老年人的生活质量，构建和谐乡村社会具有重要意义。智慧养老平台可以提供便捷的医疗健康、生活照料、文化娱乐等服务，满足老年人多样化的养老需求，增强他们的幸福感和安全感。

智慧教育的实施，能够有效缩小城乡教育资源差距，提升乡村教育质量。通过数字化教育平台，乡村学生可以接触到更多优质教育资源，享受个性化、多样化的学习方式，提高学习兴趣和创新能力，为乡村培养更多人才。智慧旅游的发展，对于挖掘乡村旅游资源，促进乡村经济增长有着积极影响。通过建立智慧旅游平台，提供一站式的旅游服务，可以吸引更多游客前往乡村旅游，带动乡村旅游业和相关产业链的发展。

3. 健全灵敏准确的智能化风险监测系统

在构建数字化乡村韧性治理体系时，健全灵敏准确的智能化风险监测系统是确保乡村安全、提升治理效能的关键。通过对雨情、水情、火情等自然灾害和险情的动态监测，构建起一套完整的数据采集、初步分析、评估和反馈机制，不仅能够及时预警、防范自然灾害，还能够有效提升乡村居民的安全意识和自救互救能力，为乡村韧性治理提供有力的技术支撑。

数据采集的高效性和准确性对于构建智能化风险监测系统至关重要。借助先进的信息技术和物联网设备，可以实现对乡村各类险情的实时监测和数据采集。例如，通过自动气象站、水文监测站、遥感卫星等，可以实时监测天气变化、水位变动、火情发展等信息，及时掌握乡村面临的风险状况。数据的初步分析和评估是智能化风险监测系统的核心部分。通过建立数据分析模型和评估机制，可以对收集到的数据进行快速分析和综合评估，准确判断风险等级和可能的影响范围。这一过程中，大数据分析和人工智能技术的应用有助于显著提高分析评估的速度和精确度，为乡村治理决策提供科学依据。

数据反馈机制的建立是提升乡村居民防范意识的重要途径。通过数字乡村平台、手机应用等方式，可以实时公布风险隐患和预警信息，及时通报治理进展和应急措施，确保村民的知情权和参与权。这样的信息公开和共享，不仅能够增强村民的防灾减灾意识，还能够促进村民、政府和社会组织之间的有效沟通和协作，共同提升乡村韧性治理的效能。智能化风险监测系统还需要不断地更新迭代和完善，适应乡村环境和社会经济发展变化，同时不断提高准确性、灵敏性和可靠性。这需要政府、企业和科研机构等多方的持续投入和合作，共同推动乡村韧性治理的数字化转型。

4. 培养乡村数字化运用人才

培养乡村数字化运用人才是构建乡村韧性治理体系、推动乡村振兴的重要环节。因此，培养乡村数字化应用人才成为推动乡村韧性治理、实现乡村振兴的重要措施。这不仅需要注重技术型村干部的培养，提升其治理水平和能力，还要重视技术型农业人才的培育，提升乡村治理的现代化水平。

制定乡村数字技术应用人才培养计划是提升乡村治理效能的基础。通过系统的培训和教育，使村干部能够熟练掌握和应用信息化治理工具，如大数据分析、云计算、物联网等先进技术，从而提升其对乡村治理问题的洞察力和解决问题的能力。这不仅能够提高乡村治理的效率和精准性，还能够增强乡村应对各类风险和挑战的能力，为乡村的可持续发展提供有力的技术支撑。技术型农业人才的培养是乡村经济发展和转型升级的关键。通过职业教育和技术培训，培养一批“懂农业、懂技术、懂管理”的新型职业农民，不仅能够推动传统农业向现代化农业转型，还能够提高农业生产的效率和品质，增强乡村经济的竞争力。这些新型职业农民能够利用现代信息技术，进行精细化管理和智能化生产，促进农业产业链的升级和价值链的延伸，带动乡村经济的高质量发展。

建立和完善乡村数字技术应用人才的培养体系，需要政府、教育机构和社会各方的共同努力。政府应当出台相应的政策和措施，支持乡村数字技术应用人才的培养和发展，如提供资金支持、优化培训内容、创造实践机会等；教育机构要针对乡村发展的实际需要，设计和实施具有针对性的教学计划和课程，培养学生的实际操作能力和创新能力；社会各方也应该积极参与到乡村人才培养中来，通过提供实习实训基地、开展技术交流和合作等方式，促进乡村数字技术应用人才的成长和发展。

二、推动全生命周期治理

新时代韧性治理聚焦全生命周期、全过程治理的应对能力，具有整体性治理、协同性治理、适应性治理、内生性治理等系统性治理优势。这一过程不仅要求在事前进行有效的风险预判和规避，还要求在事中迅速应对，事后有效修复，并在常态化治理中持续优化和提升治理能力。全生命周期治理的核心在于其动态性和持续性，要能够根据乡村韧性治理的不同阶段——问题预判阶段、问题应对阶段、问题修复阶段和常态化治理阶段，实现对治理策略的持续调整和优化。

在问题预判阶段，治理体系需要依靠科学的数据分析和专业的风险评估机制，提前识别潜在的风险和挑战，制定预防措施和应急计划。这一阶段的目标是通过有效的风险管理和预警系统，降低未来风险的发生概率和潜在影响。问题应对阶段要求乡村韧性治理体系能够迅速动员资源，协调各方力量，有效应对突发事件，最大限度减少损失。这一阶段的关键在于建设和统筹，通过提前规划和资源整合，确保在面对危机时能够快速、有序地响应。问题修复阶段主要关注事件后的恢复和重建工作，通过监测和管理，尽快恢复乡村的正常生产生活秩序，同时对治理体系进行评估和反思，总结经验，为未来的风险管理提供参考。常态化治理阶段则是在常态条件下对乡村治理体系进行持续的优化和升级，通过动态反馈机制，不断调整和完善治理策略和措施，强化乡村的自我恢复能力和持续发展能力，实现乡村治理的高质量发展。

整个全生命周期的治理过程体现了乡村韧性治理的系统性和前瞻性，通过对不同阶段的特点和需求进行细致的分析和针对性的治理，可建立起长效的治理机制，从而有效提升乡村的韧性和可持续发展能力。

（一）在问题预判阶段建立治理风险预案机制和信息发布机制

在乡村韧性治理的全生命周期管理中，问题预判阶段尤为关键。这一阶段的核心在于建立一个有效的风险预案机制和信息发布机制，通过精准掌握治理的堵点、难点和痛点，分级分类细化治理风险，快速准确发布预警信息，可以提高乡村应对突发性事件的能力，以确保对可能出现的突发性事件进行快速响应。

建立治理风险预案机制意味着要对乡村面临的各种潜在风险进行全面的评估和识别，包括自然灾害、公共卫生事件、社会安全问题等，根据风险的性质和可能带来的影响，制定相应的预案和应急措施。这一过程需要依靠科学的数据分析、专业的风险评估技术和丰富的实践经验，确保预案的全面性和实用性。信息发布机制的建立是确保预案有效实施的关键环节。这一机制不仅包括快速准确发布预警信息，提醒督促系统为可能出现的突发性事件做好准备，还包括在事件发生后的信息沟通和公众指导。通过建立统一的信息发布平台，利用互联网、移动通信等现代信息技术，可以实现信息的即时传递和广泛覆盖，增强公众的风险意识和应对能力。在此基础上，做到早预案、早识别、早应对，意味着乡村治理者需要具备前瞻性思维和快速反应能力。通过定期的风险评估和预案演练，可不断优化和更新治理策略，提高治理效能。同时，加强与地方政府、社会组织、企业和公众的沟通协作，形成合力，可确保在面对突发事件时，能够迅速动员资源，协调各方力量，有效应对。

（二）在问题应对阶段建立科学领导决策机制和沟通协调机制

在问题应对阶段建立科学领导决策机制和沟通协调机制，对于提高乡村韧性治理的效能至关重要。这不仅需要对决策主体职责范围的明确界定，还需要领导干部的有效部署指挥，以及各主体间的密切配合协作。它要求决策主体能够及时、准确地做出响应，并采取有效措施应对突发事件。因此，建立科学领导决策机制和沟通协调机制成为实现这一目标的重要保障。

科学领导决策机制的建立，意味着必须以规章制度和应急预案为基础，对决策主体的职责范围进行明确界定。这不仅涉及决策主体自身的处置权限和责任义务的清晰化，还包括在整个决策过程中实现科学决策、民主决策、依法决策目标。为此，需要系统地分析和评估乡村面临的各类风险，制定相应的规章制度和应急预案，确保在面对突发事件时，决策主体能够依据预设的方案迅速做出反应。领导干部在应对处置中的部署指挥作用不可或缺。领导干部不仅需要具备良好的决策能力和指挥能力，还要能够有效调动各方资源，指导和协调各相关主体的行动，确保应对措施的有效实施。此外，将规范、权威的专家智囊和咨询机构纳入决策系统，可以为决策提供科学依据，提高决策的专业性和准确性。

沟通协调机制的建立，是确保问题应对阶段各主体配合协作的关键。这不仅包括政府部门之间的沟通协调，还包括政府与企业、社会组织、公众等多元主体之间的互动。通过建立有效的沟通渠道和协调机制，可以实现信息的快速流通和资源的有效整合，形成上下一心、齐心协力应对突发事件的治理应对共同体。

（三）在问题修复阶段建立乡情民意反馈机制和监督评价机制

问题修复阶段乡情民意反馈机制和监督评价机制的建立，对于提升乡村韧性治理的有效性和民众满意度具有至关重要的作用。这一阶段的主要目标是针对已经发生的问题或危机进行有效的修复和恢复工作，同时确保此类问题在未来得以减少。为了实现这一目标，建立乡情民意反馈机制和监督评价机制变得尤为重要。

乡情民意反馈机制的建立，意味着需要探索和实践新的方法和形式，以确保利益主体的意见和建议得到充分收集和妥善采用。这包括但不限于开放式的意见收集平台、定期的民意调查、社区会议等多种方式。通过这些方式，可以及时了解乡村居民在面对风险和危机时的真实想法和需求，从而为问题的有效修复提供指导和依据。监督评价机制的建立，是为了确保问题修复工作的透明性和公开性。对于所有重大事项，包括修复区域范围、修复任务目标、修复政策措施等，都需要进行科学的规划和合理的编制，并且在整个过程中保持透明公开。这不仅有助于提高乡村居民的信任和满意度，还可以通过公众监督来提升修复工作的质量和效率。

需要特别强调的是，乡情民意反馈机制和监督评价机制的有效运行，依赖充分的信息公开和良好的沟通渠道。这要求政府部门和相关治理主体积极采取措施，如建立信息公开平台、优化沟通流程、加强信息共享等，以确保信息的及时、准确传递。

（四）在常态化治理阶段建立激励约束机制

在乡村韧性治理的全生命周期中，常态化治理至关重要，它不仅涉及治理行为的持续性和系统性，还直接影响到乡村治理成果的稳定性和有效性。因此，在常态化治理阶段建立激励约束机制，对于推动乡村韧性治理向着更加科学、规范和高效的方向发展具有重要意义。

加强顶层设计，确立乡村韧性治理评价标准体系，是建立激励约束机制的基础。评价标准体系需要覆盖预防、应对、恢复和绩效评估等多个维度，以确保评价的全面性和科学性。这些标准不仅要与乡村治理的实际相适应，还要与乡村振兴评价体系有效衔接，以保证其适用性和专业性。通过这样的评价标准体系，可以为乡村韧性治理提供明确的目标和方向，促进治理活动有序开展。要采用多元化的考评形式，进行科学考评和规范管理。考评形式包括自我考评、同级考评、向下考评和群众考评等，有助于实现多角度、全方位的评价，确保评价的客观性和公正性。同时，推行跨部门、跨层级、跨区域的考评，可以促进各治理主体之间的协同和互动，提高治理效率。

要将考评结果作为奖优罚劣的依据，建立有效的激励约束机制。通过奖励治理成效显著的主体，惩罚治理不到位、不及时的责任主体，可以激发各治理主体的积极性和责任感，促使其更加主动地参与到乡村韧性治理中。此外，纠正治理中的短视行为和治标不治本的现象，是确保乡村韧性治理效果的关键。建立激励约束机制，需要注重对问题负责、对群众负责、对乡村负责的责任导向。这要求各治理主体在面对问题时，能够承担起相应的责任，不仅仅关注眼前的利益，还要从长远和全局的角度出发，以实现乡村的可持续发展为目标。

三、以学习与创新反馈能力为支撑建立主动循环理念

主动循环理念在乡村韧性治理中的应用意味着超越传统的被动应对，通过主动预判、灵活适应和持续优化的过程，强化乡村社会对各类灾害风险的主动管理能力。在这个过程中，循环理念强调的是一种持续的、动态的风险管理和恢复能力的构建，旨在通过预防、准备、响应、恢复和改进等环节形成一个闭环，确保乡村社会在遭遇冲击时能够迅速恢复并进一步强化其应对未来冲击的能力。适应性理念作为主动循环理念的重要组成部分，侧重乡村社会在面对变化和不确定性时的灵活调整和创新能力。这包括对现有资源、策略和政策的持续评估和调整，以更好地适应环境变化和新出现的风险挑战。适应性理念鼓励乡村社会通过学习和创新，探索更加有效的风险防控和治理方法，从而提升乡村治理体系的整体弹性和韧性。

结合主动循环理念，乡村韧性治理主体应当重视风险的全面识别和评估，采取前瞻性措施主动防范和减轻风险，同时在风险发生时能够通过有效的应急响应迅速恢复，并在事后通过总结经验和教训，不断优化改进治理策略和措施。通过这种主动循环和适应性的治理模式，乡村不仅能够更好地应对当前的风险挑战，还能够提高其长期的适应能力和整体韧性，实现可持续发展。

（一）循环理念在乡村韧性治理中的应用

这体现了一种主动学习与创新的动态过程，旨在通过系统地回顾与分析既往灾害事件的压力、反应和恢复经验，不断提升乡村应对未来逆境的

能力。这种理念强调的是持续优化的过程。通过学习历史事件，可加强系统内部的应对机制，提高对未来潜在风险的预见性和适应性。

“循环理念”要求乡村社会在面对灾害时，不仅仅停留在应急反应的层面，还要通过系统的分析和总结，提取灾害事件中的关键教训和经验。这意味着在每次灾害发生后，乡村社会都需要对整个事件的处理流程进行回顾，包括灾害预警、应急响应、灾后恢复和重建等各个环节，识别其中的有效做法和存在的不足，形成可供未来参考的经验和知识。循环理念强调学习和创新的重要性。乡村社会需要将从灾害中学习到的经验转化为改进策略和措施，不断创新和完善应对机制。这包括但不限于技术创新、管理创新、政策创新等，以提高乡村社会的整体韧性。例如，通过引入先进的预警技术、改进应急预案、优化资源配置等，可增强乡村在面对类似灾害时的快速反应和有效恢复能力。

循环理念还要求乡村社会建立起一套动态反馈机制，这不仅包括对灾害响应过程的监测和评估，还包括对恢复和重建效果的长期跟踪与分析。通过这种机制，乡村社会能够实时监控治理效果，及时调整和优化策略，确保治理措施的有效性和适应性。推行循环理念还需要乡村社会中的各个主体协同作用。这不仅仅是政府的职责，还需要社会组织、市场主体、乡村居民等多元主体的共同参与和支持。通过建立多方协同的治理模式，集合各方力量和智慧，可形成一种全社会参与的韧性治理体系。

（二）适应理念在乡村韧性治理中起到了至关重要的作用

系统与风险的相互作用促成了一种适应性的容错机制。这种机制不仅提高了乡村地区对于灾害风险的认知和应对能力，还增强了乡村社会与环境变化共存的韧性。这一过程体现了乡村韧性治理向更加动态、主动的适应性模式的转变。

适应理念强调的是乡村地区在面对灾害风险时不能被动响应，而要主动适应环境变化，将风险管理融入日常治理活动。这要求乡村治理体系快速识别和响应环境变化，通过不断的调整和优化治理策略和措施，增强乡村系统的弹性和恢复力。适应理念下的容错机制是乡村治理体系在面对未知和不确定性时的一种保护机制。通过建立容错机制，乡村治理系统可以在一定程度上容忍错误和失败，从而在实践中积累经验，提高应对未来风险的能力。这种机制使乡村社会在面对灾害风险时更具灵活性和适应性，能够在不同情境下采取最合适的应对措施。

基于循环理念形成的适应性容错机制，促使乡村地区逐渐将灾害风险视为系统的常态变量，而不是孤立的、偶发的事件。这种视角的转变有助于乡村治理中更加全面地理解和管理风险，将风险管理与乡村发展的长期规划结合在一起，保证乡村社会的持续发展和稳定。适应理念要求乡村社会不断创新和优化治理手段，利用科技和信息化手段提高风险监测、评估、预警和响应的效率和精确度。通过建立信息共享和协同治理的平台，加强乡村内部及乡村与外部的沟通与合作，形成集体应对风险的力量。

主动循环理念强调乡村社会应主动面对外部环境的冲击和挑战。通过自组织、资源的创新性利用和环境适应性行为，乡村不仅可以恢复到原有状态，还可在此过程中积累新的经验和能力，从而拥有更高层次的系统功能。这种理念下，韧性不是一个静态的目标或是一种固定的状态，而是一个动态进化的过程，它依赖乡村社会系统的持续学习、实践积累和创新能力的提升。在主动循环理念的引导下，乡村治理不再是单纯的问题应对和自我恢复实践，而是一个涵盖预防、响应、恢复和提升的全过程。乡村社会通过主动识别潜在风险，评估自身的脆弱性，采取预防措施，减轻风险影响。当面对不可避免的冲击时，能够迅速响应，有效减少损失。在恢复阶段，不仅仅要进行物质上的重建，还要重视社会结构、经济活动和文化传承等方面的系统性恢复。通过这一系列的动态循环，乡村社会可不断提高自身的适应能力和整体韧性。

主动循环理念还意味着乡村社会要积极探索新的发展路径，通过创新和科技的应用，优化资源配置，提高经济效益和社会福祉，实现乡村的可持续发展。乡村治理的主体——包括政府、社区、企业和个人——需要共同参与，形成合力，通过信息共享、资源整合和协同行动，构建一个更加开放、灵活和协作的治理生态系统。主动循环理念为乡村韧性治理提供了一种新的视角和方法，强调乡村社会在面对外部变化和内部挑战时要具备主动性和创新性，并通过持续的学习和进化，实现乡村治理的高效性、韧性和可持续性。

四、以持续反应与协同能力为基础的全过程动态响应理念

全过程动态响应理念体现在乡村韧性治理中的核心思想为，面对灾害和挑战时，乡村社会不仅要有能力进行抵御和自我恢复，还要通过持续的反应和协同能力，在各阶段进行动态调整和持续进化。这种理念要求乡村治理体系不只是在灾害发生时才启动应急机制，而要在灾害发生前、中、后全过程进行有效的预警、响应、恢复和再造，促成一个闭环的持续循环管理体系。

在灾前的预警防御阶段，全过程动态响应理念强调对潜在风险的精准识别和评估，以及相应的风险预警体系的建立。通过科学的数据分析和风险评估模型，乡村治理体系能够及时识别出可能对社区造成冲击的风险因素，制定出具有针对性的预警措施和防御策略，提前部署资源，降低灾害的潜在影响。在灾中的应急抵抗阶段，全过程动态响应理念要求乡村社会具备快速反应的能力，能够在灾害发生后立即启动应急预案，动员所有可用资源，包括政府、企业、社会组织和村民个体的力量，促成快速有效的应对机制，最大限度地减少灾害带来的损失和影响。在灾后的恢复和适应再造阶段，全过程动态响应理念进一步强调灾后恢复不仅指物理基础设施重建，还指社会经济系统和生态系统的恢复与再造。这要求乡村社会在恢复过程中，根据灾害带来的影响和教训，对原有的治理体系、生产方式、生活方式进行重新评估和调整，引入新技术、新理念，提高适应性和韧性，实现可持续发展。

全过程动态响应理念还强调了乡村治理体系各阶段的密切协同和信息反馈机制的重要性。通过建立有效的信息共享平台和协同工作机制，可确保各阶段的决策和行动能够相互支持、相互补充，形成一个整体的动态响应网络，提高乡村社会对未来风险的预测、预防和应对能力。

第二节 中国式现代化乡村韧性治理实态与系统变革

在中国式现代化背景下，乡村韧性治理实践中通常会遇到各种各样的问题，如集中式治理、依赖式治理、跑腿型治理、开发型治理以及同质化

治理等模式呈现一定局限性。基于此，人们需探索系统变革的着力点，以寻求有效的解决策略和路径。从培育多元主体，促进网格化协同治理，到打造“灵敏性”治理响应，加强信息化数字治理，以及关注“可持续”治理要求，提高造血式治理功能，再到突出“为民性”理念，强化内生性治理，每一步都是中国式现代化进程中乡村韧性治理系统变革的关键。

一、中国式现代化语境下乡村韧性治理的实践挑战

随着中国式现代化进程的深入推进，乡村韧性治理成为国家治理体系和治理能力现代化的重要内容。新时代的乡村治理不仅注重传统的经济发展和社会稳定，还强调生态文明和文化传承的重要性，以及治理理念和治理模式的创新。这一过程中，政府、企业、社会组织和广大农民群众共同参与，促成了良好的治理氛围，因此乡村发展活力显著提升，乡村面貌发生了翻天覆地的变化。然而，在城镇化、信息化快速推进的背景下，乡村治理面临着新的挑战和机遇。一方面，城乡一体化进程中城市与乡村、乡村与村民、村民与村民之间的关系经历了深刻的变革，带来了更加多元和复杂的治理需求。另一方面，外部社会性变革与乡村内部矛盾的叠加，如土地利用冲突、环境保护压力等，对乡村韧性治理提出了更高的要求。这些挑战不仅考验乡村治理体系的适应性和灵活性，还要求乡村治理科学化水平不断提升，以便更好地应对复杂多变的治理环境。

为应对这些挑战，需要加强顶层设计，完善治理机制。这包括但不限于优化资源配置，创新社会治理模式，推进数字乡村建设，加强法治乡村建设，以及提升公共服务效能。同时，要加强乡村治理主体的能力建设，提升基层治理人员的专业素养和服务能力，鼓励和引导社会组织和市民参与乡村治理，共同构建共建共治共享的社会治理格局。通过这些措施，可不断提高乡村治理的科学化、精细化水平，促进乡村治理高质量发展，为中国式现代化提供坚实的乡村治理基础。

（一）集中式治理无法标本兼治

集中式治理作为一种快速、集中的治理模式，因高效率和立竿见影的效果，在中国乡村治理实践中被广泛采用。它通过短期集中力量、资源等，

针对某一突出问题或领域进行专项治理，以期达到迅速改善或解决问题的目的。这种治理方式往往由上至下，通过行政命令的形式迅速推动，有效应对乡村治理中资源稀缺、管理落后等问题，展现出了明显的治理优势。只是，集中式治理在实际操作中存在着标本兼治难以实现的根本性困境。首先，其自上而下的决策和执行机制，虽然有助于短期内动员大量资源和社会力量，但往往不利于对乡村实际情况进行深入了解和细致考量，导致治理措施可能与乡村实际需求脱节，无法精准解决问题。其次，集中式治理过程中的短期集中行动虽能暂时解决表面问题，却往往忽视了问题的深层次原因，无助于从根本上改善乡村治理结构和机制，导致问题周期性反弹。

集中式治理模式的依赖性和权威性特征也可能抑制乡村自身的主动性和创新性，削弱乡村社会的内生动力。乡村治理中，乡村需要基于自身的实际情况和需求，通过激发内部潜能，增强自我管理和自我服务能力，而非完全依赖外部的行政推动。因此，集中式治理模式虽然在处理某些急需解决的乡村问题上有其不可替代的作用，但在推动乡村治理现代化的长远目标上，需要被更加科学、系统、持续的治理模式所补充或替代。

（二）依赖式治理难以持续

依赖式治理作为乡村韧性治理中的一种现象，反映了乡村在现代化进程中面临的结构性挑战。这种治理方式在一定程度上揭示了乡村治理的外部依赖性及其带来的问题和挑战。在中国式现代化语境下，依赖式治理主要体现为乡村治理体系中内生驱动力的缺失和对外部资源与力量的过度依赖。要有效应对依赖式治理带来的挑战，需要从根本上增强乡村治理的内生动力，构建以乡村为主体的自治治理模式。这包括培育乡村治理主体能力，激发乡村社会的参与意识和创新精神，以及建立健全乡村社会的互动和协作机制。同时，需加强对乡村治理现代化的理论研究和实践探索，通过法治、德治等多元治理手段，提升乡村治理的科学性、规范性和有效性，从而克服依赖式治理的局限，推动乡村韧性治理向更加自主、可持续的方向发展。

依赖式治理的显著特征是乡村治理体系对外部资源和力量的过度依赖，导致乡村自身缺乏足够的内生动力和自主性。这种依赖不仅限于财政支持、技术援助等物质资源方面，还包括对外部政策、管理理念的依赖。这种依赖性治理方式很容易导致乡村社会在面对变化和挑战时，缺乏足够的自我应对和调整能力，治理活动往往仅停留在表面，难以触及乡村发展的深层次问题。依赖式治理下乡村的参与度和主动性不足。由于乡村治理过度依赖外部资源和力量，乡村社会主体间的互动和协作机制不够健全，乡村群众和社会组织往往缺乏足够的参与感和归属感。这种状况不利于形成共同应对风险和挑战的社会凝聚力和行动力，进一步加深了对外部公共权力的依赖程度。依赖式治理还可能导致乡村治理能力的不均衡发展。在城乡发展不平衡的背景下，乡村治理资源和技术的获取往往受到限制，治理能力的提升成为一大难题。乡村治理系统内部缺乏可持续性发展的动力，对一些基础性治理需求难以进行有效和及时的响应，影响了乡村社会的稳定和发展。

（三）跑腿型治理无法填补管理缺失

跑腿型治理，作为一种传统的乡村治理方式，在一定程度上确实促进了治理主体与乡村社会成员之间的信息交流和沟通，有着不可忽视的积极作用。然而，在信息化、数字化时代的背景下，这种依赖个体物理移动来实现信息传递和治理决策的模式逐渐显露出其局限性和低效性，特别是在应对复杂治理任务时预判性不足和治理精细度不够等问题更加凸显。

跑腿型治理模式在信息传递效率上存在明显短板。在现代社会，信息流动的速度和效率至关重要，乡村治理的复杂性要求治理信息能够快速、准确地传递。而传统的跑腿型治理由于缺乏统一的数字化管理平台，治理信息的传递效率低下，信息在传递过程中容易发生延误、错漏，影响治理决策的时效性和准确性。跑腿型治理在精细度上难以满足现代化治理的要求。乡村治理涉及的内容广泛，包括经济发展、社会管理、文化建设、生态保护等多个方面，需要高度的精细化管理。然而，跑腿型治理往往因为缺乏系统性、规范性的治理工具和方法，难以实现对乡村治理各个环节的精准把控和有效干预，使得治理工作难以达到预期的效果。跑腿型治理在协调各方力量、整合资源方面存在困难。乡村治理是一个系统工程，需要多个治理主体之间的有效协调和资源整合。传统的跑腿型治理由于缺乏有效的协调机制和平台，使得各部门之间的职责交叉和管理缺失问题难以有效解决，治理资源和力量难以得到有效整合，从而影响了治理效果。

（四）开发型治理难以兼顾长远

开发型治理主要通过物质资源的开发利用来推动乡村经济的发展和增长。这种治理模式在实践中确实能够在短时间内促进乡村经济增长，增强乡村的物质基础。然而，它也面临着一系列挑战和风险，尤其是在如何平衡当前的发展需求与乡村的长远利益之间的矛盾方面。

开发型治理过度强调物质资源的开发和利用，可能会导致乡村生态环境的破坏和资源的过度消耗。乡村地区的自然资源和生态环境是其宝贵的资产，一旦被短视的开发行为所破坏，不仅影响当地居民的生活质量，还会对乡村的长远发展造成不利影响。开发型治理可能导致资源分配不公，加剧乡村内部的矛盾。在开发过程中，信息不对称、利益关系错综复杂，往往会使资源的收益不能公平合理地分配给所有乡村成员，从而导致社会不公和矛盾累积，影响乡村社会的稳定和谐。开发型治理往往忽略了乡村文化的保护与传承。在追求物质资源开发的过程中，可能会忽视对乡村传统文化、历史遗迹等非物质资源的保护，导致乡村文化特色和历史记忆的丧失，损害乡村的文化韧性。开发型治理如果不考虑当地的实际情况和居民的实际需求，可能会导致开发项目与乡村的实际发展需求脱节，不仅无法有效促进乡村经济的发展，还会造成资源的浪费和环境的破坏，增加乡村治理的难度和复杂性。

（五）同质化治理难以留住乡愁

同质化治理通常是出于治理效率和快速实现治理目标的考虑，采用一种模仿套用的应对措施。这种做法虽然在短期内可能取得一定的效果，但从长远来看，却存在着一定弊端和风险。

同质化治理忽视了乡村之间的差异性。乡村社会是一个复杂多样的系统，每个乡村都有其独特的地理环境、历史文化、社会结构和经济基础。同质化治理往往采用“一刀切”的方式，忽视了这些差异，导致治理措施在具体实施中出现“水土不服”的现象，无法有效解决乡村的实际问题，甚至可能加剧问题。同质化治理破坏乡村文化的多样性和独特性。乡村的历史文化、人文风情和风俗习惯是乡村独特魅力的重要组成部分，也是乡村可持续发展的宝贵资源。同质化治理往往会忽略这些文化价值，导致乡村文化同质化、乏味化，破坏乡村的文化生态，影响乡村文化的传承和发展。

同质化治理削弱乡村的竞争力和吸引力。在乡村振兴和乡村旅游发展的背景下，乡村的特色和文化成为吸引游客和投资的重要因素。同质化治理导致乡村失去本地特色，无法形成独特的乡村品牌，进而影响乡村旅游业和其他产业的发展。同质化治理还可能导致乡村治理的“肠梗阻”，即治理效果停滞不前，治理难题层出不穷。乡村社会需要的是因地制宜、分类施策的治理模式，而非简单模仿和套用，这要求乡村治理者深入了解乡村的实际情况，尊重乡村的自主性，发挥乡村内生的动力和创新能力。

二、中国式现代化语境下乡村韧性治理的系统变革

在探索中国式现代化乡村韧性治理的系统变革过程中，关键在于准确把握韧性治理的多元化、灵敏性、可持续性以及为民性这四大着力点。这意味着要通过综合运用多种治理手段和资源，促进乡村治理体系现代化和治理能力提升。具体而言，协同化治理强调不同治理主体之间的有效沟通与合作，打破信息孤岛，形成治理合力；数字化治理利用现代信息技术，提高乡村治理的智能化、精准化水平，增强对乡村发展趋势的预测和应对能力；造血式治理注重提升乡村自我发展能力，通过教育、技术和资本等要素的投入，激发乡村经济的内生动力；内生性治理则着眼于挖掘和利用乡村自身的文化、资源和社会资本，构建符合乡村特色的治理模式，促进乡村社会可持续发展和文化传承。这些策略的综合实施，旨在全面增强乡村治理的韧性，有效应对乡村发展过程中遇到的各种风险和挑战，最终实现乡村治理现代化的目标，为乡村振兴战略的深入实施提供坚实的治理基础和保障。

（一）培育多元主体，促进网格化协同治理

韧性治理旨在打造包容性的多元主体共治格局，确保外界扰动时政府、企业、社会组织、公民等主体能够充分发挥各自资源优势，多方协作联动来应对风险。[①] 在中国式现代化的背景下，乡村韧性治理正面临新的挑战与机遇。为应对这一挑战，必须从依赖式治理模式转变为合作式治理模式，

---

① 南锐，朱文俊．面对重大突发事件的特大城市韧性治理：衍生逻辑、现实困境与突破路径［J］．学习论坛，2022（4）：55-65.

构建多元共治格局，这不仅是乡村治理现代化的要求，还是实现乡村全面振兴的关键路径。具体到培育多元主体和构建网格化协同治理，有以下几个方面的实践着力点。

一是构建立体化网格管理体系是实现多元共治的基础。传统的乡村治理往往依赖政府的单一力量，而在现代化进程中，乡村社会的复杂性和动态性要求治理模式必须具有更高的灵活性和适应性。立体化网格管理体系有助于实现政府主导、部门联动、社会参与的治理，通过构建上下贯通、左右扩展、内外融合的网络，使得乡村在应对各种风险时能够团结协作、步调一致。

二是培育多元主体是实现合作式治理的关键。乡村韧性治理需要社会各方面的力量共同参与，包括政府、企业、社会组织、高校、科研机构、志愿者和村民等。通过组织设置、人员培训、资金帮扶、政策引导、法治保障等手段，为多元主体提供支持，鼓励他们参与到乡村治理的各个环节中来，从而充分发挥他们的作用。这些多元主体不仅可以进行投资和创业、技术推广、志愿服务和舆论监督等，还可以通过专业的服务促进乡村文化传承、生态建设、法律援助和公益服务等方面的发展。

三是通过公益性和市场化手段吸收社会力量，发展成熟的社会组织或企业参与乡村治理项目，既能有效缓解政府的治理压力，又能促进社会组织和企业的发展壮大，形成良性循环。这些组织和企业在土地平整、垃圾清运、河道防护、渠道改造等乡村治理项目中承担重要角色，不仅可以提升治理效能，还能激发乡村经济的活力。

（二）打造“灵敏性”治理响应，加强信息化数字治理

政府部门不仅可以将技术嵌入韧性治理的风险识别和安全预警环节，还可以将其运用于风险决策、沟通、控制等阶段，即增强组织的“预控”能力。[①] 随着信息技术的快速发展，特别是互联网、大数据、人工智能等现代信息技术的广泛应用，乡村治理模式急需与时俱进，通过加强信息化数字治理，实现治理手段的现代化升级。这一变革不仅是对传统治理模式的补充与完善，还是推动乡村治理现代化的必然选择。

---

① 董幼鸿，周彦如．技术赋能城市韧性治理的系统思考[J]东南学术，2022（6）：85-97.

“灵敏性”治理响应的核心在于利用现代信息技术提高乡村治理的反应速度与灵活性。在此框架下，构建以科学高效为标准的统一指挥平台，可以实现对乡村治理各项工作的集中调度和统一管理。这样的平台能够整合各类治理资源，通过数据的实时流通和智能分析，快速响应乡村面临的各种突发事件和长期治理需求，提高决策的科学性和准确性。

以村情民情为基础的信息共享平台，有助于乡村治理透明化，促使公众积极参与治理。通过该平台，乡村治理的相关信息、政策法规、治理成效等可以公开透明，使村民实时了解和监督乡村治理的各项工作。同时，这种信息共享有助于收集和汇总群众的意见和需求，为乡村治理决策提供依据，实现群众参与乡村治理的机制。以群众需求为导向的治理互动平台，是提升乡村治理智能化、精准化、专业化管理水平的关键。通过该平台，可以实现政府与村民之间的双向互动，及时收集和响应村民的需求和建议，促进乡村治理问题解决和服务提升。此外，该平台还可以支持乡村治理中的智能化决策和精细化管理，通过数据分析预测乡村发展趋势，为乡村治理提供科学的决策支持。

加强信息化数字治理还需要乡村治理主体具备相应的技术能力和意识。这不仅需要政府部门和治理人员加强信息技术培训和学习，还需要通过政策引导和激励机制，鼓励社会各界参与乡村信息化建设，共同推动乡村治理的现代化进程。

（三）关注“可持续”治理要求，提高造血式治理功能

能够长期存在的、具有高度可持续性的治理才是韧性治理，韧性需要可靠的资金支持。乡村韧性回应扰动的能力依赖乡村内部客观物质功能要素条件。[①] 乡村韧性治理的核心之一在于通过发展驱动提升乡村的经济韧性，促进治理效能持续增强。在这个过程中，产业振兴成为经济发展的关键途径，它直接关系到乡村经济的可持续性和整体韧性。因此，治理主体的积极性往往受到经济利益的激励，除了公益性治理外，更多的动力源于产业发展带来的经济收益。乡村产业的发展不仅能提供给村民就业机会，增加收入，还能通过促进经济循环和增加财政收入为乡村治理提供资金支

① 薛雯露，武前波．多功能演化视角下乡村韧性的作用机制与治理路径探讨[J]小城镇建设，2023，41（1）：94-101．

持。这种以产业振兴为核心的经济发展模式，能够确保乡村治理在经济增长的基础上持续有效，形成经济发展与乡村治理相互促进、共同发展的良性循环。

第一，在推动乡村经济发展的同时，确保乡村社会的长期可持续发展，处理好经济发展的速度和效率与乡村长期建设之间的关系，成为乡村韧性治理的重要内容之一。乡村治理需要注重发展经济的同时，确保乡村社会的整体建设。这意味着在推进产业振兴的过程中，不能仅仅追求短期的经济效益，而忽视了乡村社会、文化和生态环境的长期可持续发展。乡村振兴不仅是经济问题，还是社会问题、环境问题和文化问题，需要从多维度进行综合考虑和规划。乡村治理要遵循“稳步向好”的原则，即在保证乡村发展基础稳固的情况下，追求良好的发展态势，并不断向前推进。这要求乡村治理既要有长远的规划和目标，也要注重短期内的实际操作和效果，通过科学的方法和手段，实现乡村经济、社会、文化和生态的协调发展。在实践中，处理好长期与短期的关系，需要构建一个既能迅速响应当前需求，又能兼顾未来发展的乡村治理模式。例如，在推进乡村产业振兴时，应充分考虑当地资源条件、文化传统和生态环境，选择与乡村特色相符合的产业发展路径，避免盲目追求规模和速度，造成资源浪费和生态破坏。注重乡村发展的多维度和可持续性，以实现乡村社会的长期稳定和全面发展。

第二，优化政策导向是实现乡村韧性治理和推进乡村振兴战略的重要手段，要求政策制定者紧密结合乡村振兴的实际需求，出台能够切实激发市场活力和引导资本、技术、人才等资源下沉乡村的政策，促进乡村经济的全面发展。政策导向的优化应聚焦于推动一、二、三产业的深度融合发展。通过制定具有针对性的扶持政策和激励措施，鼓励城市资本和技术向乡村流动，支持乡村通过发展特色农业、乡村旅游、乡村电商等新型产业形态，实现产业结构的优化升级。这样不仅能够为乡村经济发展注入新的活力，还有助于提升乡村的自我发展能力和经济韧性。

政策导向需要重视从传统、粗放的发展模式向集约型、密集型的可持续发展模式的转变。这意味着在政策制定时，要充分考虑乡村的生态环境保护、资源合理利用，以及社会和谐稳定，避免过于追求经济发展速度导致生态破坏和社会问题。通过推广环保技术、提倡循环经济、建设绿色产业等措施，促进乡村经济的绿色可持续发展。优化政策导向还应注重挖掘乡村的发展潜力，根据乡村的实际情况，制定符合当地特色的发展策略。这包括完善农业产业配套设施，延伸和优化区域产业链条，加强乡村基础设施建设，提高乡村的整体竞争力。通过这些措施，可以为乡村产业振兴打下坚实的基础，实现乡村经济的长期稳定发展。

第三，重视村民在发展乡村经济韧性中的主体地位，不仅是实现乡村振兴的基本要求，还是推动乡村经济可持续发展的重要保障。村民不仅是乡村发展的受益者，还是推动乡村振兴的重要力量。因此，构建以村民为中心的创新型农业生产模式，激发村民的内生动力，对于提升乡村经济活力、促进乡村经济可持续发展至关重要。

建立“公司+合作社+村民”的利益联结体，是有效激发村民参与乡村经济发展，提升乡村经济韧性的有效途径。这种模式通过明确各利益主体的角色和作用，实现资源共享、利益共赢，为村民提供更多的就业机会和收入来源。同时，这种模式能够促进农业生产的规范化、标准化、规模化和品质化，通过合作网络形成稳定的供销渠道，为乡村经济发展提供坚实的基础。村民在乡村经济发展中的主体地位意味着他们的需求和意见应当被充分尊重和反映。政府和企业应通过多种渠道收集村民的意见和建议，依据村民的实际需求制定发展策略，确保乡村发展计划符合村民的实际利益。通过增强村民的决策参与度，可以提升乡村治理的民主性和科学性，进而增强乡村经济韧性。

加强村民教育和技能培训，提升村民的自我发展能力，也是重视村民主体地位的体现。通过定期举办农业技术培训、创业指导等活动，帮助村民掌握现代农业知识、新技术和经营管理能力，激发村民的创新创业精神，促进乡村产业多元化发展，增强乡村经济的内生动力。建立健全利益反馈机制，确保村民在乡村经济发展中能够获得公正的分配，增强村民乡村发展参与积极性和持续性。通过实施利益联结机制，保证村民能够从乡村发展中获得实实在在的利益，从而巩固和发展村民与乡村经济的互利共生关系，为乡村经济的可持续发展提供强有力的支持。

（四）突出“为民性”理念，强化内生性治理

实现韧性治理的目标，本质是要落实以人民为中心的治理理念，这一点要求治理过程中必须深刻了解和尊重人民的意愿、维护人民的权益、发挥人民的力量，并最终赢得人民的心。在乡村韧性治理实践中，人的因素占据核心地位，这是因为乡村社会本质上是一个情感密切联系、人情味浓厚的“熟人社会”，其中人与人之间的交往主要通过情感纽带来维系。这种独特的社会结构使得乡村韧性治理更侧重通过增强内部凝聚力来解决问题，而非依赖外部强制力量。乡村社会的风俗习惯和丰富的历史文化资源，成为乡村韧性治理中不可或缺的隐形治理资源。通过强化文化认同感、归属感、情感联系和地域认同，乡村社会能够将外来挑战转化为内部动力，依靠文化的力量，以文化涵养人、以文化惠及民，从而增强乡村应对外界压力和内部矛盾的能力。此外，完善和强化乡村自治机制，不仅是构建文化韧性、促进乡村道德教化的有效路径，还是提高乡村自我管理、自我服务能力的重要手段。

在这样的治理框架下，乡村韧性治理不仅仅关注应急管理或短期内的问题解决，还注重长期的、根本性的社会文化建设和人民主体地位的确立。通过培育和弘扬乡村特有的历史文化，增强乡村社会的内生动力和自我适应能力，乡村社会能够在面对各种风险和挑战时，展现出更加强大的韧性和生命力。因此，乡村韧性治理的核心在于深化对人民为中心治理理念的理解和实践，通过文化引导、制度支撑和社会参与，共同构建一个更具韧性、活力和和谐的乡村社会。

第一，扩大村民参与度不仅是实践“为民性”理念的具体体现，还是激发内生性治理动力的有效途径。通过充分发挥村级党组织的党建引领作用，乡村能够更好地吸纳村民的智慧与力量，共同构建和谐稳定的发展环境。要通过创新自治方式，为村民提供更多参与乡村治理的渠道。实际当中，可以通过建立村民议事会、开展民主协商会等形式，确保村民在乡村事务的讨论、决策中有更多的发言权。这种参与不仅限于传统的面对面会议，还可以利用现代信息技术，如建立微信群、在线论坛等，让村民能够随时随地参与乡村治理，提出自己的意见与建议。

强化村民在乡村治理中的主体地位，意味着要尊重村民的主体意志与

选择，让他们在乡村治理中真正成为参与者、决策者和受益者。这要求村级党组织及村委会在实践中能够真正倾听村民的声音，尊重并吸纳他们的意见，使治理决策更加符合村民的实际需求与期望。激发村民的内生性治理动力，是实现乡村可持续发展的关键。实际需要通过教育培训、技能提升等方式，提高村民的治理能力与参与热情。同时，可通过实施利益联结机制，如“公司 + 合作社 + 农户”模式，确保村民能够在乡村发展中获得实实在在的经济收益，进一步增强他们参与乡村治理的积极性与主动性。

第二，乡土文化作为乡村社会的灵魂，承载着丰富的历史信息、道德规范和生活智慧，对增强村民的归属感、认同感和自豪感具有不可替代的作用。通过挖掘和利用乡土文化的价值内涵，可以有效促进乡村自治，实现文化与治理的有机融合。乡土文化的价值内涵是乡村韧性治理的深厚基础。乡村治理不仅仅是物质层面的管理与建设，还是精神层面的引领与凝聚。乡土文化中蕴含的亲情纽带、邻里和谐、乡规民约等价值观念，是乡村自治不可或缺的精神支柱。通过恢复和弘扬这些传统文化，可以增强村民对乡村社会的认同与归属感，从而激发他们参与乡村治理和发展的积极性。

以文化为纽带的乡村赋能策略，能有效唤醒村民的乡愁与自豪感。乡村的民俗活动、节庆仪式不仅是文化传承的载体，还是增进村民情感交流、强化社区凝聚力的重要平台。通过组织丰富多彩的文化活动，不仅能够让村民在参与中体验到乡村文化的魅力，还能够激发他们对家乡的热爱和对乡村治理的热情。文化赋能还意味着要让乡土文化在乡村发展中发挥更大的作用。这不只限于保护和传承传统文化，更重要的是要探索文化资源的创新性开发与利用，让文化成为乡村经济发展的新动力。例如，发展乡村旅游、特色手工艺品等，既能保护乡村文化遗产，又能带动乡村经济发展，实现文化与经济的双赢。

第三，大力发展文化新业态是推动乡村韧性治理的有效手段之一，不仅有助于乡村文化的传承与创新，还能促进乡村经济的发展和社会关系的和谐。将乡愁文化转化为乡愁经济，通过创新和发展新的文化业态，可以有效挖掘和利用乡村的文化资源，激发乡村经济发展的新动力，同时增强乡村的文化韧性和社会凝聚力。发展文化新业态能够有效促进乡土文化的传承与创新。通过商业化运作，既能保护和弘扬优秀的传统文化，又能创造文化的新形态和新内容，如发展以乡村特色为主题的旅游观光、文化体验活动等，这不仅为村民提供了新的就业机会和增收渠道，还为外来游客提供了独特的文化体验，从而促进了文化与经济共同发展。

文化新业态的发展有助于提升乡村的整体形象和吸引力。通过文旅融合、文化与农业的结合，可以打造具有地方特色的文化品牌，吸引更多的游客和资本，促进地方经济的发展。同时，这种发展模式有助于增强村民的自豪感和归属感，增强他们对乡村发展的信心和积极性。大力发展文化新业态还能促进社会思想的融合和社会关系的和谐。通过丰富的文化活动和体验，可以加强村民之间的交流和互动，增进他们相互之间的理解和尊重，促进社会和谐。同时，这种文化的市场化运作能吸引更多的社会力量参与到乡村治理中来，形成政府、市场、社会多方协同共治的良好格局。

第三节　共同富裕进程中乡村韧性治理的未来展望

实现共同富裕是中国特色社会主义的本质要求，涵盖经济、政治、文化、社会、生态等多个维度。在这一伟大征程中，农民和农村是不可忽视的重要领域。农民的幸福生活和农村的全面发展是实现全体人民共同富裕的基础和保证。必须坚持以人民为中心的发展思想，加快推进农业现代化，增强农村的内生发展动力，提升农民的生产生活水平，确保农民能够平等参与现代化进程，公平享受改革发展成果。同时，要深化农村改革，完善农村基础设施，优化农村公共服务，强化农村社会治理，构建和谐稳定的农村社会环境。通过这些措施，不断缩小城乡发展差距，促进农民增收和农村繁荣，为全面建设社会主义现代化国家、实现全体人民共同富裕奠定坚实基础。

本节将细致探讨乡村治理在产业、生态、资源、人才与服务等关键领域的未来展望。首先，产业韧性的增强将推动农业向着更加强大、高效的方向发展，使农民实现实质性富裕。其次，生态韧性的提升，将促进乡村环境美化和生态文明建设，有助于实现农村美的目标。最后，通过提高资源韧性、人才韧性与服务韧性，乡村将实现内生增长与成果共享，为乡村振兴和可持续发展提供坚实基础。这三个方面不仅是乡村韧性治理的重要组成部分，还是共同富裕进程中不可或缺的重要支柱。

一、产业韧性展望——农业强、农民富

（一）从农业高质高效到农业强

从农业高质高效到农业强的转变，不只是产出效益的提升，更是生产方式、科技创新、产业结构和服务体系等全方位的升级改革。推进农业高质高效，对于实现农业与二、三产业效益趋同、城乡产业共赢具有深远意义。这一进程不仅关注产出的效益，还强调生产方式的集约化与可持续性。在我国，农业作为国民经济的基础，其高质量发展是走向共同富裕、构建社会主义现代化国家的必经之路。随着经济社会的高质量发展，对重要农产品的需求将得到有效满足，主要农产品供应将实现总量平衡、结构优化和质量提升，在国际农产品市场中的参与度显著提高。

农业高质高效发展的目标不仅体现在产出效益的提升上，还体现在生产方式革新上。具体来说，农业机械化、良种化水平的稳步提升，将大大提高农业劳动生产率，使之全面超越中等偏上收入国家水平。同时，通过减少化肥、农药等化学投入品的使用总量和强度，大幅度改善物质投入和废弃物利用水平，农业的绿色化特征将更加凸显。农业科技创新能力的显著增强是实现农业高质高效发展的关键。通过科技创新，可以促进农业产业结构的根本性改善，实现农业生产的智能化、精准化管理，提升农业综合竞争力。农业社会化服务的分工将更加合理，农产品加工、休闲农业、乡村旅游、农村电商等新型乡村产业形态将更加普及，为农民创造更多增收渠道，推动农民富裕和乡村振兴。农业高质高效发展的过程中，也需要关注农业的可持续性。通过绿色生产方式和循环经济模式，可以有效地保护农业生产环境，实现农业资源的可持续利用，促进农业与环境的和谐共生。

（二）农民富

促进农民富是实现全体人民共同富裕的关键一步。在追求共同富裕的

新征程中，促进农民富不仅仅要求提高农村居民的物质生活水平，还要求注重农村居民精神文化生活的全面提升，实现物质与精神双重富裕。这一进程要求从多维度着手，确保农民在共同富裕中的主体地位，促进城乡共富、乡村共富，最终实现全体人民共同富裕的目标。到2035年，我国农村民生大幅改善将成为现实，这将基于农民持续稳定增收的长效机制。这一目标的实现依托多方面的努力：首先，农民就业质量的显著提升和农民财产性收入占比的明显增加，将成为推动农民收入增长的重要因素。其次，农村居民收入的年均增速将持续保持高于城镇居民，进一步缩小城乡居民收入比。

农民素质的全面提升是农民富的另一重要维度。通过教育培训和文化普及，提高农民的文化素质和技能水平，不仅可以提升其就业竞争力，还能丰富其精神文化生活。随着文化娱乐消费的明显增加，农民的生活方式将趋向绿色化、健康化、多样化，实现生产生活方式的根本性转变。建立城乡统一的公共服务体系和社会保障制度是缩小城乡、区域发展差距和居民生活水平差距的重要措施。通过完善农村基础设施建设，提供均等化的公共服务，保障农民享有与城镇居民同等的教育、医疗、养老等社会服务，可以有效提高农民的生活质量和幸福感。

农民富的实现，是一个系统工程，需要政府、社会和农民本身共同努力。政府应当制定合理的政策，引导资源向农村倾斜，激发农民内生动力；社会应当关注农村发展，提供多样化的支持；农民本身也应积极参与到乡村振兴中来，通过自我努力拥有更好的生活。只有这样，才能真正实现农民的全面富裕，为实现全体人民共同富裕奠定坚实的基础。

二、生态韧性展望——农村美

推进乡村宜居宜业的核心目标是营造一个生态宜居且有利于产业发展的乡村环境，从而实现城乡空间共美的愿景。这一目标的实现依托综合性的策略，旨在提升乡村的基础设施、生态环境、公共服务及乡村治理等多个维度的质量，最终达到美丽乡村的建设目标，使之成为农民生活与工作的理想空间。

在基础设施方面，全面推进农村人居环境改善计划，确保所有行政村自来水普及，生活垃圾分类处理和生活污水有效处理机制建立与完善。同时，提升农村水电路网等基础设施质量，建立覆盖全行政村的长效管理与维护体系，为乡村产业提供坚实的发展基础。在生态环境建设方面，通过实施绿化工程，提高乡镇、村级绿化覆盖率，建立生态宜居的美丽乡村。加强生态保护与修复，促进农村生态环境持续改善，为居民提供健康、舒适的生活环境。在公共服务系统方面，推动教育、养老、医疗卫生等基本公共服务的城乡均等化，优化服务供给结构，满足农民群众日益增长的服务需求。通过文化发展项目，发扬优秀乡村文化，增强乡村社会的文化自信与凝聚力。

乡村治理的现代化是乡村宜居宜业战略实施的关键。通过完善党组织领导的自治、法治、德治相结合的乡村治理体系，强化基层党组织的领导力和组织力，提高乡村治理能力现代化水平，为乡村宜居宜业提供坚强的政治保障。随着农村基础设施全面改善，生态环境持续优化，公共服务系统完善，乡村治理能力现代化，农村将全面实现宜居宜业的目标，展现出产业兴旺、生态宜居、乡风文明、治理有效、生活富裕的美丽乡村新图景。这不仅为农民提供了幸福生活的物质条件与精神支撑，还为实现全体人民共同富裕目标奠定了坚实基础。

三、资源韧性、人才韧性与服务韧性展望——内生增长与成果共享

构建乡村韧性治理体系不仅是实施乡村振兴战略的核心环节，还是推进全面共同富裕的关键步骤。这一过程强调在乡村振兴的大背景下，通过激活乡村内生动力和优化成果共享机制，实现乡村经济社会的全面发展和居民生活水平的整体提升。为此，必须深化内生增长机制，挖掘乡村经济发展潜能，同时通过合理有效的收益分配和公共服务供给机制，确保乡村振兴的成果惠及每一位农民，避免发展不平衡、不充分的问题。

在内生增长方面，重点在于释放乡村自身的创新能力和生产力，通过引进新技术、新模式，促进农业现代化，提高农业生产效率，加强农村产业融合，发展特色产业和乡村旅游等，为乡村经济注入新动力，实现自我

增长和自我完善。同时，注重培育乡村人才，提高农民素质，使其成为乡村振兴的主体力量。在成果共享方面，建立健全先进地区与落后地区、先富个体与后富个体之间的帮扶机制，促进资源合理流动和公平分配，缩小区域发展差异，实现共同富裕。此外，通过提升基本公共服务水平，如教育、医疗、养老等，保障农民基本生活需要，提高生活质量，进而实现乡村社会的全面和谐发展。

（一）创新内生增长模式

内生增长是乡村治理和乡村振兴的根本动能，要求因地制宜，创新政策和市场策略，以激发乡村发展的内在动力，增强乡村韧性。面对农村地区人口稀少、缺乏规模效应的挑战，以及劳动力向城市流动问题，关键不能简单模仿城镇化路径，而要通过借鉴城镇经济成长的正面影响，发掘和活化乡村独有的资源和文化，促进城乡之间的互补与共生。这包括利用城市的技术创新和经济发展带动农村产业升级，同时保持乡村的特色和生态平衡，发展特色农业、乡村旅游、绿色产业等，以此作为乡村振兴的新路径。此外，通过建立城乡一体化的发展机制，加强城乡间的物资、技术和信息流通，促使乡村在新的发展模式下，实现自我增值和可持续增长。这种策略不仅有助于乡村经济的多元化发展，还能够促进乡村社会的和谐与进步，为乡村振兴提供持久且稳定的内生动力。

1.资源配置效率的提升是实现乡村内生增长的核心

优化资源配置，涉及人口、土地、资金、技术等基本要素，这是促进农村经济和社会发展的基础。当前，尽管农村地区拥有丰富的自然和人力资源，但由于历史上形成的城乡二元结构，资源在城乡之间流动存在障碍，资源配置的效率不高，阻碍了乡村振兴的步伐。

人口资源的优化配置是乡村振兴的关键。人口作为乡村发展的主体和动力，其合理流动和配置对促进乡村经济社会发展至关重要。要通过深化农村改革，畅通城乡人口双向流动渠道，促进农民工等农业转移人口在城镇顺利落户，同时吸引更多的人才和青年返乡创业，充分发挥他们在乡村振兴中的积极作用。土地资源的有效配置是促进乡村振兴的重要基础。土地是农村最重要的生产资料，通过深化土地制度改革，建立城乡统一的土地市场，完善土地使用权的转让、出租、抵押等市场机制，可以有效提高土地资源的利用效率，促进农村土地资源的合理流动和优化配置，为乡村经济发展提供坚实基础。在资金方面，加大对农村发展的金融支持，改善农村金融服务体系，提高农村金融产品和服务的针对性和有效性，是解决农村发展资金不足问题的关键。同时，科技创新在推动乡村振兴中发挥着越来越重要的作用，通过推动科技成果转化应用，提升农业科技创新和推广应用水平，可以有效提高农村生产效率和产品附加值，促进农村经济的高质量发展。

2. 人力资本积累是推动内生增长的基本支撑

随着中国经济转型及产业升级换代的步伐加快，传统的以低技能劳动力为主的低成本优势正逐步丧失，这要求乡村振兴不再只依赖低质量的产能扩张，而应转向加快人力资本的积累和提升。这样不仅有助于提高乡村居民的生活质量和收入水平，还能有效激发乡村经济的内生动力，促进乡村产业的转型升级和持续健康发展。

要实现人力资本提升，先要从根本上解决乡村教育资源不足的问题。教育是提升人力资本最直接和有效的方式，通过提高乡村学生的受教育水平，不仅可以直接提升乡村人口的知识和技能水平，还可为乡村培养出更多的创新创业人才打下坚实的基础。因此，要加大对乡村教育的投入，通过建立城乡教育联合体、推广职业教育、提高教育质量等方式，加快提升乡村教育水平。

针对现有的乡村劳动人口，需要建立和完善知识与技能培训体系。在当前经济转型的大背景下，乡村劳动力需要适应数字经济、服务经济、低碳经济等新的经济发展趋势，这就要求乡村劳动人口不仅要具备基本的文化知识，还要掌握必要的技能和数字素养。因此，要通过开展各类职业技能培训、数字技能提升课程等，全面提升乡村劳动人口的职业技能和数字化应用能力，增强他们在新经济形势下的就业和创业能力。

3. 资源集聚效应是促进乡村经济增长的必要条件

通过资源集聚，可以充分发挥规模效应，提高资源利用效率，促进产业升级，最终实现乡村经济的高质量发展。首先，资源集聚需要进一步整合村庄间的资源。在传统乡村经济中，资源分散、规模小、效率低是普遍存在的问题。通过村集体之间的资源整合和利益分配机制构建，可以形成更有效率的规模经济，提升村集体收益，同时促进农村居民就地就近就业创业。这种整合不仅涉及物质资源，如土地、资金等，还包括人力资源、信息资源等，通过市场机制作用，村庄间可以形成互补、共赢的局面。其次，现代生产要素向规模化的市场主体聚集是资源集聚效应的另一个重要方面。随着农业现代化的推进，新型农业经营主体和服务主体的发展成为乡村振兴的重要力量。这些市场主体具有较强的竞争力和带动力，能够吸引更多的现代生产要素，如资金、技术、人才等向其聚集，从而提升整个乡村经济的竞争力。通过构建规模市场主体与小散农户的利益联结机制，可以将分散的、规模小的主体衔接纳入产业链和价值链，实现资源优化配置，通过辐射和带动作用全面提升产业效益。

资源集聚效应的实现，需要政府、市场主体、农户等多方面的协同努力。政府需要通过政策引导、资金支持、改革创新等手段，为资源集聚创造有利条件。市场主体要发挥自身优势，积极参与到乡村振兴中来，通过创新经营模式、提升产品和服务质量等方式，提高自身竞争力。农户作为乡村振兴的基本单元，需要积极参与到资源集聚过程中，通过加入合作社、参与股份合作等形式，实现自身利益的最大化。

（二）健全成果共享机制

乡村振兴战略下的乡村韧性治理要求资源进一步集聚，这是先富带动后富的前提条件，但与此同时，实现这一目标并非易事，特别是在确保乡村振兴成果公平共享方面面临挑战。为了应对这一挑战，必须将资源的有效集聚与先富带动后富机制作为基础，同时通过前瞻性的公共政策调节来完善共享式增长和基本公共服务均等化机制。这意味着，在乡村振兴的每一个步骤中，从资源分配到产业发展，再到成果分享，都需要考虑如何通过政策设计来确保所有农民都能公平地享受到乡村振兴带来的经济和社会福祉。具体而言，这包括优化税收和转移支付制度，加大对农村基础设施和公共服务的投入，促进教育、医疗、养老等基本公共服务均等化，以及通过立法和政策支持，鼓励农民参与乡村治理和发展规划，共同分享乡村振兴的成果。通过这些措施，可以在乡村振兴的过程中实现农民共同富裕，为构建社会主义现代化国家贡献力量。

第一，乡村多样性是实现共享式增长需要考虑的基础条件，需构建多样性价值转化通道，以便乡村地区能够获得更多共享增长的机会。乡村多样性不仅涵盖了自然资源和生态环境的多样性，还包括文化、经济活动、社会结构等方面的多样性，这些多样性是乡村独特的资源和优势，也是推动乡村可持续发展的重要基础。

中国正处于向低碳经济转型的关键时期，这一转型不仅是生态文明建设的重要内容，还是促进乡村振兴和实现共同富裕的重要途径。乡村地区因其丰富的自然资源和生态环境，在低碳经济转型过程中扮演着至关重要的角色。因此，促进乡村绿色低碳发展的关键是建立公平有效的生态价值转化机制，确保经济较为落后但生态较好的地区能够通过生态资源的合理利用和转化，共享经济增长的成果。这要求加快完善“绿水青山就是金山银山”的转化通道，推动生态资源丰富的地区通过生态产品的开发和服务，实现经济增长和生态保护双赢。乡村地区的多样性还表现在其独特的农耕文化、乡村生态和田园风情上，这些是乡村地区不可复制的资源和优势。为了充分挖掘和利用这些多样性价值，需要加强政策支持和资金投入，通过产业融合和产业链延伸等方式，促进乡村与城市的互动和融合发展。这包括促进城市居民到乡村投资和消费，以及通过技术创新和服务模式创新，开发新的乡村旅游、文化体验、生态农业等产业，以多样性价值转化为乡村带来更多的共享增长机会。

构建多样性价值转化通道不仅能够促进乡村地区经济的增长和多样性资源的有效利用，还能够通过促进城乡互动和资源共享，加快乡村振兴进程，实现乡村共同富裕。这要求关注生态环境保护和资源合理利用的同时，注重乡村文化的保护和传承，以及乡村社会的和谐发展，从而促成一个既富有生态价值又充满文化魅力的美丽乡村，实现乡村振兴战略的长远目标。

第二，先富带后富不仅是一种由点及面的经济增长模式，还体现了一种深刻的社会公平与正义。要实现这种溢出效应，需要创造有利的政策环境和市场条件，确保经济发展的成果能够更加公平地分配给每一个乡村家庭。

政策环境的优化需要基于对农村集体产权特征的深入了解。在中国农村，集体产权是一种独特的经济和社会制度，它既是乡村经济发展的重要基础，也是实现共同富裕的关键。因此，形成与农村集体产权相容的共富机制，是推动先富带后富的重要途径。通过促进集体间的联合发展，出台配套政策，支持村集体之间乃至更高能级区域层面的联合与共富，可以有效地整合资源，提升整体的经济效益和社会福利。要充分发挥党建引领的作用。在中国农村，党组织扮演着重要的领导和协调角色。通过推动区域联盟式的大党委机制，协调整合若干村庄或乡镇的资源优势，可以在治理机制上支撑强村带弱村、先富带后富机制的构建。这种机制不仅能够有效地整合资源，促进区域内的经济均衡发展，还能够提升乡村治理的效率和效能，实现资源优势的最大化利用。

在产业发展、集体经济增收、基本公共服务等领域先进村集体抱团发展，不仅有利于强村与弱村之间资源共享和优势互补，还有助于拓宽各类资本不足、收入较低农户的增收渠道。这种抱团发展的策略，不仅能够有效提升乡村的整体经济实力，还能够促进社会公平与正义，实现更广泛的共同富裕。通过优化政策环境和市场条件，加强党建引领，实施共建共享工程等，可以为共同富裕的溢出效应创造有利的条件。但实现真正意义上的共同富裕，还需要乡村社会全面发展和人民生活水平全面提升。这不仅是一个经济问题，还是一个社会问题，需要政府、社会和个人共同努力。

第三，高质量的基本公共服务是增强乡村韧性、实现乡村居民共同富裕的重要支撑，为了促进乡村居民生活共富，提升基本公共服务的质量和可及性应被视为一项战略任务。这不仅涉及消除城乡在基本公共服务待遇上的差别，还涉及对教育、医疗、养老等服务质量的全面提升，以及服务供给方式的创新。加快消除城乡基本公共服务待遇差别，对于增强乡村对所有人的包容性至关重要。在实际操作中，可以优先在县域内推进城乡基本公共服务标准的统一和制度的并轨。例如，提高基本医疗保险的待遇水平，提升城乡居民基本养老保险的统筹层次和待遇水平，确保城乡居民享有同等的社会保障待遇。此外，将兜底保障作为城乡基本公共服务统筹的基础任务，推动救助标准城乡统一，有助于加快缩小救助领域的地区差距和城乡差距。

随着城镇化进程的推进，乡村人口呈持续减少趋势，尤其在偏远地区，人口将更加分散和稀疏。这就要求在医疗、卫生、养老等需要规模经济支撑的基本公共服务供给方面考虑到集约性。可以通过网络协作、合作生产、跨层级协同等多元形式进行整合，提升服务供给的效率和覆盖范围，加快适应人口布局变动的趋势，从而提高乡村地区的吸引力和居民的生活质量。提升基本公共服务的质量和可及性还需要加强服务供给方式的创新。例如，利用现代信息技术，发展远程医疗、在线教育等新型服务模式，不仅可以突破地理空间的限制，提高服务的可及性，还可以有效提升服务的质量和效率。

总的来说，共同富裕与乡村韧性治理之间存在紧密的内在联系，在动力来源、价值取向、发展理念和目标方向上具有内在的一致性，二者相互促进、相辅相成，共同推动着乡村振兴和全面、可持续发展的进程。在动力来源上，共同富裕的实现需要依靠全体人民的勤劳与创新，这种精神力量也是乡村韧性治理的核心动力。在价值取向上，实现共同富裕的主体是人民，而乡村韧性治理也强调以人民为中心的发展思想，无论是追求共同富裕还是实施乡村韧性治理，都需要注重提升人民的获得感、幸福感和安全感，促进人的全面发展。在发展理念上，无论是乡村韧性治理还是实现共同富裕，均以创新、协调、绿色、开放、共享为核心理念，特别是共同富裕所追求的缩小区域、城乡的发展与收入差距，与乡村韧性治理中努力解决城乡发展不平衡不充分问题的目标相契合。乡村韧性治理旨在通过提高乡村发展韧性，构建乡村新发展格局，从而有助于缩小城乡差距，实现共同富裕和农村可持续繁荣发展，展现出中国式现代化新农村的美丽画卷。

参考文献

[1] 王鑫，吴业苗．以乡村韧性治理推进高韧性体系构建 [J]. 江苏社会科学，2023（6）：112–121.

[2] 买欣，陶伟，刘望保．国内外乡村韧性研究进展评述 [J]. 人文地理，2023，38（2）：28–34.

[3] 黄承伟．推进乡村振兴的理论前沿问题 [J]. 行政管理改革，2021（8）：22–31.

[4] 丁忠明，冯德连，张延海，等．变迁与创新：乡村振兴战略的本土逻辑与高质量推进：兼论小岗村的乡村振兴实践 [J]. 财贸研究，2021，32（4）：55–59.

[5] 周文，司婧雯．乡村治理与乡村振兴：问题与改革深化 [J]. 河北经贸大学学报，2021，42（1）：16–25.

[6] 王向彬，朱铨．乡村韧性研究进展与展望 [J]. 资源开发与市场，2022，38（3）：321–327.

[7] 唐任伍，郭文娟．乡村振兴演进韧性及其内在治理逻辑 [J]. 改革，2018（8）：64–72.

[8] 李实，陈基平，滕阳川．共同富裕路上的乡村振兴：问题、挑战与建议 [J]. 兰州大学学报（社会科学版），2021，49（3）：37–46.

[9] 吕德文．乡村治理 70 年：国家治理现代化的视角 [J]. 南京农业大学学报（社会科学版），2019，19（4）：11–19，156.

[10] 习近平．论坚持全面深化改革 [M]. 北京：中央文献出版社，2018.

[11] 刘胜．加快民族乡村振兴的路径探析 [J]. 民族大家庭，2022（2）：47–49.

[12] WARE W B，FERRON J M，MILLER B M. Introductory Statistics：A Conceptual Approach Using R[M].New York：Taylor and Francis，2013.

[13] 李艳营，叶继红 . 乡村韧性治理的三重维度：权力、制度、技术：基于国家 – 社会关系理论的分析 [J]. 湖湘论坛，2022，35（6）：75–85.
[14] 刘涛 . 中国共产党百年乡村治理的功能定位、实践逻辑及时代任务 [J]. 人文杂志，2021（8）：10–18.
[15] PAN J N，ZOU Z B，SUN S，et al.Research on Output Distribution Modeling of Photovoltaic Modules Based on Kernel Density Estimation Method and Its Application in Anomaly Identification[J].Solar Energy，2022（2）：1–11.
[16] 燕连福，程诚 . 中国共产党百年乡村治理的历程、经验与未来着力点 [J]. 北京工业大学学报（社会科学版），2021，21（3）：95–103.
[17] 姚玉强 . “四联四促” 提升基层社会治理现代化水平 [J]. 新长征（党建版），2023（7）：41–42.
[18] 慕娟，马立平 . 中国农业农村数字经济发展指数测度与区域差异 [J]. 华南农业大学学报（社会科学版），2021，20（4）：90–98.
[19] 王位芳 . 治理现代化视域下党领导基层社会治理的创新路径研究 [D]. 赣州：江西理工大学，2022.
[20] 罗鹏 . 基层社会治理现代化视域下数字治理制度供给失衡与对策研究 [D]. 南京：中共江苏省委党校，2023.
[21] 李菁 . 乡村振兴中韧性发展的经济：社会政策与共同富裕效应 [J]. 区域治理，2022（38）：1–4.
[22] 施生旭，周晓琳，郑逸芳 . 韧性社区应急治理：逻辑分析与策略选择 [J]. 城市发展研究，2021，28（3）：85–91.
[23] 刘姝雯，杨胜刚，阳旸 . 中国农村经济发展新旧动能转换测度与评价 [J]. 统计与决策，2021，37（8）：73–76.
[24] 杜伟杰，金通 . 在新征程上加快推进农业农村现代化 [J]. 群众，2022（23）：24–25.
[25] 陈鹏伟，宋慧琪，武耀杰，等 . 中国农村经济韧性评价及影响因素研究 [J]. 云南农业大学学报（社会科学），2022，16（5）：43–52.
[26] 冯留建，王宇凤 . 新时代乡村治理现代化的实践逻辑 [J]. 齐鲁学刊，2020（4）：86–95.

[27] 王彩丽，闫绪娴 . 中国乡村韧性时空分异及障碍因子诊断 [J]. 经济问题，2022（10）：91–97.

[28] 李红波 . 韧性理论视角下乡村聚落研究启示 [J]. 地理科学，2020，40（4）：556–562.

[29] 于法稳 ."十四五"时期农村生态环境治理：困境与对策 [J]. 中国特色社会主义研究，2021（1）：49–51，2.

[30] 张兴宇，季中扬 . 礼俗互动：农村网格化管理与新乡贤"德治"协同逻辑 [J]. 南京农业大学学报（社会科学版），2020，20（1）：79–89.

[31] 胡卫卫，李一凡，豆书龙 . 乡村韧性治理共同体的建构逻辑与运行机制 [J]. 西北农林科技大学学报（社会科学版），2022，22（6）：59–67.

[32] 吴雄周 . 农户韧性能力促进高质量防贫的内在机制和实现路径 [J]. 求索，2021（4）：117–124.

[33] 王彩丽，闫绪娴 . 中国乡村韧性时空分异及障碍因子诊断 [J]. 经济问题，2022（10）：91–97.

[34] 卢泓钢，郑家喜，陈池波 . 中国乡村生活富裕程度的时空演变及其影响因素 [J]. 统计与决策，2021，37（12）：62–65.

[35] 王杰，曹兹纲 . 韧性乡村建设：概念内涵与逻辑进路 [J]. 学术交流，2021（1）：140–51.

[36] 黄季焜 . 加快农村经济转型，促进农民增收和实现共同富裕 [J]. 农业经济问题，2022（7）：4–15.

[37] 邱蓉 . 乡村振兴视角下西部地区农业产业同构研究 [J]. 贵州社会科学，2021（4）：137–145.

[38] 王淑新，胡仪元，唐萍萍 . 集中连片特困地区乡村振兴与绿色发展协同推进的长效动力机制构建 [J]. 当代经济管理，2021，43（4）：33–38.

[39] 王思斌 . 乡村振兴中韧性发展的经济—社会政策与共同富裕效应 [J]. 探索与争鸣，2022（1）：110–118，179.

[40] 董立仁 . 提高社会治理能力的几个着力点 [J]. 中国发展观察，2023（2）：42–45.

[41] 索柏民，王绿 . 乡村振兴背景下农村基层社会治理现代化的实现路径 [J]. 党政干部学刊，2021（12）：70–74.

[42] 曹献雨，睢党臣．中国人口质量的时序变化和地区异质性分析 [J]. 统计与决策，2021，37（3）：76–80.
[43] 邱明丽，刘殿锋，刘耀林．乡村韧性理论框架与测度体系 [J]. 中国土地科学，2021，35（8）：107–114.
[44] 陈龙，王楠，冯丽丽．金融发展、产业结构优化与农村经济增长关联性研究：基于面板 VAR 模型的实证分析 [J]. 当代经济管理，2020，42（3）：90–97.
[45] 陈霄，李胜会．乡村振兴背景下农村人居环境韧性治理：机制与路径 [J]. 华南理工大学学报（社会科学版），2023，25（3）：116–126.
[46] 周庆智．官民共治：关于乡村治理秩序的一个概括 [J]. 甘肃社会科学，2018（2）：2–10.
[47] 张汗青．浅谈经济新常态下农村经济发展转型问题及其对策 [J]. 农业经济，2021（12）：36–37.
[48] 许小玲．韧性治理视域下农村贫困地区乡村振兴实践路径研究 [J]. 理论月刊，2021（7）：59–65.
[49] 王成，任梅菁，胡秋云，等．乡村生产空间系统韧性的科学认知及其研究域 [J]. 地理科学进展，2021，40（1）：85–94.
[50] 方文涛．浅析新时代下农村经济发展的制约因素及对策研究 [J]. 农业经济，2022（8）：48–49.
[51] 肖平，周明星．新时代乡村社会治理创新：基础、困境与路向 [J]. 云南民族大学学报（哲学社会科学版），2021，38（4）：110–117.
[52] 余潇枫．新时代“枫桥经验”对推进基层社会治理现代化的启示 [J]. 探索与争鸣，2023（8）：13–16.
[53] 翟绍果，张星．从脆弱性治理到韧性治理：中国贫困治理的议题转换、范式转变与政策转型 [J]. 山东社会科学，2021（1）：74–81.
[54] 张诚．韧性治理：农村环境治理的方向与路径 [J]. 现代经济探讨，2021（4）：119–125.
[55] 罗迪，夏梁，付妤珂．构建产业韧性评价指标体系研究 [J]. 当代经济，2022，39（10）：9–14.

[56] 常永佳 . 绿色金融支持农村经济高质量发展的机遇、挑战与现实路径 [J]. 农业经济，2022（4）：107–109.

[57] 年猛 . 国内外农村经济发展的典型模式及对我国乡村振兴战略实施的启示 [J]. 当代经济管理，2022（5）：45–50.

[58] 朱煜明，刘才宏，穆炳旭 . 经济可持续发展视角下政策导向型乡村产业振兴模式与保障体系研究 [J]. 农村经济，2022（9）：33–41.

后 记

当为《新时代乡村韧性治理研究》这部著作划上最后一个句号时，心中既充满了欣喜，又带着几分不舍。欣喜于经过长时间的沉淀、思考与撰写，这部著作终于得以出版，不舍的是每一个字、每一个句子都凝聚了我的心血，仿佛它们是我亲手培育的幼苗，如今要独自面对世界的风雨了。

乡村，作为中华民族悠久历史和文化的载体，承载着深厚的乡土情感和丰富的社会实践。在当今这个快速变化的时代，乡村发展脆弱性仍然存在，在偏远山区表现尤为突出，同时各类潜在危机如影随形，包括社会结构的快速变迁、环境压力的增大，以及数字化转型的机遇与风险。这些挑战不仅影响了乡村的传统生活方式，还对乡村可持续发展提出了新的要求。如何构建一个能够适应变化、具有弹性的乡村治理体系，增强乡村发展韧性，实现可持续健康发展，成了一个亟待解决的问题。乡村韧性，作为乡村在面对自然灾害、经济波动、社会变迁等内外部压力时，所展现出的自我修复、适应和恢复能力，不仅关乎乡村自身的生存与发展，还对城乡融合发展和共同富裕全局具有重要影响。《新时代乡村韧性治理研究》这本书，正是在这样的背景下应运而生，主要探讨在国家、社会、市场三者相互作用下，如何加强和优化乡村韧性治理，以应对上述风险挑战，促进乡村的可持续发展。

在撰写这部著作的过程中，我深感乡村治理的复杂性和挑战性。乡村，作为中国传统文化的根脉，其治理不仅仅是一个行政问题，还是一个涉及文化、经济、社会等多个层面的系统工程。在新时代的背景下，乡村治理更是面临着前所未有的机遇与挑战。如何在新时代的洪流中保持乡村的韧性，实现可持续发展，是我一直在思考的问题。为了回答这个问题，我与团队成员经常开展田野调查，深入乡村田间地头，走村访舍，与村民朋友面对面交流，了解他们的需求和困惑；查阅大量的文献资料，梳理乡村治理的历史脉络和现状；结合理论知识和实践经验，提出自己的一些看法和建议，希望能为乡村治理和可持续发展提供一些新的思路和启示。特别是基于对当前乡村治理现状的关注，以及对未来发展趋势的前瞻性思考，我认为乡村治理作为一个复杂的社会系统，需要从多个维度进行考量，包括治理主体、经济发展、社会结构、文化传承、环境保护等；国家、社会、市场三者之间的关系更是乡村韧性治理系统能否有效运作的关键。因此，本书试图通过深入分析这三者之间的相互影响，探讨在不同的治理层面上，如何通过优化这三者之间的关系，增强乡村的韧性，提高其对外部变化的适应能力和自我调整能力。在具体内容上，本书先概述了国家、社会、市场之间的关系，以及这些关系对乡村韧性治理的理论意义和实践指导。随后，通过对乡村韧性治理的内涵、特征及其理论基础的分析，希望能提供一个理解乡村韧性治理复杂性的框架。最后，本书深入探讨了加强乡村韧性治理的多个方面，包括其战略意义、现实困境与影响因素、构建方略、优化设计等，旨在为乡村治理提供全面的分析参考和系统的解决方案。

然而，我也深知，这部著作只是我研究乡村治理的一个起点，而不是终点。乡村治理是一个永恒的话题，需要我们不断地探索和实践。我希望未来能够有更多的学者和专家加入这个领域，共同为乡村治理贡献智慧和力量。

在此，我要感谢我的家人、朋友和同事，是他们一直以来的支持和鼓励，让我能够坚持下来，完成这部著作。特别是本书在研究和撰写过程中，参阅了大量文献资料，尤其是汲取和借鉴了国内外广大专家学者的智慧和观点，在此表示衷心感谢！同时，要感谢所有为本书付出辛勤努力的团队成员和编辑，是你们的汗水使得这本书得以呈现在读者面前。当然，本书的研究仅为冰山一角，书中观点也是本人的一孔之见，敬请批评指正！

最后，我想用一句话来总结这部作品：“乡村韧性治理，需要我们每一个人的参与和努力。”让我们携手共进，为新时代乡村韧性治理研究书写更加辉煌的篇章！

刘卫平

2024 年 5 月 16 日

文学性、前景化与翻译：

一项基于《亨利六世》的研究

孙　媛◎著

吉林大学出版社

·长春·

图书在版编目（CIP）数据

文学性、前景化与翻译：一项基于《亨利六世》的研究：汉文、英文 / 孙媛著. -- 长春：吉林大学出版社，2024. 11. -- ISBN 978 - 7 - 5768 - 4442 - 9

Ⅰ. I561. 073

中国国家版本馆 CIP 数据核字第 2024PY5099 号

书　　名	文学性、前景化与翻译：一项基于《亨利六世》的研究 WENXUEXING、QIANJINGHUA YU FANYI：YI XIANG JIYU《HENGLI LIU SHI》DE YANJIU
作　　者	孙　媛
策划编辑	李潇潇
责任编辑	闫竞文
责任校对	周　鑫
装帧设计	中联华文
出版发行	吉林大学出版社
社　　址	长春市人民大街 4059 号
邮政编码	130021
发行电话	0431-89580036/58
网　　址	http：//www. jlup. com. cn
电子邮箱	jldxcbs@ sina. com
印　　刷	三河市华东印刷有限公司
开　　本	787mm×1092mm　1/16
印　　张	18
字　　数	323 千字
版　　次	2025 年 5 月第 1 版
印　　次	2025 年 5 月第 1 次
书　　号	ISBN 978 - 7 - 5768 - 4442 - 9
定　　价	89. 00 元

前　言

文学翻译研究的目的是通过分析文学翻译实践，研究文学翻译的技巧和理论，探索翻译过程中的决策、策略和问题，以更好地理解翻译活动本身，包括译者的角色、翻译的伦理和翻译批评的标准等。文学翻译研究一方面可以发展和完善翻译理论，为翻译实践提供指导，并促进翻译学科的学科建设；另一方面能够为文学创作和批评提供新的视角，帮助读者和批评家更深入地理解文学作品。

莎士比亚戏剧是在我国传播得最为广泛的翻译文学，对我国当代文艺审美产生了深远的影响。然而莎士比亚戏剧在我国的翻译与传播研究并不均衡，其最早的剧集《亨利六世》一直未受到应有的重视。首先，《亨利六世》以鸿篇巨制的形式反映了当时人们普遍关注的英国王权斗争，详细地展现了英国从领主封建制国家到现代民族国家的转变过程，因此在一定程度上，该剧也是英国作为现代民族国家的形成史和发展史，具有较高的文学性、早期现代性、政治性、历史性等研究价值。其次，《亨利六世》在当代影视界也产生了较为巨大的影响。剧中淋漓尽致地再现了英法百年战争、英国玫瑰战时期英国国内的政治生态，细腻饱满地填充了两场战争的历程，呈现了12次重要战役，如奥尔良之围、鲁昂、波尔多、韦克菲尔德、陶顿等战役，并刻画了包括英国国王亨利六世、王后玛格丽特等一系列生动的人物形象。如此密集的战争叙事和人物呈现极大地激发了人们对这段历史的当代想象，全球热播的《空王冠》《权力的游戏》等影视剧作均有来自《亨利六世》及其所反映的玫瑰战争的历史灵感。最后，作为莎士比亚的首部戏剧集，《亨利六世》也奠定了剧作家的戏剧创作风格，在莎剧创作史上具有重要的意义。但从《亨利六世》目前的研究现状来看，无论从翻译视角还是文学视角，学界对《亨利六世》的研究相对匮乏，体现为学术研究与大众接受之间的不平衡、不匹配的错位现象，因此无论从文学共生、文明互鉴还是知识传播的角度，都有必要对《亨利六世》做进一步探究。

通常来看，一部文学作品的文学性大致反映在该作品中的前景化（foregrounding）现象中。具体而言，前景化通常指文学文本中的语言偏离或显耀现象，是使一部文学作品具有自身风格的关键性因素，被赋予了重要的文学审美价值。作为莎士比亚最早且最优秀的系列剧之一，《亨利六世》中存在多种前景化现象，形成了独特的莎剧风格，为莎士比亚此后的戏剧创作奠定了基础。然而，历来的《亨利六世》文学批评研究中，前景化现象少有问津。不仅如此，《亨利六世》原文的前景化在翻译过程中也被不同程度地扭曲、抹杀，导致读者无法全面窥探莎士比亚在《亨利六世》创作中的艺术手段。

本书基于自建《亨利六世》英汉平行语料库，采用质、量结合的方法，从音位、语法、语义、语用四个层面，考察《亨利六世》原文中前景化语言现象的呈现方式和呈现特色，继而比较分析20世纪以来，该剧八个代表性汉译本在翻译前景化时的策略方式、异同得失以及其成因，旨在为当下的《亨利六世》研究提供借鉴、为今后的莎剧翻译、名著重译提供参考。这八个译本为：梁实秋（1967）、章益（1978）、索天章（1998）、覃学岚（2000）、苏福忠（2014）、陈才宇（2015）、覃学岚（2015）、傅光明（2021）。

研究发现，八译本对《亨利六世》的前景化现象的翻译处理共性主要表现为原文格律、头韵等语音前景化多以"形位"对音位的补偿而实现，大量四字格介入语音翻译，承担了主要的再前景化功能。反复、倒装、标记语等语法前景化主要采用了直译、移植、显化、语序重置等手段，实现了对原文前景化的再现。整体而言，八译本在语法层面的前景化转换表现较佳，语义、语用前景化转换稍逊一筹。具体到各译本：梁实秋、傅光明译本重视异质文化的传递，译文呈现较为稳定的异化特征。章益、索天章、苏福忠等译本由于采用透明化处理方式，译文归化特性显著。其中，索天章译本因省译过多，导致前景化翻译不足。相对而言，覃学岚译本由于运用文外注释、兼顾音义、构式整合、级阶转换等丰厚译法，在语言艺术、人际意义、异质文化等方面的传译更为饱满，将前景化损失程度降到了最低。

成因方面，影响《亨利六世》前景化翻译的外部因素主要为赞助人因素。赞助人通过选择译者、干预译者行为，进而影响到前景化的语际传译效果。内部因素主要为译者因素。梁实秋"存真""忠实"的翻译原则下还隐藏着"古雅""理性"的文艺理念，压制了其译文中神韵、情感的表达。傅光明"异有行、归有止"的思想在一定程度上影响了"原味儿莎"的传递。苏福忠明确反对"以顿代步"的形式束缚，译文表现得相对自由。覃学岚深度反思了韦努蒂、德里达的翻译思想，认同"语言归化、文化异化"的翻译理念，较好地实现了归化与异化的辩证统一。

基于以上研究，可以认为：前景化不仅是原文得以成为文学作品的关键因素，也是译文质量评价的一个重要因素；译者应具有前景意识，在翻译中尽可能做到诗性忠实，将前景化的损失降到最低程度；译者在音位上的前景化意识可以在莎剧的语音翻译上发挥积极作用；适度的归化策略在前景化翻译过程中不可避免；译者的文艺思想深刻影响了其翻译思想，是风格翻译的决定性因素之一；历时视角下，名著重译虽有其必要性，但要达到超越的目的，却是一个艰难而曲折的历程。

本研究充分思考了文学性与前景化在文学作品中的关系，对前景化概念的演进做了再思考和再定义，推进了前景化理论的进一步发展。在此基础上，笔者探索了莎士比亚戏剧《亨利六世》英语原文的前景化特征，并对《亨利六世》的八个汉译本做了细致分析，挖掘、比对了各译本为再现原文前景化特征而作出的种种努力，较为客观地评价了该剧八个汉译本对这些前景化现象的翻译策略，发掘了译者翻译思想，提出了“前景化转化率”研究模式，对深度理解剧作、译者、译者思想和译者选择作出了一定的贡献，同时也为该剧的研读提供了大量有价值的参考译例。希冀此书对今后的前景化翻译、《亨利六世》的批评与翻译、莎士比亚戏剧等方面的教学研究有所裨益。

本书是著者长期教学研究的成果，在一定程度上满足了读者对莎士比亚戏剧翻译审美多样化的需求。同时，本书也可作为相关专业的教学参考资料，为该剧的进一步研究提供借鉴。总之，将前景化引入文学翻译教学与研究，有助于加深师生对原文和译文的理解，提高学生对原作及译作的文学鉴赏能力，从而助益翻译教学和语言审美教育。

——著者

目 录
CONTENTS

第一章

绪论

第一节　选题缘起

《亨利六世》（*Henry VI*，*Part I*-*Part III*）上、中、下三部曲是莎士比亚最早、最长的戏剧，也是他最优秀的剧作之一。《亨利六世》以英国国王亨利六世的一生为时间轴，以艺术的手法详细展现了英国从领主封建制国家到现代民族国家的关键转变期，反映了英法百年战争末期到英国玫瑰战争时期，英国的内政、外交困境，塑造了一系列生动的历史人物形象。该剧奠定了莎士比亚戏剧的创作风格，在莎剧创作史上占有重要位置。

然而，国内外研究多将《亨利六世》解读为一种历史叙事。以中国知网收录成果为例，国内学者倾向于将该剧视为一部王权斗争史、平民利益斗争史、英国作为现代民族国家的形成史或资本主义发展史，对《亨利六世》的研究多从英国早期现代性、民族国家的形成、战争叙事、政治制度、历史文化等视角展开，这就导致《亨利六世》研究主题总体集中于"驼背理查""大宪章""历史剧""玫瑰战争""理查三世""文艺复兴"等政治性、历史性关键词上。近五年，"戏剧叙事"是唯一一个与叙事艺术相关的主题关键词。国外对《亨利六世》的研究更侧重于君王与宗教、国家治理、战争政治，甚至亨利六世的生平（伊顿公学由亨利六世所建）等话题，如"无神论（atheism）""圣礼（sacrament）""英格兰（England）""理查三世（Richard III）""玛格丽特（Margaret）""耻辱（shame）""计量文体学（stylometry）""巫术（witchcraft）""忏悔（penance）""玫瑰战争（Wars of the Roses）""归属（attribution）""伊顿公学（Eaton College）"等。尽管外文文献主题相对多元，但诸多主题中，也只有"计量文体学（stylometry）"与文体艺术相关。甚至于诸多著名的莎士比亚历史剧专题研究，如国外蒂利亚德的 *Shakespeare's History Plays*、国内李艳萍的莎士比亚历史剧系列研究，也都是聚焦于历史中的政治秩序、人物形象等主题，未能眷顾到该剧的语言艺术。由此可见，无论国内外，《亨利六世》的文学、翻译批评研究中，该剧的语言风格艺术鲜少人有问津，学界对《亨利六世》中所蕴含的语言艺术性有所忽略是个不争的事实。

这就导致读者，尤其是汉语为母语的读者无法全面领略《亨利六世》本来的语言艺术特色。虽然就内容而言，《亨利六世》是一部历史剧，但历史题材文学并非史实的无损再现，而是一种基于历史文献的文学遐想，是对历史的艺术性仿拟、虚构、重构、建构，甚至解构。莎士比亚首先是“一位艺术家，或者更确切地说，一位戏剧艺术家”（王宁，2016）[8]，对莎士比亚历史剧的历史、文化和道德性批判在一定程度上遭到了质疑（Ornstein，1959；Levin，2001；Parvini，2012），所以学者们提出需要从审美视角对莎士比亚历史剧进行观照。奥恩斯坦（Ornstein，1959）[3] 主张对莎士比亚历史剧的阐释必须最终建立在“完善的、训练有素的审美印象之上”（Ornstein，1959）[8]，要想重温莎士比亚的创作意图，只能从戏剧本身把握（Ornstein，1959）[9]。列维（Levin，2001）[16]认为历史文化范式下的莎士比亚历史剧批评不仅限制了对文本的文体分析，还阻碍了对风格的“警觉（alertness）”。帕维尼（Parvini，2012）[5] 更是提出，莎士比亚历史剧需要一种“美学复仇”式的批评新范式。可见，无论中外学者，对历史剧进行语言审美的期待由来已久。

童庆炳（2012）[63]强调历史题材的文学毕竟还是文学，需要从文学艺术角度对其进行欣赏。他指出，影响历史文学创作的因素有五个向度，如历史观、历史真实、价值判断、与现实对话和文体审美，其中只有文体审美才能展现出历史文学作品的艺术魅力，因此对历史文学作品的语言艺术、文体等方面的“审美提升至关重要”。

莎士比亚戏剧的语言文体审美始于18世纪的塞缪尔·约翰逊（Samuel Johnson）博士。他虽指责莎士比亚悲剧语言有时“浮夸、臃肿、平凡、冗长而晦涩”（Johnson，1908）[23]，却也不得不承认莎剧语言听起来比同时代作家“更为顺耳”（Johnson，1908）[20]，莎士比亚本人是“语言的独创性大师”（Johnson，1908）[20]，其艺术成就超越了其同时代的所有作家。随着莎士比亚西方正典中心地位的确立，越来越多的学者认为莎剧语言具有“认知敏锐力、语言活力和创新才情”（Bloom，1994）[46]以及“非凡的力量、活力和丰富性”（Joseph，2005）[3]。当然，莎士比亚戏剧语言为早期现代英语，当时尚无英语词典，也未形成固定的语法，语言的使用相对自由，这就给了莎士比亚足够的空间去操纵、运用，甚至改变语言。他通过前缀、后缀、转化、重组等造词手段，在戏剧写作中创造了大量英语新单词。他尤为擅长双关、夸张、隐喻、排比、重复等修辞手法（Joseph，2005）[48-89]，凸显出诸如“气势、热情、精微、幽妙、诙谐、粗俗”（孙大雨，1943）[15]等各种惊艳的语言效果。莎士比亚语言对后世的英语和英语文学所产生的影响之巨大，在历来的英国作家中，无出其右者。

作为莎士比亚最早、最优秀的历史剧集之一，《亨利六世》自然也集中了莎士比亚戏剧的各种特征。它首先是文学作品，是集对话、独白、旁白、口语、书面、诗歌、散文等各种语言要素、典故、神话、冲突、情感等各种内容要素于一体的艺术综合体，然后才是其他。它奠定了莎士比亚戏剧创作的风格基调，深刻影响了莎士比亚后续戏剧的创作，对理解后续莎剧必有启发。读者在欣赏《亨利六世》的过程中，同样需要将之作为一种审美对象来看待，绝不能仅仅把它当作一个历史故事或事件进程，囫囵吞枣地接受。因此，要想更好地理解《亨利六世》，对其进行语言、文体上的审美提升就成为一种必然。

文学文体学认为，文学语言与非文学语言的差别在很大程度上取决于语言的音位结构、语法结构和语义结构在某些方面突出的或者说是前景化的用法（刘世生，2006）[268]。利奇（Leech，2008）[3]对前景化的定义为：“前景化，即一种变异或偏离，偏离于人们所期待的、由语言来表达的语言符码或社会符码。从功能上讲，这种偏离传达了一种特殊的效果或意义。”从文体学意义上讲，前景化就是文学语言对常规语言的违背，给读者带来一种特殊的审美感知，是保持作品文学特质的必要手段。可见，前景化对文学文本的解析具有重要的功用，通过对文本中各种前景化的分析，可以更好地欣赏前景化带给文本的美感，理解作者的意图，从而为文学阐释提供有力的依据。总之，无论一部历史文学作品表现了何种内容、表达何种目的，其艺术魅力最终还是要落实到语言、文体层面上，因此对《亨利六世》的文体、翻译审美不妨也从前景化的识解开始。

对于《亨利六世》的翻译研究而言，一部文学作品中的前景化书写有两方面意义。一方面，前景化体现了作者独具的匠心，给原文读者带来审美愉悦。作者通过前景化手段邀请读者积极参与对文本文学性的解读。这就要求读者贴近原文、贴近语言、细读文本，从而发掘作品从音位到语用等各个层面的前景化现象，并阐释这些前景化现象如何影响、支撑了戏剧内容、情感和思想的艺术表达。由于译者也属于原文读者，识解前景化就成为其翻译工作的首要任务。另一方面，前景化也给译者的翻译工作带来了挑战。绝大部分中国读者都是通过各种汉译本而接受《亨利六世》的，对该剧的审美提升很大程度上需要依赖于译者的翻译、传递、呈现。所以必须要思考，原文各种前景化在译文中是否得到有效保留或还原，还是被扭曲、抹杀？如格律、音韵是素体诗固有的语音前景化现象，被译为汉语时，语音美感是否还能被保留？词汇、句子前景化在译文中有何变形，变形后的前景化是否仍然能引起读者的注意？经过译者的再创作，中国读者是否还能体会到原文文本语境下的语言、文字之美，是否还能领略到原文文化语境下的风俗、习惯、神话、信仰、情感？在带领读者感知原作的过程中，译者是仅仅复述了一个个连缀的故事，还是也能助力读者感知到原作者的匠心、窥探到莎士比亚在《亨利六世》创作中的文学手法？这些问题都需要思考。

第二节　研究对象

本研究以《亨利六世》的八个汉译本对原文前景化现象的翻译为研究对象，探查各译本在表现原文前景化现象时的翻译策略。各译本具体信息见表1-1。

表1-1　《亨利六世》译本信息一览

序号	译者	来源	出版社	初版时间	语料年份
1	梁实秋	莎士比亚全集第二卷	台湾远东图书公司	1967	1995
2	章益	莎士比亚全集第V卷	人民文学出版社	1978	2014
3	索天章	莎士比亚全集第三卷	译林出版社	1998	2014
4	覃学岚	莎士比亚全集第八卷历史剧卷二（诗体）	上海译文出版社	2000	2014
5	苏福忠	莎士比亚全集第VI卷	新星出版社	2014	2021
6	陈才宇	莎士比亚全集第二卷历史剧	浙江工商大学出版社	2015	2015
7	覃学岚	亨利六世（上、中、下）（诗体）	外语教学与研究出版社	2015	2015
8	傅光明	亨利六世（上、中、下）	天津人民出版社	2021	2021

梁实秋从1930年开始着手准备翻译莎士比亚，此后37年间陆续翻译了全部莎士比亚作品，1967年由台湾远东图书公司结集出版，1995年被中国广播电视出版社、内蒙古文化出版社同时引进大陆。朱生豪生前未能来得及翻译《亨利六世》，章益于是受邀于人民文学出版社翻译《亨利六世》。在1964年，章益已译完《亨利六世》，但出版工作因“文化大革命”而被搁置，直到1978年章益翻译的《亨利六世》才随着人民文学出版社11卷本的《莎士比亚全集》的出

版而得以问世。由于梁实秋、朱生豪译本都存在一定的问题，20 世纪 90 年代末，译林出版社决定重新校译、出版《莎士比亚全集》，索天章受委托重译《亨利六世》三部曲。

进入 21 世纪，苏福忠和陈才宇认为多人补译的莎士比亚历史剧无益于原作风格的传递，二人不约而同地重译了朱生豪未译的所有历史剧，完成了朱生豪的未竟之业。另外，覃学岚是《亨利六世》诗体译本的唯一译者，曾两次翻译该剧，其译本第一次被收入方平主译、主编的莎剧全集中，第二次被收入辜正坤主译、主编的莎译全集。由于覃学岚两个译本前后改动较大，在一定程度上可以反映同一译者对相同作品的重译规律，故两次译作都被纳入此次研究。傅光明是梁实秋之后，以一己之力翻译莎士比亚全部作品的第二人，其译本近年来逐渐受到关注。

以上八译本，因其生成年代、出版途径、译者身份、语言使用各自不同而产生了千差万别的风格特征。又因八译本赞助人均为大型出版社，八个译本都具有一定的影响力，因此本研究将聚焦于造成这八个译本风格差异的翻译策略，从文本前景化的微观视角解释造成这些风格差异的原因。另外需要说明的是，《亨利六世》严格算来到目前为止总共产生了 10 个汉译本，最早的是林纾与陈家麟合译的改写本《亨利第六遗事》（1916），第二个为绝版已久、绝大多数大陆读者都未得一见的虞尔昌译本，这两个译本或因翻译形式、或因接受度受限，故不纳入本次研究范围。

第三节 研究问题

本研究尝试在前景化视角下，基于自建《亨利六世》英汉平行语料库，采用质、量结合的方法，在文学文体学、语义学、功能语言学等译学跨学科理论基础上，从音位、语法、语义、语用四个层面，系统考察前景化在《亨利六世》原文中的呈现方式、呈现特色及人物和事件相关联的应用技巧，继而分析 20 世纪以来《亨利六世》的八个代表性译作对原文前景化语言现象的翻译处理，以尝试回答以下三个问题：

一、《亨利六世》原文中存在哪些前景化现象？

二、译者们采用何种策略、措施来翻译《亨利六世》原文中的前景化现象？

三、这些翻译策略、措施有何异同得失？有何成因？

本研究希望能为鉴赏、识解《亨利六世》提供借鉴，为今后的莎剧翻译、名著重译研究提供参考。

第四节 研究意义

本研究的理论价值和应用价值主要体现在以下方面。

1. 理论价值

第一，拓展了《亨利六世》的审美视角。前景化是文学文体学的一个基本美学原则，是对该剧语言、文体的审美再认识。本研究深入《亨利六世》原文和译文的文本及其特定语境，相对客观地分析、评价了该剧八个汉译本对原文文学文体特色的翻译情况，探查了作为主体的译者在剧中人物的思想表达、情感再现、形象重塑等手法上的得失、异同及成因。这些分析在一定程度上给《亨利六世》的识解带来了新的感知，有助于深化对作者在戏剧创作中的意图手法、主题思想、情节发展、人物情感等方面的理解。

第二，尝试发展了前景化概念。本研究梳理了以利奇（Leech）、韩礼德（Halliday）、范·皮尔（Van Peer）、申丹等国内外主要学者为代表的前景化思想，辨析了他们在前景化认识上的异同，指出了既有前景化研究框架对语用变异的忽略。在此基础之上，本研究融合了前人的前景化思想，结合前景化现象的本质，对文学中的前景化做了再定义，在一定程度上将现有的前景化理论思想向前推进了一步。

第三，探索了《亨利六世》前景化翻译研究框架。为了揭示前景化现象在翻译活动中对目的语形式与意义的影响，本研究参考前人的前景化研究框架、结合前景化的再定义以及《亨利六世》文本中的语言特色，从音位、语法、语义、语用四个层面，对《亨利六世》原文中的前景化变量进行识解，参数更为合理、多元，并对其八个平行译本进行比对，探索了《亨利六世》翻译研究的文学文体学范式。

第四，深化了翻译研究的质、量结合模式中的量性辅助思想。本研究在质性研究为主、量性研究为辅的模式基础上，对八个译本的翻译特色进行了较为详细的数据描述。结合数学中的“比率”思想，本研究提出了多译本对比研究的“前景化转化率”模式，可以此对原文前景化在译本中的翻译情况进行统计描写，在一定程度上满足了比较翻译研究中的量性需求。

2. 应用价值

第一，学术效益上，本研究可视为前景化理论和《亨利六世》翻译研究的一个阶段性成果，可为后续研究提供参考借鉴，也可在国内外学术交流中，提高中国学者的理论话语能见度。

第二，社会效益上，本研究满足了读者对莎士比亚戏剧翻译审美的多样化需求。长期以来，译学界关注的莎剧译本基本为《哈姆雷特》《罗密欧与朱丽叶》等常见剧目，读者难免审美疲劳，进而抱怨莎剧翻译“讨论的也还是那几个老译本”。本研究拓展了莎剧翻译研究领地，丰富了莎剧研究内容，在一定程度上满足了读者对莎剧翻译审美多样化的期待。

第三，机构效益上，本研究提供了大量译例，既可作为相关专业的教学参考资料，也可作为该剧进一步研究的研究参考资料。同时，将前景化引入文学及翻译教学，有助于加深师生对原文文本的理解，提高学生对原作及译作中的文学性辨别能力，从而助益于审美教育和翻译教学。

第五节 研究方法

本研究属于基于文本的翻译比较研究，主要涉及比较法、文本细读、抽样法、语料库等质性为主、量性为辅的研究方法。

（1）比较法是根据一定标准，认识两种或两种以上有联系的事物之间的异同、关联、影响的最有效方法之一。具体到本研究，比较法可以凸显《亨利六世》原文和译文之间、各译本之间在音位、语法、语义和语用等方面的细微差异。通过比较，研究者可以深入分析译者在翻译策略、翻译方法和语言表达上的个性特征，有助于正确把握各译本的得失异同。

（2）文本细读是文学批评领域的一种研究方法，指尊重文本，对文本进行充分阅读，关注文学作品的语言与结构，对文学文本进行细腻真切的感知，以便分析文学内部的特征和张力。于本研究而言，文本细读可为译文比较提供最为可靠的阐释理据，是比较原文与译文最有效的方式之一。

（3）抽样法指选择一定数量的能代表调查对象的样本进行研究，并把研究结论或数据推及总体。针对《亨利六世》中数量较多的前景化语言现象，全部标注既不可操作，也没有必要，因此选择具有代表性的样本不失为一种有效的手段。

（4）随着语料库技术的兴起和完善，风格研究从文学批评式的质性模式逐渐发展为定性、定量结合的双重路径模式。语料库在数据统计、计算、标注、归类等方面有着天然优势，成为风格翻译描写最为常用的手段。为了顺利比对

《亨利六世》的原文与译文，把握前景化在原文和译文中的呈现与变化，本研究使用了两种语料库，自建语料库和现成语料库。

自建语料库为“《亨利六世》一对八英汉平行语料库”主要用于《亨利六世》原文和八个译本的对比检索。该语料库包括一个英语原本，八个汉语译本。由于莎士比亚剧本英语版在网上已非常常见，正确率也有保证，本研究不再对《亨利六世》原文的纸质语料进行电子化处理，而是直接下载使用 voyant-tools 网站上提供的《亨利六世》英语原文电子语料。该网站不仅提供下载功能，还提供初步的语料分析功能。

《亨利六世》八个汉译本语料来源见本章表 1-1，此处不再赘述。八个汉译本在网络上没有相应的电子版，均由纸质版书籍扫描、转化为 TXT 格式文本。然后通过 Emeditor 软件以人工方式对原文和译文文本进行校对，删除注释和舞台导引，保留为纯台词文本。再经过分词处理、词性标注等常规操作，用 Abbyy Aligner 对齐后，生成对齐文本。为了清晰比对各汉译本之间的得失异同，需要再根据文本中的句号、问号、感叹号等符号，对文本进行句级对齐预处理。经整理后的原文、译文 text 文本文件通过 Abbyy Aligner 对齐软件实现自动对齐后，在经过手动辅助修改，基本实现了句级对齐，有助于对八个译本进行横向对比。

现成语料库为 BCC 和 CLL 两个大型汉语在线语料库。两个语料库直观地展现了特定词语的出现、分布、发展样态，可深度参与汉语译文的文本分析。

此外，由于语料库在自动识别文学前景化特征时力有不逮，必须对文本进行人工标注。笔者采用了常用质性标注软件 UAM CorpusTool 3.3，对语料进行深度加工。该软件是一款语言类质、量结合的研究软件，操作方便，能够满足研究者对文本的个性化标注要求。

结论部分，通过归纳法对前文的分析进行提炼、总结，得出结论。归纳法指从个别的或特殊的经验事实出发而概括得出一般性原理、原则的思维方法。本研究循着从译例、到小节、各章节及至全文的路径，对八个译本的再现原文前景化的过程、特征、影响等进行客观、翔实的总结。

总之，本研究是在比较视角下，融合了文本细读与数据统计、质性与量性等方法，对莎士比亚戏剧《亨利六世》原文和译文的分析。研究找寻原文中的文学性表征，即各种代表性的前景化手段，对比八个汉译本中对这些前景化的处理与转化，分析各译本的特点及成因，为解释八个译本各自的风格艺术特征找到法理上的支撑。

第二章

文献综述

第一节　《亨利六世》翻译研究

据查，无论国内外，《亨利六世》的翻译研究成果殊为稀少。

国外方面，Web of Science 文献库中收录的相关研究成果仅有一篇，即加德佩勒（Gadpaille）和祖潘（Zupan）（2020）的 *Interpreting and Translating Shakespeare's Heraldic Terminology*：1*Henry IV and* 2 *Henry VI in Slovene* 一文。文章考察了斯洛文尼亚语译者 Matej Bor 对《亨利六世》中的徽章典故及徽章双关语的努力复原。如《亨利六世》中篇第五幕第五场中，约克公爵用“bears”一词来指代自己的盟友沃里克和索尔兹伯里父子，“Call hither to the stake my two brave bears, That with the very shaking of their chains, They may astonish these fell-lurking curs”（2H6 5. 1. 144）①。“bears”一词既用来指斗熊游戏，一种流行于伊丽莎白时代的血腥游戏，熊被拴在桩子上，纵狗攻击，也指带有被锁在木桩上的熊纹图案的徽章。在翻译为斯洛文尼亚语时，熊与狗的对立形象被保留了下来，但表达虚伪和勇敢的形容词却被“牺牲”了。又如，《亨利六世》中篇第四幕第二场，起义领袖凯德的追随者迪克使用了“field”一词来解释凯德的出身，“Ay, by my faith, the field is honourable; and there was he borne, under a hedge, for his father had never a house but the cage”（2H6 4. 2. 37－38）。此处“field”既指野地，也指盾形徽章的花纹背景。前者比喻出身非常卑微，后者指

① 表明该句出自《亨利六世》中篇第 5 幕第 1 场第 144 行。依照莎士比亚研究惯例，以 1H6、2H6、3H6 代指《亨利六世》英语上、中、下三篇，例句的出处标明该句所在具体幕次、场次和行数。又如“For Henry weeps that thou dost live so long（2H6 3. 2. 122）”，意为该句出自《亨利六世》中篇第三幕第二场第 122 行。后续的例句出处，均照此标注。

出身高贵，两种意义并置，表明人们普遍意识到凯德声称的贵族关系是虚假的。译者选择了斯语中“polje”一词，可以承载英语原文中“field”的双重含义，同时也获得了“blago”一词的双关语含义。斯洛文尼亚语中“blagoróden”被用作头衔，意思是尊敬的、出身名门的，“polje”完美承载了原文的讽刺目的。总之，加德佩勒和祖潘认为译者在翻译徽章双关语时各有得失，但总体是成功的。

国内方面，中国知网中目前收录到的《亨利六世》的汉译研究相关论文也只三篇，郭健（2006）的《〈亨利六世〉中凸显的翻译问题》，陈萍（2013）的《英汉语言文化差异与翻译——浅论〈亨利六世〉中篇的翻译》以及陈然然（2019）的硕士毕业论文《〈莎士比亚之文化崛起：政治、出版、改编，1642—1700〉的翻译报告》。郭健从个体翻译实践经验视角出发，较为详细地探讨了《亨利六世》五个方面的翻译问题。首先，作者以“a whole fifth”为例，强调译者应掌握戏剧中的时代背景，了解基本的历史事件。其次，作者探讨了连词“that”和“the said”的翻译，强调译者应对语言本身具有相当的感知力。最后，“your high imperial majesty”“your grace”“great King of England”等各种称呼语在《亨利六世》中是一种显著的语言突出现象，应以汉语中同样丰富的对等词汇来表达。头韵、双关等各种修辞手段也值得关注，译者应以准确表意为主，然后再考虑形式美的保留。此外，剧中存在大量的文化及典故的表达方式，对不具备相关背景的中国读者的理解造成了巨大困难，也是译者应多加注意之处。陈萍在主要认为《亨利六世》原文使用的是伊丽莎白时期的语言，不宜将其译为现代汉语，而要结合语境，体现出对话的场合以及人物的地位关系，语言风格上应尽量显得正式、庄重、严肃。陈然然探讨了翻译过程中的难点及相应的翻译方法和技巧，对《理查三世》《亨利六世》等剧有所涉及。

以上研究对本书具有启发意义，但也由此可以看出，无论国内外，《亨利六世》的翻译研究目前尚未完全进入学界视域，有待于进一步的学术挖掘。

第二节　《亨利六世》批评研究

由于《亨利六世》翻译研究成果稀少，研究过程中难免要借鉴其文学批评中的观点，故而有必要对该剧的文学批评做一简要回顾。

一、国外主要批评

国外评论界关于《亨利六世》基本存在三种认知倾向：二流作品、著作权之疑、历史剧即历史。20 世纪 50 年代，大卫（David，1953）[129]如此描述了英国学界对莎士比亚历史剧的接受情况：

> Shakespeare's Histories are not popular. They are generally regarded as inferior works, neither flesh nor fowl, lacking alike the Tragedies' direct assault on the emotions and the poetry and fancy of the Comedies. (David, 1953)[129]

当时的学界对莎士比亚历史剧的看法可见一斑，甚至什维多夫认为莎士比亚历史剧之所以不受欢迎，和评论家们不无关系。当时的莎剧评论有一种主流声音，认为莎士比亚历史剧表面上是八部戏剧，实则是关于王权职责和乱世之危的持续性争论，这些争论通过八个相关戏剧逐步发展而来。

这种评论让莎士比亚历史剧的欣赏变得复杂，因为大部分普通观众去剧院是为了看戏，而不是看政治论文，复杂的评论只能让观众逃离历史剧（什维多夫，1994）。事实上，历史剧在英国的繁荣时间很短暂，文艺复兴之后，英国本土难再现莎士比亚时期那种成规模、成体系的历史剧。同时，历史剧长期以来在英国本土也没有引起理论上的特别重视，这就导致后人对包括《亨利六世》在内的莎士比亚历史剧的价值一直缺乏应有的认识。

英美批评界最为感兴趣的是《亨利六世》上篇的著作权。由于《亨利六世》上篇的创作时间为 1591 到 1592 年间，晚于中篇、下篇一到两年，但其创作风格和艺术手法却与二者大有不同，甚至由于“二流作品论”的影响，《亨利六世》上篇的艺术价值也被认为劣于其姊妹篇，这就引发了莎剧编辑帝博尔德（Theobald，1734）对《亨利六世》上篇作者著作权的怀疑。于是，两个多世纪以来，围绕着《亨利六世》上篇的著作权形成了三种不同的观点：莎士比亚是该剧的作者（Johnson，1765；Alexander，1920；Hattaway，1990；Warren，2002）、莎士比亚不是该剧作者（Farmer，1767；Marlone，1790）、部分是莎士比亚所作（Theobald，1734；Craig，2009）。剑桥版《莎士比亚》全集的编辑约翰·丹佛·威尔森（John Dover Wilson）也深度参与其中，他甚至在《亨利六世》上篇的序言中，列出了自己对该剧创作团队的猜想，认为该剧作者不只有莎士比亚，还有当时的大学才子纳什（Nashe）和格林（Greene）（Wilson，1968）。进入 20 世纪，逐渐有学者（Hart，1909；Cairncross，1962）厌倦了这种无意之争，提出不再与莎剧批评保持一致，而是将文本当成文本、戏剧当成戏剧来对待。长期的著作权探讨，间接导致该剧关注点的转移，一定程度上也影响了该剧的接受情况。

英美学界这种轻视历史剧艺术价值的态度也影响了苏俄对《亨利六世》的接受。由于历史剧能为研究莎士比亚时期的英国政治、历史提供大量资料，导致许多俄苏学者“在分析历史剧时往往只囿于考察诗人世界观的发展，而忽略了对这些剧本的艺术特色的研究”（什维多夫，1994）[2]，也就是说，苏俄莎士比亚学界和戏剧界的学者们，很大程度上将历史剧作为史实来考察（什维多夫，1994）[3]。很显然，这种认知违背了戏剧本身的艺术特性。小看莎士比亚历史剧在当时成了一种普遍现象，苏联著名莎剧专家尤·什维多夫为了消弭这种状况，专门写了一部《莎士比亚历史剧》，以挖掘莎士比亚历史剧的艺术性。

什维多夫（1994）[24]高度评价莎士比亚为“英国古典历史剧的创始者”，认为他在历史剧中创造了个性鲜明的艺术形象，并以诗歌的固有形式，展现了一幅幅广阔的中世纪历史画面。在什维多夫看来，《亨利六世》上篇虽然算不上莎士比亚的代表作，但作为其处女作，这部剧显然是成功的。至于《亨利六世》三部曲，什维多夫指出了剧中存在的一些瑕疵，如冲突不够明晰，不能完全解决剧中的问题，打斗场面过多，稍显单调，整个三部曲的台词都有点长、有“辞藻雕琢的痕迹” （什维多夫，1994）[34]等。关于辞藻，什维多夫和韩礼德（F. E. Halliday）达成了共识，后者曾尖锐指出早期莎剧台词的一些通病：

> Speeches, therefore, tended to be long, set declamations directed at the audience, and even in the shorter ones the characters in these early plays appear to be more interested in the audience than in their companions on the stage. (Halliday, 1964)[54]

总体来说，什维多夫对《亨利六世》三部曲的态度是极为肯定的，他认为三部曲是一幅描绘英国人民灾难深重的巨型油画，虽然莎士比亚在剧中没有提出历史和政治问题的正面解决办法，但作者对所描写的事件的态度却是非常明确的，即对封建主的血腥内讧进行了坚决的谴责。可以看出，什维多夫采取了一种阶级立场来看待整部戏剧及作者与戏剧之间的关系，然而在民族立场上，什维多夫与莎士比亚保持了一致，忽略了法国人民在反侵略过程中所遭受的苦难更为深重的事实。

近年来，国外对《亨利六世》的态度有所改观，“二流作品论”逐渐受到质疑。莎士比亚权威图书馆福尔杰图书馆发布文章，指出《亨利六世》早期受欢迎的最直接的证据，那便是托马斯·纳什（Thomas Nash）对《亨利六世》上篇当年演出盛况的描述：

How would it have joyed brave Talbot (the terror of the French), to think that after he had lain two hundred years in his tomb, he should triumph again on the stage and have his bones new embalmed with the tears of ten thousand spectators at least (at several times), who, in the tragedian that represents his person, imagine they behold him fresh bleeding. (Nash, 1592)[29]

此处的"ten thousand spectators"应是个保守的说法。根据当时剧院经理菲利普·亨斯洛（Philip Henslowe）手里的戏票存根数量可知，此剧连演 14 场，观众人数至少达到了两万①之众。然而令人感到不可思议的是，即使巴里·凯尔（Barry Kyle）执导的《亨利六世》获得了巨大的成功，仍有批评家从历史、著作权、台词到服装风格，甚至演员的发声方式等方面罗列出一系列本不是问题的问题（Hampton，1995）。之所以《亨利六世》遭到了这么多非难，并非是因为《亨利六世》有多么逊色，而是因为《亨利六世》掀开了英国历史上一系列腐朽与坍塌的盖布，与后世的英国观众、读者对本民族辉煌历史的想象不符，从而导致了对该剧的接受意愿不强烈，以至于产生严重的认知偏差。

二、国内主要批评

国内最早的《亨利六世》批评也从著作权开始。梁实秋（1995：88）在翻译《亨利六世》上篇时，曾不遗余力地介绍了耶鲁版编者布鲁克（Tucker Brooke）关于著作人的综述。除了上文所提的三种著作权观点，梁实秋指出还有第四种"修改"说。"修改"说可能是 Theobald 提出来的，当然也遭到了 Ward、Shelling 等"增补"说的反对。梁实秋本人则接受了"修改"之说。

或受"二流作品论"和苏俄莎士比亚历史剧研究影响，以剧作代历史的文艺观在国内《亨利六世》研究中也有所体现，前文已述不赘。与国外研究不同的是，国内学者对《亨利六世》上篇的著作权并不十分感兴趣。从中国读者的反馈：戏剧"本身很精彩""何必追究是否为莎翁原作呢?"② 可见，《亨利六世》上篇的作者到底是谁，中国读者并不在意。中国学界对该剧的观照也更多从剧作本身出发，态度更为中肯，如承认莎士比亚能将错综复杂的历史事件织

---

① 该数字出自拉金（Rackin）发布于福尔杰莎士比亚图书馆网站上的 *Modern Perspective: Henry VI* 一文，原文中未显示发布日期，具体网址为：https：//www. folger. edu/explore/shakespeares-works/henry-vi-part-1/henry-vi-part-1-a-modern- perspective/。

② 见读者"雨林"的评论，https：//book. douban. com/subject/26955392/。

构成线索清楚、场面宏大的戏剧，认可剧作家的天才匠心（孟宪强，1994）[263-264]。随着《亨利六世》研究的深入，中国学界也开始承认该剧是莎士比亚最优秀的剧作之一（邹广胜、穆宝清，2012）。

整体接受方面，赵澧、孟伟哉、管珑（1965）等较早展开了对《亨利六世》的评论，明确提出了莎士比亚“反对国家纠纷，肯定国家统一”的思想，为后续的《亨利六世》研究提供了一定的参考。20世纪，对《亨利六世》最为全面的解读当属孙家绣（1998）的《莎士比亚的英国历史剧从〈爱德华三世〉可能是莎作谈起》一文，作者在文中勾勒了三部曲的主要故事内容，挖掘了莎士比亚在《亨利六世》中关于秩序、国家、君主、人民、宗教等的重要思想，极大地拓展了该剧的研究视野。《亨利六世》译者索天章（上 1984）[3] 将该剧视为一部封建王族尔虞我诈、为了争夺王位而互相残杀的历史剧，人物形象不丰满，语言也“没有太多的特色”。索天章的观点在一定程度上说明其对该剧的看法并不积极。译者覃学岚（下 2015）[140] 对《亨利六世》的看法更为细腻，认为《亨利六世》是一部“瑕瑜互见之作”“主要人物的刻画都很成功”。可见，索、覃两位译者对同一部作品的看法并不十分一致。由于译者全程跟踪了《亨利六世》全剧，不仅在语言、情节方面较一般读者、评论者的理解更为深刻，而且也能反映出译者对文本的特定态度，在一定程度上译者会把这种态度带入自己的翻译工作，故而译者对该剧的评论需要特别关注。

专题研究上，《亨利六世》中的宗教问题是一个探讨较多的话题。刘颖（2005）将亨利、贞德等人与《圣经》中的形象、故事、话语作对比，揭示了莎士比亚在创作《亨利六世》时对宗教的反讽。邹广胜、穆宝清（2012）则提出相反的观点，认为不能因亨利六世的无能而怀疑他内心的虔诚，也不能把亨利六世对《圣经》的执着看作是莎士比亚的一种反讽。除了宗教问题，国王形象解读也是国内《亨利六世》研究的一个重要关注点。学界普遍认为剧中的亨利六世天性善良、宅心仁厚（李正栓、马洋洋，2020），是一个虔敬宽容、爱好和平、品德高尚的圣徒式君主（张韵鑫、冯伟，2023），却过于年轻、懦弱、毫无主见，缺乏一个国王应有的斗志和执政能力（李正栓、马洋洋，2020）。与一般观点不同的是，另一译者傅光明（2020）从叙事学角度，将亨利六世解读为一个无能的“配角”，通过历数亨利六世在剧中各次出场中的作用，指出亨利六世只是整个故事叙事进程中的一个符号、一个戏剧的配角、战争的主角，正是亨利的各种昏聩政令导致了玫瑰战争的爆发。傅光明的国王形象解读给读者提供了识解该剧的另一种视角。语言研究方面，彭建华（2022）对照了《亨利六世》中篇的四个四折本，对早期现代英语的不一致进行统计分析，证明了莎士比亚时代的英语远未达到成熟状态。

以上批评拓展了《亨利六世》的欣赏视角，丰富了该剧的含义，为本研究提供了识解基础。

第三节 前景化翻译研究

通常认为，前景化是对常规（norm）的违背或偏离。前景化既是文体美学中的一个核心概念和常见术语，又是中外文学、美学研究的一个重要概念性工具。叶子南（2001）[115]最早将前景化理念和翻译实践相结合，通过俄、法、捷之间的例句翻译①，阐释了前景化与翻译之间的问题。叶子南把文学作品中的前景化分为两种，第一种是由于英汉语言体系不同所造成的偏离，如“He died yesterday”，如果汉译为“他死了昨天”就是对汉语语法的违背，是英语语言体系和汉语语言体系不同造成的偏离，而这种偏离是不可接受的；第二种是由于原作者刻意安排语言材料所造成的偏离，如“Talent Professor Smith has. Money Professor Smith has not”，句中 talent 和 money 两个词置于句首，偏离英语的常规，也偏离汉语的常规，这种前景化是作者故意安排的，以示强调。叶子南认为第二类前景化是作者出于审美目的而故意为之的言语前景化，具有修辞功能。也就是说，把该句译成“才能，史密斯教授有。钱，史密斯教授没有”才具有前景化意义，但如果译成“史密斯教授有才能，但史密斯教授没有钱”，虽语义相同，却失去了原文中的强调语气和前景化意义。

利奇和肖特（Leech & Short，2007）[20]通过公式“文学文本的总体意义 = 语义+风格价值”概括了翻译的文体意义，前景化翻译传递的正是该公式中的风格价值。这样，前景化翻译就有了明确的要求和目标。首先，译者要有识别原作里各种前景化的“慧眼”。其次，译者有责任把原文中的前景化表现为译文中的前景化。再次，译者要熟悉母语中的各种表达方式，从而成功再现原文前景化

---

① 见叶子南《高级英汉翻译与实践》一书。叶子南的解释是，把俄语的打招呼用语 zdravstvuyte 翻译成捷克语 bud'te zdrav（be healthy）时，或将法语的 s'il vous plait 翻译成捷克语的 libi-lisevám，源语变为目的语后，表达场景、语境都不合适了。用前景化理论来说，这是将一个 automatized 的表达法翻译成了一个 foregrounded 的表达法。也就是说，原文中的表达法并不引起人们的注意，用这样自然的语言交流，信息的接受者不费力，一听就懂，因为语言表达法本身并没有“跳到前台来”吸引你的注意力，而译文的表达法就偏离了常规，因为它不是这种情况下广为接受的说法，而是语言本身“跳到了前台”引起了人们的注意，这种表达法可称为前景化。

所造成的效果。至于前景化翻译原则，王东风（2001）[47]提醒译者要注重变异的模式及其效果，建议“以变异对变异，以常规对常规”，即原文变异效果与译文变异效果之间应是等值的。申丹（2002）[11]更是提出了“假象等值”现象，即“译文与原文看上去大致相同，但文学价值或文学意义相去较远”，译者只传达了信息，忽略了原文语言成分与主题意义之间的关联，导致未能实现真正意义上的对等。要避免“假象等值”，译者就必须充分辨识原文中的各种前景化手段。

一、国外前景化翻译研究

严格说来，国外对前景化的翻译研究从2003年才开始发端。据Web of Science文献库，国际译学刊物*Babel*在2003年的第二期和第四期先后刊发了两篇关于前景化翻译的文章，一篇为马努切赫尔·塔万加尔（Manoochehr Tavangar）的*Lexical Foregrounding: A Perennial Problem in Translating Literary Communication*，另Li Jingmin和Xu Shuhua的*Foregrounding as a Criterion for Translation Criticism*。

马努切赫尔·塔万加尔探讨了波斯诗人萨迪（Sádi）于1258年创作的诗歌*Gulestan*（《花园》）中的苦、甜等味觉术语的前景化翻译。文章认为前景化词汇对译者提出了真正的挑战，翻译难点在于词汇的美学功能，而非布勒（Bühler）所提出的三种文本功能，表征（representational）、表达（expressive）或诉求（appellative）。文章作者基于外显动机与内隐动机、隐喻性和非隐喻性解释、认知与审美对等性、正面与消极评价四个翻译评价指标，对比分析了诗篇中含有味觉术语的三个片段的翻译。研究发现，由于高度复杂的文化、情境和语言环境，难言译者在语言之间建立了审美、认知以及功能上的对等，前景化在每个译本中都受到了不同程度的侵害。通过前景化分析，文章进一步否定了“精确翻译假说”，提出所谓翻译不过是对源语文本的粗略、近似的认知和功能的对等。

Li Jingmin和Xu Shuhua首先介绍了前景化的概念，指出前景化不仅可以指导翻译实践，还可以指导翻译批评。两位作者与叶子南观点一致，都认为前景化有两种，源语前景化和译语前景化，并通过狄更斯小说语料的汉译加以说明。文章还指出特定年代的语言规范受到社会的发展改革、一个民族对自身文化的自我认同和态度等多种因素的影响。特定历史时期的语言是对其他历史时期的偏离，形成了当时社会语言风格的一般规范。人们对翻译的审美标准和表达方式的态度，也会随着社会、政治、经济、文化的飞速发展而发生变化。文章最后指出，前景化将成为文学批评研究的一个有趣课题。

两篇文章主要是对前景化翻译的理论探讨，在一定程度上具有引领性作用，引发了后来者的关注。2008 年之后，对该研究的关注度显著增加，研究的范围也在不断扩大，从最初的理论探讨逐渐发展到后来的前景化翻译模式与动机、阿拉伯文学翻译、京剧舞台翻译、哈普肖风格的鉴别与翻译等主题的探讨，近来在女性媒体翻译、政治性对前景化的消解等主题上也有所拓展。

国外最新的前景化翻译成果为 Susan Yun Xu（2019）的 *Translating foregrounding in literary and non-literary texts, foregrounding translator's conscious and unconscious thought* 一文。该文是一篇比较视野下的描述性研究论文，探讨了同一位译者塔利布（Talib）在翻译不同类型文本时的前景化意识。作者分别截取了塔利布所翻译的诗歌、小说、新闻、论文等四类前景化程度不同的文本片段，对其进行词汇、句法、修辞、连贯等前景化现象的对比，重构译者在作出前景决定时的有意识和无意识的思维。研究发现这四类文本片段的风格具有显著差异，指出译者的前景意识取决于文本类型。该文的主要贡献在于将卡特（Carter）和纳什（Nash）在 1983 年提出的"前景化渐变群"引入翻译研究，并对其做了修正，为相关研究提供了一个方法论依据。

总体而言，国外前景化翻译研究主题多元，拓宽了领域视野，为国内的相关研究提供了很好的方法借鉴。同时，我们也发现华人学者群体对国外的前景化翻译研究贡献了较多学术力量。另外，莎剧的前景化翻译研究在国外还未引起足够重视，这给未来的莎剧前景化翻译研究留有相当的研究空间。

二、国内前景化翻译研究

目前，国内的前景化翻译研究主要有理论研究和描述研究两个方向。理论研究大致包含三类。第一类，论证了前景化在普遍翻译研究中的作用。前景化可被视为翻译分析与批评的一种理性化依据，从前景化视角可以观察和分析跨语言交际中两种语言体系在各个层面形式与意义之间的关系，也可避免假象等值，增加翻译分析的说服力和参照的价值（徐莉娜，2001；李靖民、徐淑华，2003；王卫强，2003）。

第二类，强调了前景化在具体文类翻译批评中的重要性。如小说中的前景化翻译，赵速梅、宫经理（2007）枚举了汉语小说 14 种前景化的英译方式，包括直译、意译、保留、省略、释义等具体手段。再如诗歌中的前景化翻译，万兵（2012）提出诗歌翻译中，重要的前景化因素包括音韵、诗体、诗形、诗魂（意境）等。戏剧方面的前景化翻译研究在数量和深度上远不及小说和诗歌，这是因为戏剧文体学研究本身就"起步最晚、数量最少"（张德禄、贾晓庆、雷茜，2015）[187]。谢谦（2005）[22]分析了《哈姆雷特》的诗文的节奏和句法结构突变，认为前者可用来刻画人物性格和烘托悲剧情绪性，后者可营造戏剧的张力。

第三类，对语料库前景化翻译研究的本体思考。如王峰、刘雪芹（2017）提出语料库研究通常从语言使用偏离切入，逐步过渡到凸显和前景化。研究者需要考察原文与译文在前景化系统的组成差异，认真思索哪些意义可成为前景化成分。理想状态下原文与译文的前景化是一致的，如二者的前景化呈离散趋势，说明译本的文学性有所降低。这个假设也给语料库前景化翻译的深度研究提供了一种模型或路径。

除了理论研究，大部分前景化翻译研究都是描述性研究。最为常见的研究主题包括四类：翻译策略（冯正斌、党争胜，2019；张生祥、张翰旭，2019）、方言翻译（王艳红，2009；黄勤，2016；姜静，2017）、特定前景化现象的处理（魏家海，2003；孙会军、郑庆珠，2010；邱文生，2021）、人物形象翻译（汪晓莉，2019；王振平、冯旭冉，2023）。

第一类，翻译策略研究主要通过如《围城》《废都》《红高粱家族》等名家名译，探索原文前景化在译文中的处理方式。归纳起来，前景化翻译主要有去前景化翻译、创造前景化翻译、“等值”前景化翻译、“重现”、“削减”等翻译方式（冯正斌、党争，2019；张生祥、张翰旭，2019）。译者通过这些独有的文学话语前景化转换方式，书写和表达了中国文学文化。

第二类，方言属于一种典型的语言偏离形式，在文学作品中往往有提高表达效果、创造独特氛围、赋予读者审美享受、提升人物刻画、增加作品趣味等功能。研究者普遍认为方言翻译应保持其前景化特征，使用标准语言翻译会在很大程度上失去原文蕴含的意义，并提出可采用方言对译、俗语、飞白、加注、删除、自创等多种手法，实现对原文方言功能及意义的再现（王艳红，2009；黄勤，2016；姜静，2017）。

第三类，特定前景化现象主要包括意象、反复、意识流、话语节奏等。意象组合在诗歌的诸要素中处于前景化位置，诗歌翻译应由意象组合作为主要翻译单位，由其他翻译单位作为必要的辅助与补充（魏家海，2003）。对于反复现象，要区分其为衔接手段还是修辞手段，后者才是前景化翻译的重点（孙会军、郑庆珠，2010）。意识流侧重刻画人物混乱不堪的意识活动，所以其前景化翻译研究应聚焦于词汇结构、句法结构、叙述模式等非常规表现手法（张宏、王冶江，2010）。散文中，节奏不仅有组织作用，更在话语内容中蕴含了昂扬、豪放、伤感、悲愁、感叹、愤怒、舒缓、急促等情韵。散文前景化翻译应以语音节奏前景化和语义节奏前景化两种主要表现形态来实现文本的诗学效果的跨语际“互文”(邱文生,2021)。该研究的重要意义在于深入语篇,使前景化研究从语言的静态特征转向节奏的动态特征。

第四类,人物形象塑造是小说、戏剧的核心,富有前景化特征的语言可以塑造生动、典型的人物形象和性格。通过对原文、译文中与人物相关的言语、心理等语料进行分析,可以探究人物形象的再塑效果,以及译者在人物形象再塑造过程中的翻译策略和目的。如戴乃迭为了照顾英语读者的阅读感受,对《芙蓉镇》中胡玉音相关的语言基本去前景化处理,导致译文中的胡玉音形象远不如原文复杂,失去了形象原本的丰满立体感(汪晓莉、卢秋真,2019)。而葛浩文有意识地介绍中国文化,在《生死疲劳》的翻译中,基本保留了剧中人物西门闹相关语言的前景化特征,实现了“等值”再现(王振平、冯旭冉,2023)。把人物形象和前景化结合起来的研究,是翻译研究的一种新趋向,推动了前景化研究从语言向功能、内容的转变。

近来,前景化翻译研究呈现一种最新动向,研究内容从传统的语法、修辞等层面,开始向语篇层面深度拓展。如刘泽权、丁立(2022)以《尤利西斯》第 18 章为例,采用系统功能语言学对衔接手段的分类及徐盛桓的主位推进模型,分析了典型意识流思维片段中的语言变异特征在汉语翻译中的再现表现,指出萧乾、文洁若夫妇和金隄二译本通过显化人称照应、规约主位类型,不同程度地“抹平”了原文思维碎片化的变异效果。王峰、刘雪芹(2023)运用了韩如凯(Hasan,1989)提出的“前景化一致”概念,选择了变异组段、标记句对和标记主位三个参数分析了《论语》三个译本中前景化一致的翻译效果,指出语内前景化一致可以衡量译本的文学性,语际前景化一致可以衡量译本是否与原文的前景化特征一致,同时指出,增减分合、语态转换和句序调整等翻译技巧,只有置于语篇语境视角下才能科学解释译者语篇意图及其文体效果。上述研究可视为前景化翻译研究与功能文体学的进一步结合。

梳理发现,国内前景化翻译研究主要呈现以下五个特色。(1)描写研究居多,研究深度逐渐加大。主题上,从一开始的语言研究,逐渐拓展到人物形象、话语节奏、语篇研究。范畴上,从文学文体学逐渐进入功能文体学。(2)研究方法上,以质性研究为主。虽然随着数字人文技术的普及,2012 年后语料库研究开始出现,但目前仍以质性研究为主体,这是由前景化研究的本质所决定的。(3)研究参数上,主要有双关、反复、押韵等修辞手段,熟语、乡土用语等非修辞手段,还有文化、语体语言、称谓语和句式的语用变异。(4)前景化翻译策略主要归于三类,去前景化、保留前景化、创造前景化,其中创造性前景化往往始于现象、归于现象,内部解释力欠缺。(5)语篇层面的前景化研究方法尚在初步探索中。就整体而言，国内前景化翻译研究渐增，在一定程度上体现了文学研究、翻译研究、文体学研究对“回归文学性”（吕奇、王树槐，2020）的呼应。同时，我们也发现国内莎士比亚戏剧前景化翻译也不足。

通过以上对国内外《亨利六世》翻译与批评、前景化翻译两个方面的梳理，可以发现，无论是《亨利六世》翻译研究还是前景化翻译研究，都给学术界留有巨大的挖掘空间，说明美学视角下的《亨利六世》批评接受或翻译接受仍然任重道远。无论从文学艺术视角还是翻译视角，《亨利六世》中的审美性观照理应占有一席之地。前景化是考察原文、译文、不同译本之间风格差异的一个殊为有效的抓手，《亨利六世》的翻译研究是对莎剧历史剧研究的一种裨补，前景化视角下的《亨利六世》翻译研究具有丰厚的文学、译学发掘价值。本研究将致力于《亨利六世》多译本的探讨，尝试拓展莎剧翻译研究的新领地，满足读者对新译本研究结果的期待。

第三章

研究框架

第一节　理论基础

“前景化”本是一个绘画术语，后成为文体学中最重要的概念之一。文体学的前景化源于对文学性的探讨。19、20 世纪之交，文学批评和专业文学研究兴起，人们开始意识到文学区别于社会历史的特殊性问题。俄罗斯形式主义学者雅各布森在 1921 年提出了“文学性”概念，指出文学科学的研究对象不是文学，而是“文学性”，也就是使一部作品成为文学作品的东西。什克洛夫斯基（Shklovsky，1988）认为艺术的技巧是使审美对象变得“陌生”，艺术审美是一种“陌生化（defamiliarization）”过程，是使审美感知延宕的过程，文学艺术审美亦是如此。“陌生化”之后，布拉格学派借用绘画术语“前景化”①，对“文学性”做了再认识。

一、“前景化”的发展

穆卡洛夫斯基（Mukarovsky，2014）[43-44]认为诗歌语言是对标准语言或常规的违背，是一种前景，标准语言是诗歌语言的背景。“前景化”是一种有意识的“去自动化（deautomatization）”或破坏图式的行为。遗憾的是，尽管穆卡洛夫斯基尝试用各种比喻来说明诗歌语言的前景化特征，但他始终未能给前景化下一个本体性的定义。

为了更好地解释“前景化”，文学文体学者利奇（Geoffrey Leech）引入了术

① “前景化”本是一个绘画用语，至于到底是谁首次将“前景化”概念用于“文学性”批评，杨磊（2015：81）认为是布拉格学派哈弗瓦内克（Bohuslav Havranek），该词始见于 1929 年布拉格学派向第一届斯拉夫语言学家大会提交的《纲要》。

语“变异（deviation）”（或译为“偏离”），从形式和功能两个方面对前景化做了解释：

> Formally, foregrounding is a deviation, or departure, from what is expected in the linguistic code or the social code expressed through language; functionally, it is a special effect or significance conveyed by that departure. (Leech, 2008)[15]

从该定义可以看出利奇对语言偏离或违背（departure）的强调。他还指出，所有的修辞格都是典型的变异或前景化现象。利奇对前景化的研究，大致经历了三个阶段。最初，利奇（Leech，1966）[146]受结构主义语言学影响，把“前景化”分为“组合型（syntagmatic figure）”和“聚合型（paradigmatic figure）”，为了便于理解，他还勾勒了下图：

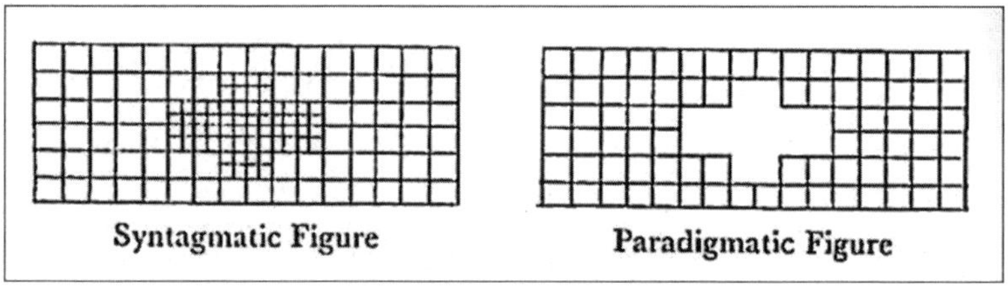

图 3-1　利奇的前景化图式（Leech 1966）[146]

组合型前景化可想象为叠加在常规语言模式上的一种模式，聚合型前景化更像是一种既定密码中的空白，即对可预测模式的违背。或因组合和聚合概念并不能十分清晰地表述自己的理念，利奇（Leech，2001）后来在 *A Linguistic Guide to English Poetry* 一书中，探讨诗歌语言时发展了自己的思想，他放弃了“组合”“聚合”的表述，转而采用“平行（parallelism）”和“偏离（deviation）”的说法。平行类前景化主要体现为某种语言现象的超常频率的复现，如音位、音节、押韵、头韵等，偏离类前景化主要表现为语言学意义上的变异。后来，或受韩礼德批评的影响，利奇和肖特（Leech & Short，2007）[39]便干脆将前景化分为“量的偏离（quantitative deviation）”和“质的偏离（qualitative deviation）”。至此，对“前景化”的判定就出现了“质”与“量”的分野。到 1988 年，随着利奇开始使用语料库，他又指出主题词在考察文体风格时具有“独特性价值”（Leech，2008）[165]，并再次调整了前景化的定义：

Foregrounding is a term for an effect brought about in the reader by linguistic or other forms of deviation. (Leech 2008)[59]。

利奇此次的定义体现了他对读者的观照，肯定了非语言结构成分所引起的变异现象，对先前的前景化思想是一种矫正和补充。总体而言，利奇对前景化的思考并非停滞的，而是随着外界的批评发展以及技术的进步而不断修正的。

韩礼德（Halliday，1973）[112]认为变异不是构成文体特征的必要条件，少量的变异不产生文体价值，“前景化”应该是一种“有动因的突出（motivated prominence）”①。在他看来，小说、散文、诗歌等文学结构的组成部分是那些最常规、最普通的语言成分，而违背语言常规的却往往是报纸上那些大量耸人听闻的标题。过于强调变异只会把关注点放在对语言常规的扭曲上，文体学研究最终得到的可能只是“反语法、丢弃语法的科学”（Halliday，1973）[113]。因此只有足够多的语言“突出”才能在读者心理上造成一种语言显耀，才是真正的“前景化”。韩礼德与利奇“前景化”的龃龉点在于，利奇强调前景化是语言本身的变异或偏离，韩礼德在方法论上更为看重“量”的突出。导致二人观点相左的一个直接原因在于，利奇的前景化探讨集中在诗歌语言上，诗歌语言是典型的文学语言，诗歌中的前景化现象比较丰富，所以利奇的前景化研究基本着落在语言形式上。而韩礼德对前景化的理解扩大到了小说范围，相比诗歌，小说中的形式前景化数量显然被其篇幅所稀释了，此时就凸显了“量”的可贵性。总的来说，韩礼德对前景化“量”的强调是其功能语言学思想的延伸。韩礼德对利奇的批评促使了利奇对前景化的再思考。

申丹（2019）[79]综合了二人的观点，将前景化的内涵向前推进了一步。她强调语言形式与主题意义之间的关系，认为这种关系是文体研究的焦点。申丹（2019）[79]指出“无论一个突出的语言特征具有什么基本语言功能，只要它对表达文本的主题意义作出了贡献，就是真正的前景化”。这样，“前景化”的识别标准就从“质”和“量”的围宥中解放了出来，从而更加聚焦于其对文学文本

---

① “motivated prominence”之说出自韩礼德 *Explorations in the Functions of Language*（1973）一书，原文为：Foregrounding, as I understand it, is prominence that is motivated. It is not difficult to find patterns of prominence in a poem or prose text, regularities in the sounds or words or structures that stand out in some way, or may be brought out by careful reading; and one may often be led in this way towards a new insight, through finding that such prominence contributes to the writer's total meaning。目前多有学术作品认为“motivated prominence”之说出自韩礼德著名的 *Linguistic function and literary style: an inquiry into the language of William Golding's The Inheritors* 一文，此实为讹误。

主题意义的贡献上。

二、“前景化”的实现

由于利奇在文学文体学领域的强大影响力，以及他对前景化的探讨多集中于语言形式上的惯习，前景化概念似乎被限定在语言的形式层面，其实这在很大程度上是对前景化和利奇的一种误解。在 *A Linguistic Guide to English Poetry* 一书中，利奇（Leech，2001）[37]通过对语言的剖析，指出语言首先由语法和词汇构成，但语言需要通过语音和书写获得物理上的实现，然后才能生成意义。所以诗歌语言的变异应体现在三个层面：实现、形式和语义。可见，语义尽管在利奇的诗歌前景化研究中显得微不足道，但不可或缺。

表 3-1　利奇的诗歌语言前景化实现层面（Leech，2001）[37]

实现	形式	语义
语音	语法和词汇	（指示或认知）意义
书写		

此后，范·皮尔（Van Peer，1986）对利奇的前景化实现层面做了修正（图 3-1）。

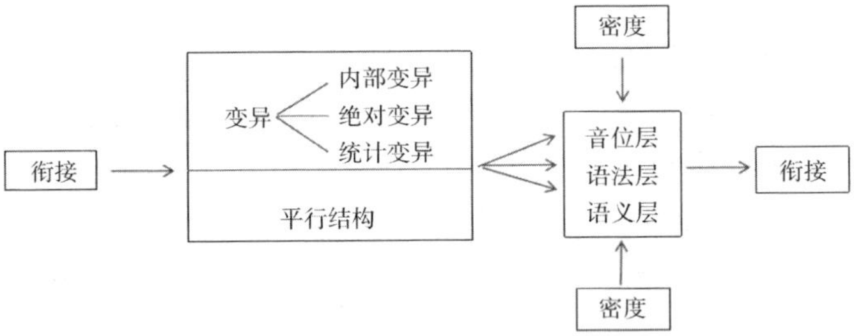

图 3-2　范·皮尔（Van Peer）的前景化研究框架（1986）[24]

范·皮尔把词汇的前景化实现从语法层面调整到语义层面，因为“词汇通常是在语义范畴下探讨的”（1986）[65]，对词汇而言，语义具有更现实的前景化意义。范·皮尔不再考虑书写问题，因为在一部小说或戏剧中，书写而产生的变异效果几乎可以忽略不计，将书写排除在前景化之外更为符合绝大多数的文本现实。如《亨利六世》上、中、下全剧中，表现为书写变异的只有“Jackout-of-office”一词。事实上，该词中的连接符本身在原文中并没有凸显出特殊的审美意义，尤其是戏剧首先是一种听觉审美，有无连接符并不妨碍观众听觉上的感知，所以有的《亨利六世》版本也会把这三个连接符删去。

相比而言，范·皮尔的模型更为具象化，为非诗歌类文学研究提供了一个操作性更强的指导意见，但范·皮尔并没有就前景化的具体研究项目做细致归纳。詹宏伟、黄四宏（2006）结合利奇和范·皮尔的观点，进一步细化了前景化研究框架，分门别类地纳入了一些具体的研究参数（见表 3-2），为后来的研究者提供了最大的便利和参考价值。

表 3-2　詹宏伟、黄四宏前景化特征的层次和类型

	偏离型（变异）	排比型（平行结构）
音位层	辅音韵 韵律变异 跨行连续	头韵；元音押韵 韵律重复 韵脚
语法层	倒装 省略	短语重复 句型重复
语义层	隐喻 借代 反讽	同义词 反义词 词语复现

总的来说，以上学者对前景化的认知侧重点各不一致。从利奇对前景化的判定标准和术语的几番改变，就足见前景化本身的复杂性。利奇早期的前景化研究基本聚焦于语言本体和语言形式，这就造成了对读者接受心理的一种忽视。韩礼德对“量”的强调，本质上是一种对读者心理认知的回归和关怀，弥补了利奇的不足。但韩礼德否认少量变异也能产生文体审美意义，这个观点过于绝对，显示了其功能语言学思想的一种局限。申丹过于强调语言特征的主题意义，这就在一定程度上否定了诗歌中与主题意义关系不大的、却极具审美价值的语言形式变异或显耀，如诗歌中的格律、韵式。这些修辞本身不一定与文本主题相关，却是诗歌必不可少的基本要素。学者们观点的不一致性从侧面证明了前景化认知的复杂性，因此笔者认为有必要尝试对文学中的前景化现象进行再认识、再定义，以求能进一步接近其本质。

通俗来讲，前景化就是文学作品中能一下就吸引住读者、使读者注意其文学价值的语言现象。但要给前景化下一个学术定义，我们不妨回归到前景化的原点，看看前景化到底是什么。可以发现，前景化源于绘画艺术，是欣赏者在欣赏艺术作品时产生的一种心理接受效应，这种效应使艺术作品的局部凸显，其他部分成为背景。这种效应本质上属于一种认知模式。文学也是一种艺术，文学中的前景化也应是读者在欣赏文学作品时产生的心理接受效果——一种局部的凸显。这样一来，凡是能给读者造成心理凸显效应的语言现象都应属于前景化，并且这种凸显效应可以发生在语言的任何层面，如音位层的格律、韵律，语法层的倒装，语义层的同义、反义等，甚至语用层的变异同样可以在读者心理上造成凸显。综合前景化的本质和以上学者的观点，本研究认为：前景化指文学作品中，语言在语音、语法、语义和语用等层面上对读者心理认知造成的一种凸显。这种凸显通常表现为对语言常规的变异、偏离或违背，并服务于作品主题意义的表达。这也是本研究对前景化的工作定义。至于前景化的内涵，广义上讲，所有的修辞手段都是前景化，但前景化不只包含修辞手段，一些能引发读者特别关注的非修辞手段也可以是前景化，如熟语、方言等。

经过百年的讨论，“前景化”已经成为文体美学的一项基本原则，前景化思想也在不断发展中。无论“陌生化”“前景化”“偏离”“变异”还是“突出”，这些术语之间并非是割裂的，在对文学作品的批评和阐述中，它们往往交织在一起，为文体风格、主题审美的多视角、多途径研究、翻译评价提供了有力的理据支撑，对本研究也有着重要的指导意义。

第二节　《亨利六世》前景化翻译研究框架

翻译研究是有方向的。翻译研究应从原文出发，只有鉴别原文中具体的词句、篇章的前景化效果，使其可见可感，才能对译者的翻译进行价值评判。因此在翻译研究之前，首先需要确定《亨利六世》原文在各个层面的前景化表征或考察点，然后才能进行翻译研究。结合上文对前景化所做的工作定义、参考范·皮尔、詹宏伟、黄四宏的前景化研究框架和冯正斌、党争胜（2019）等的前景化翻译研究参数，本研究制定了《亨利六世》的前景化翻译研究参数，分类如表 3-3 所示。

表 3-3《亨利六世》前景化翻译研究框架

实现层面	前景化现象	
音位层	格律	五步抑扬格
	韵式	头韵
		尾韵
语法层	反复	首语反复
		尾语反复
		自由反复
		同义反复
	倒装	副词短语倒装
		名词短语倒装
		动词短语倒装
		形容词短语倒装
		介词短语倒装
	标记语	情感-信息标记语
		庄雅标记语
语义层	双关	谐音双关
		语义双关
	隐喻	文化隐喻
		物质隐喻
语用层	人称变异	第二人称变异
		自指人称变异

音位层上，由于《亨利六世》是诗剧，因此本研究必须要考虑语言的诗意性。诗歌语言最大的特性就是偏离。诗人在最广泛的意义上行使了“诗意许可”，使诗歌语言偏离了语言表达的“预期规范”。诗歌语言是自足的前景化现象，也就是说，诗歌语言形式中的基本要素全都具有前景化效应，如格律、韵式、诗节等，这些要素本身就是一种反常规的形式（Leech，2008）[58-59]。莎士比亚戏剧的基本写作方式就是具有五步抑扬格的素体诗，作者还擅长使用头韵、尾韵传递人物情绪、总结故事思想，因此《亨利六世》音位层上的翻译考察点就确定在最能表现作者写作艺术的五步抑扬格和头韵及尾韵上。

语法层上，对《亨利六世》主题意义作出显著贡献的有反复、倒装、标记语等语言现象。其中，反复和倒装是常用的句法修辞，是较易识别的语言显耀现象。庄严、动人的反复是莎士比亚的一种修辞艺术标记，随着诗歌艺术的提高而臻于完善。莎士比亚在写作中也表现出了对倒装的一种偏好，尤其体现在其早期作品中。标记语从广义的角度来讲，属于一个开放的语法范畴。每种语言书写都有自己的标记性话语要素，本研究中的标记语主要表征在具有强烈前景化意义的冲突情感和正式文书上，属于语篇范畴。标记语分析是基于情态词、副词、介词、代词、感叹词、助词、名词、动词等语言要素对剧中的冲突情感与信息特征、文书的庄雅语体特征的分析。三种语言现象在《亨利六世》的情感表达和主题思想呈现中具有不可替代的作用，是语法前景化的重要载体，因此它们被如何翻译，也是译评者的关注点。

语义层上，具有强烈前景化效应的主要有双关和隐喻两种语言现象。莎剧中，双关用语高达3000处之多（文军，1992）[322]。《亨利六世》中的双关深度参与了莎剧的意义构建，由于法国情节的参与，双关更是成为其隐性叙事、诙谐风格的一种招牌性前景化表达手段，故而双关语是语义层的必然考察点。隐喻也是莎士比亚常用的一种手法。无论是作为修辞格还是认知模式，《亨利六世》中的隐喻都激发了戏剧内外、观众读者的充分联想，在原剧的语言表述、身份建构、形象塑造、内心刻画、情节推动方面，起到了画龙点睛的作用。双关、隐喻翻译的差别也是辨别译者对原文理解程度，对英汉两种文化的认知倾向、文化翻译效果的有效标识。

关于对语用层的补充，基于三点思考。首先，如前文所述，前景化是一种心理认知，任何变异的或显耀的语言现象都可以引发读者的心理变化。其次，“文体学是用语言学方法研究文体风格的学问”（刘世生，2006）[3]，语用学是最新的一个语言学重要分支，前景化研究没有理由把语用排除在外。最后，冯正斌、党争胜（2019）等学者早已展开了如称谓词等的语用学层面的前景化翻译研究。对于莎士比亚戏剧而言，剧中丰富多样的称呼语是一大特色，人称变异的使用更凸显了剧作家对人物关系无与伦比的观察、刻画能力。尤其是《亨利六世》中“thee”“you”“we”“him”等的变异使用，意味着说话人与受话人之间的关系定位产生了心理意识上的偏差，表达了情感、态度和语气上的显著变化。人称变异是《亨利六世》前景化在语用层面的突出表征，因此本研究将人称变异纳入工作框架中。

需要辩证看待的是，首先，本研究框架是对利奇、范·皮尔、詹宏伟、黄四宏等前贤的前景化研究做一种尝试性的学理补充，试图使前景化研究框架与参数更为多元、合理、完善。其次，由于语言本身的复杂性，本框架中对前景化语言现象的分类不是绝对分类，而是倾向性分类。如谐音双关，其音义双层性决定了该类双关不仅表征在语义层，在音位层也有所表征，因本研究更多是对于双关语义的探讨，因此将其纳入语义层考察。又如反复，反复的本体可能是词、短语，也可能是句子或篇章，本研究中的反复是词和句子结构，发生的主要层面在句子层面，所以将其纳入语法范畴来考察。另外，隐喻可以是修辞格，也可以是人类基本的认知、文化方式，隐喻作为前景化现象，在某种程度上已经超出了语言范畴，而进入了认知、文化领域。

总之，由于笔者能力所限，《亨利六世》翻译研究框架的合理性有待进一步修正。另外，框架中所列的《亨利六世》前景化类型远未能穷尽，《亨利六世》文本本身的丰富性、戏剧的艺术性也有待进一步挖掘。

第四章

音位前景化及翻译

《亨利六世》音位层上的前景化表征在五步抑扬格和头韵、尾韵上。五步抑扬格是《亨利六世》的格律，表达的是《亨利六世》作为诗剧的内在节奏，是其文学性最为凸显的表征。节奏是诗歌的本质属性，是诗歌音乐性的来源，诗歌可以不押韵，但不能无节奏，正如音乐可以无旋律，但必须有节奏一样。音韵相对于格律，则表现出较大的灵活性。在诗性语音效果的取得上，音韵承担着重要的前景化功能。英语诗歌音韵模式包括头韵（alliteration）、元音韵（assonance）、辅音韵（consonance）、倒尾韵（reverse rhyme）、类尾韵（pararhyme）、尾韵（rhyme）等主要形式（Leech，2001；秦秀白，1986；刘世生、朱瑞青，2006）。表 4-1 是各种音韵模式的典型形式（Leech，2001）[89]。

表 4-1　英语主要音韵模式

韵式	表现	例子	
alliteration	重读音节的首字母辅音重复	great/grow	send/sit
assonance	相同的重读元音词中重复	great/fail	send/bell
consonance	词尾辅音相同，元音不同	great/meat	send/hand
reverse rhyme	词首重读音节的辅音和元音相同	great/grazed	send/sell
pararhyme	词首和词尾辅音相同，元音不同	great/groat	send/sound
rhyme	词首辅音不同，元音和词尾辅音相同	great/bait	send/end

利奇（Leech，2001）[90]认为在这些音韵形式中，头韵和尾韵相互补充，是取得语音突出效果、实现前景化的最重要的方式。

节奏和韵律结合产生了诗歌的音乐性。黑格尔（1997）[68-69]认为"音节和韵是诗的原始的惟一的愉悦器官的芬芳气息，甚至比所谓富有意象的富丽辞藻还更重要"。音乐性是诗性美学的内在要求，优美和谐的发声、抑扬顿挫的韵调、或舒缓或急骤的节奏本身就是审美对象。既然诗歌和音乐的关系如此紧密，作为译者，在不以音害义的前提下，也应努力用声音去呈现诗歌的“芬芳气息”，作为翻译研究者，更应将原文和译文中的格律、音韵等语音诗性要素纳入考察范围，努力探究诗的音乐性是如何在源语和目的语之间得以保留或实现的。

然而梳理前期文献发现，除了刘云雁（2007）对朱生豪译本的节律风格研究、任晓霏（2011）对 *Measure for Measure* 三个汉译本上口性的考察，莎士比亚戏剧汉译研究始终缺乏对音位层面的有力考量和辨析，故而对《亨利六世》的再前景化翻译研究首先从音位层面入手。在接下来的研究中，将着重关注《亨利六世》的格律、头韵及押韵的翻译。

第一节 格律

所谓格律，可以理解为一种诗歌写作规范的既定语音结构，“格律诗的形成意味着人们对于诗歌语言的性质有了自觉意识”（任雍，1989）[120]。在这种自觉意识下，格律成为一种稳定的外化的诗性要求，成为诗歌中一种不可忽视的、固有的风格要素，最能给读者造成心理上的凸显。朱光潜（1984）[357]指出，在文学作品的翻译中“如果没有抓住它的声音节奏，就不免把它的精华完全失去”，可见对原文的节奏再现是诗歌翻译的一个重要任务。

一、五步抑扬格

众所周知，莎士比亚戏剧是由素体诗，也称无韵体诗构成的诗剧。在所有英语格律形式中，素体诗最接近英语口语的自然节奏，素体诗的格律特征就是五步抑扬格。由五步抑扬格构成的素体诗表达力强而伸缩性大，作为韵文，能够不过分诗化，接近散文而又比散文有更强的节奏，这种亦诗亦散的文体特征“能适应戏剧的各种要求”（王佐良，2008）[87]，既可以饱满酣畅地表达剧中的人物性格、思想情感，也可以有效控制剧中的艺术事件、情节发展，同时还可使戏剧在“生活逻辑”和“离间效果”之间左右逢源（刘云雁，2011）[41]，灵活拉近或疏远戏剧与观众间的距离，所以在英语诗歌中，素体诗的使用比任何其他形式的诗化手段都更为频繁和更为多样化（Abrams，2012）[30]。自从萨利在翻译维吉尔《埃涅阿斯纪》时将素体诗引入英国，素体诗就成为伊丽莎白之后诗剧的标准韵律。到 20 世纪，自由形式的无韵诗在诗剧中仍然是主流，如麦克斯韦·安德森和 T·S·艾略特的诗剧。

五步抑扬格由五个抑扬格音步组成，即每个理想的五步抑扬格诗行应包含由 10 个音节组成的 5 个音步，通常每个音步中的第二个音节为重读音节。但由于诗歌表达需要或单词本身轻重音的影响，五步抑扬格也会产生一定的变化。以下句为例：

His ‘arms | ‘spread ‘wi | der than | a dra | gon’s ‘wings | （1H6 1.1.11）

从形式上，该句是一个标准的五步抑扬格诗句。句中包含八个单词、五个音步，每个音步两个音节，第一个音节轻读，第二个音节重读。单词 wider 和 dragon 为双音节词，前后两个音节分属不同的音步。句中第一、第四、第五音步的重音都落在了第二个音节上，是标准抑扬格，但第三音步中，两个音节都需重读，属于扬扬格，第四音步中的两个音节都轻读，属于抑抑格。另外，当重音落在每个音步的第二个音节时，就是典型的音步重音，但有时因表达需要，重音也可能会落在非重读音节上，这就形成了语气重音。需要指出的是，尽管莎剧的形式是素体诗，但莎剧毕竟不是纯粹的诗歌，因此具体台词诗行中的音步、重音也会因情节、内容、语境的实际情况而有所变化。尤其莎士比亚的后期作品，诗句格律显得更为自由，具有了更多的散文性质，这也成为莎剧翻译散体、诗体之争的一个焦点（梁实秋，1936；水天同，1937）。

二、平仄代抑扬

刘半农（1927）[325]认为“声调是绝对不可能迁移的东西”。辜正坤（2016）[10]也持类似的观点，“格律性是附着于语言之上的，语言改变了，附着其上的格律性大多也会消失”，正如钢琴弹不出二胡的效果，古筝奏不出黑管的音色一样。莎剧的格律翻译对译者来说，就成为一种巨大的挑战。中国译学者就此作出了一系列理论和实践努力，最有影响力的是孙大雨、卞之琳等提出的“以顿代步”思想。

严格来讲，汉诗中的“顿”是自然语义的停顿，而英诗中的“音步”则纯然是语音的轻重起伏，不受语义影响，二者完全不是一个概念。英语诗歌中常见的音步有四音步、五音步、六音步等，汉诗中最为常见的格律诗为五言或七言。“音步”是一个舶来品，硬要拿十四行诗中的“音步”来解释汉语的“言”，或用汉语的“言”去凑英语的“音步”不啻一种削足适履的反向格义。

孙绍振（2017）[22]明确指出“顿”既是五四以来对“中国古典诗歌韵律基因的歪曲”，又是对英诗节奏规律的误读，在实践中无法解释诗歌中的节律。西方音步的韵律基因是轻、重音的对立统一，而中国诗歌的韵律基因是平仄的各种交替。与此同时，辜正坤（2016）、王东风（2019）也都流露出了对英诗汉译的平仄关怀。辜正坤（2016）[10-12]强调英诗的语音翻译当“断舍离”，由于语言媒介已改换，原作的声音美已无法模拟了，机械照搬原作的语音审美模式多半会失败，而利用汉语本身的语言特点“换个形式营造”大略类似的语言艺术审美效果才是一种有效手段。就如同虽然钢琴与二胡音质不同，但可以演奏出相同的旋律，故而莎剧翻译当采取“有韵但不严格”“注意平仄但不过分”的策略。王东风（2019）认为英诗声律来自抑扬（音的轻重），而汉诗声律则来自平仄（调的变化），二者的声律体式虽有所不同，但从诗学功能上看，两种语音资源存在着翻译对应的理据，他提出了“以平仄代抑扬”的英诗汉译声律对策。

故综合以上学者意见，笔者认为关于《亨利六世》的格律翻译，也可以采用平仄分析法来考察、比对各译本，探讨其译语中的格律精神、诗性特征的留存。典型的近体诗律诗为五言、七言律诗，二者最基本的声律模式共八种，平平仄仄平、仄仄平平仄、平平平仄仄、仄仄仄平平，平平仄仄平平仄、仄仄平平仄仄平、仄仄平平平仄仄、平平仄仄仄平平。这八种模式为千百年来汉诗所沉淀，是汉语声律规则的高度凝练。根据《中华新韵》（赵京战，2011），现代汉语普通话中四个声调，一声、二声归入平声，三声、四声归入仄声，这样就有了音韵格律的统一划分标准。如果以 1 来代表平声，以 2 来代表仄声，从这八个格律模式中可抽取出律诗的共同节律特征为：

$$二同_{1/2}（+二同_{2/1}）+三异_{2+1/1+2}$$

这种二三式的声律基因不仅在律诗中规律出现，甚至在口语、散文中都能够得到韵律表征，或称“忽二忽三”式（王东风，2020）[125]，或称“三两结伴，交替而行”（冯胜利，2006）[104]。由此，我们可以在各译本中找寻中国诗歌的格律基因，即平仄的各种交替，根据其存留比例判断各译本的诗性程度。格律基因含量越高的译本，其诗性程度越高，对原文五步抑扬格的格律表征愈强，也即格律前景化转化率愈高。下面结合译文对此具体分析。

三、格律翻译

我们从《亨利六世》三部曲中分别选取了最具有诗性代表的三段精彩台词，构成平仄抽样分析小型语料库。原文共 1031 词，汉语译本字数为：梁译 1851、章译 1966、索译 1629、覃 1 本 1904、苏译 1934、陈译 1971、覃 2 本 1869、傅译 1753①。三段台词分别代表了人物在亢烈痛斥、委屈诉说、喃喃自语等不同情景语境中的情感。从质、量上看，各样本在节奏、声律方面都具有一定的代表性。

上篇样本出自第四幕第二场，英法两军在奥尔良对峙，法国统帅喝骂英军将领塔尔博特的一段台词，节奏分明、铿锵有力，有力体现了法国人民对英国殖民者的痛恨。

General Thou ominous and fearful owl of death,
Our nation's terror and their bloody scourge!
The period of thy tyranny approacheth.
On us thou canst not enter but by death;
For, I protest, we are well fortified
And strong enough to issue out and fight:
If thou retire, the Dauphin, well appointed,
…
Hark! hark! the Dauphin's drum, a warning bell,
Sings heavy music to thy timorous soul;
And mine shall ring thy dire departure out. (1H6 4.2.15-41)

中篇选取了第三幕第二场玛格丽特在亨利六世对其不满后的一段哭诉，陈述自己如何一心一意、千辛万苦抵达英伦岛国，却因葛罗斯特之死而受到莫大的委屈，情感充沛，令人闻之泪下。

QUEEN MARGARET Be woe for me, more wretched than he is.
What, dost thou turn away and hide thy face?
I am no loathsome leper; look on me.
What! art thou, like the adder, waxen deaf?
Be poisonous too and kill thy forlorn queen.
…
Am I not witch'd like her? or thou not false like him?
Ay me, I can no more! die, Margaret!
For Henry weeps that thou dost live so long. (2H6 3.2. 75-123)

① 为方便起见，汉语八个译本以下简称为：梁译、章译、索译、覃 1、苏译、陈译、覃 2、傅译，由于覃学岚分别在 2000 年、2015 年两次翻译《亨利六世》，故以覃 1、覃 2 代指代。

下篇选用了第二幕第五场亨利六世躲离战场时，共54行的一段著名独白。原文用“sea”来比喻战场，“now”“forced”“to”“how many”“so many”等词多次反复吟咏，多处使用头韵、押韵等修辞手段，细腻勾画了亨利六世厌倦战争的心理，表达了其追求安宁的美好愿望。

KING HENRY VI This battle fares like to the morning's war,
When dying clouds contend with growing light,
What time the shepherd, blowing of his nails,
Can neither call it perfect day nor night.
Now sways it this way, like a mighty sea
Forced by the tide to combat with the wind;
Now sways it that way, like the selfsame sea
Forced to retire by fury of the wind;
…
His viands sparkling in a golden cup,
His body couched in a curious bed,
When care, mistrust, and treason waits on him. (3H6 2. 5. 1-54)

首先，我们通过在线汉语拼音自动标注，得到了三个样本的八译本音调详情，具体见表4-2。表中汤值为汤云航（1995）根据上海汉语拼音文字研究组于1988年编著的《汉字信息字典》对汉语普通话中各声调的出现概率所做的统计。

表4-2 八译本格律样本声调详情（单位:%）

	梁译	章译	索译	覃1	苏译	陈译	覃2	傅译	均值	汤值
1声	20.09	20.28	20.35	20.70	21.52	20.39	21.53	21.66	20.82	18.71
2声	17.95	19.32	18.02	19.29	18.92	18.44	19.60	18.51	18.76	19.37
3声	19.21	18.18	20.13	20.27	19.23	19.21	19.04	20.12	19.42	17.51
4声	35.26	35.63	35.47	33.15	33.74	34.93	33.62	33.40	34.40	35.78
轻声	7.49	6.60	6.03	6.59	6.59	7.03	6.20	6.30	6.60	8.63
平声	38.04	39.59	38.37	39.99	40.45	38.83	41.13	40.17	39.57	38.08
仄声	54.47	53.81	55.60	53.42	52.96	54.14	52.67	53.52	53.82	53.29

如表4-2所示，无论汉语普通话还是《亨利六世》译本，所有声调中都以

仄声居多，平声次之，轻声最少。八译本中平声、仄声出现频数均值分别为39.57%、53.82%，都高于汤值，但轻声却低于汤值。汉语中轻声多为句尾语气助词，如“呢”“嘛”等，助词“的”“地”“得”，词缀、词尾、叠词等的后一个词，如“什么”中的“么”、“葡萄”中的“萄”、“听听”中的第二个“听”等，都是轻声。译文中轻声出现率低，说明译文的语气、表达丰富度等方面整体上低于汉语母语，符合其作为翻译文学的共性特征。

八个译本逐个看来，轻声高于均值6.60%的译本有梁、陈译本，其余都低于该值。平声高于均值39.57%的译本有覃1、苏、覃2、傅四译本，低于均值的有梁、索、陈三译本，章译与均值持平。仄声高于均值53.79%的译本有梁、章、索、陈四译本。为了使各译本特征更为清晰，我们将这些特征简化表达，高于均值记为“+”，低于均值记为“-”，持平为“=”，极值为“++”或“--”，得到表4-3。

表4-3　各译本特征简化表达

	梁译	章译	索译	覃1	苏译	陈译	覃2	傅译
轻声	++	-	--	-	-	+	-	-
平声	--	=	-	+	+	-	++	+
仄声	+	+	++	-	-	+	--	-

通过对比，我们大致可以看出不同译本的声律风格。其中，梁、索、覃2三个译本同时表现出了极性特征：轻声最多的为梁译，最少为索译；平声最多的是覃2本，最少为梁译；仄声最多为索译，最少为覃2本。

根据“平声长而缓，仄声短而促”（朱光潜，2012）[324]、汉语平仄声的联觉效应大致为平声“轻”，仄声“重”（郭天相，2=007）[26]等判断，我们或可得出以下结论：梁译轻声最多、平声最少、仄声高于均值且主要表现为第四声的分布方式，在一定程度上影响了其上口性，一方面说明梁译的语气词、助词等表达手段丰富，“的”的使用可能过多，导致译语啰嗦；另一方面也说明梁译语力有余，婉转、清越、悠扬等语音效果不足。索译轻声最少、平声低于均值、仄声最多，并且也由第四声表征，说明索译废话最少，语言硬朗、不啰嗦，但在婉转、清越等方面与梁译一样有所欠缺。覃2译本轻声较少、平声最多、仄声最少，说明其译语不啰嗦，最为舒缓悠长，具有良好的上口性，但也有可能在语气表达力度方面有所不足。

接下来，通过语料库标注软件UAM CorpusTool 3.3，对八个译本中含有的规律性韵律基因进行标注，以识别文本中含有的“平平”“仄仄”及其他的如“平仄仄”“仄平平”等二三结构的声律因素。标注的取词方式以语义的自然停顿为准，如“兵强马壮”为一个四字格整体，发音为“bīng qiáng mǎ zhuàng”，标注为“平平仄仄”。词组“凶恶不祥”的发音为“xiōng è bù xiáng”，虽然中间两个四声相连，但打破了原文的自然语义连接，所以不标注。“你胆敢攻城”中含有三个词，“你”“胆敢”和“攻城”，“胆敢”（dǎn gǎn）标注为“仄仄”“攻城”（gōng chéng）标为“平平”。对于不含“平平”“仄仄”等音韵基因的不规则声调及单音节和轻声词原则上不加标注，但如果一个单音节词或轻声词能够与其他词语构成符合声律格式的五言或七言节奏，这两种词也会被纳入标注范围。如“你胆敢攻城”中的“你”是单音节词，本不用标注，但在该句中，与其后的“胆敢攻城”四字组合，就形成了“仄仄仄平平”的五言律式。总体来说，这种标注方式虽然标注量少，但取词较为严格，摒弃了一些难以分辨的现象，标注结果比较纯粹，更具有代表性。

通过标注结果（具体见表4-4）可知，八译本中平平、仄仄两种最为常见的格律单位占比在78.31%~91.67%之间。其他为具有交替特征的诗性格律形式，如平仄仄、仄平平、仄仄平平、平平仄仄、平平仄仄平、仄仄平平平仄仄等，占比从8.33%~21.69%不等。八译本主要共性特征为：使用最多的诗性格律是平平仄仄或仄仄平平的四言声律，可见四言声律是译本中最主要的节律感来源。平仄仄、仄平平、平平仄、仄仄平等三字格格律的使用次之。这种分布印证了孙绍振（2017）[23]的判断：中国古典诗歌从诗经、楚辞到汉魏、唐宋诗词的两种基本调性，“一种是诗经式的四言的说白调性，一种是古、近体诗的三言尾的吟咏调性”，这两种调性深刻地体现了汉语的音韵美。此外，还出现了七连仄、八连仄等极长仄音相连现象，这种发声形式通常有着比较强烈的情感表达。

表 4-4 八译本平仄分析表

	梁译		章译		索译		覃 1		苏译		陈译		覃 2		傅译	
Total Units	239		268		193		250		234		240		249		204	
平仄分析-TYPE	N=239		N=268		N=193		N=250		N=234		N=240		N=249		N=204	
平平	84	35.00%	94	35.07%	64	33.16%	74	29.60%	83	35.47%	79	32.92%	90	36.14%	66	32.35%
仄仄	136	56.67%	142	52.99%	107	55.44%	122	48.80%	103	44.02%	121	50.42%	105	42.17%	104	50.98%
基础格律	220	92.05%	236	88.06%	171	88.60%	196	78.40%	186	79.49%	200	83.34%	195	78.31%	170	83.33%
平仄仄	0	0.00%	0	0.00%	1	0.52%	4	1.60%	5	2.14%	4	1.67%	7	2.81%	6	2.94%
仄平平	8	3.33%	4	1.49%	5	2.59%	11	4.40%	8	3.42%	7	2.92%	9	3.61%	12	5.88%
平平仄	0	0.00%	3	1.12%	1	0.52%	1	0.40%	2	0.85%	2	0.83%	2	0.80%	3	1.47%
仄仄平	2	0.83%	1	0.37%	5	2.59%	7	2.80%	5	2.14%	3	1.25%	7	2.81%	6	2.94%
仄仄平平	1	0.42%	9	3.36%	2	1.04%	11	4.40%	8	3.42%	9	3.75%	4	1.61%	4	1.96%
平平仄仄	5	2.08%	10	3.73%	8	4.15%	15	6.00%	20	8.55%	7	2.92%	16	6.43%	2	0.98%
仄仄仄平平	1	0.42%	1	0.37%	0	0.00%	2	0.80%	0	0.00%	2	0.83%	1	0.40%	0	0.00%
平平仄仄平	0	0.00%	0	0.00%	0	0.00%	0	0.00%	0	0.00%	0	0.00%	1	0.40%	0	0.00%
平平平仄仄	1	0.42%	0	0.00%	0	0.00%	0	0.00%	0	0.00%	4	1.67%	1	0.40%	1	0.49%
仄仄平平仄	0	0.00%	2	0.75%	0	0.00%	0	0.00%	0	0.00%	1	0.42%	0	0.00%	0	0.00%
平平仄平平	0	0.00%	0	0.00%	0	0.00%	0	0.00%	0	0.00%	0	0.00%	1	0.40%	0	0.00%

续表

	梁译		章译		索译		覃 1		苏译		陈译		覃 2		傅译	
仄仄平平平仄仄	0	0.00%	0	0.00%	0	0.00%	1	0.40%	0	0.00%	0	0.00%	0	0.00%	0	0.00%
平平仄仄仄仄平	0	0.00%	1	0.37%	0	0.00%	0	0.00%	0	0.00%	0	0.00%	0	0.00%	0	0.00%
平平仄仄仄平平	0	0.00%	0	0.00%	0	0.00%	1	0.40%	0	0.00%	0	0.00%	1	0.40%	0	0.00%
平平仄仄平平仄	0	0.00%	0	0.00%	0	0.00%	0	0.00%	0	0.00%	0	0.00%	1	0.40%	0	0.00%
7 连仄	1	0.42%	0	0.00%	0	0.00%	1	0.40%	0	0.00%	1	0.42%	2	0.80%	0	0.00%
8 连仄	0	0.00%	1	0.37%	0	0.00%	0	0.00%	0	0.00%	0	0.00%	1	0.40%	0	0.00%
诗性格律基因（格律前景化率）	19	7.92%	32	11.94%	22	11.41%	54	21.60%	48	20.52%	40	16.68%	54	21.69%	34	16.66%

具体译本中，覃 1、覃 2 两个诗体译本和苏译本的诗性格律分别为 21.60%、21.69%和 20.52%，诗性声律基因含量最多。可以说，覃学岚的两个译本为诗体译本是实至名归的。作为散体译本的苏译本也有着很好的诗性表现，这也证明了散文体译莎是“降格以求”（方平，1989）[16]、“无法完整传达出莎剧的精神风貌和艺术魅力”（蓝仁哲，2003）[42]等论断是对散文体译莎的偏见。梁译本的诗性格律最少，只有 7.92%，在一定程度上印证了上文关于梁译上口性或许确实不尽如人意的推测。正如梁实秋本人在“丹麦王子哈姆雷特译序”中所述，“散文为主，求其能还原意，至于原文节奏声调之美，则译者力有未逮，未能传达其万一，唯读者谅之。原文中之歌谣唱词，悉以白话韵译之”（1936）[例言2]。其他四个译本，章译、索译、陈译和傅译在声律分布上介于 11.41%～16.68%之间，表现中规中矩，符合散文译莎的特点。

下面来看具体译例分析。

例 4-1：

原文	Now sways it this way, like a mighty sea Forced by the tide to combat with the wind; Now sways it that way, like the selfsame sea Forced to retire by fury of the wind.（3H6 2.5. 5-8）
梁译	时而倒向（平平仄仄）这一面，像是（仄仄）大海（仄仄）受潮汐（平平）的激荡而向暴风斗争，时而（平平）又倒向（仄仄）那一面，像是同一个大海（仄仄）被死风逼得后退（仄仄）。
章译	时而涌向（平平仄仄）这边，时而涌向（平平仄仄）那边；一会儿潮势胜过（仄仄）风势，海水（仄仄）涌了上来，一会儿风势压倒潮势，海水（仄仄）又退了下去。
索译	战争就像大海（仄仄），被海潮推着迎风（平平）而上，一会儿又被大风吹回来（平平），向另一方向涌去（仄仄）。
覃 1	时而倒向（平平仄仄）这一边，时而又（平平仄）倒向那一边，犹如大海（平平仄仄）一般，随着潮汐（平平）的起涨（仄仄）跌落，一会儿涌了上来，一会儿又退了下去。
苏译	一会儿汹涌澎湃地涌向（仄仄）这边，海潮迎风破浪（平平仄仄）；一会儿慢波缓浪（仄仄）地涌向（仄仄）那边，海水（仄仄）避风消退。
陈译	这一仗打得胜负无常（仄仄平平），就像受潮势和风势摆布（仄仄）的海水（仄仄），时而（平平）顺着潮势涌向（仄仄）这边，时而（平平）顺着风势涌向（仄仄）那边。

覃 2	时而倒向（平平仄仄）这一边，恰似（仄仄）滔滔大海（平平仄仄）乘潮涨（仄仄平）之势与风搏击（平平）一般。时而又（平平仄）倒向那一边，恰似（仄仄）同一大海（平平仄仄）因狂风大作（平平仄仄）而节节后退（平平仄仄）一般。
傅译	它时而倒向（平平仄仄）一边，像浩荡（仄仄）的大海（仄仄）在潮汐（平平）的威力下向风开战；时而又（平平仄）倒向（仄仄）另一边，像同一个大海（仄仄）被狂风（平平）逼退。

从例 4-1 的标注结果来看，声律模式最为多样化的是覃 2 本，二言、三言、四言声律都有所体现，甚至如果不严格按照自然语义停顿，还有一个类似七言的声律结构，“滔滔大海（平平仄仄）乘潮涨（仄仄平）”，这种多样化的格律模式丰富了译文的节奏美，反映出译者对汉语声律的灵活处置能力。与覃 1 本相比，覃 2 本的诗性特征显然有所增加，这种能够识别的修改痕迹至少说明两点：第一，译者在首次翻译的基础上，付出了很大努力，对译本不断打磨，精益求精；第二，译者的诗性意识随着对文本的深入理解也在提升。此例中，声律格式变化最少的为索译，只有平平、仄仄两种，发声简单重复，给读者一种单调之感。

例 4-2：

原文	When this is known, then to divide the times: So many hours must I tend my flock; So many hours must I take my rest; So many hours must I contemplate; So many hours must I sport myself; So many days my ewes have been with young; So many weeks ere the poor fools will ean: So many years ere I shall shear the fleece: So minutes, hours, days, months, and years, Pass'd over to the end they were created, Would bring white hairs unto a quiet grave. (3H6 2. 5. 38-40)
梁译	于是若干的分、时、日、月、年，朝着它们注定（仄仄）的归宿流转过去（仄仄），终于把苍苍（平平）的白发送进（仄仄）静静（仄仄）的坟墓。
章译	这样（仄仄），一分、一时、一日、一月、一年地安安静静度过去（平平仄仄仄仄平），一直活到白发苍苍（平平），然后悄悄（平平）地钻进坟墓。
索译	分，时，日，月，年，逐渐流逝直到上帝（仄仄）创造（仄仄）时规定的结束之日为止，将白发人送进（仄仄）安静的坟墓。
覃 1	这么多的分、时、日、月和年（仄平平）过后（仄仄）便来到了它们注定（仄仄）的归宿，将苍苍（平平）白发带进静悄悄（仄仄仄平平）的坟墓。

苏译	这样（仄仄），一分分（仄平平），一时时（仄平平），一日日（平仄仄），一周周（仄平平），一月月（平仄仄），一年年（仄平平），我走到（仄仄）了它们创造出来（仄仄平平）的那个尽头，白发苍苍（平平）地走进（仄仄）一座平静的坟墓。
陈译	就这样，让分、时、日、月、年平安度过（平平仄仄），最后（仄仄）到达命定（仄仄）的终期（平平），带着苍苍（平平）白发进入（仄仄）坟墓。
覃2	就这样分、时、日、月和年（仄平平），过后（仄仄）便来到了它们注定（仄仄）的归宿，将苍苍（平平）白发带进（仄仄）静悄悄（仄平平）的坟墓。
傅译	于是，分、时、日、月、年，消磨（平平）到上帝（仄仄）创造（仄仄）的末日，将满头白发送入（仄仄）一处僻静（仄仄）的坟墓。

例4-2则凸显了章、苏二译本的节律性和音乐感。首先，苏译本中“一××”具有天然的三言吟咏调性特征，经常出现在歌曲中。由于“一”的发声会根据其后接声调而产生不同的语流音变，所以“一××”结构并不显单调重复，反倒充满了抑扬而不失舒缓的节奏感，表现了亨利六世对于宁静生活的向往。这种节奏感也在一定程度上弥补了莎剧原文素体诗在翻译过程中所丢失的格律性。其次，章译中关于时间的二言节奏多少类似于钟表的滴答声，仿拟了时间的流逝之感，具有一定的象似性，映衬出亨利六世对于时间、对于生命的哲学性思考。此外，“安安静静度过去”一句大致构成了“平平仄仄仄仄平”的七言格律，也具有较为浓厚的诗性特征。其他译本多是一言，顿感或有余，乐感略不足，在表现亨利六世对宁静生活的向往方面，稍逊一筹。

单从音节数量来说，莎剧的五步抑扬格每行十个音节，已远超过汉语一般诗词的格律长度，可谓出格了，所以莎剧翻译无论采用诗体还是散文体都有一定的理据。但总体来说，译者或巧合或有意地利用汉语固有声律格式，作为再现原文前景化的方式，试图表达原文的抑扬感，如覃译善于运用多种声律表现手法，从整体上提高了译本的诗性特征，苏译、章译，尤其章译虽然统计数据不高，都善于抓住关键语句突出自身的译语特征，给读者以较为深刻的印象。《亨利六世》的格律翻译大致取得了一种失之东隅，收之桑榆的效果。

第二节　头韵

头韵是英语中一个极为独特的语言现象。作为一种重要的语音修辞手段，头韵在日常英语中常见于谚语、熟语、书名、报刊文章标题、广告之中。在文学场景中，头韵最常见于诗歌。在使用尾韵之前，头韵“曾有过作为韵律的主要形式的漫长的光荣历史”（刘英凯，1998）[16]。早在古英语时期，头韵就成为英语诗歌的基础格律，这种格律形式一直持续到15世纪末，风行了长达千年之久（刘英凯，1998）[16]。至公元7、8世纪时，头韵的艺术手法已臻于成熟，著名古英语史诗 *Beowulf*（《贝尔武甫》）就以头韵体形式写就，其每个诗行都必押头韵。到莎士比亚时期，头韵在英语诗歌创作中逐渐陷入颓势。到19世纪末20世纪初，拜伦、惠特曼、庞德等英美诗人又开始尝试恢复这一特殊诗歌艺术手法的辉煌。

一、头韵类型

头韵虽然是实现语音前景化效果的主要手段之一，但在实际使用中，对头韵的事实判定却比较复杂，这主要是因为：一方面，头韵的定义龃龉不一，另一方面，头韵形式本身也复杂多样。以头韵的下列定义为例：

（1）In this device the same consonant sound is repeated at intervals in the initial position of words, as in “mad-March days” or “a cargo of Tyne coal”.（冯翠华，1995）[134]

（2）Alliteration is the repetition of a speech sound in a sequence of nearby words. Usually the term is applied only to consonants, and only when the recurrent sound is made emphatic because it begins a word or a stressed syllable within a word.（Abraham，2012）[10]

（3）The repetition of usually initial consonant sounds in two or more neighboring words or syllables.（出自韦伯斯特在线词典）

（4）The use, especially in poetry, of the same sound or sounds, especially consonants, at the beginning of several words that are close together.（出自剑桥英语在线词典）

（5）①The commencing of two or more words in close connection with the same letter, or rather the same sound. ②The commencement of certain accented syllables in a verse with the same consonant or consonantal group or with different vowel sounds which constituted the structure of versification in OE and the Teutonic anguages generally.（转引自刘英凯，1998）[9]

（6）The repetition of identical consonants in unaccented syllables or in middle or terminal positions in the syllables（转引自刘英凯，1998）[9]

将这几种定义相对比，可以发现它们各有侧重。定义（1）出自冯翠华的《英语修辞大全》，描述了头韵的典型韵式，即词首辅音重复，但这种将头韵仅局限于辅音重复的说法，存在一定的片面性。定义（2）源于 Abraham 所编的 *A Glossary of Literary Terms*，强调了头韵所处的音节应为重读音节，但通过"usually"一词可知，头韵中的辅音重复并非绝对，说明也存在其他形式的重复。该定义在西方学界产生了巨大的影响，但也有一定的疏漏，即辅音连缀重复被忽略。定义（3）和（4）是韦伯斯特和剑桥两种在线词典的定义，二者既没有绝对强调辅音的重复，也没有强调头韵所在音节必须重读。定义（5）出自 12 卷本 *Oxford English Dictionary*，该定义将重复主体从辅音扩展至相同的字母，甚至中古英语和日耳曼语中发音不同的元音。源于 *Colliers Encyclopedia* 的定义（6）更是将辅音重复所在的音节扩展到非重读音节，其出现位置可以是音节的中间，也可以是音节末端。

从这 6 种定义可以看出，英语对于头韵的规定并不是绝对化的，在头韵的出现位置、音节重读、字母异同等方面表现出了一定的灵活性。利奇在自己的论著中进一步给出了头韵的判定原则：

> It should be clear now that alliteration in English are not to be defined with reference to words, ... it is the main stressed syllable of a word which generally carries the alliteration, not necessarily its initial syllable. (Leech, 2001)[90-93]

利奇重申了英语诗歌中头韵的锚定单位不应是单词而是音节，不应是拼写而是发音，也不必是词首音节而通常是重读音节。可见利奇更倾向于以音位特征为头韵的判断标准，将头韵从单词、拼写及词首位置的局限中解放了出来。

头韵的多样性和复杂性可见一斑。根据上述定义，不难得出《亨利六世》原文中头韵的判定标准，即头韵既可以涵盖辅音重复、元音重复、辅音连缀重复、字母重复等音韵模式，也可以出现在重读音节或非重读音节、词首或非词首等不同的位置。具体来看，表 4-5 中的例句均取自《亨利六世》第一部第一幕戏中的台词，基本囊括了原文中所有的头韵类型。

例句 1 包含两个头韵结构，一个是摩擦音/f/的重复，出现在单词 Fifth 和 famous 的首字母位置，两个单词中间隔了副词 too，另一个是舌侧音/l/的重复，出现在紧密相邻的 live 和 long 二词中。例句 2 则是辅音连缀/fr/在 free 和 from 中的重复。例句 3 是两个摩擦音/h/在单词 hung 和 heavens 中的重复。上文指出，莎剧的诗剧绝大部分为五步抑扬格素体诗，但也有因实际需要而产生的例外。

如本例中第一个音步 hung be 中，hung 既是句首词，也是开场提示词，需要重读。如此一来，句中第一个音节显然就不是前轻后重式的抑扬格了，而是前重后轻的扬抑格。到第二个音节，诗句的格律回归为正常的抑扬格。这样一来，hung 和 heavens 所处的节拍都是重读节拍。以上 3 个例句均为辅音重复，仅涉及两个音节，结构清晰，是标准的头韵结构。

表 4-5 《亨利六世》头韵韵式

	例句	重复模式	出现位置	重读模式	音节
1	King Henry the Fifth, too famous to live long (1H6 1.1.6)	辅音重复	词首	重读	2 个
2	and free my country from calamity (1H6 1.2.81)	辅音连缀重复	词首	重读	2 个
3	Hung be the heavens with black (1H6 1.1.1)	辅音重复	词首	重读	2 个
4	Their arms are set, like clocks, still to strike on (1H6 1.2.42)	辅音重复	词首	重读+非重读	3 个
5	But they left me 'midst my enemies (1H6 1.2.24)	辅音重复	词首+词中	重读+非重读	4 个
6	Sharp stakes plucked out of hedges (1H6 1.2.117)	字母重复	词首	重读+非重读	2 个
7	France is revolted from the English quite (1H6 1.1.90)	元音重复	词首	非重读+重读	2 个
8	Salisbury is a desperate homicide (1H6 1.2.25)	辅音重复	词首+词中	重读	2 个
9	When, at their mother's moistened eyes, babes shall suck (1H6 1.1.49)	辅音重复	词首+词中	重读+非重读	2 个

但从例句 4 开始，头韵结构相对复杂起来，押韵位置不一定出现在词首，涉及的音节数也从两个到四个多少不一。例句 4 中的摩擦音/s/分别出现在 set、still 和 strike 三词之首，为三音节头韵结构。例句 5 中，从 me 到 enemies 的 4 个单词中都含有鼻音/m/，与例句 4 不一样的是，前 3 个鼻音/m/位于词首，最后一个鼻音/m/位于词中，如果仅从视觉上看，比较隐秘。例句 6 属于字母重复，尽管两个摩擦音/ʃ/和/s/的发音不完全一样，但根据上文定义（5）①，头韵中重复的也可是字母 s，所以认为该句押了头韵。例句 7 和例句 1 类似，都是一个

诗句中包含两组头韵结构，二者差异在于，例句 7 中的头韵中有一个是元音头韵，即元音/i/在 is 和 English 两词词首中的重复。例句 8 中，构成头韵的是摩擦音/s/的重复，第一个/s/位于 Salisbury 的词首，第二个/s/位于诗句的最后一个音节，且对应的是字母 c，而不是字母 s，不加以听觉辅助，较难判断。例句 9 中，单词 babes 包含两个均以/b/为首的音节/bei/ 和/bis/，尽管押这两个音节在同一个单词中，但根据头韵以音节为参照而非单词参照的特性来看，babes 自成一个头韵结构，也属于头韵的典型形式。故而，以上 9 个例句皆符合上文中头韵定义所述的种种情形，为下一步头韵的识别和统计提供了依据。

二、头韵修辞

在语言的长期使用中，头韵产生了两种价值，注意价值（attention value）和记忆价值（memory value）（刘英凯，1998）[25]。一方面，头韵的重复性质给文本带来了节奏感，这种节奏感将语言内容诉诸听觉和视觉，可以抓住读者、听众的注意力，帮助其更好地理解语意，点燃了读者的兴趣，增强了表达效果，形成注意价值；另一方面，头韵可以减缓语速，有助于唤起观众、读者的情感反应，促使他们与文本中设定的情绪、情感产生共鸣，从而形成深刻而持久的印象，即记忆价值。在这两种价值的加持之下，头韵衍生出强调突出、烘托情感、生动描述、讽刺幽默、引起注意、形成对比、渲染气氛等（刘英凯，1998：25-29；赵翔，2006；赵明，2009）多种修辞功能。

《亨利六世》中，头韵的这些修辞功能也不鲜见，例如表 4-5 中的例句 3，“Hung be the heavens with black”（1H6 1. 1. 1）就是头韵引起注意的典型用法。该句是《亨利六世》上篇的开场句，也是一个语义双关句。莎士比亚时期，演出悲剧时要在舞台上方挂起黑色幕布，故而此句既可以理解为 hung 以倒装形式提示或命令场务人员把标志悲剧的舞台黑幕升起来，提示观众，一场悲剧即将上演，也可被认为是一种情节提醒，亨利五世死后，英国的黑暗时代即将到来。再如例句 6，“Sharp stakes plucked out of hedges”（1H6 1. 2. 117），句中的头韵具有强调渲染的修辞功效。根据传令兵的描述，连树篱里的 sharp stake 都被拔出来用以作战，渲染了英军在法国战场上几乎弹尽粮绝，以此来提醒英国的贵族老爷们不要再内斗了，要关注英军在法国战场上的困境，也让台下观众获悉了英法战场上的残酷与焦灼。

但利奇（Leech，2001）[95-100]认为头韵功能中值得探讨的只有两种，一种是“鸣示”（“chiming”），一种是拟声（onomatopoeia）。“鸣示”指“通过相似发音将两个词连接在一起，以激发读者思考它们之间可能的关联”（Leech，

2001)[95]。这两个词之间越是语法对偶、所指对立，其语音关联就越显著。如《亨利六世》中贝德福德受伤却坚持不下火线，对塔尔博特所说的“And will be the partner of your weal or woe”（1H6 3. 2. 93），其中 weal（幸福）和 woe（痛苦）两个词的语法结构相同，都是 of 的宾语，都为物主代词 your 所限定，而其语义却恰恰相反。显然，莎士比亚在此用这组词塑造了贝德福德生命不止、战斗不息，最终马革裹尸的大将形象，观众也能通过二者相似的语音捕捉到剧作家的意图。可以看出，“鸣示”实际上就是上文所述的注意价值。

关于拟声，利奇（Leech，2001）[95-100]认为有三种类型。第一种拟声是狭义的字面理解，即对于其他非语言声音的纯粹模仿，如/s/和/z/是空气穿过缝隙或障碍物时发出的摩擦声，可模仿风的叹息。如玛格丽特为自己叫屈时，描述了海风对自己的警告：

> What boded this, but well forewarning wind
> Did seem to say ‘Seek not a scorpion's nest,
> Nor set no footing on this unkind shore’?（2H6 3. 2. 86-88）

此处/s/在引号内外共重复 8 次，形成了 2 处头韵，仿拟了海风拂过，轻声呢喃的样子，道尽了玛格丽特的心酸委屈。

第二种拟声是从更广泛抽象的角度来观察的，语音不仅代表了声音，也代表了行为本身。上文/s/的用法也有这种功能，既模仿了海风的声音，也代表了向玛格丽特耳语警告的这种行为。又如约克公爵对英法停战协议感到不满，对红衣主教温彻斯特说道，“Speak，Win*ch*ester，for boiling *ch*oler *ch*okes”（1H6 5. 4. 120）。此处破擦音/tʃ/被重复了三次，一次包嵌在温彻斯特的名字内，两次构成 choler 和 chokes 两个单词的词首音，既可以被理解为一种火气被压抑的强烈阻塞感，也可以理解为约克因英国利益受损而感到怒火中烧却无可奈何。/tʃ/甚至可以与红衣主教温彻斯特相关联，对英国的国家利益而言，温彻斯特代表的教会力量本身就是一种阻塞物。

第三种拟声发生在更为抽象神秘的暗示层面上，拟声效果可归因于声音的一般“声色（colour）”，如软硬、薄厚等维度。如葛罗斯特公爵被暗杀后，沃里克怀疑萨福克是凶手，萨福克的反应是大声斥问前者，“Why，Warwick，who should do the duke to death?”（2H6 3. 2. 184）爆破音/d/在此处表达了萨福克由于做贼心虚，被怀疑后便恼羞成怒而语气生硬。

其实根据利奇的描述，以上三种拟声的分界线并不明朗，三种拟声中的语音和语义之间都存在一定的暗示和关联，都可以被认为是语音象征（sound symbolism）或语音联觉（phonesthesia），即人们对语音产生的习惯性联想。该概念最早由语言学家叶斯柏森（Otto Jespersen）于1922年首次提出，可视为对索绪尔语言任意性原则的回应和质疑。

尽管语音象征有时被认为是一种主观化解释，但现代心理学和脑科学的发展为语言联觉的音义关联提供了越来越多的实证依据，证明语音象征现象是一个不可否认的客观事实。叶斯柏森认为语音/i/很容易和小的事物联系在一起，而/u/、/o/、/a/等语音则和大的事物联系在一起（孟晓岐，2015）。法国心理语言学家福纳日（Fónagy）通过问卷调查方式，对语音象征意义进行统计、分析，证实了叶斯柏森的观点。萨丕尔（Sapir，1929）通过著名的"mil/mal"实验验证了与含有/i/音的单词相比，含有/a/音的单词所关联之物被认为更大，二者之间差值有4倍。乌尔曼（Ullmann，1965）证实了辅音/l/在多种语言的诗歌中都有"柔软"的含义。郑立华（1989）[56]借鉴了福纳日的方法，进一步证实法语中前元音/i/显得更加柔弱、灵活、快乐，后元音/u/则更加强壮、阴沉、高大，鼻音/m/最温柔，而爆破音/k/最严酷。

虽然语音象征的存在是一个不争的事实，但并不是所有的语音都有象征作用，关于它的解释目前还无法令人满意，所以语音象征始终徘徊在语言任意性和理据性之间的一个模糊地带，其联觉作用只能是部分的、类似的。此外，语音的情感表现力还与文本语境、语言接受者的文化背景、文学想象力、音乐敏感性等个体因素有关。然而不可否认的一点是，由于语音象征具有跨语言相似性，语音象征可为头韵的语音翻译考察提供一定程度的、可借鉴的评估依据。

三、头韵翻译

头韵是诗人最主要的语音前景化手段之一，约瑟夫（Joseph，2005）[52/68]不止一处提到莎士比亚过度使用头韵的问题。笔者根据上文头韵的判断标准，细读全文，以每个诗行的头韵音节数为分类依据，统计了《亨利六世》三部原文中的各种头韵数据，见表4-6。

表 4-6 《亨利六世》头韵统计表

	总行数	每诗行头韵音节数及占比			头韵总计	每百行
上篇	2691	双音节 304/80.21%	三音节 69/18.20%	四音节 6/1.58%	379	14.08
中篇	2987	双音节 359/81.22%	三音节 76/17.19%	四音节 7/1.5%	442	14.80
下篇	2901	双音节 429/84.12%	三音节 71/13.92%	四音节 10/1.96%	510	17.58
均值	2860	双音节 81.85%	三音节 16.44%	四音节 1.71%	444	15.50

从表 4-6 中的数据可以看出，头韵涉及的音节数越多，其出现频率就越低。《亨利六世》三部曲中，双音节头韵平均占比为 81.85%，三音节头韵平均占比为 16.44%，四音节头韵平均占比为 1.71%，五音节头韵只有一个，可忽略不计。可见，头韵这种语音修辞最基本的表现形式为双音节头韵，三音节头韵的数量在诗歌中已较少，及至四音节、五音节，只有极少量出现。

此外，《亨利六世》三部中头韵频率为平均每百行 15.50%，这个数据说明头韵在莎士比亚时期确实大幅减少，不再有"每行必押"的夸张性的头韵使用量。但每百行 15.50%处的头韵频率是否过度使用？这个问题需要对比才能知道。笔者选取与莎士比亚同时代和后来的 6 位英国诗人的 7 篇诗作，统计了每首诗的头韵使用情况（见表 4-7），头韵使用频率大致在每百行 12.5 到 35.7 处之间。莎士比亚在《亨利六世》中的头韵使用情况与其同时代的琼生和马洛相比，并不算少。与其后的济慈、布朗宁夫人、叶芝及当代的诺斯等相比，可能确实不多，但考虑到《亨利六世》三部曲中每部剧都是接近 3000 行的长诗，受戏剧情节的连贯性、人物形象的塑造和表达等诸多因素的限制，保持每百行 15.50 的数据，其实是比较适中的。数据证明，即使在莎士比亚之后，头韵在英语诗歌中仍具有强烈的诗性特征，仍然保持了音位层面不可替代的前景化功能。

表 4-7 其他诗人头韵使用情况

诗人	题目	行数	每百行
Ben Jonson	*A Celebration of Charis：I. His Excuse for Loving*	24	12.5
Ben Jonson	*Cynthia's Revels：Queen and huntress, chaste and fair*	18	22
Christopher Marlowe	*Hero and Leander*	178	18.54
John Keats	*Bright star, would I were stedfast as thou art*	14	35.7

续表

诗人	题目	行数	每百行
Barrett Browning	*from Aurora Leigh*, *First Book*	118	24.37
Butler Yeats	*The Wild Swans at Coole*	30	26.67
Harold Norse	*Blue Monday*	20	25

然而，虽然头韵是诗歌的主要前景化手段之一，但并非每个头韵都在文本意义生成的过程中起到相同的前景化效果，其具体效果可能会因不同的头韵形式而异。如表 4-5 例句 1 “King Henry the Fifth, too famous to live long ” （1H6 1.1.6），同一个诗句中有两组头韵，两组头韵所产生的语音突出效果势必会有所不同。虽然摩擦音/f/与舌侧音/l/的重复在句中都形成了头韵，但 live long 两个单词的头韵显然更为简洁突出，尤其是 long 中的/l/音，与其后的后元音和后鼻音/ɔ：ŋ/搭配，形成了一种呜咽之感，所以诗句中的哀伤之意超过了对亨利五世文治武功的炫耀之意，形成了具有强烈反差的渲染修辞效果，其前景化效果自然胜过 France 和 famous 形成的头韵结构。

两个头韵之间的距离也会影响到其语义效果，/l/组头韵紧挨，而/f/组头韵有间隔，显然/l/组头韵的注意价值要高过/f/组。尽管没有硬性规定头韵结构中两个重复音之间的间隔到底可以有多大，但头韵效果往往随着重复音之间的间距增大而衰减。如表 4-5 例句 8 中，“Salisbury is a desperate homicide” （1H6 1.2.25），句首音节和句末音节都押了摩擦音/s/韵，由于两个/s/中间间隔了长达 10 个音节，所以如果上下文中存在其他语音或语义显化手段，/s/所形成的押韵效果极有可能被忽略。

是否重读也影响头韵结构被注意的程度，如表 4-5 例句 7 中，“France is revolted from the English quite”（1H6 1.1.90），两组头韵中/fr/的读音模式为“重读+非重读”，/i/的读音模式为“非重读+重读”，这种含有非重读的异质搭配也可能会削弱头韵的前景化效果。可见，不同的头韵对文本前景化效果的贡献是不一样的。

（一）译文标注

根据以上所述的头韵之间的间距关系、重读位置、修辞效果等因素，笔者选出最能代表《亨利六世》原文头韵前景化特点的例句 100 句，按上文表 4-6 中的所显示的各剧头韵数量 379、442、510 进行配比抽样，计上、中、下三篇分别抽取 29、33、38 个样本，以探查其翻译情况。为了清晰反映各译本头韵翻译处理的不同方式方法和效果，笔者仍使用 UAM corpus tool 3.3 版软件对各样本进行标注。

在标注之前，必须先设置头韵翻译分析的 layer，即分析层级。通过文本细读，研究人员发现八个译本的头韵翻译处理方式为三类：音位处理、“形位”① 处理和无处理。音位处理方式为：双声、叠韵、押韵、类头韵、与原文同声母、与原文同尾韵等 6 种形式，“形位”处理则主要包括对偶、对仗、排比、叠字、反复、构式、成语、四字格、惯用语、生僻词 10 种方式。需要说明的是，“类头韵”指译文的语音结构类似原文的头韵结构，如原文为“fertile France”，译文为“富/f/饶的法/f/兰西”，译文两个词首字的声母与原文两个词首辅音相同。“与原文同声母”指译文中的词与原文头韵辅音相同，仍以上个例子为例，如果译文是“法/f/兰西沃土”，只有一个词与原文声母（辅音）相同，不构成类头韵。“四字格”指常见的非成语的四字结构，如“作战勇猛”“品行端方”等。虽然汉语中常见的成语多为四字结构，但也存在如“无立锥之地”的多字成语。这样，头韵翻译分析的层级最后就成为三个大类，16 个小类，再加上无处理，共 17 种处理方式。然后比对原文和译文，对相应的译文进行一一标注。

（二）标注统计

具体标注的三大层级结果见表 4-8。从表中可以看出每个译本的总标注量并不相同，这是因为 100 组头韵样本中，并非全都是 2 音节头韵，还包含了部分 3 音节和 4 音节头韵，涉及的单词共计 258 个。由于不同译者对同一头韵采取了不同的翻译方法，如有的译者可能增译，有的可能减译，导致研究标注总量不完全一致，属于正常现象。

从整体数据上来看，《亨利六世》各译本的头韵翻译在八译本中没有呈现出典型的线性历时特征，其发展趋势大致为“非线性交错”。首先，头韵翻译前景化处理数量总体呈现出“前后交错”的非线性特征。如表 4-8 所示，头韵处理量最高的是苏译本，达 88 处，此前的梁、章、索、覃 1 四译本的处理量从 60 处交错增长到 83 处，此后的陈、覃 2、傅译本又交错下降到 62 处，整个趋势呈一种中间高、两边低的起伏山脊状。此外，前后两个译本的头韵处理量往往呈现出两两交错的特征，如梁译为 60 处，其后的章译增加到 72 处，而索译陡降到 45 处，再后的覃 1 又增高到 83 处。也就是说，头韵翻译的前景化处理量并没有因不断重译而必然地、不间断地增长，“非线性”“前后交错”的历时特征更多体现了译者的自主选择，仿佛是一场此消彼长的竞赛。

---

① 汉语本身没有“形位”，此处暂时借用英语“形位”的说法，以便对比说明译文对原文的前景化补偿方式，属于一种临时性术语。

表 4-8 《亨利六世》八译本头韵翻译处理一览表

	梁译（157）		章译（152）		索译（147）		覃 1（169）		苏译（159）		陈译（163）		覃 2（171）		傅译（160）		均值（159.63）
音位处理	11	7.01%	5	3.29%	3	2.04%	8	4.73%	2	1.26%	8	4.91%	15	8.77%	8	5.00%	7.5
形位处理	49	31.21%	67	44.08%	42	28.57%	75	44.38%	86	54.09%	63	38.65%	70	40.94%	54	33.75%	63.25
处理量（前景化转换率）	60	38.22%	72	47.37%	45	30.61%	83	49.11%	88	55.35%	71	43.56%	85	49.71%	62	38.75%	70.75
无处理	97	61.78%	80	52.63%	102	69.39%	86	50.89%	71	44.65%	92	56.44%	86	50.29%	98	61.25%	89
处理差	-37		-8		-57		-3		17		-21		-1		-36		-18.25

头韵翻译的普遍策略为“以形代韵”。八个译本中，头韵的“形位”处理量远高于其音位处理量，无论是从绝对值来看，还是从百分比来看，二者的均值差都相差较多。即便两个音位处理量最多的译本，梁译和覃2与各自的“形位”处理量也相差颇多，音位处理量最少的索译和苏译则差的更多。以上数据均说明，“以形代韵”是头韵翻译的一个普遍共性。译者在选择、比对译文时普遍倾向于从“形位”层面来考虑对原文的头韵进行再前景化处理，这种“以形代韵”的普遍策略无疑将原文的语音凸显转化为译文的语义凸显，在一定程度上降低了原文语音前景化的表现力和生动性。

头韵翻译的再前景化处理量低于无处理量。换言之，并不是所有的头韵在译文中都有相应的手段来匹配，各译本中处理量在60~87之间，占比30.61%~55.70%，意味着原文中有一多半的头韵在译文中未能达成再前景化，整体转化率较低，足见头韵翻译之艰难。尽管如此，章译、覃1、苏译、覃2四个译本的处理量也高于平均值，说明，这四个译本较为积极地应对了原文头韵带来的翻译挑战，努力再现了原文头韵所蕴含的修辞效果和价值。尤其苏译，是唯一一个处理差为正值的译本，其处理差和索译本之间相差74，说明，作为译者，苏福忠不仅对头韵这种修辞手法有充分的认识，而且以最大的诚意试图使原文中的头韵风貌在译文中得以再现，索天章则很可能没有意识到头韵对原文的修辞贡献。

英语头韵广泛地应用在各种语言场景，从不同体裁的文学作品到丰厚的语言历史映射物——熟语，从严肃的新闻标题到充满噱头的商业广告，到处可见英语头韵“忙碌的身影”（刘英凯，1998）[32]，但其汉译的前景化转化率为何如此之低？笔者以为，造成这种现象的原因大致有三个。其一，英、汉两种语言本身的形态差异。英语是拼音文字，基本可以做到“visual as well as aural”，而汉译是象形文字，汉语的书写形式和声音基本上是脱节的。所以，在英、汉语转化时，语音和语义之间的取舍就不可兼得，而翻译的首要目的是使原文在译文中语义畅晓明白，故而译者选择舍形取义，牺牲原文的语音活力在所难免。其二，汉语在千百年的使用中，已形成了以押韵为主的音韵诗学手段。汉语押尾韵带来的或起伏错落、或清远悠扬、或铿锵遒劲等种种音乐感远非头韵、双声等辅音韵可比，这也致使汉语母语使用者对头韵、双声之类的辅音押韵结构不那么敏感。其三，译者对头韵的处理深受汉语诗学手段的影响。尽管汉语中也有类似英语头韵的双声结构，但双声在构词之外的修辞作用往往有限，正如刘勰在其《文心雕龙》中指出的，“双声隔字而每舛，叠韵杂句而必睽”，意思是其“连绵音响效果一旦隔开使用、分置于句中的两处，就几乎流失殆尽”。总之，汉语中辅音押韵的诗学价值远低于其汉语使用者的修辞需要，英汉翻译中试图寻求英语头韵在汉语中的音位对等，无疑是一件艰难之事，故而英语头韵的音位前景化特征转化为汉语的“形位”前景化表达几乎成为一种必然。

那么，《亨利六世》原文头韵又以哪些具体方式在译文中获得了再前景化表达呢？从表 4-9 可以看出，从原文到译文，头韵翻译的再前景化手段集中在成语和四字格上，其次是对偶、叠字、反复等“形位”手段，音位手段中押韵、与原文同声母略多，其他音位手段整体上聊胜于无。押韵最多的译本为覃 2 本，这与覃 2 本的诗体定位有关。与原文同声母的处理方式以梁、陈、覃 2、傅译本居多。尽管音位处理量很少，但也能看出，上述四个译本在尽力表达原文的头韵特征，保持原文的语音美。“形位”手段中，章、苏、傅三个译本中对偶使用较多，覃 1、苏、陈、覃 2 四个译本中成语使用较多，索译本四字格的使用比较普遍。

表 4-9　《亨利六世》头韵翻译处理情况

		梁译	章译	索译	覃 1	苏译	陈译	覃 2	傅译	合计
音位处理	双声	1	0	0	0	0	0	0	0	1
	叠韵	2	1	0	1	0	0	1	0	5
	押韵	1	2	0	3	1	2	6	2	17
	类头韵	1	1	1	1	0	1	3	1	9
	与原文同声母	6	0	2	3	1	5	5	5	27
	与原文同尾韵	0	1	0	0	0	0	0	0	1
形位处理	排比	2	1	1	1	2	1	2	2	12
	对偶	2	9	6	2	11	4	4	10	48
	对仗	0	1	0	0	0	1	1	3	6
	反复	1	5	6	2	3	5	1	2	25
	叠字	2	4	2	3	4	2	2	3	22
	成语	11	15	12	26	32	23	32	6	157
	四字格	28	28	12	34	29	22	22	24	199
	惯用语	0	2	1	5	3	4	3	1	19
	构式	2	1	2	1	1	1	2	3	13
	生僻词	1	1	0	1	0	0	1	0	4

成语和四字格的翻译虽然是从语义转化而来，但其音韵结构是汉语中典型"四言"型，自带节奏属性，具有一定的语音效果，可视为对原文头韵语音效果的一种补偿。相比之下，成语是习用的、具有历史性和民族性的定型词组，形式简洁而意义精辟，四字格更有可能是为了节奏鲜明而临时搭建的自由短语，所以，成语的恰当使用更见译者的母语功底，而四字格的使用多反映了译者在头韵翻译中的前景化努力。

四、修辞实现

以上从量的角度勾勒了《亨利六世》中头韵翻译的大体情况，接下来我们将结合头韵的修辞功能，从质的角度来探讨各译本对这些头韵的翻译细节处理效果。根据上文中提出的头韵修辞功能分类，通过细读、判断，我们得到了100个头韵样本在原文中的修辞功能占比情况。需要说明的是，原文头韵的修辞功能在具体语境中可能会产生交叠，即一个头韵结构可能对应不只一种修辞效果，如"O tiger's heart wrapt in a woman's hide!"（3H6 1.4.137），既可以被认为是形成对比，也可以被认为是烘托情感，所以为了使分类结果更为清晰，在具体操作中头韵的修辞功能类属以其较为典型的功能为准。

表4-10 《亨利六世》修辞实现情况

强调突出	烘托情感	生动描述	讽刺幽默	引起注意	形成对比	渲染气氛
28%	19%	17%	10%	9%	9%	8%

如表4-10所示，原文头韵的各种修辞功能中，强调突出占比最高，为28%，说明头韵在《亨利六世》中最主要的作用是增强语气、语力、语势，表达说话人的明确立场或态度，取得对话中的优势，以达到说服对方的目的，这个分布数据符合该剧作为历史战争剧的剧种特征。烘托情感和生动描述分别占比19%和17%，说明原文头韵在对剧中人物、情感、事件等主、客体形象建构中也起到了举足轻重的作用。原文头韵的其他修辞功能，如讽刺幽默、引起注意、形成对比、渲染气氛分布差别不大，介于8%~10%之间。那么，各种修辞在译本中的实现情况又如何呢?

下面将结合原文典型头韵结构及译例，一一分析头韵的修辞功能在不同译本中的实现情况。

（一）强调突出

萨福克初见玛格丽特，就被玛格丽特的美貌所倾倒，遂起意将其说给亨利六世为妻，以便日后能时常接触，见例4-3。为了保证此番保媒拉纤的真实性，萨福克连续使用了三个首音为破擦音/f/的虚奉动词“flatter、face、feign”，“咬牙切齿”般地强调自己为人真诚、值得信赖的贵重品格。这三个动词，不仅形成一个连续的三音节头韵，还使得整句台词庄严有序，产生了一种反复咏叹的美学效果，强化了萨福克自我标榜的严肃性。

例4-3：

原文	SUFFOLK Fair Margaret knows That Suffolk doth not flatter, face, or feign. (1H6 5.3.146-147)
梁译	色：美丽的玛格莱特知道色佛克不奉承，不欺骗，不作伪。
章译	萨福克：你问你的女儿就知道了，我是从不虚情假意、口是心非的。
索译	萨福克：美丽的玛格莱特知道我从不虚情假意，口是心非。
覃1	萨福克：美丽的玛格丽特可以作证。我萨福克从不讨好卖乖，弄虚作假。
苏译	萨福克：漂亮的玛格丽特知道，萨福克没有曲意奉承虚与委蛇。
陈译	萨福克：你女儿玛格丽特可以证明，萨福克并没有刻意奉承，虚情假意。
覃2	萨福克：美丽的玛格丽特清楚萨福克不逢迎，不欺骗，不遮掩。
傅译	萨福克：美丽的玛格丽特知道我不溜须、不骗人、不作假。

显然，咏叹效果在梁、覃2、傅三个译本中得到了更好的体现。原文一处否定“doth not”接续了三个头韵动词，梁、覃2、傅三译本则把否定词“不”分配到每个动词之前，形成三次否定反复，将原文的头韵修辞转变为反复与排比的叠加修辞，不仅从形式上保持了与原文的一致性，还原了其咏叹神髓，甚至由于否定的连续使用，比原文更显庄重，有效地实现了原文的强调性修辞功能。其中，覃2本由于两个动词的欺骗/pian/、遮掩/yan/的韵母相同，语音效果上比梁、傅译本略胜一筹。其他五个译本均采用了一个否定词搭配两个四字格的处理形式，弱化了强调语气，尤其否定词“没有”将原文的强调口吻移译为辩解口吻，失去了原文的保证性语势，对萨福克在美人之前争强好胜的形象造成了一定损失。

（二）烘托情感

亨利六世的叔父葛罗斯特公爵和叔祖父温彻斯特主教同为顾命大臣，但二人政见不合，一见面屡屡发生争执。伦敦议会大厦中，温彻斯特撕毁了葛罗斯特准备的诉状，葛罗斯特愤怒回击，见例4-4。原文在一个句子中五次使用了爆破音/p/，形成了两组头韵来表达愤怒，属于典型的情感烘托修辞功能。如此紧凑密集的爆破，释放了大量能量，模拟了二人之间的紧张、对抗关系，表现了葛罗斯特此时耐心已尽、压着火气的心理状态。由于葛罗斯特的身份是protector（护国公），温彻斯特是priest/prelate（教士），所以二人互相攻讦之时，搭配词也以/p/音开头的单词居多，如proud、presumptuous、place、patience、pray等，这种模式在《亨利六世》中已形成一种程式化头韵搭配。

例4-4：

原文	GLOUCESTER Presumptuous priest, this place commands my patience, Or thou shouldst find thou hast dishonour'd me. (1H6 3.1.8-9)
梁译	格：狂妄的教士！在这个地方我不能不忍耐，否则你要知道你是侮辱我了。
章译	葛罗斯特：狂悖的和尚！我在这地方不得不耐着点儿性子，要不然你就会发现你这样侮辱我会有什么后果。
索译	葛罗斯特：狂妄的教士，这个地方使我不得不忍耐，否则你就会发现侮辱我有什么后果。
覃1	格洛斯特：狂妄的教士，在这儿我不得不耐着点性子，要不然我定叫你知道侮辱我的后果。
苏译	葛罗斯特：放肆的教士，我是因在这地方才把性子耐住了，要不我定会让你明白侮辱我的后果。
陈译	葛罗斯特：放肆的教士！倘不是国会重地需要我保持克制，我会让你知道侮辱我将会有什么样的结果。
覃2	格洛斯特：嚣张的教士，若非此地不得造次，定叫你看看侮辱我有什么果子吃。
傅译	格罗斯特：狂妄的教士！这地方叫我不得不忍耐，否则，你会见到侮辱我的后果。

对于原文第一组头韵“Presumptuous priest”，八译本都采用了直译方式，译为带“的”的偏正结构，既无法保留，也未能有效转移原文中的头韵修辞，损伤了葛罗斯特惊怒的语气情感。由于汉语中没有对西方教士的蔑称，这种愤怒情感在形态层面难以补偿，试比较汉语中的“小子狂妄”或“贼秃大胆”。带“的”的偏正结构中的定语和中心语是一种临时组合，结构相对松散，两部分在意念上保持了比较大的独立性（朱德熙，1982）[143]，所以八译本对第一组头韵的处理都弱化了原文中葛罗斯特的愤怒之意。第二组头韵“place、patience”，只有陈译本和覃2本分别采用了“国会重地、保持克制”的四字格、“此地、造次”的尾韵处理方式，其他译文“地方/这儿”“忍耐/耐性子”，均无特殊处理手段。从语气风格来看，由于原文密集使用了爆破音/p/，所以译文也应短促、

有力、有爆发性。相比之下，陈译本虽然采用四字格提升了译文的庄重感，但整句译文显得冗长、拖沓，而覃 2 本整句译文最为简短，增强了译文的紧凑性，再搭配以语气副词“定”、熟语“吃果子”来提升译文的语势和活力，在高效传达葛罗斯特的情绪上，覃 2 本略胜陈译本一筹。

（三）生动描述

玛格丽特集结军队奔赴约克城讨伐白玫瑰家族，约克父子轻敌兵败。例 4-5 是约克率军鏖战败落的具象描写。原文中包含三组头韵“seen、swan”“bootless、labour”“spend、strength”，并且密集使用了摩擦音/s/，仿拟了吃力费劲苦苦挣扎的艰难状态，生动显现了约克家族军队的颓势处境。

例 4-5：

原文	We bodged again; as I haveseen a swan With bootless labour swim against the tide And spend her strength with over-matching waves. （3H6 1.4.19-21）
梁译	我们又败退了：就像是我所看见过的一只天鹅，枉费气力地逆流而泳，因水力太大而精疲力竭。
章译	我们又败了下来。我们的处境极像那逆水游泳的凫雁，竭力挣扎，力争上游，但在迎头巨浪的打击之下，终于把全身力量白白耗尽。
索译	我们又退下来啦，就像我见到的一只天鹅逆流游水，白费力气，难以抵挡的巨浪搞得它筋疲力尽。
覃 1	我们又败下阵来，就如同我见过的一只枉费劲逆流而游的天鹅一样，终因不敌巨浪的冲击而只落得个精疲力竭。
苏译	我军又溃败下来，我眼见士气如一只野鸿费尽周折逆流而上，在滔天巨浪里拼力挣扎，苦苦求生。
陈译	我们又败下阵来，就像逆流而游的天鹅，终因水流太急而白白耗尽气力。
覃 2	我们又败下阵来，恰似我见过的一只天鹅，硬要徒劳无益地逆流击水，结果被狂澜搞得精疲力竭。
傅译	又一次败退，犹如我见过的一只天鹅，徒劳地逆流而泳，终因水急浪涌体力不支。

对于原文中各组头韵的处理，八译本采用的最为通用的手法是四言结构和叠字。具体而言，第一组头韵“seen swan”属于事实陈述的动宾结构，引起注意功能大于生动描述功能，各译本对其也均无特殊处理手段。第二组头韵“bootless labour”表达了约克望军哀叹的颓丧心理，各译本的四言结构“枉/白费气力、费尽周折、徒劳无益”等和叠字结构“白白”传神地再现了约克此时的心理状态。第三组头韵“spend strength”在其前后文字的配合下，使得约克

家族已无力支撑的败军形象跃然纸上，各译本中“精疲力竭/筋疲力尽/拼力挣扎，苦苦求生/耗尽气力/体力不支”等四言结构译法，基本都成功再现了原文的生动性。但从翻译效果而言，章译本中的“力争上游”在原文中既无对照语，又不符合求生语境，成为无根虚译。苏译的描写对象发生了偏离，此番约克描述的不是高涨或低落的抽象士气，而是整个军队具象的艰难处境，所以苏译属于偏译。

（四）讽刺幽默

温彻斯特主教对护国公葛罗斯特的冷嘲热讽、阴阳怪气始终伴随着二人之间的冲突，最为典型的是《亨利六世》上第三幕第一场议会大厅中的冲突和嘲讽。原文“imperious in”构成了一组以前元音/i/开头的元音头韵，/i/的语音象征义在汉、英、法语中都被证实与小相关（郑立华，1989；孟晓琦，2015；Brooks &Warren，2004；胡壮麟、刘世生，2004），如含有/i/音的 little、bit、slit、chink 等词都给人比较细小的感觉。此处除了作为韵头的/i/，还有两个/i/音内嵌在单词“imperious”中，密集的/i/音关联了温彻斯特对葛罗斯特表面上讽刺挖苦，内心却又羡又妒又嫉恨的窄小心思。

例 4-6：

原文	BISHOP OF WINCHESTER Ay, lordly sir, for what are you, I pray, But one imperious in another's throne?（1H6 3. 1. 44-45）
梁译	文：是的，高贵的人，请问你又算是什么东西呢，你不是一个假借别人的宝座来发国王的威风的人么？
章译	温彻斯特：嗳，大人，你又是个什么呢，我请问？不过是个依仗别人的王位，狐假虎威的角色罢了。
索译	温彻斯特：哎，大人，我来问问你，你又是何许人呢？你不过是仗着别人的宝座撒撒傲气而已。
覃 1	温彻斯特：唉，高贵的大人，请问你又算个什么东西？不过是仗着别人的王位狐假虎威而已。
苏译	温彻斯特：唉，尊贵的阁下，请问你又是什么货色？也不过是个仰仗王权专横跋扈的角儿。
陈译	温彻斯特：哎，高贵的大人！我问你，你算什么东西呢？你不就是个借别人的宝座耍威风的人吗？
覃 2	温切斯特：是，高贵的大人，你算老几，我请问，不过是仗着别人的王座过一回帝王瘾！

傅译	温切斯特：哎呀，高贵的大人，我请问，你算哪块料，顶多借别人的王座摆出国王的样子。

原文“imperious”意为“acting like a king”，在章、覃1、苏三个译本中的处理方式为成语“狐假虎威”和“专横跋扈”，在梁、陈、覃2译本被处理为惯用语“发/耍威风”和“过一回瘾”，在索译中表现为叠字“撒撒傲气”，傅译“摆出国王的样子”则无前景化处理方式。介词“in”在译文基本为“依/仰仗”和“假借/借”等两类语义，均非前景化处理方式。从翻译效果而言，章、覃1、覃2三译本中的“狐假虎威”和“过一回瘾”因其生动的表现力都较好地传译了温彻斯特的尖刻心理。但/i/的窄小心思语音象征义，在译文中都无法有效表现。如果非要说有的话，则只有覃2本“过一回瘾”的“瘾”字因含有仄声窄口前元音/i/，与原文“in”发音相似而可能会表达出一丝嫉妒不快。

（五）引起注意

《亨利六世》中头韵的引起注意功能往往出现在场景转换或新话题开始之际。如下篇第一幕第一场中，亨利六世一进入伦敦威斯敏斯特议会大厦，就发现约克坐到国王御座上了，于是通过头韵组“lords、look”“sturdy、sits”以及与其搭配的设问修辞来表达不满，提醒同行贵族，让大家注意约克的僭越行径。

例4-7：

原文	KING HENRY VI My lords, look where the sturdy rebel sits, Even in the chair of state. (3H6 1. 1. 50-51)
梁译	王：诸位，请看那顽强的叛徒坐着的地方，竟坐在国王的宝座上了！
章译	亨利王：众位贤卿，你们看那桀骜的叛徒坐在什么地方，他竟敢窃踞御座！
索译	亨利王：卿家们，看那个专横的叛徒坐到哪儿啦！他竟坐上我的宝座啦。
覃1	亨利王：众位贤卿，且看那顽固的叛贼坐在什么地方，他都坐到国王的御座上去了。
苏译	亨利王：众位贤卿，快看那个张狂的叛徒竟坐在——竟然坐在御座上！
陈译	亨利王：诸位贤卿，你们看，那顽固不化的逆贼居然坐到王座上去了！
覃2	亨利六世：众位贤卿，看那铁了心的叛贼坐在什么地方，竟坐到国王的御座上。
傅译	亨利六世：诸位大人，看这满心自信的叛徒坐哪儿了，竟坐在王座之上！

八个译本对第一组头韵的翻译处理，除了梁译、索译都采用了“众/诸位贤

卿/大人”等四字格，对第二组头韵的翻译处理，只有陈、覃 2、傅三个译本分别采取了成语、惯用语、四字格等前景化手段，其他基本无处理。但与上述各种前景化手段相比，更能引发汉语读者注意力的却是原文中的设问修辞，所以从翻译结果而言，译文中含有设问义的章、索、覃 1、覃 2、傅五个译本较为准确地传递了原文引起注意的修辞效果，而梁、苏、陈译传递的更像是一种惊怒而又无奈的事实陈述，尤其苏译本，表现的更多的是亨利六世张口结舌、惊慌失措的无能形象。

（六）形成对比

红白玫瑰家族在约克城外大战，约克战败后试图逃亡，但此前因奋力拼杀而导致此时精疲力竭。眼看逃跑无望，约克不仅感慨，自言自语中把敌人的威胁和自己的无力做了对比。约克连用两组头韵“fatal、followers”“faint、fly、fury”，其他四个词用以衬托“faint”，对比、凸显了自己的窘况。摩擦清辅音/f/的发音方式本身就带有紧张感（Leech，2001）[99]，五个/f/连用更是表现了约克内心乏力、无奈，对死亡来临的恐惧。

例 4-8：

原文	Ah, hark! the fatal followers do pursue; And I am faint and cannot fly their fury.（3H6 1. 4. 22-23）
梁译	啊！听！那狠命的追兵是跟踪而来；我已疲惫不支，无法逃过他们的怒火。
章译	呵，听哪！要命的追兵来到了。我浑身乏力，不能逃了。
索译	听啊，要命的敌人追来啦。我四肢无力，逃不掉啦。
覃 1	啊，听！那要命的追兵还在穷追不舍，我已力不从心，没法逃过他们的怒火了。
苏译	哦，听哪！要命的追兵赶来了，我却气短腿软，难以逃出他们的怒气。
陈译	啊，听！催命的追兵正步步紧逼，我已精疲力竭，逃不出他们的熊熊怒火了。
覃 2	啊，听！要命的追兵还在穷追不舍，我已力不从心，逃不过他们的怒火。
傅译	啊，听！带来死亡的追兵近在咫尺，我虚弱无力，逃不掉他们的怒火。

整体而言，八译本都通过四字格结构很好地转化了原文中的“faint”一词，如“疲惫不支”“浑身乏力”“四肢乏力”“精疲力竭”等，基本都表现出了约克此时疲惫不堪的窘况。但第一组头韵中的“fatal”一词多译为“要命”，其实现代汉语中，“要命”多用于表示程度，意为“像死了一样”，如“累得要命”“真要命”等。“fatal”是形容词，本意为“causing death”，多出现于“致命的

弱电”“致命伤”等语境中。梁译“狠命的”属于表述偏离，“狠命”往往用作副词，相当于“拼命”，后多接助词“地”。傅译“带来死亡的”实属啰嗦。相比之下，陈译“催命的”更符合当时的后有追兵的语境。准确来说“催命”隐含“催命鬼”意象，并不直接致命，笔者认为，“拿命”“索命”等表述更符合该语境。不过，陈才宇的翻译也暴露出，译者更受汉语规范影响。

（七）渲染气氛

《亨利六世》中头韵的渲染气氛功能较少。例 4-9 是一个典型的四音节头韵，原文出自戏剧上篇第五幕第一场。此时约克顺利达到了养寇自重、攫取军权的目的，正率军从爱尔兰平叛归来，途中公开了想要自立为王的野望，并发表了反叛宣言。原文中 bells、burn、bonfires、bright 四个单词全部以爆破音/b/开头，发音时上下唇紧闭，随着气流从口腔中迸发而出，具有强烈的力量感。爆破音/b/一口气被重复四次，构成四音节头韵结构，具有类似四重奏的清晰节奏感。这种节奏感和力量感搭配以双元音/ai/和鼻音/n/，句中的头韵与语音联觉重叠交互，其声音效果得到了放大，生动表达了约克决心夺取王权时的心潮澎湃，为舞台氛围和接下来的剧情做足了渲染铺垫。

例 4-9：

原文	YORK Ring, bells, aloud; burn, bonfires, clear and bright, To entertain great England's lawful king.（2H6 5.1.3-4）
梁译	约：响罢，钟，要大声些；烧罢，烽火，要烧得通明大亮，来迎接伟大的英格兰的合法的国王。
章译	约克：让钟声敲得更响，让焰火燃得更旺，来欢迎伟大的英国的合法君王。
索译	约克：把钟敲响，把火把点得通红，来迎接英格兰的合法君主吧。
覃 1	约克：把鼓敲得山响，把烽火燃得通明透亮，来迎接伟大的英格兰的合法国王！
苏译	约克：把钟声敲得响亮些吧，把篝火烧得通明些，好好招待一番伟大的英国的合法君王。
陈译	约克：钟鼓啊，响亮地敲吧！营火啊，燃烧得更明亮吧，都来迎接英格兰伟大的、合法的国王！
覃 2	约克：钟，敲他个山响；营火，烧他个透亮，来迎接伟大的英格兰的合法国王。
傅译	约克公爵：钟啊，敲吧，震天响；篝火，烧吧，通红透亮，欢迎伟大的英格兰的合法国王。

梁、章、覃 1、覃 2、傅五个译本都采取了押韵翻译的方式，且都受“国

王”一词所限，押了江阳韵/ang/。江阳韵发音时饱满雄浑，传神地再现了约克那不断膨胀、按捺不住的野心。尤其后四个译本中由“响、亮、王”构成的三重押韵，一气贯通，呼应了/b/的四次重复，弥补了江阳韵迸发力的不足，增加了其厚壮感。可以说，这四个译本对头韵的翻译处理得当，很好地实现了头韵本身蕴含的气氛渲染的修辞功能。所不同的是，章、覃1二译本追求“神似”，采用了“让”字句和“把”字句，两种句式分别具有使令义和处置义，与押韵相配合，体现了约克对此事的参与性、积极性和掌控欲，凸显了其内心的急迫和火热。覃2译本和傅译本由于更为追求与原文的形式对等，牺牲了些许力量的连贯表达，降低了约克在整个事件中的参与度，拉开了约克与事件的距离。

综合以上分析，关于《亨利六世》的八个汉译本，我们大致可以得出以下结论：首先，从数量上看，《亨利六世》原文头韵在八译本中的再前景化处理量大都不足一半，似乎有些差强人意，但究其原因，主要是音位头韵这种语音修辞在英汉两种语言中的诗学价值完全不等量，译者难以从音、形手段对其进行有效的补偿。

其次，尽管数量不足，但从质的角度来看，各译本还是采用了押韵、对偶、排比、成语、四字格等16种再前景化手段，尽量达成原文中头韵所表达的各种修辞功能（详见表4-9），在一定程度上弥补了由翻译造成的头韵前景化效果损失。整理从例4-3到例4-9的七个译例，可以清晰看出各译本的头韵补偿措施（见表4-11）。

表4-11 头韵翻译修辞功能再前景化实现方式

	强调突出	烘托情感	生动描述	讽刺幽默	引起注意	形成对比	渲染气氛
梁译	3反复+1排比		1四字+1成语	1惯用		1对偶	2押韵
章译	2四字		1四字+1叠字	1成语	1四字	1对偶	3押韵
索译	2四字		1四字+1成语	1叠字		1对偶	
覃1	2四字		1成语	1成语	1四字	1对偶	3押韵
苏译	2四字		3成语	1成语	1四字	1四字	
陈译	2四字	2四字	1叠字+1四字	1惯用	1四字+1成语		
覃2	3反复+1排比	2押韵	2成语	1惯用	1四字+1惯用	1对偶	3押韵
傅译	3反复+1排比		1成语		1四字	1对偶	3押韵

如表4-11所示，各译本采用的再前景化方式基本与原文修辞目的相匹配，如强调突出主要采用了反复、排比和四字格形式，以增强语言的厚重感，尤其是梁、覃2、傅三译本，在忠实原文的基础上注重形式对等，采取反复和排比的叠加修辞效果，提升了译语的能见度，出色地完成了强调突出功能的语际移译。生动描述则在四字格基础上添加了叠字和成语，增加了译语的表达力和鲜活感，如章、陈译本在生动描述中的叠字，使译语描述具有了一丝口语化特征。

值得注意的是，讽刺幽默的再前景化手段中，最常用的四字格被替换为惯用语、成语和叠字，这就使得译语的力量感降低、灵动感提升，更符合原文的修辞目的和行文气质。渲染气氛则主要采用了押韵手段，寓情于声的再前景化手段不仅愉悦了声觉感官，还促进了感情的抒发和氛围的创造，将原诗蕴含的艺术感染力声情并茂地传递了出来。其他功能，如引起注意的再前景化手段与强调突出类似，以四字格居多；形成对比主要是对偶结构，如前文所述，对偶是表达对比的天然手段。

最后，如果说有美中不足，便是原文头韵的烘托情感功能在译文中群体性再前景化不足，究其原因，是译文采取了修辞转移手段，通过词汇、语法、语气将头韵结构表达的修辞功能转移到其他文本元素上。除此之外，梁、索译本的引起注意，索、苏、陈译本的渲染气氛，傅译的讽刺幽默等修辞功能的再前景化努力有所欠缺。

第三节　尾韵

尾韵是一种语音上的回声，是一种音位单位上的匹配（胡壮麟、刘世生，2004），是诗歌格律结构的一种主要特征。尾韵有愉悦感官、方便记忆、引起注意的修辞功能，不仅如此，尾韵更能促进情感的抒发和氛围的创造，从而以寓情于声、声情并茂来提高诗歌的艺术感染力。徐祯卿（1981）[765]说“盖因情以发气、因气以成声、因声而绘辞、因词而定韵，此诗之源也”，朱自清（2004）[77]认为“韵是一种复沓，可以帮助情感的强调和意义的集中。至于带音乐性、方便记忆还是次要作用”。这些观点阐明了声韵与音乐、意义、情感等方面的紧密关联。由于元音是“语言中最重要、最生动的东西，是语言的枢纽”（赫尔德，2014）[13]，所以尾韵所体现的音义关系较头韵更易被感知。

翻译中，英语尾韵可以由汉语尾韵重现，因此有必要回顾一下汉语尾韵的特点。同英语的语音联觉或语音象征一样，汉语韵母与语义也有一定的关联。

谢文利、曹长青（1984）认为，汉语十三韵（表 4-12）可分为响亮级、柔和级和细微级三种级别，分别表达了不同的情感（表 4-13）。通常响亮级韵母给人以轻松、明快、昂扬热烈的感情；而柔和级的韵适于表达较为纤细的感情；一七韵等细微级的韵则适于用来表达沉郁之情。中国旧体诗词中的“歇、烈、月、切、雪、灭、阙、缺、血”等入声字，则适于表达低沉激越的感情（谢文利、曹长青，1984）[270-271]。辜正坤（1995）也认为大量汉语的发音与其所代表的含义具有某种心理—生理—物理方式的契合，即音义同构。大量汉字之间存在意义对立、情感表现力不同的阴阳两类：阳性字通常指意义相对昂扬奋发、时空关系及含义指向都呈正向扩张型的字，发声时双唇的开口度相对较大，故多搭配/a，ang，an，o，ong/等音，如刚/gang/、高/gao/、阳/yang/，其读音多响亮、厚壮；阴性字通常指意思相对收缩、压抑、呈负向退降的字，发声时双唇开口度相对较小，多搭配/i，e，ei，u，ou/等音，如柔/rou/、低/di/、阴/yin/等，其读音多沉钝、拘谨。

表 4-12　汉语十三韵表（谢文利、曹长青，1984）[270]

十三辙	韵 母	十三辙	韵 母
发花	a（啊）ya（呀）ua（挖）	遥条	ao（熬）iao（腰）
坡梭	o（喔）e（鹅）uo（窝）	油求	ou（欧）iu（iou）（优）
乜斜	ie（耶）ue（约）	言前	an（安）ian（烟）uan（弯）ü（冤）
姑苏	u（乌）	人辰	en（恩）in（音）un（uen）（温）ün（晕）
一七	i（衣）ü（迂）-i（日、知、资等字的母音）er（儿）	江阳	ang（昂）iang（央）uang（汪）
怀来	ai（哀）uai（歪）	中东	ing（英）eng（鞥）ong（翁）iong（雍）
灰堆	ei（欸）ui（uei）（威）	附	儿化小辙（er）

表 4-13 汉语十三韵级别（谢文利、曹长青，1984）[271]

	响亮级	柔和级	细微级
辙名	江阳（宽韵） 中东（宽韵） 言前（宽韵） 人辰（宽韵） 发花（宽韵）	遥条（宽韵） 怀来（宽韵） 坡梭（宽韵） 油求（宽韵）	一七（宽韵） 灰堆（窄韵） 乜斜（窄韵） 姑苏（窄韵）

此处“宽韵”指这个韵脚包含的汉字比较多，词汇量较大，因此押韵时可选择的范围比较开阔。而“窄韵”，则是可供选择的韵脚字数较少，词语不多，押韵时，回旋余地不大（谢文利、曹长青，1984）[271]。

简单概括起来，韵母的音义关系可理解为，发音时开口度较大的阳性元音，通常表达博大、宽广、雄宏等阳性语义；相对地，发音时开口度较小的阴性元音，通常表达微弱、细小、薄弱、轻微等阴性语义（孟晓琦，2015）[77]。此外，鼻辅音/-ng/是个较为特殊的发音，/-ng/在普通话中不能用作声母，只可与韵母构成鼻音尾韵母。鼻辅音/-ng/本身并不具有情感表达力，但它有“加长音节和响音特征的作用”（尹铁超、包丽坤，2010）[36]，因此元音，特别是阳性元音与之连用时，常表示具有较大型体的认知客体，如庞/pang/、蟒/mang/、象/xiang/。

以上种种都说明，元音的联觉意义，如辅音一样，与发声器官、发音姿势密切相关，不同的元音韵母有着不同的情感表现力。对元音韵母的情感表现力的理解有助于深入认识押韵现象，也有助于进一步分析《亨利六世》各译本中的押韵与意义再构建。

一、押韵排偶体

莎剧原文“大部分是‘无韵诗’（Blank Verse），小部分是散文，更小部分是‘押韵的排偶体’（Rhymed Couplet）”（梁实秋，1936）[例言1]。此处“押韵的排偶体”指含有相同韵脚的对偶诗行，在剧中的主要修辞作用为“或表示其下场前最后之一语，或表示其为一景之煞尾，或表示其为具有格言之性质，等等”（梁实秋，1936）[例言1]，具有构建意义的前景化功能。经统计，《亨利六世》中押韵排偶体共25处，上、中、下各篇分布如表4-14所示。

表 4-14 《亨利六世》中押韵排偶体分布

场次	上篇	场次	中篇	场次	下篇
1.1	steal weal	1.1	crown down	2.2	stay day
2.5	blood good	1.2	fall all	3.2	crown down
4.1	division confusion	3.1	spent event	3.3	misery mockery
4.2	right fight	3.1	be me	4.1	hour power
4.3	cross loss	3.2	thee fee	4.3	abide tide
4.4	adieu you	5.3	all befall	4.4	fly die
4.7	vein slain			4.5	frown crown
				4.6	crown down
				4.6	Brittany speedily
				4.7	day pay
				5.6	room doom
				5.7	annoy joy

我们发现，押韵排偶体在《亨利六世》中篇的分布相对均衡，但在上、下篇分布极为相似，都高度集中于第四幕。这就引发了笔者对上篇著作权的一点思考。从创作顺序上，中篇最早，上篇类似于一种“前传”性质的作品，下篇和上篇的时间更为接近。既然如此，二者的押韵排偶体分布风格又十分接近，所以，如果学界确定下篇是莎士比亚的作品，那么就没有理由否定上篇的作者也是莎士比亚。由于《亨利六世》是莎士比亚的第一部作品，且剧作家在当时年仅 26 岁，远未功成名就，他人代笔的可能性不大，所以《亨利六世》很有可能就是剧作家本人的作品。

八译本押韵排偶体的音韵翻译转化情况如表 4-15 所示。整体来看，押韵排偶体的翻译存在三点共性，一是翻译方法上，基本都采用了直译法；二是“押韵转移”，作为对原文韵词难以处理的一种补偿，如“steal、weal”，后一个词“weal”本意“王国”，多个译本将其处理为“舵手”，以符合音韵要求；三是“押韵增添”，如“vein、slain”本身只是两个韵词，在章、覃 1、覃 2 中被译为多个押韵短语，如“此番胜利、一鼓作气、直取巴黎”等，颇有一气呵成之感。个别译本在韵词后添加句末语气助词，一定程度上削弱了语言的流畅性，也减损了原文的诗性特征。

表 4-15　八译本押韵排偶体翻译情况一览表

原文	梁译	章译	索译	覃 1	苏译	陈译	覃 2	傅译
steal weal	劫走 舵手			轰走 舵手		劫走 舵手	宫 把持国政	
blood good	权利 利益	世职 有利		权利 工具		权利 利益	权利 工具	
division confusion	党争 发生	局面 难免（的了）		仇视 结党营私 分崩离析 天下大乱之理		党争 形成	大局难支 乱纲纪 必将至 肇始	
right fight	权力 无敌			权利 所向披靡		权利 升起	权利 所向披靡	
cross loss	时节 毁灭	争吵不休 付之东流		争争吵吵 没完没了		不休 付之东流		之时 丧失
adieu you	再见 承担	在一起 归咎于你	世界上 身上	永垂于世 归你（了）		世上 身上	与世长存 与你同在	
vein slain		此番胜利 一鼓作气 直取巴黎		趁此胜利 一鼓作气 直取巴黎 塔尔博一死 无往不利		乘胜出击 直取巴黎	趁此胜利 一鼓作气 直取巴黎 塔尔博特既死 攻无不取	
crown down	王冠 搅翻		王冠 衰弱不堪（了）	王冠 衰弱不堪			王冠 衰弱不堪	王冠 掀翻
fall all	坍台 一笔财			倒台 一笔财			倒台 一笔财	垮台 一笔财
spent event								
be me	一定 坐享其成		靠边站 坐江山（了）	必死无疑 登基		必死无疑 废黜亨利	必死无疑 登基	

续表

原文	梁译	章译	索译	覃1	苏译	陈译	覃2	傅译
thee fee		杀掉你 一笔生意		你 你	你 生意		你 生意	你 生意
all befall	前进 来临			伦敦 我们		进军 我们	伦敦 我们	伦敦 我们
stay day	不能再等 性命	不再等（了）性命		不能再等 性命			不会再等 性命	不再等 人命
crown down	戴 来		王冠再远	戴 来	王冠（吗）还远	王冠 再远	戴 摘	王冠 再远
misery mockery	困苦 报复			悲苦 报复			悲苦 报复	
hour power	时间 会面			延误 队伍		耽误 兵卒	延误 队伍	
abide tide	承当 用场			忍受 顺风逐流			忍受 苦斗	
fly die				赶快逃 死路一条			赶快逃 死路一条	
frown crown	怒火 重得			横眉 王位			瞋目竖眉 恢复王位	
crown down	王冠 推翻	复位 吃亏（的）		王位 吃亏			王位 吃亏	
Brittany speedily	去 处理			布列塔尼 迅速办理		布列塔尼 不容置疑	布列塔尼 从速办理	
day pay	胜仗 奖赏			胜仗 重赏		胜仗 重赏	胜仗 重赏	
room doom	房间 狂欢			末日 得意			屋里 死期	

续表

原文	梁译	章译	索译	覃 1	苏译	陈译	覃 2	傅译
annoy joy				再见 快乐无边		烦恼 逍遥	再见 快乐无边	号角 烦恼
共：25 处	20	8	4	24	2	14	23	8
前景化转化率	80%	32%	16%	96%	8%	56%	92%	32%

经数字汇总，得出各译本的前景化转化率。押韵排偶体前景化转化率最高的是覃学岚的两个译本，覃 1 为 96%，覃 2 略有降低，为 92%，体现了这两个译本特有的诗体定位。同时也说明译者重译之时，对于前译本中的牵强押韵有所纠正。其次是梁译的 80%，译者完全注意到了莎剧中押韵排偶体这种语音前景化现象，并努力使之在译本中得以呈现，偶有不押韵之处应是“力有不逮”（梁实秋，1936）[例言1]。陈译转化率为 56%，原文前景化损失将近一半儿。转化率最低的是苏译本，仅有两处，占比 8%，语音效果几乎丧失殆尽。下面，我们选择了最为明显的三个押韵排偶体译例，进一步分析。

例 4-10 是《亨利六世》上篇第一幕第一场戏的最后两句台词。亨利五世葬礼结束后，温彻斯特臆想掳掠尚在襁褓中的亨利六世，妄图挟天子以令诸侯，提升自己的政治地位。两个行尾词“steal”和“weal”同押尾韵/iːl/。

例 4-10：

原文	The king from Eltham I intend tosteal And sit at chiefest stern of public weal.（1H6 1. 1. 176-177）
梁译	我想把国王从哀尔特姆劫走，我就成了把持国政的舵手。
章译	我打算把新王从埃尔萨姆宫哄出来，好让我坐上掌握国运的最高舵楼。
索译	我打算将新王从埃尔塔姆宫弄出来，我要掌管决定这个国家命运的大权。
覃 1	我准备把国王从埃尔塔姆宫轰走，自己来坐江山把持国政当舵手。
苏译	我盘算着把新王从埃尔萨姆宫哄骗出来，咱也坐坐掌舵国运的最高舵楼。
陈译	我要到埃尔萨姆把幼主劫走，做一个操纵英伦国运的舵手。
覃 2	我打算挟国王出埃尔特姆宫，自己来做主宰把持国政。
傅译	我打算从埃尔特姆宫劫走国王，自己把持朝政，掌控王国之船。

八个译本中并不是每个译本都能观照到原文对偶诗行中的押韵格式，只有一半儿采用了押韵手法对原文排偶体进行再前景化处理。梁译、覃 1 和陈译三译本押/ou/韵，覃 2 本押/ong/韵。作为诗体莎剧译者，覃学岚从一开始就意识到了莎剧中的押韵分布特点，他的两个译本，都将原文处理为韵体，覃 2 本更是将柔和级韵脚/ou/改为响亮级韵脚/ong/，体贴地再现了温彻斯特要偷走小国王的执念和决心。章、索、苏、傅四译本不押韵。

例 4-11 位于十分重要的第四幕第一场，年轻国王亨利六世在该场次中首次亮相。他一出场，就以年幼的老成，语重心长地调停贵族们之间的种种矛盾和纷争。待到该场戏结束，顾命大臣埃克塞特对英国的前景感到忧心忡忡，发出了警醒般的慨叹。原文两个行尾词“division”和“confusion”，同押成音节尾韵/ʒn/。

例 4-11：

原文	But more when envy breeds unkinddivision; There comes the ruin, there begins confusion.（1H6 4. 1. 193-194）
梁译	但是因嫉恨而生党争，就更严重：从那里将有毁灭，将有混乱发生。
章译	再加上大臣们争权结党，我看分崩离析的局面，是势所难免的了。
索译	但当忌妒产生分裂，那就更糟了；毁灭就要到来，混乱就要开始。
覃 1	更哪堪群臣仇视、结党营私，岂有不分崩离析、天下大乱之理！
苏译	争权夺利更容易产生宗派党系，朝纲不振，天下大乱。
陈译	更危险的还是从妒忌滋生的党争；毁灭将随之而来，乱局即将形成。
覃 2	更兼嫉恨生出这党争乱纲纪，覆亡必将至，乱局由此肇始。
傅译	一旦怨恨滋生反常的分裂，只会更糟，看吧，毁灭近在眼前，混乱即将开局。

例 4-11 与例 4-10 保持一致，仍是梁、覃 1、陈、覃 2 四个译本坚持了“以韵译韵”的翻译策略，另外四个译本仍是“以散译韵”。韵脚的选择有两种，一种是梁、陈的/eng/韵，一种是覃学岚二译本的/i/韵。前者属于响亮级的中东韵，后者属于细微级的一七韵，二者相较，后者更适于表达言说者埃克塞特此时的沉郁之情，更符合原文语境。章、索、苏、傅四译本仍坚持“以散译韵”策略。

但随着译者对莎剧文体变化的熟悉和了解的深入，到《亨利六世》下篇时，“以韵译韵”的译本也略有增多，如例 4-12。这是整个三部曲的最后两句，英王爱德华四世的这两句台词反映出玫瑰战争结束，作为战胜方轻松、愉悦的欢快心理。两个诗行的尾韵为双元音/ɔɪ/韵。

例 4-12：

原文	Sound drums and trumpets! farewell sour annoy! For here, I hope, begins our lasting joy.（3H6 5. 7. 45-46）
梁译	奏乐，鼓和喇叭！再会，一切烦恼！我希望我们的长久的快乐现在开始了。
章译	吩咐把鼓乐吹打起来！正是：群奸授首，我们永享太平。

索译 敲起鼓，吹起喇叭！烦恼已成过去，我希望从此永远歌舞升平！

覃 1 击鼓鸣号！与一切烦恼说再见！但愿我们从今能永远快乐无边。

苏译 敲响鼓，吹起号——永别了，水深火热的苦难！但愿从此天下太平，福祚永延。

陈译 击鼓鸣号！让我们永远告别烦恼，从今往后，我们的日子快活逍遥！

覃 2 击鼓鸣号！与一切烦恼说再见，但愿我们从今能永远快乐无边。

傅译 击鼓、吹响号角！再会，酸楚的烦恼！因为在此我希望开始我们持久的欢乐。

此例中，“以韵译韵”译本增加到五个，原来不押韵的苏、傅译本也押韵了。覃 1、苏译、覃 2 押的/an/韵为响亮级，陈译、傅译押的/ao/为柔和级。正如前文所述，响亮韵相对轻松、明快，柔和韵更为纤细，所以/an/韵更适合此处作为整部剧的剧终词。反倒是梁译本，或许是因过于忠实于原文语义，而没有作出语音变通，在此处舍弃了押韵的再前景化手段。

值得注意的是，原文中有一组眼韵“blood good”，梁、章、覃 1、陈、覃 2 五个译本对此均有体现，这就说明绝大多数译者都注意到了押韵排偶体现象，可以说：覃学岚坚持了其“诗本位”翻译原则，但凡能呈现原文的诗性特征，译者一定会呈现出来；梁译基本坚持了其翻译原则，“凡原文为押韵的排偶体之处，译文即用白话韵语，以存其真”（梁实秋，1936）[例言1]；陈译本因对语义的忠实而对形式略有放松。其他散体译本，或因坚持了“以散译韵”的原则，或没有感知到原文特有的押韵排偶体现象，在一定程度上抹煞了原文的押韵修辞特征，弱化了译文对原文前景化的传递，影响到了其语力、语势的表达。

如果说，押韵排偶句在剧中位置隐秘，译者如无足够资料辅助，或对押韵排偶句这种韵律前景化形式体察力不够，在翻译中忽略了语音修辞，传递莎剧原文韵式风格时遭遇了失败。但是大段大段的对偶押韵就十分醒目了，各位译者又是如何处理的？我们接下来继续分析。

二、英雄双韵体

除了出现在幕尾或场尾的对偶式的押韵句，《亨利六世》上篇还包含一段长达 145 行的押韵诗行，这在整个莎剧中都极为罕见。诗行从第四幕第五场第 18 行开始，到第七场第 50 行结束。

TALBOT Fly, to revenge my death, if I be slain.

JOHN TALBOT He that flies so will ne'er return again.

TALBOT If we both stay, we both are sure to die.

JOHN TALBOT Then let me stay; and, father, do you fly:

Your loss is great, so your regard should be;

My worth unknown, no loss is known in me.

Upon my death the French can little boast;

In yours they will, in you all hopes are lost.

Flight cannot stain the honour you have won;

But mine it will, that no exploit have done:

You fled for vantage, everyone will swear;

But, if I bow, they'll say it was for fear.

…

BASTARD OF ORLEANS Hew them to pieces, hack their bones asunder Whose life was England's glory, Gallia's wonder.

CHARLES O, no, forbear! for that which we have fled

During the life, let us not wrong it dead. (1H6 4.5.18-4.7.50)

在不押韵的素体诗中为什么会出现这么长的一段韵体诗行？这主要和这部分诗行的体裁与主题相关。其实，在莎剧中，梁实秋所说的“押韵的排偶体”更确切地说是英雄双韵体（Heroic Couplet），其体裁的要求为：五步抑扬格，两行对偶，押阳尾韵，aabbccdd…。这种双韵体之所以被称为“英雄”双韵体，是因为其表达内容往往与“英雄”有关。在莎士比亚时代，英雄双韵体多被用来描绘史诗、传奇等，如以“Robin Hood”为主题的一些中世纪歌谣。

此段诗行反映的主题是英格兰名将塔尔博特与儿子约翰感人至深的一幕。塔尔博特命令约翰逃离战场，以求得一线生机。约翰却誓死不下火线，反而劝说父亲离开，两人谁也无法说服对方，最后双双殒命。父子二人浴血奋战的伟大形象和前一幕中临阵脱逃的福斯塔夫，推诿扯皮、贻误军机的萨默塞特、约克等人形成了强烈的对比。原诗两句一韵，具有明显的句间节奏感，除了个别发音上虽不押韵但拼写押韵的眼韵，如“blood/maidenhood”，其他均为“-ain”“ai”“-ost”“-eath”“ame”等常用韵（详见表4-16），使得父子间的舐犊之情、孺慕之情以及慷慨赴死的悲壮之情一气呵成、一泻千里，极致衬托了塔尔博特父子力竭战死的英雄感、崇高感、震撼感。这段诗行与其前后的各种人物交织，显得悲壮的愈悲壮，卑鄙的愈卑鄙，诗行的形式与内容相得益彰、完美结合，将《亨利六世》上篇的剧情推向了高潮。

表 4-16 《亨利六世》八译本英雄双韵体翻译韵词表

原文	Slain again die fly be me boast lost won done swear fear stay away mortality infamy tomb womb go foe thee me it it stain slain fly die shame blame side divide I die son afternoon die fly word sword breath death son done late date fire desire age rage Burgundy thee blood maidenhood encountered shed disgrace base thine mine boy destroy care fare fly chivalry dead stead wot boat rage age stay day name fame stay away smart heart shame fame fly die France mischance won son boot foot Crete sweet side pride gone John captivity thee knee commence impatience alone none heart start French drench died pride borne scorn tyranny perpetuity sky mortality death breath no foe say today arms harms have grave in this wood blood said maid scorn born wench French fight knight arms harms asunder wonder fled dead
梁译	害来疑去紧损耀掉名功计意惧走守生命坟损去避分存名庭命证去躯脸眼边半做活了保战天言焰里气起子失剑间爆到躯气败来注录遇血骂浆伤血灭到你何豪逃去益算船里去处数誉去险全苦出益誉去毙物布誓子话下亲心战面去里屈你倒摇头吼立去怒出形中子死了笑合迫天关过说意敌道了里去仁坟到天癫剑讲降样物处去击疑地里开害他蹋
章译	恨任疑迟轻失名绩嘘影辱立地点解求怯遑了死生尽恨生能救臭地蒂求由走吗事耻畔半办喘子日死上庭到刀吧来亲了了局日缨心利火来彩来种血比除我样手吧愁益斗及里活宜了志威水全惊血耻名来亡童谤殃亲子的前样边子离质命了了支护姿靡候裂方中了神笑制笼空了概呀视敌说人了来了墓了兵的疯锋说里我锋去的的里的光殃酱惧蹋
索译	仇的成走危么耀啦誉立骤死缩呢死生吗恩走能了骂失吗点啦跑吗情吗你半做了别牲死吧了战气命子了剑限命花仗力你子了种血特血灭吗了吗仇助的手天么已来了誉誉了全疼血辱誉掉死童磨誓子用下亲吧斗死了里了你时我砍势候方力了丑绊空生了吧吧敌说啦里啦啦墓兵了啦血说将说的锋子子的头们们们
覃1	仇仇疑疑紧损耀空荣功解怯避底死耻尽亲去逃分身地庭净证遁躯脸耻边半办间了了死庭言剑气你子失剑缓溅念躯气第来庐录手血骂浆博血偿了了样子身恨补船干里纪宜已字誉险全苦出宜誉去毙样殃誓子话下亲疼战边赞捐了里辱你地护扑力离目出中里子息笑制际篱力气意敌说了里击足墓时子狂芒话下样妇处博士里气开害怕蹋
苏译	呀的吧大重本擂灭点点同死死了死生吗好走了了全名吗么的了吗事吗边半办还子了死堂博拼吧来子靡生了下利下人来眼阵手彩他浊纯语地样范吗呀重险了生去么日声望旦来惊惊耻声前下样头赫了用鬼吧肉战存了了毙迎时我待边敌烧方势了笑翼制空了神吧蔑人人说了里了墓了兵战柴剑他害盛手心边士里的粉祸及待

续表

原文	Slain again die fly be me boast lost won done swear fear stay away mortality infamy tomb womb go foe thee me it it stain slain fly die shame blame side divide I die son afternoon die fly word sword breath death son done late date fire desire age rage Burgundy thee blood maidenhood encountered shed disgrace base thine mine boy destroy care fare fly chivalry dead stead wot boat rage age stay day name fame stay away smart heart shame fame fly die France mischance won son boot foot Crete sweet side pride gone John captivity thee knee commence impatience alone none heart start French drench died pride borne scorn tyranny perpetuity sky mortality death breath no foe say today arms harms have grave in this wood blood said maid scorn born wench French fight knight arms harms asunder wonder fled dead
陈译	仇的疑吧已失功有绩建略死跑了垂耻吗些里命命地损妨你证生死事眼步术从生吧了死堂言枪里气起子结排命星豪气退了彩验手血他种子血血命了吧样子吧仇事上事里的处天声誉影全痛血处名前亡夫上誓子的边吧的边去结里血你支体子里近起方战了啊讽空政章吧意人说期里伤切墓到了疯撞说命我物中的士里的烂梦怕蹋
覃2	仇来疑吧紧损口有誉藉立议却怯走守死世冢囊福命全年地名清证命死事名旁样做活了逝共升言剑里气取子尽运阴星情性第你子皮手血人血伤掉儿何后走恨阵船干手朽宜已称声险全觉血取义跑掉样殃誓子舌去亲心边躯去里欺你地蔽头吼立躯离气起里里子息夷体制际去配气意敌说去里苦足墓时日经锋话下样上绑地击士里开害胆践
傅译	仇来命命紧要耀空誉立道阵脱守死命墓宫走走活分名命净证走死辱名儿边您活子亡死堂数剑气起子尽剑期星头望利火第来子红合来说虫特血血种你样子掉仇大船顶火亡天宜誉声险救感血宜誉前地儿品誓子话用下亲斗去失儿污气笑地挡吼立敌胸阵心里花亡们一身空神配话意敌说命里痛求墓援日疯锋说服吻品深手士椁弯烂根及辱

以第一组尾韵“slain again”为例，梁、章、覃 1 三译本分别为“害、来”“恨、任”“仇、仇”，保持了原文的尾韵，而其余五个译本却没有将其对等处理为尾韵，丧失了原文语音的庄重感与美感。经统计，各译本在翻译英雄双韵体时的押韵频次和比例有较大差异，如表 4-17 所示。

表 4-17 《亨利六世》八译本英雄双韵体前景化转化情况

	梁译	章译	索译	覃 1	苏译	陈译	覃 2	傅译
押韵字数	131	59	13	126	22	16	110	19
总字数	146	145	132	142	137	139	142	143
转化率（%）	89.73	40.69	9.85	88.73	16.06	11.51	77.46	13.29

八个译本中，梁译的押韵转化率最高，为 89.73%。其次为覃 1、覃 2 本的 88.73%和 77.46%。可见，梁译虽为散文译本，但他确实贯彻了其“以韵译韵”的“忠实”翻译思想。除了章译尚能有 40.69%的转化率外，其他译本即便作为散文译本，转化率都显得过于低了。可以说，索、苏、陈、傅四个译本基本丧失了原文英雄双韵体的语音美感，在语音前景化上损失惨重。

梁、覃 1、覃 2 三译本始终不懈地尝试使用押韵方式来处理英语原文中的英雄双韵体这一特殊体裁，努力使原文的文学性与情感性在译文中得以表达，取得再前景化的语言效果。三个译本基本做到了两句连韵，甚至多句连韵，如梁译的“战 天 言 焰”“里 气 起 子 失”、覃1 的“制 际 篱 力 气 意 敌”、覃2 的“子 息 夷 体 制 际”等。其中，覃学岚的两个译本采取了“以韵译韵”的方式，符合了译本本身的诗体定位。作为散体译本的梁译本，实际上最为忠实地体现了原文的押韵特征，再次凸显了梁实秋的“存真”精神。

尽管章译和索译在短小的押韵排偶体翻译中表现类似，都坚持了“以散译韵”的做法，但在英雄双韵体长诗中却大相径庭。从表 4-16 中可以看出，章译对大段的英雄对偶体的理解显然是到位的，译文中有两句连韵，也有隔句韵。同时也可以看出，章译押韵的密集程度呈递减趋势，说明在翻译之初，译者也曾尝试较为完整地表达英雄双韵体的体裁特征，但随着译文的增长、翻译难度的增加，译者对“两句一韵”的处理方式也有所放弃。相较之下，索译本一以贯之地“以散译韵”，结尾词出现了较多的“啦”“吗”“呢”“了”等语气助词。到此基本可以推断，此前探讨的章、索二人对押韵排偶体的翻译处理方式，章译的“以散译韵”是一种坚持，而索译的“以散译韵”恐怕确实是一种忽视。

另外的三个译本，苏、陈、傅三译本零星押韵，其中陈、傅二译本没有体现出一定的规律性，而苏译本有几处“以重复代押韵”处理方式，如“点 点”“死 死”“了 了”等，在一定程度上将押韵修辞变为重复修辞，弥补了译文中押韵不足的弊端。

那么三译本英雄双韵体的前景化翻译呈现怎样的语音特征？接下来，我们看三译本的押韵分布情况。汉语普通话基础韵母共24个，经统计，三译本中基础韵母的出现频数见表4-18。

表4-18 梁、覃1、覃2三译本基础韵母出现频数

韵母	梁译	覃1	覃2	韵母	梁译	覃1	覃2
a	3	3	1	ie	1	2	1
o	1	2	0	üe	2	2	5
e	5	6	3	er	0	0	1
i	29	47	48	an	21	19	11
u	10	13	4	en	4	4	3
ü	18	6	9	in	3	4	5
ai	5	3	3	un	3	2	1
ei	0	0	1	ün	0	0	1
ui	0	0	0	ang	5	8	9
ao	13	3	3	eng	2	2	6
ou	4	3	11	ing	6	3	9
iu	0	0	1	ong	2	4	2

梁、覃1、覃2三个押韵译本的基础韵母分布也各具特色，我们将以上结果转换为百分比，并与汤值做了对比（见表4-19）。

表4-19 梁、覃1、覃2三译本基础韵母分布比例（%）

韵母	梁译	覃1	覃2	汤值	韵母	梁译	覃1	覃2	汤值
a	2.19	2.21	0.72	3.89	ie	0.73	1.47	0.72	2.41
o	0.73	1.47	0.00	0.54	üe	1.46	1.47	3.62	1.01
e	3.65	4.41	2.17	12.38	er	0.00	0.00	0.72	0.28
i	21.17	34.56	34.78	13.21	an	15.33	13.97	7.97	3.62
u	7.30	9.56	2.90	7.11	en	2.92	2.94	2.17	3.62
ü	13.14	4.41	6.52	1.80	in	2.19	2.94	3.62	1.95

续表

韵母	梁译	覃1	覃2	汤值	韵母	梁译	覃1	覃2	汤值
ai	3.65	2.21	2.17	2.83	un	2.19	1.47	0.72	2.83
ei	0.00	0.00	0.72	1.28	ün	0.00	0.00	0.72	1.28
ui	0.00	0.00	0.00	2.75	ang	3.65	5.88	6.52	2.75
ao	9.49	2.21	2.17	3.10	eng	1.46	1.47	4.35	3.10
ou	2.92	2.21	7.97	1.88	ing	4.38	2.21	6.52	3.05
iu	0.00	0.00	0.72	2.60	ong	1.46	2.94	1.45	4.18

如表4-19所示，译文中四个韵母，/i/（含/-i［1，2］/）、/an/、/ü/和/ang/出现频率、百分比均高于汤值，甚至数倍于汤值。其中，/i/和/ü/属于细微级，/an/和/ang/为响亮级，说明，译文的细微和响亮程度远高于一般汉语普通话，具有两级化特征。从情感表达来看，译者们或不约而同、或互译互文地选择了韵母/i/作为自己最主要的再前景化押韵手段，这就印证了，作为一种细微级宽韵韵母，韵母/i/确实适宜于表达原文的悲伤之情，辅之以另一细微级韵母/ü/，悲伤沉郁之感在译文中得以增强。韵母/an/、/ang/属于江阳韵，在汉语普通话中响亮级别最高，二韵增强了译文的厚重感，呼应了原诗押阳性韵的雄壮之美。

梁译本中出现频率超过10次的韵母有五个，分别为/i/、/u/、/ü/、/ao/、/an/。覃1本的押韵则多集中于/i/、/u/和/an/上，覃2本集中分布于/i/、/ou/和/an/上。显然，梁译韵母更为多样化，表现出一定的灵活性。覃学岚两个译本的变化主要是/u/的减少和/ou/的增多，由于覃1本中的/i/和/u/都属于细微级韵母，所以这种变化平衡了韵母的音调级别，调和了覃1本中沉郁尖锐之感。

通过具体译例可以更为清晰地看到各种音调级别押韵的翻译。如父子对话之初，塔尔博特第一次提出让儿子约翰撤离战场的建议，约翰婉拒了其父的提议。原文押开音节长元音尾韵/ei/，约翰语气坚定舒缓，比较委婉。

例4-13：

原文	There is no hope that ever I will stay, If the first hour I shrink and run away. (1H6 4.6.30-31)
梁译	如果第一小时我就畏缩逃走，以后便没有希望能在此死守。

覃 1	如果刚一开始我就畏缩退避，以后又怎能指望我坚持到底。
覃 2	如果一上来我就畏缩逃走，又岂能奢望日后我会坚守。

梁译押了柔和级韵母/ou/，符合原文中儿子对父亲的心情。覃 1 本押的是细微级/i/韵，到覃 2 本中就调整为柔和级/ou/，说明译者在重译过程中，体会到了父子对话的语气变化，对前译本做了正确的调整。试比较父子二人后面的对话语气，父亲以命令口吻说“I command thee go”，儿子回答“To fight I will, but not to fly the foe”，语气也随之变硬。

塔尔博特几番劝说儿子未果，只得尊重儿子陪伴自己坚守战场的决定。英语原文尾韵为长元音及爆破音组合/aid/，整句中，长元音/ai/重复七次，形成不断的震荡叠加效应，增强了原诗的悲壮感。

例 4-14：

原文	TALBOT If thou wilt fight, fight by thy father's side; And, commendable proved, let's die in pride.
梁译	你要作战，就在你父亲身边作战，赢得赞誉之后，我们要死得光荣体面。
覃 1	你若定要作战，就作战在你父亲身边，要赢得称赞，咱俩就得光荣地把躯体同捐。
覃 2	你若一意作战，那就战斗在为父身边；用行动叫人称赞，咱爷儿俩光荣把躯捐。

三个译本中，响亮级/an/韵不仅是押韵的韵脚，而且在译句中也是多次出现，梁译中出现四次，两个覃译本中各出现五次，照应了原文中元音/ai/的重复，使得原文中荡气回肠的悲壮感得以再现。

约翰重伤，即将死亡。塔尔博特看着儿子躺在自己怀里，想和临终之前的儿子再说说话，奈何约翰此时已无法发声，塔尔博特几近心碎。原文尾韵是合口长元音/ou/。发音/ou/由于与感叹词“oh”“O”同音，在莎剧中经常被赋予各种慨叹性情感，在此处/ou/凸显了父亲的悲伤与对死神和法国人的憎蔑。

例 4-15：

原文	Brave death by speaking, whether he will or no; Imagine him a Frenchman and thy foe. (1H6 4. 7. 25-26)
梁译	有话尽管说，不管死神愿不愿意；把他当作法国人，当作你的仇敌。
覃 1	藐视死神把话讲，管他愿意不愿意；把他视为法兰西人，视为你的仇敌。

覃2 藐视死神把话讲，管他乐不乐意；把他当作个法兰西人，你的仇敌。

三译本押了出现频率最高的/i/韵，正如前文所述，/i/开口度较小，表达的一般都是沉郁之情，所以在此句的语境中，/i/成为三个译本的共同选择。虽与原文相比，译文的悲哀有余，但缺了几分怒吼式的怆痛，总体上达成了原文之意在译文中的传达。

总之，从翻译效果来看，梁、覃1、覃2三译本的押韵翻译更为悲伤和雄壮，更符合此段英语原诗的内容风格，对原文的再前景化表达总体上是成功的。本来押韵是汉语诗歌最常见、最为信手拈来的一种前景化手段，而更多译本却没有运用好这种汉语熟悉的方式来实现原文押韵之美的移译。章译的遗憾是虽始未终，半途而废；苏、陈、傅三译本只是将押韵作为一种零星的补偿措施；索译完全不求押韵。不得不说，这五个译本都在不同程度上丢失了原文的韵律美。另外，章译的后半部分、索译、苏译倾向于使用各种语气助词，如“呀”“了”“吗”“呢”等，将原文情感外化表达，在一定程度上降低了原诗的严肃性。尤其是索译中“啦”的使用，汉语中“啦”的基本功能是“语气积极化”（易娟，2014）[18]，适用于轻松随意的交际场合，“啦”的出现严重违背了原文的情景语境，削弱了原文的庄重度，故事进程中的悲壮色彩也因此而变得苍白。可以说，索译本因情感外化表达、句末语气助词滥用等，导致原诗中的押韵美学基本消失。

第四节 小结

自从萨利将素体诗引入英国，经过多位英国诗人的改良，到莎士比亚时已日臻完善，素体诗也就成为莎士比亚的标志性创作文体。由于《亨利六世》三部曲是莎士比亚的早期作品，诗人尚未能进入如后期般的得心应手的自由创作境界，三部曲行文尚有些拘谨，但正是这份拘谨使得《亨利六世》较为规整地遵守了素体诗的语音和节奏特征。

从整个考察过程来看，在音位实现英语的韵律翻译困难重重，现实做法更多是从“形位”上进行补偿而实现的。《亨利六世》中格律和头韵的总体翻译策略大致可概括为：“以言换律，以律代韵”，以四言词或四字格方式处理原文最为常见。大量四字格介入音位层面的翻译，说明四字格不仅是一种构词结构，还是一种典型的格律节奏，承担了语音翻译中很大一部分的前景化转化功能。《亨利六世》译本的音乐性主要表征在译文的平仄、节奏以及大量的四字词上。相比头韵，押韵的翻译转化率更高一些，只要译者意识到押韵的存在，基本可以在译文中有所表达。押韵翻译的策略非常清晰："以韵译韵"、"以散译韵"及少量的"以重复代押韵"。

综合表4-4、4-8、4-15、4-17，各译本在音位层面的前景化转化总体情况如表4-20所示。

表4-20 《亨利六世》八译本音位层面前景化转化情况（%）

	梁译	章译	索译	覃1	苏译	陈译	覃2	傅译	均值
格律	7.92	11.94	11.41	21.60	20.52	16.68	21.60	16.66	16.04
头韵	38.22	47.37	30.61	49.11	55.70	43.56	49.71	38.75	44.13
押韵排偶体	80	32	16	96	8	56	92	32	51.50
英雄双韵体	89.73	40.69	9.85	88.73	16.06	11.51	77.46	13.29	43.42
音位前景化转化率	54.07	33.00	16.97	63.86	25.07	31.94	60.22	25.18	38.78

从译文的语言表达效果来看，八个译本中，原文音位层前景化转化效果最为突出的是覃学岚的两个译本。这和译本"以诗译诗"的翻译指导原则不无关系。只有把原文看作诗，从诗的角度来接受原文，才能在翻译中对原文中的语音诗性特征保持敏感和警惕，才能在翻译过程中充分发挥译者的主观能动性，调动各种手段对原文进行诗性移植。尽管梁实秋译本是散文体译本，但其押韵翻译因"存真"指导思想而遵循了"以韵译韵"原则，原文的押韵在梁译本中也得以诗性再现。可以说，在押韵上，梁实秋对原文的感知力完超越了大多数后译者。

其他散文体译本在"以散译诗"的思想指挥棒下，译者首先将原文看作散文，翻译过程中不免懈怠，阻碍了译者对原文的诗性接受，进而影响了译文对原文的诗性表达。最典型的译本就是索译本，其大部分语音指标都低于其他译本，所以比较来看，这个译本的音位层翻译是相对失败的。

第五章

语法前景化及翻译

语法层面，《亨利六世》的语法前景化主要表征在句子成分的反复、倒装和表现情感、语体话语特征的标记语上。反复、倒装属于句子层面的语言变异，标记语属于语篇层面的显耀。

反复（repetition）在莎士比亚早期诗歌和戏剧中到处可见，是剧作家一种自觉而成熟的艺术手段。信息组构上，反复指重复使用同一个词、句或段落，从而加强语气，产生突出的效果（秦秀白，1994）[79]。修辞上，反复是一种基本而原始的强化手段，是诗歌艺术最为突出的一个属性（Leech，2001）[78]，可以表现强烈的情思（陈望道 1997）[199]。可以说，诗的本质就是反复，反复的存在本身就是一种前景化手段。倒装（inversion）是“一种常见的突出手段”（刘世生、朱瑞青，2006）[126]，通过特意颠倒文法和逻辑上的“普通顺序”（陈望道，1997）[219]，以加强语势、调和音节、错综句法或调整韵律（刘世生、朱瑞青，2006）[126]。诗歌中的倒装修辞更是在诗剧的语言结构、语义表达、语用变异及诗歌语言的艺术感染力等方面有着重要作用。反复和倒装构成了《亨利六世》华丽多变的独特风格，是读者在句子层面首先注意到的前景化现象。

标记语属于语篇层面的语言显耀。从语篇文类或语篇语体视角而言，《亨利六世》中存在两种极具前景化效应的语篇，一种是冲突场景中的情感表达，另一种是戏剧中四段具有正式语体特征的文书文本。冲突是戏剧的核心要素，也是意志先导的情感反应，构成矛盾和情感爆发的极端表达（阎景翰，1990）[900-901]。冲突中的情感在表达剧中人物关系、相互态度、揭示戏剧主题方面有着不可替代的作用。文书本身就是对戏剧语篇的一种文体变异。四段文书不仅在剧情发展中具有重要的转承作用，还凸显了正式语体的庄雅性，显示出莎士比亚在戏剧创作中的文体多变能力。两种语篇无论在风格的表达上，还是情节发展、主题贡献上，都有举足轻重的前景化作用。然而，从原文走向译文，冲突情感是否还能继续表征其尖锐、紧张、激烈等特性，文书是否还能保持其庄雅性，很大程度上取决于译者对文本中情感标记语、庄雅标记语的语际再现。

莎士比亚凭借这三种语法手段营造出了《亨利六世》中强烈的艺术效果。本章将解读这三种语法手段在各译本是否能够识解原文的信息组构意图，保留原文反复、倒装、代词替换、标记语等的前景化美学意义，并将之再现出来。

第一节 反复

英、汉语中的反复都能够“有目的地重复使用词语、句子、甚至段落，以表示强调、突出重点、加强语气、加深印象、创造特别的意境、形成特殊的节奏”（杨铭，2002：60）。反复的主要功用就是通过语法和措辞实现语言的强化，成为类似斜体字的情感强调手段（Nist，1962：292）。

一、反复的分类

英语中存在简单反复（simple repetition）、首语反复（anaphora）、尾语反复（epistrophe）、首尾呼应反复（epanalepsis）、首尾连接反复（anadiplosis）、同义反复（tautology）等多种反复形式（杨铭，2002）。汉语中的反复分类有连接和隔离两种（陈望道，1997）[199]。因要探查《亨利六世》英语原文中的反复在译文中的再现，本节将主要采用英语反复的分类标准，同时参照汉语分类标准，进行适当调整。

莎士比亚早期作品中最显著的两种修辞手段是首语反复和尾语反复（Joseph，2005）[80]，这两种反复“倔强地弥散”在各部戏剧中，《亨利六世》也不例外。首语反复、尾语反复的位置位于句首和句尾，容易识别。根据信息传递的首尾原则（Renkema，1993）[142]，句首和句尾是突出语义的重要位置，因此首语反复和尾语反复于句子的信息组构、言说者的情感表达至关重要。约瑟夫（Joseph，2005）[88]认为莎剧中的所有反复都非“修辞花边”，而是用来服务于说话人的性格特征、形象塑造，服务于戏剧的情节发展、主题思想的。

此外，杨铭（2002）[60]认为简单反复（simple repetition）就是为了达到修辞的目的而通过简单地重复同一词、短语或句子来制造冗余信息。但在简单反复的实例中，杨铭给出的实际都是汉语中的连接反复（陈望道，1997）[199]，如柯勒律治《老水手之歌》一诗中的“Alone，alone，all，all alone，Alone on a wide，wide sea...”。那么，在同一句中非连接的且不属于其他反复类型的隔离反复算不算反复？如“Done like a Frenchman：turn，and turn again！”（1H6 3. 3. 85）中，两个“turn”中间隔了一个“and”。“To change two dukedoms for a duke's fair daughter”（2H6 1. 2. 215-216）中，“duke”虽分属不同的单词，但也出现了两次。再比如“you'll nor fight nor fly”（2H6 5. 2. 74）中的“nor”，尽管间隔了一个“fight”，但确实反复了两次。然而，这些反复却不属于杨铭（2002）归纳的任何其他一类反复。文军（1992）也没有将这种反复形式纳入自己的考察中。在剧中，这三个反复用词“turn”“nor”“duke”对于戏剧氛围的制造、说话人的性格塑造、内心揭示意义有重要作用，这种现象算不算反复修辞？

鉴于以上情况，笔者以为，这些反复均可视为反复修辞。至于该类反复的归类，笔者认为，或可建构“自由反复”概念，将之置于其下。如此一来，自由反复可涵括“隔离型自由反复”和“连接型自由反复”，解决了此前非连接反复无法纳入既有反复修辞体系的矛盾。

经统计（详见表 5-1），《亨利六世》中最为常见的反复类型为同义反复，比例均值为 31. 59%，其次是首语反复，占比 25. 18%，再次为隔离型自由反复、连接型自由反复和尾语反复。除此之外，还有零星句中反复、整句反复和首尾反复。纵向来看，从上篇到下篇，首语反复呈逐渐增加之势，连接型自由反复、同义反复的使用从上篇到中篇大幅减少，从中篇到下篇保持不变。

首语反复和尾语反复主要表现了说话者善辩的语言能力、滂沱的情感气势及诗性的语言表达，如葛罗斯特、沃里克、萨福克等重臣在庭辩等场合下表现出来的高超语言能力，以及亨利六世深入思考时对人生哲理的诗性抒发。同义反复往往出现在愤懑、谴责、不满、失望等负面情绪中，如前文提及的查尔斯逃跑时，怒骂同伴“Dogs，cowards，dastards”（1H6 1. 3. 2）。连接型自由反复，常出现在不耐烦、提示危险等语境中，具有打断、提醒、催促、命令、劝说、嘲讽、呼叫等多种语用功能，同时也包含了某种情感。间隔型自由反复，在剧中未表现出明显的语境特征。以下将就各种主要反复类型的前景化再现进行逐一分析。

表 5-1 《亨利六世》原文反复分布

	首语反复		尾语反复		句中反复		隔离型自由反复		连接型自由反复		同义反复		整句反复		首尾反复		合计
	频次	百分比	频次	百分比	频次	百分比	频次	百分比	频次	百分比	频次	百分比	频次	百分比	频次	百分比	
上篇	19	14.07%	7	5.19%	1	0.74%	26	19.26%	28	20.74%	53	39.26%	1	0.74%	0	0.00%	135
中篇	33	28.21%	3	2.56%	1	0.85%	24	20.51%	16	13.68%	40	34.19%	0	0.00%	0	0.00%	117
下篇	54	32.53%	13	7.83%	7	4.22%	35	21.08%	16	9.64%	40	24.10%	0	0.00%	1	0.60%	166
均计	35.33	24.94%	7.67	5.19%	3.00	1.94%	28.33	20.28%	20.00	14.68%	44.33	32.52%	0.33	0.25%	0.33	0.20%	139.33

二、首语反复

首语反复指在一系列的短语、句子或段落的开始，通过同一个词、短语或句子的重复使用来制造冗余信息，以加强语气，形成鲜明的节奏（杨铭 2002）[61]。

剧中最具有诗性意义和前景化效应的首语反复出现在下篇第二幕第五场。此时，红白玫瑰家族正在经历著名的陶顿决战，而亨利此时已厌倦了无休止的明争暗斗，便离开了战场，独自到附近的山坡上沉思，感悟人生。不想在山坡上却目睹了两幕父子相弑的人伦惨剧，一个儿子杀死了自己的父亲，另一个父亲杀死了自己的独子。两个人因误杀自己的亲人而恸哭，亨利六世也被这种悲痛感染，思绪不禁从对个人的人生思考上升到对战争、对国家命运、对个人命运的思考。该场以亨利六世的视角来展开，反复、排比、头韵、尾韵交替出现，诗意纵横，构成了整部剧的华彩篇章。主题上，这场戏深刻反映了贵族间争权夺利的内乱给普通民众带来的巨大灾难，整个三部曲的立意都因此得到了升华。

本场首语反复共有 9 处，最为典型的是"how will"引导的三个首语反复感叹句（见例 5-1）。原文中，儿子想象母亲知道父亲死后的悲痛，父亲想象妻子得知儿子死后的痛苦，亨利想象战争给全国人民带来的悲恸、惶恐。这些悲恸与惶恐的语气被"how will"扩音器般地向外传递，层层加深，不断冲击着观众的听觉感官、读者的视觉感官，给人以情感上的震撼。

例 5-1：

原文	Son How will my mother for a father's death Take on with me and ne'er be satisfied! Father How will my wife for slaughter of my son Shed seas of tears and ne'er be satisfied! KING HENRY VI How will the country for these woeful chances Misthink the king and not be satisfied!（3H6 2. 5. 104-108）
梁译	子：为了父亲的死，我的母亲将不知怎样激动地对我大哭大闹而永无休止！ 父：为了我的儿子的死，我的妻将不知怎样泪浪滔滔而永无休止！ 王：为了这些悲惨的意外事件，全国不知将怎样地错怪我而永无休止！
章译	儿子：我母亲如果知道我杀了父亲，她一定要对我大发雷霆，永无宁息的日子了！ 父亲：我老婆如果知道我杀了儿子，她一定要痛哭流涕，永无停止的日子了！ 亨利王：人民听到这些悲惨的事情，一定要把我痛恨入骨，永无罢休的日子了！
索译	儿子：我母亲一定会对我大发雷霆，永远不会息怒！ 父亲：我老婆一定为儿子被害泪如涌泉，永远不会有安静的日子！ 亨利王：世人一定会为这些悲惨的事情来责怪我这国王，永远不会平静下来！

覃1	儿子：我娘若是知道我亲手杀死了我爹，不知该怎样跟我不依不饶，永无止休。 父亲：我老婆若是知道我亲手杀了我儿子，不知该怎样地泪流成海，永无止休。 亨利王：听到这些悲惨的偶然事件，举国上下不知该把国王想得多坏，永无止休。
苏译	士兵甲：我母亲如果知道我杀了父亲，她一定要大发雷霆，一辈子过不了平安日子了！ 士兵乙：我妻子如果知道我杀了儿子，她一定要痛哭流涕，一辈子过不了省心的日子了！ 亨利王：人们听到这些悲惨的事情，一定要把我痛恨入骨，永无罢休之日了！
陈译	儿子：为了我父亲的死，真不知我母亲将怎样诅咒我，怎样伤心绝望了！ 父亲：为了我儿子的死，真不知我妻子将怎样泪流成河，怎样肝肠寸断了！ 亨利王：听到这样悲惨的事，真不知国人如何怪罪国王，使他永远于心不安了！
覃2	子：我娘若是知道我亲手杀死了我爹，不知该怎样臭骂我也永难得到慰藉！ 父：我老婆若是知道我亲手杀死了我儿子，不知该怎样泪流成海也永难释怀！ 亨利六世：听到这些悲惨的不幸，举国上下不知该把国王想得多坏也永难罢休！
傅译	杀父之子：为我亲手杀了父亲，我母亲将怎样对我哭号，永不休止！ 杀子之父：为我杀了亲生儿子，我老婆将怎样泪海流淌，永不休止！ 亨利六世：为这些悲惨的命运，国家将怎样错怪国王，永不休止！

初步一看，八译本结构整齐，情感充沛，均完成了强烈情感信息交流的目的。但仔细观察下来，各译本取得的前景化再现效果是不同的。

再现方法上，“how will”主要有两种译法，一种是章、索、苏三译本的“一定要（会）”，另一种是其他五译本的“（将）不知（该）怎样”。语气上，前者属于肯定判断性语气，后者“不知怎样”表达的是一种不确切的语气，凸显了说话人无法面对母亲、妻子、臣民的惶恐不安。所以无论从语义还是语气的保留程度来看，“一定要（会）”明显偏离了原文，而“（将）不知（该）怎样”忠实再现了原文的语气风格。

此外，原文“how will”属于语气成分，在汉语中无法出现在句首位置，均被调整到句中。为了补偿原文的首语反复，梁、陈、傅三译本通过移植，将原文首语反复移植到“for”引导的介词短语上，在译文中实现了“为了（为）……”引导的首语反复。此外，从主位变化来看，“how will”在原句中引导感叹句，是无标记主位，而“为了（为）……”置于句首，是有标记主位，原文和译文的主位形式发生了改变，增强了译文的诗意及陌生化效应。但从语义逻辑上看，“为了”通常只表示目的，表示原因时，“一般用‘因为’，不用‘为了’”（《现代汉语词典》，2019）[1367]，可见梁、陈二译存在逻辑语义不畅的问题。

如此一来，只有覃1、覃2、傅三个译本通过语序调整、反复移植、主位变换等方式，较其他译本更好地实现了原文的首语反复翻译。

三、尾语反复

尾语反复与首语反复正好相反，是指连续几个短语、句子或段落的结尾都使用同一词、短语或句子，以达到特定修辞效果（杨铭，2002）[61-62]。

仍以例5-1为例。句中不只包含首语反复修辞，还包含了尾语反复修辞。根据句子的首尾原则，“never（not）be satisfied”位于句尾，其功用是提供新信息。这三个句子带给读者的心理期待是：在父亲杀死儿子、儿子杀死父亲、国王被误解三个事件发生之后，可能会引发妻子、母亲、国民的极端反应。从语气上看，“never（not）be satisfied”属于绝对否定，连续三个绝对否定，再配合以句首的首语反复，使得原文情感层层递进，不断增强，其宏大的力量和气势，似惊涛拍岸之声连连叩问在观众、读者的心头。

从形式上，“never（not）be satisfied”有两种译法，一种是表达完全相同的尾语反复，如梁、覃1、傅三译本的“永无（不）休止”。另一种表达不完全一致，主要表现为对“satisfied”的多样化翻译。其中，章、覃2译本较为整齐，以“宁息”“停止”“罢休”“慰藉”“释怀”等同义反复补偿了原文的修辞风格。索、苏二译较为松散，在一定程度上失去了原文尾语反复修辞之美。

从语义上，“satisfied”属心理动词，此处类似“pacified”，表示慰藉、释然、释怀、平静下来等义，或可引申为“（对悲痛的）休止”，所以原文反复强调的是说话人不知如何安抚母亲、妻子、国民，恐其愤怒、悲伤、误会将永无停歇，唯有陈译一再强调“伤心绝望”“肝肠寸断”“于心不安”，而没有对无法停止的担忧之意，略微偏离了原文语义，其他译本语义基本正确。所以综合下来，梁、章、覃1、覃2、傅五译本通过完全保留原文反复或同义补偿等手段，都达成了对原文的情感传译。

例5-1是一个较为特殊的句子，三个原句同时包含了首语反复、尾语反复，构成了文辞华丽的排比结构，其情感之强烈、语势之宏大，犹如洪流从远处奔腾倾泻而来，一气呵成。从小的家庭灾难，到大的国家灾难，三个反复问句，与其说是抒发了剧中人物的情感，不如说是表达了莎士比亚自己的意志。诗人发出了屈原般的天问，痛陈战争对平民带来的伤害，流露出作者对战争的强烈厌恶和质疑，成为整个三部曲的升华点。

四、自由反复

自由反复，顾名思义，其出现在句子中的位置较为自由灵活，不受句首、句尾等限制，表达了强烈的情感。

（一）隔离型自由反复

虽然隔离型自由反复在《亨利六世》中没有表现出清晰的语境特征，但对文本意义的生成具有重要作用。如上文提及的“turn”，出自上篇第三幕第三场贞德的旁白中。原文背景为，贞德劝说勃艮第归顺法国王太子，勃艮第果真被说服后，贞德却小声嘲讽后者的立场不坚定。莎士比亚此番看似矛盾的刻意安排，有着两重目的，一是按照英国的立场和视角，制造搞笑氛围，取悦当时的英国观众，另一方面是借贞德之口，表达诗人心中对法国人的真实评价。无论哪种目的，都反映了诗人对英法百年战争战败的介怀，以及对本民族自尊的一种维护态度。原文中“turn”的本意为转换方向，此处引申为勃艮第态度的变化，讽刺法国人说投降就投降，没有一点儿原则。

例 5-2：

原文　JOAN LA PUCELLE Done like a Frenchman：turn，and turn again!（1H6 3. 3. 85）

梁译　琼：做得真像一个法国人：转过去，又转回来！

章译　贞德：真像一个法国人干的，今天吃东家，明天吃西家，说变卦，就变卦。

索译　贞德：真像法国人，说转变就转变。

覃 1　贞德：（悄声）真不失为法兰西人——有奶便是娘，说变卦就变卦！

苏译　贞德：这才是一个法国人的所为。

陈译　贞德：这才像个法国人。朝三暮四，说变就变！

覃 2　少女：真不失为法国人做派：风吹两边倒。

傅译　少女琼安：变来，又变去，真不愧是法国人！

译本中对“turn”的反复再现风格可分为忠实再现、构式再现和熟语再现。忠实再现，如梁、傅两个直译本；构式再现即索译的“说 V_1就 V_2”；熟语再现，如章、覃 1、陈的三个增译本及覃 2 本的意译本。

忠实再现中，梁译的“转过去，又转回来”只保留了“turn”的身体动作含义，失去了对态度的引申，整个句子在上下语境中变得莫名其妙。傅译的“变来，又变去”在结构的对应性上更为贴近原文，完成了原文“turn”的语义和反复再现。但译文中“不愧”一词的基本语义是“肯定判断增加赞誉性评价”（冯国娇 2020）[69]的超预期义，故而傅译与原文贬损语气不符。可见，直译的忠实再现难以传递原文那种冷眼旁观的不屑语气，弱化了原文反复的前景化效果。

索译的“说转变就转变”通过构式再现了原文的隔离反复。构式“说 V_1 就 V_2”最基本的语义关系表现为“说话者对动作或事件从产生到结束这一过程的认识上将距离故意缩短”（潘晓军，2009）[69]，属于一种事件发生速度之快远超自己预期的夸张性陈述，侧重点在于，贞德未料到说服勃艮第居然如此顺利，因而感到意外。

最多的再现方式是熟语再现，章译的“今天吃东家，明天吃西家”，覃 1 的“有奶便是娘”，陈译的“朝三暮四”都是对“变”的补充性解释，赋予了原文更多文化内涵。这三个译本，通过熟语显化加强了原文的反复修辞，提升了文辞，保留了语气。覃 2 的“风吹两边倒”，隐去了前句“墙头一棵草”，阴阳怪气勃艮第一味随着外界的情势变化而变换态度，传达了原文的态度精髓。可以说，归化性的熟语再现方式基本都成功表现出了原文中不屑的底层语气。

此例说明，从语言形式上看，归化翻译或许无法完全保留原文的反复结构，在语言形式审美的翻译上有所折扣，但却有效地传递了直译所无法表现的情态语气，有助于人际意义的正确再现与重塑，这是异化翻译所不能及的优势。对于文采斐然、语气多样的原文，适度归化才更适合其风格的再前景化呈现。

“duke”一词出现在中篇第一幕第一场约克的独白中（见例 5-3），国王亨利及其他王党成员为了求娶玛格丽特，把安茹和鲁昂两地割让给法国。以约克为代表的武勋集团对此极为不满。原文“dukedoms for a duke's fair daughter”，不止有自由重复修辞，还是一个典型的爆破音/d/构成的四音节头韵结构，表达了约克对这种向法国让渡利益的行为深恶痛绝。正如利奇（Leech，2001）[79]所指，反复本身是一种雄辩形式，即通过强调而非阐述，有力地呈现了一种简单的情感。

例 5-3：

原文	YORK Suffolk concluded on the articles, The peers agreed, and Henry was well pleased To change two dukedoms for a duke's fair daughter. （2H6 1. 1. 214-216）
梁译	约：色佛克安排了这些条款，贵族们表示同意，亨利很高兴用两块公爵领土换取一位公爵的美貌女儿。

章译　约克：萨福克签订了和约条款，贵族们都已同意，亨利也愿意用两个公爵的采邑换取一个公爵的标致女儿。

索译　约克：萨福克签订的这些条件，王公们同意了，亨利很高兴用两个公国换来公爵漂亮的女儿。

覃1　约克：萨福克签订了这些和约条款，贵族们都已同意，亨利也很乐意用这两块公爵的领邑换取一位公爵的美女。

苏译　约克：萨福克签订了和约，权贵们已经同意，亨利王也喜欢用这两处公爵封地换得一个漂亮的公爵千金。

陈译　约克：萨福克把和约签订了，贵族们都认可了，亨利王用两个公爵的采邑换取一个漂亮的郡主，更是心满意足了。

覃2　约克：萨福克签订了这些条款，贵族们同意，亨利也心甘情愿用两个公国把一位公爵的美貌闺女去换。

傅译　约克公爵：萨福克签下这些条款，贵族们同意，亨利也乐得拿两个公国去换一位公爵的漂亮女儿。

除了陈译，其他译本都或无心或有意地以“公爵”或“公”的重复表征了原文的反复，但语气上“公爵（公）”这种词汇层面的反复在汉语中无法起到强调语气、再现反复之作用。句中“fair”一词极为多义，从约克的角度，“fair”必然不应是褒奖之义。所以总体来说，八个译本的语气过于平和，似乎并没有传译出原文中约克对亨利六世执政的失望及咬牙切齿的痛恨感。因此，此句或可译为：贵族们心满意足，亨利也是欢天喜地，割让两个公爵采邑，换购一个妖艳贱货。笔者在试译中，牺牲了原句“duke”的反复，通过后文的平行对照结构对原文做补偿。“fair”也被译为贬义，从一定程度上再现了约克被压抑的不满，而且还照应了莎士比亚对玛格丽特的极端物化。

除了旁白或独白，还有的反复出现在对话里。如上文中的“nor”出现在中篇第五幕第二场（见例5-4）。原文背景为，圣奥尔本之战中，兰开斯特家族战败后被追杀，贵族们仓皇逃命。亨利却斗志全无，认为跑不过老天，让玛格丽特认命停下。原文中，否定副词“nor”被重复两次，与其后的“fight”和“fly”形成了平衡对比结构，此外“fight”和“fly”本身就是一组头韵。短短四个单词，诗人就使用了多达三种修辞手段，可见该句情感之强烈。否定反复搭配玛格丽特气急之下的口不择言“What are you made of”，掩藏着玛格丽特对亨利恨铁不成钢的失望。

例 5-4：

原文 QUEEN MARGARET What are you made of? you'll nor fight nor fly.（2H6 5.2.74）

梁译 后：你到底是怎样的一块料？你既不战，又不逃。

章译 玛格莱特王后：你是个什么货色？又不打，又不逃。

索译 王后：你是怎样一个人哪！你又不肯打，又不肯走。

覃 1 王后：你究竟是块什么料？你既懒得打又懒得逃。

苏译 玛格丽特王后：你这人到底怎么回事？你不参战，也不逃跑。

陈译 玛格丽特：怎么会有你这样的人啊？既不会打，又不会逃。

覃 2 玛格丽特王后：你究竟是块什么料？既不打又不逃。

傅译 玛格丽特：你是拿什么做的？既不战，又不逃。

从语言形式上，各译本基本都实现了与反复结构“nor”的对应。“nor”的译法有两种，第一种，重复再现，如章、索二译的“又不，又不”“又不肯，又不肯”。第二种，构式再现，如其他译本的“既不，又不”“懒得……又懒得……”“不，也不”。

从语言色彩上，有的译本过于文气，如“既不，又不”。该构式在 BCC“对话”子库中可检索出 100 条结果，在“篇章”子库中可检索出 3224 条结果，说明该构式更多用于书面语。而原文“nor... nor...”严格说来是非正式用语，不适合“既不，又不”的译法。有的译本，要么过于疲沓，如“懒得……又懒得……”；要么语气偏离，如陈译“既不会打，又不会逃”中的“会”，如果“会”在此处做助动词表示能力，语境不符，逃命之时岂是探讨能力的好时机。如果“会”作情态动词，语气不符，情态动词的“会”多用于事件未发生之前，表示决心、意愿或事先判断。所以显性表达“'ll”并不是一种明智之举。

唯有章译的“又不打，又不逃”，结构平衡，短促干脆，符合危急情况下的战地语境，忠实地保留了原文的信息交流方式。再加上前文玛格丽特口无遮拦的怒骂“你是个什么货色”，整个句子给读者传递了一种视觉修辞效应，在脑海中形成了一幅鲜活的动态画面。

（二）连接型自由反复

《亨利六世》中的连接型自由反复，从上篇到下篇，占比呈次第减少趋势。这和戏剧的剧情发展保持了一致。随着贵族间的斗争逐渐加剧，剧情节奏逐渐紧张，战争场面越来越多，人物的行为动作增加，情感逐渐减少，情绪性反复也在减少。

有的连接型自由反复侧重动作表达，如上篇第二幕第一场，法国哨兵发现英军半夜偷袭，惊呼“Arm！Arm！”发出警示，见例 5-5。该例侧重于动作的表达，同时传递了一种突发性战斗的仓皇、紧张之感。

例 5-5：

原文 Sentinels Arm！arm！the enemy doth make assault！（1H6 2. 1. 40）

梁译 哨甲：武装起来，武装起来！敌人进攻了！

章译 哨兵甲：快来呀！快来呀！敌人攻城啦！

索译 哨兵甲：拿起兵器！拿起兵器！敌人真的进攻啦！

覃 1 哨兵甲：来人啦，来人啦！敌人进攻啦！

苏译 哨兵：准备战斗，快！敌人攻城啦！

陈译 哨兵：拿起武器，拿起武器！敌人攻城了！

覃 2 哨兵甲：抄家伙！抄家伙！敌人来攻啦！

傅译 哨兵甲：迎敌！迎敌！英军攻城了！

除了苏译本，其他七个译本均保留了原文的形式反复。但细究起来，章、覃 1 两个译本的“快来呀”“来人啦”非战地专属用语，后搭配以“着火了”“发大水了”等其他突发性事件也说得过去。据 BCC 语料库，“抄家伙”发生的语境都是非军事意义的普通斗殴，所以覃 2 本的“抄家伙”把英法两军为争夺奥尔良的攻防战降格为了械斗。可见，这三个译本与战地语境搭配起来并不和谐。从语气上看，梁、索、陈的四字结构拖慢了警示的紧迫感。只有傅译，无论从以上哪个方面来看，都更为适合表达此处重复结构“Arm！Arm！”对敌军偷袭的应对。

也有的连接型自由反复侧重情感表达，如上篇第三幕第三场中，贞德晓之以理，动之以情，从民族大义和国家灾难的角度，劝说勃艮第公爵重归法国王太子的麾下。历史上，勃艮第公国隶属法国，却在英法百年战争中左拉右踩、反复横跳，并没有发生贞德劝说勃艮第公爵的一幕。莎士比亚通过这虚构的一幕凸显了贞德的口才及劝说能力，原文中“come”“return”的连续重复体现了一种苦口婆心的劝说态度，让勃艮第听到了来自同胞的深情呼唤，从而成功地说服了后者转变立场。

例 5-6：

原文	Come, come, return; return, thou wandering lord: Charles and the rest will take thee in their arms. (1H6 3. 3. 76-77)
梁译	来，来，回来罢；回来，你这位误入歧途的贵人；查尔斯和其他各位都会把你拥抱在怀里的。
章译	来吧，归来吧！迷途的将军，急速归来，查理太子和所有的法国官兵都等候着和你拥抱呢。
索译	回来吧！回来吧！迷途的大人！查理和所有人都双手欢迎你。
覃 1	来，来，归来吧，归来吧，迷途的爵爷大人！查尔斯和众人都会张开双臂将你拥抱。
苏译	来吧，反戈一击吧，迷途的大人，查尔斯和所有别的人都张开臂膀欢迎你呢。
陈译	回来吧，回来吧！迷途的王爷，请您回来，查理和其他王公都会把您拥抱在怀里。
覃 2	来，来，回头吧；回头吧，迷途的大人，查理和大家都会张开双臂欢迎您。
傅译	来，来，回头吧；回头，误入歧途的大人，查理和我们所有人将把你抱入怀中。

仍是除苏译外，其他译本均在一定程度上保留了原文的反复形式，如梁、覃 1、覃 2、傅四个译本的完全再现，索、陈的省译再现，章译的分译再现。这些再现方式基本都保留了原文反复所带来的前景化效应，较为成功地实现了在译文中的复刻。

另外，几个译本在反复结构中，都添加了语气助词“吧/罢”，不同的是“吧”的添加数量。“吧”最常用于“祈使句”（徐晶凝，2003）[144]，其情态语义往往通过祈使功能而表达委婉口气（徐晶凝，2003）[144]，从而在交际功能上“增加所在话语的劝说力”（冉永平，2004）[347]。所以，“吧”的数量不同，译本的劝说委婉度也有所不同。由于原文两个“return”分属不同的小句，梁、章、傅三译本在第二个“return”后就没有添加“吧”，导致第二个“return”的语气略显急促、生硬。相比之下，索、覃 1、陈、覃 2 的两个“吧”，拉长了反复长度，舒缓了反复语气，使得来自同胞的呼唤更为悠扬，起到一种安抚作用，促使勃艮第放下了戒心和立场芥蒂。所以，从语气角度讲，两个“吧”的再前景化效果更显著一些。

总体来说，连接型反复识别度较高，翻译难度较低，各译本基本都能完成对原文内容的传译。相比之下，隔离型自由反复由于反复词之间有所间隔，译者对此种反复的感知不及连接型自由反复深入，在对自由反复的结构再现上，不及连接型自由反复整齐。

五、同义反复

同义反复通常指通过意义相同或相近的不同的词或短语的重复来构成冗余信息，以达到某种修辞目的（杨铭，2002）[60]。《亨利六世》中的同义反复往往表现为一定的语义共同体，多表达说话人的负面情绪。如例 5-7，接上文例 5-4，玛格丽特怒吼完亨利六世之后，最终还是耐着性子，不得不努力解释此时情势的危急及为什么要迅速撤离战场。玛格丽特连用三个单词，“manhood”“wisdom”“defence”，构成了同义反复结构，强调了逃离的正确性和必要性，把逃离几乎纹饰成了一种“反向进攻”的崇高行为，才打动了书呆子气的亨利。此处的反复暗示了玛格丽特心中强烈的压抑，就像是“一种被禁锢的感觉，无法宣泄，只能不断敲打语言的高墙”（Leech，2001）[79]。此外，原句不仅包含同义反复，还有“to”引导的动词短语反复，形成了双重反复结构。双重反复以及“now”引导的主谓倒装结构，进一步强化了玛格丽特的压抑感。

例 5-7：

原文	QUEEN MARGARET Now is it manhood, wisdom and defence, To give the enemy way, and to secure us By what we can, which can no more but fly.（2H6 5. 2. 75-77）
梁译	后：现在智勇双全的自卫之道便是对敌退让，尽一切可能保障我们的安全，而除了逃走之外也实在别无他法可想了。
章译	玛格莱特王后：此刻避一避敌人的锋芒，是果断，也是明智，是有利于防御的；为了保全实力，只有逃跑。
索译	王后：现在暂避一下敌人的锋芒并不丢人，而且是明智的，有利于防卫。我们是三十六计，走为上策。
覃 1	王后：眼下避一避敌人才是果断明智的防御之道，要想尽可能保全自己，惟一的出路就是逃跑。
苏译	玛格丽特王后：只有靠勇气、智慧和防御才能避开敌人的锋芒；只有尽我们的所能才能拯救我们，我们目前所能做的就是逃跑。
陈译	玛格丽特：现在避一避敌人的锋芒，尽可能保证我们自身的安全，就是果决与明智，就是最好的防御，除此之外，再没有其他办法了。
覃 2	玛格丽特王后：眼下好汉的明智防御之道，就是避敌锋芒，尽可能保全自己，这唯一的办法就是逃跑。
傅译	玛格丽特：眼下对敌退却，才是胆识、明智和防卫，而且，要尽所能保全自己，除了逃走，没别的办法。

从语言结构上，原句中的反复大致有四种处理方式。第一种，抛弃反复，在词语层面作出补偿。如梁、覃1、覃2本，三者都将原文三字词结构的同义反复转变为更符合汉语审美的四字格，“智勇双全”“自卫之道”“果断明智”“防御之道”“避敌锋芒”等。第二种，抛弃反复，从句子层面上作出一定的衔接补偿。如章译用“是，也是，是……的”结构，明确了三个反复词之间的层进逻辑关系，索译通过否定“并不”、转折“而且”、递进“有利于”说明了逃离的正确性。第三种，反复移植，如苏译添加了两个条件句结构“只有……，才能……”，陈译中的同义反复转换为两个语气词“就是……”之上。第四种，忠实再现，如苏、傅二译的三个双音节近义词结构。

语气上，章、覃1、苏、傅四译本通过条件关系连接词“只有”“才是/能”在一定程度上传递了玛格丽特“不得不”向亨利耐心解释的压抑感。另外四个译本的语气对于玛格丽特形象中的压抑感表达均不充分，如梁译的“也实在”透露出来的是一种颓丧、无奈的萧索感，和说话人决心东山再起的坚韧性格并不符。索译的逻辑表述更像是不带情态表达的冷静陈述。陈、覃2的“就是”是对事件本身的一种强势确定，少了压抑，多了高高在上的不耐。

事实上，剧中玛格丽特对亨利的态度是逐渐变化的，先是亨利与少女怀春时的想象不符，后者教徒般的生活方式让新婚王后对婚姻生活感到失望，情夫萨福克之死让玛格丽特对亨利起了嫌隙，战场危机中亨利拖后腿的行径更是让玛格丽特对丈夫十分恼火，但也不乏容忍。直到亨利把王位继承权转移给约克，牺牲了儿子的利益，换取自己在位时的平安，玛格丽特才彻底寒心，对他敬意全无。此时的玛格丽特尚未在亨利面前表现出高高在上的凌厉气势，所以陈、覃2的语气与原文也相去甚远。

总的来说，《亨利六世》原文中前景化识别度较高的首语反复、尾语反复和连接型自由反复基本都能被保留，保留的具体手段有忠实保留、语序调整、反复移植、主位变换、同义补偿等方式。而隔离型自由反复和同义反复因前景化突出效果不如前三种反复结构整齐、明显，译者对这两种反复的再前景化处理相对更为多样化，如忠实再现、重复再现、构式再现、熟语再现等方式。值得注意的是，由于英汉语言结构、语法语境的差异，隔离型自由反复的忠实再现很难取得与原文等值的前景化效果，反倒是构式再现、熟语再现等归化翻译手段在呈现原文前景化时有着令人惊艳的效果。

第二节 倒装

倒装是一种常见的信息组构方式和句法修辞手段，也是莎士比亚的一种写作偏好（Ingham，2011）。倒装的修辞功能主要有强调突出、描写生动、平衡结构、调整语义、烘托氛围、转换音步、承上启下、制造悬念等（秦秀白，1986；文军，1992；袁秀凤、杨坚定，2003；Leech & Short，2007；Wales，2011）。

莎士比亚戏剧中的宾语倒装和动词倒装的使用更是远远超过马洛、韦伯斯特、特纳、米德尔顿等同时代作家（Houston，1988）[1]。尽管主谓倒装在16世纪被认为是一种古语“遗迹”（Ingham，2011）[99]，但对于作家而言，主谓倒装更像是一种“谨慎的风格选择，而非过时的之乎者也”（Ingham & Ingham，2011）[99]。显然，莎士比亚在自己的作品中，也选择了此类遗迹式的风格。约瑟夫（Joseph，2005）[54]也认为莎士比亚的各种倒装弥散在戏剧中，但有趣的是，她认为倒装在莎士比亚晚期作品中居多，这一点与英厄姆（Ingham）、休斯顿（Houston）等人的观点略有出入。这种分歧意味着，莎士比亚戏剧中的倒装现象远未被研究透彻，有待于更进一步的研究。

关于英语倒装的汉译，无论理论还是实践上，基本都译为自然语序，化除了语序不适的阻滞感。但笔者以为，《亨利六世》原文中各种倒装蕴含的修辞功能却不宜因此被废。译文即使不再适合继续保留倒装形式，也应有相应的修辞补偿措施，以避免文本审美意义的丢失。因此，本节侧重于探查原文倒装在译文中是否有所补偿、补偿措施是否使原文的语言信息、情感语气得到了凸显、原文倒装修辞如何在译文中被表征、复刻，二者的修辞效果是否等价，以分析各译本对倒装的再现特征。

一、倒装的分类

英语中，虽然许多结构在文献中都被称为“倒装”，但对倒装的定义几乎没有达成一致（Birner，2012）[47]。通常认为，句子中的某一成分移到主语的前面，使之处于显著的位置，这种“话中特意颠倒文法上逻辑上普通顺序”（陈望道，1997）[219]的修辞就是倒装。事实上，英语倒装的种类颇为繁复。根据其功能，倒装大致可分为两类（文军，1992；张克定，2001）：一是语法倒装（grammatical inversion）或强制性倒装（obligatory inversion），二是修辞倒装（rhetorical inversion）或非强制倒装（optional inversion）。前者指为适应语法上的要求而必须倒装的固定模式，如疑问句、感叹句、让步从句、省略 if 的虚拟条件句、there be 句式、so 或 nor 开头的分句等，后者则是为了达到特定修辞目的而采用的倒装。二者的区别在于，前者的使用受语法规则制约，在语法上必不可缺；后者的使用取决于修辞或文体因素，在语法上可有可无。

也就是说，除了疑问句、感叹句以及 only if、there be 等特殊句型必须按照语法原则倒装外，其他倒装都是"交际者遵循语用原则以适应交际情景、有效传递信息而有意使用的"（袁秀凤、杨坚定，2003）[99]，都属于修辞倒装的范畴。修辞倒装较少受语法羁縻，却凸显了更多的文学前景化功能，更能体现出诗人谋篇布局、传递信息的意图，所以对其翻译也更需注重原文中信息焦点的传达、人物情感的抒发、语言审美意义的再现。

从前置结构本身的构成来看，英语倒装类型可分为六种：介词短语倒装（PP inversion）、动词短语倒装（VP inversion）、形容词短语倒装（AdjP inversion），名词短语倒装（NP inversion）、副词短语倒装（AdvP inversion），以及一些难以确定类属的倒装（Birner，2012）。也有依照传统语法的分类，如谓语倒装、表语倒装、宾语倒装、状语倒装（刘世生、朱瑞青，2006）[126-127]等。系统功能语言学将倒装视为一种有标记主位，在这个意义上，倒装和有标记主位的修辞功能就有所重合（袁秀凤、杨坚定，2003）。

比纳（Birner，2012）对倒装的分类直接以倒装结构本身的组构成分为依据，相较其他分类更为细致清晰，故而本研究将参照此种划分模式，对《亨利六世》原文中的修辞倒装进行案例分析。由于《亨利六世》上、中、下各篇的第一幕就已奠定了全部剧情的基调和基本走向，所以其风格特征在第一幕中已经得到了集中显现。以各篇第一幕为样本进行抽样调查，对剧中的修辞倒装进行统计，得到原文中倒装的分布数值，如表 5-2 所示。

表 5-2 《亨利六世》原文样本倒装分布

	PP		VP		AdjP		NP		AdvP		合计
	频次	百分比	频次	百分比	频次	百分比	频次	百分比	频次	百分比	
上篇	15	30.00%	9	18.00%	2	4.00%	18	36.00%	6	12.00%	50
中篇	9	40.91%	5	22.73%	2	9.09%	1	4.55%	5	22.73%	22
下篇	0	0.00%	5	55.56%	0	0.00%	3	33.33%	1	11.11%	9
均计	8	23.64%	6.33	32.10%	1.33	4.36%	7.33	24.63%	4	15.28%	26.99

纵向来看，修辞倒装在《亨利六世》三部曲中的使用频次整体呈下降趋势，

上篇有50处，到中篇就锐减到22处了，下篇更是仅有9处。笔者通过文本细读发现，修辞倒装主要出现在剧中人物对客体的直接描述中，如上篇第一幕各大贵族回顾亨利五世的丰功伟绩、信使转述法国战场的残酷、葛罗斯特羞辱温彻斯特、贞德吹嘘自己巧遇圣母、塔尔博特叙述自己被俘的经历。这五场描述以传神为要旨，为了增强描述语言的生动性，倒装使用较多。但在中、下篇中，这种直接描述的场景大为减少。中篇第一幕只有两处描写，一处是索尔兹伯里对温彻斯特的负面评价，另一处是玛格丽特对埃莉诺的谩骂，导致倒装用量的下降。下篇第一幕已是你死我活的玫瑰战争，描述性场景更是稀少。

与整体修辞使用减少的趋势相对的是，动词短语倒装的比例在逐渐攀升，从上篇的18.00%，到中篇的22.73%，再到下篇的55.56%，显然《亨利六世》三部曲逐渐加强了对动词倒装的使用，反映了剧情动态性渐增的变化趋势。上篇开场，英法百年战争已进入尾声，英国国内的利益派系逐渐形成，当时的矛盾主要还保留在口头上；中篇开场，百年战争结束，英国内部矛盾日趋激烈，斗争方式从口头矛盾转向政治阴谋；下篇开场，兰开斯特、约克两大家族的矛盾已经白热化，玫瑰战争开启，并完成了第一批杀戮，战争成为解决问题的主要方式，所以随着剧情的推进，动作性描写的比例逐渐提升，这个趋势是符合戏剧历时剧情变化的。

横向看，《亨利六世》原文倒装中，动词短语倒装的使用量最多，为32.10%，其次是名词短语倒装和介词短语倒装，分别为23.64%和23.64%，副词短语占比更少，为15.28%，形容词短语倒装占比最少，仅4.36%。这组数据与比纳（Birner，2012）[30]通过标注一般语篇倒装语料库得到的数据有较大出入，见表5-3。

表5-3 《亨利六世》与一般语篇倒装对比

	PP	VP	AdjP	NP	AdvP
Henry VI	23.64%	32.10%	4.36%	24.63%	15.28%
比纳	74.34%	16.30%	6.47%	1.97%	0.92%
反差比	0.32	1.97	0.67	12.50	16.61

出入主要表现为，《亨利六世》中副词、名词短语倒装比例远远高于一般文本，分别是后者的16.61和12.50倍；动词短语倒装也高于普通文本，是其的1.97倍；形容词和介词短语倒装分别为一般文本的0.67和0.32倍，相对较低；没有和普通文本持平的倒装类型。这种反差形成了《亨利六世》倒装风格的主

要表征。

从语域分布英语四大实词在语篇中出现的频次来看，副词、动词多出现在会话和小说中，名词、形容词多出现在新闻和学术性论文中（Biber et al.，2002），所以作为兼具会话和小说特性的戏剧，《亨利六世》中副词倒装成为最为显著的倒装风格表征也是可能的。《亨利六世》中的副词多以“here”“there”“soon”“quite”等简单形式出现在场景描述中，增强了语言的动态感，擢升了文本的修辞效果。

其次是名词短语倒装，此类倒装中，被倒装的成分在句中基本充当宾语，也即韩礼德认为的补语成分（complement）（黄国文，2009）[2]，是所有主位中最有标记的主位（the most marked theme），“被强烈凸显（is strongly foregrounded）”出来（Halliday，2014）[99]，可见名词短语倒装的修辞作用也是最强的，其负载的修辞功能强度也远高于一般文本，说明《亨利六世》中被倒装的名词短语是作者心目中最为重要的信息。

《亨利六世》中的介词短语倒装大幅低于一般语篇，仅为后者的 0.32 倍，这和其戏剧本身的属性有关。介词短语多表示时间、地点、条件、方式、目的、原因、方向等外围信息，然而戏剧多是人物之间面对面的对话，以及一些独白或极个别的旁白等在场性话语，无须第三视角下的外围性介述或解释，原文中的介词短语倒装自然要少于一般语篇。

相比之下，动词倒装和形容词倒装与一般文本中的倒装差别倒是没有那么显著，但 1.97 倍和 0.67 倍这两个数据仍说明了《亨利六世》原文的动态性高于一般性文本，静态性低于一般性文本。

鉴于以上分析，我们可以得出，表 5-3 中的数据大致反映了《亨利六世》三部曲的剧情特点，横向数据，尤其是以比纳数据为参照对比之后，可以清晰地看出莎士比亚的剧作，尤其是早期剧作的倒装风格。倒装打破了自然语序的常规，表现为句式体例上的自由不羁，情感表达上的热烈恣意，形成了极为显著的前景化效应，也从一定程度上解释了莎剧中“狂野的”情感从何而来。此外，倒装类别及数量的差异也是作者风格的一种显化表征，因此不排除《亨利六世》上篇的作者除了莎士比亚本人外还有其他人的情况。这个发现也在一定程度上佐证了辜正坤（2015）指出的莎剧是集体创作的论断。

二、副词短语倒装

副词在语篇中主要有两个功用，形容词的修饰语或充当整个小句的状语，但在《亨利六世》中，副词更多是小句的状语。副词倒装运用得比较集中的场景之一便是第一幕第一场，信使对帕泰之战惨烈战况的详细描述（见例5-8）。信使通过三个副词“here”“there”“everywhere”在空间方位上的“同质联结”（邢福义，2016）[279]倒装，凸显了塔尔博特在战场上到处移动的方位效应，生动地描摹出了主人公在战场上到处飞奔厮杀的动态身影，塑造了其英勇的大将形象。除了倒装修辞，“here”“there”“everywhere”也是一种重复修辞，语音的尾韵重复和语义的同义重复。三个副词往往一起出现在诗歌、童话中，用以增强叙事的生动性。

例5-8：

原文	Hundreds he sent to hell, and none durst stand him; Here, there, and everywhere, enraged he flew.（1H6 1.1.123-124）
梁译	他把数以百计的敌人送入地狱，所遇无敌；这里，那里，他到处奔驰，杀得性起。
章译	上百的敌人在他的矛、剑下丧命，他左冲右突，所向披靡。
索译	他将好几百人送给了阎王，没人敢和他抗衡。他愤怒地横冲直撞，奋力厮杀。
覃1	数百名敌人在刀下断魂、箭下丧命，他一时性起，杀得一片昏天黑地。
苏译	他把数百名敌人送往地狱，无人敢与他交锋。他杀红了眼，所向披靡。
陈译	他将数以百计的法国人送进地狱，谁也无力抵抗他，这里，那里，到处都有他奋勇杀敌的身影。
覃2	他把数百敌人送进地狱，无人敢把他敌；他左刺右劈，怒冲冲杀得一片昏天黑地。
傅译	他所向披靡，把数百敌人送进地狱；他杀红了眼，这儿，那儿，四处飞奔。

梁、陈、傅三译本忠实地传译了三个副词的词义，但对语序的处理却各有不同。陈译在完全保留三个副词的小句主位时，也保留了原文的方位空间频繁转换的凸显效果。梁译本保留了“here”和“there”的主位，只将“everywhere”拆分到述位中。傅译则把所有的副词都置于小句主位“他”之后，成为述位。梁、傅二译中，“everywhere”失去了其独立地位，成为四字格“到处奔驰”和“四处飞奔”中的一部分，用以修饰动词“奔驰”和“飞奔”，方位凸显功能略弱于陈译。

章、索、覃1、苏、覃2五个译本虽未直接保留原文的方位前景化，但都将原文中的方位凸显融入了动作凸显中，如“左（突）右（冲）”“所向（披靡）”“横（冲）直（撞）”“左（刺）右（劈）”“（昏）天（黑）地”等译法，再加上这些并立式四字格的诗性补偿效应，所以从副词倒装的翻译来看，五个译本都取得了方位、动作二合一的俱佳效果。

断杀中，后军将领福斯塔夫胆小如鼠，未晃一枪便临阵脱逃，导致英军军心大散，遭遇惨败（见例5-9）。原文中副词倒装“hence”属于“典型的结果/推理连接副词”（Biber et al.，2002）[391]，具有多种功能。语篇上，“hence”终结了前因的解释，引出了后果的描述，起到了承上启下的作用。修辞上，“hence”充当主位，具有提醒、强调功能，提醒听话人注意后文内容，强调了惨败后的可怕。如果提高语音语调，“hence”还能传递说话人的愤怒。此外，“hence”还平衡了与其后的动词倒装“enclosed”的对应结构。

例5-9：

原文	Hence grew the general wreck and massacre; Enclosed were they with their enemies.（1H6 135-136）
梁译	于是引起一场混战与屠杀；他们陷入了重围。
章译	这样一来就引起全军崩溃，陷入敌人的重围，遭到一场屠杀。
索译	因此造成了全军崩溃，一场屠杀随之而来，我军陷入重围。
覃1	这才招致了那场巨大的劫难：全军官兵陷入敌人的重重包围。
苏译	这样一来，全军逐渐崩溃，遭受敌人的乱砍滥杀。他们完全陷入了敌人的包抄围剿之中。
陈译	一场惨烈的大屠杀也就随之而来；我军陷入重重包围之中。
覃2	这下致使全面溃败遭屠戮；大军陷入敌人重围无路投。
傅译	我方因此陷入重围，全军溃败，惨遭屠杀。

在译文中，“hence”能保留下来的多是语篇功能，如“因此”“于是”“这样一来”“这下（才）”“随之而来”等的衔接功能，不过衔接侧重点略有不同，“因此”侧重于解释，“于是”“这样一来”“这下（才）”“随之而来”等译法侧重于连贯，二者都具有较好的组句谋篇、承上启下功能。修辞上，“因此”“于是”在汉语语篇中更为常用，章译的“这样一来”，覃1、覃2的“这下（才）”，索译的“随之而来”等连贯词更为少用一些，些微陌生化在一定程度上补偿了“hence”的强调修辞功能。至于平衡功能，由于译文句式灵活，小句数量由两个到四个不等，所以难说平衡功能还在哪些译本得以保留。但从句式结构来看，覃1、陈、覃2、傅四译本较另外四个译本更为整齐些，前三个译本保留了原文的平行结构，傅译本通过三个连续的四字格，修正了事件的发

生次序，使其更符合时空顺序，但在一定程度上了也削弱了说话人语无伦次的愤怒感。

“hence”通常修饰整个句子，其倒装介于语法倒装和修辞倒装之间，更多服务于语篇叙事。译者在翻译此类副词倒装时，自由发挥的空间往往较小，所以译文的前景化程度也受到一定影响。

还有一些副词修辞限定动词，语义更为明朗，此类副词倒装的翻译更侧重于修辞功能。如第一幕第一场戏结束时，各贵胄都安排好了自己的后续工作，温彻斯特却因自己一直无法进入英国权利中心而恼火，独白中遂暗下决心，准备把小王子劫持到伦敦塔，妄图挟天子以令诸侯（见例5-10）。原文中副词“long”修饰“be Jack out of office”，凸显了温彻斯特想要摆脱朝政局外人窘境的决心。

例5-10：

原文	But long I will not be Jack out of office: The king from Eltham I intend to steal And sit at chiefest stern of public weal. （1H6 1. 1. 175-177）
梁译	但是我不愿长久赋闲。我想把国王从哀尔特姆劫走，我就成了把持国政的舵手。
章译	可我也不是一个久甘寂寞的人。我打算把新王从埃尔萨姆宫哄出来，好让我坐上掌握国运的最高舵楼。
索译	但我是不会长期无事可做的。我打算将新王从埃尔塔姆宫弄出来，我要掌管决定这个国家命运的大权。
覃1	可我才不打算就这样永远受冷落。我准备把国王从埃尔塔姆宫轰走，自己来做江山把持国政当舵手。
苏译	不过我也不是一个长久甘居寂寞的人。我盘算着把新王从埃尔萨姆宫哄骗出来，咱也坐坐掌舵国运的最高舵楼。
陈译	但我不愿做无所事事的闲人：我要到埃尔萨姆把幼主劫走，做一个操纵英伦国运的舵手。
覃2	可是我决不肯久甘寂寞。我打算挟国王出埃尔特姆宫，自己来做主宰把持国政。
傅译	但长久赋闲，绝非所愿。我打算从埃尔特姆宫劫走国王，自己把持朝政，掌控王国之船。

对“long”的翻译基本都是在词汇层面做文章，索、覃1、苏三译本倾向于把“long”译为一个单独的副词，如“长期”“永远”“长久”等。其余五译本更倾向于将“long”与“Jack out of office”合二为一，译为“长久赋闲”“久甘寂寞”，这种四字格合译法是对俗语“Jack out of office”的对等补偿，同时也再

现了“long”的语序凸显修辞。语气情态的补偿手段也殊为有效，如覃1的“才不打算”，覃2和傅译的“决不肯”“绝非所愿”，区别在于前者是辩解性说明，后二者是意愿性表态，相较而言，后二者更符合说话人下决心时的口吻和心境。

分析可见，副词倒装在译文中可采用的翻译方法有以下几种。其一，忠实等序地把原文副词倒装翻译出来，保留原文凸显的倒装修辞功能。其二，采用多种补偿手段，如“融副于动”、四字格、合译法、语气加强等予以修辞补偿。“融副于动”即把副词凸显转化为动态凸显，进一步增强了译文的动态性。具有汉语独特审美意境的四字格，无论在语音、词汇还是句式层面，都深度参与了译文的修辞转移，襄助译者将原文中的前景化辞格灵活地转移到译文中。语气情态的加强也是另一个能够再现倒装修辞前景化的传译手段，语气情态是否与上下文语境、情景语境相契合，也会影响倒装修辞效果的传递，进而影响剧中人物形象的再塑。其三，对于语篇功能较强的副词倒装，要保持其基本的衔接能力，在不影响原文流畅度的前提下，尽可能提高倒装修辞的传译程度。

三、名词短语倒装

名词短语倒装指充当宾语或表语的名词置于主语之前。前文指出，《亨利六世》中名词短语在倒装的修辞效果最为强烈，因此理论上，译文中也需要相应的“最前景化”的翻译手段来补偿原文的凸显效应。此外，名词表达的是语言的概念意义，但凡名词倒装，传递的往往是关键信息，如何凸显信息的关键性，也是译者在翻译中要思考的问题。例5-11中，信使为了突出塔尔博特在鏖战之艰难困境下仍不失英勇的作风，把“hundreds”置于句首，通过强调敌人的死伤数量，反衬塔尔博特的骁勇善战。

例5-11：

原文 Hundreds he sent to hell, and none durst stand him.（1H6 1.1.123）

梁译 他把数以百计的敌人送入地狱，所遇无敌。

章译 上百的敌人在他的矛、剑下丧命。

索译 他将好几百人送给了阎王，没人敢和他抗衡。

覃1 数百名敌人在刀下断魂、箭下丧命。

苏译 他把数百名敌人送往地狱，无人敢与他交锋。

陈译 他将数以百计的法国人送进地狱，谁也无力抵抗他。

覃2 他把数百敌人送进地狱，无人敢把他敌。

傅译 他所向披靡，把数百敌人送进地狱。

八个译本可归类为两种译法。第一种，梁、索、苏、陈、覃2、傅六译本都将原文的有标记主位“hundreds”，替换为无标记主位“他”。此种译法，施事格代词主位“他”兼领了第一个小句的主语“he”和第二个小句的宾语“him”，两个小句间的逻辑衔接更为紧凑、连贯，但“他”在一定程度上却擦拭掉了原文主位蕴含的强烈倒装修辞功能。六个译本中，梁、覃2、傅三译本押了尾韵/i/，以“狱”“敌”“靡”结尾，对原文的倒装修辞作出了音位层面的补偿。梁、傅的“所遇无敌”“所向披靡”等四字格对原文作了词汇层面的补偿。对比之下，索、苏、陈三译本无出彩之处，稍显逊色。

第二种，章、覃1二译本坚守了原文的倒装句式，将信息焦点保留在“hundreds”上，把译语“上百名敌人”“数百名敌人”置于句首，充当有标记主位，以便凸显塔尔博特的辉煌战绩。如此一来，译者为了遵从原文的叙事目的，就不得不把后文名词“hell”置换为动词“丧命”“断魂”。当然，这种词性、词义置换也带来了一定的副作用，即“hell”所携带的异质文化全部意象丢失了。如果译文想要保留“hell”的文化异质性，就不得不采用被动语态，如“上百名敌人被送入地狱”。然而被动语态在一定程度上凸显的是“一种客观的超然”，出现在小说或会话文体的频次很低（Biber et al.，2002）[168]，更遑论戏剧。所以在动感十足的描述性场景翻译中，被动语态并非最优选项，只有较多使用主动语态，如“刀下断魂”“剑（箭）下丧命”等动态描述，才能使战场上的残酷场景跃然眼前，才能使文章更具动态感（林正军、王萌，2020）[13]。

翻译本质上是两种不同语言文化实体间的信息交流，所以舍句式取文化的做法其实就是舍表取里，这或也是致使覃学岚在其重译中调整取舍决策的一个最重要的因素。两种决策的最大区别就是前者侧重原文的戏剧性、审美性，后者更侧重其文化性。两种不同翻译策略主导下，人物形象就产生了较大的差别，前一种决策中，信使是一个口才优秀的战场使者，而后一种决策中，信使是一个忠诚于本职工作的传信兵。

除了强调突出，名词倒装还有转换音步的修辞功用。如英军统帅贝德福德听闻塔尔博特在法国战场上吃了败仗，当即决定率军攻入法国（例5-12）。原文“ten thousand soldiers with me”之所以被置于句首，一方面是强调英军的威慑力，另一方面在很大程度上也是为了使两个诗行能以尾韵词“take”和“quake”结尾，从而保持诗剧的诗性特征。所以，译文不仅要传递出原文倒装的强调修辞，诗人组篇构句的诗性追求也不可忽视。

例 5-12：

原文	Ten thousand soldiers with me I will take, Whose bloody deeds shall make all Europe quake.（1H6 155-156）
梁译	我要带领一万大军前去作战，他们的英勇将使全欧洲震撼。
章译	我要率领一万大军出征，在那里用鲜血干下的事迹将使全欧洲为之震动。
索译	我要带领一万大军，他们将用鲜血大干一番事业，让欧洲为之震惊。
覃 1	此番出阵，我将率领万马千军，血染山河，定叫全欧洲为之一震。
苏译	我将率领一万大军，用血染的伟绩使整个欧洲地动山摇。
陈译	我要率领一万大军英勇战斗，让整个欧洲在我们的神勇中颤抖。
覃 2	此番出征，我将亲率一万大军，血染山河，令全欧洲为之骇震。
傅译	我要亲率一万名士兵前去征战，他们的浴血战绩将令全欧震颤。

诸译本中，原文的倒装结构均被还原为正常语序，也就意味着，“Ten thousand soldiers with me”蕴含的强调修辞基本丢失，需要从其他地方补偿。原句共两种翻译方式，梁、章、索、苏、陈、傅六个译本的主位均为施事代词主语“我”，只有覃学岚两个译本的主位是起语“此番出阵（征）”。无论主语还是起语都是语篇的认知参照点，引出其后的语句，具有统领语篇和建构连贯的功能（王寅，2007）[396]。

第一种译法，章、苏、陈前后两个小句的主语不变，都是“我”，其统领语篇的功能使小句间较为连贯。而梁、索、傅三个译本中，前句主语“我”，后句主语就成了“他们”，主语的快速变换破坏了“我”的统领功能，在语义尚未完全展开时就强行转换了叙事焦点，导致两个小句之间有一种不太衔接的顿滞感，读者会产生疑惑，句子的中心到底是“我”还是“他们”？本质上说，这是一种僵化的语序调整后遗症。

覃学岚两个译本中，“此番出阵（征）”虽不是句子的主语，但在句中充当了话题起语（topic），成为一个思维起始点，沿着这一起始点展开思考，形成一个思维群，此后的语言表达就构成了一个连贯的语篇（王寅，2007）[396]。同时，“此番出阵（征）”位于句首，成为一个具有前景化效应的有标记主位，在一定程度上弥补了原文倒装的强调修辞。

语言的诗性翻译上，章、苏二译忽视了原文的语音特征，覃1、陈、覃2三译本的“军、震”“斗、抖”均保留了原文的句尾押韵。但陈译漏译了“bloody deed”，丢失了原文中的视觉效果，而覃译本的四字格“血染山河”给译文平添了几许画卷般的壮丽感，很好地实现了原文的诗性特征。综合比较下来，覃学岚译笔下的贝德福德不仅是一个决意出征的统帅，还是一个优秀的战争鼓动者。

总之，作为“最前景化”的名词短语倒装，要在翻译中保留其前景化特征，基本上有三种方式：第一，还原其正常语序，通过语音、词汇等层面的积极补偿，将句子中的形式前景化转换为意义前景化；第二，尽可能忠实等序地翻译原文，将原文的强调修辞翻译出来；第三，增加起语，理顺小句之间的关系，将原文纳入同一个思维群，从而消除语序调整后遗症。

四、动词短语倒装

动词短语倒装的出现往往伴随强烈的语气态度，如命令、祈使、警告、呵斥等，《亨利六世》中该类倒装经常发生在冲突中。如上篇第一幕第三场，葛罗斯特巡视伦敦塔，温彻斯特却命人把葛罗斯特关在塔外，二人为了争夺伦敦塔的控制权而争吵起来。葛罗斯特命其退离伦敦塔，并历数温彻斯特的罪状，而温彻斯特也回嘴对骂（见例5-13）。原文中，温彻斯特使用两处动词短语倒装，一处是“stand thou back”，另一处是“be thou cursed Cain”，通过这两处非正常的动词语序和语气来弥补自己被抓住痛脚的恼羞。与葛罗斯特句句实锤、充满诗性的反复指责相比，温彻斯特恼羞的回骂只有空洞的疾声厉色和相煎何急的假设性人品污蔑，凸显了其胡搅蛮缠的性格特征。

例5-13：

原文	BISHOP OF WINCHESTER Nay, stand thou back, I will not budge a foot: This be Damascus, be thou cursed Cain, To slay thy brother Abel, if thou wilt. (1H6 1. 3. 38-40)
梁译	文：不，你退开，我一步也不动：这地方就算是大马士革，你就是受诅咒的该隐，如果你愿意，你就杀死你的亲兄弟亚伯罢。
章译	温彻斯特：胡说，你给我退下，我是一步也不后退的。只要你敢，你就把这地方当作大马士革，亲自扮演那个杀死亲兄弟的罪犯该隐吧。
索译	温彻斯特：还是你走开的好，我是寸步不让的。只要你愿意，就把这儿当作大马士革，而你就是那该诅咒的、杀了亲兄弟亚伯的该隐。

覃1 温彻斯特：胡扯，你给我退下，我一步也不会退让：就算这儿是大马士革而你是该死的该隐，杀死你的亲兄弟吧，只要你有此胆量。

苏译 温彻斯特：不，你躲一边去吧。我决不退让半步。你胆敢不从，此地就是大马士革，你就是亲手杀死弟弟亚伯的罪犯该隐。

陈译 温彻斯特：不，我要你退开。我不会移动半步。这里就是大马士革，你就是那该隐，如果你愿意，就来杀死你的兄弟亚伯好了。

覃2 温切斯特：胡说，你给我让开，我一步也不会退让，就算这儿是大马士革，你是受诅咒的该隐，杀死你的兄弟亚伯吧，如果这能叫你称心。

傅译 温切斯特：不，你退后，我一步不退。只要称你心，这儿就是大马士革，你是受诅咒的该隐，把你兄弟亚伯杀了吧。

第一处倒装“stand thou back”的翻译有变了主位的“还是你走开的好、“我要你退开”，有语义偏离的“你躲一边去吧”，还有正常语序的“你退开（后）”及“你给我退下（让开）”。最后一种翻译中，“给我”是动词短语，其功用是“加强语气，表示说话人的意志”，表示语气极为强烈的强制性命令，往往是催促、指令听话人尽快发出某一动作（隋长虹 2003）[72]。温彻斯特在罪行被实质性揭发后，恼羞成怒，无法对葛罗斯特发起对等攻击，只得试图通过语气来压制对方。所以，章、覃1、覃2译本通过“你给我”结构增强了温彻斯特色厉内荏的呵斥语气。

第二处倒装“be thou cursed Cain”也是一种虚拟语气，表达强烈的愿望，充满了文学色彩。温彻斯特在事件并没有发生之时，就把葛罗斯特比作杀弟凶手，所以“be thou cursed Cain”属于一种无实质的虚拟指责，俗称污蔑，再加上句末假设“if thou wilt”，这种双重虚拟凸显了温彻斯特罔顾事实的强词夺理。当倒装与虚拟结合使用时，会赋予话语一种庄严的语气（Biber et al.，2002）[409]，这种虚拟庄严又反过来泄露了温彻斯特虚张声势的心理。“be thou cursed Cain”的八个译文，都通过强调副词“就”或转折连词“而”，强化了“是”的判断语气。同时，“就”也是虚拟推断结构“如果……就……”或虚拟条件结构“只要……就……”的辅助标志（邢福义，2016）[307]，八译本在原文第二处倒装的语气翻译上均补偿了倒装修辞功能，再现了温彻斯特胡搅蛮缠的形象。

但在语篇衔接上，多个译本在第二处倒装修辞与复句关系表达中，却因连词选用而互相掣肘，不但没有起到加强语气的作用，反倒使句意有所混乱。原文逻辑是一种假设虚拟逻辑，“if thou wilt”是前提后置，在这个前提之下，温彻斯特得出“葛罗斯特要杀我”的虚假结论。而章、索、覃1、傅译本中，“只要……就……”着重强调的是虚拟条件（邢福义，2016）[310]，梁、覃1、覃2译本中的“就算”是一种虚拟让步，后通常跟“也”，类似“即使……也……”（邢福义，2016）[324]，这两种复句关系偏离了原文的小句关系。苏译“你胆敢不从”把虚拟语气变为胁迫语气，而这种胁迫却是以己方生命受损为代价的，类似于“你不听我的，你就把我杀了”的效果，逻辑上讲不通。所以，八个译本中除了陈译，其余七个译本都存在复句关联逻辑不当的问题。

综合下来，两处倒装第一处以章、覃1、覃2三译本语气为上，第二处以陈译逻辑为顺。通过这两处译例可以发现：首先，动词短语倒装的翻译最重要的原则是强化语气，通过增译动词或关联词的语气标志，提升原文动词倒装本身所含的语气、语势中的修辞效果，提升其凸显程度，这一点与副词倒装的翻译相类似；其次，处理原文中复杂的复合逻辑关系是一项棘手的任务，译者只有完全理解原文，并挑选最为恰切的译语，才能避免翻译陷阱。

五、形容词短语倒装

形容词短语倒装在《亨利六世》和一般语篇中的反差最小，但仍低于一般语篇。形容词有定语形容词和表语形容词两种，定语形容词位于所修饰名词之前，是所修饰名词的一部分（Biber et al.，2002）[188]，二者是一个整体。而表语形容词位于系动词之后，是一个“独立的小句成分”（Biber et al.，2002）[188]。所以前者倒装的机会少之又少，被倒装的往往都是特定条件下的后者。如中篇第一幕第四场，护国公夫人找来巫师，占卜问卦，测算敌对贵族萨默塞特的命数运势（例5-14），巫师的回答中，被倒装的形容词“safer”就是表语形容词。“safer”位于句首，有语义强调、突出头韵、平衡结构的作用。

例5-14：

原文	Spirit Let him shun castles；Safer shall he be upon the sandy plains Than where castles mounted stand.（2H6 1.4.33-34）
梁译	鬼：教他躲避堡垒，他在沙地平原之上，将远比在高耸的城堡里为安全。
章译	幽灵：他最好不要挨近堡垒。他待在沙土的平原上，比在堡垒矗立的地方要安全得多。
索译	幽灵：叫他不要靠近堡垒，待在沙地平原上比在堡垒安全。
覃1	幽灵：让他离城堡远一点儿。他待在沙地平川之上，要比在城堡耸立的地方安全得多。

苏译 艾斯纳撒：城堡坚固，非他可住。多沙平原，对他安全。城堡居高，于他不好。

陈译 幽灵：得让他避开城堡：沙丘平原最安全，城堡高耸有凶险。

覃2 旦撒：让他离城堡远点儿；对他而言，待在沙地平原要比山上高耸的城堡安全。

傅译 旦撒：避开城堡。让他待在沙地平原，那儿比山上高耸的城堡更安全。

语义上，八译本对“safer”的翻译都遵循了忠实原则，基本都译为“比……安全”，译出了原文的比较级形式。同时，梁、章、覃1、陈、傅等译本中的“远”“得多”“最”“更”等程度副词以及覃2本中的助动词“要”加强了译语语气，补偿了原文“safer”作为主位的显著性。语序上，除了苏、陈二译，其他六个译本基本都把句首的“safer”重置于句尾，令其成为信息焦点，进一步补偿了“safer”位于句首的强调语气。

谶语可以预言未来，具有神秘性，翻译中对此应有体现。苏译之前的四个译本，基本都使用了散文译法，即便作为诗体译本的覃1本也没有体现出应有的诗体特征。苏译及之后的陈、覃2三个译本句式结构整齐，音韵和谐，突出了原文不同于其他言语的语体特色。苏译采用了对仗工整的四字骈体结构，与前译皆不同的“自由翻译”之风再次显现。陈译采用了诗性气质的押韵对偶句，对仗工整细腻。覃2本本身就是诗体，第二行结束在“原”字，构成了诗体押韵。总之，通过语义忠实，增译程度副词以加强语气，调整语序以补偿倒装修辞，采用骈文、对偶、押韵等诗性特征等再前景化手段，苏、陈、覃2三译本较为全面地完成了谶语句中的形容词短语倒装翻译，显现出了一定的重译超越性。

六、介词短语倒装

介词短语倒装指介词短语置于主语之前的倒装形式，《亨利六世》中的介词短语倒装修辞主要出现于描写场景，起到强调凸显、烘托氛围的功用。如例5-15中，贞德吹嘘自己遇到圣母、受圣母点化的奇遇时，将“in complete glory”置于句首，充当句子的主位。主位是小句信息起点，为解释小句提供整体框架，修辞上起到一种语气强调和烘托氛围的作用。贞德在此句中通过强调圣母的神圣性，从而抬高自己的身价，增加自己说服法国王太子的筹码。

例5-15：

原文 In complete glory she reveal’d herself.（1H6 1.2.83）

梁译 她在一片光明之中现示真身。

章译 她的法相充满荣光。

索译 她是在一片光辉中现身的。

覃1 她真身显灵处，现出十足的光辉。

苏译 她在一片至善至美的光荣辉煌中显现圣身。

陈译 她就在无限的光芒中显现真身。

覃2 荣光万丈中她现出真容。

傅译 她以完美的荣耀显出真身。

首先看句子层面的翻译变化。八个译本中，梁、苏、陈、傅四译本均采用了“代词主语+介词短语+动词”的结构。由于主语、施事、主位集于一身，译文主语“她”属于无标记主位，在信息的强调、氛围的烘托等方面修辞性较弱。四个译本都没有对原文倒装做适当的再前景化处理，句式略显平淡。

另外四个译本，句式结构多少有所变化。其中，索、覃1两个译本的句子焦点与原文发生了较大的偏离，前者的“是……的”结构强调的是圣母的现身方式，后者的“……处”强调的是圣母的现身处所，二译本的信息焦点均被挪移，未能凸显出“reveal'd herself”所指的事件本身。

基本保留原文前景化效果的是章、覃2两个译本。章译将原句级阶结构打散，又重新组合，从原文到译文，主位被处理为述位，述位变为主位。原文主位“in complete glory”的级阶从短语提升到小句，其中形容词“complete”成为译文谓语动词“充满”，介词宾语“glory”成为译文宾语“荣光”，并被置于句尾。原文述位则被凝缩为一个偏正名词短语“她的法相”，置于句首。可见，译者通过语序倒转、级阶提升、隐化介词、显化谓语等一系列操作，不仅未改变原句的首尾信息，还避免了汉译之后介词短语“在”引发的累赘感和翻译腔，译文显得更为紧凑、自然。覃2译本则忠实保留了原文介词短语位于句首的倒装语序，“荣光万丈中”在译文中充当主位，使原文倒装成分“in complete glory”得到了等价凸显。

除了句子层面，章、覃2译本在译文中的词汇选择也起到了相当的补偿作用。章译的“法相”一词，本是佛教用语，此处章译借“法相”移译了圣母的宗教属性。覃2本的“荣光万丈”给读者带来了一种类似“丁达尔”现象的审美通感，可以助益读者想象一种圣母身披光辉的视觉形象。

所以从章、覃2两个译本的翻译方法上看，要保留原文介词短语倒装修辞的前景化效果，则要么遵照小句的首尾原则，通过语序倒转、级阶提升、隐化介词、显化谓语等办法，保持原文的信息焦点地位不变；要么遵照翻译的忠实等序原则，把原文倒装主位凸显出来；要么从语篇的其他层面，如词汇层面作出补偿，传递出原文强调或烘托氛围的前景化效果。

总体来说，倒装多用于气氛、信息的营造和强调上，在人物形象的塑造和情感的抒发上虽不如反复生动、充沛，但有时却更具力度。倒装前景化的翻译主要体现在两点上，一是语气，二是逻辑。语气，尤其是副词短语和动词短语倒装的语气，可借助增译动词或关联词的语气标志有所提升，加大强调的修辞效果。骈文、对偶、押韵等诗性手段，亦可大幅提升原文倒装的前景化凸显程度，同时也再次证明了特定语境下，归化翻译的必要性。由于语序的变化，原文的语义逻辑在语序变化中多少会产生形变。此时就需要借助增加起语、语序倒转、级阶提升、隐化介词、显化谓语等诸多手段，以消除语序调整后的逻辑混乱。

第三节 标记语

前文已述，每种语言书写都有自己的标记性话语要素。冲突语篇有构成其冲突性话语的冲突标记语（冉永平，2010），小说、会话中的叙事标记语（刘泽权、田璐，2009；朱冬怡，2017），以及表达人际关系的情感指示标记、缓和面子标记（胡开宝，2015）等。《亨利六世》中的冲突性情感和庄雅文书语篇自然也有构成自己语言特征的标记成分。本节将聚焦于对这两种标记语的探讨，以揭示译者在处理这两种前景化语篇时采取的策略方法和得失异同。

一、情感-信息标记语

情感是戏剧的灵魂，戏剧中情感表现最为突出的地方通常是戏剧冲突，剧中的人物情感往往在冲突中得以爆发，以极端形式表达。冲突愈尖锐，戏剧性就愈强烈，情感的爆发力和表达力也就愈强。《亨利六世》整部剧共有大大小小的冲突场景48处，上篇12处，中篇22处，下篇14处。无论从语言上还是情节叙述上，冲突中的情感表达都形成了一种具体的显耀。不过也应认识到，冲突中也并非全然都是情感，一方面，情感推动了冲突的发展，是戏剧的基础和动力；另一方面，除了情感，冲突中也必然包含必要的信息，只有在信息的传递中，情节才能层层推进，完成故事的呈现。所以，对冲突语篇的前景化翻译研究不妨从情感和信息标记语两方面同时入手。

在情感-信息标记语分析中，首先要确定情感和信息分别需要考察的内容。情感考察中，如参照马丁和怀特（Martin & White，2005）对情感词的分类，愉悦/非愉悦、安全性/非安全性、满意性/非满意性、意愿性/非意愿性对文本进行分析，会发现，大部分情感词对译本差异的解释力并不大，主要是因为这些词表达的都是真值语义或概念语义，如"afraid"一词被译为"惧怕"或"害怕"时，汉语语义差别无几。所以在对译文进行情感分析时，还要参考译文中具有情感评注、修饰意义的语气助词、副词等词类，这些词往往携带更多的表情意义。尤其汉语中"能、会、可以、可能、该、应该、得、要、肯、敢、愿意"等助词，表示可能、应该、必须、愿望等含义（《现代汉语词典》，2019）[1713]，其功能类似于英语中的情态动词，是情感考察的主要内容之一。

信息分析则主要参考话语标记研究（廖秋忠，1992；方梅，2000；陈新仁、吴钰，2006），侧重对两种语言中表达语篇逻辑、程序意义的关联词语的考察，如"and""but""so""accordingly""因为""甚至""而"等连词。它们明确表达了因果、递进、转折、承接等多种意义，丰富了叙事层次，成为重要的标注内容。此外，部分介词因在交代叙事环境时丰富了叙事场景、时空，也具有相当的分析价值，如"使""把"构成了具有重要语法结构特征的使动句和处置句，反映了语言成分之间的致使叙事关系。

除了"情感"和"信息"，冲突文本中还会出现如评价、反问、对抗等能够具有表征冲突话语语用功能的一些其他标记性用语，如"英明""狂傲"等评价标记语、"难道""何不"等反问标记语、"呸""休要""不"等对抗标记语，因此依据不同参与者之间的冲突情感实现方式，《亨利六世》中的冲突由弱到强表现为评述型、反问型和对抗型三种类型。评述型冲突看似是对冲突对象的评述，实则暗含或明示了对冲突对象的指责、憎恶等情绪。如上篇开篇处，英国贵族贝德福德对亨利五世的评价，"too famous to live long"，对亨利五世的评价中包含谴责之义，谴责法国或英国政敌暗害了年轻英勇的国王。评述主要通过形容词、名词、副词等词类实现。反问型冲突往往表达了说话者对冲突对象的谴责、质疑、抗议、抵触、责问、不满等负面情绪，如葛罗斯特对英国割地赔款的不满、沃里克对无法掌控爱德华婚姻的怨怼等。谴责方的反问话语主要有特指、是非、反复等形式（朱德熙，1982）[204]。对抗型冲突则是冲突双方面对面的否定、指责、对骂等，如葛罗斯特与温彻斯特，玛格丽特与埃莉诺、亨利六世之间的矛盾。冲突双方以否认、异议、反对、反驳、抱怨、批评、责问、抗议、警告、威胁等话语方式（冉永平，2010）[151]展开对话，呈现了最富戏剧性的激烈碰撞，揭示了人物之间的深层矛盾，构成了戏剧最精彩的部分。

情感-信息标记语的翻译分析将在这三类冲突中进行。

二、情感-信息标记语的翻译

笔者抽取了最具典型性的三类9个场景（详见表5-4），仍采用UAM Corpus Tools 3.3进行标注分析，得出原文、译文的各种数据（具体见表5-5、5-6、5-7）。

表5-4　《亨利六世》中的冲突类型

	评述型	反问型	对抗型
上篇	第一幕第一场，贝德福德对亨利五世的评价，表达了对害死亨利五世的始作俑者的憎恶	第一幕第一场，埃克塞特对亨利五世之死的质疑	第一幕第一场，葛罗斯特和温彻斯特之间的争执
中篇	第一幕第一场，索尔兹伯里对温彻斯特的评述，表明了与后者对立的立场	第一幕第一场，葛罗斯特对英法联姻协议的抵触	第三幕第一场，玛格丽特掌掴护国公夫人埃莉诺
下篇	第三幕第二场，理查对王冠的渴望，预示着与爱德华四世的决裂	第三幕第三场，沃里克对爱德华的怨怼	第一幕第一场，玛格丽特对亨利的羞辱

经统计，结果如下。

第一类冲突——评述型冲突中（表5-5）情感标记语比值为39.13%，信息标记语比值为34.78%，总体相对均衡。无论原文还是译文，评述型冲突中的情感标记语都主要体现在副词、情态词、情态助词和动词上，其中，副词使用丰富灵活，可以表达传信、情态、语气（张谊生，2000）[56]等内容，成为表征情感标记语最主要的词类。评述标记语主要通过形容词来表达，信息标记语主要体现为介词和连词。事实上，有的评述标记语尽管也含有一定的评价判断，但与主体之间没有直接的感知联觉，如索尔兹伯里评述温彻斯特“满口脏话”，虽对后者不悦，但更多是对其行为的一种描摹，因此属于评述标记语。类似的语用表达在标注中一般都划入评述标记语中。总体来说，评述型冲突中的冲突双方不一定同时在场，语气中的对撞性相对其他两种冲突较弱，表达方式亦未有非常特殊之处。

表 5-5 评述型冲突情感-信息标记语

	原文（N=46）		梁译（N=32）		章译（N=37）		索译（N=33）		覃 1（N=39）		苏译（N=32）		陈译（N=38）		覃 2（N=33）		傅译（N=31）	
Feature	N	Percent	N	Percent	N	Percent	N	Percent	N	Percent	N	Percent	N	Percent	N	Percent	N	Percent
情感标记语	18	39.13%	7	21.88%	14	37.84%	10	30.30%	18	46.15%	13	40.62%	12	31.58%	15	45.45%	12	38.71%
评述标记语	12	26.09%	12	37.50%	9	24.32%	13	39.39%	11	28.21%	11	34.38%	10	26.32%	14	42.42%	11	35.48%
信息标记语	16	34.78%	13	40.62%	14	37.84%	10	30.30%	10	25.64%	8	25.00%	16	42.11%	4	12.12%	8	25.81%
情感标记语																		
形容词	2	4.35%	0	0.00%	2	5.41%	1	3.03%	0	0.00%	0	0.00%	0	0.00%	0	0.00%	0	0.00%
名词	0	0.00%	0	0.00%	0	0.00%	0	0.00%	1	2.56%	0	0.00%	1	2.63%	0	0.00%	0	0.00%
情态（助）词	5	10.87%	2	6.25%	2	5.41%	1	3.03%	2	5.13%	1	3.12%	1	2.63%	2	6.06%	2	6.45%
语气助词	1	2.17%	0	0.00%	1	2.70%	1	3.03%	0	0.00%	1	3.12%	3	7.89%	0	0.00%	0	0.00%
副词	8	17.39%	3	9.38%	8	21.62%	6	18.18%	12	30.77%	8	25.00%	5	13.16%	11	33.33%	8	25.81%
动词	2	4.35%	2	6.25%	1	2.70%	1	3.03%	3	7.69%	3	9.38%	2	5.26%	2	6.06%	2	6.45%
评述标记语																		
形容词	8	17.39%	9	28.12%	5	13.51%	9	27.27%	9	23.08%	10	31.25%	9	23.68%	12	36.36%	11	35.48%
名词	2	4.35%	1	3.12%	2	5.41%	1	3.03%	1	2.56%	1	3.12%	1	2.63%	1	3.03%	0	0.00%
副词	2	4.35%	2	6.25%	2	5.41%	3	9.09%	1	2.56%	0	0.00%	0	0.00%	1	3.03%	0	0.00%

续表

	原文（N=46）		梁译（N=32）		章译（N=37）		索译（N=33）		覃1（N=39）		苏译（N=32）		陈译（N=38）		覃2（N=33）		傅译（N=31）	
信息标记语																		
介词	11	23.91%	3	9.38%	2	5.41%	5	15.15%	1	2.56%	4	12.50%	5	13.16%	2	6.06%	5	16.13%
代词	0	0.00%	1	3.12%	1	2.70%	2	6.06%	1	2.56%	0	0.00%	3	7.89%	0	0.00%	0	0.00%
使动	0	0.00%	0	0.00%	1	2.70%	0	0.00%	2	5.13%	1	3.12%	0	0.00%	1	3.03%	0	0.00%
判断动词	0	0.00%	6	18.75%	4	10.81%	1	3.03%	4	10.26%	0	0.00%	4	10.52%	0	0.00%	1	3.23%
连词	5	10.87%	3	9.37%	6	16.22%	2	6.06%	2	5.13%	3	9.36%	4	10.52%	1	3.03%	2	6.45%

第二类冲突——反问型冲突中（表5-6），原文情感标记语比值为39.29%，信息标记语比值为32.14%，二者差距较评述型冲突略有扩大。反问型冲突情感标记语中，副词仍是最大的情感表征词类，语篇中表达情感的动词、名词、代词也有所增加，如动词“mourn”、名词“awe”、形容词“afraid”等多个情感性词语出现在原文中，情感性译文如“哀悼”“害怕”等也随之增多。

反问标记语中，绝大部分译本采用的是反问语气最为强烈的是非反问形式，而梁、苏二译在翻译沃里克对爱德华的一系列抱怨“Did I...”时分别译为“是不是”“为什么”，两种反问形式前者属于反复反问，形式上略显纠结，后者是特殊疑问词引导的特指反问，语势较前者更为强烈一些。反问型冲突的信息标记语主要表征为连词和介词，与评述型冲突变化不大。值得注意的是，评述型冲突中有使动式“使”字句，而反问型冲突出现了处置式“把”字句。由于“把”字句是汉语特有的构造形式，更具有叙事前景效果（贺晓玲，2002），因此两种句式在情感程度不同的冲突语境中的运用差异或说明：原文情感越强烈，就越需要更为纯正的母语介入翻译。

表 5-6 反问型冲突情感-信息标记语

	原文 (N=55)		梁译 (N=47)		章译 (N=71)		索译 (N=47)		覃 1 (N=58)		苏译 (N=54)		陈译 (N=43)		覃 2 (N=61)		傅译 (N=45)	
Feature	N	Percent	N	Percent	N	Percent	N	Percent	N	Percent	N	Percent	N	Percent	N	Percent	N	Percent
情感标记语	22	40.00%	22	46.81%	37	52.11%	23	48.94%	33	56.90%	29	53.70%	22	51.16%	34	55.74%	21	46.67%
反问标记语	15	27.27%	13	27.66%	17	23.94%	18	38.30%	16	27.59%	16	29.63%	15	34.88%	16	26.23%	15	33.33%
信息标记语	18	32.73%	12	25.53%	17	23.94%	6	12.77%	9	15.52%	9	16.67%	6	13.95%	11	18.03%	9	20.00%
情感标记语																		
情态（助）词	1	1.82%	3	6.38%	3	4.23%	2	4.26%	3	5.17%	6	11.11%	1	2.33%	2	3.28%	2	4.44%
语气助词	1	1.82%	2	4.26%	1	1.41%	2	4.26%	1	1.72%	1	1.85%	1	2.33%	2	3.28%	1	2.22%
形容词	1	1.82%	1	2.13%	1	1.41%	1	2.13%	1	1.72%	1	1.85%	1	2.33%	1	1.64%	2	4.44%
动词	5	9.09%	5	10.64%	11	15.49%	5	10.64%	12	20.69%	10	18.52%	6	13.95%	13	21.31%	9	20.00%
名词	6	10.91%	3	6.38%	7	9.86%	3	6.38%	7	12.07%	4	7.41%	3	6.98%	2	3.28%	2	4.44%
副词	6	10.91%	6	12.77%	12	16.90%	7	14.89%	7	12.07%	6	11.11%	7	16.28%	11	18.03%	4	8.89%
代词	2	3.57%	2	4.17%	2	2.82%	3	6.38%	2	3.45%	1	1.85%	3	6.98%	3	4.92%	1	2.22%
反问标记语																		
是非	13	23.64%	9	19.15%	16	22.54%	18	38.30%	16	27.59%	11	20.37%	14	32.56%	16	26.23%	15	33.33%
反复	1	1.82%	4	8.51%	0	0.00%	0	0.00%	0	0.00%	0	0.00%	0	0.00%	0	0.00%	0	0.00%

续表

	原文（N=55）		梁译（N=47）		章译（N=71）		索译（N=47）		覃1（N=58）		苏译（N=54）		陈译（N=43）		覃2（N=61）		傅译（N=45）	
特指	1	1.82%	0	0.00%	1	1.41%	0	0.00%	0	0.00%	5	9.26%	1	2.33%	0	0.00%	0	0.00%
信息标记语																		
介词	7	12.73%	2	4.26%	4	5.63%	2	4.26%	3	5.17%	4	7.41%	1	2.33%	4	6.56%	3	6.67%
代词	0	0.00%	1	2.13%	0	0.00%	0	0.00%	1	1.72%	0	0.00%	0	0.00%	0	0.00%	0	0.00%
处置	0	0.00%	2	4.26%	4	5.63%	1	2.13%	0	0.00%	1	1.85%	0	0.00%	0	0.00%	2	4.44%
判断动词	0	0.00%	1	2.13%	1	1.41%	0	0.00%	0	0.00%	0	0.00%	0	0.00%	1	1.64%	0	0.00%
提示标记	1	1.82%	0	0.00%	1	1.41%	0	0.00%	1	1.72%	0	0.00%	1	2.33%	0	0.00%	0	0.00%
连词	10	18.18%	6	12.77%	7	9.87%	3	6.39%	4	6.89%	4	7.40%	4	9.31%	6	9.84%	4	8.88%

第三类冲突——对抗型冲突的标注结果显示（表 5-7），原文情感标记语比值为 57.14%，信息标记语比值 24.29%，相比评述型、反问型冲突的情感标记语和信息标记语而言，前者有所增加，后者有所降低，这种变化符合对抗型冲突情感最为强烈的特征。

对抗型冲突情感标记语中，原文最大的特点是代词的大量使用，这主要由于“thou”“thee”“you”等负载重要情感性人际意义的代词在对抗型冲突中激增。此外，情态词、情感性形容词也是原文情感标记语的主要实现方式。译文中，由于汉语本身含有情感意义的代词数量较少，情感标记语主要表现为具有一定情感语用功能的助动词、副词和动词。尤其是副词的使用，除了梁译本外，其他译本的比值都在 17%以上，说明大多数译本仍然选择副词来转移原文中的情感前景化。

原文最突出的对抗标记语形式为反驳，译文中则表现为反驳、责问和威胁。如玛格丽特对亨利六世的一般疑问句反驳，“Art you King, and wilt be forced?”（3H6 1. 1. 233），多个译文将其译为特殊疑问句“谁能逼你?”，责问语气更甚。又如埃莉诺对玛格丽特恨恨地说，“Could I come near your beauty with my nails, I'd set my ten commendments in your face”（1H6 1. 3. 131），原文采用了虚拟语气，凸显的是与当前事实相反的一种假设，有一种虽不满但无奈的情绪，而汉语多译为“要是/别让我……，我定要/会……”等，句子中的威胁意增强。这种语气转移在一定程度上也弥补了原文利用“you”“thou”等人称代词构建的冲突氛围。

信息标记语中，原文中的使动只在梁、章两个译本中得以再现，或因“使”字句倾向于静态致使（贺晓玲，2002），会减损冲突话语的对撞性，所以六个后译本都摒弃了使动用法。显然，这种摒弃也是重译超越性的一种体现。处置式“把”字句是汉语独特的动态致使用语，其普遍使用凸显了译本中灵活的汉语特色。

表 5-7 对抗型冲突情感-叙事标记语

	原文 (N=70)		梁译 (N=78)		章译 (N=98)		索译 (N=72)		覃 1 (N=90)		苏译 (N=82)		陈译 (N=70)		覃 2 (N=85)		傅译 (N=71)	
Feature	N	Percent	N	Percent	N	Percent	N	Percent	N	Percent	N	Percent	N	Percent	N	Percent	N	Percent
情感标记语	40	57. 14%	31	39. 74%	57	58. 16%	37	51. 39%	46	51. 11%	48	58. 54%	35	50. 00%	51	60. 00%	34	47. 89%
对抗标记语	13	18. 57%	23	29. 49%	15	15. 31%	19	26. 39%	18	20. 00%	14	17. 07%	19	27. 14%	15	17. 65%	17	23. 94%
信息标记语	17	24. 29%	24	30. 77%	26	26. 53%	16	22. 22%	26	28. 89%	20	24. 39%	16	22. 86%	19	22. 35%	20	28. 17%
情感标记语																		
情态（助）词	6	8. 57%	8	10. 26%	11	11. 22%	6	8. 33%	6	6. 67%	6	7. 32%	4	5. 71%	2	2. 35%	2	2. 82%
语气助词	3	4. 29%	4	5. 13%	6	6. 12%	5	6. 94%	3	3. 33%	5	6. 10%	3	4. 29%	4	4. 71%	1	1. 41%
形容词	7	10. 00%	3	3. 85%	3	3. 06%	2	2. 78%	5	5. 56%	2	2. 44%	4	5. 71%	4	4. 71%	2	2. 82%
名词	3	4. 29%	1	1. 28%	1	1. 02%	2	2. 78%	3	3. 33%	3	3. 66%	1	1. 43%	1	1. 18%	1	1. 41%
副词	4	5. 71%	6	7. 69%	24	24. 49%	15	20. 83%	20	22. 22%	20	24. 39%	12	17. 14%	21	24. 71%	16	22. 54%
动词	3	4. 29%	9	11. 54%	10	10. 20%	6	8. 33%	7	7. 78%	11	13. 41%	9	12. 86%	13	15. 29%	10	14. 08%
代词	14	20. 00%	0	0. 00%	2	2. 04%	1	1. 39%	2	2. 22%	1	1. 22%	2	2. 86%	6	7. 06%	2	2. 82%
对抗标记语																		
否认	1	1. 43%	5	6. 41%	1	1. 02%	3	4. 17%	1	1. 11%	1	1. 22%	1	1. 43%	1	1. 18%	1	1. 41%
异议	2	2. 86%	1	1. 28%	0	0. 00%	1	1. 39%	2	2. 22%	0	0. 00%	3	4. 29%	1	1. 18%	0	0. 00%

续表

	原文（N=70）		梁译（N=78）		章译（N=98）		索译（N=72）		覃1（N=90）		苏译（N=82）		陈译（N=70）		覃2（N=85）		傅译（N=71）	
反驳	4	5.71%	8	10.26%	6	6.12%	8	11.11%	4	4.44%	2	2.44%	4	5.71%	5	5.88%	5	7.04%
抱怨	2	2.86%	1	1.28%	1	1.02%	3	4.17%	1	1.11%	1	1.22%	1	1.43%	1	1.18%	2	2.82%
批评	0	0.00%	1	1.28%	0	0.00%	0	0.00%	1	1.11%	1	1.22%	1	1.43%	1	1.18%	1	1.41%
责问	2	2.86%	4	5.13%	6	6.12%	3	4.17%	7	7.78%	6	7.32%	5	7.14%	4	4.71%	5	7.04%
抗议	2	2.86%	2	2.56%	0	0.00%	0	0.00%	1	1.11%	2	2.44%	3	4.29%	1	1.18%	3	4.23%
威胁	0	0.00%	1	1.28%	1	1.02%	1	1.39%	1	1.11%	1	1.22%	1	1.43%	1	1.18%	0	0.00%
信息标记语																		
介词	8	11.43%	10	12.82%	10	10.20%	6	8.33%	12	13.33%	8	9.76%	7	10.00%	11	12.94%	11	15.49%
代词	0	0.00%	1	1.28%	1	1.02%	0	0.00%	1	1.11%	0	0.00%	0	0.00%	1	1.18%	0	0.00%
使动	1	1.43%	1	1.28%	1	1.02%	0	0.00%	0	0.00%	0	0.00%	0	0.00%	0	0.00%	0	0.00%
处置“把”	0	0.00%	4	5.13%	6	6.12%	1	1.39%	7	7.78%	5	6.10%	3	4.29%	3	3.53%	3	4.23%
判断动词	0	0.00%	1	1.28%	2	2.04%	3	4.17%	3	3.33%	2	2.44%	1	1.43%	1	1.18%	1	1.41%
连词	8	11.43%	7	8.96%	6	6.12%	6	8.34%	3	3.33%	5	6.10%	5	7.15%	3	3.54%	5	7.05%

以上通过数据，对原文及译文的情感-信息标记语及其翻译共性做了总结。接下来将结合具体译例，对八个译本的情感-信息标记语的翻译进行个案阐释。为了保持情节连贯性，本文选取同一场次，即《亨利六世》上篇第一幕第一场中的三个典型冲突场景来具体说明。

（一）评述型冲突中的情感-信息标记语

评述型冲突通常是说话人通过评述表达对冲突对象的不满，如贝德福德评述亨利五世年少盛名和丰功伟绩，实则谴责害其死亡之敌人，见例5-16。句①是对亨利五世的评价，句中的“too+adj/adv+to infinitive”是典型的类因果关系叙事标记，强调亨利五世年少盛名，却英年早逝。句②指出了亨利五世对英国的重要性，与前句形成了情感呼应，通过“never”“so much”“worth”等词语，表达了一种捶胸顿足式的扼腕叹息之情。

例5-16：

原文	①King Henry the Fifth, too famous to live long! ②England ne'er lost a king of so much worth.（1H6 1.1.6-7）
梁译	亨利王五世，太英明了，好人不长寿！英格兰从未损失过这样的一位英主。
章译	我们的先王亨利五世，因威名过盛，以致不克永年！在英格兰逝去的君王当中，有谁比得上他的高贵？
索译	亨利五世陛下因为名声远震而不能永年！在驾崩的英国国王中没有哪个有他这样伟大。
覃1	（正是它们加害了我们的先王亨利，）使这位声名远扬的帝王不幸英年早丧！英格兰还从不曾失去如此尊贵的一位君王。
苏译	亨利王五世，因盛名盖世而不克永年。英格兰从未痛失过如此圣明的君王！
陈译	亨利五世国王，英名远播却殂落英年！呜呼，英格兰从此失去一位亘古未有的明主了！
覃2	亨利五世国王，名声太响命不长；英格兰从未失去过这么伟大的君王。
傅译	亨利五世国王，名声太大命不长！英格兰从未失去过如此英明的一位君王。

梁译本依靠汉语熟语，建立了“好人”与“命不长”的隐性逻辑关联，消除了二者间的形合手段。索译本叙事标记较多，编辑痕迹最重，导致译文读起来较其他译本艰涩。变化较大的是章译本，把原文中的评述型情感-信息变为译文中的疑问型情感-信息，增强了情感语气，凸显了亨利五世作为国王之与众不同。具体对比信息见表5-8。

表 5-8 评述型冲突中的情感-信息标记语

	梁译	章译	索译	覃 1	苏译	陈译	覃 2	傅译
情感标记				不幸	痛失	呜呼		
评价标记	太英明、好人、不长寿、英主	威名、不克永年、高贵	名声远振、不能永年、伟大	英年早丧、尊贵	盛名盖世、不克永年	殂落英年、亘古未有、明主	名声太响、命不长、伟大	名声太大、命不长、英明
叙事标记		因、以致	因为、而、在……中	使	因、而	却、了		

章、索、覃1、苏、陈五译本侧重于采用“因、以致、因为、而、在……中、使、却”等显性因果叙事标记，明示了年少与盛名之间的逻辑关系。覃1、苏、陈三译本中包含明显的情感标记，如表示惋惜的形容词“不幸”、动词“痛失”、语气助词“呜呼”等，兼顾了叙事与情感的表达需求。其他译本则更多将情感隐含在评价中。梁、覃2、傅三译本同时规避了情感和信息的显性表达，而采用隐性逻辑叙事方式，更为符合汉语表达习惯。总体而言，本例中覃1、苏、陈译本偏重情感，章、索偏重叙事，梁、覃2、傅三译本更多保留了原文的评价特征。

（二）反问型冲突中的情感-信息标记语

反问型冲突往往表征为以反问方式来表达对冲突对手方不满的情感-信息叙事模式。就戏剧而言，无论是舞台还是文本，反问型冲突都比其他类型的冲突更容易与观众、读者互动，产生共鸣，促使后者顺畅地接收剧作家所传递的情感信息，并获得情境代入感，与演员或文本达成一致立场。反问型冲突往往期待对方的肯定回答，用作说服观众、读者的手段，使其进入由剧作家、演员、文本共同构建的戏剧空间，推进剧情节奏的发展，如例5-17。

英国贵族埃克塞特因亨利五世死因不明而发问。据历史记载，亨利五世于1422年8月31日因患痢疾而死于法国，但也有人说，亨利五世死于剑桥伯爵系的篡权阴谋。此处，埃克塞特认为法国巫师使用巫术诡计导致了亨利五世的死亡。整段台词表达的是埃克塞特对亨利之死的愤怒不甘和追问。原文小句①和小句②两个短句中的词汇都是源于盎格鲁撒克逊语源的单音节词，这类词最为擅长营造哀伤、悲怆的情感。从听觉效果来看，“we”的读音类似“weep”“mourn”，本义就是哀悼，两个词中的长元音和开音节造成了一种哀痛的心理联觉效果。此外，“we”和“mourn”的两次重复，更加拉长了联觉效果，加强了哀痛感。与此相反，句尾的“black”和“blood”是一组头韵结构，爆破音辅音簇/bl/情感强烈，加之二者都是闭音节词，词尾发声短促、有力，配合反问式语气，凸显了埃克塞特对法国的报复之心。从视觉效果来看，黑色和血色属于富有冲击力的高饱和度色彩，其联想意义为死亡，令观众或读者为之一颤。

句③“What!”属于“interjection”，是一词感叹句，表示惊讶、怀疑、强烈而突然的兴奋等情感意义。纵观《亨利六世》三部曲共15处“what”，除了两处表示愤怒、嘲笑外，绝大多数表示惊诧。但是此处的“what”比较特殊，与上述用法都不相同。从语用角度，此处的“what”可视为一种与观众互动的舞台话语标记，一来提示观众为即将转换的话题做好准备，二来调动观众的注意力和参与感，推进剧情的进展和节奏。

句④和句⑤是两个由“shall”引导的选择疑问句，句中词汇的音节明显增多，语义表达也更加复杂。修辞上，“shall”引导的两个排比句，连续发问，在气势上给观众、读者造成了一定的压迫感，观众、读者不得不进入反法语境。语义上，句④把亨利五世的死与特定天象关联，句⑤诱导观众，把亨利五世的死因从天灾转嫁于人祸，调动了观众、读者对法国的厌憎情绪。

例 5-17：

原文	EXETER ①We mourn in black：②why mourn we not in blood?... ③What! ④shall we curse the planets of mishap That plotted thus our glory's overthrow? ⑤Or shall we think the subtle-witted French Conjurers and sorcerers, that afraid of him By magic verses have contrived his end?（1. 1. 23-27）
梁译	我们是穿黑色丧服志哀：为什么不浴血志哀呢？……什么！我们该咒骂那害得我们失去光荣的灾星么？或是以为法国的那些术士法师，因为怕他，所以用咒语致他于死么？
章译	我们穿着丧服志哀，我们为什么不用鲜血来表示哀悼？……嘿，难道我们只对那些断送我们荣光的灾星诅咒一番就算完事了吗？倒是让我们认真想一想，那些狡诈的法兰西巫师们，因为畏惧先王，竟然使用妖术和符咒来夺去他的寿算，他们的这个罪该怎样惩处才好！
索译	我们穿黑、志哀，却为什么不用鲜血来追悼他啊？……怎么，难道我们仅仅诅咒一番断送我们光荣君主的灾星就完了吗？我们是否应当想想那些因为惧怕先王，就使用咒语结果了他的生命的狡诈的法兰西巫师？
覃 1	我们与其素装服丧，何不浴血哀悼？……嘿，我们究竟是该诅咒一通那夺去了我们光荣的灾星呢？还是该嫉恨那些因畏惧先王不惜用咒语加害于先王的狡诈的法兰西巫师术士呢？
苏译	我们身着黑色丧服志哀，我们为什么不身涂红血来表示哀悼啊？……唉，难道我们诅咒一番那些摧毁我们的荣耀的灾星就够了吗？还是我们应该想到，正是那些用心狡诈的法国巫师术士，因为惧怕他，使用妖符夺走了他的天年？
陈译	我们穿黑衣志哀，为什么不洒血志哀啊？……哎呀，我们该诅咒谋杀我们的光荣的灾星好呢，还是声讨诡计多端的法兰西的巫婆神汉：他们因畏惧先王的神威，用魔咒夺走他的性命。
覃 2	我们乌衣举哀，何不浴血缅怀？……嘿，我们是该诅咒那些挖空心思毁掉了我们荣耀的灾星呢？还是该记恨那些狡诈的法兰西巫师术士呢？他们畏惧先王，施魔咒害得先王把命丧。
傅译	我们身穿黑丧服致哀，为何不能以血悼亡？……该诅咒那些阴谋毁掉我们荣耀的灾星，还是该记住法国那些狡诈的巫师术士？他们怕他，用魔法符咒害他丢命。

翻译处理上，可以说，只有覃 2 译本中的“乌衣举哀”“浴血缅怀”通过两

个结构工整的四字词，及相同尾韵/ai/和/平平仄平//仄仄仄平/的韵律，对应了原文的开音节、头韵等语音诗学手段，保留了原文的哀伤情感特征。即便覃1译本，也忽略了此处的联觉、头韵等语音修辞手法。其他译本由于是散文体翻译，更是缺乏对原文语音效果的关注。具体对比信息见表5-9。

表 5-9 反问型冲突中的情感-信息标记词

	梁译	章译	索译	覃 1	苏译	陈译	覃 2	傅译
情感标记语	该	嘿、只、就算、完事了、竟然、才好	啊、仅仅、就完了、应当	嘿、究竟、该	啊、唉、就够了、应该、正是	啊、该、好呢、哎呀	嘿、该	该
反问标记语	呢、么、为什么不	难道、为什么不、吗、怎样	为什么不、难道、吗	与其、何不、呢	难道、为什么不、吗	为什么不	何不、呢	为何不能
信息标记语	什么、因为、或是、所以	因为、倒是	怎么、因为、就	因、是、还是、不惜	还是、因为	还是、因	还是、把	还是

此处“what”有“什么”“怎么”“嘿”“哎呀”“唉”等译法。其中，“嘿”的语气过强，与原文悲伤的情感语境不符，这点也可以通过检索BCC文学类子语料库得到证实。BCC语料库中，“嘿”前后搭配的语境共现词中，很少有表达哀伤的情感用语。“唉”则侧重于哀叹，弱化了埃克塞特对报复法国的煽动力。“什么”“怎么”“哎呀”侧重于表达惊讶，但需注意的是“what”表惊讶时，通常出现在会话双方进行信息交换的话轮中，听话者对说话者提供的信息产生突然的、强烈的反应。需要指出的是，此处“what”并非出现在话轮中，而是出现在埃克斯特的独白中，所以在功能上，“what”不是舞台提示语，而是反问提示语。“什么”“怎么”“哎呀”等译法，没有表达出其反问语义。此处，笔者提出“怎么办?”的译法，或能弥补以上译语的不足，更好地衔接、融入下文的选择反问语境。

总之，从情感叙事角度来看，梁译缺乏显性情感标记语，其反问标记语和信息标记语在所有译本中最多，凸显了梁译本的信息叙事倾向。覃1、覃2、陈、傅译本情感标记语较少，章、索、苏三译本的情感标记丰富，搭配以“就算完事儿了?”“就完了?”“就够了?”等不甘性反问词，十分到位地揭示了埃克斯特难以接受亨利五世死亡现实的心情，其潜台词就是：这事儿没完。

从叙事结构的清晰程度来看，陈、覃2、傅三个译本将原文中两个选择性并列疑问句，转变为一个选择疑问句和一个陈述句，把附加信息剥离出来，使疑问句的疑问焦点变得更为集中，在这点上，这三个译本超越了前五个译本。

（三）对抗型冲突中的情感-信息标记语

《亨利六世》上篇第一幕第一场护国公葛罗斯特和红衣主教温彻斯特之间的冲突属于典型的对抗型冲突，见例5-18。该场冲突发生于贝德福德、葛罗斯特、埃克塞特等实权贵族对亨利六世的祭奠之后。葛罗斯特是亨利六世的叔父，温彻斯特是亨利六世的叔祖父。二人政见相左、立场不和，代表了世俗力量与宗教力量之间的尖锐对立，形成了上篇、中篇上半部中最为显著的主要矛盾。剧中，温彻斯特极为嫉妒葛罗斯特的权势和地位，二人之间的冲突也随着剧情发展愈演愈烈，最终以葛罗斯特被黜、遇害而终结。

例 5-18：

原文	WINCHESTER The battles of the Lord of hosts he fought：The church's prayers made him so prosperous. GLOUCESTER①The church！②where is it？③Had not churchmen pray'd，His thread of life had not so soon decay'd：④None do you like but an effeminate prince，Whom，like a school-boy，you may over-awe. WINCHESTER Gloucester，⑤whate'er we like，⑥thou art protector And lookest to command the prince and realm. ⑦Thy wife is proud；she holdeth thee in awe，More than God or religious churchmen may. GLOUCESTER ⑧Name not religion，⑨for thou lovest the flesh，⑩And ne'er throughout the year to church thou go'st Except it be to pray against thy foes.
梁译	文：他是为天主而战：教会的祈祷使得他这样的无往不利。 格：教会！教会在哪里？若是教会的人没有祈祷，他的生命之线还不会这样快的就被毁掉呢：你们所喜欢的只是一位庸懦的君王，像个学童似的，好由着你们吓唬。 文：格劳斯特，不管我们喜欢不喜欢，你是摄政王，你才是准备控制太子和全国的呢。你的妻子是傲慢的；她把你吓唬住了，比上帝或宗教方面人士要凶得多。 格：休要提起宗教，因为你爱的是肉体，因为除了去祈祷让你的敌人受难之外，你是经年不进教堂的。
章译	温彻斯特：先王是替天行讨，我们教会的颂祷使他的国运昌隆。 葛罗斯特：说什么教会！教会在哪儿？若不是你们那班僧侣们胡乱祈祷，他还不会如此短寿哩。你们最喜欢的是孱弱的幼主，像小学生一样，能受你们的摆布。 温彻斯特：葛罗斯特，不管我们喜欢的是什么，反正你是护国公，太子也好，国家也好，都在你的掌握之中。你的老婆是个骄横的女人，她把你治得服服帖帖，比上帝或是教士都更有灵验。 葛罗斯特：别提教会啦，你爱的是肉体的享乐，你除了要去诅咒你的仇人以外，终年也不见你走进礼拜堂的大门。
索译	温彻斯特：他为上帝而战，教会的祈祷使他昌盛。 葛罗斯特：教会？它在哪儿？如果教会的人没有祈祷，他还不会这样快地死哪！你们只喜欢一个软弱的君主，你们可以像吓唬孩子似的吓唬他。 温彻斯特：葛罗斯特，不管我们喜欢或不喜欢，你毕竟是护国公，太子和国家都在你的监护之下。你的老婆太傲慢，她比上帝或教士更让你惧怕。 葛罗斯特：别提什么宗教，因为你喜欢的是肉欲，一年到头你从不去教堂；如果你破例去的话，那只是为了诅咒你的敌人。
覃 1	温彻斯特：他举兵作战，完全为了替天讨逆，教会僧侣们的祈祷，使他无坚不摧。 葛罗斯特：教会？在哪儿？要是没有僧侣的祈祷，他的生命之线，或许不致断得这么早。你们所中意的，是一个孱弱的幼主，像个学童似的，任由你们随意摆布。 温彻斯特：葛罗斯特，我们喜不喜欢管什么用？你是护国公，太子、国家，都在你掌中。你的老婆骄横，让你见她如见虎，上帝，或者说教士，也远不如她跋扈。 葛罗斯特：休提什么宗教，你喜欢的是肉体，你一年到头，从不进教堂的大门，除非去祈祷上帝，降难于你的敌人。

苏译	温彻斯特：他为万军之主而战，因而教会的祈祷使他威风八面。 葛罗斯特：教会？教会在何处？要不是教会那伙僧侣整日哼吟，他的生命线还不会如此断崩呢。你们就喜欢孱弱的王子，像小学生一样任凭人们摆弄。 温彻斯特：葛罗斯特，不管我们喜欢什么，反正你是护国公，操纵着王子和国政。你的太太骄悍无度，连你都被拿捏得方是方圆是圆，这可是上帝和宗教人士望尘莫及的哟。 葛罗斯特：别提什么宗教了，你喜爱肉欲，除了前去咒祷仇人，一年到头也难得到教堂里点个卯。
陈译	温彻斯特：他为万民之主而战，教会的祈祷使他所向披靡。 葛罗斯特：教会？教会在哪里？如果你们教会的人不祈祷，他的生命线就不会这么早被剪断。你们只喜欢庸庸碌碌的昏君，以便拿他像学童似的吆喝。 温彻斯特：葛罗斯特，你先别管我们喜欢不喜欢，你是护国公，你才是对太子和这个王国吆来喝去的人。你的妻子太骄横，她把你管得战战兢兢的，这是上帝和宗教人士都做不到的。 葛罗斯特：别提什么宗教了，因为你爱的是肉体，教堂里终年不见你的人影，除了上那里去诅咒你的仇敌。
覃 2	温切斯特：他举兵作战全都是替天讨逆；教堂里的祈祷令他所向披靡。 葛罗斯特：教堂？在哪里？要是没有教士们的祈祷，他的生命之线也不至于这么早凋。你们所喜欢的无非一个孱弱的幼主，像个学童似的任由你们摆布。 温切斯特：葛罗斯特，我们喜欢什么都不管用，你是护国公，太子国家听你发号施令。你夫人骄横自大；你对她敬畏有加，你对上帝和教士的敬畏也远不如她。 葛罗斯特：休提什么宗教信仰，你喜欢的是肉体，你一年到头从不进教堂的门，要去也是祈祷上帝降难于你的仇敌。
傅译	温切斯特：他为天主征战，教会的祈祷使他如此成功。 格罗斯特：教会！它在哪儿？若非教士们祈祷，他的生命线还不至于毁得这么快。你们没谁不喜欢一位软弱的君主，像个学童似的被吓唬住。 温切斯特：格罗斯特，甭管我们喜不喜欢，身为护国公，你正盼着对太子和王国发号施令。你那傲慢的老婆把你唬住了，你对她比对上帝或虔诚的教士们更敬畏。 格罗斯特：别提什么宗教，因为你只爱世俗享乐，一年到头，除了祈祷对抗仇敌，你从不进教堂。

各大贵族依次悼念了亨利五世开疆拓土的丰功伟绩，轮到温彻斯特主教时，却把亨利五世的卓越功勋归于宗教，这种给教会脸上贴金的行径让护国公葛罗斯特十分不齿。葛用短句①“The church!”和②“where is it?”进行了有力的反诘，然后用虚拟语气句③“Had not ..., had not ...”表达了对教会修士的谴责，接着用倒装句④“None ..., but ...”嘲讽教会势力妄图把控小王子。此时葛罗斯特虽愤怒，但相对克制，仍以尊称“you”称呼自己的继叔父及其朋党。温彻斯特则用句⑤“whate'er”引导的耍赖式回应，把葛罗斯特的指责甩还给对方，还以“thou”“thy”“thee”等不礼貌的“thou”系第二人称，对其进行言

语挑衅，甚至辱及家人。葛大怒，遂开始反击。反击的方式，一是采用情感最为强烈的动词主位倒装句⑧，二是不再称对方以“you”，而是对抗性更为强烈的“thou”。讽刺最终升级为争吵。

从这段对话中可以看出，葛罗斯特是实力派权臣，多用倒装句，长于发号施令，性格上嫉恶如仇，但脾气暴躁、不擅长隐藏情绪、护妻如命。温彻斯特多用“thou”系第二人称，说明其倚老卖老、傲慢托大，不但觊觎葛的权力，还缺乏对其应有的尊重。这番对话生动构建了二人的对立形象，反映出当时英国王权与教权的较量，戏剧感十足。具体对比信息见表5-10。

表 5-10　对抗型冲突中的情感-信息标记词

	梁译	章译	索译	覃 1	苏译	陈译	覃 2	傅译
情感标记语	呢、喜欢	哩、啦、最喜欢	只喜欢、哪	中意	呢、哟、就喜欢	只喜欢	喜欢、无非	喜欢
对抗标记语	在哪里、若是……还不会、不管……才是、休要	说什么、在哪儿、若不是……还不会、不管……反正、别提	在哪儿、如果……还不会、不管……毕竟、别提	在哪儿、要是没有……或许不致、管什么用、都、休提什么	在何处、要不是……还不会、不管……反正、别提	在哪里、如果……就不会、别管……、你才是、别提什么……了	在哪里、要是没有……也不至于、什么都不管用、休提什么	在哪儿、若非……还不至于、甭管、别提什么
信息标记语	所……的只是、像个……似的、好由着、把、比……得多、因为、除了……之外	的是、像……一样、比……都更、也好、都、把、除了……以外	可以像……似的、比……更让你……、都、因为、如果……、那只是……	所……的、像个……似的、让、也远不如、从不、除非	像……一样、连……都、除了	以便、像……似的、把、这是……都做不到的、因为、除了	所……的、像个……似的、远不如、要去也是	没谁不、像个……似的、被、你那、把你……了，比……更、因为、只爱、除了、从不

翻译方面，因英汉语的差异，原文中由倒装和第二人称所负载的愤怒对立情绪，在译文中无一例外都转换了表达方式。一种方式是将其显化为句末语气助词，如梁、章、索、苏四译本中的“呢”“哩”“啦”等。语气助词缓和了葛罗斯特和温彻斯特之间的张力，降低了二人的对抗情绪，但同时也损害了读者想象中的紧张画面感。另一种方式则加强了冲突标记的使用，如章、覃1、陈、覃2四译本中“你才是”“别提”“休提什么”等，这些冲突标记承接了倒装语序蕴含的强烈语势，在一定程度上弥补了由于语气词的增译而损失的戏剧性情感。从叙事标记来看，梁、索、傅三译本的叙事标记较多，叙事效果大于情感效果。

本例中，梁、章二译兼顾了情感和叙事表达，梁译偏于信息叙事、章译偏于情感叙事。覃1、陈、覃2、傅等译本在表现冲突双方争吵时，采用了更趋向于感情的内化、力量性的语势和语力，避免了句末语气词的滥用。故综合来看，覃1、陈、覃2三个译本较好地再现了原剧中两个贵族之间剑拔弩张的戏剧效果，在对抗型冲突的情感-信息层面，较其他译本更为贴近原文。

通过对冲突进程的共性和个性分析，我们得到了各译本的冲突进程语篇在情感、信息前景化翻译上的大致特征。为了进一步凸显各译本的独特特色，我们分别提取出表5-5、5-6、5-7中，评述、反问、对抗三种类型的情感标记语和信息标记语值，计算两种标记语的均值，再用情感标记语均值减去信息标记语均值，得到各译本的“情感-信息”差（见表5-11，表中标记数据为横向类的前三位）。

表5-11　八译本情感-信息标记语翻译（%）

		梁译	章译	索译	覃1	苏译	陈译	覃2	傅译
情感标记语	评述型	21.88	37.84	30.30	46.15	40.62	31.58	45.45	38.71
	反问型	45.80	52.11	48.94	56.90	53.70	51.16	55.74	46.67
	对抗型	39.74	58.16	51.39	51.11	58.54	50.00	60.00	47.89
	情感标记语均值	35.15	49.37	43.54	51.39	50.95	44.25	53.73	44.42
信息标记语	评述型	40.62	37.84	30.30	25.64	25.00	41.11	12.12	25.81
	反问型	25.00	23.96	12.77	15.52	16.67	13.95	18.03	20.00
	对抗型	30.77	26.53	22.22	28.89	24.39	22.86	22.35	28.17
	信息标记语均值	32.20	29.44	21.76	23.35	22.02	26.31	17.50	24.66
	“情感-信息”差	3.85	19.93	21.78	28.04	28.93	17.94	36.23	19.76

我们可以对这个差值在一维连续统上进行排序。译本所表现的情感与信息在“情感”与“信息”两个端点之间游移，以“情感-信息”标记语为抓手，可以对特定主题的语篇及其翻译进行分析，考察译本的“情感-信息”叙事风格，从而判断译本侧重情感叙事还是侧重信息叙事。区分译本的情感-信息叙事偏好，也可成为语篇前景化翻译评价的一种有效途径。《亨利六世》八个译本的情感-信息翻译倾向在一维连续统上的大致位置为如图 5-1 所示，

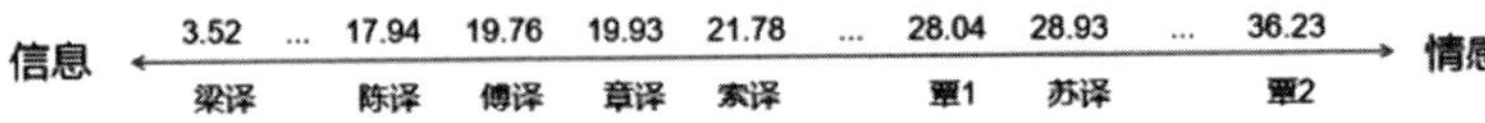

图 5-1 《亨利六世》八译本情感-信息连续统排序图

各译本中，覃 2 本显现出了典型的“情感”叙事特征，其翻译风格情感浓烈，与覃 1 相比，覃 2 本的情感表现力显然得到了提升。苏译本紧随覃 2 本之后，再次证实了前文对其恣意洒脱、自由疏放翻译风格的判定。梁译本表现出典型的“信息”叙事特征。从“情感-信息”差来看，其与陈译本之间的差值就已达 15. 19，说明梁译本缺乏情感起伏，前人对梁译莎剧的批评，如失了“神韵”（邢光祖，1937）、“梁先生的译文是一副减色无限的复制”（顾良，1939）[14]、“以简陋窘乏见长”（孙大雨，1943）[15]等直觉性判断是非常有道理的。章译尽管“情感-信息”差位于索译之后，但在对抗型冲突中表现出了较强的情感特征（58. 16%）。事实上，章译的情感均值也是较高的（49. 37%），仅次于排在前位的苏译，之所以“情感-信息”差落后于索译，是因为章译的信息标记语均值也较高，因此章译本显示出了一种独特的双重性，说明该译本努力尝试兼顾戏剧文本的情感、信息表达的双重需求。其余三个译本，陈、傅二译略显信息叙事倾向，而索译本无论情感还是叙事都甚是平淡，其译本或可视为功能性译本，即基本完成了对原文的语义翻译任务，而对原文的情感情态、人际意义、语力语势等超语义内容把握不足，给读者的直接阅读体验是风格略显寡淡。

三、庄雅度标记语

（一）庄雅度

《亨利六世》中存在具有显著庄雅效果的四次语体变异，这四次语体变异在译文中是否保持了原文中的前景化效果，译者是如何处理这四次语体变异的，是本节考察的主要内容。

为了更好地衡量语体翻译的度的问题，我们引入了冯胜利（2008）提出的“庄雅度”概念。冯胜利认为汉语语体通常划分为书面语和口语体，其实这种划

分是不适当的。书面语与口语的对立和正式语体与非正式语体的对立相互交叉而非严格对应的。换言之，书面语不一定都是正式语体，正式语体也并非只能写不能说，口语也可以出现在各种书面性文本中，尤其是小说、戏剧里。因此冯胜利（2006）指出当代汉语书面语应该确切定义为“汉语书面的正式语体”，而这种书面正式语体与口语的区别就在于语言的“庄雅度”。

冯胜利（2008）认为，一个文本篇章的庄雅度与其所包含的嵌偶词、合偶词、书面句型、丁级词、古汉语五种语言变量相关，这五种语言变量可以视为汉语文本的庄雅标记语。汉语的庄雅度是一个可测算的估值，具体测算公式为：庄雅度=（嵌偶词比例+合偶词比例+书面语句型比例+HSK 丁级词比例+古汉语功能词比例）×20%（注：比例基数为文本词数）（冯胜利，2008）[117]。

五种语言变量的具体类属可通过《汉语书面用语初编》（冯胜利，2006）、《汉语水平词汇与汉字等级大纲》（2001）等参考书籍检索确定。其中，嵌偶词又称嵌偶单音词（monosyllabic word used in a disyllabic template），指当代书面正式语体中必须嵌入双音节模型才能合法合韵出现的单音词（冯胜利，2008），如用作名词的“国”。嵌偶词使用频繁且能产性高，不仅是书面语写作极其重要的语言来源，而且是文章庄雅度的重要标志（冯胜利，2008）。合偶词，即合偶双音词（disyllabic couplet or disyllabic word combined with another disyllabic word），指必须和另外一个双音词组成“双+双”的韵律格式才能合法出现的双音词（冯胜利，2008）。嵌偶词、合偶词及古汉语书面句式的检索依据为《汉语书面用语初编》（冯胜利，2006）。书面语句型（formal patterns）指从古代承传下来只用在书面正式语体中的表达方式，如“为……而”“A 而 A（少而精）”等句型。较为特殊的一类书面语句型为四字格，如“由 A 而 B”“VP_1VP_2”等格式都是书面语句型（冯胜利，2008）。丁级词指《汉语水平词汇与汉字等级大纲》（国家汉语水平考试委员会办公室考试中心，2001）公布的难度等级在丁级的词汇。但如把一些《大纲》各级词汇表中都无法检索到的难度明显更高的词汇排除在外，将影响庄雅度的计算，所以可视其为超丁级词汇，也计入考察范围。古汉语功能词的界定来源为《古汉语语法讲义》（杨剑桥，2010）。可见，汉语的庄雅度确是一个可以直接反映文本语体特征的指标，翻译研究中同样也可以用该概念来考察、衡量不同译本的语体风格。

（二）原文庄雅标记语及庄雅度

从内容上看，《亨利六世》中的第一次语体变异出现在伦敦市长对葛、温两大家族当街斗殴、引发街区骚乱的街头判决文书中。第二次语体变异出现在法国贵族的勃艮第公爵给自己的外甥亨利六世的断交信里。第三次出现在亨利六世对法国查尔斯王子的敕令中，表达了与法国停战谈判的意向。最后一次出现在亨利六世为了迎娶玛格丽特而签订的割地赔款的联姻条约里。其中，前三次语体变异分别发生在上篇第一幕第三场、第四幕第一场、第五幕第四场，最后一次发生在中篇第一幕第一场。

从戏剧的叙事结构上看，这些文书本意是平息、终结当前的冲突，但实际效果却相反，往往引发了后续剧情范围内更大的冲突。判决书虽暂时消解了葛罗斯特和温彻斯特二人的私下矛盾，但却拉开了二人一见面必定处处针锋相对的序幕。断交信停止了法国的内斗，成为英法百年战争中双方力量消长、形势逆转的重要一环，直接导致了英国波尔多战役的惨败，加速了英法百年战争的终结。亨利六世的停战敕令和联姻条约，牺牲了武勋的利益，引发了以约克、沃里克为代表的贵族的不满，埋下了英国分裂的祸根，最终引发了玫瑰战争，从而推进了整个中、下篇的戏剧进程。

无论判决书、断交信、口谕敕令还是联姻条约，都有着自身的行文特点和逻辑。其中，判决书和敕令在功能上属于律法文本，判决书突出的是权威性，敕令是帝王所发布的法令或命令。断交信可视为一种改变双边关系的外交照会，联姻条约是百年战争后期，英国力拙难支，而与法国签订的投降合同，其本质上也是一种具有规定性的律法。英语中，律法文本的语体特点是“庄重、规范、释义严谨、词义稳定”（王文臻，2007）[120]，外交文本主要表现为“措辞正式严谨、句式长而复杂、篇章结构规范”（李琴，2010）[44]。不过两种文本的共性是，都属于正式语体，都是对整个戏剧语言的违背，都成为一种凸显的语篇前景化表达。

因此，若要从标记语角度分析这些语篇前景化在译文中得到了怎样的翻译，首先要探查其在原文中都是通过哪些标记语而被前景化的。四段文书原文如下。

判决书：

All manner of men assembled here in arms this dayagainst God's peace and the king's, we charge and command you, in his highness' name, to repair to your several dwelling-places; and not to wear, handle, or use any sword, weapon, or dagger, henceforward, upon pain of death. （1H6 1. 3. 73-76）

断交书：

I have, upon especial cause, Moved with compassion of my country's wreck, Together with the pitiful complaints Of such as your oppression feeds upon, Forsaken your pernicious faction And join'd with Charles, the rightful King of France.

(1H6 4. 1. 55–60)

敕令:

That, in regard King Henry gives consent, Of mere compassion and of lenity, To ease your country of distressful war, And suffer you to breathe in fruitful peace, You shall become true liegemen to his crown: And Charles, upon condition thou wilt swear To pay him tribute, submit thyself, Thou shalt be placed as viceroy under him, And still enjoy thy regal dignity. (1H6 5. 4. 124–132)

联姻条约:

Imprimis, it is agreed between the French king Charles, and William de la Pole, Marquess of Suffolk, ambassador for Henry King of England, that the said Henry shall espouse the Lady Margaret, daughter unto Reignier King of Naples, Sicilia and Jerusalem, and crown her Queen of England ere the thirtieth of May next ensuing. Item, that the duchy of Anjou and the county of Maine shall be released and delivered to the king her father. (2H6 1. 1. 43–49)

四段文书的书写特征主要体现在一些具有语体功能的词汇语法变量上，具体见表 5–12。

表 5–12　原文庄雅标记语

正式书面语标记	判决书	断交信	敕令	联姻条约
句式结构	简单长句: we charge and command...	简单长句: I have / PP / moved... / PP +/forsaken... and joined	并列分句: King Henry gives consent... to... /thou shalt be placed as...	复合主语从句: it is agreed $that_1$... / $that_2$...
语态			被动 (thou shalt be placed...)	被动 be (agreed, released and delivered...)
中古英语	henceforward			
拉丁语源		compassion, oppression, faction, onto	compassion, lenity, submit	imprimis, item

续表

正式书面语标记	判决书	断交信	敕令	联姻条约
法语语源	manner, assembled, peace, charge, command, repair	Complaints, pernicious,	regard, consent, country, fruitful, peace, liegemen, crown, viceroy, tribute, regal, dignity	Ambassador, espouse, crown, duchy, county, release, deliver
名物化		Compassion, complaints, oppression, faction	compassion, condition	
介词短语	agains…, in…, upon…	Upon, together with, such as	in (regard) that…, upon…	between… and, onto, ere
情态词			shall, wilt, shalt	shall
专门用语				imprimis, item, the said
尊称				the French king Charles/ William de la Pole/ Marquess of Suffolk/ ambassador for Henry King of England/ the Lady Margaret/ Reignier King of Naples, Sicilia and Jerusalem/ Queen of England/ the king her father

如表 5-12 所示，判决书句式为“we charge and command you”为主体结构的简单长句，句中“charge”“command”二词简单有力，前后的介词短语凸显了判决书的庄重性，虽出现了“manner”“peace”等法语词汇，但基本为简单常用词，也彰显了判决书的力度。

断交信在句式结构和语态上，采用了主动语态的简单句，体现了写信人的决心。句中密集出现了“upon”“together with”“such as”等介词引导的复合短语，增加了句子的复杂性，同时“compassion”“complaints”“oppression”“faction”等名物化现象把事件的动态性转化为静态性，凸显了勃艮第虽满腔愤恨，但仍不失克制的态度。此外，多个非英语语源词，如源自拉丁语的“compassion”“oppression”“faction”，源自法语的“pernicious”“complaints”等，提升了外交辞令上的庄重感，凸显了文书郑重、庄雅的语体风格。

敕令由两个并列分句构成，前一句“King Henry gives consent... to...”，对法国众贵族所言，体现了作为宗主国国王亨利六世高高在上、大发慈悲的恩赐态度；后一句专对法国王子查尔斯而言，“thou shalt be placed as...”采用被动语态，属于一种有条件的强制，显示了英国强行挽尊的虚弱。句中的多个情态词“shall”“wilt”“shalt”，也体现了上位者对下位者的压制，凸显了敕令的语体色彩。

联姻条约由两条协议条款组成，句式上采用了“it is agreed $that_1$...，$that_2$...”引导的复合主语从句，突出了协议的客观、郑重性。内容上，以两个拉丁古语“imprimis”“item”为前置词，前者意为“in the first place”，后者意为“moreover, also, in addition”，引出了后续的协议内容。身份界定上，三个称谓词被连续并置，“William de la Pole, Marquess of Suffolk, ambassador for Henry King of England”，清晰界定了双边协议缔结者萨福克的身份。协议还使用了法律专用语“the said”，意为“above-stated”，来指示此亨利即上文中被萨福克代理的亨利国王，而非其他亨利。两次身份界定没有任何身份混淆或歧义的空间，展现了文书的严谨性。辞错上，法语词密集出现，如“ambassador”“espouse”“crown”“duchy”“county”“release”“deliver”等，甚至介词的使用，如“daughter onto”而非“daughter of”，“ere”而非“before”等，都彰显了原文的庄重肃穆风格。此外，两个情态动词“shall”在一定程度上也展现了条约的义务性和强迫性。

通过以上分析，我们基本可以确定，英语律法、外交、合同文本郑重、庄雅的语体特性主要体现在句式结构、语态、拉丁、法语、中古英语词汇、名物化、介词短语、情态词、专门用语、人名尊称等语言变量上，这些语言变量均可视为英语文书语体的标记语。其中，拉丁词汇、法语词汇、名物化更是正式语体的核心标记。

拉丁语、法语之所以成为英语书面语的语体标记，和其在英语语言发展中的历史因素有关。中世纪早期，西欧社会的教育建立在拉丁语基础之上，各国精英尤其教会人员使用的都是拉丁语。1066 年诺曼征服之后，法语又成为英国的宫廷语言。自此英国就出现了拉丁语、法语、英语三种语言共存的现象，诺曼贵族、社会精英、神职人员使用拉丁语和法语，英国乡村农民使用英语。14世纪后，以乔叟为代表的作家开始推动用英语创作文学作品，但正式文书仍以拉丁语和法语为主。直到14世纪末，亨利五世时，英语才逐渐进入正式文书中。长期以来，拉丁语都是最正式、最发达的公文语言，是一种程式化语言，具有权威性，所表达的意义通常不会引起争议，因此在正式公文中得以继续使用。法语实用高效，使用范围广，是王室和政府各部门各项事务运行的表达工具和联系纽带，属于工作语言。尽管1432年以后，英国官方、商务文书中开始大量使用英语，但法语和拉丁语对英语书面语的影响一直延续至今（刘程、张尚莲，2015）。

名物化（nominalization）即韩礼德所说的语法隐喻，指在语言使用中，把动词或形容词转化为名词，使之既具有动词或形容词的语义，同时也拥有名词的语法意义和语言现象。英语中，名物化是一种典型的正式语体标记，书面语和口语的区别之一就是书面语较多使用名物化结构，可以说英语本身就是一种“名物化”的语言（Fowler，1991）[79]。名物化在语篇的衔接与连贯中起着十分重要的作用，可以使语篇看起来更为深思熟虑，更加权威客观，更令人信服（Eggins，1994）[64]。

律法、外交文本翻译是一种典型的语体翻译。译本中是否保留了这些郑重、庄雅的语体风格特征，对于译者的语篇前景化翻译风格和能力极具解释作用。接下来，我们将从标记语视角，进一步分析表征着律法、外交、合同语篇前景化的语体标记是否得到传译，怎样被传译等问题。

受汉语书面语庄雅度理念的启示，我们认为，《亨利六世》英语原文中的冲突暂停文本的庄雅程度，也可大致通过表5-13中的各种正式书面标记语和型符数之间的比值来体现。英语原文中的各种标记语可整体视为庄雅度要素，具体计算公式为：英语文本庄雅度≈庄雅度要素数量（句式结构+被动语态+中古英语+拉丁语源+法语语源+名物化+介词短语+情态词+专门用语+尊称）/文本型符数。

经计算（见表5-13），得到四段冲突暂停文本的庄雅度均值为0.36。

表5-13　原文庄雅度

	判决书	断交书	敕令	联姻条约	合计
标记语数	11	18	24	27	80
型符数	49	37	63	75	224

续表

	判决书	断交书	敕令	联姻条约	合计
庄雅度均值					0.36

（三）译文庄雅标记语及庄雅度

接下来将计算《亨利六世》八个汉译本的庄雅度值。首先，需依据各种参考资料对庄雅标记语汇进行检索确认，然后才能对文本的庄雅度进行具体的测算和分析。需要指出的是，在检索过程中，要避免重复统计，如原文“agreed”一词，不少译者译为“议定”，根据《汉语水平词汇与汉字等级大纲》，“议定”属于丁级词类，但根据《汉语书面用语初编》，“定”同时也属于嵌偶词，这个时候，就不能在两处把“定”重复统计上，需要择其一而计入。

通过检索，笔者确定并提取了各译本四段译文中的庄雅标记语表（见表5-14）。

表 5-14　八译本庄雅标记语

	嵌偶词	合偶词	书面语句型	丁级词	古汉语功能词
梁译	聚 国 国 国 国 国 国 国 国 国 国 国 国 同 前 予 予	合法	以……的名义 不得 否则 对于 益以 不得不 由于 既已 娶……为	名义 格杀勿论 兵燹 无动于衷 压境 怨声载道 惨不忍闻 有害 纯粹 怜悯 宽大 免遭 战祸 安享 宣誓 纳贡称臣 管辖 受命 王者 尊荣 加冕 领邑 让弃	此 及 之 各 等 汝 等 各 所 之 贵 与 贵 所 之 而 使 便 之 为 仍 可 与 之 由 并 于 与
章译	聚 国 国 国 国 特 准 国 国 特 国 前	合法	以……的名义 不得 鉴于……为怀 兹 娶……为	携带 治安 名义 责成 惨遭蹂躏 残暴 怨愤 断绝 归附 仁厚 流离失所 抒 仰体 德意 俯首称臣 矢效 任命 总督 议定 议定 撤退	此 各 等 各 者 已 尔 俾 尔 等 尔 即 应 向 可 经 之 之 并 于 并 由 并 将 于 之
索译	聚 国 国 准 国 国 国 国 国 国 国 国 前	合法 举行	以……的名义 由于 出于 为 娶……为 此外	名义 责成 蹂躏 哀怨 归依 怜悯 仁慈 俯首称臣 发誓 总督 议定	各 者 以 令 之 将 应 并 将 之 之
覃1	聚 国 国 国 备 国 特 准 国 国 前 前	合法 举行 予以	以……名义 不得 鉴于……为怀 以使……才 是 而且 倘使 兹 娶……为 加冕为……	携带 扰乱 安宁 名义 责任 返回 一律 格杀勿论 兵燹 无动于衷 视若无睹 惨无人道 行径 民怨 惨不忍闻 丑恶 一刀两断 归附 仁厚 蒙受 俯首称臣 起誓 纳贡称臣 获封 总督 大臣 王者 议定 加冕 议定 让弃	凡 各 等 谨 汝 等 各 凡 者 已 与 尔 之 尔 等 须 肯 将 可 经 与 之 并 于 经 与 应 与
苏译	国 准 感 国 国 特 国 国 国 同 国 国 国 国 国 特 国 前 国	合法	以……的名义 按本着……为怀 为了……被 兹 娶……为 加冕为……	名义 责成 携带 器械 处斩不殆 横遭 蹂躏 荼毒 生灵 致使 怨声载道 邪恶 派系 决裂 归属 麾下 可喜 将养生息 俯首称臣 称臣纳贡 任命 总督 加冕	此 各 各 位 各 者 于 与 将 并 仍 由 将 之 于 另 经 由 并 将 于

续表

	嵌偶词	合偶词	书面语句型	丁级词	古汉语功能词
陈译	国国国特准国国国特国国前	举行	以……的名义 不得 ……为怀 只要……就……兹娶……. 为	扰乱 治安 名义 责令 动用 格杀勿论 目睹 惨遭蹂躏 怨声载道 有害 盟约 归附 名正言顺 悯恤 苍生 议和 安享 仰体 圣德 俯首称臣 任命 总督 享有 王者 尊荣 议定 加冕 让渡	此各等谨各其此者故而与贵尔等尔等经与之并于将之
覃2	聚国特感国国国国前特同前	合法	以……之名义 不得 鉴于 兹 鉴于 兹 解……之苦 以……兹 迎娶……为 加冕……为	滋事 扰乱 安宁 名义 责成 携带 操持 格杀勿论 兵燹 荼毒 民怨 哀积 弃暗投明 阵营 宅心仁厚 降旨 敕许 邦 战祸 本朝 忠臣顺子 立誓 纳贡称臣 本朝 总督 享有 王者 尊 议定 加冕 让弃	此之各等且汝等各者于之尔等今兹汝之俾尔等尔等当汝若肯此吾可汝并仍可之经与所之应并于之其予予
傅译	聚国国国国同国国国国特同国前	合法	以……的名义 不得 鉴于 加之 在……压迫下 鉴于 你若肯……加冕……为 此外	携带 扰乱 治安 名义 操持 一律 毁灭 心生悲悯 行将 耗尽 民怨 怜悯 仁慈 解除 战祸 发誓 效忠 纳贡 任命 总督 享有 尊荣 迎娶 加冕 让渡	凡于此者者之与于之若肯将之与所之并于之其其

根据上文中庄雅度计算公式，我们进一步得出了各译本的庄雅度数据（表5-15）。

表 5-15 八译本庄雅度

	嵌偶词	合偶词	书面语句型	丁级词	古汉语功能词	庄雅标记语	总字数	庄雅度
梁译	17	1	9	23	28	78	241	0.32
章译	12	1	6	21	26	66	229	0.29
索译	13	2	6	11	11	43	213	0.20
覃 1	12	3	11	31	28	85	246	0.35
苏译	19	1	9	24	21	74	238	0.31
陈译	12	1	6	29	23	71	209	0.34
覃 2	12	1	11	31	45	100	233	0.43
傅译	14	1	9	25	21	70	231	0.30
均值	13.88	1.38	8.38	24.38	25.38	73.38	230.00	0.32

八译本中，四个译本的庄雅度超过了均值 0.32，从高到低依次为覃 2 本 0.43、覃 1 本 0.35、陈译 0.34，说明这三个译本在英、汉语义转换的同时，留意到了原文外交文书的行文风格，在风格再呈现的过程中，不同程度地保留了原文谨慎、郑重、庄雅的语言特点。其余译本中，章、苏、傅三译本庄雅度略低于均值，索译本庄雅度值为 0.20，与其他译本差距较大。可以说，索译本的关注焦点仍然只停留在源语和译语的语义层面，较少将语体风格纳入必要且适当的考量范围内。

从庄雅度的跨语际实现来看，各译本的庄雅风格的再前景化方式主要表征在古汉语功能词和丁级词上，前者使用频数均值为 24.38，后者为 25.38，远超其他庄雅度要素。绝大多数古汉语功能词，如“之”“于”“由”“以”等至今仍具有旺盛的生命力，活跃在各类文本，尤其是有着庄雅需求的文本中，承担了相当的庄雅度载荷。汉语丁级词汇的语体功能类似英语中来自拉丁语、法语、名物化的一些大词、难词，二者具有对等相似性。其余三种标记语，嵌偶词、合偶词和书面语句型运用得较少。前文指出嵌偶词必须和另一单音节词同时出现才合法合韵，构型上比较严格。嵌偶词中，受原文语义影响，出现频次最高的是“国”字，整体上略显单调。书面语句型多为固定用法，灵活性较小。使用频次最低的是合偶词，这与合偶词本身比较严苛的“双+双”构词条件有直接关系。这些均导致嵌偶词、合偶词和书面语句型的运用较为受限。

从四译本的再前景化特征来看，覃学岚译本中的嵌偶词、合偶词的多样性最为丰富，降低了因受原文影响而频繁出现的“国”字所带来的重复感，也反映了译者对语言的驾驭能力。覃1本庄雅度值0.35与《亨利六世》原文庄雅度值相等，说明二者庄雅标记语疏密度大体相当，语体风格也应大致接近。从覃1本到覃2本，最大的变化是古汉语功能词从28个激增到45个。这主要由于译者把覃1本中的“我”“你”等现代称呼语，改为“吾”“汝”等更具庄雅特色的人际词汇，说明译者在重译过程中，对原文情景化风格的理解在加深。这个变化相应也降低了覃2本中丁级词的比例，减少了大词、难词的堆砌感、颟顸感，提升了译文整体的灵动性，显示了文学重译的超越本质。

梁译本侧重于书面语句型和古汉语功能词的搭配使用，两种词类相得益彰，灵活地传递了原文正式、郑重的语言特色。但有时也可能因译者选择的毫厘之差，导致译文语气的千里之谬。如断交信中，梁译“贵国”“贵军”两个“贵”字的使用，虽然突出了己方正式、礼貌、疏离的态度，但偏离了原文中勃艮第公爵对英国的谴责立场，违反了情景语境，有损于交际功能的实现，使得断交信的气势一落千丈。联姻条约第二段中，梁译缺乏汉语典型的文书标记语“兹”，在一定程度上减损了译本正式书面语的语体风格。

陈译中，丁级词较为突出，如原文“of mere compassion and of lenity”被译为“宽大为怀”“悯恤苍生”，极为古雅正式。但个别翻译略显语力不足，如原文“pernicious”，译为“有害无益”，原文所含的恶性、毁灭之感在译文中一定程度上被遮蔽了。此外，陈译中书面语句型和古汉语功能词的比例稍低，也影响了译本整体的庄雅性。

“语体是实现人们在直接交际中具有原始属性的、用语言来表达或确定彼此之间关系和距离的一种语言机制”（冯胜利，2018）[302]。莎剧中的正式书面语体虽然占比很少，但其严苛的行文要求，对译者的语体翻译能力提出了巨大的挑战，如何应对正式书面语体也真实反映了译者的翻译素养。凡交际，皆有交际内容、场合、对象和态度等的差异，这些基本要素的差异决定了交际距离的远近和高下，在语言上表现为或正式，或随意，或庄重典雅，或通俗随便等特性（冯胜利，2018）。因此对译者而言，翻译正式书面语体时也应遵照语体表达机制，正确把握会话者之间的关系和距离，使译语更符合各自的身份、地位、语境等情景要求。

四、庄雅标记语的翻译

四段文书中，断交信关涉国与国之间的外交关系变化，体现了国家的意志和态度，联姻条约表达的是国家之间双边商议的结果，损害了武勋的利益。剧情上，断交信和联姻条约对后文的影响更为深刻，语言上也显得更为庄重、正式。断交书包含了少许态度用语，联姻合约具有一定的规定性、约束性，不掺杂主观情感。相比伦敦市长对葛、温两家朝廷重臣的街头判决，以及英国在战场不利的情况下对法国递出的谈判橄榄枝式的口谕，断交书和联姻条约对戏剧语言的违背更为凸显，更具前景化特征。因此，下面将以这两个文本为例，探查八个译本的庄雅标记语翻译特点。

首先，我们来看断交信的原文和译文，见例 5-19。

例 5-19：

原文	①I have, upon especial cause, Moved with compassion of my country's wreck, ②Together with the pitiful complaints Of such as your oppression feeds upon, ③Forsaken your pernicious faction And join'd with Charles, the rightful King of France. （1H6 4. 1. 55-60）
梁译	我对于本国所受之兵燹不能无动于衷，益以贵军压境，民间怨声载道惨不忍闻，我不得不放弃与贵国所结之有害的盟约，而参加法兰西合法国王查尔斯一方。
章益	鉴于我的国家惨遭蹂躏，你们的残暴行为已引起人民的怨愤，我决定和你们的恶势力断绝关系，归附我法国的合法国王查理。
索译	由于我国受到的蹂躏和你们的残酷压迫引起的人民的哀怨，我决定和你们的恶势力断绝关系，归依法国的合法君主查理。
覃 1	鉴于本国备受兵燹之苦，我不能无动于衷视若无睹，你们惨无人道的欺压行径已使得民怨沸腾惨不忍闻，我决定与你们的丑恶势力一刀两断，归附法兰西合法国王查尔斯一边。
苏译	我有感于我的国家横遭蹂躏，你们荼毒生灵，致使国民怨声载道，特此与你们的邪恶派系决裂，归属法国合法国王查尔斯麾下。
陈译	我不忍目睹我的国家惨遭蹂躏，受你们压迫的人民怨声载道，故而决定放弃与贵国有害无益的盟约，归附法兰西名正言顺的君主查理。
覃 2	本人鉴于特殊缘故，深感于本国兵燹之苦，尔等的压迫荼毒，已经令民怨哀积，兹决定弃暗投明，加入法兰西合法国王查理的阵营。
傅译	鉴于特殊原因，对本国之毁灭心生悲悯，加之在你们压迫下行将耗尽的可怜民怨，我放弃与你们破坏性的联盟，与查理，法兰西的合法国王，携手联合。

虽然从直觉上我们能感觉出来，译者多少都传译了原文的文书语体特征，但对于语体标记语的具体处理还需要进一步探究，原文中各项语体标记语在八译本中的传译情况可见表 5-16 和表 5-17。

表 5-16 断交信语体标记语翻译概况

	断交书	梁译	章译	索译	覃 1	苏译	陈译	覃 2	傅译
句式结构	I have + V_1… +V_2… +and V_3…	我……不能……益以……，我不得不……而……	鉴于……你们……我决定……	由于……我决定……	鉴于……我不能……你们……我决定……	我有感于……，你们……与……决裂	我不忍……决定……	本人鉴于……兹决定……	鉴于……我放弃……
语态	主动	主动	主动	主动	主动	主动	主动	主动	主动
拉丁语源	compassion, oppression, faction	不能无动于衷，压境，盟约	省译，残暴行为，势力	省译，残酷压迫，势力	不能无动于衷视若无睹，欺压行径，势力	省译，荼毒生灵，派系	不忍目睹，压迫，盟约	深感……之苦，压迫荼毒，弃暗投明	心生悲悯，压迫，联盟
法语语源	complaints, pernicious	怨声载道，有害的	怨愤，恶	哀怨，恶	民怨沸腾，丑恶	怨声载道，邪恶	怨声载道，有害无益	民怨哀积，（弃暗投明）	民怨，破坏性
名物化	compassion, complaints, oppression, faction	不能无动于衷，怨声载道，压境，盟约	省译，怨愤，残暴行为，势力	省译，哀怨，残酷压迫，势力	不能无动于衷视若无睹，民怨沸腾，欺压行径，势力	省译，怨声载道，荼毒生灵，派系	不忍目睹，怨声载道，压迫，盟约	深感……之苦，民怨哀积，压迫荼毒，弃暗投明	心生悲悯，民怨，压迫，联盟
介词短语	upon especial cause, together with, such as	合译为“对于”，益以，such as 省译	合译为“鉴于”，together with 省译，such as 省译	合译“由于”，和，such as 省译	合译为“鉴于”，together with 省译，such as 省译	合译为“有感于”，together with 省译，such as 省译	省译，together with 省译，such as 省译	鉴于（特殊缘故），together with 省译，such as 省译	鉴于（特殊原因），加之，such as 省译

为了更直观展示各译本的语体标记语翻译方式，我们得到表 5-17。

表 5-17　断交信语体标记语翻译方式

	断交书	梁译	章译	索译	覃 1	苏译	陈译	覃 2	傅译
句式结构	I have + V_1… +V_2… +and V_3…	2 个简单句，增译主语“我”	1 个复合句，介词短语主位	1 个复合句，介词短语主位	3 个简单句，增译小句主语“你们”和“我”，介词短语主位	2 个简单句，增译主语“你们”	1 个复合句	1 个复合句	1 个复合句，介词短语主位
语态	主动	主动	主动	主动	主动	主动	主动	主动	主动
拉丁语源	Compassion, oppression, faction	直译+双重否定+成语	省译+直译+四字格	省译+直译+四字词	直译+双重否定+2 成语+四字格	省译+直译+四字格	直译+四字格	实指虚译+古汉语+四字格+成语	直译+四字格
法语语源	complaints, pernicious,	直译+成语	直译	直译	直译+成语	直译+成语	直译+成语+四字格	实指虚译+四字格	直译
名物化	Compassion, complaints, oppression, faction	直译+3 动词化+名词	省译+直译+3 名词	省译+直译+3 名词	直译+3 动词化+2 名词	省译+直译+2 动词化+名词	直译+3 动词化+名词	直译+3 动词化+名词	直译+2 动词化+2 名词
介词短语	Upon especial cause, together with, such as	合译+直译+省译	合译+2 省译	合译+直译+省译	合译+2 省译	合译+2 省译	3 省译	直译+2 省译	2 直译+省译

如表显示，八个译本采用了多种方式来处理原文断交信的语体标记语。句式结构上，章、索、陈、覃 2、傅五译本把原文复杂简单句多处理为因果复合句，尤其章、索、覃 2、傅在显著位置交代了决定断交的原因，结构紧凑、句意清晰。相比而言，梁、覃 1、苏三译本把原文处理为多个简单句，略显啰嗦。尤其苏译本，第一个小句属于不完全句，意义尚未表达完整，第二个小句中就把主位从“我”变为“你们”，整个句子实属病句。从句子的主位变化上，章、索、覃 1、傅四个译本以“鉴于”“由于”等开头，与原文主位产生了偏离，在一定程度上弱化了说话人决意与英国断绝关系的决心。从句式选择上看，复合句较单个简单句复杂，比多个简单句干练，可见复合句不啻为处理书面语体的首选。

对于拉丁语、法语语源词汇的处理，八译本采用了直译、省译、实指虚译等方式，最主要的再现方式还是直译。唯一的实指虚译是覃 2 本的“弃暗投明”，虚译后所表达的含义并没有使原文信息流失，反倒更为简约、地道而又带有情感评价色彩，准确传递了勃艮第公爵被贞德劝降之后的心理变化。语言形式再现上，主要采用了成语、四字格、双重否定、古汉语等形式，这些语言形式在汉语中本身就属于修辞手段，因而具有显著的前景化表达效果。

与原文差异较大的是名物化和介词短语的翻译。英语中，名物化使用的频率越高，语体的正式程度就越高（肖建安、王志军，2001）[10]，但八个译本对判决书中的名物化处理显然出现了动词化倾向，如原文“compassion”一词被译为“不能无动于衷”“无动于衷、视若无睹”“有感于”等动词化表达，其主要缘由是英语是一种静态语言，即“prepoderance of nouns over verbs”，而汉语是一种动态语言，这是英、汉两种语言的本质差异。同样，英语介词在译本中也动辄被省译。这是由于英语中，介词短语表达了词语之间的关系，是一种典型的形合手段，但汉语是一种意合语言，介词短语的形合功能在汉语中必然被弱化，因此介词省译也是英、汉两种语言本质差异的一种表现。

联姻条约是否也会出现此类倾向，下面我们具体分析。

例 5-20：

原文	GLOUCESTER①Imprimis, it is agreed between the French king Charles, and William de la Pole, Marquess of Suffolk, ambassador for Henry King of England, ②that the said Henry shall espouse the Lady Margaret, daughter unto Reignier King of Naples, Sicilia and Jerusalem, ③and crown her Queen of England ere the thirtieth of May next ensuing. ④Item, that the duchy of Anjou and the county of Maine shall be released and delivered to the king her father.（2H6 1. 1. 43-49）

梁译	格：第一条，法国国王查尔斯与英国国王亨利之使臣色佛克公爵威廉·德·拉·蒲尔，双方同意，由亨利娶那不勒斯、西西里亚与耶路撒冷之王瑞尼叶的女儿玛格莱特公主为妻，并于本年五月三十日以前为她加冕为英格兰王后。第二条，安茹的公爵领邑与梅恩一省应予让弃，交予她的父王。
章益	葛罗斯特：主文：兹经法王查理与英王亨利之特使，萨福克侯爵威廉·德·拉·波勒议定：英王亨利娶那不勒斯、西西里及耶路撒冷国王瑞尼埃之女玛格莱特为后，并定于五月三十日以前为王后举行加冕典礼。附件：并经议定，英军由安佐及缅因两郡撤退，并将两郡移交于王后之父——
索译	葛罗斯特：第一，法国国王查理和英国国王的代表萨福克伯爵威廉·德·拉·波耳议定，亨利娶那不勒斯、西西里及耶路撒冷国王赖格尼尔之女玛格莱特为后，应在五月三十日以前举行婚礼。此外，英军撤出安茹及缅因，并将之交还王后之父。
覃1	格洛斯特：第一条，兹经法兰西国王查尔斯与英格兰国王亨利之特使萨福克公爵威廉·德·拉·珀洛议定：前文提到的亨利娶那不勒斯、西西里、耶路撒冷国王瑞尼埃之女玛格丽特公主为妻，并定于本年五月三十日之前举行加冕其为英格兰王后的典礼。第二条，经双方进一步议定：安佐的公爵领邑与梅恩郡应予以让弃，交与她的父王——
苏译	葛罗斯特：正文：兹由法国国王查尔斯和英国国王特使威廉·德·拉·波尔萨福克侯爵商定，亨利王将娶那不勒斯、西西里以及耶路撒冷国王雷内之女玛格丽特小姐为妻，于五月三十日前加冕为英国王后。附文：另经二位当事人商定，英军由安佐公爵领地和曼恩郡两地撤离，并将两地交于玛格丽特小姐父王。
陈译	葛罗斯特：第一款：兹经法兰西国王查理与英格兰国王亨利之特使，萨福克侯爵威廉·德·波勒双方议定：亨利国王娶那不勒斯、西西里及耶路撒冷国王瑞格尼尔之女玛格丽特为后，并于本年五月三十日以前为王后举行加冕典礼。第二款：双方商定，英格兰将安茹和缅因两地让渡给王后之父……
覃2	格洛斯特：第一条：兹经法兰西国王查理与英格兰国王亨利御前特使萨福克侯爵威廉·德拉波尔双方共同议定，上文所述之亨利应迎娶那不勒斯、西西里及耶路撒冷国王雷尼耶之女，玛格丽特公主为妻，并于本年五月三十日之前加冕其为英格兰王后。第二条：安茹公爵领地并曼恩伯爵领地应予让弃，交予她的父王——
傅译	格罗斯特：第一条：法兰西国王查理与英格兰国王亨利的特使萨福克侯爵威廉·德·拉·波尔，双方同意，亨利按所说迎娶那不勒斯、西西里和耶路撒冷国王雷尼耶之女玛格丽特小姐，并于本年5月30日之前加冕其为英格兰王后。此外：安茹的公爵领地和缅因的伯爵领地，理应让渡，交其父王。

联姻条约中语体标记语具体翻译情况见表5-18、表5-19。句式结构上，八个译本基本都采用了分译手法，将原文两个“that”引导的主语从句拆分开，要么如梁、索、傅三译本译为“主从复合句+简单句”模式，要么如其他五个译本译为“提引句+并列分句+简单句”模式。两种模式的不同之处在于，前者主位

是法国国王查理和英国特使萨福克，强调的是此次协议的双方缔造者，后者主位是“兹……”等构成的提引句（邢福义，2001）[548]，更有效地传译了原文书面文书的语体特征。

语态上，原文第二个“that”引导的是一个包含两个并列主语“the duchy of Anjou and the county of Maine”的被动语态简单句，梁、覃1、覃2、傅四译本保留了原文的被动形式，更为贴近原文作为既定协议的冷静、客观性。

拉丁语词汇“imprimis”和“item”同时也是法律专用语，八译本都采用了直译手法，但译文中二词传译出来的逻辑关系却不太相同。如梁、覃1、陈、覃2的“第一条，第二条”“第一款，第二款”等传译出来的是序列关系，章、苏表达的是并置关系，而索、傅表现出来的是非充分枚举的补充关系，不符合汉语构词组句的习惯。原文七个法语词汇基本得到了充分翻译，但也有省译和合译，如索译就省略了“crown”“dutchy”“county”三个词的传译，实属翻译失当。陈译将“dutchy”“county”合译为“两郡”，虽然与原文有些不符，但多少可以避免重复。

表 5-18　联姻条约语体标记与翻译概括

语体标记	联姻条约	梁译	章益	索译	覃 1	苏译	陈译	覃 2	傅译
句式结构	复合主语从句：it is agreed $that_1$… + $that_2$…	……与……双方同意，……，并……。……。	兹经……与……议定：……，并……。并经议定，……。	……和……议定，……。……。	兹经……与……议定：……，并……。……。	兹由……和……商定，……，于……。另经……商定，……。	兹经……与……议定：……，并……。双方商定，……。	兹经……与……双方共同议定，……，并……。……。	……与……双方同意，……并……。……。
语态	被动 be（released and delivered …）	应予让弃，交予	撤退，移交	撤出，交还	应予以让弃，交予	撤离，交于	让渡	应予以让弃，交予	理应让渡，交
拉丁语源	imprimis，item	第一条，第二条	主文，附件	第一，此外	第一条，第二条	正文，附文	第一款，第二款	第一条，第二条	第一条，此外
法语语源	ambassador，espouse，crown，duchy，county，release，deliver	使臣，娶……为妻，为……加冕，领邑，一县，让弃，交予	特使，娶……为后，为……加冕，郡，郡，撤退，移交	代表，娶……为后，省译，省译，省译，撤出，交还	特使，娶……为妻，加冕其为，领邑，郡，让弃，交与	特使，娶……为妻，加冕为，领地，郡，撤离，交于	特使，娶……为后，加冕，两地（合译），省译，让渡	御前特使，迎娶……为妻，加冕，公爵领地，伯爵领地，让弃，交予	特使，迎娶，加冕其为，公爵领地，伯爵领地，让渡，交

续表

语体标记	联姻条约	梁译	章益	索译	覃1	苏译	陈译	覃2	傅译
介词短语	between…and，(daughter) onto，ere	与，的女儿，以前	与，之女，以前	和，之女，以前	与，之女，之前	和，之女，前	与，之女，前	与，之女，之前	与，之女，之前
情态词	shall，shall	省译，应	省译，省译	应，省译	省译，应	将，省译	省译，省译	应，应	省译，理应
专门用语	Imprimis，item，the said	第一条，第二条，省译	主文，附件，省译	第一，此外，省译	第一条，第二条，前文提到的	正文，附文，省译	第一款，第二款，省译	第一条，第二条，上文所述之	第一条，此外，按所说

表 5-19　联姻条约语体标记语翻译方法

语体标记	联姻条约	梁译	章益	索译	覃 1	苏译	陈译	覃 2	傅译
句式结构	复合主语从句：it is agreed $that_1$… + $that_2$…	主从（宾语从句）复合句（2 并列分句）+简单句	提引句+2 并列分句+提引句+简单句	主从（宾语从句）复合句+简单句	提引句+2 并列分句+简单句	提引句+2 并列分句+简单句	提引句+2 并列分句+简单句	提引句+2 并列分句+简单句	主从（宾语从句）复合句（2 并列分句）+简单句
语态	被动 be（released and delivered…）	被动，被动	主动，主动	主动，主动	被动，被动	主动，主动	主动，主动	被动，被动	被动，被动
拉丁语源	imprimis，item	直译（序列关系）	直译（并置关系）	直译（补充关系，但是未充分排序就补充，条件不充分）	直译（序列关系）	直译（并置关系）	直译（序列关系）	直译（序列关系）	直译（补充关系，但是未充分排序就补充，条件不充分）
法语语源	ambassador，espouse，crown，duchy，county，release，deliver	直译	直译	直译，3 处省译	直译	直译	直译，合译，省译	直译	直译
介词短语	between… and，（daughter）onto，ere	直译	直译 古汉语	直译 古汉语	直译 2 古汉语	直译 古汉语	直译 古汉语	直译 2 古汉语	直译 2 古汉语

续表

语体标记	联姻条约	梁译	章益	索译	覃 1	苏译	陈译	覃 2	傅译
情态词	shall，shall	省译，直译	2 省译	2 省译	省译，直译	直译，省译	2 省译	2 直译	省译，直译
专门用语	the said	省译	省译	省译	直译	省译	省译	古汉语	直译

省译最多的是法律术语“the said”一词，汉语文书中，少有对上文指称的重复性指代，所以其他五个译本对“the said”的处理，基本都采取了技术性省译方式。“the said”在覃1、覃2本中被译为“前文提到”“上文所述”，忠实再现了原文语义，甚至覃2本译法由于使用了古汉语功能词“所”更为典雅。傅译将“the said”译为“按所说”，这种译法其实是对原文的误读，属于误译。

总体来说，八个译本中“第一条”“第二条”“正文”“附文”等对等词具有引出合同条款的功能，“兹由/经……双方/共同议定/商定”等典型文书句式及冒号的使用等都增加了译文的庄重性。“应予以”“让渡”“交予”等词汇也基本体现出了原文的照会和律法行文风格。同时也可看出，联姻条约中最具有语篇再前景化功能的是古汉语功能词“之”的广泛使用。

同时，八译本的语体差异在用词风格上也有较大不同，如“同意”“商定”“议定”之间的语体色彩不完全相同，“娶”和“迎娶”的庄重程度也不一样，这些差异并非原文到译文的必然。所以从联姻条约的情景化再现中，也可以看出，英、汉语体标记并非一一对应，纯粹的从原文到译文的 S-T 研究无法从整体上更为细致地考量译文的语体差异，仅从翻译方法上无法充分地解释从原文到译文的语体传译效果，语体的细微差异要从译文之间的横向比较来判定。因此，不妨结合 T-T 翻译研究方向，增加对八个平行译本横向比较的考量，或更能体现出译本间语体风格的异同。

第四节　小结

本章探讨了《亨利六世》中具有显著语法前景化效果的反复、倒装、情感-信息标记语、庄雅标记语等语言现象，探查了它们在八译本中的转化和再现，并统计、计算出各自的前景化转化率。现将本章考察发现汇总如下。

句法层面，《亨利六世》原文中的反复手法多与情感表现相关，凸显了诗人对剧中人物情感形象的塑造，在人物整体形象的构成上，功不可没。译文中的反复显露了译者对诗剧本身、对说话人的情感认知，以及译者同剧中人物情感一致性的表达。各译本采用的再前景化策略大致有两种：保留反复、摒弃反复。能保留下来的反复通常是在翻译上对译者不构成挑战的首语、尾语、连接反复等，对难以从形式上直接保留的反复，通常采用各种补偿措施，如四字格、构式等词语层面的构词补偿，或显化、加强层进、转折、转承等句子层面的衔接补偿，再或者把原文反复移植到他处，使其在译文中仍然具有前景化效应，以此来实现前景化在译文中的复刻，以便于取得等值的凸显效果。

原文倒装更多显现的是诗人对信息本身的强调，对事件或氛围的营造，译文倒装体现的是译者在信息组构、遣词造句方面的特点。译文中的倒装，只要在句级层面上，其本质就是维护由倒装而凸显出来的信息焦点地位，首尾原则在倒装的前景化翻译中始终是一条隐含的主线。倒装的再前景化策略大致有三种：保留语序、保留焦点、保留意义。保留语序即对原文忠实等序地直观呈现。保留焦点就是尽管原句的倒装不能跨语言实现，但可遵照小句的首尾原则，重置语序，并采取多种补偿办法，保持原文信息的焦点地位不变。保留意义，指译者没有把原文倒装保留在句级层面，而是将倒装的句级形式前景化转换为词级的意义前景化。

语篇层面，《亨利六世》中最具情感前景化效果的是冲突语篇。通过分析三类冲突语篇中的情感-信息标记语的翻译，发现：无论原文还是译文，副词都是构成情感标记语的主要词类，这是由副词具有程度描述、传信、情态、语气等功能、能够灵活地表达说话人情感的特质所决定的。随着情感的增强，情感端标记语中的动词、名词、形容词等实体性情感词语出现的频率也在增加。此外，信息标记语“使”字句、“把”字句，在译文中的使用存在明显差异，情感较为强烈的反问型冲突和对抗型冲突中，“使”字句的使用明显少于“把”字句。此现象引出了笔者对语气情感翻译的一种假设：原文语气情感越强烈，译者越倾向于选择更为地道的母语表达。该假设可作为后续研究进行论证。翻译方法上，多数译本都以直译为主，搭配省译、合译、实指虚译等多种手段，基本可以保留并恰切地传递原文的语篇前景化特质。译本中最常见的情感补偿策略是转移，如对抗型冲突中由代词实现的情感标记语转移为由副词来实现，原文反驳语气转移为威胁、责问语气等。

庄雅语篇方面，原文律法、外交、合约书写中郑重、庄雅的语体标记语主要表征在复杂句式结构、语态、拉丁语、法语、中古英语、名物化、介词短语等语言变量上。其中，拉丁语、法语语源词汇和名物化是核心语体标记。相应地，汉语庄雅风格主要表征在古汉语功能词和现代汉语丁级词上，前者如“之”“于”“以”等仍活跃在各种文本中的文言虚词，后者相当于英语中来自拉丁语、法语中的大词、难词。文书庄雅特质的前景化翻译上，各译本主要使用了复合句、并列简单句、提引句等句式来处理原文主句。复合句由于其多层次的语义、逻辑表达，更为适合原文复杂主句的前景化效果的传译。提引句“兹……”属于典型的公文用语，很大程度上可以提升译文的郑重程度和语境氛围。另外，词汇处理上，八译本主要采取了成语、四字格、古汉语等本身就有前景化属性的汉语再现形式，有效地转移了原文的庄雅前景化特征。最后，由于英、汉两种语言的本质差异，原文核心语体标记名物化和介词短语，在译文中多呈现动词化倾向。

以上是八个译本在语法前景化上的翻译共性，下面将通过前景化转化率来探讨具体的翻译效果。首先，反复、倒装两项句级前景化进行的是人工分析，需要对其进行手动统计。笔者找出各译例中或忠实、或做了必要补偿的、较为成功地完成了原文反复、倒装前景化翻译的译本频数，再除以译例总数 17，得到译本的句法前景化转化情况（见表 5-20）。

表 5-20 《亨利六世》八译本句法前景化转化情况

译例（17）	梁译	章译	索译	覃 1	苏译	陈译	覃 2	傅译	均值
反复	2	3	1	5	1	2	4	4	2.75
倒装	3	4	1	6	2	5	8	5	4.25
句法前景化转化率（%）	29.41	41.18	11.76	64.71	17.65	41.18	70.59	52.94	41.17

其次，从前文表 5-5、5-6、5-7 中先提取原文在三种冲突中的情感标记语，并计算其均值，得到（39.13%+40.00%+57.14%）/3=45.42%。然后再提取、计算得到八个译本各自相应的情感标记语均值，将八译本的均值除以原文均值 45.42%，结果表达的是译本对比原文所传递的情感标记语的比率，该结果可视为冲突情感语篇的前景化转化率。此处主要考察八个译本对原文冲突情感前景化的翻译情况，具体见表 5- 21。

表 5-21 《亨利六世》八译本语篇前景化转化情况（%）

	原文	梁译	章译	索译	覃 1	苏译	陈译	覃 2	傅译
评述型情感标记语	39.13	21.88	37.84	30.3	46.15	40.62	31.58	45.45	38.71
反问型情感标记语	40	46.8	52.11	48.94	56.9	53.7	51.16	55.74	46.67
对抗型情感标记语	57.14	39.74	58.16	51.39	51.11	58.54	50	60	47.89

续表

	原文	梁译	章译	索译	覃1	苏译	陈译	覃2	傅译
均值	45.42	36.14	49.37	43.54	51.39	50.95	44.25	53.73	44.42
情感标记语转化率		79.57	108.70	95.87	113.14	112.18	97.42	118.30	97.81

另外，庄雅前景化转化率，也可采取类似的计算方式，即将表5-15中各译本的庄雅度值除以原文庄雅度值0.36，得出来的数据也可大致表达译本对原文庄雅度的传递比率（见表5-22）。

表5-22　《亨利六世》八译本庄雅标记语前景化转化情况

	原文	梁译	章译	索译	覃1	苏译	陈译	覃2	傅译
庄雅标记语	0.36	0.32	0.29	0.20	0.35	0.31	0.34	0.43	0.30
庄雅标记语转化率（%）		88.89	80.56	55.56	97.22	86.11	94.44	119.44	83.33

再取表5-21与5-22中情感标记语和庄雅标记语转化率的均值，得到整个标记语前景化的转化率，见表5-23。

表5-23　《亨利六世》八译本标记语前景化转化情况（%）

	梁译	章译	索译	覃1	苏译	陈译	覃2	傅译	均值
情感标记语转化率	79.57	108.7	95.87	113.14	112.18	97.42	118.3	97.81	102.87
庄雅标记语转化率	88.89	80.56	55.56	97.22	86.11	94.44	119.44	83.33	88.19
标记语前景化转化率	84.23	94.63	75.72	105.18	99.15	95.93	118.87	90.57	95.53

然后，再结合表5-20和表5-23，得到各译本在语法层面的前景化转化率（见表5-24）。

表5-24　《亨利六世》八译本语法层面前景化转化情况（%）

	梁译	章译	索译	覃1	苏译	陈译	覃2	傅译	均值
句法前景化转化率	29.41	41.18	11.76	64.71	17.65	41.18	70.59	52.94	41.18

续表

	梁译	章译	索译	覃 1	苏译	陈译	覃 2	傅译	均值
标记语前景化转化率	84. 23	94. 63	75. 72	105. 18	99. 15	95. 93	118. 87	90. 57	95. 54
语法层面前景化转化率	56. 82	67. 91	43. 74	84. 95	58. 40	68. 56	94. 73	71. 76	68. 36

直观来看，八译本语法层面前景化转化率均值为 68. 36%，说明，原文中近 1/3 的语法前景化现象未能被译者关注到，或注意到却没有采取有效措施对其进行语际转化。相比反复、倒装，大部分译本在语篇前景化的翻译中有着不俗的表现，尤其是情感标记语的转化率，均值甚至超过 100%，说明多个译本对原文中的冲突情感前景化特征进行了超额转化，在某种程度上也是译著成就原著的一种体现。

具体到各译本，有五个译本的句法前景化转化率超过了平均值，其中，覃 1、覃 2、傅三个译本的转化率远超均值 41. 17%，章、陈两个译本略高于均值。反复方面，章、覃 1、覃 2、傅四个译本无论在复现原文的反复修辞上，均有不俗的表现。章译偏重使用各种连词、逻辑递进、平衡等衔接手段，覃 1、覃 2 两个译本偏重四字格、熟语、语气词等词汇层面的补偿，傅译介于二者之间，但由于其异化导向，文中章、覃译本中令读者喜闻乐见的汉语熟语阙如。倒装方面，覃 1、覃 2、傅三个译本都注重以适宜形式保留原文倒装，采用“忠实等序、以倒译倒”策略，再现倒装的前景化效果。覃 2 本灵活变化句型结构，还注重各层级的语言资源调用，尤其是词汇层级，表现出“以词修句”的灵活级阶转换能力。相比反复，陈、覃 2 二译更多表现为倒装的前景化翻译。由表 5-20 可知，两个译本的反复、倒装前景化翻译较其他译本略微失衡，说明与自身相比，两个译本更注重信息组构的前景化再现。语篇方面，覃 1、覃 2 本的各次标注结果均最为靠前，无论是冲突中的情感标记语还是庄雅标记语，在戏剧语篇的跨语际前景化再表达上，都最能体现情感与信息的均衡、最为庄雅，可以说，覃学岚的两个译本较为成功地传译了《亨利六世》中的语篇前景化特征。另外，苏、陈二译本在语篇前景化传译上也有不俗的表现，前者善于情感的表达，后者长于庄雅度的拿捏。相对而言，索译本的各项指标落后于其他译本。

最后，通过句级前景化翻译的分析，我们还可以发现苏译本的悖谬之处：前译本保留反复时，苏译本往往无反复，而前译本无反复时，苏译本往往保留了反复。笔者推测，这种与其前译本刻意保持一定距离的译者行为，很可能是为了避嫌而作出的改变。苏译本这种怪异的译者行为基本符合许钧（1994）[5] 所说的尴尬境地：一段原文，译者经过反复推敲，终于译出了精彩的文字，但对照已有译本，发现有惊人的相似之处，译者实在担心背上“剽窃”的罪名，只好要么忍痛割爱，要么适当改写。这或许意味着，苏译本过于凸显译者主体性的“自由”翻译之风，很可能是避免雷同而不得已作出的改写。

第六章

语义前景化及翻译

语义层面，《亨利六世》中最为凸显的前景化手段是双关，其次是隐喻，两种现象都属于语义变异。无论从前景化视角还是从修辞视角来看，双关、隐喻都是《亨利六世》原文中无可忽视的变异景观，在情节推动和人物形象塑造方面具有重要凸显作用。

莎士比亚曾被批评滥用双关，约翰逊博士认为“双关对莎士比亚的头脑造成了致命魔力，这种诱惑是无可抗拒的”“他即使牺牲了理性、得体和真实也要追求双关语”（Johnson，1908）[23-24]。这也从侧面佐证了没有双关语的莎士比亚是不可想象的。双关的最大特征是“言在此而意在彼”，其翻译之难人所共知，如同横亘在译者面前的一道难以逾越的关隘（林克难，1988）。由于双关能模糊“翻译”与“改写”之间的界限，迫使译者暴露自己对待原文风格的态度、译文的选择策略等翻译观（Delabastita，1996）[356]，双关翻译已被认为是“最值得研究”（Delabastita，2004）[602]的一种翻译现象。

《亨利六世》中的隐喻，不仅深刻反映了英国当时的社会意识形态，也突出反映了莎士比亚本人的个人意识形态，在文本意义的构建过程中，也是不可小觑的力量。同时由于有的隐喻表现为如宗教、神话等典型的文化意象，译者对于这些意象的处理方式，一方面体现了译者本人对两种文化取舍的态度，反映了译者的翻译策略和翻译目的，另一方面也体现了当时的目的语读者群体对异域文化的接受偏好。

语义变异涉及两种语言不同的概念、符号和文化系统，考验着译者对原文的感知力和对译文的处置力，是挑战性最强的翻译内容。本章将主要研究各译本如何重构这些语义变异。

第一节 双关

双关是“用了一个词语同时关顾着两种不同事物的修辞方式”（陈望道，1997）[96]，是文学家较为喜爱的一种修辞手段。由于具有语言形式和意义的游戏特征（冯翠华，1995），双关在文本中通常会产生新鲜活泼、诙谐幽默、俏皮含蓄、冷嘲热讽、加强语义等修辞效果（徐鹏，1996；文军，1992；Newmark，2001）。《亨利六世》中出现的双关主要有两种：谐音双关和语义双关，前者利用同音近音的条件构成双关，后者利用词义的多义性构成表里两层意思。笔者统计了三部曲中双关的具体分布数据，见表6-1。

表6-1 《亨利六世》原文双关分布

	Act Ⅰ	Act Ⅱ	Act Ⅲ	Act Ⅳ	Act Ⅴ	合计	谐音	语义	集中出现场景
上篇	17	9	3	1	5	35	7	28	第一幕第二场（法国太子、贵族、贞德出场）；第二幕第一场（塔尔博特和贞德打斗）；第五幕第三场（萨福克俘虏玛格丽特）
中篇	2	3	3	18	1	27	14	13	第四幕第二场（起义者对凯德出身的探讨）
下篇	4	0	10	0	1	15	4	11	第三幕第二场（乔治与理查调侃爱德华和格雷夫人的约会）
合计						77	25	52	

双关修辞的出现场景“常含在很诙谐的对白里，或是出诸丑角”（焦尹孚，1926a）[308]，所以双关的分布还可以反映作者对剧中人物的态度、定位以及作者本人或公开、或隐藏起来的政治倾向。《亨利六世》中的双关主要涉及的人物有贞德、萨福克、凯德、爱德华等。

《亨利六世》上篇中的故事场景在法国和英国之间来回切换。法国场景被设置为非严肃的场景，其定位就是给严肃的英国政治做陪衬。贞德、查尔斯、阿朗松、雷尼耶等一众法国人物，虽然也具有推动情节的作用，但他们在剧中更多起打诨插科、戏谑搞笑的作用，来活跃剧场氛围，提高戏剧的趣味性。所以莎士比亚本意并不旨在将贞德塑造成一个庄严肃穆的圣女形象，而是一个丑角。历史上，真实的贞德稳定了法国军队，击败了英格兰人，最终将法国王太子推上王位（本内特，2007）[385]。她的出现，推动了法国民族意识的觉醒，导致英国失去了对法国的管控权，所以当时的英国人对其恨之入骨。

在莎士比亚看来，玛格丽特与亨利六世的联姻是英法战争中英国由盛转衰的标记。玛格丽特嫁到英国非但没有给亨利六世带来大笔嫁妆，英国还因此把缅因和安茹两地丢了。这在其他贵族眼中，无异于英国对法国割地赔款的投降行径，简直不可接受。玛格丽特的嫁妆问题在剧中一直被诟病，葛罗斯特对其不满，约克家族一直拿嫁妆羞辱她。然而这个来自法国的穷王后，却逐渐控制了亨利六世，成为兰开斯特家族的实际掌控人，并主导了玫瑰战争，给英国带来了巨大灾难。这令民族情绪高涨的莎士比亚同时代的人很是不爽，他们很有理由把这一系列的战争灾难迁怒到这个年轻的法国女子身上，于是作者就安排了玛格丽特和萨福克之间的私情，对其极尽嘲讽。

至于农民起义领袖杰克·凯德，莎士比亚显然不看好。莎士比亚在剧中对凯德起义的描写，为解读莎士比亚的人民态度提供了有力的佐证，那些试图证明莎士比亚具有反人民性的研究者，特别乐于引用这几场戏，而那些试图捍卫莎士比亚民主世界观的学者们，则往往羞于提及这几场戏（什维多夫，1994）[31]。凯德起义口号中的原始平均主义倾向激起了响应者的极大热情，然而在莎士比亚看来，愤怒的人民起来反对掠夺和压迫的同时，也很容易成为狡猾的政治蛊惑者手中的棋子。所以剧中凯德起义被戏剧性地安排为约克暗中挑拨的结果、贵族政治游戏中的牺牲品，凯德本人则被塑造成一个冒险家、一个被权贵利用的工具、一个篡权阴谋中的打手和傀儡。这种安排显然也符合诗人反感秩序混乱的一贯的社会观。

对白玫瑰家族的几个儿子们，莎士比亚亦未表现出足够的尊重，老大爱德华轻佻好色，老二乔治愚蠢善变，老三理查身体畸形、心思阴沉、狡诈凶狠。莎士比亚还毫不迟疑地将种种罪行如亨利六世的死亡、爱德华四世的两个儿子之死加诸于理查，对理查在此后几百年的声誉造成了巨大损害，极大地影响了理查在后世读者心目中的形象（高继海、赵昕，2023）。

一、谐音双关

谐音双关往往和剧中人物姓名产生关联，最为显著的例子就是贞德、凯德、萨福克三人的名字。

（一）贞德

贞德的名字比较复杂，其同时代人称其为“La Pucelle”（少女），中世纪法语为“Jeanne d'Arc”，英文“Joan of Arc”，莎士比亚在剧中称其为“Joan la Pucelle”。剧中其他人名基本上均采用了英文拼法，唯独贞德采用了一种英法融合的拼法。作者之所以这样做，是因为法文“pucelle”（少女，处女）一词和英语中的 puzzel（婊子，妓女）谐音。剧中人物对贞德的称呼也与大多数人物不同，用的不是 Joan，而是 pucelle。此种安排显然“是一个耐人寻味之处”，“或意在表示对贞德的不屑，或只将其视为陪衬性人物，反映了作者强烈的民族立场”（覃学岚，2015）[22]。

如上部剧中第一幕第四场 106-109 行台词中，作者在此处玩了一个典型的谐音游戏，“Pucelle or puzzel，dolphin or dogfish”。pucelle 前文已解释过，不再赘述。法国王储在法语中是 dolphin，与英语中 dolphin（海豚）同音，dogfish 是一种性情凶猛的小型鲨鱼。其背景是，英国宿将索尔兹伯里在奥尔良被法国炮弹炸死，大将塔尔博特发起复仇之战，向法国人叫阵。

例 6-1：

原文	Pucelle or puzzel, dolphin or dogfish, Your hearts I'll stamp out with my horse's heels, And make a quagmire of your mingled brains.（1H6 1.4.106-109）
梁译	圣女也好，妓女也好，太子也好，小鲨鱼也好。
章译	贞德也罢，针凿也罢；太子也罢，弹子也罢。
索译	贞德也罢，针芒也罢，太子也罢，弹子也罢。
覃 1	圣女也好妓女也好，王储也罢王八也罢。
苏译	任凭是贞德还是贞女，是皇太子还是黄鲨籽。
陈译	管它什么贞女还是妓女，海豚还是狗鲨。
覃 2	管你少女还是骚女，王储还是王八。
傅译	甭管什么妓女、圣女，海豚还是狗鲨。

显然，八位译者都注意到了此处的谐音，在语音和语义的双层处理上，各有取舍和兼顾。首先，对 pucelle 和 puzzel 的翻译有两种处理方式，一种采用了押“女”字尾韵形式，如梁、覃 1、覃 2、傅译分别将两个词译为“圣女”“妓女”“骚女”，另一种采用押“贞”字头韵形式，如章译、索译和苏译分别译为“贞德”“针凿”“针芒”“贞女”，陈译介于二者之间，兼而有之。对于 dolphin 和 dogfish 的处理就没有前两个词整齐了，dolphin 的处理方式较为多样化，被译为“太子”“王储”“皇太子”“海豚”，dogfish 的译法更是五花八门，从“小

鲨鱼”到“弹子”“王八”“黄鲨籽”“狗鲨”等。可以看出，在音、义两个层面，前两个词的语音基本都能被兼顾，后两个词则很难取舍。

就第一组双关语的翻译，“女”字韵在一定程度上优于“贞”字韵。首先，女字韵更接近剧中原文“pucelle”的语义，而贞德是“Joan”的译名，显然前者更为忠实。其次，“针凿”“针芒”两种译法在语义上和原文相去甚远，找不到任何关联。从这儿可以看出，索译本难以否认受到章译本的启发，二者之间存在一定的互文性。傅译本此句存在瑕疵，妓女、圣女二词译序颠倒了。还有一点值得探讨，在莎士比亚时期，贞德并没有被誉为圣女。据《欧洲历史大辞典·上》（王觉非，2007）[291-292]，贞德于1430年在贡比涅的一次冲突中被勃艮第公国俘获，后被英国宗教裁判所以女巫和异端的罪名判处火刑，遇害时年仅19岁。英军全部撤离法国后，法国宗教裁判所主导了贞德一案的重审，贞德于1456年被平反。但直到1920年5月16日，贞德才被本笃十五世封为天主教圣女。可知梁、覃1、傅三个译中的“圣女”并不符合戏剧中的语境。覃学岚在第二次翻译时就对此作出了改动，将“圣女”改为“少女”，说明译者对历史事实做了一番深入调查，其翻译思想没有局限于从文字到文字的过程，而是秉持了一种以文字照应历史，以文字照应现实的历史翻译观。不仅如此，“少女”的改动还引发了后续的连锁反应，“妓女”也被改为“骚女”，语义没有大变化，但在语音上实现了双重押韵，头韵/s/和尾韵“女”。因此可以说，这是一次非常成功的改动，也是译者的一次自我超越。

第二组谐音词的译法之所以五花八门，是由译者采用的翻译策略导致的。小鲨鱼和黄鲨籽尚可称为幼态的狗鲨，三者还算是同一动物的不同形态，具有共同的语义内核。王八和狗鲨虽已是两种不同的生物，但至少都是水生生物。至于弹子，虽然和太子保持了部分谐音，但其含义则离原文实在相去甚远，没有任何语义理据，纯粹为谐音而谐音，从多译本的历时发展趋势来看，正如苏译之后不再出现“贞德”一样，索译之后也不再出现“弹子”，这种变化确是一种整体性的进步。

另外，“Pucelle or puzzel, dolphin or dogfish”不仅是一个谐音游戏，还同后文的heart、horse、heel和make、-mire、mingled等词，构成了一个密集的头韵群，表达了塔尔博特对索尔兹伯里这位常胜将军战场殒命的悲愤与对法国上下的蔑视，具有强烈的情感修辞效果。对于愤怒的表达，前四个译本的句子结构基本相同，都是重复性语气助词“……也好”或“……也罢”构成的并举构式。“也罢”作为语气助词，形成于元代（雷冬平、胡丽珍，2008）[69]，具有浓重的文言色彩（黄碧云，2004）[169]。“也好”“也罢”构式在实际语用中，附着在无条件句的各条件分项后，增添了文本的书面语色彩，客观上起着舒缓全句语气的作用（黄碧云，2004）[169]。所以，从语式上来讲，“也好”“也罢”结构并不适合戏剧原文中的战争语场，减损了塔尔博特的愤怒，增加了其无奈感。

相比前四个译本，后四个译本的“任凭”“管他”“管你”“甭管”与“还是”的搭配，更为凝练，更具有情绪力量。但这中间也有些微差异，其中，“任凭”书面语色彩最重；“管他”说话人视角和受话人一致，违背了塔尔博特和法国人的敌对关系；“管你”说话人和受话人之间是对立关系，符合塔尔博特直面法国人，对其发出战争挑衅的真实语境；“甭管”是一种比较轻松的口吻，通常出现在条件句中，不表达愤怒，在 BCC 和 CCL 两个语料库中多出现在“甭管……，只要……，就……”句式中。对于蔑视的表达，“妓女”“骚女”都是对贞德形象的污名化，但对法国王太子的污名表达只有覃 1、覃 2 译本中的“王八”一词。“少女”“骚女”“王储”“王八”结构工整，对仗整齐，意蕴合理，堪称妙译。

就人物的情感表达和形象塑造来说，“也好”“也罢”等语气塑造了一个疲态的复仇者形象，“任凭”“管他”“甭管”的人物精神松垮，精气神儿不够。只有覃 2 译本言语粗鄙、活灵活现，准确还原了一个火冒三丈、内心愤懑、满心复仇，在阵前不断叫骂的英军将领形象。

（二）凯德

凯德在舞台上是个备受观众喜爱的角色，他说话粗俗，他的插科打诨让观众从重重阴谋中得以片刻喘息，观众紧张的情绪得到暂时的释放。从凯德一出场，作者就开始拿他的出身做文章。凯德在约克挑唆下自诩出身名门，而莎士比亚却借其同伴迪克之口，巧妙地解构了凯德的谎言。下面来看这一段对话的原文和翻译。

例 6-2：

原文	CADE My father was a Mortimer, —— DICK He was an honest man, and a good bricklayer. … CADE My wife descended of the Lacies, —— DICK She was, indeed, a pedler's daughter, and sold many laces. （2H6 4. 2. 28-31）
梁译	凯：我的父亲本是毛提摩家族的一员。 狄：他本是一个老实人，是一个优秀的泥水匠。 凯：我的妻是雷西一家的后人。 狄：老实说，她是一个小贩的女儿，卖不少的花边。

章译	凯德：我的父亲是一位摩提默贵族…… 狄克：他爹是个老实人，是个善良的泥水匠。 凯德：我的夫人出身于花编名门…… 狄克：的确，她是一个货郎的女儿，卖过不少花边。
索译	凯德：我父亲是一位摩提默贵族。 狄克：他是个老实人，很好的泥水匠。 凯德：我的夫人是花边贵族之后。 狄克：她确实是一个小贩的女儿，卖过许多花边。
覃 1	凯德：我父亲曾是摩提默家族中的一个…… 狄克：一个厚道人，一个不错的泥瓦匠。 凯德：我妻子出身于花编名门…… 狄克：她的确是小贩的女儿，卖过不少花边儿。
苏译	凯德：我父亲原是摩蒂默家族。 屠夫：他爹原是老实人，不错的泥瓦匠。 漏译 屠夫：他娘的确是货郎的女儿，卖了不少花边。
陈译	凯德：我的父亲来自摩提默家族。 狄克：他的父亲很诚实，是个善良的泥瓦匠。 凯德：我的妻子是莱塞斯家庭的后代。 狄克：不错，她是一个货郎的女儿，卖过许多鞋带。
覃 2	凯德：我父亲是摩提默家族的—— 狄克：一个厚道人，灰泥抹得没得说。 凯德：我妻子出身雷西家族—— 狄克：她的确是个小贩的闺女，卖过不少蕾丝。
傅译	凯德：我父亲出自莫蒂默家族。 迪克：他是个实诚人，一个很棒的泥瓦匠。 凯德：我妻子乃莱西之后。 迪克：说真的，她是小贩的女儿，卖了不少胸衣带子。

对话中三处谐音，“Mortimer”与“mortarer”、“Lacies”与“laces”、“travel”与“travail”。凯德称自己的父亲是一名摩提默贵族，摩提默是约克的母族，凯德的同伴迪克便向观众解释说明，其父确实是个好人，是个很好的泥瓦匠（bricklayer）。二者之间的关联是由 mortarer 一词引起的，mortarer 与 Mortimer 谐音，与 bricklayer 同义，间接引发了二者的音义联想。凯德称自己的妻子出自 Lacy 家族，即林肯伯爵 Earls of Lincoln 的姓，迪克又实诚地对大家担保，“的确，是个小贩的女儿，卖过不少花边儿”，Lacy 与 laces（蕾丝）谐音。莎士比亚利用迪克的没文化，把凯德在约克怂恿下漫不经心建构起来的谎言无意而又诚恳地戳穿了，将高门贵族与低贱职业并置，形成了巨大的反差，引发

了一种戏谑滑稽的场面。隐性谐音“travel”一词与“travail”发音相近，“travail”的英语本意是“辛劳”“分娩之苦”，但其拉丁语源“tripaliāre”却是下流用语，所以剧中的“travail”一词也具有了猥亵义。

第一组谐音中，“Mortimer”无一例外地都被处理为音译，如毛提摩、摩提默、莫蒂默。“bricklayer”的翻译除了覃2本中的与“摩提默”谐音双关的“抹得没得说”，几乎都是泥水匠或泥瓦匠。这中间唯一的变化是，覃学岚在第一个译本中用的也是“泥瓦匠”一词，但十五年后改为“抹得没得说”，可见译者并不满足于自己的早期翻译，而是在修改过程中不断完善着自己的翻译。这个变动也成为唯一一个包含英汉音义关系的表达，足见这组谐音双关翻译之难。

第二组谐音中，“Lacy”被译为：雷西一家、雷西家族、花编名门、花边贵族、莱塞斯家庭等，“laces”被译为花边、鞋带、蕾丝、胸衣带子等，这些基本都是惯常翻译，人名侧重音译，物名侧重意译。八个译本中，章、索、覃1、覃2四个译本保留了原文的谐音效果。前三个译本采用了意译方法，用“花边”将家族与职业联系起来，保持了原文中的谐音。不仅如此，还用汉语中“花边”一词隐含的桃色含义，将后文“travel”的猥亵义转移到“lace”一词上，实现了谐音双关的补偿翻译。覃2本则采用了“雷西家族”与“蕾丝”的音译方式，仅保留住了二者的谐音关系，没有转移猥亵义。从接受效果来看，这两种翻译方式的区别在于，前者让家族名称去俯就职业名称，在一定程度上违背了翻译象似性原则，所以读者难免会感到有些不自然。另外，虽然凯德对待这次身份捏造有些漫不经心，但从其撒谎吹牛的用意来看，自曝妻子出身于“花边家族”算是一种自我拆台的行为，终究不符合其拉虎皮扯大旗的造反目的。相比较而言，覃2本更自然一些。这也是为什么覃学岚改动此处译文的原因了。

总体来看，这三组（个）关于凯德身世的谐音双关，覃2译本，通过“抹得没得说”将汉语中几乎难以实现的音义同构不可思议地关联了起来，巧妙地保留了原文的双关语义，实属妙译。章、索、覃1、覃2四个译本保留了原文中“Lacy”与“laces”的谐音效果，且前三个译本将后文“travel”的猥亵义体提前转移了出来，保留了原文让人“往歪处想”的粗鄙风格。梁、苏、陈、傅四译本中，原文的谐音双关修辞效果基本丧失。

（三）萨福克

和萨福克相关的谐音有两处，第一处在戏剧中篇第一幕第一场中，萨福克通过给亨利敬献王后而获得封赏，从伯爵晋为公爵，跻身王宫新贵。但他的晋升受到了约克等旧贵族的记恨，约克对他发出了死亡诅咒。

例 6-3：

原文	York：For Suffolk's Duke，may he be suffocate，That dims the honour of this warlike isle！（2H6 1.1.121-122）
梁译	约：至于色佛克晋封公爵，这家伙应该让他窒息而死，他使得这个骁勇的岛国的光荣减色！
章译	约克：萨福克只顾自己升官，竟把我们这武功彪炳的岛国弄得暗淡无光，愿他被新到手的官阶噎死！
索译	约克：萨福克公爵，我希望他断气！他玷污了我们岛国的荣誉。
覃 1	约克：萨福克只顾加官晋爵，真该活活憋死才是，是他使咱们这骁勇的岛国之荣光黯然失色。
苏译	约克：萨福克之册封公爵，使这战功赫赫的岛国光彩黯淡，但愿公爵头衔把他噎死！
陈译	约克：为了加官晋爵，这萨福克居然玷污起岛国的光荣，但愿这新封的爵位将他噎死！
覃 2	约克：萨福克晋公爵，浸死他才好，真是有辱我们这骁勇岛国的荣耀！
傅译	约克公爵：至于萨福克公爵，该把他闷死，他使我们这勇武的岛国的荣耀变暗！

此处 Suffolk 与 suffocate 两个词之间形成了语音上的双层修辞：不完全双关和头韵。之所以是不完全双关，是因为两个词的读音并不完全相同，Suffolk 的读音为/'sʌfək/，suffocate 为/'sʌfəkeɪt/，前者包含在后者内。两个词的头韵修辞功能是情感意义强烈的诅咒。毫无例外，八个译本全部采用了“窒息而死”“噎死”“断气”“憋死”“浸死”“闷死”等死亡含义，其中七个译本在语音表达上没有和萨福克的名字建立起关联，只有覃 2 译本对原文的语音表达有所补偿。

从逻辑处理来看，章译、苏译、陈译均采用了读者友好型的补全逻辑方式，增译了“被新到手的官阶”“公爵头衔”“这新封的爵位”等短语，为“噎死”补足了施事主语，凸显了“噎死”的原因，属于一种丰译。其他译本由于舍弃了 Suffolk 与 suffocate 之间的语音联系，但又没有在升官和死亡之间作出必要的解释，产生了逻辑断裂，读者无法在二者之间建立有效关联，会有一种突兀之感。

从情感语气上来看，除了梁译和索译，其他六个译本都基本实现了对原文强烈诅咒之情的完全传译。梁译的“窒息而死”拉开了“窒息”与“死”之间的空间距离，产生了一种平静的疏离感，弱化了约克对萨福克的厌憎程度。索译“我希望他断气”的问题更大。首先，笔者经检索发现，BCC 和 CCL 两个语料库中，与“断气”搭配的多为“刚刚、快要、差点儿、直接、慢慢、几乎、还没有”等时间性副词，“断气”是对死亡临界点的一种中立描述。“我希望他断气”的背景信息应该是，某人奄奄一息，即将断气。这与原文语境严重不符。其次，译文中“萨福克公爵”可视为一种话题主语，而译者在“希望他”之前又强行添加了人称代词主语“我”，改变了话语焦点，将死亡焦点转移到“我”上，造成了语义的停顿、突转，拉开了约克作为叙述者和死亡诅咒者之间的心理距离，弱化了情感的宣泄。

从对人物形象的重塑来看，窒息而死、断气等译法，减损了约克对萨福克等人卖国行为的不满，将一个充满了怨念、憎恨，并且蠢蠢欲动要篡位的生动形象，变成了一个缺乏激情的旁观者，与其本来的面目产生了较大的偏离。梁译一以贯之地采取了忠实于原文的翻译策略，但从对人物形象的重塑来看，梁译本的忠实貌似是一种无效忠实。索译在此句台词中产生了误译、漏译各一处。原文 Suffolk's Duke，索译为“萨福克公爵”，译者显然没有注意到原文中两个词之间的物主代词标记，将一种对事件的表征误译为称谓。此外，warlike 的含义被漏译。

覃 2 译本改用“浸死”，单从语义角度来看，“浸死”显然是和水相关的一种死法，与原文“闷死”产生了一定的偏差。那么，覃学岚在自己的重译本中为什么会作出如此偏差性的改变？译者自己的解释是“中文中难以找到对应的谐音词，故暂用‘晋’‘浸’谐音，略资补偿”（覃学岚译 中，2015）[17]。但笔者认为，可能译者本人也没有明确意识到，这种补偿效果已经超越了谐音层面，而深入到了戏剧的整体性问题。这需要结合萨福克在整部剧中的命运来看。在 2H6 第二幕第四场中，女巫对萨福克的命运预言是“By water shall he die, and take his end”（2H6 1.4.63）。到了第四幕第一场即将结束时，这个预言就变成了现实，萨福克被流放。在乘船去往法国的途中，萨福克被水手和船长杀死在海上。所以，覃学岚的此次改动呼应了女巫的预言，呼应了整个戏剧的情节发展，这就足以看出，译者的改动经过了深思熟虑，是译者基于对文本再理解基础之上的整体观照。可以说，覃 2 译本秉持了一种大局翻译观，虽然在一定程度上牺牲了微观词义的通顺，产生了语义扭曲，但获得了戏剧情节的内部一致性补偿，实现了整体剧情连贯上的超越。所以，译者的此次语言微调是一种独具匠心的细致安排，不失为一种妙译。

第二处关于萨福克的双关在第四幕第一场萨福克临死之前。萨福克被亨利六世驱逐，乘船离开英国，到海上时，萨福克用言语羞辱了船长，大副看不过眼，要杀了萨福克，船长于是命令手下砍掉萨福克的头，萨福克却认为对方不敢，两人就此展开了一段对话。

例 6-4：

原文

WHITMORE Speak, captain, shall I stab the forlorn swain?
…
Captain Convey him hence and on our longboat's side Strike off his head.
SUFFOLK Thou darest not, for thy own.
Captain Yes, Pole.
SUFFOLK Pole!
Captain Pool! Sir Pool! lord! Ay, kennel, puddle, sink; whose filth and dirt Troubles the silver spring where England drinks. (2H6 4. 1. 65-74)

梁译

惠：船长，你说，我可以戳死这个不幸的家伙么？
……
船长：把他带走，在我们船上的大舢板旁边砍下他的头。
色：为保全你自己的头你不敢这样做。
船长：是的，蒲尔。
色：蒲尔！
船长：臭水！臭水爵士！大人！是的，阴沟，泥塘，粪坑；那份污秽污染了英国人饮用的清泉。

章译

水忒满：船长，你说，我该不该把这落难的公子哥儿给宰了？
……
船长：把他带到舢板上去，砍掉他的脑袋。
萨福克：你要想保住你自己的脑袋，你就不敢砍我。
船长：我敢，波勒。
萨福克：波勒！
船长：破落！破落老爷！大人！破水桶、污水沟、泔水池，你肚子里的肮脏东西把英国人喝的清澈的泉水都弄脏啦。

索译

惠特莫：队长，你说，我要不要把这个落难的家伙杀掉？
……
队长：把他带走，在大艇上砍下他的脑袋。
萨福克：你不敢，你会掉脑袋的。
队长：我就敢，波勒。
萨福克：波勒？
队长：波勒！波勒爵士！大人，阴沟，泥坑，污水池，你肮脏的东西把英国人喝的清泉都弄得一塌糊涂了。

覃1
水吞没：你说，上尉，我该不该把这落难公子一刀捅了？
……
海军上尉：把他押下去，带到我们的大舢板旁边去，一刀砍掉他的脑袋。
萨福克：要保住你自己的，你就不敢。
海军上尉：我偏敢，破落。
萨福克：破落？
海军上尉：破落！破落爵爷！大人！对，破水槽、污水坑、臭水沟，你那些污泥浊水把英格兰人饮用的清澈的泉水都给污染了。

苏译
惠特莫尔：请讲，船长，我该不该把这丧家的小丑给宰了？
……
船长：把他从这里带到船舷旁，砍掉他的脑袋。
萨福克：为了你自己的脑袋，你不敢砍我的脑袋。
船长：波尔。
萨福克：波尔？
船长：哼，你这臭阴沟、烂泥坑、下水道，用你那些龌龊肮脏的污水弄脏了英国人饮用的清澈的泉水。

陈译
惠特摩：船长，你说，要不要现在就用刀子捅了这个可怜虫？
……
船长：把他带到我们的航板上去，砍下他的脑袋。
萨福克：为了保全你自己的脑袋，我谅你不敢。
船长：我敢，泊勒。
萨福克：泊勒？
船长：泊儿！泊儿先生！泊儿大人！你就是臭水沟、污水坑、泪水槽，从你那里流出的脏水把全英格兰的清泉全糟蹋了。

覃2
惠特莫尔：你说，上尉，我该不该把这个可怜虫一刀给捅了？
……
海军上尉：把他押下去，带到我们的航板边上，一刀砍掉他的脑袋。
萨福克：要保住你自己的，你就不敢。
海军上尉：潽洱——
萨福克：波尔？
海军上尉：对，破阴沟，污水坑，臭水槽，那些污秽把英格兰人饮用的清泉都污染了。

傅译
惠特莫尔：你说，船长，要不我把这可怜的家伙刺死算了？
……
上尉船长：把他带走，带到大舢板边上把头砍了。
萨福克：为保你自己的，你不敢。
上尉船长：我敢，波尔。
萨福克：波尔？
上尉船长：死水！死水爵士！大人！没错，阴沟，泥潭，下水道，你的污垢弄脏了英格兰人喝的清泉。

要理解这段对话的内容，首先要理解其发生的上下文语境。这段对话属于上下文语境之间的一段过门话语，上文语境是萨福克刚刚辱骂过船长，讽刺船长从前在自己和玛格丽特王后面前是何等的奴才相，下文语境是船长历数、痛骂萨福克的罪行，如阴谋害死汉弗莱公爵、撮合亨利六世与玛格丽特丧权辱国的婚姻、挤兑约克等贵族导致对方扯旗造反等。

表面上看，船长为了强调自己有胆量杀死萨福克，回复了一句“yes, Pole”，而后者听到卑微的船长此时居然敢直呼其姓，感到格外吃惊，条件反射式重复了一句“Pole!”。看到萨福克感到吃惊，船长更是赌气式地改呼对方为“pool”。由于“Pole”与“pool”发音相近，接下来的对话语义就自然滑向了阴沟、臭水塘、烂泥坑等清泉污染体。但是，前文曾指出，双关词语与特定的人物相关，所以剧中只要玛格丽特和萨福克同时出现，就一定会有双关语。原文中大副说的“forlorn swain”，多被翻译成“可怜虫”“可怜的家伙”等，但其实是大副在嘲讽萨福克被玛格丽特遗弃（覃学岚译 中，2015）[96]。“Pole”在莎剧中经常被用作专指男性器官的猥亵双关语（Rubinstein，1989）[343]，而“puddle”和“sink”在莎士比亚时代是用来指代妓女的通用语（Rubinstein，1989）[343]，所以这段对话的底层叙事含义是船长想要把萨福克阉割掉，将其变为妓女。足见诗人语言的高妙！

此处“Pole”与“pool”的翻译之难，体现在三个方面，一要读音相近，二要保留猥亵义，三要与后文的水相关。八个译本在此处也是煞费苦心，见表6-2。

表 6-2 八译本“Pole”与“pool”的翻译比较

	梁译	章译	索译	覃 1	苏译	陈译	覃 2	傅译
Pole	蒲尔	波勒	波勒	破落	波尔	泊勒	潽洱	波尔
Pole	蒲尔	波勒	波勒	破落	波尔	泊勒	波尔	波尔
pool	臭水	破落	波勒	破落	哼	泊儿	对	死水

首先，“Pole”在原文中被重复了两次，除了覃2译本，其他七译本也将“Pole”的翻译重复了两次。覃2本的第一个“Pole”译为“潽洱”，第二个“Pole”译为“波尔”，产生了小幅变化。由于“潽洱”和“波尔”之间与后文的照应效果几无二致，所以这次小幅变化，颇有莫名之感。其次，“pool”的读音与“Pole”之间有细微差异，译本也应表现出一定的谐音顺承关系。但是，在实际翻译中，“pool”的翻译却表现不一。纵向来看，索、覃1二译本的三个词从一而终，一个是“波勒”到底，一个是“破落”到底，其他六译本都发生

了改变。梁译“臭水”和傅译“死水”都断绝了与“Pole”的谐音关联，开始向“pool”的语义靠拢。虽然“臭水”“死水”都与“水”相关，但显然“死水”指不流动、滞积、没有外源的水，引申义指墨守成规，与下文要强调的污秽、肮脏是两回事儿。之所以被译为“死水”是译者为了照应女巫对萨福克做出的“因水而死”的命运预言（傅光明，2021）[125]。章译“破落”和陈译“泊儿”接近“Pole”的发音，但牺牲了“pool”的语义，“泊儿”本身不是一个具有意义的含义词汇。苏译和覃2干脆用“哼”“对”两个语气词替代了“pool”。

总的来看，除了章译、覃1的“破落”具有谐音戏谑义、与污染源相关的“臭水”和与水勉强相关的“波”“泊”“死水”之外，其他译法在此处基本都遭遇了滑铁卢，导致底层叙事全都失去，上层叙事也没有保持衔接顺畅自然。英汉语言游戏翻译之难也由此可见一斑！虽然林语堂在1933年就定下了“莎剧可译”的大基调，但莎剧中大量的语言艺术，对译者来说，仍然构成了极大的挑战。

通过表6-3，我们能更清晰地看出各译本在面对谐音双关时的策略选择。

表6-3 八译本谐音双关处理策略

	译文	音+义	音	义	文内补偿	文外注释
梁译	圣女 妓女 太子 小鲨鱼 毛提摩 泥水匠 雷西一家 花边 到处叫卖 蒲尔 蒲尔 臭水	2	4	6	尾韵	1
章译	贞德 针凿 太子 弹子 摩提默 泥水匠 花编名门 花边 到处兜销 波勒 波勒 破落	3	5	5	头韵 谐音转移	0
索译	贞德 针芒 太子 弹子 摩提默 泥水匠 花边贵族 花边 出去叫卖 波勒 波勒 波勒	2	6	4	头韵 谐音转移	0
覃1	圣女 妓女 王储 王八 摩提默 泥瓦匠 花编名门 花边儿 到处叫卖 破落 破落 破落	6	2	4	头韵 谐音转移	0
苏译	贞德 贞女 皇太子 黄鲨籽 摩蒂默 泥瓦匠（漏译）花边 走街串巷 波尔 波尔 哼	4	3	3	头韵 谐音转移	0
陈译	贞女 妓女 海豚 狗鲨 摩提默 泥瓦匠 莱塞斯家庭 鞋带 到处走动 泊勒 泊勒 泊儿	2	5	5	头韵	1
覃2	少女 骚女 王储 王八 摩提默 抹得没 雷西家族 蕾丝 到处叫卖 潽洱 波尔 对	5	6	2	尾韵 头韵 谐音转移	8
傅译	妓女 圣女 海豚 狗鲨 莫蒂默 泥瓦匠 莱西之后 胸衣带子 四处叫卖 波尔 波尔 死水	2	4	6	尾韵	2

从上表可以看得出，谐音双关翻译很难做到“音义兼顾”，八个译本中只有覃1、覃2、苏三个译本在“音译兼顾”上较为突出，较为努力地保留了原文的谐音双关修辞风格。其他译本在音义难以取舍之际的选择各有侧重，梁、傅二译本具有明显的“舍音取义”倾向，在很大程度上保留了原文语义，抑制了其语言艺术，舍弃了语言本身的妙趣。索译倾向于“舍义取音”的处理方式，牺牲了一部分语义理据，所以在语义衔接上不够畅达。章译和陈译相对而言，没有明显的倾向，在两种处理方式上较为折中。

为了保证译本的可接受性，谐音双关的翻译有必要增添适当的文内、文外补偿手段。几处译文的文内补偿手段主要表现为头韵、尾韵和谐音转移三种，头韵主要出现在“贞女”“贞德”的翻译中，尾韵体现在“圣女”“少女”上，谐音转移主要是“花边（儿）”等对“travail”的转移。由于不受语言能力的限制，文外注释是一种最为常用的双关补偿手段，但各译本对加注的使用也不同。有的译本没有加注是因为本身就是非注释本，是赞助人统筹规划的结果。如人民出版社的章译本，或因为朱生豪生前的翻译都没有注释，所以为了保持统一，后来补译的历史剧便也基本没有加注。有的译本或为了不打扰读者阅读而只有极少量注释，如索、覃1、苏译本。也有译本为了让读者接受得更明晰，添加了比较翔实的注释，如梁、覃2、傅三个译本。值得一提的是，各译本中双关注释最多的是覃2本，共注释了八处，基本将每个谐音的来龙去脉都交代清楚了，为读者理解剧中的谐音游戏提供了全面的信息，极大地帮助了读者对戏剧的深度理解。

从译文本身的音义表达、文内外补偿手段等因素综合看下来，覃学岚的两个译本最大程度地保留了原文生动、粗俗的谐音双关风格特征，而与此相反的是梁译和傅译，两个译本为了追求语义的清晰，基本牺牲掉了原文中的谐音。其他译本则介于两者之间，没有表现出明显的译本特色。

二、语义双关

双关是一种基于语言符号内部关系的意义体现，只存在于本语言系统内部，很难移植到另一语言中，所以在翻译中的意义损失是难以避免的。通常只能保留住一层意象，另一层不得不被舍弃，结果造成“双关”立意的丧失（刘宓庆，2019）[90]。《亨利六世》中众多的语义双关也给译者造成了不小的困难。下面就对关涉各主要人物的语义双关进行分析。

（一）贞德

只要贞德出现，必有语义双关，双关是莎士比亚塑造贞德形象的重要手段。

《亨利六世》上篇第一幕第二场中，贞德初次亮相，与法国王太子查尔斯一番长谈，希望法军能坚持下去，抗击英军入侵，不要放弃奥尔良。结果在法国贵族雷尼耶和阿朗松的对话中，这次谈话完全变了味儿。二人在对话中多次使用双关语，“shrives”“protract”“know”“mean”“tongue”等常用词都有了性意象。

例 6-5：

原文	REIGNIER My lord, methinks, is very long in talk. ALENCON Doubtless he shrives this woman to her smock; Else ne'er could he so long protract his speech. REIGNIER Shall we disturb him, since he keeps nomean? ALENCON He may mean more than we poor men do know: These women are shrewd tempters with their tongues. （1H6 1. 2. 118-123）
梁译	瑞：我觉得我们的太子话太多了。 阿：无疑的他是在仔细盘问这个女人，一层层地盘问到她的衬裙上去了：否则他的话不会扯得这样长。 瑞：他既然有点过分，我们要不要去干扰他？ 阿：也许在分际上他懂得比我们多：这些女人最善花言巧语地诱惑人哩。
章译	瑞尼埃：我看我们的主公谈话的时间够长啦。 阿朗松：他听取这女人的报告一直听到她贴肉的衣服里去了，否则怎么会把谈话的时间拉得这么长。 瑞尼埃：他既然这样漫无节制，要不要叫他一声？ 阿朗松：他总有他的道理，我们这些可怜的人是猜不透的。这种女人口齿利落，怪会迷人的。
索译	赖格尼尔：大人，主公好像谈得时间太长了。 阿伦森：毫无疑问，他听这女人的忏悔直听到她的内衣里去了，否则他不会如此滔滔不绝。 赖格尼尔：既然他这样没有节制，我们是不是提醒他一下？ 阿伦森：可能他的意愿非吾等可怜的人所能知。这些女人花言巧语，很会迷人的。
覃 1	瑞尼埃：我觉得我们的主上好像没完没了啦。 阿朗松：他盘问那个女人肯定都盘问到衬裙里去了，要不，他的话再怎么也拉不到这么长啊！ 瑞尼埃：既然他这么放肆，我们要不要前去骚扰？ 阿朗松：他想到哪里去了，我们这些下人哪里知道；这些女人巧舌如簧很会诱人进她们的圈套。
苏译	雷内：我看咱的殿下话说得也太多了点吧。 阿郎松：他一定听这女人唠叨到她内衣的份儿上，要不他怎么会把谈话的时间拖得这么久。 雷内：既然那般毫无节制，我们不妨打扰他一下？ 阿郎松：他也许自有道理，我们这些可怜的人弄不大懂。这些女人使起伶牙俐齿，可是些狡猾的引诱者。

陈译	瑞格尼尔：我们的太子这一番盘问，时间也太久了点。 阿朗松：他一定盘问到她的内衣里去了，否则不会拖得这么久的。 瑞格尼尔：他太没有节制了，要不要打断他一下？ 阿朗松：天知道他能节制些什么，这种女人凭一张巧嘴，最能迷惑人。
覃 2	雷尼耶：咱们主上，窃以为，话说得可真长。 阿朗松：无疑他把这女子的底细扒了个精光，要不他那话儿怎么也扯不到这么长。 雷尼耶：他这长得也太离谱了，要不要上去打断一声？ 阿朗松：他的心思我们这些下人岂能搞清。这样的娘儿们口舌功夫了得，很会勾引人上当。
傅译	雷尼耶：依我看，咱王太子的话太长了。 阿朗松：多半他要到这女人的内衣里去听忏悔求恕罪，否则，他不会扯这么长。 雷尼耶：长得没边儿了，咱们打断一下？ 阿朗松：他什么心思，我们这等可怜人怎么弄得清。这种女人才狡猾，专凭巧舌诱惑人。

首先，对话中“to her smock”是双关叙事的关键信息点，尽管本身不含双关义，但其最大的功用是与“shrives”一词搭配，成为上下文语境中的猥亵义指示语，奠定了整个谈话的桃色基调。如果将其换作“for two hours”，整段对话的双关意趣则会顿失。所以有必要先来看一下“shrives to her smock”的翻译。

“shrives”有两层含义，其本意是“听忏悔者的忏悔并给予宽恕、赦免”，属于宗教用语，此处指查尔斯聆听少女贞德对此战利害关系的陈情。“shrives”的另一层含义，即其双关义“宽衣解带”。莎士比亚在《亨利六世》三部曲中曾两次使用“shrive”一词来营造桃色氛围，一处在此，另一处位于下篇第三幕第二场 108 行。笔者检索了“莎士比亚同时代戏剧库”，发现将庄严的宗教用语“shrive”转义为猥亵用语这一做法，并未出现在莎士比亚同时代其他剧作中，或说明这种用法是莎士比亚的独创，也或说明诗人对宗教并无多少敬畏之心。

“shrive”在八个译本中有三种译法，“盘问”“听”“扒了个精光”。前两种译法“盘问”和“听”都是言语行为，凸显了查尔斯在与贞德的谈话中所扮演的说、受话角色，而第三种译法“扒了个精光”却是动作行为，以形象、精炼的动补结构明示了动作的结果，比前两种译法更为紧凑、生动。“smock”有四种译法，“衬裙”“贴肉的衣服”“内衣”以及“底细”，前三种是“smock”的本意，最后一种译法可视为其引申义。“底细”与“扒了个精光”搭配，巧妙地制造了译文的双层叙事，表层叙事指查尔斯获取了关于少女的出身、能力以及被圣母点化等详细的个人信息，里层叙事则是雷尼耶和阿朗松对贞德的裸体的隐喻式想象，几乎完美再现了原文的外延和内涵。

下一处，"protract"普通语义为"延长"，双关语义为"勃起"，除了索译为"滔滔不绝"外，其他译本都将其译为"扯/拉/拖+这么/这样长"的动补式结构，基本没有差异。但译本中与"protract"搭配的主语却各不相同，归纳起来有四种，"他""他的话""谈话的时间""他那话儿"。主语不同，取得的双关效果就天差地别。"他""他的话""谈话的时间"三种译法基本不存在双关义，但"那话儿"既呼应了原文"speech"的谈话之意，又因其向来都是中国文学作品中男性性器官的别称，而承接了"protract"暗含的猥亵之义，此译采用虚实相掩、明暗相间的翻译手法，成功地观照了原文的双关语义。"tongues"本意"舌头"此处为"口交"之意，各种翻译中，"花言巧语""口齿利落""巧舌如簧""伶牙俐齿""一张巧嘴""专凭巧舌"等都不含猥亵之义，而"功夫了得"在汉语中本身就带有双关色彩，译者将"床上功夫"巧妙地化用为"口舌功夫"，不漏丝毫斧凿痕迹。

整个对话看似雷尼耶和阿朗松觉得贞德和太子之间的谈话过长，其实却是二人觉得贞德和太子的性行为时间过长，二人在室外等得有些不耐烦了。八个译本中，只有覃2本译出了此段对话原文中的双关效果，生动翻译了英语原文中粗俗、下流而又含蓄的玩笑。单就"shrives""tounge""protract"三个双关语的翻译方法而言，前二者采用了以双关译双关的方式，"protract"一词的双关义转移到了增译的"那话儿"之上，使其双关含义得到了显化。这两种翻译技巧将语言发生时的情景语境与汉语的文化语境巧妙地嵌合在一起，即使没有注释读者也能大致领略到原文中的粗俗猥亵之义，所以覃2译本对此段对话中的双关义的翻译，可谓得到了原文神髓。可以说，八个译本中只有覃2本以其高超的翻译技巧表达出了原文的双关之意，深度还原了雷尼耶和阿朗松在原文中的猥琐、轻佻、八卦之火熊熊燃烧的伴当形象。其他译本，基本都将雷尼耶和阿朗松二人的形象重构为等候在帐外略嫌无聊，却仍然尽忠职守的死板下属。

（二）萨福克

萨福克构陷、杀害葛罗斯特公爵，激起伦敦城内的民变，亨利六世趁此机会将其放逐。被放逐之前，萨福克与玛格丽特告别，二人互诉衷肠，有一段相当长的对话，对话中蕴含了密集的双关义。原文句①中，"die"字面义为死亡，双关义为"have an orgasm"（Rubinstein，1989）[148]。莎士比亚用"die""death"等死亡用语表示性高潮的做法在《罗密欧与朱丽叶》《理查三世》《仲夏夜之梦》等多部剧中都出现过。"lap"一词，对莎士比亚而言，也总是带有性内涵（Partridge，2001）。句②生动的身体描写意味着句③并非纯粹的灵魂交换，而是一种性行为（Rubinstein，1989）[35]。句④请求玛格丽特把他留下来，让他能够在极乐之后的寂静中死亡。所以从表面上看，这段表白是萨福克不想与玛格丽特分开的情感倾诉，事实上却是在向玛格丽特求欢。

例 6-6：

原文	SUFFOLK①If I depart from thee, I cannot live; And in thy sight to die, what were it else But like a pleasant slumber in thy lap? … ②Where, from thy sight, I should be raging mad, And cry out for thee to close up mine eyes, To have thee with thy lips to stop my mouth; ③So shouldst thou either turn my flying soul, Or I should breathe it so into thy body, And then it lived in sweet Elysium. To die by thee were but to die in jest; From thee to die were torture more than death: ④O, let me stay, befall what may befall! (2H6 3. 2. 389-403)
梁译	色：我若是离开你，我不能活；在你眼前死去，不恰似在你的怀里安眠一样的么？…… 若是不在你眼前死，我会发狂，喊着要你来为我阖眼，用你的嘴唇来堵塞我的嘴：不是你把我的要飞出去的灵魂堵截回来，便是我把灵魂吹进你的体内，然后它就算是住进了天堂。在你身边死，只是在笑谈中死去罢了；离开你的身边死，那是比死还要难受的酷刑。啊！让我留在此地，不管什么事情发生！
章译	萨福克：我离开了你，也就活不下去了。倘若我死在你的面前，那就如同依傍在你的怀中做了一场美梦。…… 要是离开了你，那我就会如醉如痴地呼唤着你，要你来合上我的眼睛，要你将嘴唇对准我的嘴，或者堵住我的魂灵儿不让它逃跑，或者将它吸进你的身体，让它居住在这座甜蜜的仙宫里。在你的身旁死去，好比谈笑一样的轻松；和你分离以后再死，那就像千刀万剐一般难受。唉，让我留下吧，不论遭受什么灾殃，也顾不得了！
索译	萨福克：我离开你就活不下去了。死在你的眼前不是像在你的膝上做了一个美梦吗？…… 离开了你，我会疯狂起来，嚷着叫你把我的眼睛合上，用双唇堵住我的嘴巴，或者阻止我的魂灵跑掉，或者将它吸进你的身体，让它在甜蜜的天堂福地安居乐业。在你的身边死不过是玩死的游戏。噢，让我留下吧，管他会怎样呢！
覃 1	萨福克：如果离开了您，我就没法活下去了，在您的眼前死去，岂不正好如同依偎在您的怀抱里做它一场美梦？……要是不死在您的眼前，我就会发狂，喊着叫着要您来替我合上我的眼睛，要您用您的樱唇堵住我喊叫着的嘴；不是您将我逃遁的灵魂堵截回来，便是我将我的灵魂吹进您的体内，这样它也就住进了您甜蜜的仙宫。死在您的身旁犹如谈笑一样轻松，离开您再死将比千刀万剐还难受。啊，让我留下吧，不管发生什么不幸！
苏译	萨福克：我要是离开你，我也活不成了。当着你的面死去，对我来说完全像快活地睡在你的怀里！…… 离开了你，我会愤怒得发疯，呼唤你来给我合上眼睛，将你的嘴唇吻住我的嘴，这样你就留住了我的飞行的灵魂，或者我会把我的灵魂呼进你的身躯，那样它就生活在温馨的乐土上了。在你身边死去，好像在谈笑之中升天；而离开你死去，那就死得痛苦，死得难受。噢，让我留在你身边吧，不管发生什么事情都无所谓了！

陈译	萨福克：一旦离开你，我也就没法活了。如果在你眼前死去，对我来说，不就是倒在你的怀里的一场甜美的睡眠吗？……如果死在别处，临死前我会陷入癫狂，哭喊着你的名字，希望你来给我合上双眼，用你的嘴唇将我的嘴巴堵住。你那时可以截住我的灵魂，不让它飞逸出我的身体，要么就把它吸入你的体内，让它在你的仙宫安居。死在你身边，那是一种欢乐；离开你而死，那是一种折磨。噢，让我留下来吧，其他的一切我都顾不上了！
覃 2	萨福克：如果离开了你，我就活不下去；就在你眼前死，这岂不正像在你腿上痛痛快快睡上一场？……若不死在你的眼前，我准会发疯，喊着叫着要你来替我合上眼睛，要你用你的樱唇来堵住我的嘴，不是你将我出窍的灵魂堵截回来，便是我将我的灵魂吹进你的体内，这样它也就住进了甜蜜的极乐福地。死在你身旁，不过是快活而死；离开你而死，比死还要折磨人。啊，让我留下吧，任他天塌地陷！
傅译	萨福克：若离开你，我活不了。死在你眼前，不好似在你腿上美美睡一觉？……若不能死在你眼前，我会发狂，大声呼喊，叫你为我合上双眼，叫你用双唇堵我的嘴。因此，不是你把我飞出体外的灵魂截回来，就是我把它吹进你体内，然后它便住在甜美的伊利西姆。死在你身边，不过在笑语中死去；离你而死，那比死亡更受罪。啊，让我留在这儿，任凭降下何种命运！

首先看双关翻译，句①中的“die”基本都被翻译为“死/死去”，英汉表层义都是死亡，这种译法无可非议。“a pleasant slumber”在梁、章、索、覃1、陈五个译本中被译为名词性短语“安眠/美梦/甜美的睡眠”，保留了原文的名词词性，但在苏、覃2、傅三个译本中被译为动词性短语“快活地/痛痛快快地/美美/睡上一场/一觉”，原文的词性发生了改变，更偏重对“睡”的动态描写。至于“lap”，除索、覃2、傅译本译为“膝/腿上”，其他五个译本都译为“怀里”，看似唯美，其实与原文文本和主旨都不相符，属于误译。句③的“Elysium”指希腊神话中的理想住所或死后去处，七个译本都采用了意译手法，包括“天堂/仙宫/乐土/福地”等译法，前接“温馨的/甜蜜的/甜美的/极乐”等修饰语，唯有傅译的“伊利西姆”采用了音译手法，具有了与其他译本完全不同的异化风格。

整段台词中，句④“befall what may befall”可谓塑造萨福克形象的关键句。句中“befall”反复了两次，颇有一番“牡丹花下死”的风流之义，此处“befall”的双关含义是“in post-coital detumescence（指阴茎在性交后恢复疲软）”（Rubinstein，1989）[35]。章、陈译本中的“顾不得”“顾不上”将萨福克重构为一个急色智昏的色鬼形象，索、苏译本中的“管他会怎样呢”“都无所谓了”呈现出一个轻浮随意的纨绔公子形象。覃1、傅译本中的萨福克敏锐地预感到了自己的“不幸”“命运”，成为一个略带悲情色彩的政治斗争失败者，但从后面的故事发展来看，此时萨福克尚未察觉自己将要死亡，两个译本重构出来的萨福克与当下情节略有出入。最为接近原文形象的是梁、覃2译本，“不管什么事情发生”“任他天塌地陷”两种表达，凸显了说话人但求一夕之欢而不计后果的倜傥。相比较之下，梁译中“什么事情”为前置受事主语，受到突出和强化，读者自然会期待后文出现说话人对可能发生事件的反应，但句子到这儿却戛然而止，句意似未能表达完整，既影响了文本表达的通畅，也导致萨福克的情感无法有效宣泄。而覃2译本的“天塌地陷”，渲染了一种惊心动魄的疯狂感，更符合萨福克当下的心态。

（三）凯德

我们在谐音双关部分，已经分析过迪克如何利用谐音双关解构了起义领袖凯德的贵族出身谎言，但关于凯德妻子职业的描述似乎意犹未尽。原文中，隐性谐音“travel”的翻译几乎都是“到处兜售/叫卖”，售卖的内容是花边（儿），句义就变成了：凯德妻子要么出身于编造花边新闻的家族，要么其家族本身就是花边家族，而她以贩卖别人家或自家的绯闻为生。但卖花边似乎并没有取得莎士比亚惯常双关手法的辛辣效果，所以仍需要进一步考察。

原文谐音词“travel”之后紧跟短语“with her furred pack”，“furred pack”字面义“毛口袋”，然而莎士比亚时代的“pack”是拉皮条或妓女的代名词（Rubinstein 1989）[183]，所以此处的“furred pack”暗指女性阴部。到这儿，我们才知道这是一句具有强烈性暗示的台词，凯德妻子的职业内容才算是披露了出来，即以贩卖花边之名，行卖淫之实。不能到处“travel”之后，只好改行“washes bucks”。“buck”字面义为各种雄性动物、鹿皮，古英语中还指“纨绔子弟”，所以台词“washes bucks”明指凯德的妻子转行了，暗指其事实上还是在操持旧业。至此，迪克的解构才算是彻底完成，观众、读者才明白高贵的雷西家族居然以卖淫为生。在紧接着的下句凯德的台词“therefore am I of an honourable house”（2H6 4.2.34）映衬下，凯德出身的戏谑效果也达到了高潮。真实演出中，这段表演势必会引发台下观众的哄堂大笑，推高舞台氛围。

例6-7：

原文	SMITH But now of late, not able to travel with her furred pack, she washes bucks here at home.（2H6 4.2.32-33）
梁译	斯：但是最近背不动皮毛包裹去到处叫卖，就在家里给人包洗衣服了。
章译	史密斯：不过近来她因为不能带着货色到处兜销，已经改行，在家里替人家浆洗衣服了。

索译　史密斯：最近她不能扛着皮袋子出去叫卖，她就在本地给人家洗衣服了。

覃 1　史密斯：最近她不能扛着皮袋子出去叫卖，她就在本地给人家洗衣服了。

苏译　织工：可是近来因她不能挑着货物走街串巷，就在家里涮洗衣服了。

陈译　史密斯：但最近她不能带着她的装货包儿到处走动了，便改行在家里给人洗衣服。

覃 2　史密斯：不过近来，她已背不动自己那副毛皮囊到处叫卖，只好在家里给人家揉揉搓搓。

傅译　史密斯：但最近，她背不动毛皮包儿四处叫卖，只好待在家里搓洗衣服。

翻译中，七个译本采用的策略基本都是表达字面义，牺牲了从汉语角度来说不太影响叙事进程的双关隐含义。“furred pack”一词基本译为“皮/毛包裹/袋子/包儿”“货色/装货包”等，舍弃了猥亵双关义。从翻译效果来看，除了覃2译本的“皮囊”具有与身体相关的指称义，如其构成的“臭皮囊”“空皮囊”等名词短语，其他译法“皮包儿/装货包”等均与身体无关。至于“washes bucks”，除了覃2的“揉揉搓搓”，其他译法都采用了显化手法，将其含义明确固定在了“洗衣服”上。相比之下，比起“洗衣服”的明确性，“揉揉搓搓”的含混性更胜任双关语的双层指代。

为了提高交际效率，同一文化背景的成员在交际中往往省去一些对双方来说不言而喻或不言自明的背景知识（shared background knowledge）或语用前提（pragmatic presupposition），这些被省去的东西就是“文化缺省”（王东风，1997）[55]。在一定程度上，双关的翻译就是译者尽最大努力弥合两种文化之间的某些文化缺省。在还原两种语言间的文化缺省时，通常借助文外作注、文内明示、归化、删除、硬译等补偿手段（王东风，1997）。令人遗憾的是，梁、章、索、覃1、苏、陈六个译本在此句翻译中无任何补偿手段，可以说是一种硬译，导致原文双关义的缺失不可避免。只有覃2、傅两个译本为这段对话加了注，充分展示了原文的猥亵风格。

（四）爱德华

《亨利六世》下篇第三幕第二场，格雷夫人即后来的伊丽莎白王后求见爱德华，希望能收回在战争中失去的庄园。爱德华的两个弟弟乔治和理查对二人的初次会面进行了调侃，在一定程度上缓解了戏剧的紧张氛围。原文中“shrift”为“shrive”的名词形式，这是莎士比亚在《亨利六世》中第二次将这个宗教用语转义为双关语，在一定程度上也暗讽了宗教的虚伪、约克兄弟的轻佻。下句中“shift”一词，与上句末的“shrift”形成了尾韵，还与前面的“shriver”形成头韵，说明这几个词具有明显的修辞功能。从情节发展来看，葛罗斯特，即约克的小儿子理查，也即后来的理查三世，此时已开始包藏祸心，对大哥爱德华的好色冷眼旁观，不怀好意。克莱伦斯，即乔治，约克次子，也是对其不住揶揄。

例 6-8：

原文	GLOUCESTER The ghostly father now hath done his shrift. CLARENCE When he was made a shriver, 'twas for shift. （3H6 3. 2. 107-108）
梁译	格：现在神父已经听完了忏悔。 克：他做告解神父，必是别有用心。
章译	葛罗斯特：神父已经听完了忏悔人的交代了。 克莱伦斯：他去充当听取忏悔的神父是别有用意的。
索译	葛罗斯特：神父听了忏悔而且赦了罪。 克莱伦斯：他听忏悔另有打算。
覃 1	格洛斯特：神父听完忏悔，已宽恕了忏悔人。 克莱伦斯：他做告解神父肯定是别有用心。
苏译	葛罗斯特：听忏悔的神父这下完成使命了。 克莱伦斯：他去充当听忏悔的神父，本来就另有使命。
陈译	葛罗斯特：忏悔神父已经听完了忏悔。 克拉伦斯：让他做忏悔神父，难免会节外生枝。
覃 2	格洛斯特：神父现在已经办完了神工。 克拉伦斯：他做告解神父，可是别有所图。
傅译	格罗斯特：神父这会儿已听完忏悔。 克拉伦斯：他一旦当上告解神父，必定要花招儿。

从概念语义上看，"shrift" 一词是同时表达两个动作的融合事件名词，一个动作是指听忏悔，另一个动作指宽恕忏悔者。由于汉语中并不存在这种宗教等价语，八个译本中有五个侧重了 "shrift" 的 "听忏悔" 义，而忽略了其 "宽恕" 义。索、覃 1 二译本最为忠实、完整地表达出了原文的概念意义，但从形式上看，二译本将原文分裂为两个动作，与原文的融合事件形式大相径庭。覃 2 本的 "神工" 虽然没有明确 "听忏悔" 和 "宽恕" 的动作含义，但 "神工" 一词不仅坚持了原文的名词词性，而且以一定的语义含混性保留了原文的事件融合特征，所以笔者以为，"神工" 比其他翻译更好地完成了原文形式意义的传递。由于 "神工" 具有神奇造诣、非凡才能之义，更有效地表达了原文揶揄、

嘲讽的情绪，所以从修辞效果来看，“神工”一词最为传神。至于“shift”一词，其表层含义为“trick”，花招诡计，双关含义为女性内衣“a woman's smock”（Rubinstein，1989）[331]，所以除了陈译“节外生枝”与原文产生了较大偏离、傅译“耍花招儿”过于侧重表层含义之外，其他译本基本都符和语境要求。

最后，我们仍需综合上述语义双关的翻译信息，通过列表来透视八个译本的翻译特色（表6-4）。表6-4中“义1”为双关语的表层含义，“义2”为其双关含义，共涉及四个场景12处双关语的分析。

表6-4 八译本语义双关处理策略

	译文	义1+义2	义1	义2	文内补偿	文外注释
梁译	仔细盘问（他的话不会）扯得这样长 懂得 花言巧语 死去 安眠 你的怀里 不管什么事情发生 皮毛包裹 包洗衣服 听完了忏悔 别有用心	1	11		语义模糊	3
章译	听取这女人的报告（把谈话的时间）拉得这么长 猜不透 口齿利落 死 美梦 你的怀中 不论遭受什么灾殃 也顾不得了 货色 浆洗衣服 听完了忏悔人的交代 别有用意	1	11		语义模糊	
索译	听这女人的忏悔（他）滔滔不绝（非吾等）所能知 花言巧语 死 美梦 你的膝上 管他会怎样呢 皮袋子 洗衣服 听了忏悔而且赦了罪 另有打算	1	11		语义模糊	
覃1	盘问那个女人（他的话）再怎么也拉不到这么长 哪里知道 巧舌如簧 死去 美梦 您的怀抱里 不管发生什么不幸 皮袋子 洗衣服 听完忏悔 已宽恕了忏悔人 别有用心	1	11		语义模糊	
苏译	听这女人唠叨（把谈话的时间）拖得这么久 弄不大懂伶牙俐齿 死去 快活地睡在 你的怀里 不管发生什么事情都无所谓了 货物 涮洗衣服 完成使命 另有使命	1	11			
陈译	盘问（他）拖得这么久 天知道 凭一张巧嘴 死去 甜美的睡眠 你的怀里 其他的一切我都顾不上了 装货包儿 洗衣服 听完了忏悔 节外生枝		12			1
覃2	把这女子的底细扒了个精光（那话儿）扯不到这么长岂能搞清 口舌功夫了得 死 痛痛快快睡上一场 在你腿上 任他天塌地陷 毛皮囊 揉揉搓搓 神工 别有所图	7	5		以双关译双关、双关转移、语义模糊	12

续表

	译文	义 1+义 2	义 1	义 2	文内补偿	文外注释
傅译	听忏悔求恕罪（他）扯这么长 弄得清 专凭巧舌 死在你腿上 美美睡一觉 任凭降下何种命运 毛皮包儿 搓洗衣服 听完忏悔 耍花招儿		12			8

通过表 6-4，可清晰看出《亨利六世》八个译本对原文中语义双关的翻译处理策略及效果。八译本语义双关翻译的最大共性是：无一处译文不顾原文的表层含义而选择其双关语义。这是因为双关修辞本身是一种基于语言符号之间的关系而体现出来的意义，即“言内意义范畴”，只存在于本语言系统内部（陈宏薇，1996）[5]，其意义很难进行语际移植。

八个译本中，覃 2 本以最小的意义损失为代价，基本做到了“表里兼顾”，通过丰富的翻译技巧，如双关译双关、双关转移、语义模糊、文外注释等，以极大的努力保留、补偿了原文中的双关语义，在所有译本中最为成功地实现了语义的语际传递，还原了原文猥亵、粗俗的双关风格。其他七个译本均采用了“重表舍里”的翻译方法，即侧重翻译了双关语的表层含义，基本达成了原文的表层叙事完整。所不同的是，傅译本因注释较其他六个译本翔实，较为完整地传达了原文的双关语义，但由于过于“重表轻里”而牺牲了原文的双关含义，原文中猥亵、粗俗的风格难免遭受到巨大损失。其余六个译本则既缺乏相应的文内补偿手段，又缺乏足够的文外注释说明，导致原文底层叙事被遮蔽，其前景化特征基本丧失。

总体来说，八译本中，语义双关翻译的补偿办法主要体现为四种。其一，文外注释。这是使用最多的一种补偿手段。上文关于语义双关的翻译分析共涉及四处场景 12 处双关语，覃 2 本注释了 12 处，即每处必有注释，傅译本注释 8 处，梁译 3 处，陈译 1 处，其他译本无注释。虽然文外注释在一定程度上可能会干扰读者的阅读惯性，但作为最为常见、省力的文化缺省补偿办法，文外注释不受空间限制，能够细致地填补原文和译文间的意义真空，梳理上下文关联，帮助读者建立起连贯的语篇意义（王东风，1997），其优势是译者难以忽视的。其二，语义模糊，即双关语的语义取舍既不偏重表层的概念意义，也不附着于底层的双关意义，而是利用语言的模糊性，将译语置于一种灰色地带，使其更好地承担语义的双关表达功能。如“别有用心”“别有所图”等译法，虽然降低了“花招”或“内衣”等表述的清晰性，但更利于原文语义双关的表达。其三，双关互译，即原文的语义双关经过汉译之后仍保留双关之意，这是最为理想的一种双关翻译方式。覃2本中，除了注释，最常用的便是这种以双关译双关的理想译法，如“把这女子的底细扒了个精光”“揉揉搓搓”“口舌功夫了得”等表达在汉语中皆具双关之意。其四，双关转移，即原文中的双关义经过翻译转移到本不含双关义的词语上。这种翻译只出现过一次，即“protract”一词的双关之意在覃2本中的转移。

粗俗的双关语不仅是莎剧的一大特色，更是一种“神韵”，“不仅反映了莎士比亚的时代风貌，而且有其特定的戏剧作用，对于描摹人物、活跃剧情、增强舞台效果等诸多方面都有其不可低估的作用”（朱骏公，1998）[26]。这种让人“往歪处想”的语言游戏，英国剧作家懂，当时的演员懂，同时代的观众也懂，但是对于跨文化的目的语读者而言，如果没有译者的精心翻译，就成了一种极其容易影响语篇连贯的阅读挑战，所以双关向来是莎剧翻译的一个难点。

尽管在翻译过程中，双关这一修辞手段的意义损失不可避免，但通过以上译例的分析、比较，我们不得不承认，覃2本在处理《亨利六世》三部曲中的双关时，付出了很大的努力，通过灵活的变通、转移、补偿等手段，把原剧中双关效果的损失降到了最低，巧妙地还原了原剧风趣、谐谑、揶揄、反讽的效果。而其他多数译本在面对原文双关修辞手段之时，未能深挖原文一语双雕的语义内含，导致译文往往流于原文的字面含义，在不同程度上减损了原文的戏谑风格。

从补偿手段来看，谐音双关主要体现为头韵、尾韵、谐音转移、文外注释，语义双关的补偿手段为以双关译双关、双关转移、语义模糊、文外注释，可见文外注释是双关翻译最为常见的手段。但即使同为注释，译本间的详略侧重也各有差异，除了梁、覃2、傅三个译本的注释较为翔实外，其他译本对原文的双关都少有注释。覃2、傅两个译本较为贴近原文，但梁译注释有随意添加、发挥之嫌。以三译者对原文“dolphin”一词的注释为例。

梁译：	Dolphin or dogfish，按 dolphin（与 Dauphin 音相近，且旧本皆拼作 Dolphin）为海豚，为鱼类中之最高贵者，dogfish 为小鲨鱼，为鱼类中之最低贱者（梁实秋，1995）[901]。
覃2：	本行原文为“puzzel or pucelle，dolphin or dogfish”，照字面直译是“妓女也好少女也罢，海豚也好猫鲨也罢”。前半句参见第一幕第二场注释“少女贞德”；法王储在法语中是 Dauphin，与 dolphin（海豚）同音（覃学岚译 上，2015）[35]。
傅译：	原文为 dolphin，海豚，与“王太子”（Dolphin）谐音双关。原文为 dogfish，狗鲨，一种小鲨鱼（傅光明译 上，2021）[38]。

覃2、傅两个译本试图解释贞德和法国王储名字的谐音语源，梁译则注重向读者介绍海豚与鲨鱼背后的文化标签，但笔者遍查手中资料，并没有发现哪个文献能支持梁译注释中“海豚最高贵”“dogfish最低贱”的观点，倒是希腊神话中有海豚是海神波塞冬的象征动物之说。同样的发挥性阐释也发生在注释“二人对谈时，葛雷夫人一直在跪着，有如在神父面前做忏悔状，现在起立，故云”（梁实秋，1995）[1023]上，然而除了皇家版，其他莎剧源本并没有舞台指示，此处也应是译者按照自己的理解对原文的阐释，和原文上下文并不相符。

最后，男性好友对男、女主人公的粗俗玩笑似乎已成为莎剧中的双关定式，如《亨利六世》上篇中雷尼耶、阿朗松对贞德、查尔斯的调侃，下篇中乔治和理查对爱德华、格雷夫人的揶揄，《罗密欧与朱丽叶》中班伏里奥和茂丘西奥对罗密欧、朱丽叶的臆想等，都属于此类双关定式。

第二节　隐喻

无论是作为一种修辞格，还是一种人类普遍的认知方式，隐喻都不仅仅是语言现象。隐喻本质上是思维现象，是人用甲事物来解释、理解和经历乙事物的一种手段。但相对认知方式，作为修辞格的隐喻更具有前景化效果，本文中探讨的隐喻基本都是修辞性隐喻。《亨利六世》中的隐喻大致可分为两类，一类是文化类隐喻，如用宗教、神话等喻体形象对本体进行映射，另一类是物质类隐喻，如用与生活息息相关的服饰、动物等作为喻体来映射人或行为活动。

一、文化隐喻

文化在隐喻的形成过程中起重要作用，隐喻是文化在语言中的集中体现，是语言与文化之间的一个结合点（王守元、刘振前，2003）。《亨利六世》中的隐喻多是文化意象。另外，文化翻译观认为“文化对翻译的介入是永恒的”（杨仕章，2000）[69]，文化中的审美、政治、伦理等方方面面都会根据当时的文化接受状态以不同的程度作用于翻译的过程，介入译者的逻辑判断和语言选择（王东风，1998）[9]。作为文化介入翻译执行者的译者，其介入方式必然要带有自己的喜好和倾向。文化隐喻的翻译正是译者文化调解方式的集中体现，也是观察译者介入方式的绝佳视点。《亨利六世》含有众多关于宗教、神话、历史典故、《圣经》意象、上帝、习俗服饰等内容的文化词。这些独特的文化词承载了中世纪英国文化的异质性与民族性，构建了《亨利六世》迥异于汉语文化的戏剧背景，具有强烈的前景化效果，其中一些就具有隐喻功能。

（一）宗教类

首先是宗教隐喻。1611 年，由詹姆士一世主导的著名的钦定本《圣经》完成出版，在当时属于英国宗教生活中的大事件，深刻影响了大到政治文化、小到生活习俗的方方面面的社会生活。尽管《亨利六世》是一部历史、政治剧，其文化异质性仍体现为浓烈的宗教性。例如，“Lord of hosts”一词，既是“God”的代称，也是一种隐喻，喻示了上帝的一种军事形象。此外“Lord of hosts”一词还带有浓重的天主教色彩。天主教是英国宗教改革之前的国教，即便到莎士比亚时代，英国的宗教改革也仍未彻底完成。所以“Lord of hosts”其实是基督独一神的宗教形象和军事形象的合体，此处的“Lord of hosts”与上帝形象的日常感知产生了较大的偏离，形成了一种显著的前景化效应。

例 6-9：

原文	The battles of the Lord of hosts he fought：The church's prayers made him so prosperous.（1H6 1. 1. 31-32）
梁译	他是为天主而战：教会的祈祷使得他这样的无往不利。
章译	先王是替天行讨，我们教会的颂祷使他的国运昌隆。
索译	他为上帝而战，教会的祈祷使他昌盛。
覃 1	他举兵作战，完全为了替天讨逆，教会僧侣们的祈祷，使他无坚不摧。
苏译	他为万军之主而战，因而教会的祈祷使他威风八面。
陈译	他为万民之主而战，教会的祈祷使他所向披靡。
覃 2	他举兵作战全都是替天讨逆；教堂里的祈祷令他所向披靡。
傅译	他为天主征战，教会的祈祷使他如此成功。

理论上，梁、索、傅的“天主”“上帝”等译名传递出了“Lord of hosts”的宗教意象，但其军事形象完全被隐藏了。章、苏、覃 1、覃 2 译本中的“替天行讨/讨逆”“万军之主”等表述具有杀伐之气，再现了原文中神兵天将的隐含意象。其中，苏译的“万军之主”侧重于其军事力量的强大，章、覃的“替天行讨/讨逆”更强调亨利五世征伐法国师出有名的正义性。由于亨利五世死于法国征战途中，故章、覃本的翻译更为贴合原文所营造出的悲伤、哀悼以及对法国的憎恶、谴责的氛围，与原文语场保持一致，使其更符合戏剧当下的情景语境。

另一译本，陈译的“万民之主”一词改变了说话人温彻斯特的视点，也极大削弱了“Lord”这个军事形象的威慑力。说话人温彻斯特此时的身份为红衣主教，代表了与世俗力量相悖的教权力量，其本意是利用亨利五世的丰功伟绩给教会脸上贴金，其立场绝非人民立场，也绝非强调“Lord”与万民之间的关联，故而“Lord”形象的此种再建构，并不符合说话人的意图。

可见，由不同的翻译所传递出来的上帝意象，投射出译者对原文潜在的宗教和军事含义理解上的差异。此例中，梁、索、傅侧重忠实于原文的宗教性，陈译则将“Lord of hosts”带入了中国文化中，赋予其中国文化语境中为百姓谋福祉的天上仁君意味，章、覃1、苏、覃2挖掘了其军事性，更好地完成了上帝之军事意象的再构建。

又如，“ten commandments”，即十诫，是《旧约》中上帝向以色列人颁布的十条规定，堪称犹太教立教之本。中篇第一幕第三场中，护国公葛罗斯特的妻子埃莉诺在王宫中飞扬跋扈，这令不甘屈居人下的玛格丽特极为不满。玛格丽特假装把护国公夫人错看成宫女，借机掌掴后者，却又故作诚恳地道歉。埃莉诺气急，扬言要“挖”施暴者的脸，说道“set my ten commandments in your face”。由于十诫是刻在石板上的，所以此处的“ten commandments”意为埃莉诺要在玛格丽特的脸上挖十道印记。这种夸张性的庄谐隐喻修辞，一方面使埃莉诺不甘受辱、对玛格丽特充满恨意的形象跃然纸上，另一方面却又将律法般庄重的十诫挪用在女子之间的撕扯中，暗讽玛格丽特无法无天，取得了一种诙谐的戏剧效果。

例6-10：

原文	DUCHESS Was't I! yea, I it was, proud Frenchwoman: Could I come near your beauty with my nails, I'd set my ten commandments in your face. (2H6 1. 3. 132)
梁译	夫人：原来是我？是的，原来是我，骄傲的法国娘儿们：我若是能走近你，我的指甲会在你的脸上留下十道抓痕。
章译	公爵夫人：刚才是我吗！嘿，不是我还是谁，骄横的法国女人！要是我能挨近你这美人儿的身边，我定要左右开弓，打你两巴掌。
索译	公爵夫人：是我吗？是的，傲慢的法国女人。如果我的手指甲能够接近你漂亮的面孔，我定会将我的十个手指印在它的上面。
覃1	公爵夫人：原来是我？对，就是我，骄傲的法国娘儿们。要是我能挨近你这美人儿的身边，我定让我的指甲在你的脸蛋儿上留下十道指痕。
苏译	公爵夫人：是我吗？是的，挨打的是我，蛮横的法国女人！如果我这把指甲能凑近你那张漂亮脸蛋儿，我会把你的脸撕烂。

陈译	公爵夫人：怎么是我吗？不错，正是我，傲慢的法国女人。如果我能靠近你，我会用我的指甲在你漂亮的脸蛋上刻下十道戒律。
覃2	埃莉诺：原来是我？对，就是我，狂傲的法国娘儿们；要是让我这指甲挨着了你这美人儿，我定在你脸上刻上十诫叫你长点儿心。
傅译	埃莉诺：是我吗？没错，是我，骄傲的法国女人，别让我挨近你的漂亮脸蛋儿，我会用指甲在你脸上抓出十条戒律。

梁、索、覃1三译本采用了意译，将"ten commandments"译为"抓痕""手指印""指痕"，此种处理方式虽然增强了译文的衔接性，降低了读者的理解成本，但原文的隐喻功能及宗教意象却丧失殆尽。陈、覃2、傅三译本采用了直译，区别在于，覃2、傅译本另有文外注释说明，解释了"十诫"与原文之间的隐喻关系，而陈译本缺乏进一步说明，造成了文化缺省，读者读到此处会产生莫名之感。章、苏二译本的意译由于对目的语规范的刻意遵守，反倒使译文变得透明，与"十诫"的本体无关，喻体和本体之间无法形成映射关系，造成了误译。

（二）神话类

除了宗教，《亨利六世》的隐喻前景化效果还有相当一部分体现在神话上。古希腊、罗马神话是西方艺术之源，不仅衍生了大量的音乐、绘画、雕塑等艺术，而且史诗、戏剧、小说都发源于此，堪称西方文学的"源中之源"。《亨利六世》中包含了54处神话元素，其中41处是神话人物名称，包括常见的Amazon、Ulysses、Paris、Circe，也有不常见的Althaea、Calydon等。其余有神话地名5处、神怪4处、神话事物3处、自然现象1处。莎士比亚经常直接用神话人物作为隐喻手段。

例如，萨福克被放逐后，玛格丽特与其悲伤告别，叮嘱其常联系，见例6-11。原文中"Iris"是天后赫拉的信使，专司通过彩虹替诸神向众生报信之职，此处喻指玛格丽特的信使。

例6-11：

原文	QUEEN MARGARET For wheresoe'er thou art in this world's globe, I'll have an Iris that shall find thee out.（2H6 3. 2. 407-408）
梁译	后：不管你走到天涯海角，我总会有一位爱丽斯把你找到的。
章译	玛格莱特王后：不论你去到世界上哪一个角落，我总会差人找到你。
索译	王后：因为无论你在哪里，我总会有信使找到你。

覃 1　王后：因为无论你流落到世界上的哪个角落，我都会打发一位爱丽斯去把你找到。

苏译　玛格丽特王后：不管你在这个世界的什么地方生活，我都会让信使女神找到你的。

陈译　王后：不管你身在何处，我都会派出伊里斯找到你。

覃 2　玛格丽特王后：无论你流落到这世界上的哪个角落，我都会打发一位艾瑞丝去把你找到。

傅译　玛格丽特：在这个世界的圆球之上，无论何处，我都会派一个伊丽丝找到你。

"Iris"的翻译方式有两类，章、索、苏的意译模式及梁、覃 1、陈、覃 2、傅五译本的"音译+注释"二维模式。显然，章、索译的"差人""信使"都失去了与喻体"Iris"之间的关联。苏译的"信使女神"虽然一定程度上保留了女神意象，但未说具体是哪一个神，割裂了同"Iris"的必然联系。

有时，莎士比亚在同一句中也会使用两个神话人物同时映射一个本体。如上篇第一幕第二场，法国王太子查理考察了贞德的能力后，心服口服地称赞对方为"an Amazon"和"Deborah"，喻示其骁勇善战。希腊神话中，"Amazon"是生活在黑海北岸附近的一个部落，部落成员皆为女性。"Deborah"是《旧约》中的女先知，曾帮助以色列人战胜迦南人。

例 6-12：

原文　CHARLES Stay, stay thy hands! thou artan Amazon And fightest with the sword of Deborah. (1H6 1.2.104)

梁译　查：住手！住手！你是一个亚马松女战士，挥动着底波拉的剑来打斗。

章译　查理：停下来，快住手！你是一个女英雄，使起剑来赛过底波拉。

索译　查理：住手！你简直是个女英雄，使起剑来有如底波拉。

覃 1　查尔斯：住手！住手！您真算得上巾帼英雄，使起剑来如底波拉，让人无招架之功。

苏译　查尔斯：住手，住手！你不愧为女豪杰，如同挥舞着女先知底波拉的利剑。

陈译　查理：停！停！快住手！你是亚马孙女战士，使起剑来就像底波拉。

覃 2　查理：罢手！你快罢手！你真乃亚马孙女英雄，使起剑来有如底波拉再生。

傅译　查理：停，住手！你是个亚马孙女战士，用底波拉的剑作战。

例 6-12 中，梁、陈、覃 2、傅四译本采用"音译+意译+注释"三维结合模式，字面上不仅很好地兼顾了"Amazon"的外在语音和内在含义，还通过注释，如梁译的“亚马松（Amazon）为希腊神话中黑海附近 Scythia 地方之一族女战士，骁勇善战”（梁实秋，1995）[900]，完整地建构了作为本体的贞德和作为喻体的亚马逊战士。其余四个译本均为不带音译、没有注释的意译名，如“女英雄”“巾帼英雄”“女豪杰”等，割裂了二者的隐喻关系。原文“Amazon”的隐喻前景化效应被隐入整句台词的背景中，失去了应具有的陌生感。

如果说对“Amazon”的透明化处理有一定的好处，便是后文的“Deborah”得到了凸显，避免了同一句台词中的陌生感过于密集，降低了读者的阅读成本。与“Amazon”相比，“Deborah”更不为中国读者所知，所以除了覃1、苏二译，其他译本对其都有注释，如梁译的“底波拉（Deborah）为一强壮有力之希伯来女预言家，见《旧约圣经·士师记》第四、第五章”（梁实秋，1995）[900]，傅译的“底波拉（Deborah）：古希伯来女先知，率军战胜迦南国王，事见《旧约·士师记》第4-5章”（傅光明 上，2021）[24]。

除了绝大多数的神话人名，神话地名被用作喻体也偶有出现，如萨福克在被放逐前与玛格丽特道别时提到了“Elysium”，意为希腊神话中的天堂，此处可视为性行为的映射义，二者之间形成了一定的隐喻共性。

例 6-13：

原文	SUFFOLK So shouldst thou either turn my flying soul, Or I should breathe it so into thy body, And then it lived in sweet Elysium. (2H6 3. 2. 389-401)
梁译	色：不是你把我的要飞出去的灵魂堵截回来，便是我把灵魂吹进你的体内，然后它就算是住进了天堂。
章益	萨福克：你将嘴唇对准我的嘴，或者堵住我的魂灵儿不让它逃跑，或者将它吸进你的身体，让它居住在这座甜蜜的仙宫里。
索译	萨福克：用双唇堵住我的嘴巴，或者阻止我的魂灵跑掉，或者将它吸进你的身体，让它在甜蜜的天堂福地安居乐业。
覃 1	萨福克：要您用您的樱唇堵住我喊叫着的嘴；不是您将我逃遁的灵魂堵截回来，便是我将我的灵魂吹进您的体内，这样它也就住进了您甜蜜的仙宫。
苏译	萨福克：将你的嘴唇吻住我的嘴，这样你就留住了我的飞行的灵魂，或者我会把我的灵魂呼进你的身躯，那样它就生活在温馨的乐土上了。
陈译	萨福克：用你的嘴唇将我的嘴巴堵住。你那时可以截住我的灵魂，不让它飞逸出我的身体，要么就把它吸入你的体内，让它在你的仙宫安居。
覃 2	萨福克：要你用你的樱唇来堵住我的嘴，不是你将我出窍的灵魂堵截回来，便是我将我的灵魂吹进你的体内，这样它也就住进了甜蜜的极乐福地。

傅译	萨福克：叫你用双唇堵我的嘴。因此，不是你把我飞出体外的灵魂截回来，就是我把它吹进你体内，然后它便住在甜美的伊利西姆。

“天堂”“仙宫”“乐土”“极乐福地”等译法属于中国读者熟知的本土空间话语，在译本中代替了陌生的他者文化用语，可见章、覃1、苏、陈、覃2等译者在此处采用的是一种透明的归化翻译策略。从概念意义来看，“仙宫”“乐土”“极乐福地”基本都能满足“Elysium”的指称要求。傅译的“伊利西姆”则属于一种典型的异化翻译。“伊利西姆”对中国读者而言，是完全陌生的外来词，该词甚至没有收录在CCL和BCC两个汉语语料库中。陌生感一方面充分拉开了读者与文本之间的距离，另一方面又吸引着读者的注意力，使其不得不去参阅注释。

注释上，覃2遵循了皇家版底本对“Elysium”的解释，介绍了其神话义，“希腊神话中的天堂”（覃学岚　中，2019）[91]。傅译本不仅介绍了其神话义，“古希腊神话中的天堂或乐园，贤人死后的居所”（傅光明，2021）[114]，还应参照了皇家版注释，并结合上下文，拓展了其隐含义，“此句或具性暗示，萨福克幻想自己在与玛格丽特的性娱乐中死去不能算真死”（傅光明，2021）[114]。此例再次证实了傅译本对异化翻译的坚持。

总之，在有关神话隐喻的翻译中，章、索、苏三译本具有较为明显的归化倾向，基本都采用了意译手法，有时甚至为了译文的衔接，不惜牺牲原文的文化意象。其他译本较多采用了音译与注释相结合的异化手段，试图保留原文的异质文化特色，傅译本尤为典型。

（三）物候类

除了宗教和神话，莎士比亚也使用物候现象产生隐喻。如剧中第一幕第二场，贞德欲解奥尔良之围，安抚法国贵族时提到“Saint Martin’s summer”和“halcyon days”。这两个短语对于中国读者较为陌生，前者是节气，后者为物候。圣马丁节在每年11月11日，是欧洲多国的传统节日。“Saint Martin’s summer”，指圣马丁之夏，是圣马丁节前后的一段日子。这儿有个疑问，明明是秋天的节日，为何用“之夏”来指称？这是因为，地中海地区的气候特征显著，每年秋天连绵阴雨之后，往往在圣马丁节前后迎来连续的暖阳，天气变得晴好，仿佛夏季再次来临。“halcyon days”，指翠鸟产卵期，这期间河面上通常风平浪静，喻指太平宁静的日子。贞德用这两个节气，一半安抚、一半承诺般地向法国王太子保证自己有能力解奥尔良之围。

例 6-14：

原文 Expect Saint Martin's summer, halcyon days, Since I have entered into these wars.

梁译 既然有我来参加战斗，你们就等着圣玛丁的暖和天气和太平日子罢。

章译 等我一加入战争，太平日子就快到来了。

索译 我参加了战斗，因此你们等着好日子到来吧。

覃 1 既然有了我前来加入这一场殊死决战，圣马丁夏日和太平盛世便可翘首以待。

苏译 既然我来参战，那春光明媚的好日子就指日可待了。

陈译 我一旦参战，你们只管期待过风和日丽的太平日子就是。

覃 2 如今我已为国参战，圣马丁之夏和翠鸟孵卵之日必为期不远。

傅译 有我投入战斗，你们就期待圣马丁之夏那翡翠鸟孵卵的日子吧。

句中第一个节气意象“Saint Martin's summer”大致有三类译名，第一类与源语文化息息相关，呈现出与圣马丁节的关联，第二类被译为透明化名词“好日子”，第三类则是原有名词被转换为形容词“风和日丽的”。第二个物候意象“halcyon days”，只在覃 2、傅二译本中呈现出原本的物候特征，如果梁、章、覃 1、陈四译本显现了其隐喻含义“太平”，索、苏的“好日子”则完全是一种透明化的说法，丢失了其喻体意象。

两个意象的各种翻译方法也殊为不同。“Saint Martin's summer”，在梁、覃 1、覃 2 和傅四本译中为音译名，与源语文化“圣马丁”紧密相关；在索、苏二译中与“halcyon days”被合译为“好日子”；在章译中被省译；在陈译中被意译为“风和日丽的”，并发生了词性转换，名词词性被转译为形容词，原本并列关系的两个意象被压缩为关系更为紧密的偏正短语。此外，梁、覃 2、傅三译本对两个隐喻做了注释，相对全面地还原了其背后的节气、物候背景，消除了读者的意义、逻辑盲点，较为保真地传递了源语文化。

二、物质隐喻

物质是人类认知世界最为直接的方式，物质与人们的生活息息相关。但细探之下可以发现，《亨利六世》中的物质性隐喻本质上反映的还是人类的文化生活，具有文化意象性。

(一) 服饰类

《亨利六世》中出现了两处“breech”，都具有隐喻意义，形成了一种变异的显耀。英语中，“breech”的本体是男性马裤，但“wear/stole breeches/trouser/pants”等习语中却用来喻指妻子替代丈夫在家里掌权，当家做主，所以剧中两处“breech”都在指责玛格丽特对亨利六世的掌控。

第一处“breech”位于中篇第一幕第三场的“Though in this place most master wear no breeches”（2H6 1. 3. 134-137），事件背景是，葛罗斯特的妻子埃莉诺在王宫中飞扬跋扈，这令不甘屈居人下的玛格丽特极为不满，于是，在心腹萨福克的策划下，玛格丽特假装把护国公夫人错看成宫女，借机掌掴殴辱，试图以此来激怒后者并诱使其犯下巫蛊之罪。玛格丽特诚恳道歉，而护国公夫人无法当场回击，憋屈得简直要发疯，并扬言要报复，其泼辣莽撞又愚蠢的形象跃然纸上。

例 6-15：

原文	DUCHESS Against her will! good king, look to't in time; She'll hamper thee, and dandle thee like a baby: Though in this place most master wear no breeches, She shall not strike Dame Eleanor unrevenged. （2H6 1. 3. 134-137）
梁译	夫人：不是故意的！好国王，要及时注意她会把你当作婴儿一般玩弄，虽然这是一个女人当家掌权的地方，她不能打了哀琳诺夫人而不予以报复。
章译	公爵夫人：不是有意！好王上，请您早留点神。她会钳制住你，把你当作吃奶的孩子耍着玩儿。虽然这里的老爷们都不买女人的账，我艾丽诺总不见得白白挨了她的打就肯甘休。
索译	公爵夫人：不是故意的吗，主上？请你小心一点，她到时候就会钳制你，像抱小孩那样抱住你颠来颠去。虽然这里最有权势的不是男人，她不会打了我而不受报复。
覃 1	公爵夫人：不是故意的？好王上，你还是及时留点神，她会把你捏在手里当婴孩一样耍弄的。虽然这儿当家做主的是不穿长裤子的娘儿们，她打了老娘埃琳诺也休想不遭到报复。
苏译	公爵夫人：她不是故意的？好王上，及早留点神吧！她会把你当作小孩哄骗的。虽然这时的老爷儿们都当不了家做不了主，她打了埃莉诺姑奶奶，迟早要吃苦头。
陈译	公爵夫人：不是有意的吗，我的好王上？你就随时留神吧，她会把你当婴儿那样哄着管着。尽管今天在这里发号施令的人没有穿马裤，但她既然打了人，总有一天得遭报应的。
覃 2	埃莉诺：不是故意的，好王上？你还是赶紧醒醒吧；她会把你捏在手里，当三岁小孩儿要；虽然这儿最大的主儿不穿裤子，但她揍了埃莉诺夫人休想不遭报复。
傅译	埃莉诺：不是故意的！仁慈的国王。趁早当心，她会束缚住你，像孩子一样逗弄。虽说这地方最主事儿的不穿马裤，可她打了埃莉诺夫人甭想不挨报复。

从字面上看，梁、章、索、苏四译都试图挖掘“breech”后面的隐喻含义“掌权”，梁译将原文的否定表述肯定化为“女人当家掌权”，虽然隐去了“裤”的意象，但基本表达出了“breech”的文化内涵。其余三个译本均保留了原文的否定形式，然而“breech”的译文与后文的让步结果之间缺乏逻辑关联，没有成功建立说话人与报复行为之间的形、义关联，甚至与原文之义有些南辕北辙。另外四个译本都以直译手法表达了“breech”一词的本义“裤”，但覃1、陈、覃2不加处理的直译手段，与后文之间的让步衔接更显荒谬。

八个译本中，唯有傅译对此加了文末注释，“穿裙子的玛格丽特在宫廷里是‘最大的主人’。当时，宫廷里的男人们时兴穿（裤脚束紧长及膝部的）马裤”（傅光明，2021）[30]。遗憾的是，这个解释并没有将原文“wear no breeches”中蕴含的女性在婚姻关系中能够控制对方、占决策主导地位的文化意象阐释出来，错失了注释应有的作用。

该事件在《亨利六世》中是一个非常关键的节点，此前英国贵族之间的纷争都是口头纷争，而此次事件将几方的矛盾激化、上升到肢体冲突。其深层政治含义在于埃莉诺被成功激怒，口不择言地嘲讽亨利六世，事后又深陷后党的政治陷阱，为其夫护国公葛罗斯特的倒台埋下了祸根，英国王室权力自此失衡，一系列血腥权谋的潘多拉魔盒也被打开，最终导致玫瑰战争的爆发。由于没有组织好“wear no breeches”背后的文化逻辑和形式逻辑，可以说八译本在翻译中遭遇了群体性滑铁卢，因此笔者试译：虽说这王庭里是个牝鸡司晨的娘们儿当家，但她打了老娘我，这事儿铁定没完。

第二处“breech”出现在下篇第五幕第五场，对话背景是，玛格丽特和其子爱德华领导的红玫瑰家族败落，爱德华训斥约克三子理查，即现在的葛罗斯特公爵。玛格丽特听后叹惋，爱德华比其父亨利六世更为刚强，更适合做一个君王。葛罗斯特嘲讽玛格丽特，如果那样，她就只能仍然穿着女人的衬裙，没有机会插手英国皇室之间的权力斗争。此处，“breech”与前半句的“petticoat”构成了性别身份的强烈对比。

例6-15：

原文	GLOUCESTER That you might still have worn the petticoat, And ne'er havestol'n the breech from Lancaster. （3H6 5. 5. 24）
梁译	格：但愿你还是穿着女裙，没从兰卡斯特那里偷去男裤。
章译	葛罗斯特：果真那样，你就得安分守己做女人，不让你这雌鸡学雄鸡叫了。

索译　葛罗斯特：那你就可以仍然穿女裙，不必偷兰开斯特的男装啦。

覃 1　格洛斯特：那样你可能就只得依旧乖乖穿着女裙，而不会把兰开斯特的男裤偷出来穿了。

苏译　理查·葛罗斯特：果真那样，你也许现在还穿着裙子做本分女人，万万偷不到兰开斯特的马裤充英雄。

陈译　葛罗斯特：你本该继续穿你的裙子，不该从兰开斯特的衣柜里偷马裤穿。

覃 2　格洛斯特：那样你可能依旧得乖乖穿裙子，没法偷穿兰开斯特家的马裤了。

傅译　格罗斯特：你若一直穿裙子，没从兰开斯特家偷过马裤有多好！

所有译本都保留了“petticoat”与“breech”的对比关系，保留方式略有区别。最具归化倾向的是章译，在“安分守己做女人”和“雌鸡学雄鸡叫”中，已然看不到“裙”和“裤”的意象，两组词之间的关系全都遮蔽在透明化的翻译中。索、覃 1、陈三译本虽然表达出了“裙”和“裤”，但苦于没有更具体的说明，“breech”的深层语义并没有表达出来，读者需要费力揣测。苏译在“裙子”和“马裤”之后分别添加了“做本分女人”和“充英雄”，补充了两个先行词的语义内涵，避免其看起来过于突兀。但“马裤”和“充英雄”之间的逻辑关联仍然缺失。梁、覃 2、傅三译本由于充分的注释，如梁译和覃 2 注释中使用了“牝鸡司晨”（梁实秋，1995；覃学岚 下，2015）的跨文化语义对等词，生动地说明了“breech”在英语中的等值文化内涵。傅译虽没有采用“牝鸡司晨”一词，但也作出了“玛格丽特王后擅权，不甘心穿着女人的裙子操持家务，而非要染指朝政”（傅光明 下，2021）[172]的解释。所以，梁、覃 2、傅三译在“breech”的文化传译中更胜一筹。

总体来说，第二个“breech”由于注释增多，并且其本身出现在对比语境，读者的阅读想象与文化关联的挑战低于前一处“breech”，翻译质量有所提高，这也是重译贵在超越的一种本质体现。

（二）动物类

动物隐喻也是《亨利六世》中的一种极具前景化效果的语义修辞手法。如上篇中第一幕第三场，葛罗斯特在和温彻斯特争吵时，称呼其为“Winchester goose”。该词的背景是，从 12 世纪到 17 世纪，伦敦的南华克一直由温彻斯特主教控制，向该行政区的妓女发放从业许可和征税，她们被称为“温彻斯特鹅”。由于“goose”一词又用来喻指人体皮肤上的疙瘩状凸起，故“Winchester goose”也指性病。此处争吵中，葛罗斯特喻指温彻斯特带有性病。

例 6-16：

原文	GLOUCESTER Winchester goose, I cry, a rope! a rope! Now beat them hence. (1H6 1.3.54)
梁译	格：患鼠蹊疮的家伙！拿绞绳来！拿绞绳来！现在把他们打走。
章译	葛罗斯特：婊子儿，我说，给他带上络头，带上络头！把他们赶走。
索译	葛罗斯特：温彻斯特，你这花柳病病毒。我要叫：拿绞索来！拿绞索来！把他们赶走。
覃 1	格洛斯特：好你个嫖坏了的温彻斯特，我说，绞了他！
苏译	葛罗斯特：温彻斯特你这大傻蛋！我要高呼：套起来，套起来！
陈译	葛罗斯特：患花柳病的淫棍！我说，拿绞索来！拿绞索来！
覃 2	格洛斯特：嫖出一裤裆疙瘩的温切斯特，我说，绳索，快拿绳索来！
傅译	格罗斯特：大腿根儿长疮的温切斯特！我叫喊，拿绞索，拿绞索！快把他们打走。

五个译本都通过直译揭示出了“Winchester goose”的隐喻意义，形成了本体和喻体之间较为完整的映射义，喻指、讽刺温彻斯特得性病。不过从语气上看，“患病”属于委婉语气的书面语，“嫖坏了”不够具象，“花柳病病毒”连续两个“病”，比较饶舌。“只有”覃 2 本的“嫖出一裤裆疙瘩”生动、有力，有可能出现在对骂中。苏译的“大傻蛋”完全断开了“Winchester goose”和温彻斯特的映射关联，可视为误译了。“婊子儿”和“大腿根儿长疮”都未必能和性病建立起隐喻映射关系，其中“婊子儿”更像是一种普通的詈骂语。注释方面，梁译和覃 2 本都给该词加了注释，解释了“Winchester goose”是花柳病的本体之意，也介绍了该词与温彻斯特的渊源，采用了直译加注释的一种异化手法，较为完全地翻译出了整个词的隐喻效果。

至此可见，宗教在《亨利六世》中起一种反讽的作用，如莎士比亚将《亨利六世》中的宗教势力代表人物温彻斯特，塑造为一个真实而又虚伪、谦卑而又狂悖的两面三刀、包藏祸心的生动形象。温彻斯特开妓院卖赎罪券大肆敛财，贿赂罗马教廷得道升迁，还试图掌控年幼的国王，激起宗教势力与世俗权力之间的巨大矛盾。伴随着剧情的发展，莎士比亚不停地借用葛罗斯特、索尔兹伯里、沃里克等贵胄之口对其进行了辛辣的讽刺和嘲弄，甚至温彻斯特在临死前，剧作家还让其陷入巨大的恐惧中而不得好死。温彻斯特形象的成功刻画，本质上是剧作家对宗教的深刻质疑、批评和鞭挞，这也从侧面佐证了格林布拉特

(Greenblatt, 2016)[87-117]的观点，莎士比亚并非一个虔诚的信徒。宗教成为其戏剧创作中信手拈来的工具，随时服务于剧中人物塑造、剧情推进的需要。

例6-17是莎士比亚戏剧中的一个名句，其修辞背景是约克兵败被俘，却被玛格丽特戏耍，后者利用约克幼子拉特兰之死刺激约克，还要把沾染了拉特兰心头血的手帕给约克，让其擦拭眼泪。约克大怒，痛骂玛格丽特心狠手辣。句中的“tiger's heart”是一个非常著名的隐喻。莎士比亚同时期的大学才子格林，在“悔恨书”中将这句话戏仿为“with his tiger's heart wrapped in a player's hide”，让初露头角的莎士比亚声名鹊起。

例6-17：

原文　O tiger's heart wrapt in a woman's hide!（3H6 1.4.137）

梁译　啊，包着女人皮的老虎心！

章译　你这人面兽心的怪物呵！

索译　你这用妇人的皮裹着恶虎的心的刁妇啊！

覃1　裹着一层女人皮的老虎心啊！

苏译　噢，好一个包裹着恶虎之心的女人！

陈译　啊，你简直就是披着一张女人皮的豺狼！

覃2　啊，裹着一层女人皮的老虎心！

傅译　啊，裹了一层女人皮的老虎心！

七个译本采用了直译的手段，保留了原文的喻体和本体之间的映射关系，将“tiger's heart”与玛格丽特的心狠手辣联系了起来。形式上，最多用的翻译手段是对偶，如“女人皮、老虎心”和“妇人、恶虎的心”。对偶辞格结构对称，常用相反的两件事物互相映衬，是形成对比的天然修辞手段。非对偶结构只有苏、陈两个译本，其中苏译中“恶虎之心”的四字结构单方面强调了玛格丽特的狠毒，丧失了原文中潜含的对女性性别特征的规训，造成对比意义的减损。陈译意译“豺狼”一词文化气息浓重，在汉语文化中，老虎的联想意义往往是尊贵的王者之气，而豺狼的联想意义往往是狠毒残忍，所以陈译此例的翻译策略在一定程度上属于符合目的语规范的文化改写，而非忠实于原文的翻译。

通过对《亨利六世》中具有前景化意味的宗教、神话、节气、服饰、动物等五类隐喻的翻译分析，得到了各译本在隐喻翻译中的措施、效果，现将其进行归纳，得到表6-5。可以看出，译者们在隐喻的翻译过程中，采用了从一维到三维的多种译介模式，如直译、意译、音译+注释、直译+注释等，取得了从保留到丢失等不同的隐喻意象翻译效果。

表 6-5　八译本隐喻翻译方法及效果

	梁译		章译		索译		覃 1		苏译		陈译		覃 2		傅译	
Lord of host	直译+注释	部	直译+注释	保	直译	部	直译	保	直译+注释	保	直译	部	直译+注释	保	直译+注释	部
ten commandments	意译+注释	失	意译	失	意译	失	意译	失	意译	失	直译	保	直译+注释	保	直译+注释	保
Iris	音译+注释	保	意译	失	意译	失	音译+注释	保	意译	部	音译+注释	保	音译+注释	保	音译+注释	保
Amazon	音译+意译+注释	保	意译	失	意译	失	意译	失	意译	失	音译+意译+注释	保	音译+意译+注释	保	音译+意译+注释	保
Deborah	音译+注释	保	音译+注释	保	音译+注释	保	音译	部	音译	部	音译+注释	保	音译+注释	保	音译+注释	保
Elysium	意译	部	意译	部	意译	部	意译	部	意译	部	意译	部	意译	部	音译+注释	保
Saint Martin's summer	音译+注释	保	省译	失	合译（意译）	失	音译	部	合译（意译）	失	意译	失	音译+注释	保	音译+注释	保
halcyon days	意译+注释	保	意译	部		失	意译	部		失	意译	部	直译+注释	保	直译+注释	保
$breech_1$	意译	部	意译	失	意译	失	直译	部	意译	失	直译	部	直译	部	直译+注释	部
$breech_2$	直译+注释	保	意译	失	直译	部	直译	部	直译+意译	部	直译	部	直译+注释	保	直译+注释	保

续表

	梁译		章译		索译		覃1		苏译		陈译		覃2		傅译	
Winchester goose	直译+注释	保	意译	失	直译	部	意译	部	误译	失	直译	保	直译+注释	保	直译+注释	保
tiger's heart	直译	保	意译	失	直译	保	直译	保	直译	保	意译	保	直译	保	直译	保

注：表中“保”“部”“失”是译文对原文隐喻翻译的三种效果，即译文保留了隐喻意象、译文传递的隐喻意象不完整或有变形、译文彻底失去了原文的隐喻意象。

将表 6-5 转化为数值（见表 6-6），各译本的隐喻翻译特点显示得更为明晰。

表 6-6　八译本隐喻翻译方法

			梁译	章译	索译	覃 1	苏译	陈译	覃 2	傅译	合计
翻译方法	一维	音译				2	1				3
		直译	1		4	4	1	5	2	1	18
		意译	2	9	6	5	6	4	1		33
	二维	音译+注释	3	1	1	1		2	3	4	15
		直译+注释	3	1			1		5	6	16
		意译+注释	2								2
		直译+意译					1				1
	三维	音译+意译+注释	1					1	1	1	4

一维模式中，译者们采用最多的翻译手段是意译，共 33 次，直译次之，18 次，单纯音译最为少见，只有 3 次。这是由翻译的跨文化活动性质所决定的，音译最多近似性地传递了原文的语音发音，而无法表达语音后面的隐喻、文化内涵，所以单纯的音译手段在文化沟通、协调中无法更好地发挥介入作用。在文化隐喻翻译中，直译成功的前提是两种语言存在相同或相似的文化内涵等价词，直译最大的风险在于，如果选择不当，译语传递出的隐喻意象将会偏离原文内涵。相比音译和直译，意译可以帮助译者更为自觉地运用其文化协调者身份，自如地在两种文化中穿插、对接，以最为明白晓畅的方式向目标读者介绍隐喻喻体所要表达的思想、精神、意识形态。然而意译最大的风险也在于此，顺畅、透明化的归化表达极可能导致异质文化意象在翻译过程中被遮蔽。如“Iris”在章、索译的“差人”“信使”等译法中，完全丧失了其作为女神的喻体形象。

二维模式中，各译本采用最多的手段是“直译+注释”，其次是“音译+注释”，梁、覃 2、傅三译本也较为集中地采用了这两种方式，分别为 6 次、8 次与 10 次。可见，注释是音译和意译最主要的补充手段，也是隐喻翻译赖以成功的最主要手段。在其他翻译方法无力更好地解决隐喻翻译问题时，注释往往是最后的依托。前文已转述过王东风（1997）所总结的注释在应对文化缺省时的各种优势，此处不再赘述。

三维模式在译文中只有一种表现形式，即“音译+意译+注释”，这种翻译形式可以丰厚地、系统性地构建隐喻的立体意象，对于弥合两种文化间的隔阂起到很好的促进作用。原文中，只有“Amazon”一个词采用了此种翻译方式，音、义、释的三维共现，清晰地说明了该词的来源、本意及引申意义，勾勒出一副关于“Amazon”女战士的生动形象。

在隐喻翻译过程中，尤其是文化隐喻中，由于文化间的相互冲突和交融是不可避免的（廖七一，2000）[232]，所以对于文化词的翻译，译者要么偏重源语文化，要么偏重译语文化，即通常说的异化和归化。偏重源语文化或异化，译文就会注重“充分性”，尽量忠实于原文；偏重译语文化或归化，译文则会注重“可接受性”，为了迁就目的语读者，尽可能采用译语文化中的语言形式和说法。文化隐喻的翻译也是如此，这就造成了隐喻意义的保留、部分保留或丢失。八个译本隐喻翻译效果如表 6-7 所示。

表 6-7　八译本隐喻翻译效果

	梁译	章译	索译	覃 1	苏译	陈译	覃 2	傅译
保留意象	8	2	2	3	2	6	10	10
部分保留意象	3	2	4	7	4	5	2	2
失去意象	1	8	6	2	6	1	0	0

结合表 6-6 和表 6-7 可以明显发现，覃 2、傅二译本隐喻意象保留得最为完整，12 处隐喻意象均保留了 10 处，占比 83. 3%。覃 1、陈二译本部分保持了喻体意象，失喻最为严重的是章、索、苏三译本，失喻意象分别为 8、6、6 处，达到或超过了半数。这组数据给隐喻翻译实践带来的启示是：音译+注释、直译+注释、意译+注释三种翻译方式都有可能保留原文的隐喻意象；而不加注释的音译和直译不能确保原文隐喻意象在译文中的完整性，因而造成部分失喻；意译尽管语言顺畅，但会引发隐喻文化意象全部丢失的极大风险。

在文化和物质两类隐喻的前景化翻译中，我们的结论是：梁、覃 2、傅三译本基本以原文为取向，采取了显化表达异质文化因素的翻译策略；章、索、苏三译本以目的语为取向，显示为文化上稳定的归化态度；覃 1、陈二译介于二者之间，没有表现出特别的归、异化特征，但考虑到覃 2 本大量使用四字格、对偶、成语等，语言本身的使用其实是归化倾向，所以覃 2 本的翻译策略是他自己倡导的归异结合的辩证统一。

第三节 小结

本章从语义层面着手，通过24个双关译例、12个隐喻译例，分析了各译本中的前景化表达方式及效果。双关反映了诗人在原文中的叙事技巧、政治倾向，也显露出译者的语言艺术，隐喻则突出了诗人对宗教、神话的态度及各译本的异质文化传译风格。总体上来说，双关和隐喻都是概念语义的变异形式，其翻译目的就是保留原文的概念语义特征并在译文中恰切地表达出来。

为了更为清晰地看到八个译本在双关和隐喻修辞的跨文化表达中的得失成败，现将表6-3、6-4、6-7中谐音双关、语义双关和隐喻翻译中的成果数据提取出来，得到表6-8。

表6-8 《亨利六世》八译本语义层面前景化转化情况

译例（共36处）	梁译	章译	索译	覃1	苏译	陈译	覃2	傅译	均值
双关（音+义、义1+义2）	3	4	3	7	5	2	12	2	4.75
隐喻（保留意象）	8	2	2	3	2	6	10	10	5.38
合计	11	6	5	10	7	8	22	12	10135
语义前景化转化率（%）	30.56	16.67	13.89	27.78	19.44	22.22	61.11	33.33	28.13

再将各译本的成功次数除以36处的翻译量，得到的比值可视为《亨利六世》原文语义层面前景化在各译本的转化率。其中，转化率最高的为覃2本的61.11%，遥遥领先于排名第二的傅译本33.33%，与排位最低的索译本13.89%的差值近乎5倍。其他译本则从16.67%到30.56%不等。表中数据较为清晰地呈现了各译本的语义变异翻译特征。

双关语方面，只有覃2译本通过谐音翻译、双关译双关、注释等音、义补偿手段，基本做到了对原文双层语义的兼顾。从认知角度来看，双关本质上是一种隐喻（孙毅，2013）[30-31]，而隐喻是一种需要顿悟思维去建构的“无师自通”的能力（徐盛桓、廖巧云，2017）[16]，“是个体的认知能力、思维能力和符号运用能力的体现”（徐盛桓、廖巧云，2017）。可见，覃2译本对双关的成功翻译显露的是一种稀缺的译者语言素养。当然，这种成功也离不开皇家版莎剧全集翻译的总指导原则，“还原莎士比亚作品禁忌区域”（辜正坤，2016）[13]，如此，译者才能放开手脚，努力还原双关修辞中的隐性叙事效果，搭建上、下双层语境之间的纽带，避免读者因双关修辞背景中的信息缺失而感到阅读不畅。隐喻的前景化转化中，梁、覃2、傅三个译本因采用注释法而保留了绝大多数隐喻意象，与其他译本形成鲜明对比。

最后，各译本词汇层面前景化翻译特征可简要概括如下：梁、傅二译异化取向稳定，对原文忠实得亦步亦趋；章、索、苏三译以归化为主，有时甚至会采用一种“文化隐藏法”，抹去原文中异质文化的痕迹，同时索译的误译较多；苏译风格最为大胆不羁，往往在难以处理的地方取得出人意料的效果，但这种“自由翻译”风格的副作用便是会产生漏译、偏译；从覃1到覃2，覃学岚时隔15年再次翻译《亨利六世》时，无论在语言艺术技巧，还是跨文化翻译上，都得到了显著的提升，实现了归化为本、异化为辅的辩证统一；陈译在词汇层面的翻译中，除了个别细腻之处，没有体现出原文前景化效应在语际转换过程中的典型风格特征。

第七章

语用前景化及翻译

人称变异是《亨利六世》中最为特殊而常见的称呼语变异现象，显示出莎士比亚对人物关系无与伦比的刻画能力。人称变异在人际意义和语气态度上的前景化作用是其他戏剧要素所无法比拟的。剧中最为显著的人称变异有两种，一种是以“you”“thee”为典型代表的第二人称，另一种是自指性人称，如帝后专属的第一人称“we”，还有个别极为特殊的第三人称指代自己。两种人称变异与剧中人物的身份构建、关系认知、情感态度、心理活动，甚至剧情的紧张舒缓等方面都紧密相关，它们负载了人物之间的特殊人际关系、情感距离等随附性含义，对原文的语义建构、语境和事件的表现、人物形象和性格的塑造都有重要意义。因此，人称变异的翻译方式成为探讨各译本中人物心理特征、人物自我认知、情感关系再现的重要抓手。人称在人际意义和语气态度上的前景化作用是其他戏剧要素所无法比拟的。本章将挖掘各译本对这两种人称变异的前景化再现范式和效果。

第一节 第二人称变异

《亨利六世》中的第二人称系统既是莎剧最大的词汇特征，也是早期现代英语的主要特征之一，具有高度主题性和复杂性，更是考察莎剧本身和莎剧翻译绕不过去的一个风格现象。莎士比亚戏剧中，第二人称代词是相对复杂的两套体系，具体见表 7-1。

表 7-1　莎士比亚戏剧第二人称系统

	主格	宾格	非独立所属格	独立所属格
单数	thou/you	thee/you	thy/your	thine/yours
复数	ye/you	you/you	your/your	yours/yours

一般情况下表中第二人称代词的语用条件是有一定的规定的，说话人需要根据对话人的亲疏远近、社会地位、长幼齿序，选用不同的指称。在中古英语和莎士比亚作品中，“thou”“thy”“thee”“ye”通常用于对熟识者、亲密者、儿童或位卑者说话时；“you”和“your”主要是用于位高者或地位相当却不相熟的受话对象，表示尊重、生疏或距离感。莎士比亚有时用“ye”来替代“you”（Barnet，2005）。① 不过一旦“you”和“thou”产生了语用变异，就说明说话人对与受话人的关系定位产生了心理意识上的偏差，对话中出现了较为强烈的情感、态度和语气上的变化，如讽刺、愤怒、疏远、敌视、轻蔑、戏谑等（Barber，1976；Crystal，2003）。类似的语用变异在整部剧中俯拾皆是，如塔尔博特与公爵夫人的见面中“you”“thou”的反常使用；葛罗斯特和温彻斯特争吵时“thou”的大量使用；玛格丽特在剧中前期对亨利用“you”，后期用“thou”，前恭后倨的态度可见一斑。

一、第二人称的复杂性

第二人称的复杂性主要体现在 you 和 thou 两个主格代词的使用上。you 和 thou 并不能简单地转换为“您”和“你”，正如朱生豪（2018）[283]写给妻子宋清如的信中所说，“you 相当于‘您’，thou、thee 等，相当于‘你’，但 thou、thee 虽可以一律译成‘你’，you 却不能全译成‘您’”。孙大雨（1991）[47]也曾指出，“关于原文 you、your、ye 等代名词的用法，讲究起来颇为精细，作者既不随便或胡乱应用，也不呆板死用”。

如例 7-1，此例属于“you”和“thou”的常规用法。这是《亨利六世》上篇第一幕第一场中的一个片段。伦敦威斯敏斯特教堂正在举行亨利五世的葬礼，信使给贵族们带来了法国战场战败的沮丧消息。由于战场受挫，法国摄政王培福薄怒之下嗔怪信使口无遮拦，搅扰了先王英灵，对信使的语气不太客气。原

① 更为详尽的早期英语第二人称使用原则可参看王瑞《莎剧中称谓的翻译》（2008）一书。

文中传令信使的“you”和大将培福的“thou”都完全符合二人的身份，但译者对“you”和“thou”的处理方式却比较灵活。

例 7-1：

原文	Messenger My honourable lords, health to you all! Sad tidings bring I to you out of France, Of loss, of slaughter and discomfiture... BEDFORD What say'st thou, man, before dead Henry's corse? (1H6 1. 1. 57-62)
梁译	使：诸位尊贵的大人，我向诸位请安！我从法兰西带来了不幸的消息，有关失地，屠杀，与败北…… 白：你这个人，你在亨利的尸体之前说的是什么话？
章译	使者：列位大人，敬祝你们政躬安泰！我从法兰西给你们带来了损失、屠杀、挫败的悲惨消息…… 培福：汉子，你在老王的灵前说的是什么话？
索译	信使甲：诸位王公大人，敬祝你们政躬安泰！我从法兰西带来损失、屠杀和挫折的不幸消息…… 培福：你这家伙，在亨利陛下的灵前说些什么？
覃 1	使者甲：诸位尊贵的大人，容我请安了！我从法兰西给列位带来了坏消息：咱们损兵折将、遭屠戮，大败了…… 培福：你在亨利王的灵前说的什么话，伙计？
苏译	使者：列位大人，敬祝你们身体安康！我从法国给你们带来城池失守、将士遭戮、战事逢凶的可悲消息…… 培福：哎，你这汉子，怎么在先王亨利灵前这么说话？
陈译	使者：尊敬的大人，我向诸位请安。我从法兰西带来有关失地、屠杀和挫败的坏消息……： 贝德福德：你这家伙，在亨利的灵前说些什么呢？
覃 2	信差甲：尊贵的诸位大人，在下向大人们请安；我从法兰西给各位带来了凶信，咱们损兵折将，吃了大败仗…… 贝德福德：小子，你在先王亨利灵前瞎嚷嚷什么？
傅译	信差：诸位尊贵的大人，向各位请安！我从法兰西带来不幸的消息，都是失地、屠杀和溃败…… 贝德福德：你这家伙，在亨利的尸体前说什么鬼话！

首先，“you”指代了葬礼上的王室贵族们，其翻译有“你们”“诸位”“各位”“大人们”等形式，正如朱生豪所说的，“you”无法全译成“您”。从语用视角来看，虽然没有被译为“您”，但“诸位”“各位”“大人们”等译法更为明确传神地表达了说话人社会身份之间的尊卑差异。其中只有“你们”是个普通称呼语，不具有社会身份指称含义。“thou”的翻译比较一致，基本都译为了

"你"，符合朱生豪的实践结论。

然而，在莎剧英语原文中，经常会出现第二人称的变异情况，如《亨利六世》中篇第三幕第一场中玛格丽特王后和约克、萨默塞特、红衣主教等大臣之间的一段对话：

Queen：Thy fortune，York，hadst thou been regent there，Might happily have proved far worse than his.

York：What，worse than naught？Nay，then a shame take all！

Somerset：And，in the number，thee that wishest shame.

Cardinal：My lord of York，try what your fortune is.（2H6 3.1.305-309）

这段对话是王党势力一起商讨派谁去镇压威尔士农民起义，从中可以看出人物之间的权力地位、情感态度等隐含的社会关系。约克和萨默塞特互相推诿攻击，王后玛格丽特试图安抚二人，红衣主教乘机提出人手建议。玛格丽特王后对约克使用了"thy"和"thou"，符合君臣关系，体现了当时二人的地位差别。红衣主教指称约克时使用了"your"，二人同殿称臣，彼此之间没有利益冲突，也没有交情，符合礼貌用语原则。萨默塞特称呼约克时却用了"thee"，两人同是王亲贵胄，年龄地位相当，不存在上下级关系，理论上此处应当用"you"，但此处"thee"的使用明显违背了"thee"的使用原则，造成了语用变异，凸显了萨默塞特对约克敌视、轻蔑的态度。萨默塞特和约克是政治宿敌，历来不和，关系紧张，彼此充满了敌意，是剧中一组主要的矛盾，所以萨默塞特此处使用了变异的"thee"而非正常的"you"。

此外，非独立所属格"your"后跟"majesty""highness""ladyship"等名词，也构成了第二人称。这属于第三人称指称受话人的一种用法，在对话中基本可以代替"you"。这类称呼语主要用于称呼贵族头衔，语体风格更为正式庄重。除了莎剧，your 系称呼语在当今的英语社交礼仪、正式场合、古装戏剧等语境中，仍广泛使用。其中，"your majesty""your highness"专指帝后，"your grace"比"your majesty"和"your highness"的使用范围更广，用法也更为灵活一些，既可以称呼国王、王后，也可以称呼公爵或公爵夫人等爵位较高的贵族，使用频率最高。由于第二人称在莎剧中建构了重要的人际意义，具有不可替代的风格特征，因此对第二人称变异使用的翻译可以最大程度地显现译者对剧中人际意义再前景化方式的偏好及得失。

二、第二人称变异的翻译

（一）塔尔博特对奥弗涅伯爵夫人

《亨利六世》上篇第二幕第三场，有塔尔博特和奥弗涅伯爵夫人的会见名场面。此次会见是较为典型的第二人称语用变异案例。剧中，法国奥弗涅伯爵夫人设下鸿门宴，邀塔尔博特到自己的城堡中做客，企图诱捕后者。塔尔博特预见到了此行的危险，提前做好了部署，并顺利脱困。二人见面后，伯爵夫人痛斥塔尔博特率英军入侵给法国人民带来的深重苦难，"Wasted our country, slain our citizens And sent our sons and husbands captivate"（1H6 2.3.42-43），并言明自己此前囚禁了塔尔博特的画像（指墙上挂有塔尔博特之像），此番更是要囚禁塔尔博特本人。塔尔博特听后大笑，伯爵夫人略有恼羞。遂有例 7-2 的对话。

原文中二人之间完全谈不上相熟亲近，但伯爵夫人却一直在使用"thou""thy"等"thou"系代词，只能说明伯爵夫人并没有给自己的客人应有的尊重。"thou"系代词再搭配以头韵结构"mirth"和"moan"，延续了伯爵夫人此前对塔尔博特的愤怒指责，显然夫人的言语中具有强烈的紧张、敌视情绪。对伯爵夫人的敌视，塔尔博特并没有针锋相对地回击以"thou"和"thy"，而是使用了"your ladyship""you""your"等"you"系代词，一方面表示对女性的尊重，彰显自己的绅士姿态，另一方面显露出自己的轻松心理，和对方的紧张形成了对比。轻松之外，塔尔博特的语气中还有一丝揶揄、调侃及讽刺的意味。

例 7-2：

原文	COUNTESS OF AUVERGNE Laughest thou, wretch? thy mirth shall turn to moan. TALBOT I laugh to see your ladyship so fond To think that you have aught but Talbot's shadow Whereon to practise your severity.（1H6 2.3.45-48）
梁译	夫人：你还要笑，可怜虫？你的欢笑就要变成呻吟。 塔：我笑的是夫人好蠢，你以为这一回抓到的不是塔尔伯特的画像，可以严加惩处了。
章译	伯爵夫人：你还笑吗，倒霉鬼？只怕你笑不成还要哭呢。 塔尔博：我看夫人满以为除了塔尔博的影子以外，还可以把您的威严用到什么别的东西上，不由得我要笑起来。
索译	伯爵夫人：你笑吗，坏蛋？你的开心会变成呻吟的。 塔尔博特：我是笑你糊涂，竟会认为是塔尔博特本人，而不是他的影子站在这里，让你施加残暴。

覃 1	伯爵夫人：你还笑，卑鄙之徒？我要叫你破笑为涕。 塔尔博：我笑的是夫人您愚蠢到如此地步：竟然以为除了塔尔博的画像之外，您还抓到了什么别的东西可以严加惩处。
苏译	伯爵夫人：你这倒霉鬼，还有心情笑？你笑不成倒会哭起来的。 塔尔博：我笑夫人阁下滑天下之大稽，竟以为你可以拿塔尔博的影子逞自己的威风。
陈译	伯爵夫人：你还笑吗，恶棍？只怕你的笑得变成哭了。 塔尔博：我笑的是夫人您太愚蠢，居然当我就是可供你惩处的塔尔博的真身。
覃 2	伯爵夫人：你还笑，可怜虫？你这会儿嬉皮笑脸，马上叫你叫苦连天。 塔尔博特：我笑的是夫人您居然如此天真，以为除了塔尔博特的影子之外，还抓到了什么东西来让您处置。
傅译	伯爵夫人：可怜虫，居然还笑？叫你的欢笑马上变成呻吟。 塔尔伯特：我笑夫人愚蠢之极，居然以为除了塔尔伯特的影子，还能抓点儿什么任您严惩。

对于伯爵夫人的台词中的“thou”，八个译本毫无例外都使用了汉语第二人称的普通称谓“你”，这点符合了伯爵夫人对塔尔博特的敌视态度。而对于塔尔博特“you”的回复，八译本则有了差异，章、覃 1、覃 2、傅四译本继续使用敬语“您”，其他四个译本使用普通称呼“你”。“您”的译法从功能上基本再现了塔尔博特的礼貌语气和心态。

再看“you”系物主代词“your ladyship”的翻译。“your ladyship”在梁、章、傅三译本中均被译为“夫人”，汉语中“夫人”原本是对具有一定身份的女性的尊称，古代指诸侯的妻子，明清时一、二品官员的妻子可封夫人，后来开始尊称一般人的妻子（《现代汉语词典》，2016）[397]，故“夫人”一词传递了“your ladyship”的基本语义。覃 1、苏、陈、覃 2 四译本在“夫人”的基础上，增译了“您”和“阁下”，尊敬程度有所增加。这种尊重语气与其后的“愚蠢”“天真”“滑天下之大稽”等嘲讽性言语形成了一种反讽修辞，消解了“夫人”一词所蕴含的尊敬之意，再现了原文的揶揄、嘲弄态度。尤其“夫人阁下”一词，讽刺意味更浓。BCC 语料库中可以检索到类似用法，如“大家都称她为‘男爵夫人阁下’，这绰号含有着讽刺与怜悯”。可见，这种通过增译尊称而加大剧情张力的译法，成功展现了塔尔博特性格中机敏、生动的一面，增加了其形象的厚度。反观索译本，由于译者没有关注到原文中的敬语形态，直接将“your ladyship”译为“你”，致使塔尔博特的形象多了一丝干瘪，少了几分生动。

至于“your severity”的翻译方法，除了苏译添加了反身物主代词“自己的”，其他七个译本都将其中的人称部分合二为一，从而避免了人称的重复。第二人称代词“您”或“你”要么被置于小句之首充当主位，要么被置于“把、让、供、任”等动词之后，形成动补性短语。前者符合代词作主语的常规表达，减损了原文“your severity”传递出来的嘲讽意味，后者突出了动词的陌生化效果，表述更为灵动。综合八个译本来看，章、覃2、傅三译本通过增译尊称、加大张力、代词合译等方法，在塔尔博特语气态度的翻译上更胜一筹。

（二）亨利六世对其他人

除了塔奥会面，亨利六世对第二人称代词的使用也经常违反自己作为英国国王的至高身份。如亨利六世在上篇第三幕第一场中的首次亮相就以调停人的身份，斡旋于葛罗斯特和温彻斯特之间。年少的国王苦口婆心，劝说两位位高权重的顾命大臣言归于好，见例7-3。本来依着亨利六世的身份，他完全可以把“your heart”说成“thy heart”，但在一共28个单词的句子里，就有13个词是对两位贵族的称呼“Uncles of Gloucester and of Winchester”“The special watchmen of our English weal”，再加上if引导的假定条件句，足见少年国王面对权贵时的战兢忐忑、陪着小心的心理状态，所以此处的“your”违背的是尊卑身份，遵从的是长幼身份。

例7-3：

原文	KING HENRY VI Uncles of Gloucester and of Winchester, The special watchmen of our English weal, I would prevail, if prayers might prevail, To join your hearts in love and amity. （1H6 3. 1. 68-71）
梁译	王：格劳斯特与文柴斯特两位长辈，你们是保卫英国安宁的特别监护人，我愿请求你们，如果请求能够生效，双方言归于好罢。
章译	亨利王：葛罗斯特叔父，温彻斯特叔公，你们都是我们英国的国家栋梁，我要恳求你们，如果恳求是有效的话，务必要和衷共济、言归于好才好。
索译	国王：葛罗斯特叔父、温彻斯特叔公，你们都是英国的保护人；如果我的祈求有效的话，我希望你们同心同德，亲爱友好。
覃1	亨利王：格洛斯特与温彻斯特两位叔长，你们都是保卫我大英社稷的特殊栋梁。我要恳求二位，如果恳求能够奏效，恳求二位和衷共济、言归于好。
苏译	亨利王：葛罗斯特和温彻斯特二位叔父，你们都是英国的辅助大臣，要是祈求行之有效，我祈求你们二位心心相印，和睦相处。
陈译	亨利王：葛罗斯特叔父，温彻斯特叔公，你们都是国家的鼎辅，如果我的祈求能够奏效，我愿意祈求你们协力同心，同舟共济。

覃2 亨利六世：格洛斯特叔父，温切斯特叔祖，你们都是我大英国的拱卫柱石，我愿恳劝二位，倘若祈愿济事，恳劝二位同心同德，和衷共济。

傅译 亨利六世：格罗斯特叔叔，温切斯特叔祖，你们都是我英王国的特殊护卫；假如我的恳求管用，我愿恳求你们二人同心，和睦、友爱。

原文“your heart”中的第二人称物主代词“your”在译文中，要么被处理为人称代词“你们”，如梁、章、索、陈四译本，要么被译为尊称“你们二位”或“二位”，如覃1、苏、覃2、傅四译本。显然，在亨利六世面对权贵而信心不足的语境下，前四个译本的“你们”不足以传递说话者此时谦恭卑微的心态，从功能视角上而言，与原文“your”不甚匹配。相比之下，覃学岚两个译本将一个“your”分译为两个“二位”，两次强调了葛罗斯特和温彻斯特的尊贵身份，使得争辩中的二人不得不考虑年轻国王的建议。由于“二位”本身就有尊指受话人的功能，苏、傅二译“你们二位”普通称谓和尊称混搭，违背了语境一致性原则，略显不和谐。可见，虽然后四个译本更为灵活地再现了原文的语境要求，但覃学岚的两个译本无论是在语境再现还是功能传递上，都更为高效一些。

整部剧中，亨利六世一直以这种谦恭的态度充当贵族矛盾的调解员，温和而又压抑地对待自己的对话者。直到戏剧下篇第一幕第一场，约克坐到了议会大厅的王座之上准备篡位，亨利六世终于在自己的王位即将不保时，丢掉了谦恭的人设包袱，开始用“thou”系代词发泄自己的不满了。原文中，亨利六世痛斥约克公爵“thou factious duke of York”，无异于指着对方的鼻子开骂，“I am thy sovereign”也终于体现出作为君王的身份意识。但收到的回复却是约克轻蔑、挑衅的“I am thine”，其懒得多说一个字，挟武自重的傲慢一览无余。

例 7-4：

原文 KING HENRY VI Thou factious Duke of York, descend my throne, and kneel for grace and mercy at my feet; I am thy sovereign.
YORK I am thine. (3H6 1. 1. 74-77)

梁译 王：你这叛逆的约克公爵，从我的宝座上下来，跪在我的脚边求饶；我是你的主上。
约：我是你的主上。

章译 亨利王：你这大逆不道的约克公爵，快快走下宝座，跪到我的面前来恳求宽赦。我是你的君王。
约克：我才是你的王上哩。

索译	国王：你，大逆不道的约克公爵，快走下我的宝座，跪下向我求饶。我是你的君王。 约克：我才是你的君王哪。
覃 1	亨利王：你这大逆不道的约克公爵，从我的御座上下来，跪到我的脚前祈求我的宽恕和原谅：我乃是你的君王。 约克：我乃是你的君王。
苏译	亨利王：你这惹是生非的约克公爵，快快走下御座，跪在我脚下请求赦免吧。我是你的君王。 约克：我才是你的王上。
陈译	亨利王：结党营私的约克公爵，你给我从王座上下来，跪在我面前请求宽恕。我是你的君主。 约克：我才是你的君主！
覃 2	亨利六世：反了你了，约克公爵，快从我的御座上下来，跪到我脚前，祈求我宽恕原谅。我乃你的主上。 约克：我乃你的主上。
傅译	亨利六世：你这叛逆搞分裂的约克公爵，从我的王座下来，在我脚下跪求恩典、怜悯。我是你的君王。 约克公爵：我是你的君王。

“Thou factious duke of York”中的“thou”在八个译本中大都被处理为“你”，具体处理形式有所差异，大致为愤怒型和命令型。梁、章、覃 1、苏、覃 2 五个译本中的“你”和之后的“这”搭配，构成“你这（个）NP”构式。该构式具有负面评价功能（胡静敏，2013；尧春荣，2016），且其评价强弱与进入该构式的 NP 所形成的语义整合度相关（胡清国、高倩艺，2018）。由于“你这”之后基本都是“叛逆的”“大逆不道的”等负面评价语，译文语义整合度较高，属于强评价功能，表达了强烈的愤怒。覃 2 本中的“反了你了”，通常表达上位者对自己地位受到挑战、失去对事情的掌控力的愤怒。这六个译本都可视为愤怒型处置方式。但名词短语“约克公爵”属于中性甚至尊敬型称呼语，对语义的负面评价一致性略有削弱，影响了译语的愤怒程度。

索、陈译本为命令型。索译中，“你”在句中稍加停顿，后接同位语性质的身份补充说明，与再后的命令性动词短语搭配，构成一种强制性命令句式。这种用法在汉语中不太常见，笔者在 BCC 和 CCL 两个语料库中，以“。你，a *”检索式检索，共得到 10 条类似语料，如“你，美丽的赫米娅，好好准备着”“你，一个年轻女孩子可不能再去冒险”“你，董云升，到外面去”“你，我的信徒，你必须将真神的力量和知识带回人间”等。如语料所示，这种“你，

（adj）NP，Vimp P”句式强化了句子后部祈使短语 Vimp P 所表达的指令，弱化了说话人的情绪。同理，陈译的“你给我”也是命令大于愤怒。对比之下，命令型处置方式与原文语气、情感有了一定的偏差。

约克回复“I am thine”中的“thine”，作为名词性物主代词，其语篇功能为避免重复，但从语气角度来看，这种不需要重复的省略又何尝不是一种全然不在乎对方的傲慢之气。八译本对“thine”均采取了显化翻译策略，通过补译“君王/主上”等，再现了原文中被省略的成分，造成了语义重复，些许违背了原文的省略初衷，在一定程度上也降低了约克的傲慢程度。

（三）玛格丽特对亨利六世

亨利六世的软弱不仅弹压不住野心勃勃的各方贵族，甚至妻子玛格丽特对他的态度也在改变。从第一次见面的谄媚，到《亨利六世》下篇中的辱骂，玛格丽特对亨利的态度发生了巨大的变化。在下篇第一幕第一场中，玛格丽特得知亨利政治斗争失败，不得不把继承权让渡给约克时，勃然大怒，对亨利不假颜色地一顿痛斥。原文中，这段对话共 50 行，玛格丽特一直在使用“thou”系代词，足见二人在家庭生活、政治生活中的地位已然逆转。

对话伊始，亨利下朝后，看见玛格丽特，顿感愧疚胆怯，便想要同埃克塞特一起溜掉，而眼尖的玛格丽特却追上前去。原文中，玛格丽特使用了“thou”系宾格“thee”，再搭配以否定副词“nay”、倒装祈使结构“go not”以及个人意志宣称“I will”等手段，断然挡住了亨利的去路，大有一副不死不休的架势。

例 7-5：

原文 QUEEN MARGARET Nay, go not from me; I will follow thee.（3H6 1.1.216）

梁译 后：不，不要离开我；我要跟你们去。

章译 玛格莱特王后：别走，别离开我；你走我也要跟着你。

索译 玛格莱特王后：别躲我，我会跟着你的。

覃 1 王后：不，不要离我而去，我要跟着你走。

苏译 玛格丽特王后：且慢，想从我眼前溜掉，我偏要跟着你。

陈译 王后：别走，别离开我。你要走，我就跟着。

覃 2 玛格丽特王后：不，不要离我而去，我要跟着你走。

傅译 玛格丽特：不，别离开我，我要跟你走。

梁译将“thee”译为复数“你们”，显然，译者认为“thee”的指代包含了埃克塞特，可根据当时的情景语境，玛格丽特的发泄对象仅是亨利，与埃克塞特无关，故梁译有擅自扩大对话范围之嫌。“thee”承载的语义色彩比“你”丰富得多，所以要想判断余下七个译本的语气得失，必须将“thee”置入“nay”“go not”“I will”等形成的语义韵中考察。首先“nay”在八译本中有两类处置方式，一类被译为更忠实于原文的否定副词“不”，另一类被赋予了更贴近原文的语气实质性内容，“别走”“别躲我”以及“且慢”。“Go not from me”进一步发出了堵截性禁止令，然而大多数译本却将其译为“别离开我”“不要离我而去”等情感祈求语气，与原意大相径庭。只有索、苏二译本例外，索译本把“nay”“go not from me”合译为“别躲我”，塑造出玛格丽特直面亨利的强硬态度，苏译本将原文处理为逆反构式“想 V_1，偏 V_2”，将原文中玛格丽特的威胁语气传递了出来。不得不说，苏译采用了一种近乎改译的方式，却取得了最为贴近原文的违逆性语气效果。

例 7-6 是整段对话中玛格丽特情感最为强烈的一个句子。原文共三个“thou”系代词、五个小句、一个感叹词，共同表达了玛格丽特对亨利软弱无能的强烈质问和愤慨，甚至出现了短语“timorous wretch”，对亨利呵骂和羞辱。

例 7-6：

原文	QUEEN MARGARET Enforced thee! art thou king, and wilt be forced? I shame to hear thee speak. Ah, timorous wretch! (3H6 1. 1. 233-234)
梁译	后：逼迫你的！你是国王，你能受人逼迫么？我羞于听你这样说。啊！怯懦的东西。
章译	玛格莱特王后：逼你？你是一国之主，你能让别人逼你吗？我听你说这样的话，我都替你羞死了。唉，胆小鬼哟！
索译	玛格莱特王后：逼你？你是国王，还受人逼迫吗？唉，胆小鬼。
覃 1	王后：逼迫你？你身为国王，还能让人逼迫吗？我听了都害臊，亏你好意思说，懦弱的东西。
苏译	玛格丽特王后：逼你？你不是一国之君吗？就甘愿受人威逼吗？我听你说这样的话，真替你害臊！唉，胆小鬼呀。
陈译	王后：他们逼你？你是国王吗？做国王的可以被人逼迫吗？听你说这样的话，我替你害羞。你这胆小的可怜虫哟！
覃 2	玛格丽特王后：受人所逼？你身为国王，还能受人所逼？我听了都害臊，亏你说得出。唉，懦弱的东西，
傅译	玛格丽特：逼的！你是国王，谁能逼你？听你这话，我深感受辱。啊，胆小的可怜虫。

原文“thou”系代词的处理方式非常灵活，主要有四种：省译、直译、分译、增译。首先看第一个代词“thee”，覃2、傅二译本将“enforced thee”分别译为疑问短句“受人所逼?”和感叹短语“逼的!”。两个译文中都省译了“thee”，避免了代词的重复，有助于将语力全都集中在动词之上，增强了说话人的语势。第二个代词“thou”位于疑问句“art thou king”之中，都被直译为“你”。梁、索、傅三译本将“art thou king”译为“你是国王”，过于平铺直叙，对原文的反诘和质问表现不足。章、覃1、覃2、苏、陈五译则通过“逼你?”“身为”“不是……吗”“是……吗”等强调手段，对原文的反诘语气有所补偿，再现了玛格丽特看重王位、决不甘于妥协的政治态度。第三个代词“thee”，位于小句“I shame to hear thee speak”中，基本有两种译法，一种是在语序和语义上都忠于原文的“听你”，另一种是覃译本中的“亏你”。覃学岚两译本“亏你”属于反预期构式“亏你VP”中的构件，具有“不合意”“不符合预期”等语义特征（易正中，2014），与前文中的“害臊”一起，形成了对亨利的进一步讥讽。

由于该句连续出现三个动词，多数译本都将其拆分成两个句子，表达形式更为轻盈、灵活。唯有索、章二译，前者出现漏译，后者由于增译过多，“你”被重复了六次，产生了啰嗦之感。其他译本则基本都成功传递出了原文玛格丽特对失去王位的愤怒与不甘。

（四）葛罗斯特对家丁

以上“you”或“thou”的语用偏离都发生在贵族之间，偶尔贵族与下人之间的第二人称语用也有偏离现象，如例7-7，葛罗斯特给自家家丁下命令时，称呼家丁“you of my household”，这种称呼多少不符合双方的尊卑身份。剧作者利用自己的剧作权力，通过第二人称的使用偏离，将葛罗斯特塑造成一个品性端方、为人正直，对待下人以极大尊重的辅国大臣形象，与其政敌温彻斯特形成鲜明对比。

例7-7：

原文	GLOUCESTER You of my household, leave this peevish broil And set this unaccustom'd fight aside. (1H6 3.1.95)
梁译	格：我这一家的人，你们都不要参加这愚蠢的斗殴，停止这场奇怪的打斗。
章译	葛罗斯特：我方的弟兄们，别再闹了，不要再械斗了。
索译	葛罗斯特：属于我的家族的人们，不要这样幼稚地争吵打闹了。

覃1	格洛斯特：我家的弟兄们，别在这儿傻争傻吵了，结束这场异乎寻常的打架斗殴吧。
苏译	葛罗斯特：我方的士兵们，躲开这场混战，识点时务，别再动武了。
陈译	葛罗斯特：我们家的人，都给我住手！停止这场无谓的争斗。
覃2	格洛斯特：我家的弟兄，不得如此放肆，休要参与这场粗野的打斗。
傅译	格罗斯特：我家的仆人，停止这愚蠢的混战，把这奇怪的打斗放一边。

八译本中，只有梁译将原文"you of my household"中的"you"翻译了出来，这种处理方式与前文的"我这一家的人"构成了重复指代，阻滞了命令的通畅性，另一方面也造成了说话人的颐指气使之感，与受话人之间形成了对立关系。其他七译本都省译了第二人称代词"you"，从语用效果上看，这种省译显化了"my household"的译语"我方的""我家的"，从而拉近了葛罗斯特与家丁之间的关系，建立了二者立场的同一性。此外，覃学岚两译本中的"弟兄"是对同辈、同伙或下属的亲切称呼，该称呼模糊了受话人与说话人之间的尊卑、上下或人身依附关系，比之其他译文，如"人们""人""仆人""士兵们"等，增强了对话双方的立场同一性，形成得了亲切语气的叠加效果，补偿了原文"you"所含的尊重之义。

（五）休姆对埃莉诺

《亨利六世》中篇第一幕第二场，巫师休姆将护国公夫人埃莉诺称为"your highness"，见例7-8。前文已述，"your highness"专指帝后，埃莉诺目前为葛罗斯特公爵夫人，其地位头衔决定了对其正确的称呼应为"your grace"，所以此处"your highness"的称谓看似对埃莉诺的吹捧，实为休姆揣摩或诱惑埃莉诺犯罪的一种僭越性偏离。

例7-8：

原文	HUME This they have promised, to show your highness A spirit raised from depth of under-ground.（2H6 1. 2. 78-79）
梁译	休：他们答应了这一点，从阴间深处为您唤起一个鬼魂。
章译	休姆：他们已经答应，从地下召唤一个精灵来见您。
索译	休姆：他们答应从地下召唤一个幽灵来回答夫人提出的问题。
覃1	休姆：他们已做出保证，要为夫人您从地下深处召起一个精灵。

苏译　休姆：他们已经答应，为殿下召唤一个精灵。

陈译　休姆：他们已经做出承诺，要从地下招来一个精灵，（殿下）。

覃 2　休姆：他们已经答应让殿下瞧瞧这个：从阴曹地府招来一个幽魂。

傅译　休姆：他们答应了这个：从地下深处唤出一个幽灵，向殿下显灵。

由于“your highness”指称帝后时较“your majesty”隐蔽，译者很容易就忽略了此处“your highness”的语用变异。梁、章二译的“您”属于一般尊称，无法真正反映对话者之间的地位高下。覃 1 的“夫人”虽指称了较高地位的女性，但其多是一种普遍称谓，比“your highness”的指称范围要宽泛得多。“殿下”含有头衔意义，在汉语的正式尊称中，“殿下”一词专指皇太后、皇后、太子或公主等帝王家族成员。因此，前四个译本完全掩盖了休姆的居心叵测，后四个译本成功传递了原文的僭越意味。结合后文情节可以发现，从一开始接触埃莉诺，休姆就在不折不扣地执行王后党的命令，不断地挑逗埃莉诺的神经，勾引其野心膨胀，最终引诱其栽入精心设计的巫蛊陷阱中。

第二节　自指人称变异

《亨利六世》中除了第二人称的变异具有前景化效应，有的自指人称也会给读者带来一种阅读上的凸显效应。自指人称是“说话人对自己或自己这一方群体的称呼，是人类语言共有的一种指称现象”（周文伟、许芳娜，2020）[123]。自指人称不仅有指称功能，也体现了说话人之间的亲疏远近、尊卑上下等人际功能。

一、自指人称的复杂性

典型的自指人称为通常用第一人称指示语，但在特定语境下，第二人称、第三人称也可用来借指说话人，起到自称的作用。如汉语中的“人家”，就可以用来指代说话人自己，表达一种嗔怪或埋怨的语气，有时又略带亲昵、娇羞的意味，多用于关系比较亲密的说、受话者之间。英语亦是如此，自指人称也并非一定是第一人称指称语。除了第一人称指称语，《亨利六世》英语原文中还出现了两种具有前景化效应的自称方式，一种是皇族专用自指语“we”，一种是第三人称自指，用 him 来指代自己，或自呼其名，如剧中人物沃里克就多次在和其他人的对话中称呼自己“Warwick”。

二、自指人称变异的翻译

（一）君主自称

如上文所指出的，“we”在莎剧中不仅表示第一人称复数，还可表示第一人称单数。田海龙（2001）[19]曾深入探讨过“we”的这种用法，指出随着社会的沿革，“we”的权威性在西方文化中逐渐形成，有身份的皇室人员用“we”指称自己而普通人用“I”指称自己。所以“we”一旦出现在对话中，不可避免带有一种权威色彩和疏离态度。

如上篇第三幕第一场中，亨利六世这边刚刚劝和了葛罗斯特和温彻斯特，二人的家丁又打了起来。原文中，亨利一改对两位叔长的和颜悦色，使用了第一人称复数代词“we”及其反身代词“ourself”（非“ourselves”）指代自己，突出了自己作为国王的权威性。此间的变化反映了亨利六世的语气、心态上的微妙变化。

例7-9：

原文	KING HENRY VI We charge you, on allegiance to ourself, To hold your slaughtering hands and keep the peace.（1H6 3.1.90-91）
梁译	王：我根据你们效忠国王的誓约，命令你们停止凶杀，保持和平。
章译	亨利王：你们既是我的忠顺臣民，我命令你们立即住手，维持秩序。
索译	国王：你们既然效忠于我，我命令你们住手，维持秩序。
覃1	亨利王：你们既然是效忠我的臣民，我命令你们立即住手，保持和平。
苏译	亨利王：良民们，朕要你们立即停下屠杀的双手，遵守秩序。
陈译	亨利王：凭你们对我所发的效忠誓言，我命令你们停止斗殴，保持和平！
覃2	亨利六世：尔等既是效忠于朕，朕命尔等住手，停止杀戮，维持和平。
傅译	亨利六世：既然你们对我效忠，我命令你们，控制杀戮之手，保持和平。

大部分译文把“we”和“ourself”处理为“我”，唯有苏、覃2译本将其译为“朕”。由于“我”并不能传递出原文的特殊自指功能，不仅无法体现出帝王的权威性，还抹杀了其陌生化效果。“朕”在汉语中是独一无二的帝王自称，在自指功能的特殊性上与“we”相当。尤其是覃2本，更是搭配以第二人称复数代词“尔等”来指称各贵族家丁。汉语中“尔等”“多用于上级对下级，长

辈对晚辈之间的称呼，具有轻蔑色彩”（翟晓丁，2020）[4]。通过“朕”和“尔等”等称呼的变化，覃 2 本成功、细致地刻画了一个前一刻面对贵族时还战战兢兢，却在下一刻对普通家丁开始发号施令、尝试实施王权的年轻帝王形象。

另一处比较典型的对比性变化发生在上篇第四幕第一场，亨利六世在巴黎刚刚加冕结束，就收到其舅父勃艮第公爵的断交信。在不知信的内容之前，亨利称呼勃艮第为“our uncle”，知道了断交信内容后，亨利称呼勃艮第为“my uncle”。这种变化凸显了年轻国王在叛乱前后的两种心态对比，前一刻尚维护着自己的权威和勃艮第舅父的体面，后一刻已无法保持镇定，不经意间流露出普通人的恐惧情感。

例 7-10：

原文	KING HENRY VI And now, my lord protector, view the letter Sent from our uncle Duke of Burgundy… What! doth my uncle Burgundy revolt?（1H6 4. 1. 48-49，64）
梁译	王：摄政大人，你现在看看我的舅父勃跟地公爵写来的信。…… 什么！我的舅父勃根地叛变了？
章译	亨利王：护国公，现在请你把勃艮第公爵的来信读一下。…… 什么！勃艮第反了吗？
索译	国王：现在，护国公，看看勃艮第公爵的信吧。…… 怎么，勃艮第公爵反了吗？
覃 1	亨利王：护国公大人，现在请您展读我的舅父勃艮第公爵写来的信吧。…… 什么？我的舅父勃艮第反叛了？
苏译	亨利王：护国公大人，现在请您把布根迪公爵的信念一念吧。…… 什么什么？我舅父布根迪反了？
陈译	亨利王：我的护国公，现在请你帮我看看勃艮第舅父给我写来的信。…… 什么！我的勃艮第舅父反了？
覃 2	亨利六世：现在，护国公大人，你看一看朕舅父勃艮第公爵送来的书函。…… 什么？朕的舅父勃艮第反了？
傅译	亨利六世：现在，护国公大人，你看一眼我舅舅勃艮第公爵的来信。…… 什么？我舅舅勃艮第反了？

各译本对两个称呼“our uncle”和“my uncle”的翻译前后基本一致。章、索二译采用了隐化策略，省译了称呼语。梁、覃 1、陈、覃 2、傅五译本中前后两个称呼基本相同，如梁译前呼为“我的舅父”，后呼仍为“我的舅父”，傅译前呼“我舅舅”，后呼也是“我舅舅”。以上七个译本均未能体现出自指称呼的变化，无法反映年轻国王面对叛乱时的仓皇失措。唯有苏译前呼为“布根迪公

爵”，后呼为“我舅父”，此种变化由隐到显，将读者的注意力转移到亨利六世与勃艮第之间的甥舅关系上，有助于亨利六世慌乱内心的表达。

（二）第二人称自指

中篇第四幕第七场中，农民起义领袖凯德称孤道寡，自称“my majesty”，见例7-11。事实上，英语中尊称国王时，要么是“your majesty”，要么是“my lord”，而没有不伦不类的“my majesty”之说。并且无论“your majesty”还是“my lord”，都是第二人称，不用于自指。此处“my majesty”的语用目的是表现凯德没有文化，从而取得一种笑料百出、画虎不成反类犬的戏谑、滑稽的前景化效果。从“my majesty”的翻译方式可以判断原文的语用目的是否得以实现，甚至译者对翻译对象的观察细致程度。

例7-11：

原文	What canst thou answer tomy majesty for giving up of Normandy unto Mounsieur Basimecu, the dauphin of France?
梁译	把诺曼地放弃给法国太子“吻屁股先生”，你对孤家寡人能做如何解释？
章译	看你怎样对孤王解释你为什么把诺曼底放弃给法国太子巴西麦库先生？
索译	你如何对孤王寡人解释你把诺曼底放弃给法国佬，法国太子这一罪行？
覃1	你把诺曼底放弃给了法兰西的太子“吻屁股”大爷，我看你对孤王有什么解释？
苏译	你怎么回答本王你把诺曼底拱手让给法国皇太子巴西麦库先生一事？
陈译	你将诺曼底让给了法国太子，那位舔屁股先生，这事你对凯德陛下有什么话说？
覃2	你把诺曼底拱手送给了法兰西太子“亲老子屁股”少爷，我看你对孤王作何解释？
傅译	放弃诺曼底，送给法兰西王太子“亲我腚眼儿先生”，你怎么向我这个陛下交代？

显然，梁、索二译细腻地观察到了原文中“my majesty”的不当使用，所以尝试用不太符合语境的“孤家寡人”和“孤王寡人”来传递原文的戏谑之义。其他译本均较通顺，没有产生特殊语用效果。但从构词方式上来看，“my majesty”是由“my lord”和“your majesty”交错截取而来，所以八个译本无论哪种都不太符合原文的戏剧效果。因此笔者认为，“寡王”“孤人”或从生成方式上更符合“my majesty”的内在戏谑要求。

回顾以上译例，可以发现my系称谓词主要有人际意义增强、弱化、转移三种处理方式。大多数情况下，覃1、陈二译本基本可以在my系称谓词的翻译中发挥较为稳定的主体性，着眼于凸显原文的人际特点，再现戏剧的人际风格。梁译的细腻是其“存真”思想的直接映射，同时也反映出译者对原剧内容的把握。索译虽有时隐藏了原文的精彩之处，如“Mounsieur Basimecu”，但面对如“my majesty”的变异称谓时，也能表现得译思缜密。

（三）第三人称自指

英语中第三人称自指（illeism or self-talk）指说话者用第三人称指示词或第三人称代词称呼自己。最为常见的第三人称自指出现在专业性写作中，如作者将自己称呼为“the present author”“笔者”等，以拉开作品和“我”的距离，避免主观的个人意见输出，以强调作品内容的客观性。这种修辞方式有时也会拉开说话人与自身行为之间的距离，使说话人更好地控制自己的行为和情感（Moser & Dougherty et al.，2017）。

文学作品中，英语第三人称自指可视为一种风格工具，主要用于表现说话人 self-importance 的态度，在具体语境中表达不同的语用意义，或自视甚高、自命不凡，或虚张声势、故作庄重等。汉语中也有第三人称自指现象，如“臣”“奴才”“在下”“老婆子”等自谦性自指，也有“我张三”“我李云龙”“姑奶奶我”“老爷我”等自矜性自指（荀恩东等，2016）。作为一种风格手段，第三人称自指在人物性格凸显、形象塑造等方面的前景化功能不可忽视。但英语中“him”可以指代自己，而汉语中的“他”不可用于自我指称，这是两种语言第三人称自指的不同之处。

经统计，《亨利六世》中第三人称自指用法共出现 30 次（具体分布见表 7-2）。在所有剧中人物中，沃里克的第三人称自指使用频次显著高于他人。中篇时，沃里克政治上崭露头角，第三人称自指使用了 2 次。到下篇时，沃里克成功拥护爱德华登上王位，权倾一时，成为英国历史上家喻户晓的“King Maker”，其第三人称自指的使用频率增长为 11 次。显然，第三人称自指成为沃里克性格、形象的主要凸显手段。

表 7-2 《亨利六世》第三人称自指分布

上篇	塔尔博特（3 次）理查·金雀花（2 次）埃克塞特（1 次）	共 6 处
中篇	沃里克（2 次） 埃莉诺（2 次）约克（2 次）葛罗斯特（1 次） 亨利六世（1 次）萨福克（1 次）	共 9 处
下篇	沃里克（11 次）威斯特摩兰（1 次）克烈福德（1 次） 爱德华（1 次）克拉伦斯（1 次）	共 15 处

沃里克在中篇第一幕第一场第一次使用第三人称自指，自呼其名“Warwick”。剧中亨利六世为了迎娶玛格丽特，与法国缔结联姻协议，将缅因割让给法国，沃里克对此丧权辱国的条约异常气愤。原文中，沃里克向自己的父亲诉苦，渲染自己在攻占缅因时的劳苦功高。

例 7-12：

原文	O father, Maine is lost; That Maine which by main force Warwick did win, And would have kept so long as breath did last! (2H6 1. 1. 206-207)
梁译	啊父亲，梅恩已经失去了！就是瓦利克完全靠了武力夺来的那个梅恩，就是他一息尚存誓必保有的那个梅恩。
章译	嗳，爸爸，缅因已经丢掉啦。那缅因地区是我华列克费了好大劲儿才夺取过来的；我也曾想，只要我有一口气，我一定要保住它！
索译	噢，父亲，缅因已经丢了！那就是我华列克纯粹用武力征服的，而且本打算只要我一息尚存，我就要保卫它。
覃 1	暖，父亲，梅恩已经丢失了！为了夺取梅恩，沃里克拼尽了全力，为了保住梅恩，他准备奋战到最后一息！
苏译	噢，父亲，曼恩已经丢失了！曼恩是沃里克浴血奋战攻克的，只要我活着，本该守住它的呀！
陈译	父亲啊，缅因已经丢掉了！那缅因是我沃里克拼了命才打下来的，只要我一息尚存，我一定要保住它！
覃 2	父亲啊，曼恩已经失去！沃里克拼了血本才把曼恩收入囊中，只要一息尚存就会牢牢守住。
傅译	啊，父亲，缅因丢了！那个沃里克拼全力赢得、一息尚存就想守住的缅因。

对于沃里克的第三人称自指，八个译本共有两种处理方式，梁、覃、苏、傅译本采用了直译的人名自呼方式，虽忠实于原文，但汉语中人名自呼并不能起到自指的功能，对于读者而言有怪异之感。章、索、陈译在人名之前增译了第一人称“我”，“Warwick”被译为“我沃里克”。沃里克此时的受话人是自己的父亲，自称“我沃里克”，虽有不礼貌之嫌，但对原文所含的身份自矜之义有一定的语气补偿效果。

后来萨福克弄权，构陷杀害葛罗斯特公爵，铲除了玛格丽特在英国政治道路上的最大障碍。文臣兔死，武将狐悲，沃里克愤慨之余与萨福克对峙，指认萨福克为杀人凶手，见例 7-13。原文第三人称自指有两处，一处是疑问主句中人名自呼“Warwick”，另一处是后置条件从句中的宾语“him”，两处第三人称自指叠加使用，渲染了 self-importance 的语用效果。

例 7-13：

原文　WARWICK What dares not Warwick, if false Suffolk dare him?（2H6 3. 2. 205）

梁译　瓦：如果虚伪的色佛克来激我，瓦利克何事不敢为？

章译　华列克：如果虚伪的萨福克向他挑衅，华列克有什么不敢的？

索译　华列克：如果虚伪的萨福克向我挑战，我有什么不敢干的？

覃 1　沃里克：虚伪的萨福克敢将我激，我有何不敢？

苏译　沃里克：如果奸诈的萨福克逼着他说，沃里克为什么不敢说？

陈译　沃里克：如果虚伪的萨福克敢挑衅我，沃里克是什么事都敢做的。

覃 2　沃里克：虚伪的萨福克激我，我沃里克有何不敢？

傅译　沃里克：虚伪的萨福克若向我挑战，沃里克何惧之有？

对于自指人名“Warwick”，八个译本处理方式为三种，前两种方式与上例相同，一是人名自呼直译，梁、章、苏、陈、傅译本都采用了此种方式；二是“我+人名”，如覃 2 本“我沃里克”；第三种方式将“Warwick”转译为第一人称“我”，如索、覃 1 二译。由于本例背景是沃里克在英国王宫贵族面前直陈萨福克的罪状，所以覃 2 译本的“我沃里克”强化了第三人称自指的功能，较其他译本更具气势，更好地传递了沃里克对约克公爵的支持，不惮于直面红玫瑰家族的挑衅。

句中自指代词“him”有两种翻译方式，直译为“他”，或转译为“我”。事实上汉语语境中，“他”阻碍了读者和说话人双方观点的融合，在一定程度上丧失了修辞价值。

随着沃里克扶植爱德华四世登基，盖主高功使其跋扈的一面也逐渐显现。在爱德华四世不受其摆布后，沃里克不甘心失去权势，于是将不听话的爱德华四世赶下王座，扶持亨利六世再次上位。两军对阵前，沃里克自恃为“King Maker”，屡屡在爱德华四世面前摆架子，表现出十足的骄狂。

例 7-14：

原文　WARWICK Call Warwick patron and be penitent? And thou shalt still remain the Duke of York.（3H6 5. 1. 26-27）

梁译　瓦：喊瓦利克为保护人，忏悔认错罢；你还可以继续做约克公爵。

章译	华列克：叫我一声恩公，忏悔过去的罪过？你如肯这样，我就准你继续担任约克公爵的职位。
索译	华列克：叫我恩人并表示忏悔？如果是这样，我就让你保留约克公爵的爵位。
覃1	沃里克：尊沃里克一声恩公，忏悔自己的罪孽？你若肯这样，就可以继续做约克公爵。
苏译	沃里克：尊沃里克为恩人，知罪悔过吗？如果你知道好歹，我就仍恩准你做约克公爵。
陈译	沃里克：尊我为恩主，决心悔过自新吗？如果愿意这样做，我可以保全你约克公爵的身份。
覃2	沃里克：尊沃里克一声恩公，忏悔自己的罪孽？这样你就可以继续做约克公爵。
傅译	沃里克：叫沃里克一声护国公，做个忏悔，便能接着做你的约克公爵。

此例中，第三人称自指的处理方式有两种，或把“Warwick”转译为“我”，或直译为“沃里克”，与前两例相比，没有了“我沃里克”式的 self-importance。但覃1、苏、陈、覃2四译本的动词“尊”明显带有了自大色彩，有效补偿了原文的骄矜之气。

除沃里克之外，塔尔博特是使用第三人称自指最多的角色。值得注意的是，上篇第三幕第四场第一次觐见亨利六世时，塔尔博特就两次使用了该方式，即“his sword”和“his conquest”。这一方面显示了塔对此次会面的重视，另一方面也说明战功赫赫的塔尔博特在幼主亨利面前表忠诚时，略有倨傲之色。在宗教问题上，塔尔博特又有些直肠子，用“first”和“next”强调了神权与君权的次序。或许是其功高盖主，也或许是先上帝后君王的忠诚度排序，引得亨利莫名不快。所以在听到勃艮第造反后，亨利立即指派塔尔博特赶赴波尔多战场，全然不顾其此前鏖战鲁昂的劳累，甚至还怀疑性地反问一句“Are you not content?（1H6 4.1.70）”，导致塔尔博特仓皇领命离去，也间接导致了塔尔博特父子二人双双殒命的悲剧。

例7-15：

原文	Lets fall his sword before your highness' feet, And with submissive loyalty of heart Ascribes the glory of his conquest got First to my God and next unto your grace. （1H6 9-12）
梁译	把它的宝剑丢在陛下的脚前，并且以恭顺之心，将他的胜利的光荣首先归于上帝，再则归于陛下。

章译 为了表示我的敬意，我用同一条臂膊将我的佩剑放到王上的脚前，并以恭顺的忠忱，将战绩的光荣，献给上帝和吾王陛下。

索译 现在我用这条手臂将我的佩剑放在陛下的脚前，恭顺而忠诚地将此次胜利的光荣归于上帝和吾王陛下。

覃1 现在我就用它将佩剑放在陛下的脚前，我还以我恭顺的赤胆忠诚之心将所获得的所有辉煌战绩首先归于上帝然后归于陛下您。

苏译 为表微臣一片忠心，我拔剑插地于陛下脚前，将战功的光荣首先奉献给上帝，然后献给至尊的王上。

陈译 现在我就用这只手臂将宝剑放在陛下足前，以我的一颗赤胆忠心，将征服的光荣归于上帝和吾王。

覃2 将在下的剑放到陛下脚前，将微臣征服之功的荣耀首先归于上帝，陛下其次。

傅译 把宝剑放在陛下脚前，并以忠顺之心，将其征战之荣耀首先归于上帝，再归于陛下。

“his sword”与“his conquest”中“his”的翻译均呈现出显化、转换和隐化三种策略。显化翻译保留了原文的第三人称视角，转换则将原文的第三人称变为符合汉语语用规范的第一人称，隐化则通过省译隐去了原文“sword”和“conquest”的领属关系。各译本的策略选择如表7-3所示。

表7-3 各译本中“his sword”与“his conquest”的翻译策略选择

	梁译	章译	索译	覃1	苏译	陈译	覃2	傅译
his sword	显	转	转	隐	隐	隐	转	隐
his conquest	显	隐	隐	隐	隐	隐	转	显

综合下来，三种策略的使用次数为，显化3次，转换4次，隐化9次。显然，“his”的显化翻译并不自然，并没有保留原文的自满之意，反倒因文化语境的改变而失去了语用价值，使读者多有困惑之感。转换翻译虽承接了领属功能，但行文啰嗦。隐化的最大优势在于，由于汉语的意合性，即使“sword”和“conquest”之前没有物主代词，也不影响读者对二词的领属判定，反倒更显行文清爽，所以采取隐化策略的译文最多。这样，塔尔博特言语中的骄矜之气就几乎被完全掩盖了起来。尤其是苏、覃2二译中的“微臣”一词，与“陛下”前后呼应，凸显了塔尔博特对亨利六世的谦卑与尊敬，原文中的居功语气消失无踪。可以说，八个译本均未能完成原文第三人称自指语气风格的再前景化。

有趣的是，与营造沃里克的狂傲不同，译者们群体性隐藏了塔尔博特言语中的骄矜之气。造成这个现象的原因不外乎两个，一个是“his”的强调功能被句中“submissive loyalty of heart”表现出来的近乎虔诚的谦卑所掩盖，另一个则与译者对塔尔博特的刻板印象有关。因塔尔博特“身上散发着亨利五世和英格兰征服法兰西时期的遗风”（贝特，2015）[5]，且死的极其悲壮，导致译者们自动过滤了塔尔博特面对法国女将贞德时的下流、对奥弗涅伯爵夫人的轻蔑、对法国军民的冷戾以及想拍马屁而不得其法的小心思。可见，莎士比亚塑造的是一个集各种小毛病与爱国情感于一身的，性格多元、复杂的英军将领，经过译者的过滤，汉语读者所了解到的塔尔博特基本是一个被净化过的崇高形象。

剧中唯一一个使用第三人称自指的女性形象是葛罗斯特公爵夫人埃莉诺。埃莉诺仗着自己的夫君大权在握，在宫廷中横冲直撞，骄横跋扈，不把王后玛格丽特放在眼中，还明里暗里怂恿葛罗斯特篡位。奈何埃莉诺虽然政治嗅觉敏锐，但缺乏政治智慧，中了玛格丽特等设下的圈套，为葛罗斯特的政治败落埋下了伏笔。例 7-16 中，两个身份显贵的女人之间爆发了尖锐冲突，王后玛格丽特借口看错人掌掴了护国公夫人埃莉诺，后者狂怒之下威胁报复。埃莉诺在自指第三人称“Eleanor”之前还增加了头衔“Dame”，强调了自己身份的尊贵。

例 7-16：

原文	DUCHESS：Though in this place most master wear no breeches，She shall not strike Dame Eleanor unrevenged.（2H6 1.3.136-137）
梁译	夫人：虽然这是一个女人当家掌权的地方，她不能打了哀琳诺夫人而不予以报复。
章译	公爵夫人：虽然这里的老爷们都不买女人的账，我艾丽诺总不见得白白挨了她的打就肯甘休。
索译	公爵夫人：虽然这里最有权势的不是男人，她不会打了我而不受报复。
覃 1	公爵夫人：虽然这儿当家做主的是不穿长裤子的娘儿们，她打了老娘埃琳诺也休想不遭到报复。
苏译	公爵夫人：虽然这时的老爷儿们都当不了家做不了主，她打了埃莉诺姑奶奶，迟早要吃苦头。
陈译	公爵夫人：尽管今天在这里发号施令的人没有穿马裤，但她既然打了人，总有一天得遭报应的。
覃 2	埃莉诺：虽然这儿最大的主儿不穿裤子，但她揍了埃莉诺夫人休想不遭报复。
傅译	埃莉诺：虽说这地方最主事儿的不穿马裤，可她打了埃莉诺夫人甭想不挨报复。

此例中的第三人称自指处理方式呈多元化。梁、覃2、傅三译本均为“人名+夫人”，忠于原文，中规中矩，略显死板。章译的“我+人名”、陈译的“人”，较为符合汉语规范，或者说更倾向于归化处理。覃1、苏二译本使用了略粗俗但非常鲜活的“老娘”“姑奶奶”等詈骂口语。相较之下，章、覃1、苏三译本气势十足，将埃莉诺演绎得活灵活现，成功再现了人物在原文中生动憨直的形象。

第三节 小结

人称变异使得戏剧场景生动鲜活，戏剧性增加，拉近了读者与剧中人物、读者与作者之间的心理距离。本章探讨了《亨利六世》中的人称变异及其前景化再现问题，现总结如下。

第二人称变异方面，八译本采取了增译尊称、加大张力、代词合译、构式整合、人称直译、小句分译等诸多方式进行了灵活处理，再现了原文表征出来的丰富的语义、语气及情感。自指人称变异方面，翻译处理的常规方式有三种：其一，符合汉语表述规范的“我/詈骂口语+自呼人名”，通常用于自矜身份之时；其二，忠实于原文的“人名自呼”或与第三人称他指的“他”共现使用，但因与汉语表达方式相悖，这种方式初读之时会导致歧义，令读者感觉逻辑不畅；其三，直接将第三人称“人名”或第三人称代词转译为第一人称代词“我”，理顺了说话人与自指词之间的关系，但气势上会有所逊色。翻译方法上，各译本主要采取了直译方式，同时也零星出现了省译、增译，客观上造成人际意义的显化、隐化等不同翻译效果。

结合各译本对人称变异的有效处理词数，得到语用前景化转化率，见表7-4。

表7-4 《亨利六世》人称前景化转化率

	梁译	章译	索译	覃1	苏译	陈译	覃2	傅译	均值
人称变异（共20处）	2	6	4	9	11	6	13	6	7.1
语用前景化转化率（%）	10	30	20	45	55	30	65	30	35.6

整体来看，覃1、苏、覃2三个译本较好地完成了原文人称变异的转化任务，灵动、鲜活地再现了原文中亲密、尊敬、仇视等各种人际意义，在人物形象的重塑过程中给读者以深刻的印象。其中，覃学岚的两个译本擅于第二人称

变异的处理，苏译在处理两种人称变异时，表现得较为均衡，更为传神地再现了人物的骄矜之气。就人物形象的重塑而言，三个译本采用了灵活的语序、丰富的语义基本完成了对塔尔博特、伯爵夫人、亨利六世、玛格丽特、埃莉诺等人物的形象再现。尤其是苏译本，在必要的地方，表现得更为自由大胆，基本挣脱了原文的束缚，采用了近乎改写的方法，却产生了更为忠实于原文前景化的翻译效果。

另外，梁译本的人称变化较为单调，起伏较少，影响了情感的表达，对原文的语用色彩关注不足，在利用人称变异表达人际关系、情感态度、话语权力、情节语境等方面有所欠缺，所以顾良（1939）[14]说在“莎剧诗意愈洋溢的时候”梁译却“愈隔膜”，是有一定道理的。

同时，八译本在语气传递过程中，出现了怪异的群体性偏离现象，究其原因，主要是由于译者受限于原文，过于忠实于原文语义和形式，而忽略了目的语中类似语气的真实表述。

第八章

《亨利六世》译本前景化翻译风格成因探索

以上章节从语音、词汇、句子、语篇四个层面，通过量性结合的方法，描写了《亨利六世》作为戏剧文本的前景化特征及其诗学效果，并在此基础上对比分析了其八个常见译本的翻译处理方式。翻译不是在真空中产生的，影响翻译的因素也多种多样，翻译批评不能局限于原文、译文的语言层面。本章将结合赞助人，莎士比亚翻译的诗学语境，译者身份，译者撰写的论文、评述及著述等，从外部和内部两方面探索译本前景化特征的成因。

第一节　外部因素

勒菲弗尔强调意识形态、赞助人、诗学三因素对翻译的操纵。但具体到《亨利六世》的翻译，除了梁译本因意识形态问题没有及时引进大陆、章译本因“文化大革命”被推迟出版外，其他译本的翻译、出版、发行均未受到意识形态的影响。莎剧翻译在我国一直处于一种宽松、积极的氛围中，因此笔者将主要分析赞助人、诗学语境对译者、译本的影响。

一、赞助人

赞助人泛指可以促进或阻碍文学创作和翻译的各种权力（Lefevere，1992）[15]，既包括个人权力，如君主、出版策划人、编辑等，也包括机构权力，如出版社、大众传媒、宗教集团、政党等。

胡适是莎士比亚全集翻译的第一个赞助人，对梁实秋莎剧翻译风格产生了较为直接的影响。1930 年，时任中华教育文化基金董事会编辑委员会主任委员的胡适成立了“莎翁全集翻译会”，拟定了一个莎士比亚全集翻译计划，由闻一多任主任，徐志摩、叶公超、陈西滢、梁实秋等人执笔翻译。梁实秋的莎剧汉译事业正是缘于此，后徐志摩早逝，叶公超等其他人都志不在此，最终也只有梁实秋一人完成了翻译任务。从胡、梁二人的通信中可以发现，在组建“莎翁全集翻译会”之初，胡适就曾建议以试验形式来甄别，到底用哪一种文体翻译莎剧更好：

“最要的是决定用何种文体翻译莎翁。我主张先由一多、志摩试译韵文体，另由你和伯通试译散文体。试验之后，我们才可以决定，或决定全用散文，或决定用两种文体。”（梁实秋，1989）[152]

“莎翁集事，你和一多即动手翻译，好极了。公超也想试译，并且想试试一种 verse 体。志摩刚来，稍稍定居后，大概也可以动手试译一种。”（梁实秋，1989）[154]

试验的最终结果便是梁实秋的散文体译本源源不断地出现。除了文体，胡适对梁实秋的注释也有要求，在“拟翻译莎翁全集办法”第五条中，规定如下：

“关于翻译之文体，不便详加规定，但大体宜采用有节奏之散文。所注意者，翻译不可成为 paraphrase。文中难译之处，须有详细注释。”（柯飞，1988）[47]

梁实秋承认自己有一种“妄想”，认为“译本是给中国人看的，便试想把译文做到可读的地步，不需要注释亦能一目了然”（柯飞，1988），所以在刚着手翻译时，并未加注释。在梁实秋完成好几本戏剧的翻译后，胡适认为需要补加注释，梁于是在此后的翻译中，注解的数量逐渐增加。这就导致梁译莎剧在前后体例上不甚相符，“前几种注释较少，后几种注释较多”（柯飞，1988）。《亨利六世》为梁氏赴台之后所译，属于注释较多的一类。

胡适之后，影响《亨利六世》翻译的最大赞助人便是人民文学出版社。人民文学出版社编辑施咸荣于 1961 年策划了《莎士比亚全集》的编译：

“鉴于莎士比亚诞生 400 周年纪念日即将来到，也为了满足国内广大读者的需求，准备以 1954 年人民文学出版社出版的朱生豪译的《莎士比亚戏剧集》为基础，出版一套质量较高的《莎士比亚全集》。”（施亮，2006）[83]

这套《莎士比亚全集》包含朱生豪译著的 31 个译本、连同后来补译的六部历史剧以及莎士比亚全部诗歌。《莎士比亚全集》的全部翻译和校订工作其实在

1964 年前已经完成，但“文化大革命”的爆发使后续的出版工作陷入停滞，直到 1978 年 4 月，这套 11 卷的《莎士比亚全集》才得以悉数问世。

“11 卷《莎士比亚全集》的出版具有重要的历史意义”（赵稀方，2011）[63]，是我国第一部外国文学家作品全集，也标志着莎士比亚戏剧在中国经典化的实现。章益因其“深厚的古典文学造诣及才学”（施亮，2006）[85]，应施咸荣之邀，翻译了《亨利六世》的上、中、下三篇。他是除了朱生豪之外，人民文学版《莎士比亚全集》翻译得最多的译者。他的译文“准确流畅，翻译质量高，也有其艺术特色”（施亮，2006）[85]，为《莎士比亚全集》的各种殊荣作出了重要贡献。赞助人对章益的发掘，其实也决定了译本的风格走向。

有时赞助人对经济效益的追逐也会间接影响译文风格和质量。据陈才宇（2015）回忆，1994 年前后，即朱生豪逝世 50 周年，包括译林出版社在内的多家出版社都规划补译、重译、再印朱生豪译莎士比亚全集一事。1995 年，梁译莎剧全集也被引进大陆。这些无形之中造成了出版社之间的商业竞争压力。译林出版社从项目启动、决定译者人选、翻译思路、校订到印刷、发行等所有出版工作，四年之后，即 1998 年，就全部完成了。也就是说，译者的工作时间会更短。由于《亨利六世》是上、中、下三册，所以索天章承担了最多的补译工作，相比孙法理、刘炳善等同系列其他译者，尤为时间紧、压力大，这势必导致译者的省译倾向，也间接影响了译文质量。

译本风格受到赞助人影响的，还有覃 1、覃 2 两个诗体译本。自从焦尹孚主张要以诗译莎、顾良提出莎剧需分别以散文体、诗体翻译以来，时隔半个多世纪，方平终于在 2000 年组织完成了我国第一套诗体莎剧译本，实现了莎学界长久以来的夙愿。覃 1 本正是其中之一，其以诗译莎的文体特征是一种集体翻译选择。但学界对该套诗体莎译全集的评价褒贬不一，于是催生了辜正坤组织翻译的第二套诗体译本。第二套译本的翻译总思路中对风格问题专门做了规定：

> “对于风格的处理：1）在整体风格上，译文应该尽量逼肖原作整体风格，包括以诗体译诗体，以散体译散体；2）版式风格亦尽量保留，例如页边行号数码，亦应在译文中保留，俾便读者索查原文；3）在具体的文字传输处理上，通常应该注重汉译本身的文字魅力，增强汉译本的可读性。”（辜正坤，2016）[5]

对于注释，也有统一规定：

> “对于注释的处理，须注意：1）翻译时，如果某正文译文已经将英文版某注释的基本含义较准确地表达出来了，则该注释即可取消；2）如果该正文译文只是部分地将英文版对应注释的基本含义表达出来，则该注释可以视情况部分或全部保留；3）如果注释本身存疑，可以在保留原注的情况下，加入译者的新注，但是所加内容务必有理有据。”（辜正坤，2016）[5]

正是在这些大方向的原则指导下，覃学岚对覃1本做了修改、调整、重译，完成了第二个译本，有效提升了对原文前景化的传译效果。

在傅光明重译莎剧的活动中，也可以看到赞助人的魅影。傅光明下决心重新翻译莎剧有两个原因。一是译者自己的阅读经历。傅光明曾系统阅读了朱、梁的莎剧译本，但读到译文中生硬、别扭的地方，总觉得不舒服，于是有了重译“原味儿莎”的初衷。二是台湾商务印书馆总经理方鹏程的提议。方鹏程在与傅光明的邮件通信中曾询问，如果由该社邀请傅重译莎翁全集，傅是否会考虑？傅的新译便有了动力。如果没有赞助人主动伸出的橄榄枝，译者即便有此豪情壮志，也未必能付诸实施。

所以，译本风格不仅仅是译者的个人选择，同时也是赞助人甄选、鼓励、规定下的产物。

二、翻译诗学语境

诗学是影响翻译的另一重要因素。不同历史阶段的莎剧翻译，或多或少都要受到当时的翻译诗学对译者所施加的影响。

梁实秋翻译莎剧与其他译者最大的诗学区别是，梁译莎剧始于现代白话文的形成阶段。尽管胡适、傅斯年等倡导的“白话+欧化”的翻译诗学规范在当时已经形成，但书面白话文尚算不得成熟，对译者的遣词造句惯习未必不造成影响，如梁译本中的“不克永年”“犹在冲龄”“警吏”“罄述”等词语，显然受到了文言文的影响，雅致有余，却时常与语境所需的情感力度不匹配。另外，梁实秋与鲁迅展开了长达近十年的翻译笔仗，裹挟了当时众多著名的文学家、翻译家，围绕中国现代译学中的焦点，如“信、顺”“直译”“硬译”“死译”“意译”“神韵”“神似、意似、形似”等进行了一场大讨论。此次大讨论启迪了中国现代译学的思考，也使得中国传统译论“信、达、雅”经受了一次现代阐释的重大考验。梁实秋在翻译莎剧时始终坚守的“忠实”“存真”原则，即此次“信、顺”之争的延续，当时对梁译莎剧的批评亦是此种翻译诗学背景下的一种写照。

世纪之交，我国莎学界出现了批评朱生豪译本的声音，称其以散体翻译莎剧的做法不符合莎剧本来的面貌，当然也有学者反对此种质疑，如此便形成了拥朱、批朱两种不同的观点派别。这种质疑和分歧成为当时莎剧翻译最大的诗学语境特征。苏福忠（2004）积极参与诗、散之争，为朱译本辩护，认为当时的译本无出朱译本之右者，还嘲讽道，“很难想象七老八十的头脑会把莎剧中的激情和厚重转达多少！”（苏福忠，2004）[31]。苏福忠如此“嫉恶如仇”的态度，预示了他此后翻译《亨利六世》的风格选择倾向。

21 世纪前后，我国翻译诗学语境发生了巨变，大量国外译论被引介入我国，其中，对我国译界影响最大的便是韦努蒂的归化、异化之说。该理论的最先响应者是刘英凯，他声称归化是“翻译的歧途”，“中国传统的华夏文化自我中心观作为后盾”，“具有鲜明的保守色彩”（1987）。刘英凯的观点受到屠岸（1998）、孙致礼（2001；2002）、王向远（2015）等人的批评。孙致礼提出归化、异化需“辩证统一”“讲究分寸”“不可走极端”，语言上要归化，文化上要异化的辩证翻译思想。这个思想在辜正坤组织的集体翻译总思路中得到了继承：

> “句子不要太绕，注意汉语自身表达的句法结构，尤其是其逻辑表达方式。意义的异化性不等于文字形式本身的异化性，因此要注意用汉语的归化性来传输、保留原作含义的异化性。”（辜正坤，2016）[5]

覃学岚二译本，从覃 1 本的归化为主到覃 2 本的归、异平衡，显然是对总思路的贯彻和落实。同时，总思路还强调了对朱生豪翻译风格的传承：

> “朱生豪先生的译本语言流畅、可读性强，但可惜不是诗体，有违原作形式。当下译本是要在承传朱先生译本优点的基础上，根据新时代的读者审美趣味，取得新的进展。”（辜正坤，2016）[5]

以上这些策略规定，使覃 2 本《亨利六世》翻译目标明确，虽对译者的自由发挥略有限制，但更多从宏观角度统一了译者思想，为译者翻译风格的形成、翻译质量的提升提供了具体依据。

总的来说，诗学语境影响了译本的风格选择，赞助人使得《亨利六世》的译介出版得以实现，更是影响了译本的呈现方式与质量。

第二节　内部因素

尽管外部因素对《亨利六世》诸译本的前景化传译风格有一定的影响，但译本风格的形成，更多取决于与翻译实操更为相关的底本、译者等直接的、内部性因素。接下来将从译者身份、译者对原文的评价理解、译者的翻译思想等方面进行探讨。

一、译者身份及翻译素养

译者身份，尤其是译者的从业经历、教育背景、文学素养、价值判断等因素与译者对文本前景化的处理密切相关，因此在分析前景化传译风格时不能不考虑译者身份。

《亨利六世》所有译者中，读者最为熟悉的便是梁实秋。据百度百科，梁实秋一生给中国文坛留下了两千多万字的著作，创造了中国现代散文著作出版的最高纪录，所以梁实秋的身份首先是学者，其次才是莎剧译者。顾良曾对其学者身份有以下评述：

> “梁先生写了许多论文和散文（那些论文也差不多都是说理的），也写了许多译文；可是就个人从来不曾拜读多他一篇纯文学的创作，一首诗，一出戏，一篇故事，于是，或者竟可以这样说：果先生有的是‘写作’的经验，可未必有丰富的‘创作’经验。翻译莎翁的梁先生，恐怕就在这‘莎翁译手’先天的品质和后天的教养处，合理地残酷地被衡量着了！”（顾良，1937）[14]

不得不说，顾良从身份、惯常习得角度，对梁实秋翻译风格的解读是有道理的。文学创作和论文写作的目的是不同的，前者的目的为表达思想、情感，后者则强调规范、实用，用清晰的语言、严谨的逻辑、准确的表达，便于读者更好地理解和接受信息。作为学者，梁氏显然长于后者，可以说，其广遭诟病的翻译风格很大程度上是受其学者身份带来的“写作”惯习所累，这种风格自然也沿袭到了《亨利六世》的翻译中。

章益是中国近现代著名的教育学家、心理学家、翻译家、中国现代心理教育学的奠基人。20 世纪 20 年代，章益赴美留学，获华盛顿州立大学教育学院硕士，回国后在复旦大学任教。上海解放前夕，正值章益任复旦大学校长，他拒绝将复旦大学迁往台湾，将学校完整地保留了下来，归还于人民。从译者身份来看，章译首先是学术译者。章益学术译著颇丰，翻译、合译、辑译了《行为主义的幼稚教育》《新行为主义学习论》《西方心理学家文选》《人心中的宇宙》等多部心理教育学著作。然后才是文学译者，除《亨利六世》外，章益还译有《艾凡赫》《中洛辛郡的心脏》等小说。与梁实秋不同的是，章益还是一位诗人。正是由于他"深厚的古典文学造诣"，使他成为莎剧翻译史上的一个奇迹，"各路英雄公推章益"（高耀明，2016）[71]。他的译文在保持清明、镇定，向读者详细传递原文信息的同时，又做到了情感丰富、充沛，这与他学者兼诗人的身份不无关系。

索天章曾与章益在复旦同期任教，其身份特殊之处在于，他不仅是一位执教英语的大学教授，还是一位擅长表演马派老生的京剧票友。索天章常把莎剧和京剧比较，称两者"都有极强的虚拟性和程式感""一二步，千山万水；三五人，百万雄兵"（2017）。索译本中的省译策略很可能源自这种属于演员的独特触觉，导致译者在翻译中，难免为了追究戏剧表演所需的简练，把虚拟性和程式感代入文本，减损了文本内容。殊为令人感动的是，译林版莎剧全集出版于 1998 年，索天章同年去世，说明译者去世之前耗费了大量的心血和精力，完成了《亨利六世》的翻译工作。可以说，译者是在用生命翻译《亨利六世》，这种春蚕到死丝方尽的译者精神着实令人敬佩。

覃学岚身份中较为特殊的一点是，他曾有中学英语教师的工作经历。这使他获得了扎实的英语语法知识，在正式开始翻译事业之前，就养成了译者应具有的句法、逻辑等基本语法素养。后覃学岚在清华大学除了教书育人，还担任清华大学出版社外语事业部第一编辑室主任，任《清华英语》系列教材总策划，译有《比较诗学》《王尔德全集》《暮光之城·暮色》《莎士比亚传》等多部作品，有着丰富的文学、理论翻译经验。在其编著的《英汉对比与互译教程》中，还专门有一部分关于修辞格的翻译探讨。译者对夸张、含蓄、折绕、暗引、双关、飞白等修辞手法的翻译阐释，体现了其对两种语言文学性的深厚见解。修辞天然就是前景化手法，对修辞翻译进行系统的研究，自然积极地影响了译者《亨利六世》的前景化传译质量和效率。此外，译者还著有《当代译学批评》一书，对翻译理论有深刻的认识，辩证地看待了德里达的"忠实"问题，韦努蒂的归、异化问题。可见，覃学岚是在教学、文学、译学上都卓有洞察的译者。

苏福忠则是一位集赞助人、译者双重身份于一身的译者。他长期担任人民文学出版社资深编辑，编辑稿件达几千万字（庄雨、袁帅亚，2017），出版《译事余墨》《编译曲直》《瞄准莎士比亚》《朱莎合璧》等多部翻译研究、莎学研究著作，对编辑和翻译有着长达30年的切实体验，对莎剧翻译尤为认识深厚，其自由翻译之风也是译者在考虑读者接受偏好之后的选择。作为赞助人，他的编辑身份使他在翻译活动中具有更高的自主性和裁量权，也是操纵理论最直接的执行人之一。所以，从某种程度讲，苏福忠勇于“自由”翻译，和其拥有的社会文化资本也不无关系。

陈才宇的莎剧译本命运多舛。早在20世纪90年代，陈才宇曾先后受浙江文艺出版社、译林出版社委托，校订、补译朱生豪译作，但往往在其工作即将完成之际，因各种原因，与出版失之交臂。虽说诸多无效的校译工作不免让译者耿耿于怀，但这也为他日后的莎剧翻译做了很好的积淀。历经种种磨难，距最初从事莎剧工作20年后，他编校、补译的《朱译莎士比亚戏剧31种》《莎士比亚全集》终于由浙江工商大学出版社分别在2011年和2015年出版。从陈才宇与莎剧的接触经历来看，陈最初的身份可视为朱译莎剧的校订者。校订是一个细致谨慎的工作。显然，译者把这种细致的作风带到了日后的补译工作中，“力图最大限度地对原文的质给予保证”（李丽，2013）[143]。这也导致译者在翻译《亨利六世》的前景化效应时，谨严小心有余，而情感挥洒不足。

最新莎剧译者傅光明，即将成为继梁实秋之后，以一己之力翻译莎剧的第二人。自从2018年以来，傅光明陆续译成了包括《亨利六世》在内的22部莎剧，均由天津人民出版社出版。在翻译莎剧之前，译者已有《古韵》《我的童话人生：安徒生自传》《莎士比亚戏剧故事集》等译作。在自己多年译莎、研莎的心得基础上，他还撰写了“一莎翁”系列莎士比亚专著。作为作家、学者，傅光明还长期从事中国现代文学的研究、写作，著有《萧乾：未带地图，行旅人生》《书生本色》《文坛如江湖》《口述历史下的老舍之死》等创学著作。多年的翻译、写作经历，为《新译莎士比亚全集》提供了丰厚的经验积淀。

总结起来，七位译者身份各异，有学者型、作家型、编辑型、演员型等。他们从不同领域、视角解读着各自的《亨利六世》，为读者呈现了异彩纷呈的戏中之文、文中之戏。

除了译者身份，译者对《亨利六世》原文的理解也是影响译者翻译取向的一个重要因素。由于译者们翻译《亨利六世》或是集体翻译行为，或是系列剧目翻译行为，除索天章、覃学岚、傅光明外，绝大多数译者没有就《亨利六世》单部戏剧留下只言片语，所以可以从文本外探讨其对原文理解的，只有这三位译者。

索天章虽然曾在《莎士比亚的英国历史剧简评（上）》（1984）一文中，用了一定的篇幅介绍了《亨利六世》的概况，但他对《亨利六世》的评价并不高。从情节上，他认为戏剧是关于“封建王族尔虞我诈，为了争夺王位互相残杀的情况”，在莎士比亚笔下，剧中的“封建公候毫无人性，和禽兽毫无二致”。从人物上，“剧中人物不丰满”，原因是，该剧“以探讨问题为主旨”，影响了人物刻画的“深刻性”。对《亨利六世》语言的认识，索天章也觉得“没有太多的特色，和当时一般常见的语体差不多”。这个评价应与历史事实不符。戏剧是语言的艺术，作为最早的一部莎剧，《亨利六世》若真没有语言特色，是不可能在同时代大学才子围困下脱颖而出、吸引当时的观众络绎不绝地进入剧院的。索天章对《亨利六世》的看法恐怕也是受到了“二流作品论”的影响，这就导致其翻译该剧时，有了先入为主的偏见，在语言上下的功夫不足。

覃学岚对原文的理解体现在覃 1 本的“前言”和覃 2 本的“译后记”中。在故事情节和人物的介绍上，“前言”与“译后记”差别不大，不同的是覃学岚在第二次翻译时，发现了《亨利六世》上篇中的另外两条情节暗线，一条是以葛罗斯特和温彻斯特为代表的实权贵族与宗教贵族之间的斗争，另一条是以萨默塞特和约克为代表的早期红、白玫瑰之争。两次翻译认知上最大的不同是，译者关于《亨利六世》本身的考量。覃学岚在“前言”里也认为作为莎士比亚的首部戏剧作品，《亨利六世》难免有各种问题，但他更倾向于对翻译对象的认同，认为该剧是莎士比亚创作中的“一个良好的开端”，在剧作家的戏剧生涯中“占有不可忽视的地位”（覃学岚，2014）[前言3]。15 年后，随着研究资料的进一步丰富，覃学岚在“译后记”中更为明确地为《亨利六世》辩护。译者反对既有上篇剧作著作权的识别，无论是文体计量学方式的识别结论，还是仅仅因“猥亵”或“粗俗”就否认该剧为莎士比亚所作，都不被译者认同。从这个变化也可以看出，覃学岚在第二次翻译《亨利六世》时，对该剧中的语言、修辞等问题有了更为深入的认识。

傅光明对原文的理解主要体现在对亨利六世的形象解读上。译者历数了亨利六世的各次出场，认为他的每次出场，都标志着玫瑰战争到了“一个重要节点或拐点”（傅光明，2020）[47]，而国王在剧中更像是一种为剧情叙事服务的功能性人物，是整部戏剧的配角，一个“低能儿”（傅光明，2020）[46]。

整体上看，三个译者主要从宏观视角来理解《亨利六世》，对原剧语言的探讨都有所不足。

二、译者的翻译思想

翻译思想是对“前期阶段翻译思考的小结和概括”（黄忠廉，2010）[80]，译者往往在评述、论著等副文本中透露自己的翻译思想，为自己的译作做解释或辩护，使读者能更为顺畅地接受译文。从前文分析来看，译者的翻译思想是影响译本前景化传译风格的最大变量之一，所以有必要对译者的翻译思想做一探查。

梁实秋的莎剧翻译思想散见于其译序、例言及后期的书信、回忆、访谈中。他在回忆胡适的文章中写道“不过我是认真翻译的，没有随意删略，没敢潦草”（梁实秋，1989）[20]，在接受柯飞访谈时说“把原文忠实地翻译出来，以存其真”（柯飞，1988）[48]，在答复丘彦明时说“首要注意之事是忠于原文，虽不能逐字翻译，至少尽可能逐句翻译，决不删略原文如某些时人之所为。同时还尽可能保留莎氏的标点”（梁实秋，1989）[83]。简言之，梁实秋的莎剧翻译思想可总结为两点：“忠实”“存真”。然而，这并不能解释梁译风格的全部，如译者为何被同时代人批评“失了神韵”、原文愈“热烈”的地方译文为何愈“隔膜”、《亨利六世》译文为何更倾向于信息表达。深度挖掘译者的文学、文艺思想，我们或可寻到更多答案。

从梁实秋同鲁迅论战的文献中可以发现，梁实秋对西方浪漫主义及受其影响的中国浪漫主义是排斥的。在“文学的纪律”一文中，译者认为“语体文之欧化”是“浪漫主义者的一出‘噩梦’”（梁实秋，1997）[6]。梁对于当时文艺界中的媚外思想也是鞭挞的，“盖据浪漫主义者的眼光看来，凡是模仿本国的古典则为模仿，为陈腐；凡是模仿外国作品，则为新颖、为创造”（梁实秋，1997）[9]。此外，译者更是提出了“文学的力量，不在于开扩，而在于集中；不在于放纵，而在于节制”（梁实秋，1997）[145]。那么，如何“节制”文学呢？梁实秋的答案是：“以理性（Reason）驾驭情感，以理性节制想象”（梁实秋，1997）[145]，“伟大的文学者所该致力的是怎样把情感放在理性的缰绳之下”（梁实秋，1997）[147]。可见，译者对中西文艺思潮的态度，基本解释了其译文为何古雅有余，且侧重于信息叙事。所以，梁实秋的莎剧翻译思想并不止步于译者自述的“忠实”“存真”，还应有对文字、情感的处理思想：“古雅”与“理性”。

覃学岚的翻译思想主要体现在他对忠实、妙译的探讨以及归、异化的辩证思考。覃学岚（2016）曾针对德里达的解构主义翻译观做了论述，德里达认为“即使最忠原著的翻译也是无限地远离原著、无限地区别于原著的”（张宁、德里达，2001）[25]，所以翻译是不可能的。覃认为，所谓“无限区别于原著”是由语言载体形式上的天渊之别而导致的，而“最忠实原著的翻译”应指内容上的忠实。这就看出了二者学术身份上的区别，覃学岚是作为一个翻译实践者来理解翻译的，而德里达是社会理论家，将解构运用到翻译中，把“忠实”解构掉，在一定程度上就否定了译者工作的哲学或伦理依据，也否定了翻译的意义，这对于翻译实践者而言，是不可接受的。由此，覃学岚提出：

> “原文意思明确，译文意思也应当明确，原文晦涩，译文也应晦涩。换言之，原文意义单一且确定，译文意义自然也应单一且确定，原文意义多重、难以确定，译文自应忠实于原文，也做到含有多重、难以确定的意义，正如德里达本人对待‘season’一词那样。由此看来，‘不确定性’并不能构成否定‘忠实’原则的依据，相反，‘不确定性’应该成为‘忠实’的对象之一。”（覃学岚，2019）[154]

或许正是这种“不确定忠实观”，启发了覃学岚对双关的巧妙处理。覃学岚还专门探讨了德里达提出的“relevant translation”，其中“relevant”一词的定义如下：

> What is most often called “relevant”? Well, whateve’r feels right, whateve’r seems pertinent, apropos, welcome, appropriate, opportune, justified, well-suited or adjusted, coming right at the moment when you expect it or corresponding as is necessary to the object to which the so called relevant action relates: the relevant discourse, the relevant proposition, the relevant decision, the relevant translation. (Derrida, 2001)[177]

“relevant”可以被译为得体的、头头是道的、大快人心的、令人拍案叫绝的等对应语，但这种多词译法违背了德里达单单选择“relevant”来表达多种含义的经济性初衷。最终，覃学岚将“relevant”译为“妙”。与覃1本相比，覃2本中的妙译显著增多。所以，这种妙译思想其实也是一种“不确定忠实观”的延伸。

此外，覃学岚（2019）还深入探讨了归化、异化问题。《亨利六世》的翻译，覃1本在常见宗教意象的翻译上表现出稳定的归化性，而覃2本由于得益于“皇家版”底本注释的完备，与其他译本相比，在文化传递中保留了最多的异质意象。这种转变其实就是译者一贯的主张或理想翻译模式：语言“归化”与文化“异化”的辩证统一。覃学岚明确指出，“文化差异在语言中主要体现在词汇层面，而不是体现在句子结构层面”“文化转向并不能解决翻译中的核心问题，即语言问题”，只要在语言层面上采取异化策略，“译文都会显得佶屈聱牙，不堪卒读”（覃学岚，2019）[168]。如果语言上采取异化策略，其结果就是“自绝于读者”（覃学岚，2019）[168]，事实上，让读者感到别扭的异化是译者“语言功力”或“功夫不够”造成的。这些都表明，作为翻译实践者，覃学岚一直试图在语言和文化之间寻求一种平衡。

苏福忠最显著的莎剧翻译思想表现为，对“以顿代步”的批评、对散体译莎的维护。苏福忠认为，“以顿代步”是诗歌翻译中韵文译者们试图创造的一种白话文，是为表达外国诗歌的形式而做的努力，虽精神可贵，但“成果不足以让普通读者信服、喜爱和接受”，充其量可作为一种诗歌朗读方法（苏福忠，2017）[278]。苏福忠两次批评了“只有用诗体才能接近莎士比亚”的观点，一处在《说说朱生豪的翻译》一文中，认为其“显然是一种片面的看法”（苏福忠，2004）[26]，但到《瞄准莎士比亚》一书中，苏对这个观点的评价变为“荒谬得不能再荒谬”（苏福忠，2017）[289]，语气嘲讽而又尖锐，可见苏福忠作为编辑和译者对诗体译莎十分排斥，这也从侧面证明，方平版的《莎剧全集》“离真正的诗体尚有距离”（辜正坤，2016）[5]，业内人士并不认可。但凡欣赏朱生豪译本者，本质上都是为其酣畅淋漓的情感表达所折服、感染的，因此作为朱译本的补译者，苏福忠对情感翻译的追求也正是其翻译思想的合理外化。

最能体现傅光明翻译思想的是高露洋（2017）对他的访谈。访谈中，傅光明认为“一个时代应有一个时代的莎剧译本”，这也是其新译莎剧的初衷。新译莎剧强调的是“原味儿莎”，即应努力以今天的语言呈现伊丽莎白时代的语境。至于新译本是如何呈现“原味儿莎”的，傅光明介绍，自己主要通过语言、注释和导读三个方面达成。在保证诗意的前提下，尽量使用人们所熟悉的现代汉语，使莎剧语言有在场感。其次，通过丰富的注释和导读帮助读者理解莎剧的历史文化内涵。在2022年11月27日题为“译者的尴尬与翻译的限度”的讲座中，傅从苏轼《文说》中的名言“所可译者，须行于所当行，必止于不可不止”，提出了翻译“行止说”，指出翻译归化、异化的限度应在当行则行、当止则止之间。但傅在访谈中所说的“倘若总让莎翁笔下的人物不由自主地随口说出一连串自带中文语境的成语，肯定不能算‘原味儿’吧？”却又多少透露出译者的异化取向。尤其将“hell”全部译为“地狱”的执拗，维持了一种忠实、异化为主的严固态度，应是对自己所提出的“行止”原则的诠释与恪守。可见，译者内心深处真正的归异态度更多是"异当行，归当止"。

当然，也有译者，如章益、索天章、陈才宇，或工作繁忙、或天不假年、或有所疏忽，对自己的翻译并没有吐露更多的信息。但从前文对译本字里行间的分析，也能找到译者思想的一些蛛丝马迹。

尽管归化译法有时显得与原文不协调，但其透露出来的熟悉亲切、诙谐幽默，以及读者对原文身临其境式的感知，是异化翻译所无法企及的。章译中的归化译笔俯拾皆是，如此前分析的"上帝的亲娘"一句中，"for God's mother, priest, I'll shave your crown for this"（2H6 2. 1. 55），"亲娘"本身就是英语中缺乏对应词的一种汉语概念，"和尚"更是对"priest"的一种纯粹的汉化表达。再有如伦敦市长面对温、葛两大家族斗殴时，无奈叹道"Good God, these nobles should such stomachs bear!"（1H6 1. 3. 87）。章益将"Good God"译为"我的老天爷"，凸显了伦敦城市管理者面对贵胄时的有心无力，充满了语言汉化后的喜感，符合其处理贵族矛盾时类似七品芝麻官的身份角色。作为学贯中西的学者、译者，章益不仅古典文学造诣深厚，其"旧体诗词创作水平令中文系教授啧啧称赞"（魏建，2015）[A21]，加之译者从事了大量的教育学、心理学翻译实践，二者之间相互影响是必然的。译者试图创建一种目的语读者熟悉的语言环境，以读者熟悉的词语传递隐藏在原文中的精神，使读者或会心一笑，或深感共鸣。虽然章氏没有发表过翻译论述，但其归化倾向的文学翻译观在《亨利六世》译文中得到了显现。

索天章曾偶然提及，在莎剧翻译过程中，有些困难"几乎是难以克服的"（索天章、英若诚，1984）[70]，加之，译者在译《亨利六世》时已是耄耋之年，繁重的翻译工作给其带来了身心的双重压力，译者难免在难译之处有所放弃。所以，无论从其演员身份，还是从其身体实际来看，省译都是当时最现实且无奈的选择。

陈才宇虽然介绍了其莎译之路的坎坷，但遗憾的是，他对自己的翻译心得却"守口如瓶"。据译文分析，陈译的前景化再现总体表现为语言概念意义准确性大于其人际意义，其修辞、情感、风格表现力不足，在一众大同小异的译本中缺乏别具一格的特色。作为补译本，陈译也与朱生豪热情、奔放的译风相去甚远。这难免让人把他的翻译风格和校订身份联系起来，即为了追求译文准确，译者被谨慎、理性所主导。

历时来看，改革开放后莎剧翻译的"文化显化"策略也逐渐显现。此时，西方文化对中国读者而言不再陌生，读者对异质文化的接受已习以为常，也逐渐不再满足于对莎剧故事的一知半解。以上篇第五幕为例，章译中没有注释，索译增加了对“喀耳刻”和“帕里斯”的两条脚注，覃1在索译的基础上对“马基雅弗利”也作出了更为详尽的解释，到覃2本时已增加到21条注释，到傅译更是达到了51条。这个趋势在一定程度上也佐证了孙致礼的预判：“21世纪的中国文学翻译，将以异化为主导。”（孙致礼，2002）[40]。当然，这些变化也并非全然单一的时间因素，译者的个人选择在其中也起了决定性作用，如梁译本对异质文化传递的超前意识，在其后的多个译本中也是少见的。

第三节　小结

本章聚焦于文本之外，结合翻译副文本、翻译记事、史实、译者话语等资料，考据、分析、推测了可能影响译本语言处理的各种内、外因素。

外部因素方面，赞助人是促成译事活动的组织者，不仅组织、协调翻译活动的外部事务，还直接参与了译文内部的语言、风格的策略制定，对译文的呈现方式乃至翻译质量都施加了影响。莎剧翻译中，赞助人通过试验论证或集体规定的方式进行文体选择，对注释的数量和方式也有一定的要求，甚至为译者的语言风格亦设有仿拟对象。可见，译者不仅要戴着语言的“镣铐”跳舞，还要戴着赞助人的“镣铐”跳舞。通常，赞助人对翻译的规定有助于译文质量的总体把控及风格的统一，但有时统一规定也会有一定的风险。另外，若出版社因经济效益而不能保证译者的工作时间，也会间接影响译文质量。除了赞助人，诗学语境也深刻影响了译者翻译思想的形成，翻译规范之争、译文文体之争、翻译理论之争等，都会给译文打下烙印。

相比外部因素，内部因素是影响译者前景化翻译选择的更为重要的原因。作为学者型译者，梁实秋一面接受胡适对其翻译任务的安排，一面却并不很认同胡适等主导的“白话+欧化”翻译规范。他对当时的中国浪漫主义也有所排斥，时隔30年之后，其文学理念，如情感要有所“克制”、理性要“驾驭”情感等在《亨利六世》的译文中仍然可辨。傅光明，与梁实秋身份相仿，都是文学研究型译者，在《亨利六世》译文中，都表现出信息叙事倾向，体现出理性大于感性的特色。傅光明“一个时代应有一个时代的莎剧译本”其实是对“非有复译不可”的承袭。虽然名著需要定期重译（Nida，2001；Bassnett，2000），以桥接新的文化与时代功能，但一般来说，每隔三四十年，文学译作才进入半衰期（刘泽权，2021）[25]，因此，莎士比亚如此频繁的重译是个值得商榷的事情。

尽管章益没有对自己的翻译心得发出过只言片语，但其高超的古典诗歌创作水平，使其译笔具有诗人的浪漫主义色彩。学者求“信”、诗人求“情”的兼合气质在译者《亨利六世》的翻译中得到了很好的诠释。章译本信息充分，经归化处理后更显活跃，可以说，章译《亨利六世》信息与情感的表达，略有朱译之神韵。作为章译的复旦同事，索天章受“二流作品论”影响，本身不太认可《亨利六世》，却接到了此剧的翻译任务，工作时很可能有种拧巴的心态。由于译者对莎剧和京剧的对比认知、译者翻译《亨利六世》时的身体条件、出版社项目管理等诸多因素，造成了译文中略显过多的省译，导致原文前景化再现率不足。两位复旦同事，前后时隔34年，担任了同一部莎剧的译者，这种渊源也不失为《亨利六世》翻译史上的一段佳话。

苏福忠和陈才宇都是编校型译者，都是朱生豪全部未译本的独自补译者，不同的是前者长期担任人民文学出版社的外语编审工作，可视为全国大型文学出版社的赞助人，后者先后在浙江大学、绍兴文理学院任教，无赞助人身份。前景化传译方面，二人也表现出两个极端，前者“胆大妄为”，后者“谨小慎微”，前者大肆批判“以顿代步”的诗体莎译，后者对自己的翻译心得“守口如瓶”，前者在译文中情感表达突出，后者的庄雅再现斐然，形成了一组有趣的对比样本。

覃学岚二度翻译《亨利六世》，在译覃2本时更是有了皇家版底本的加持，对原文的理解上自是比其他译者要深刻。译者语言功力深厚，其本身就是翻译研究型译者，对修辞翻译、翻译理论均有过系统深入的探讨，尤其是他的“不确定忠实”观、妙译、归异平衡等翻译思想，不仅对指导其本人的翻译有着积极作用，也可为其他译者的翻译实践、学者的翻译研究带来一定的启示。

第九章

结论

莎剧汉译百廿年之际，本研究可视为对莎士比亚历史剧“美学复仇”式的探讨，对莎士比亚历史剧的翻译接受范式、批评范式的一种再审视。

本研究以前景化为主线，考察了《亨利六世》八个常见汉译本中的文学前景化移译，为读者走近该剧、为该剧的翻译美学研究提供了新的意义。下面将回顾此前的考察，回答前文提出的问题，指出研究所获启示，说明本研究的局限及对未来研究的展望。

第一节　研究发现

首先回答三个研究问题，也即本书的研究发现。

第一，发掘并细化了《亨利六世》原文中的前景化现象及其主要特征。

《亨利六世》前景化现象主要表现在音位、语法、语义、语用四个层面上，主要特色表现为以下几点。（1）音位层面上，头韵数量接近诗行总数的七分之一，其中双音节头韵占总数的五分之四。（2）语法层面上，同义反复常用来抒发愤懑、谴责、不满、失望等负面情感，首语反复主要用于勾勒人物善辩的言辞能力、滂沱的情感流露及诗性的哲学思考。动词倒装、副词倒装是《亨利六世》倒装中最显著的前景化特征。《亨利六世》中的冲突主要表现为评述、反问和对抗三种类型，情感标记语和信息标记语之间的差值，随着冲突激烈程度的增加而扩大。（3）语义层面上，双关往往与一些特定角色联系起来，隐含了剧作家的政治态度，宗教隐喻则表现为一种反讽。（4）语用层面上，人称变异往往发生在冲突语境中，反映了嘲讽、结盟、对抗等各种特定语境下的人际关系，在社会距离、自我认知等方面产生的变异效果，对人物形象的塑造起到画龙点睛的作用。

第二，展现了《亨利六世》八译本对原文前景化的转化情况。

总体来看，《亨利六世》八译本对原文的前景化传译都有一定的损失，不过类型、程度上各不相同。为了全面描述《亨利六世》八个汉译本对原文前景化转化情况，现将音位、语法、语义、语用四个层面的前景化转化率汇总如下，得到表 9-1。

表 9-1 《亨利六世》八译本全剧前景化转化情况（%）

	梁译	章译	索译	覃 1	苏译	陈译	覃 2	傅译	均值
音位	54.07	33.00	16.97	63.84	24.98	31.94	60.22	25.18	38.78
语法	56.82	67.91	43.74	84.95	58.40	68.56	94.73	71.76	68.36
语义	30.56	16.67	13.89	27.78	19.44	22.22	61.11	33.33	28.13
语用	10	30	20	45	55	30	65	30	35.63
均值	37.86	36.90	23.65	55.39	39.46	38.18	70.27	40.07	42.72

如表 9-1 所示，《亨利六世》的前景化转化率平均仅有 42.72%，也就是说本研究中选取的原文前景化现象有将近 60%没有被译者觉察，或觉察到却没有采取相应措施进行积极应对。这在另一方面也说明前景化翻译确实是一个巨大的挑战，译者要克服两种语言的概念语义、表达形式、文化思维等方面的差异，属实不易。八个汉译本中，前景化转化率超过均值的仅有覃学岚的两个译本，分别为 55.39%和 70.27%，转化率最低的译本为索译本的 23.65%，其他译本转化率均位于 36.90%至 40.07%之间。数据表明，除了索译本各项前景化指标未能呈现明显的前景化再现风格外，其他七个译本都有可圈可点之处。

梁译自诞生以来，就饱受失了“神韵”的诟病。从梁译本的诗性格律、情感标记语、人称变异三个参数上可以解释为何如此。首先，8.33%的诗性格律说明，梁译本缺乏语言的节奏感。节奏是音乐得以成为音乐的决定性因素，缺少节奏的语言必然是失了“神韵”的。其次，人称变异的正确表达依赖于对语境深度理解和把握，梁译本缺乏灵活变通，人称变化单调，起伏平缓，减损了人称代词前景化所传递的人际意义和情感意义。最后，其情感标记语也低于其他译本，兼之其存真、忠实、理性等思想主导，他的译文呈一种克制、拙朴的真挚之感。在朱生豪热烈洋溢的语言衬托下，梁译本难免显得黯淡无光。

章译前景化再现风格与梁译有所相悖。章译在人称变异的处理中注重构建长幼、亲疏之序，通过增译尊称、代词整合等传译手段，使得译文中的人际关系和语篇情感层次丰富。但因其“散文译莎”“稳定归化”的处理原则，语音、文化异质性、庄雅度等考察点再现不足，且注释等文化缺省补充不充分，产生欠额翻译，影响了整个译文的前景化转化效率。苏译或许是为了避免与前译的重复，前景化再现风格最为疏放、自由，通过吟咏调、反复、叠字、排比、对偶等丰富的补偿手段完成了格律、头韵等语音前景化的传译，采用灵活的语序、构式整合及大胆的改写实现了大部分人际意义的传译，并通过副词、动词、助词等强化语篇中的情感语气，但因过于透明的处理方式，神话、宗教等隐喻翻译的异质性表达不足，这一点和章译类似。两个译本表现出稳定的归化倾向。

相较章、苏译本，陈译更为侧重信息组构，运用构式、熟语、加强语气、移植等句式变换、古汉语功能词、古雅丁级词，甚至尾韵、押韵、对偶等音韵模式传译了原文反复、倒转、庄雅度的前景化特征，其理性克制与梁译相仿。傅译在“异有行、归有止”主导下，以忠实再现或等序再现等传译方式，传递了大部分文化词、反复、倒装、信息标记语等考察点的前景化特征。遗憾的是，傅译由于忽视音韵、双关翻译时侧重“舍音取义”、趋向于情感的隐性表达，导致“原味儿莎”的味道略显不足。

与第一次翻译相比，覃学岚在第二次翻译《亨利六世》时，前景化风格有较大的变化，除了音位层面，其他三个层面的前景化转化率都大幅度提高。随着文外注释、音义兼顾、增译尊称、加大张力、构式整合、人称转译、级阶转换、以词修句、审美通感等丰厚译法的增多，覃 2 本的人称变异、双关、隐喻等前景化传译意义更为饱满，多种变通、补偿下，妙译也在增多。在语法前景化中，覃 2 本中情感副词、情感动词、古汉语功能词的增加也使情感标记语、庄雅度实现了超额转化，整体显示出一种情感浓烈而表述谨慎的译文风格。译者所秉持的文字照应现实的历史翻译观、内部一致性的大局翻译观，显示出了重译的超越性。

索译本由于省译策略，导致其在很大程度上忽略了《亨利六世》翻译中的“诗性忠实”。

第三，揭示了八译本前景化再现策略的成因。

回顾《亨利六世》的译事，本书认为相比赞助人、翻译诗学等外部影响，译者本人才是直接影响原文文学前景化重构的主要因素，表现为译者身份及翻译素养、译者对原文的理解与评价、译者的翻译思想等各方面。

梁实秋作为经历了新文化运动的学者，对浪漫主义文学和欧化翻译理论持批判立场，在他的译风中不仅能看到“忠实”“存真”的翻译理念，也能看到理性主义和古典主义对情感的压制。“理性”与“古雅”在梁实秋的翻译中，以一种遮蔽的方式存在，对其翻译造成了不可忽视的影响。章益的《亨利六世》

翻译主要是弥补朱生豪译本的缺憾，因此文中热情、归化的处理颇有朱译之风。索译受“二流作品论”影响，对《亨利六世》的评价不高，在翻译《亨利六世》之前恐就对这部剧产生了一定的偏见，影响了译者的翻译态度，译文中或可读出一种敷衍之感。苏福忠作为朱译莎剧的拥趸，对“诗体译莎”持怀疑态度，尤其反感“以顿代步”这种所谓的新诗格律，认为诗体译本的情感表现力实际上不足以表现莎剧原文中热烈的情感，并把这种情绪带入《亨利六世》翻译中，故而其译本在情感的表达上较为酣畅。陈译的翻译历经坎坷，翻译理念也受影响，表现得保守有余而力度不足。覃学岚对忠实、妙译、归化、异化的思考是辩证统一的，重译时大幅提升了对原文的理解和翻译质量。傅译新译莎剧的初衷是要保持莎剧的“原味儿”，但是过于异化的翻译策略在一定程度上阻碍了译者初衷的实现。

基于以上考察，本书认为：（1）前景化不仅是原文得以成为文学作品的关键因素，也是译文质量的一个重要评价指标。在概念语义差异不大的情况下，经典文学作品的翻译应将保留、补偿、转化原文前景化作为具体目标，以有效传递原文的风格特征和诗学价值。（2）前景化翻译应坚持“前景对等”原则，凡是作者在信息编码过程中的有意识表达，翻译中就应该注重对该方式的复刻或再现。首先，译者在翻译中要努力了解作者在作品语言中蕴含的“知”“情”“意”，努力与作者的创作心理达成默契，提高自己对作者前景化意图的敏感力，形成能够发现原文前景化现象的“慧眼”。其次，译者应提高自己的审美表现力，在翻译之中调动各种文学手段，保证原文前景化在翻译中的损失程度降到最低，以求能接近“诗性忠实”。（3）尽管“诗体”“散体”之争贯穿于整个莎剧翻译及批评，然而从八个译本对比中可以看出，“以诗译诗”原则在莎剧的语音翻译上发挥了明显的积极作用。在不以形害意的前提下，译者对于莎剧的诗性考量必然有助于语音前景化的语际传递。（4）适度的归化策略在前景化翻译过程中不仅不可避免，而且是必要的。语言上的适度归化其实是风格翻译的一种有效手段。四字格、构式、熟语等富含汉语固有特色的语言结构，可形成自动的、显著的前景化效应，进而高效、生动地传递原文风格。（5）相比译者的翻译思想，译者的文艺思想在翻译实践中起着更为主导的作用。从翻译视角研究译者、译本，译者的文艺思想往往处于一种遮蔽状态，以一种不易察觉的方式影响着译者，成为风格翻译的底层决定性因素之一。（6）历时视角下，名著重译虽有其必要性，但要达到超越的目的，势必是一个艰难而曲折的历程。从覃学岚两次翻译《亨利六世》的实例中可见，名著重译实践在同文本、同译者、多实践的前提下或更具有超越性意义。

总之，文学作品的翻译不可能是一种跨语言、跨文化的无损镜像再现。莎士比亚戏剧的风格翻译是否成功，很大程度上取决于原文前景化在译文中能否得以保留、补偿、转化。

第二节　创新之处、研究局限与展望

本研究在以下三方面有所尝试。

第一，本研究在利奇、韩礼德、申丹等对前景化定义的基础上，将前景化的定义确定为“指文学作品中，语言在语音、语法、语义和语用等层面上对读者心理认知造成的一种凸显。这种凸显通常表现为对语言常规的变异或违背，也往往服务于作品主题意义的表达”。该定义旨在融合以上前贤的观点，消弭彼此的矛盾，达到一种兼容的效果。此外，本书还借鉴利奇、詹宏伟、黄四宏、冯正斌等学者对前景化研究框架、研究参数的思考，从宏观上将前景化研究内容从音位、语法、语义层面继续推进到语用层面，制定了头韵、反复、倒装、标记语、双关、人称变异等八个二级参数二十个考察点，构建了《亨利六世》前景化翻译研究的研究框架，为整本书奠定了理论基础。

第二，诗剧的格律翻译研究探索。莎剧是具有表演性的诗歌兼舞台艺术，五步抑扬格的格律诗性构成了莎剧独特的语言艺术，这种艺术性在《亨利六世》译本中也理应得到再现。本研究从格律的跨语言视角来考察《亨利六世》原文、译文中的诗性特质，推进了音位层面的前景化翻译研究，拓展了目前常用的词长、句长等韵律参数范围，在一定程度上实现了诗剧语音翻译研究方法论上的新突破，为观照莎剧翻译的表现性、上口性提供了可参考路径。

第三，情感翻译研究的探索。共情是人类的一种基本行为，翻译中的情感传递对译本在目的语中的接受有重要影响，本研究提出“情感-信息”标记语翻译研究模式。该模式有助于探索《亨利六世》冲突语篇中的情感前景化翻译，探讨原文情感风格在译本中再现时的偏差，推动情感翻译研究，从而助力于甄别不同译本的情感再现风格。

然而，由于个人水平、研究时间和文章篇幅所限，本研究还存在各种不足和局限，难免挂一漏万。这些不足主要体现在：

首先，研究框架上，《亨利六世》翻译研究框架未能穷尽剧中的前景化类型，《亨利六世》文本本身的丰富性、戏剧的艺术性也有待进一步挖掘。

其次，研究方法上需要说明的是，本研究中的前景化转化率更多地表达了一种比较性结果，而非绝对数值。另外，由于本研究采用了抽样法，样本规模不均匀，有的样本偏小以至个别考察点的前景化转化率数据基础略显薄弱。

再次，情感研究向来是文学翻译研究的难点，目前尚未有莎士比亚戏剧情感专门词典。本研究采用了人工标注手段，对剧中的情感-信息进行语料标注。标注过程中，难免有所疏漏。

最后，重译考察不足。《亨利六世》全译本共有九个，虞尔昌的初译本由于两次绝版，绝大部分大陆读者未能得以一见，此次研究主要针对大陆普通读者常见的八个译文进行横向分析，未将虞尔昌译本纳入考察范围，未能从纵向视角开展全面的重译比较分析。

因此，相关研究至少还可以对以上四个方面继续进行有益尝试。

参考文献

一、中文文献

（一）专著

冯翠华，1995. 英语修辞大全［M］. 北京：外语教学与研究出版社.

胡开宝，2015. 基于语料库的莎士比亚戏剧汉译研究［M］. 上海：上海交通大学出版社.

胡壮麟，刘世生，2004. 西方文体学词典［M］. 北京：清华大学出版社.

贾志浩，朱海萍，等，2014. 西方莎士比亚批评史［M］. 北京：社会科学文献出版社.

梁实秋，陈子善，1989. 梁实秋文学回忆录［C］. 长沙：岳麓书社.

刘宓庆，2019. 新编当代翻译理论［M］. 北京：中国翻译出版社.

刘世生，朱瑞青，2006. 文体学概论［M］. 北京：北京大学出版社.

秦秀白，1986. 文体学概论［M］. 长沙：湖南教育出版社.

申丹，2019. 叙述学与小说文体学研究［M］. 北京：北京大学出版社.

苏福忠，2006. 译事余墨［M］. 北京：三联出版社.

苏福忠，2017. 瞄准莎士比亚［M］. 北京：人民文学出版社.

索天章，1986. 莎士比亚——他的作品及其时代［M］. 上海：复旦大学出版社.

覃学岚，2001. 英语对比互译教程［M］. 北京：科学出版社.

覃学岚，2019. 当代译学批评［M］. 北京：清华大学出版社.

王东风，2006. 功能语言学与翻译研究［M］. 广州：中山大学出版社.

王觉非，2007. 欧洲历史大辞典·上［Z］. 上海：上海辞书出版社.

王寅，2007. 认知语言学［M］. 上海：上海外语教育出版社.

王佐良，2008. 英国诗史［M］. 南京：译林出版社.

王佐良，2016. 王佐良全集第八卷［M］. 北京：外语教学与研究出版社.

文军，1992. 英语修辞格词典［M］. 重庆：重庆大学出版社.

吴洁敏，朱宏达，1989. 朱生豪传［M］. 上海：上海外语教育出版社.

吴洁敏，朱宏达，1989. 朱生豪传［M］. 上海：上海外语教育出版社.

邢福义，2001. 汉语复句研究［M］. 北京：商务印书馆.

邢福义，2016. 汉语语法学［M］. 北京：商务印书馆.

徐鹏，1996. 英语辞格［M］. 北京：商务印书馆.

阎景翰，1990. 写作艺术大辞典［Z］. 西安：陕西人民出版社.

尹铁超，包丽坤，2010. 普通人类语言学视角下的语音简化性研究［M］. 北京：北京大学出版社.

云岚，关一莎，等，1990. 简明戏剧词典［Z］. 上海：上海辞书出版社.

张德禄，贾晓庆，雷茜，2015. 英语文体学重点问题研究［M］. 北京：外语教学与研究出版社.

朱德熙，1982. 语法讲义［M］. 北京：商务印书馆.

朱光潜，2012. 诗论［M］. 北京：中华书局.

朱生豪，2003. 朱生豪情书［M］. 上海：上海社会科学出版社.

朱生豪，2018. 朱生豪书信全编［M］. 北京：人民文学出版社.

朱自清，2004. 新诗杂话［M］. 桂林：广西师范大学出版社.

陈西滢，2009. 论翻译［C］//罗新璋，陈应年. 翻译论集. 北京：商务印书馆：474-482.

海岸，2007. 诗人译诗 译诗为诗［C］//海岸，选编. 中西诗歌翻译百年论集. 上海：上海外语教育出版社：697-706.

梁实秋，1997. 文学的纪律［C］//黎照，编注. 鲁迅梁实秋论战实录. 北京：华龄出版社：138-154.

梁实秋，1997. 现代中国文学之浪漫的趋势［C］//黎照，编注. 鲁迅梁实秋论战实录. 北京：华龄出版社：1-28.

林语堂，2007. 论翻译［C］//海岸，选编. 中西诗歌翻译百年论集. 上海：上海外语教育出版社：58-69.

鲁迅，2009. “题未定”草［C］// 罗新璋，陈应年. 翻译论集. 北京：商务印书馆：370-375.

孙大雨，2007. 论音组——莎译导言之一［C］//海岸，选编．中西诗歌翻译百年论集．上海：上海外语教育出版社：75-95.

田汉，2006. 田汉致宗白华书［C］//宗白华，等．三叶集．合肥：安徽教育出版社：137-143.

屠岸，1998. “归化”和“洋化”的统一［C］//许钧．翻译思考录．武汉：湖北教育出版社：30-32.

徐祯卿，1981. 谈艺录［C］//何文焕．历代诗话（下）．北京：中华书局：763-771.

朱光潜，1984. 谈翻译［C］//《翻译通讯》编辑部．翻译研究论文集．北京：外语教学与研究出版社：353-363.

（二）译著

德里达，2001. 书写与差异［M］. 张宁，译．北京：生活·读书·新知三联书店．

蒂利亚德，2016. 莎士比亚的历史剧［M］. 牟芳芳，译．北京：华夏出版社．

赫尔德，2014. 论语言的起源［M］. 姚小平，译．北京：商务印书馆．

黑格尔，1997. 美学［M］. 朱光潜，译．北京：商务印书馆．

莎士比亚，1936. 丹麦王子哈姆雷特悲剧［M］. 梁实秋，译．上海：商务印书馆．

莎士比亚，1995. 莎士比亚全集第二卷［M］. 梁实秋，译．海拉尔：内蒙古文化出版社．

莎士比亚，1998. 莎士比亚全集第三卷［M］. 索天章，译．南京：译林出版社．

莎士比亚，2014. 莎士比亚全集第Ⅴ卷［M］. 章益，译．北京：人民文学出版社．

莎士比亚，2014. 莎士比亚全集第八卷历史剧卷二［M］. 方平，主编．覃学岚，等译．上海：上海译文出版社．

莎士比亚，2015. 亨利六世（上、中、下）［M］. 覃学岚，译．北京：外语教学与研究出版社．

莎士比亚，2015. 莎士比亚全集第二卷历史剧［M］. 陈才宇，译 . 杭州：浙江工商大学出版社 .

莎士比亚，2021. 亨利六世（上、中、下）［M］. 傅光明，译 . 天津：天津人民出版社 .

莎士比亚，2021. 莎士比亚全集第 VI 卷［M］. 苏福忠，译 . 北京：新星出版社 .

尤·什维多夫，1994. 莎士比亚历史剧［M］. 朱富扬，译 . 上海：上海译文出版社 .

朱迪斯 . M. 本内特，C · 沃伦 · 霍利斯特，2007. 欧洲中世纪史（第 10 版）［M］. 杨宁，李韵，译. 上海：上海社会科学院出版社 .

鲍 · 艾亨鲍姆，1989. “形式方法”的理论［C］//托多罗夫 . 俄苏形式主义文论选 . 蔡鸿滨，译 . 北京：中国社会科学出版社：19–57.

陈才宇，2015. 补译者的话［M］//莎士比亚 . 莎士比亚全集第一卷喜剧 . 陈才宇，译 . 杭州：浙江工商大学出版社：23–28.

乔纳森 · 贝特，2015.《亨利六世》三联剧导言［M］// 莎士比亚 . 亨利六世（上、中、下）. 覃学岚，译 . 北京：外语教学与研究出版社 .

（三）期刊

不平（邢光祖），1937. 论翻译莎士比亚：与梁实秋先生讨论莎士比亚的翻译［J］. 光华附中半月刊，3/4：187–198.

翟晓丁，2020. 第二人称代词“尔等”的来源与消失原因［J］. 汉字文化，(10)：3–5.

方平，1989. 莎士比亚诗剧全集的召唤［J］. 中国翻译，(6)：14–16.

方平，1994. 虞尔昌与莎剧全集［J］. 书城，(9)：39–40.

冯胜利，2006. 论汉语书面正式语体的特征与教学［J］. 世界汉语教学，(4)：98–106.

冯胜利，施春宏，2018. 论语体语法的基本原理、单位层级和语体系统［J］. 世界汉语教学，2（3）：302– 325.

冯胜利，王洁，黄梅，2008. 汉语书面语体庄雅度的自动测量［J］. 语言科学，(2)：113–126.

冯胜利，王永娜，2017. 语体标注对语体语法和叙事、论说体的考察与发现

[J]. 汉语应用语言学研究，(0)：18-32.

冯正斌，党争胜，2019. 前景化语言翻译策略研究：以《废都》葛浩文英译本为例 [J]. 外语教学，40 (1)：84-89.

高继海，赵昕，2023. 形塑与重塑：理查三世形象变迁研究 [J]. 河南大学学报（社会科学版），(1)：92-97.

高耀明，2016. 章益先生的教育人生 [J]. 现代大学教育，(3)：67-72.

辜正坤，1995. 人类语言音义同构现象与人类文化模式—兼论汉诗音象美 [J]. 北京大学学报（哲学社会科学版），(6)：87-95.

辜正坤，2016. 皇家版《莎士比亚全集》翻译对策论 [J]. 翻译界，(1)：1-22.

顾良，1939. 梁实秋译莎翁戏剧印象 [J]. 今日评论，(19)：13-15.

桂扬清，2008. 莫把历史剧当历史——从莎士比亚的历史剧看历史剧与历史 [J]. 外语研究，(2)：93-95.

郭键，2006.《亨利六世》中凸显的翻译问题 [J]. 绵阳师范学院学报，(4)：122-124.

郭天相，2007. 诗学语音学论略 [J]. 解放军外国语学院学报，(1)：25-29.

胡清国，高倩艺，2018. 认知参照点与“你这（个）NP”构式 [J]. 汉语学习，(2)：44-54.

胡适，1918. 建设的文学革命 国语的文学，文学的国语 [J]. 新青年，(4)：289-306.

黄碧云，2004. “A 也罢，B 也罢”句式考察 [J]. 商丘师范学院学报，(6)：168-169.

黄立波，朱志瑜，2012. 语料库翻译学：研究对象与研究方法 [J]. 中国外语，(6)：28-36.

黄立波 .2018. 语料库译者风格研究反思 [J]. 外语教学，(1)：77-81.

黄勤，2016. 鲁迅小说《离婚》中方言的功能与英译策略探析 [J]. 山东外语教学，(5)：95-105.

黄忠廉，2010. 翻译思想≠翻译理论——以傅雷、严复为例 [J]. 解放军外国语学院学报，(5)：77-81.

柯飞，1988. 梁实秋谈翻译莎士比亚［J］. 外语教学与研究，（1）：46–51.

雷冬平，胡丽珍，2008. 语气助词“也罢”的功能及语法化过程［J］. 北方论丛，（4）：66–69.

李靖民，徐淑华，2003. 前景化与翻译批评［J］. 西安外国语学院学报，（1）：1–2.

李丽，2013. “质的准则”视角下译文准确性检测——与陈才宇、刘新民教授商榷《金色笔记》汉译［J］. 山西师大学报（社会科学版），（3）：143–145.

李伟昉，2011. 接受与流变：莎士比亚在近现代中国［J］. 中国社会科学，（5）：150–166.

李伟民，2004. 中国莎士比亚翻译研究五十年［J］. 中国翻译，（5）：48–55.

李正栓，马洋洋，2020. 莎士比亚历史剧中的国王形象［J］. 解放军外国语学院学报，（5）：46–54.

李正栓，王明，2013. 从《汉姆莱脱》看朱生豪译莎特点［J］. 山东外语教学，（4）：19–23.

梁实秋，1932. 莎翁名著哈姆雷特的两种译本［J］. 图书评论，（2）：64–67.

梁实秋，1936. 莎士比亚的《马克白》译序［J］. 自由评论，（37）：8–11.

林克难，1988. 浅议英语双关语的几种译法——兼与黄龙同志商榷［J］. 教学研究（外语学报），（1）：41–43.

林正军，王萌，2020. 英语语态的功能–认知研究［J］. 外语教学理论与实践，（2）：7–14.

刘半农，1927. 关于译诗的一点意见［J］. 语丝，139：363–365.

刘炳善，1992. 莎剧的两种中译本：从一出戏看全集［J］. 中国翻译，（4）：40–45.

刘程，张尚莲，2015. 中古晚期英语官方语言地位复兴浅述［J］. 鲁东大学学报（哲学社会科学版），（5）：9–14.

刘泽权，2017. 王熙凤话语方式的叙事学统计分析［J］. 红楼梦学刊，（3）：189–207.

刘泽权，2021. 数字人文视域下名著重译多维评价模型构建［J］. 中国翻译，(5)：25-33.

刘泽权，2021. 数字人文视域下名著重译多维评价模型构建［J］. 中国翻译，(5)：25-33.

刘泽权，丁立，2022. 语篇衔接变异的翻译策略研究——以《尤利西斯》第18章为例［J］. 上海翻译，(1)：82-87.

刘泽权，田璐，2009.《红楼梦》叙事标记语及其英译——基于语料库的对比分析［J］. 外语学刊，(1)：106-110.

刘泽权，王梦瑶，2017. 量性结合的《老人与海》及其六译本风格对比考察［J］. 外语教学，(5)：73-79.

吕奇，王树槐，2020. 蓝诗玲英译中国现当代小说中的句式结构张力重制［J］. 外国语文研究，(1)：56-65.

孟宪强，1994. 莎士比亚创作分期新探［J］. 社会科学战线，(6)：262-268.

孟晓琦，2015. 汉法语音理据之语音象征［J］. 法国研究，(4)：74-79.

潘晓军，2009. "说V就V"的表达功能及虚化发展［J］. 北方论丛，(1)：69-73.

彭建华，邢莉君，2011. 莎士比亚悲剧的素体诗和卞之琳的诗译［J］. 西华大学学报（哲学社会科学版），(5)：71-76.

邱文生，2021. 散文话语节奏的认知识解与翻译［J］. 西安外国语大学学报，(3)：93-97.

冉永平，2004. 言语交际中"吧"的语用功能及其语境顺应性特征［J］. 现代外语，(4)：340-349.

冉永平，2010. 冲突性话语趋异取向的语用分析［J］. 现代外语，(2)：150-157.

任雍，1989. 罗曼·雅各布森的"音素结构"理论及其在中西诗歌中的验证［J］. 外国文学评论，(4)：115-121.

申丹，2002. 论文学文体学在翻译学科建设中的重要性［J］. 中国翻译，(1)：10-14.

施亮，2006.《莎士比亚全集》的几位译者［J］. 博览群书，(12)：83-86.

束定芳，1998. 论隐喻的本质及语义特征［J］. 外国语（上海外国语大学学报），(6)：11-20.

苏福忠，2004. 说说朱生豪的翻译［J］. 读书，(5)：23-31.

隋长虹，2003. “给我”动词短语句的多角度考察［J］. 临沂师范学院学报，(4)：71-73.

孙大雨，1943. 译莎剧《黎琊王》序［J］. 民族文学，(1)：15-20.

孙会军，郑庆珠，2010. 译，还是不译：文学翻译中的反复现象及处理［J］. 中国翻译，(4)：46- 50.

孙绍振，2017. 新诗百年：未完成的中西诗艺转基因工程——兼论中国古典诗学话语的激活和建构［J］. 文艺争鸣，(8)：20-36.

孙致礼，2001. 翻译的异化与归化［J］. 山东外语教学，(1)：32-35.

孙致礼，2002. 中国的文学翻译：从归化趋向异化［J］. 中国翻译，(1)：39-43.

索天章，1984. 莎士比亚的英国历史剧简评（上）［J］. 教学研究，(2)：1-12.

索天章，1984. 莎士比亚的英国历史剧简评（下）［J］. 教学研究，(3)：1-11.

索天章，英若诚，1984. 请君入瓮［J］. 外语教学与研究，(2)：70-74.

覃学岚，1997. 从“信达雅”到“多元互补论”——兼谈诗歌翻译［J］. 山东外语教学，(2)：34-39.

覃学岚，2016. 对德里达翻译观的重新思考［J］. 文学理论前沿，(2)：70-90.

覃学岚，2018. 风格再现与语际差异的化解和语内差异的体现［J］. 中国翻译，(2)：98-105.

汤云航，1995. 普通话语音的统计分析［J］. 承德民族师专学报，(1)：66-76.

田海龙，2001. 英汉语“WE/我们”的人际功能与文化差异［J］. 天津外国语学院学报，(3)：17-20.

童庆炳，2012. 历史题材文学创作五向度［J］. 清华大学学报（哲学社会科学版），(2)：48-65.

万兵，2012. 文体学视角下的英诗汉译——以马修·阿诺德的名诗《多佛海滩》为例［J］. 天津外国语大学学报，(2)：40-43.

王东风，1997. 文化缺省与翻译中的连贯重构［J］. 外国语（上海外国语大学学报），(6)：56-61.

王东风，2001. 译家与作家的意识冲突：文学翻译中的一个值得深思的现象［J］. 中国翻译，(5)：44-49.

王东风，2020. 诗的节奏与翻译：以英诗汉译为例［J］. 英语研究，(2)：118-135.

王东风，2020. 诗歌翻译研究的理论创新：从“以顿代步”到“以平仄代抑扬”［J］. 外语教学与研究，(3)：464-466.

王东风，2021. 诗学功能与诗学翻译：翻译诗学研究［J］. 外国语（上海外国语大学学报），(3)：91-97.

王东风，2022. 论“以平仄代抑扬”的可行性：再译《西风颂》［J］. 中国翻译，(4)：82-91.

王克非，1994. 关于翻译批评的思考——兼谈《文学翻译批评研究》［J］. 外语教学与研究，(3)：33-36.

王宁，2016. 作为历史主义者的莎士比亚——兼论莎士比亚历史剧对我们的启示［J］. 外国文学研究，(6)：8-15.

王守元，刘振前，2003. 隐喻与文化教学［J］. 外语教学，(1)：48-53.

王卫强，2003. 前景化与翻译等值［J］. 西南民族大学学报（人文社科版），(11)：467-469.

王文臻，2007. 英语法律文书的语言特点分析［J］. 西北大学学报（哲学社会科学版），(3)：120-123.

王艳红，2009. 浅谈文学翻译中黑人英语之美学功能再现［J］. 外语与外语教学，(11)：53-56.

肖建安，王志军，2001. 名物化结构的功能及变体特征［J］. 外语与外语教学，(6)：9-11.

谢谦，2005. 文学文体学与诗体戏剧中“语言变异”的翻译——以《哈姆雷特》为例［J］. 广东外语外贸大学学报，(3)：19-22.

徐晶凝，2003. 语气助词“吧”的情态解释［J］. 北京大学学报（哲学社会科学版），(4)：143-148.

徐莉娜，2001. 试论翻译分析与批评的依据［J］. 外语教学与研究，（3）：210-215.

许进，2004. 英汉倒装句的修辞比较与翻译［J］. 长沙铁道学院学报（社会科学版），（2）：81- 84.

许钧，1994. 重复·超越——名著复译现象剖析［J］. 中国翻译，（3）：2-5.

荀恩东，饶高琦，肖晓悦，等，2016. 大数据背景下 BCC 语料库的研制［J］. 语料库语言学，（1）：93-109.

杨磊，2015. 重估“前景化”：布拉格学派的美学贡献［J］. 文艺理论研究，（2）：81-88.

杨铭，2002. 冗余信息、修辞格反复及其翻译［J］. 外语教学，（6）：59-63.

杨仕章，2000. 文化翻译观：翻译诸悖论之统一［J］. 外语学刊，（4）：66-70.

尧春荣，2016. “你这（个）+NP”的负面评价功能及成因［J］. 湖南科技学院学报，（8）：145-147.

易正中，2014. 反预期功能句型“亏你 VP”［J］. 汉语学习，（3）：43-50.

余上沅，1930. 翻译莎士比亚［J］. 新月，（5/6）：73-84.

詹宏伟，黄四宏，2008. 关于文学解读中读者反应的量化研究［J］. 外国语（上海外国语大学学报），（2）：85-89.

张宏，王治江，2007. 从意识流语篇前景化的角度析《尤利西斯》的翻译策略［J］. 河北理工大学学报（社会科学版），（4）：133-135.

张生祥，张翰旭，2019.《红高粱家族》英译本中译者话语构建策略探究［J］. 西安外国语大学学报，（2）：70-75.

张谊生，2000. 现代汉语副词的性质、范围与分类［J］. 语言研究，（1）：51-63.

赵澧，孟伟哉，管珑，1961. 论莎士比亚的社会政治思想及其发展［J］. 教学与研究，（2）：20-27.

赵速梅，宫经理，2007. 论前景化理论与小说文本翻译研究［J］. 外语学刊，（2）：128-132.

赵稀方，2011. 莎士比亚的归来——中国当代翻译文学史话之八［J］. 东方翻译，(5)：63-65.

郑立华，1989. 语音象征意义初探［J］. 现代外语，(1)：55-59.

周领顺，2010. 译者行为与“求真—务实”连续统评价模式—译者行为研究（其一）［J］. 外语教学，(1)：93-97.

周文伟，许芳娜，2020. 英汉自指人称研究综述［J］. 怀化学院学报，(2)：123-127.

朱骏公，1998. 朱译莎剧得失谈［J］. 中国翻译，(5)：25-27.

朱永生，2001. 功能语言学对文体分析的贡献［J］. 外语与外语教学，(5)：1-4.

庄雨（罗益民），袁帅亚，2017. 话文墨短长，论编译曲直——苏福忠先生新著的启示［J］. 外国语言文学，(1)：71-72.

邹广胜，穆宝清，2012. 圣徒与国王之间——《亨利六世》的宗教伦理［J］. 外国文学研究，(5)：63-69.

（四）其他

冯国娇，2020. 基于语料库的现代汉语预期义情态词的语义功能研究［D］. 贵阳：贵州师范大学.

贺晓玲，2002. 两种表致使义句式的异同考察——“使”字句和“把”字句［D］. 广州：暨南大学.

胡静敏，2013. 近代汉语“你这（个）NP”的多角度研究［D］. 金华：浙江师范大学.

姜静，2017. 英汉文学作品中方言的翻译比较研究［D］. 北京：北京外国语大学.

刘云雁，2007. 朱生豪译莎剧素体诗节律风格研究［D］. 杭州：浙江大学.

刘云雁，2011. 朱生豪莎剧翻译—影响与比较研究［D］. 杭州：浙江大学.

易娟，2014. 语气助词“啦”及其对外汉语教学［D］. 广州：暨南大学.

水天同，1937. 略谈梁译莎士比亚［N］. 国闻周报，01-01（1）.

魏建，2015. 张蕾教授与山师故事［N］. 齐鲁晚报，04-01（A21）.

读史老张，2017. 那些年，复旦名教授这样唱戏［EB/OL］. https://history.sohu.com/a/211800132_467532.

二、外文文献

（一）著作

ABRAMS H，HARPHAMA G，2012. Glossary of Literary Terms ［M］. Boston：Wadsworth.

BARBER C，1976. Early Modern English ［M］. London：Andre Deutsch.

BIBER D，et al，2002. Longman Student Grammar of Spoken and Written English ［M］. London：Pearson Education Limited.

BIRNER B，2012. The Discourse Function of Inversion in English ［M］. New York：Routledge.

BLOOM H，1994. The Western Canon ［M］. New York：Harcourt Brace & Company.

BROOKS C，WARREN R，2004. Understanding Poetry ［M］. Beijing：Foreign Language Teaching and Research Press.

BÜHLER K，1934 /1965. Sprachtheorie：Die Darstellungsfunktion der Sprache ［M］. Stuttgart：Gustav Fischer.

CHILDS P，FOWLER R，1973. The Routledge Dictionary of Literary Terms ［M］. London：Routledge.

DAVID C，1953. Shakespeare's History Plays—Epic or Drama? Shakespeare Survey ［C］. Cambridge：Cambridge University Press.

EGGINS S，1994. An Introduction to Functional Systemic Linguistics ［M］. London：Pinter Publishers.

EGGINS S，SLADE D，1997. Analysing Casual Conversation ［M］. London：Quinox Publishing Ltd.

GREENBLATT S，2016. Will in the World：How Shakespeare Became Shakespeare ［M］. New York：W. W. Norton & Company.

HALLIDAY F E，1964. The Poetry of Shakespeare's Plays ［M］. New York：Barnes & Noble.

HALLIDAY M A K，1973. Explorations in the Functions of Language ［M］. London：Edward Arnold.

HALLIDAY M A K, 1989. Spoken and Written Language [M]. Oxford: Oxford University Press.

HALLIDAY M A K, MATTHIESSEN C, 2014. Halliday's Introduction to Functional Grammar [M]. Oxford: Routledge.

HASAN R, 1989. Linguistics, Language, and Verbal Art [M]. Oxford: Oxford University Press.

HELGERSON R, 1992. Forms of Nationhood: The Elizabethan Writing of England. [M]. Chicago: University of Chicago Press.

HOUSTON J, 1988. Shakespeare Sentences: A Study of Style and Syntax [M]. London: Louisiana State University Press.

JOSEPH M, 2005. Shakespeare's Use of the Arts of Language [M]. Philadelphia: Paul Dry Books.

LAKOFF G, 1987. Women, Fire and Dangerous Things [M]. Chicago and London: Chicago University Press.

LAKOFF G, JOHNSON M, 2003. Metaphors We Live by [M]. Chicago and London: The University of Chicago Press.

LEECH G, 2001. A Linguistic Guide to English Poetry [M]. Beijing: Foreign Language Teaching and Research Press.

LEECH G, 2008. Language in Literature Style and Foregrounding [M]. London & New York: Routledge.

LEECH G, SHORT M, 2007. Style in Fiction. A Linguistic Introduction to English Fictional Prose [M]. London: Pearson Education Limited.

LEFEVERE A, 1992. Translation, Rewriting, and the Manipulation of Literary Fame [M]. London & New York: Routledge.

LEVIN R, 2001. Shakespeare's Secret Schemers [M]. Newark: University of Delaware Pres.

MARTIN J, ROSE D, 2014. Working with Discourse: Meaning Beyond the Clause [M]. Beijing: Peking University Press.

MARTIN J, WHITE P R R, 2005. The Language of Evaluation Appraisal in English [M]. New York: Palgeave Macmillan.

NEWMARK P, 2001. A Textbook of Translation [M]. Shanghai: Shanghai Foreign Language Education Press.

NIDA E, 2001. Language and Culutre: Contexts in Translating [M]. Shanghai: Shanghai Foreign Language Education Press.

PARTRIDGE E, 2001. Shakespeare's Bawdy [M]. London: Rutledge.

PARVINI N, 2012. Shakespeare's History Plays: Rethinking Historicism [M]. Edinburgh: Edinburgh University Press Ltd.

REISS K, 2000. Translation Criticism: The Potential and Limitations [M]. RHODES E, trans, Manchester: St Jerome and American Bible Society.

RUBINSTEIN F, 1989. A Dictionary of Shakespeare's Sexual Puns and Their Significance [M]. London: Macmillan Press Ltd.

SHAKESPEARE W, 1966. Shakespeare Complete Works [M]. London: Oxford University Press.

SHAKESPEARE W, 1974. The Riverside Shakespeare [M]. Boston: Houghton Mifflin Company.

SHAKESPEARE W, 2005. Henry VI (part one-three) [M]. London: Penguin Book Ltd.

SHAKESPEARE W, 2008. William Shakespeare Complete Works [M]. Beijing: Foreign Language Teaching and Research Press.

SHAKESPEARE W, 2009. The First-Third Part of King Henry VI [M]. Cambridge: Cambridge University Press.

SHAKESPEARE W, 2021. The Arden Shakespeare [M]. London: Bloomsbury Publishing Plc.

TILLYARD E M W, 2016. Shakespeare's History Plays [M]. London: Vintage.

TOURY G, 2002. Descriptive Translation Studies and Beyond [M]. Shanghai: John Benjamins Publishing Company/Shanghai Foreign Language Education Press.

VAN PEER W, 1986. Stylistics and Psychology: Investigations of Foregrounding [M]. London: Croom Helm.

VENUTI L, 1995. The Translator's Invisibility: A History of Translation [M]. London and New York: Routledge.

WALES K，2014. A Dictionary of Stylistics［M］. New York：Routledge.

WELLS R H，BURGESS G，et al. 2000. Neo – Historicism：Studies in Renaissance Literature，History and Politics［M］. Cambridge：D. S. Brewer.

BAKER M，1993. Corpus Linguistics and Translation Studies：Implications and Applications［C］// BAKER M，et al. Text and Technology. Amsterdam：Benjamins：233–252.

BASSNETT S，2000. Adventures across Time：Translational Transformations［C］// SALAMA – CARR M. On Translating French Literature and Film II . Amsterdam：Rodopi：155–170.

CRYSTAL D，2003. The Language of Shakespeare［C］//WELLS S，ORLIN L. Shakespeare：An Oxford Guide. Oxford：OUP：67–78.

DELABASTITA D，2004. Wordplay as a Translation Problem：A Linguistic Perspective［C］// KITTEL H，FRANK A P，GREINER N，et al. 1. Teilband：Ein internationales Handbuch zur Übersetzungsforschung . Berlin/New York：De Gruyter Mouton：600–606.

HALLIDAY M A K，2008. Linguistic Function and Literary Style：An Inquiry into the Language of William Golding's The Inheritors［C］//CATER R，STOCKWELL P. The Language and Literature Reader. Oxon：Routledge：19–28.

HATTAWAY M，2002. The Shakespearean History Play［C］//HATTAWAY M. The Cambridge Companion to Shakespeare's History Plays. Cambridge：Cambridge University Press：3–24.

INGHAM R，INGHAM M，2011. Subject–Verb Inversion and Iambic Rhythm in Shakespeare's Dramatic Verse［C］// RAVASSAT M，CULPEPER J. Stylistics and Shakespeare's Language：Transdisciplinary Approaches. London & New York：Continuum International Publishing Group：98–118.

JOHNSON S，1908. Preface to Shakespeare［M］// RALEIGH W. Johnson on Shakespeare. London：Heny Frowde.

LEECH G，1966. Linguistics and the Figures of Rhetoric［C］// FOWLER R. Essays on Style and Language. London：Routledge & Kegan Paul Limited：135–156.

SALDANHA G, 2011. Style of Translation: The Use of Foreign Words in Translation by Margaret Jull Costa and Peter Bush [C] // Kruger A, et al. Corpus-Based Translation Studies: Research and Applications. London: Continumm: 237-258.

SHKLOVSKY V, 1988. Art as Technique [C] // LODGE D. Modern Criticism and Theory: A Reader. London & New York: Longman: 15-31.

(二) 期刊

BAKER M, 1995. Corpora in Translation Studies: an Overview and Some Suggestions for Future Research [J]. Target, 7 (2): 223-243.

BAKER M, 2000. Towards a Methodology for Investigating the Style of a Literary Translator [J]. Target, 12 (2): 241-266.

BRUSTER D, MCKEOWN N, 2017. Wordplay in Earliest Shakespeare [J]. Philological Quarterly, 96: 293-322.

COX J, 2018. Shakespeare and Religion [J]. Religions, 343: 1-11.

DERRIDA J, VENUTI L, 2001. What Is a 'Relevant' Translation? [J]. Critical Inquiry, 27 (2) : 174-200.

GADPAILLE M, ZUPAN S, 2020. Interpreting and Translating Shakespeare's Heraldic Terminology: 1Henry IV and 2 Henry VI in Slovene [J]. Annales, 30 (1): 113-134.

LEVIN S, 1965. Internal and External Deviation in Poetry [J]. Word, 21: 225-237.

MOSER J S, DOUGHERTY A, MATTSON W I, et al, 2017. Third-Person Self-Talk Facilitates Emotion Regulation without Engaging Cognitive Control: Converging Evidence from ERP and fMRI [J]. Scitific Reports, 4519: 1-9.

MUKAROVSKY J, 2014. Standard Language and Poetic Language [C] // CHOVANEC J. Chapters from the History of Czech Functional Linguistics. Brno: Masarykova univerzita: 41-53.

MUKAROVSKY J, BURBANK J, STEINE P, 1977. The Word and Verbal Art: Selected Essays by Mukarovsky [M]. New Haven & London: Yale University.

NIST J, 1962. Sound and Sense: Some Structures of Poetry [J]. College English, 23 (4): 291-295.

ORNSTEIN R, 1959. Historical Criticism and the Interpretation of Shakespeare [J]. Shakespeare Quarterly, (1): 3-9.

SAPIR E, 1929. A Study in Phonetic Symbolism [J]. Journal of Experimental Psychology, 12 (3): 225-239.

SCHÄFFNER C, 2004. Metaphor and Translation: Some Implications of a Cognitive Approach [J]. Journal of Pragmatics, 36: 1253-1269.

XU S Y, 2019. Translating Foregrounding in Literary and Non-Literary Texts, Foregrounding Translator's Conscious and Unconscious Thought [J]. Neohelicon, 46 (1): 261-283.

（三）其他

NASHE T, 2022. Pierce Penilesse, His Supplication to the Divell [EB/OL]. https://scholarsbank.uoregon.edu/xmlui/bitstream/handle/1794/852/nashe.pdf?sequence=1.

后 记

本书在著者的博士论文基础上修改而成。论文写作一路艰辛，一路感慨，一路感恩。首先要感念国恩。文献搜集过程中，我发现商务印书馆曾出版过两个“国难版”《吟边燕语》，即1934年9月的“国难后1版”和1935年4月的“国难后2版”。之所以命名为“国难”，是因为商务印书馆在1932年“一·二八”事变中，遭到一次堪比火烧圆明园的毁灭性打击，46万册藏书焚烧殆尽，其中善本孤本古籍3700多种、共35000多册悉数尽毁，从此绝迹人寰。此次劫难后，商务印书馆出版了一大批“国难版”教科书，提醒中华学子勿忘国难，发愤图强。

此外，莎剧两次集译计划或因反帝反封建、或因日军侵华而流产。1922年，田汉计划翻译10个莎翁名剧，收录在“少年中国学会丛书”中，后来只译了《罗密欧与朱丽叶》，其余剧目因南国运动和左联运动而搁置。时隔16年，启明书局推出了《足本莎翁杰作集》。然而启明书局1936年刚成立，1937年11月上海即沦为“孤岛”。1938年出版的《足本莎翁杰作集》只收录了5种译本，草草付梓，远未能达到足本的设想。

早期莎剧翻译，从赞助人到译者无不映射了中华民族的危难和血泪。著名莎剧译者朱生豪在中国最为艰难困苦的时期，将“毕生精力，殆以尽注于”莎剧翻译，以三十二岁之年，身许国难。孙大雨曾失业窘困、曹未风曾在贵州后方孑孑支撑。他们都以自己的方式在日寇铁蹄下做着抗争。直到建国后，莎士比亚戏剧才迎来了真正的繁荣。朱生豪译本曾两次引发莎士比亚热，方平、辜正坤等完成了莎学界诗体译莎的夙愿。此间种种无不说明，莎士比亚戏剧在中国的兴盛固然离不开译者的呕心沥血，但只有国家的强大与安定，才是保障一切文艺繁荣的根本。

其次要感念师恩。感念恩师刘泽权教授的知遇之恩。恩师不介意我的浅薄与高龄，愿意收我为徒。恩师的勤奋是我们学习的榜样，寒来暑往，恩师以校为家，那抹早出晚归、孤独而倔强的身影是整个实验室的定海神针。恩师治学严谨、孜孜以求，不凑合、不将就的学术态度时刻鞭策、警醒我。恩师诲我不倦、耳提面命、呕心沥血的指导令我动容。第一次收到密密麻麻的批注反馈，不禁泪流满面，那是我的文字第一次被如此认真地对待。遗憾的是，先生令人折服的学术敏感性和前瞻性在我身上未能得以体现，先生建议的课题未能引起我足够的重视。自以为是其实愚笨的我常常启而不发，令先生莫可奈何。初入师门，先生就曾鼓励我做百纳版的莎剧翻译和研究，我却踯躅、逡巡，在学术花园中到处闲逛，浪费许多时间，最后才又回到莎剧研究中。正所谓：不听先生言，吃亏在眼前。恩师不仅是我的学术导师，也是我的灵魂导师。每每在自我怀疑、自我否定、自我放弃、灰心丧气开始追问终极意义之时，是恩师让我看到了此在的意义、行动的意义。四年时间，受益良多。愿恩师学术之树，万古长青！

感念恩师李正栓教授的引领之恩。恩师早年的激情创业，给了我接受高等教育的机会。恩师后来的学术转型，让我看到了学问的可贵。恩师的课堂幽默动人，我的一篇小习作曾经被当作课堂范文，恩师那模仿文中描述、举起手来在空中的轻轻一挥，瞬间定格为记忆中永远的美好。我追随着恩师的脚步，踏上了外国文学之路。后来，生活变迁，多年之后才得以与恩师再次相遇。青葱别师恩，再见已妇人。尘世三十载，往事犹可闻。恩师的鼓励使我不断挑战着自我，并甘之如饴。愿恩师桃李之蹊，绵延久远！

感念恩师吕长发教授，他的谆谆善诱使我感知到了戏剧舞台的精彩，人生即是舞台，舞台即是人生。先生温和的人生态度令人如沐春风，豁达的治学思想令人敬佩。祝他老人家生活安康，高寿无恙！

由衷感谢从开题到答辩陪我一路走来的王东风、傅敬民、李伟昉、高继海、杨金才、梁晓冬、刘国兵、娄宝翠、刘辰诞、张丹丹等校内外专家。感谢他们在开题时给予我的启迪和引领、在预答辩和答辩过程中的修改建议，在他们的护航下，本研究才能生成和继续。祝各位专家万事如意，身体健康！

还要感谢师门的一众小伙伴们，他们有的学养深厚，有的专注高效、有的精灵古怪、有的踏实妥帖、有的敏锐聪慧，更有一大班小朋友娴熟于语料库技术，他们的鼓励和帮助是我煎熬岁月中的慰藉。祝他们事业有成、学业顺利！

感谢吉林大学出版社的编辑老师在校对、修订本书过程中的辛勤付出。我与他们虽未能谋面，但通过远程交流，深感他们一丝不苟的敬业精神和深厚的职业素养，对他们深表敬佩。祝他们身体健康，万事如意！

最后，感谢家人对我的无私支持。感谢大牛先生对我的半生包容与支持，让我的岁月简单而幸福！感谢小牛先生平安长大，让我体会到生命成长中的喜悦与感动！父母给予我生命，让我看到了人生旅途的精彩，他们年事已高却为了让我安心读书一直不肯接受我的奉养与照顾。母亲更是在我的论文外审期间突发脑溢血，至今昏迷不醒，成为我博士研读生涯中最大的遗憾与愧疚！

科研之路，道阻且长。漫漫求索，我愿无我。一百年太久，来日并不方长。愿自己能早日蓦然，回首便望到那灯火阑珊处。

——著者